KB218175

필름에
그려진
인간의
심 연

영화와
심리학

Danny Wedding · Mary Ann Boyd
Ryan M. Niemiec 공저

곽호완 · 장문선 · 구본훈 · 배대석 · 박종옥 · 최소영
우상우 · 김소연 · 최혜정 · 이상일 · 곽세열 공역

학지사

역자 서문

   역자들은 심리학 관련 교양강좌를 수강하는 학생들이 심리학에 깊은 관심을 가지면서도 '심리학이 너무 어렵다'고 토로하는 것을 종종 듣곤 한다. 그리고 그 때문에 '심리학을 좀 더 쉽게 가르칠 수 없을까?' 하는 고민을 갖게 되었다. 심리학적인 내용이 녹아들어 있는 실생활의 사례들은 심리학적 요소 외에도 여러 가지 다른 측면들이 개재되어 있어 사용할 수 없을 때가 많았다. 고심 끝에 학생들에게 영화의 장면이나 등장인물을 예로 들어 설명하면 비교적 잘 이해하고 흥미를 보이는 경우가 많았다. 문제는 모든 수강생들이 공통적으로 관람한 영화들이 그리 많지 않아서 영화 내용을 공유하기가 쉽지 않다는 것이다.

   그러던 차에 이 책의 역자들 중 일부가 2010년 8월에 미국 샌디에이고에서 열린 미국심리학회(APA) 학술대회에 발표 차 참석하여 출판사 전시관을 돌아보던 중 흥미로운 책 한 권을 발견하였는데, 그 책이 바로 *Movies and Mental Illness*(3rd ed.)였다. 출판사 직원들과 이야기를 나누면서 우리가 번역하면 어떨까 하는 생각이 들었다. 심리학개론이나 정신병리학, 이상심리 등의 수업에 부교재로 사용하면 매우 좋을 것 같았다. 그 밖에 영화미디어 심리학 등 특화된 교양강좌 수업의 주교재로도 적합하고, 일반인들이 영화를 보다 심도 있게 이해하는 데에도 좋은 참고도서가 될 수 있을 것 같았다. 이런 고려 끝에 번역본을 내기로 결정하고 몇몇 연구자들에게 참여를 부탁하였다.

2010 APA 전시관에서 찍은 포스터 사진

그런데 막상 원서를 받아들고 보니, 너무나도 많은 영화가 소개되어 있어서 그 영화들을 다 보고 그 내용을 제대로 이해하고 번역하는 일이 어렵게 다가왔다. 그리고 대부분의 심리학 전공서와는 문체부터 달랐으며, 문장들에 속어, 방언 등이 섞여 있거나 비유적인 표현들이 많아서 원본의 뉘앙스를 살리는 번역을 하기가 여간 까다로운 작업이 아니라는 생각이 들었다. 그래서 여러 역자들이 계속 협의하여 이러한 어려움을 극복하고자 하였다. 그러한 노력에도 불구하고 여전히 매끄럽지 않게 번역된 부분이 많이 있겠지만, 추후 수정판을 통해 그러한 점들을 보완해 나갈 예정이다.

이 책에는 정신장애에 대한 국제적 진단분류체계인 DSM-IV에 근거하여 분류된 정신장애들(예: 불안장애, 정신지체, 해리장애, 기분장애, 정신분열병 등)과 임상적 관심을 필요로 하는 영역들(예: 폭력과 학대 등) 및 심리치료와 관련하여 영감을 줄 수 있는 다양한 영화들이 총망라되어 있다. 각 장에서는 특히 저자가 특정 장애와 관련된 추천작들을 제시하고 있으며, 이러한 영화를 감상함으로써 심리장애에 대한 이해의 지평을 훨씬 더 넓힐 수 있을 것이다.

　본 역자들은, 일차적으로 특정 영화를 관람한 후 거기서 그치지 말고, 책에 소개되어 있는 병리적 · 심리학적 설명 부분을 읽어 본 후 최소한 한 번은 다시 관람할 것을 추천한다. 이런 과정을 거치게 되면 심리학적 지식이나 정신병리적 관점이 더욱 넓고 깊어질 것이라 생각한다. 그리고 학지사 홈페이지(www.hakjisa.co.kr)의 자료실에 이 책과 관련된 부록 파일을 게시하여 독자들이 심리학과 관련된 영화들을 찾고 감상하는 데 도움을 얻을 수 있도록 하였다.

　끝으로 교정 작업을 도와준 경북대 심리학과 지각 및 신경심리 실험실과 임상심리연구실 석사과정에 있는 이정훈, 조보현, 김애경, 이선주, 조아름, 윤대근, 이호지, 김소연, 이윤정, 김정안, 이보람, 양국희, 김지경, 하수홍, 이종한, 김혜미, 이유경에게 감사를 표하며, 이 책이 나올 수 있도록 도와주신 학지사 김진환 사장님, 이현구 과장님에게 감사를 전한다.

2012. 8.
역자 일동

"Because in the end, the only way that we can measure the significance of our own lives, is by valuing the lives of others."

－*The Life of David Gale*(2003)

3판에 대한 서평

독자들도 알다시피 오늘날과 같이 경제 상황이 급변하는 시기에 어떤 책이 여러 차례 증쇄되었다면 그 책의 가치는 배가된다. 바로 이 책 *Movies and Mental Illness*의 경우가 이에 해당하는데, 이 3판은 이제 고전적인 자료이자 권위적 안내서로 자리 잡게 되었다.

영화는 우리 문화와 교실에서 강력한 전파력을 발휘한다. 미국의 심리학자 켄 거건Ken Gergen은 영화가 세상에서 가장 영향력 있는 수사적 도구 중 하나로 자리 잡았다고 설파했다(*The Saturated Self*, 1991, pp. 56-57). "영화는 우리로 하여금 두어 시간 이내에 공포, 분노, 슬픔, 로맨스, 육욕 그리고 미적 엑스터시의 상태에 매우 빠르고 효과적으로 빠져들게 한다. 많은 사람은 영화를 통해 일상생활 중 가장 격렬한 정서적 소용돌이에 빠지는 경험을 한다."

만일 그림 하나가 100단어의 값어치를 지닌다면, 한 편의 영화는 가장 흥미롭고 눈을 뗄 수 없는 책에 있는 수만 개 단어의 가치를 지닌다고 할 수 있다. 내 강의를 들은 모든 학생들은 정신장애와 치료에 관한 즉각적이고 개인적이면서도 분명한 예시들을 달라고 조른다.

영화는 여러 가지 정신병리 증상을 예시하기 위해 교육에 쉽게 통합될 수 있고 임상적인 목적으로도 사용 가능하다. 영화를 치료 목적으로 사용하는 것은 1930년경으로 거슬러 올라갈 수 있지만, 점차 더 많은 전문가들이 특정 영화를 추천하거나 처방하고 있다. 영화를 이와 같이 활용하는 것을 '영화치료cinematherapy'로 부르건 말건 그 목표는 건강과 행복을 증진하는 것이다.

이 책에서 언급되는 많은 영화는 치유적 이야기를 담고 있다. 그중에서도 가장 뛰어난 영화들은 늘 장애나 치료에 대한 우리의 자각을 증대시킨다. 〈이보다 더 좋을 순 없다As Good as It Gets〉가 내 뇌리를 때리는데 이 영화는 강박장애를 정확하고 유머러스하게 그려 내고 있다. 가장 좋은 영화들은 결점을 갖고 있으면서도 마침내 성공을 거두는 역할모델을 보여 준다. 이러한 등장인물들은 여러 가지 문제로 인해 어려움을 겪게 되지만 궁극적으로는 승리하게 된다. 한 가지 예로, 정신질환을 갖고 있음에도 의미 있는 삶을 영위할 수 있음을 보여 주는 〈솔로이스트The Soloist〉는 우리에게 많은 영감을 주는 영화다. 이러한 영화들은 희망을 주고 우리 자신들과 관계들에 대한 신선한 전망을 제시하면서 글자 그대로 우리의 '영혼을 뒤흔든다'.

이 책이 추천하는 영화들처럼, 이 책 역시 학생을 가르치고, 환자들과 함께하며, 대중들을 교육시키는 강력한 매체다. 저자 웨딩, 보이드 그리고 니믹은 인간경험을 이해하고자 뛰어든 모든 사람들에게 측량할 수 없을 정도로 가치 있는 안내를 제공한다.

존 노크로스 박사John C. Norcross, PhD

스크랜턴 대학교

Journal of Clinical Psychology 편집인

2009년 Society of Clinical Psychology 학회장

저자 서문

"정신건강에 관한 영화를 보는 것은 매우 흥미로운 일이지만, 한편으로는 동물원에 가는 것과 비슷합니다. 정상인인 관객들이 함께 극장에 가서 스크린 속의 정신질환자를 바라보게 되니까요. 그러나 정신질환을 외부에서 바라보는 것은 공감하고 이해하는 데 방해가 될 뿐입니다. 우리가 만약 고통받는 사람들의 눈으로 세상을 바라본다면, 우린 그들을 진정으로 이해할 수 있을 것입니다. 바라는 게 있다면요, 이 영화를 본 사람이 집으로 돌아가다가 어떤 사람이 길 모퉁이에서 허공에 소리 지르는 모습을 보고서는 새로운 눈으로 그들을 다시 이해하게 되는 겁니다. 그렇게 된다면 우리는 할 일을 한 셈이죠."

―〈뷰티풀 마인드A Beautiful Mind〉의 각본가 아키바 골즈먼
영화 DVD 중 'Development of Screenplay' 섹션에서

우리는 (심리학, 사회복지, 의학, 간호, 상담 분야에서) 학생을 가르치거나, 환자를 대할 때, 또는 정신병리학의 환상적 세계에 대해 대중을 교육할 때 영화가 훌륭한 매체가 될 수 있다는 확신을 가지고 영화와 정신질환에 관한 책을 저술했다. 그리고 우리는 순수하게 영화를 보고 영화에 관해 이야기하는 것을 아주 좋아하기 때문에 이 책을 썼다. 비록 책의 제목은 *Movies and Mental Illness*이지만, 우리는 정신장애와 더불어 정신지체, 신체적·성적 학대, 폭력까지 포함해서 다루고 있다.

우리는 세 번째 개정판에서 많은 수정과 보완을 했다. 최근의 영화 수백 편을 부록 F에 추가하여, 정신병리를 묘사한 영화 자료를 천 개 이상으로 늘렸다. 물론 모든 종류의 정신장애를 묘사하는 모든 영화를 언급할 수는 없지만, 우리는 정신병리를 묘사하는 대부분의 중요한 영화들을 보고 평가했다고 생각한다. 독자는 분명 각각의 단원과 관련되는 여러 편의 새로운 영화들을 생각해 낼 수 있을 것이다. 우리는 또한 주변 사람에 의해 공유되는 정신병적 장애(감응성 정신장애Folie à deux), 수집 강박, 아스퍼거 증후군, 발모광trichotilomania, 신체변형장애body dysmorphic disorder, 가장성 장애factitious disorder, 계절성 정동장애seasonal affective disorder 등과 같이 영화에서는 보기 드물게 묘사되는 정신장애도 많이 추가하였다.

우리는 예시된 영화들로 구성한 강의계획서 샘플을 새로운 부록으로 첨부해 놓았고, 주요 영화들을 교체하여 다양한 장애들에 대한 새로운 관점을 제공하고 있다(예: 〈노인을 위한 나라는 없다No Country for Old Men〉의 안톤 쉬거에 대한 환자 평가를 읽으면서 학생들은 양심의 가책이 없는 반사회성 성격장애의 특징을 더 잘 이해할 수 있다).

이 개정판에서는 책의 질을 향상시킬 또 다른 몇 가지 변화들을 담고 있다. 그리고 영화, 용어, 관련 학자 등에 관한 색인이 있어서, 독자가 관심이 있는 책의 특정 부분을 빠르고 쉽게 찾아볼 수 있도록 하고 있다. 이 책에 쉽게 다가가는 한 가지 방법은, 부록 F를 통해 관심 있는 영화를 확인하고, 이 책에서 그 영화들을 어떻게 설명하는지를 찾아보는 것으로 시작하는 것이다.

또한 각 범주마다 10편의 인기 있는 영화(저자 추천작author's pick)를 실어 놓았다. 저자들은 독자가 봐야 할 가장 중요한 영화가 무엇일지에 대해 언제나 의견을 같이 했던 것은 아니었고, 토론과 논의를 거친 후에 예술적 가치와 교육적 활용도를 모두 충족하는 10편의 영화를 선정했다. 이 개정판은 여러 차례의 요청에 부응하여 심리학자, 간호사, 그 외 건강 전문가들의 훈련에 적절한 추천 영화들을 선별함으로써 만들어진 것이다.

마지막으로, 각 단원 끝의 '추가적인 탐구further exploration'에서는 독자들이 한 걸음 더 나아갈 수 있도록 한 권의 책과 하나의 논문을 추천하고 있다. 우리는 이 추가적인 읽을거리를 대학의 우등 과정honors courses에서 이용할 것이고 빠진 강의를 보충하는 자료로서, 또는 시험이나 과제로 활용할 계획이다. 추천된 책이나 논문을 읽음으로써 학생들은 많은 도움을 얻을 수 있을 것이다.

우리는 영화와 정신질환에 관한 블로그(moviesandmentalillness.blogspot.com)를 운영하고 있을 뿐 아니라 이를 확장할 계획을 하고 있다. 부록 F에 실린 많은 영화들은 이 블로그에서 논의되어 왔고 이는 앞으로도 계속될 것이다. 우리는 이 블로그가 학생, 교수, 강사, 소비자, 정신건강 전문가 그리고 심리학과 정신장애에 관심이 많은 사람들에게도 유용한 자료가 될 수 있기를 바란다.

독자로부터의 많은 요청으로 인해 우리는 각 장에 미국 외의 국가에서 만들어진 영화들을 소개하는 절(국제 영화)을 추가하였다. 여기에 소개된 영화들은 그 어떤 미국 영화보다 더 강렬하고 정확한 묘사를 담고 있는 경우가 많다. 우리는 이러한 보완을 통해서 다른 문화에 대해 흥미롭게 배울 수 있는 외국 영화들을 독자들이 더 많이 볼 수 있도록 권장하고 있다.

정신병리를 다루는 과정에서 영화의 결말이나 깜짝 놀랄 반전이 피치 못하게 드러나는 경우가 많은데, 이것이 영화의 흥미를 떨어뜨릴 수도 있다. 이에 대해 미리 양해를 구한다.

이 책은 원래 이상심리학의 주교재를 보완하기 위해 기획된 것이다. 그러므로 이 책을 그러한 용도로 활용한다면 책을 복습하기에 앞서 주교재의 해당 단원을 먼저 읽는 것이 좋다. (하지만 보통은 각 단원에서 추천된 영화를 보기 전에 '생각해 볼 물음들 questions to consider'을 다시 보고 가는 것이 유익할 것이다.) 우리는 정신장애에 대한 세부적이고 구체적인 정보를 다룰 것이지만, 이러한 측면은 영화 그 자체에 대한 논의에 수반되는 경우가 많으므로, 다른 훌륭한 책들에서 이미 상당히 구체적으로 다루고 있는 내용의 중복을 피하기 위해 신경을 썼다. 독자는 낯선 용어들에 대해 찾아보고 강의에서 논의하게 될 것이다. 우리는 새로운 용어 각각을 모두 정의해 놓지는 않았다.

각 단원의 도입은 인위적으로 꾸며진 환자 평가와 간이정신상태검사Mini-Mental State Examination: MMSE로 짜여 있다. 이 부분에서는 제시된 영화 속의 인물과 가장 근접하도록 여러 가지 정보를 조합하고 합성하여 표현하고 있다. 각 사례에서 제공되는 진단은 사실이 아닌 가설을 반영하고 있다. 사례연구는 아이디어와 활기 있는 논의로 이끌고 배우려는 욕구를 자극한다. 진단과 인물에 대한 서술 모두는 우리들 자신의 판단과 임상적 경험으로부터 나온 것이며, 실존인물이 등장하는 경우(예: 〈뷰티풀 마인드〉의 존 내쉬, 〈레이Ray〉의 레이 찰스, 〈소년은 울지 않는다Boys Don't Cry〉의 티나 브랜든)에도 영화상의 묘사에 입각하여 종합적인 평가를 내리고 있다.

저자들은 비록 서로 다른 수련방법으로 교육받고 훈련받았지만(대니 웨딩과 라이언 니믹은 임상심리학, 메리 앤 보이드는 간호학), 세 사람 모두 적절한 영화의 활용이 이상행동에 대한 학생과 환자의 이해에 큰 도움이 된다는 것을 분명히 알고 있다. 예를 들어 알코올 중독에 관해 강의를 할 때, 우리는 〈잃어버린 주말The Lost Weekend〉을 통해 진전섬망에 대한 묘사를 접하고 강의를 보완할 수 있다. 양극성 장애에 대해 강의하기 전에는 학생들에게 〈마이클 클레이튼Michael Clayton〉이나 〈미스터 존스Mr. Jones〉를 먼저 보고 오라고 할 수 있다. 이 세 영화들은 교실 안의 강의나 인쇄된 글자로는 포착할 수 없는 풍부함과 강렬함을 제공한다. 마찬가지로 이혼을 하는 과정에서 배우자의 행동에 분노하는 환자를 만나게 된다면, 우리는 〈크레이머 대 크레이머Kramer vs. Kramer〉를 추천할 수도 있고, 더 최근 영화로는 〈오징어와 고래The Squid and the Whale〉도 있다. 관련된 영화에 관해 이야기를 나눔으로써 지금까지 밝혀지지 않은 임상적 영역을 넓히는 길을 찾을 수 있을 것이다.

우리는 다양한 영화를 다룰 것이지만, 보통은 한두 가지의 영화를 각 장애에 대한 주요 영화로 제시하고 있다. 이 주요 영화들은 저자들이 수차례 반복해서 본 영화들이고, 많은 경우는 학생들이 이미 봤을 법한 유명한 영화들이다(예: 〈뷰티풀 마인드〉).

다루고 있는 영화의 주제와 단원의 내용 간의 연관성은 아주 가깝고 직접적이지만, 종종 단원 주제와의 의미 있는 관련성이 영화의 일부 요소에만 담겨 있는 다소 모호한 영화도 포함되어 있다. 여기에는 〈싸이코Psycho〉 〈시계 태엽 오렌지A Clockwork Orange〉 그리고 〈뻐꾸기 둥지 위로 날아간 새One Flew over the Cuckoo's Nest〉와 같이 교육적 가치가 커서 새로운 세대의 학생들에게 기꺼이 소개하고 싶은 고전 명작 영화들도 포함되어 있다. 또한 〈정복자 펠레Pelle the Conqueror〉 같은 영화처럼 그 자체로는 정신병리학과 직접적인 연관이 없는 것도 소개되어 있는데, 이는 영화가 흥미를 자아내고 감동적이며, 다양한 심리학적 현상을 그려 내고 있기 때문이다.

영화는 이상심리학과 정신병리학의 과정에 다양한 방법으로 통합될 수 있다. 강사의 필요와 학생들의 관심에 따라서 구체적인 교육과정을 다양하게 선택할 수 있다.

첫째, 학생들로 하여금 각자 스스로가 책임지고 이 영화들을 보게 할 수 있다. 각 단원에서 제시하는 본보기 영화로 유명한 작품들을 선택했기 때문에, 학생들이 어렵지 않게 영화를 구해서 볼 수 있을 것이다. 학생들이 그룹으로 모여서 영화를 보면 비용이 절감된다. 이러한 방법은 지적인 동료애를 이루는 데 도움이 될 뿐 아니라 효과적인 학습인 논의와 토론을 촉진시킨다. 학생들에게는 강의에 들어오기 전에 가능한 한 영화를 꼭 보고 올 것을 권장하고 싶다.

둘째, 우리는 일주일에 두 번의 강의시간에 영화를 활용하였다. 첫 번째 강의시간에는 영화를 보고, 두 번째 강의시간에는 관련된 교재의 단원 내용을 논의하고 영화가 해당되는 장애를 정확하게 묘사하고 있는지 생각해 보았다. 이러한 교육과정에 정신건강 전문가와 문학/드라마 교수가 팀이 되어 강의를 한다면 가장 환상적일 것이다. 대니 웨딩은 2008~2009년도에 한국의 연세대학교에서 풀브라이트-연세 교환교수로서 이러한 방법을 활용하여 이상심리학 강의를 진행했다.

마지막으로, 대부분의 교수들은 강의시간에는 교육적으로 강한 효과가 있는 영화의 장면만을 부분적으로 뽑아내서 강의시간에 보여 주고, 이후에 영화 전체와 그 외의 관련된 영화들은 학생들이 직접 찾아보도록 한다. 이러한 방법의 목표는 강의에 적절한 논의를 할 시간을 늘리는 동시에, 영화를 보는 데 소요되는 강의시간을 최소화하기 위함이다. 정신의학적 장애를 생생하게 묘사하는 영화의 장면을 이용하면, 실제 사례와 내담자의 정보와 관련된 윤리적 문제(비밀성, 기밀누설과 허락 등)를 피해 갈 수 있다.

영화가 강의에서 사용된다면, 교육기관(혹은 가르치는 교수)이 공공적인 사용에 대한 요금을 낼 필요가 있을 것이다. 대부분의 대학교에서는 그러한 관리상의 세부사항을 처리할 시청각 부서가 있다.

많은 독자들은 부록 F에서 매겨 놓고 있는 평점에 동의하지 않을 것이다. 하지만 우리가 평점을 매겼던 것은 가장 기본적으로는 교육적 활용도, 두 번째로는 영화의 예술적 가치에 기초한 것이었음을 기억할 필요가 있다.

 책에 관련한 피드백을 받을 수 있도록 아래에 이메일 주소를 적어 놓았다. 영화라는 배움의 도구에 대한 열정을 공유하는 독자들이 다음 개정판에 추가할 영화들을 추천해 줄 것을 기대한다.

대니 웨딩 박사
danny.wedding@mimh.edu

메리 앤 보이드 박사
mboyd@siue.edu

라이언 니믹 박사
ryan@viacharacter.org

chapter 01 영화와 정신병리   23

chapter
02 불안장애   **45**

chapter
03 해리장애와 신체형 장애   **75**

chapter
04 심리적 스트레스와 신체적 장애   **117**

chapter
05   기분장애   139

chapter
06   성격장애   179

chapter 07 물질사용장애   229

chapter 08 성장애 및 성정체감장애   269

chapter 09 정신분열병과 망상장애   311

chapter 10 신경심리학적 장애   343

chapter
14 폭력과 신체적 · 성적 학대   **457**

폭력과 영화: 폭력이 무의미한 상황은 언제인가   463
• 특정 현실의 표현   463
• 폭력의 터무니없고 무익한 성질을 보여 주기   465
• 폭력적인 사람들의 심리구조 드러내기   466
• 폭력의 순환과정을 보여 주기   466
• 위험한 미래의 설계   468
• 잠재적 위험과 권위의 역할 그리고 집단 동조 보여 주기   468
• 용기와 희생을 실천하는 사람들이 직면하는 장애물을 보여 주기   470

영화 속의 폭력이 미치는 영향   470
• 연쇄살인범들   471

영화에서의 신체적 · 성적 학대   472
• 가정폭력과 영화   472

• 강간과 영화   474

chapter
15　치료　　　　　　　　　　　　　**487**

제1장

영화와 정신병리

"쓰거나 생각할 수 있는 모든 것은 영화로 만들어질 수 있다."

– 스탠리 큐브릭

"좋든 나쁘든 영화와 텔레비전은 정신장애와 그것을 치료하는 사람들에
대한 대중의 인식에 지대한 영향을 미친다."

– 스티븐 하일러

 서론

인간의 감각경험 중 시각적 경험만큼 정보를 분명하게 전달하고 감정을 잘 불러일으키는 것은 없다. 영화감독들은 이처럼 풍부한 시각적 자극을 끌어내 청각적 자극과 결합시킴으로써 관객들이 꿈결과 같은 경험을 하게끔 만드는데, 이것이 바로 영화다. 관객들은 영화에 빠져들어 몰입하게 되고 영화의 스토리와 등장인물이 처해 있는 상황에 온통 마음을 빼앗기는 일종의 무아지경과 같은 상태를 경험하게 된다. 영화를 보는 동안 관객과 영화 사이에는 즉각적인 유대감이 생겨나 관객들의 의식은 온통 영상 속으로 빠져들게 되고, 영화에 포함된 모든 기술적 장치들은 잠시 잊어버린 채 몰입하게 된다. 관객들은 일시적으로 자신의 일상적인 경험에서 잠시 유리되어 일종의 해리상태를 느끼게 되는데, 이러한 '심리적 클러치psychological clutch'[1](Butler & Palesh, 2004) 작용으로 관객들은 일상의 스트레스, 갈등 및 근심걱정을 잠시나마 잊게 된다. 최신 시설의 영화관은 시각적·청각적 효과의 극대화뿐 아니라 진동효과를 통한 촉각적 경험까지 제공하기 때문에 관객들이 경험하는 무아지경과 같은 상태는 더욱 촉진될 수 있다. 영화는 어떠한 예술보다도 개인의 의식에 빠르게 침투하는 힘을 가지고 있다. 많은 사람들은 영화를 가장 영향력이 큰 대중매체로 인식하고 있다(Cape, 2003).

헐리우드는 영화 카메라를 이용하여 관객을 작품 속으로 몰입시키는 새로운 예술을 창조했다. 카메라는 관객들을 영화 장면으로 이동시켜서, 마치 영화 속 등장인물처럼 사건을 인식하게 한다. 배우는 그들의 감정과 역할에 대해 설명할 필요가 없다. 왜냐하면 관객들은 배우가 보고 느끼는 것을 그대로 경험하기 때문이다.

감동적인 영화를 만들기 위해 감독은 정교한 카메라 작업을 통해서 구성과 배역을 잘 설정해야 한다. 편집에서는 관객의 반응을 불러일으킬 수 있는 의미 있는 시각적·청각적 게슈탈트[2]gestalt를 창조해 낸다. 이러한 기술이 효과적일수록 관객들

---

1) 역자 주: 심리적인 몰입효과.
2) 역자 주: 불완전한 형태와 요소들을 단순한 부분의 합이 아닌 의미 있는 전체로 통합시킨 것.

에게 더욱 큰 감흥을 줄 수 있다. 사실상 감독은 영화(관객)의 현실을 구성한다. 촬영
장소, 무대장치, 배우, 의상 그리고 조명을 어떻게 선택하느냐가 영화의 구성과 촬
영 상황에서의 미장센mise-en-scene(시각적 이미지의 물리적 배치)에 큰 영향을 준다.

 ## 영화의 사회적 영향

   영화는 우리 문화의 일부분이 되어 마치 우리의 일상을 비춰 주는 것처럼 느껴질
정도가 되어 버렸다. 영화의 사회적 영향은 범문화적이다. 온라인 영화가 보편화된
오늘날에는 DVD를 우편으로 받아 보거나 인터넷으로 다운로드하여 볼 수도 있고,
거리의 DVD 자판기에서 단 1달러에 빌려 볼 수도 있으며, 월 요금제로 무제한 대
여해서 볼 수도 있게 되었다. 또한 케이블방송이나 위성방송을 통하여 세계 전역의
다양한 영화를 접할 수도 있게 되었다. TV에서 방영되는 주말의 영화를 기다리거
나 비디오 대여점에서 새로운 영화가 출시되기만을 기다리던 시대는 지난 것이다.
사람들은 헐리우드 영화를 넘어서 독립영화, 심지어 개발도상국에서 만든 영화 등
다양한 영화들을 접하고 있다. 더욱이 디지털 비디오 기술의 발전으로 처음으로 영
화를 만드는 사람이나 저예산 영화 제작자도 영화의 질적 하락을 최소화하면서 보
다 합리적인 예산으로 영화를 제작할 수 있게 되었다(Taylor & Hsu, 2003). 이러한
맥락 속에서 영화 주제의 폭이 확장될 수 있었다. 〈어둠 속의 댄서Dancer in the Dark〉
(2000), 〈셀레브레이션The Celebration〉(1998), 〈패스트 러너The Fast Runner〉(2001)와 같
은 수상작들은 모든 장면이 디지털 비디오로 제작되었다.
   우리는 영화가 다른 형태의 예술보다 영향력이 크다는 사실을 알고 있다. 이러한
영향력은 연령, 성별, 국적, 문화 및 시대를 초월한다. 우리 사회에서 영화는 이미
너무나 보편적인 것이 되어 버렸기 때문에, 영화가 미치는 심오한 영향에 대해서
인식하지 못할 수도 있다.
   영화는 정신장애에 대한 대중의 인식에 특히 지대한 영향을 미친다. 왜냐하면 대
부분의 사람들은 정신장애를 앓고 있는 사람들에 관한 지식이 상대적으로 부족하
기 때문인데, 미디어는 이와 같이 지배적인 견해가 아직 형성되지 않은 영역에 관

한 여론을 형성하는 데 특히 강력한 영향력을 발휘한다. 몇몇 영화에서는 정신장애 환자와 그들을 치료하는 정신건강 전문가에 대해 동정적이고 따뜻한 시각으로 묘사하고 있지만(예: 〈이브의 세 얼굴The Three Faces of Eve〉 〈데이비드와 리사David and Lisa〉 〈보통 사람들Ordinary People〉 그리고 〈뷰티풀 마인드A Beautiful Mind〉), 대부분의 영화들에서는 그렇지 못하다. 정신장애를 앓고 있는 환자는 종종 공격적이고 위험하며 예측할 수 없는 인물로 묘사되고 그들을 치료하는 정신과 의사, 심리학자, 간호사 등 정신건강 전문가들은 흔히 '거만하고 무능한' '차갑고 권위적인' '수동적이고 냉담한' 혹은 '잔소리하며 조종하는' 인물로 그려진다(Niemiec & Wedding, 2006; Wedding & Niemiec, 2003).

〈싸이코Psycho〉(1960)와 같은 영화에서는 정신분열병과 해리성 정체감장애(다중인격장애)와의 관계가 혼란스럽게 묘사되었고, 〈13일의 금요일Friday the 13th〉(1980)과 〈나이트메어Nightmare on Elm Street〉(1984)는 정신병원에서 퇴원한 사람들은 폭력적이고 위험하다는 오해를 불러일으켰으며, 〈엑소시스트The Exorcist〉(1973)와 같은 영화는 정신장애를 악마에 사로잡힌 질병으로 인식시켰다. 또한 〈뻐꾸기 둥지 위로 날아간 새One Flew Over the Cuckoo's Nest〉(1975)에서는 정신병원이 환자의 인권이나 복지를 전혀 고려하지 않는, 단순히 감옥과 같은 곳이라고 인식하게 만들었다. 이러한 영화들은 정신장애에 대한 지속적 낙인찍기에 대한 부분적 책임이 있다.

이러한 낙인으로 인해 정신적인 문제가 있는 사람들 중 매우 소수만이 실질적인 도움을 받게 된다(Mann & Himelein, 2004). 미국 국립정신보건원NIMH의 추정에 따르면 현재 정신장애에 대한 많은 치료들이 저렴하고 효과적임에도 불구하고, 정신장애 환자의 약 20%만이 실질적인 도움을 받고 있다고 한다. 정신장애의 원인을 여전히 환자에게서 찾으려 하는 경향 또한 강하다. 예를 들어, 미국 국립정신장애자연맹National Alliance for the Mentally Ill: NAMI의 자료에 의하면 미국인 세 명 중 한 명은 여전히 정신장애를 악마나 환자의 잘못된 행동에 대한 처벌이라고 생각하는 것으로 나타났다.

영화의 구성요소들

영화감독은 영화 한 편을 제작하기 위해 무수히 많은 기술적 요소를 고려해야 할 뿐만 아니라 수백 혹은 수천 명의 공동 작업자들과 조화를 이루고 관리감독해야만 한다. 일반적으로 영화제작은 다음과 같은 세 단계를 거친다.

첫 번째 단계는 영화제작 전 단계pre-production phase다. 일반적으로 이 시기는 영화제작에 있어서 상당히 중요한 작업을 하는 단계다. 많은 감독들은 이 단계에서 모든 촬영의 스토리보드[3]와 각 장면에서 촬영될 모든 움직임들을 구성한다. 또한 각 기술 감독(카메라맨, 의상디자이너, 세트디자이너, 전기기술자)들과의 잦은 회의를 통해 준비하고, 조직하고, 통합한다. 또한 제작자는 장소를 물색하고, 각 배역에 적합한 연기자를 캐스팅하고 영화대본도 수정한다.

두 번째 단계는 촬영단계production phase다. 감독은 배우들이 그들 자신의 시각으로 영화를 볼 수 있도록 독려하고 지도함으로써 동기를 부여하고 긴밀하게 작업하는 동시에, 카메라 각도, 조명, 음향 등 다른 기술적인 부분들에 대해서도 세심하게 모니터링 한다.

세 번째 단계는 촬영 후 단계post-production phase다. 이 시기에는 음악과 배경음을 편집하고 배치하는 데 중점을 둔다. 감독은 이러한 요소들을 잘 통합하여 영화에서 담으려 했던 원래의 목적, 메시지, 근본적인 주제를 효과적으로 표현한다.

〈표 1-1〉에 가장 중요하다고 생각되는 영화의 구성요소들을 실제 영화를 예로 들어 요약하였다. 물론 제시된 표의 세 단계에는 자금조달, 예산편성, 마케팅이나 그 밖의 사업적 · 재정적 · 행정적 · 자문적 · 법적인 측면 등과 관련된 다른 많은 작업들은 제외되어 있다. 영화에는 정신건강 자문이 필요한 경우가 있고 어떤 단계에서는 자문이 매우 중요한 역할을 할 수 있는데, 특히 이러한 자문은 영화대본을 수정하거나 감독과 배우들이 심리 현상을 이해하는 데 많은 도움을 준다. 우리는 심리적 상태나 치료적 면담을 묘사하는 모든 영화에는 정신건강 자문이 필요하다

---

3) 역자 주: 영화의 주요 장면을 간단히 그린 일련의 그림.

〈표 1-1〉 작품의 예로 살펴보는 영화의 구성요소

영화 요소	설명	고전 작품	최근 작품
주제	전체적 의미, 메시지, 주제	〈멋진 인생〉(1946)	〈슬럼독 밀리어네어〉(2008)
영화 촬영 기법	시각적 어필, 구조, 카메라 워크, 조명	〈아라비아의 로렌스〉(1962)	〈판의 미로〉(2006)
속도조절	움직임, 유동성	〈야전병원 매쉬〉(1970)	〈디파디드〉(2006)
음향	음악, 음향효과	〈벤허〉(1970)	〈다크 나이트〉(2008)
분위기	톤, 분위기	〈엠〉(1931)	〈노인을 위한 나라는 없다〉(2007)
미술	무대장치, 의상	〈스타워즈〉(1977)	〈벤자민 버튼의 시간은 거꾸로 간다〉(2008)
대화	대화, 커뮤니케이션 방식	〈애니 홀〉(1977)	〈사랑도 통역이 되나요?〉(2003)
연기	인물 묘사, 깊이와 질적 측면, 캐스팅	〈필라델피아 스토리〉(1940)	〈다우트〉(2008)
편집	연속성, 변화	〈시민 케인〉(1941)	〈크래쉬〉(2005)
영화대본	줄거리, 원작 혹은 각색	〈뻐꾸기 둥지 위로 날아간 새〉(1975)	〈미스 리틀 선샤인〉(2006)
연출	모든 구성요소, 영화의 전반적인 질	〈시계 태엽 오렌지〉(1971)	〈아멜리에〉(2001)

고 생각하지만, 불행히도 대부분의 영화는 이러한 자문 없이 제작되고 있다.

감독은 배우의 연기를 확인하면서 음향, 카메라, 조명과 같은 기술적 요소들을 영화의 줄거리, 주제, 속도나 톤에 맞게 기술적으로 통합한다. 아카데미 외국어영화상을 수상한 〈노 맨스 랜드No Man's Land〉(2001)는 보스니아-세르비아 전쟁을 다룬 작품으로, 감독 다니스 타노비치는 영화에서 묘사하고자 했던 전쟁의 충격과 부조화를 표현함에 있어 영화의 다양한 요소들을 활용하였다고 밝혔다.

"나는 영화를 통하여 전쟁의 충격을 재현하고자 했다. 한편으로는 완벽한 자연, 강렬한 색채를 통해 기나긴 여름날을, 다른 한편으로는 인간존재와 그 어두운 광기를……. 길고 무더운 여름날은 영화의 분위기를 나타낸다. 움직임은 무겁고, 생각은 이해하기 어렵고, 시간은 느리고, 분명 존재하는 긴장은 숨겨져 있다. 마침내 이것은 갑작스럽고 크고 빠르게 발생하는 불꽃처럼 폭발한다. 파노라마처럼 펼쳐지는 자연경관은 예기치 않은 초조하고 긴장된 동작과 뒤얽힌다. 그리고 이 모든 것은 잠시 동안 지속된 후, 긴장은 다시 숨겨지고 다음 때를 기다린다. 시간은 다시 천천히 가라앉는다."

– 다니스 타노비치, DVD 삽입 광고구에서 인용

컬러와 음향의 변화에 따라 관객은 영화를 다르게 경험한다. 그 대표적 예로, 〈라이언 일병 구하기Saving Private Ryan〉(1998)에서 스티븐 스필버그 감독은 이러한 영화적 요소를 매우 효과적으로 사용하고 있다(Butler & Palesh, 2004). 비명과 고함 소리가 나는 장면에서 흐느끼고 울먹이는 장면으로 천천히 전환될 때 화면의 색상도 거의 흑백에 가깝게 서서히 변하고 전쟁 장면이 다시 붉은 색채로 바뀌면서 배경음은 꺼진다. 전쟁에 대한 이러한 현실적 묘사를 통해 관객들은 전쟁의 상황을 더욱 더 생생하게 경험하게 된다.

노련한 감독들에게 있어, 카메라가 '보거나' 기록할 수 있는 모든 것들은 사실상 의미 있는 것들이다. 일련의 촬영방식, 즉 카메라의 시선point-of-view에 의해 생겨난 주관적 경험들은 관객들이 영화 속 인물, 그들의 지각 및 환경과 동일시하는 것을 촉진시킨다. 극단적인 클로즈업 촬영close-up shot과 다양한 팬 촬영기법[4] panning techniques은 인물의 내적 갈등 또는 감정 표현, 영화의 극적 속도를 높이는 데 유용하다. 또한 하이앵글 촬영[5] high-angle shot과 로우앵글 촬영[6] low-angle shot은 인물의 통제, 힘, 강점 및 약점 등 다양한 역동을 표현하는 데 도움을 준다. 예를 들어, 〈아메리칸 뷰티American Beauty〉(1999)에서는 하이앵글 촬영을 통해 레스터 버냄(케빈 스페이시 분)을 비추면서 장면이 시작되는데, 이것은 그가 의지가 강하고 지시적인 성격으로 변하기 이전에는 권위에 순응하는 수동적인 성격이었음을 나타낸다.

---

4) 역자 주: 화면에 파노라마적인 효과를 내기 위해 카메라를 상하좌우로 움직이며 하는 촬영.
5) 역자 주: 위에서 아래를 조망하듯 찍는 기법.
6) 역자 주: 아래에서 위를 올려다보듯 찍는 기법.

관객은 영화 내용을 알기 이전에 이미 독특한 지각적 선호를 가지고 있으며, 자신의 지각과 경험에 영향을 줄 수 있는 영화의 이미지에 대해 선입견을 갖고 있다. 두 사람이 같은 영화를 관람하면서 똑같은 경험을 할 수도 있겠지만 그런 경우는 매우 드물다. 관객은 스크린을 통해 투사되는 시각적이고 청각적인 이미지를 주관적으로 선택하고 처리하여 자신만의 이야기로 변화시킨다. 관객들은 방어기제의 하나인 '투사projection'에 가까울 정도로 등장인물과 자신을 동일시하거나 그들로부터 큰 영향을 받기도 한다. 이러한 과정을 통하여 관객은 줄거리, 구성, 혹은 결론을 예상할 수 있다. 열광적인 영화팬들은 수많은 영화를 관람함으로써 친숙한 주제, 유사한 상황, 구성 및 결론에 대한 일종의 '공식'을 쉽게 알아차리게 된다.

클로즈업

우리가 화면에 꽉 찬 얼굴만을 볼 때 공간에 대한 의식은 잠시 사라지고, 찡그림이나 눈짓으로 표현되는 미묘한 감정의 차이를 생생하게 알 수 있게 된다. 우리는 배우의 얼굴을 보면서 그들의 감정, 기분, 의도 그리고 생각에 관한 신념을 형성한다. 실제로 비애와 같은 대부분의 심오한 감정적 경험은 말보다는 표정을 통하여 훨씬 더 강렬하게 표현된다. 매우 역동적인 영화인 〈아멜리에Amelie〉(2001)에서 장 피에르 주네 감독은 그의 모든 영화에서 그랬던 것처럼 매우 다양한 얼굴표정을 가진 캐릭터를 선택했다. 영화 전반에 걸쳐 수차례 배우들의 얼굴이 클로즈업close-up된다. 감독은 이런 방식을 통해 관객들이 극중 인물의 표정을 직접 느끼기를 원했다고 설명했다. 이러한 기법을 통하여 관객들은 극중 인물에 대해 더욱 흥미를 느끼고 쉽게 몰입할 수 있게 된다.

표정언어에 대한 감정이입적 해석을 통하여 주관적인 경험을 이해하고 공유할 수 있게 하는 것은 초기 무성영화silent films에서 잘 나타나며, 이러한 영화들은 여전히 강한 정서를 불러일으키는 힘을 갖고 있다. 실제로 초기 많은 무성영화 감독들은 '유성영화'의 소리가 관객과 영화 사이의 장벽이 되지 않을지, 내적 혹은 외적 거리감을 초래하지 않을지, 그리고 다른 예술작품에 존재하는 이중성을 나타내지는 않을지 우려했다. 정서적 뉘앙스의 관찰은 인물의 얼굴표정뿐 아니라 인물이 움직이는 배경과 주변 환경으로까지 확장될 수 있으며, 이러한 배우의 주관적인 시선은 영화를 통하여 객관적인 현실로 재현된다. 예를 들면, 영화는 놀라고, 편집증적인 사람을 보여 줄 뿐만 아니라 주인공이 보는 일그러지고 살벌한 집들과 나무들을 보여 줄 수 있다. 이러한 기법은 표현주의 영화인 〈칼리가리 박사의 밀실The Cabinet of Dr. Caligari〉(1919)에서 사용되었다.

얼굴표정을 봄으로써 우리는 언어 없이도 배우가 전달하고자 하는 바를 즉각적이고 분명하게 느끼게 되는데, 훌륭한 배우는 다양한 감정을 동시에 전달할 수 있다. 실제 인물들이 연기하는 것은 배우들보다 설득력이 떨어지는 것으로 밝혀졌다. 이런 측면은 영화뿐만 아니라 교육영화, 광고, 다큐드라마에도 적용된다. 〈보통 사람들〉(1980)에서 로버트 레드포드 감독은 치료자 역에 실제 정신과 의사를 캐스팅하려고 했지만 그 결과를 확신할 수 없어 주드 허쉬라는 배우를 캐스팅했다. 이 영화는 아카데미 작품상을 받았고 허쉬는 남우주연상 후보로 지명되었다. 〈뻐꾸기 둥지 위로 날아간 새〉(1975)는 유일한 예외로, 이 영화에서 정신과 의사 역을 연기한 배우는 실제로 정신과 의사였다.

동일시

필름이 영화관 스크린에 투영되는 동안 우리는 우리 자신을 영화의 줄거리 속으로 투사시켜 주인공들과 동일시identification하게 된다. 한때 관객들의 시선을 계속 집중시키기 위해서는 영화의 중심인물과 주제가 있어야 한다고 생각하였다. 이러한 중심인물이 '반-영웅anti-hero'일 때도 종종 있었다. 로버트 알트먼과 쿠엔틴 타란티노 같은 감독들은 전체 줄거리나 중심인물과 느슨하게 연관된 듯한 짧은 에피소드들을 매우 빠르게 전환시키는 기법을 시도하였다. 알트먼의 〈숏컷Short Cuts〉(1994)과 타란티노의 〈펄프 픽션Pulp Fiction〉(1994)이 이러한 시도를 했던 대표적인 작품이다. 폴 해기스가 연출한 보다 최신 영화인 〈크래쉬Crash〉(2005)에서는 너무나 능숙하게 에피소드들을 짜 맞춰서 영화가 전달하고자 하는 의미를 한층 배가시키고 관객들을 사로잡음으로써 아카데미 작품상을 수상했다.

영화감독들은 심리적인 연속성을 유지시키는 또 다른 방법으로 무생물이나 동물을 중심으로 이야기를 만들곤 한다. 그러나 대부분의 영화는 단일 인물로 영화 전체의 심리적 상태를 이끌어 나간다.

영화 개론 강의에서 학생들이 던지는 영화에 관한 고전적인 질문—영화는 단순히 실제 삶을 모방한 것인가?—에는 아마도 정답이 없을 것이다. 어떤 관객에게는 영화를 보는 것이 너무나 중요한 것이 되어, 마치 영화나 영화 속 인물이 자신의 삶을 대변해 주는 것처럼 느낄 수도 있다.

봉합

관객들은 서로 분리된 사진영상들을 통합해서 일관된 장면들로 연결시키고, 의식적 노력이나 복잡한 심리적 과정을 거치지 않고도 서로 다른 장면들을 짜 맞춰서 온전한 하나의 영화로 경험한다. 의학적 비유인 '봉합suture'은 필름을 자르거나 편집할 때 생기는 영화의 공백이 관객들의 '바느질'로 메워지는 현상을 뜻한다.

봉합 이론에 따르면 관객들은 카메라가 비추는 장면이나, 장소 혹은 인물이 갑자기 바뀌어도 "누가 이런 것을 보나?" 혹은 "이런 일이 어떻게 일어날 수 있지?"라고 묻기보다는 화면에 나타난 장면을 아무 말 없이 자연스럽고 '사실적인' 것으로 받아들인다. 영화 코딩coding 작업에서는 각 장면을 다음 장면에 등장하는 모든 사람이 응시하는 것처럼 처리하기 때문에 봉합이 가능해진다. 가장 많이 사용되는 봉합의 예는 장면/역장면shot/reverse shot으로, 두 등장인물이 상대방의 어깨 너머로 번갈아 나타나는 것이다.

 영화 속에 나타난 심리적 현상

영화는 변화된 정신상태나 마음속의 심리적 상태를 묘사하는 데 특히 적합하다. 영화 속의 영상, 대화, 음향효과 및 음악의 배합은 우리 의식의 흐름 속에서 일어나는 사고 및 감정과 유사하다. 스크린에서 나오는 빛과 색채 및 음향은 스크린에서 일어나는 것을 실제로 우리가 경험하는 것처럼 믿게 만든다.

〈영혼의 비밀Secrets of a Soul〉(1926)에서 독일 영화감독 G. 파스트는 프로이트S. Freud의 두 조교인 칼 아브라함K. Abraham과 한스 작스H. Sachs의 도움을 받아 정신분석 이론에 관한 드라마를 만들었는데, 되감기와 다중노출을 통해 여러 화면을 합성함으로써 꿈의 연속적 과정을 묘사하였다. 프로이트는 이 프로젝트에 자신의 이름이 거론되기를 원치 않았는데, 영화가 정신분석 과정의 뉘앙스를 잘 표현할 수 있을지 의구심을 가졌기 때문이다. 프로이트는 아브라함에게 보낸 편지에서 "내가 반대했던 가장 큰 이유는 우리의 추상적인 관념을 인위적 표상으로 만족스럽게 표현할 수 있을지에 대해 의문이 들었기 때문이네."라고 기술하였다. 프로이트는 일생 동안 영화에 대해 회의적인 생각을 갖고 있었다.

영화는 꿈과 같은 주관적인 상태를 객관적으로 표현하는 데 자주 이용되어 왔다. 이에 대한 가장 훌륭한 예는 〈망각의 여로Spellbound〉(1944)에서 히치콕과 살바도르 달리가 함께 작업한 꿈 장면일 것이다. 히치콕은 '정신분석학에 대한 최초의 영화를 제작'하기를 원했다. 그는 꿈 장면을 희미하고 모호한 화면으로 표현하는 전통적인 방법에서 탈피했다. 그는 꿈 장면을 시각적으로 선명하고 뚜렷하게 하여 영화 그 자체보다도 더 명료한 이미지로 표현하기를 원했다. 그는 달리를 공동작업자로 선택했는데, 이는 달리의 작품이 갖고 있는 구성적 정교함architectural precision 때문이었다. 히치콕은 처음에는 〈망각의 여로〉를 야외에서 자연광으로 촬영하려고 하였으나 경비절감을 위해 스튜디오에서 촬영했다. 〈망각의 여로〉는 억압된 기억의 카타르시스적인 회복을 묘사하였으며 주인공의 기억상실증을 없애 버릴 수 있을 정도의 강한 정서적 경험을 묘사하고 있다. 이것이 바로 초창기 영화에서 표현했던 심리적 과정이다.

영화는 환상과 현실을 연결시키는 데도 사용되는데, 어떤 감독은 의도적으로 영화가 현실을 표현하고 있는지 아니면 주인공의 무의식적 환상을 표현하고 있는지 관객이 알 수 없도록 상황을 설정한다. 이러한 기법이 적용된 대표적 작품은 잉그마르 베르히만의 〈페르소나Persona〉(1966), 페데리코 펠리니의 〈영혼의 줄리에타Juliet of the Spirits〉(1965), 루이스 브뉘엘의 〈세브린느Belle de Jour〉(1966), 로버트 알트먼의 〈환상속의 사랑Images〉(1972)이다(Fleming & Manvell, 1985). 데이비드 린치 감독은 이러한 기법을 사용하여 〈멀홀랜드 드라이브Mulholland Drive〉(2001), 〈로스트 하이웨이Lost Highway〉(1997), 〈블루 벨벳Blue Velvet〉(1986), 〈이레이저 헤드Eraserhead〉(1977)와 같은 영화를 만들었고 이 기법은 그의 트레이드마크가 되었다.

생각하고, 회상하고, 상상하고, 느끼는 모든 과정들은 보이지는 않지만 몽타주 montage와 같은 영화 편집기법이나 슬로우 페이드slow fades와 같은 카메라 기술을 통하여 이러한 보이지 않는 과정을 암시할 수 있다. 관객들이 심리학적인 현상을 생각하게끔 영화를 편집할 수도 있다. 영구차가 지나가는 이미지나 〈제7의 봉인The Seventh Seal〉(1957)에서처럼 죽음이라 불리는 사람과의 유명한 체스 게임 장면과 같은 상징적 의미가 있는 이미지를 삽입함으로써 관객들로 하여금 장차 일어날 사건을 짐작하게 하거나 특정한 기분을 느끼게 할 수도 있다. 아기의 울음소리 같은 상징적 음향도 이와 유사한 효과를 낼 수 있다.

영화에서 사용하는 또 다른 상징물은 거울이다. 극중 인물이 거울을 바라보는 장면은 종종 자기반영, 통찰, 새로운 정체성 출현이나 정체성 변화 혹은 자기애적인 몰두를 나타낸다. 〈몬스터 볼Monster's Ball〉(2001)에서는 거울과 반사물체를 사용하여 삶의 방향을 잃은 두 인물의 자기왜곡 및 부정적 자기지각을 상징화하였다. 이러한 거울에 비춰진 이미지는 〈파리에서의 마지막 탱고Last Tango in Paris〉(1972)에서는 말론 브란도의 왜곡된 성격을, 〈아메리칸 스플렌더American Splendor〉(2003)에서는 자기비하를, 〈솔저스 걸Soldier's Girl〉(2003)에서는 자기비판을, 〈포커스Focus〉(2001)에서는 황폐화를, 〈25시25th Hour〉(2002)의 코믹하고 드라마틱한 장면에서는 비난의 외재화externalization를 상징하였다.

> "단순히 그림이라는 또 다른 차원에서 표현되는 일체의 물리적·구체적 현실을 뛰어넘어 삶을 변형시키는 즉시적 반영인 거울은 모든 것들을 가능케 하는 마술적 현실이라 할 수 있다."
>
> – 〈보르도의 고야Goya in Bordeaux〉(1999)

영화는 무수히 많은 무의식적인 동기와 방어기제defense mechanism를 표현한다. 이는 원치 않는 생각, 감정, 또는 행동의 패턴이며, 주로 불안에 대한 주관적 경험 때문에 발생한다. 스트레스나 내적 갈등에 대한 반응인 행동화acting out는 〈정사 Intimacy〉(2000), 〈유 캔 카운트 온 미You Can Count On Me〉(2000), 〈란타나Lantana〉 (2001)에서 묘사되었고, 특히 〈폴링다운Falling Down〉(1993)에서는 마이클 더글라스가 일상에서 경험하는 스트레스에 대해 반응하는 방식으로 표현된다. 이타주의 altruism는 〈패치 아담스Patch Adams〉(1998)에서 볼 수 있고, 특히 〈시티 오브 조이City of Joy〉(1993)에서 궁핍한 인도인들을 위해 헌신하는 주인공 의사를 통해 잘 표현되고 있다. 부정denial은 〈빌리지The Village〉(2004)와 〈도그빌Dogville〉(2003)에 나오는 대부분의 마을 사람들과 〈밤으로의 긴 여로Long Day's Journey into Night〉(1962) 및 〈레퀴엠Requiem for a Dream〉(2000)에서 약물 중독자 역할을 맡은 캐서린 헵번과 엘렌 버스틴에 의해 극적으로 표현되었다. 주지화intellectualization는 〈로렌조 오일Lorenzo's oil〉(1992)에서, 억제suppression는 〈유나이티드 스테이츠 오브 리랜드The United States of Leland〉(2004), 〈킬 빌 2Kill Bill: Vol. 2〉(2004) 그리고 〈바람과 함께 사라지다Gone with the Wind〉(1939)에서 훌륭하게 묘사되었다.

> "그건 내일 생각할 거야. 타라! 고향, 그래 고향에 갈 거야. 그리고 그를 돌아오게
> 할 방법을 생각할 거야! 결국, 내일은 내일의 태양이 뜰 거야!"
>
> – 〈바람과 함께 사라지다〉(1939)

 ## 영화 속에서의 정신장애에 대한 묘사

이 책은 정신장애 범주에 따라 구성되어 있고 각 장에는 그에 적합한 영화들을 예로 들고 있다. 〈표 1-2〉에는 널리 알려진 장애와 그 장애를 잘 표현하는 것으로 알려진 영화가 정리되어 있다. 이들 영화를 관람함으로써 관객은 영화가 묘사하는 특정 장애를 보다 잘 이해할 수 있게 될 것이다.

〈표 1-2〉 심리장애를 묘사한 영화들

진단분류	고전영화 예	최신영화 예
아동 및 청소년 장애	〈키즈〉(1995)	〈코러스〉(2004), 〈13살의 반란〉(2003)
정신지체	〈슬링 블레이드〉(1996)	〈폴린느와 폴레트〉(2000), 〈아이 엠 샘〉(2001)
자폐증과 전반적 발달장애	〈데이비드와 리사〉(1962), 〈레인맨〉(1988)	〈브레이킹 앤 엔터링〉(2006), 〈아메리칸 스플렌더〉(2003)
신경심리학적 장애	〈황금 연못〉(1981)	〈어웨이 프롬 허〉(2006), 〈메멘토〉(2000)
물질 관련 장애	〈잃어버린 주말〉(1945)	〈하프 넬슨〉(2006), 〈러브 리자〉(2002)
정신분열병	〈클린, 쉐이번〉(1994)	〈프루프〉(2005), 〈뷰티풀 마인드〉(2001)
기분장애	〈보통 사람들〉(1980)	〈쇼핑걸〉(2005), 〈디 아워스〉(2002)
불안장애	〈현기증〉(1958)	〈배트맨 비긴스〉(2005), 〈매치스틱 맨〉(2003)
신체형 장애	〈페르소나〉(1966)	〈테레사: 리지외의 성 테레사 수녀 이야기〉(2004), 〈헐리우드 엔딩〉(2002)
해리장애	〈싸이코〉(1960)	〈언노운 화이트 메일〉(2005), 〈아이덴티티〉(2003)
성장애	〈로리타〉(1962)	〈더 우드맨〉(2004), 〈세크리터리〉(2002)
성정체감장애	〈소년은 울지 않는다〉(1999)	〈트랜스아메리카〉(2005), 〈노멀〉(2003)
섭식장애	〈세상에서 제일 작은 소녀〉(1981)	〈첫사랑〉(2004), 〈열정의 무대〉(2000)
수면장애	〈아이다호〉(1991)	〈머시니스트〉(2004), 〈인썸니아〉(2002)
충동조절장애	〈마니〉(1964)	〈절도광〉(2003), 〈오닝 마호니〉(2002)
적응장애	〈누명 쓴 사나이〉(1956)	〈미스언더스탠드〉(2005), 〈베스트쇼〉(2000)
성격장애	〈강박충동〉(1959), 〈위험한 정사〉(1987)	〈노트 온 스캔들〉(2006), 〈스토커〉(2002)

다양한 영화 장르 속의 정신병리

정신장애를 묘사하는 대표적인 영화 장르로는 드라마, 공포물, 스릴러를 들 수 있다. 정신장애를 묘사하는 가장 좋은 방법 중 하나는 초현실적이고 표현주의적인 이미지들을 현실적이고 타당한 몽타주에 주입하는 것이며, 이를 통해 배우의 내면 정신세계를 강렬하게 전달해 줄 수 있다.

대중적인 장르인 드라마drama에서는 가장 현실적으로 정신장애를 묘사하고 있고 그와 관련된 영화도 많다. 이 책의 각 장에는 정신장애를 묘사하는 드라마 장르의 영화를 여러 편 소개하고 있다. 〈휴먼 스테인The Human Stain〉(2003)처럼 잔잔한 감동을 주는 드라마, 구성이 분리되고 복잡한 〈21그램21 Grams〉(2003), 정서적 감흥을 일으키는 〈러브 리자Love Liza〉(2002), 〈미스틱 리버Mystic River〉(2003) 등 그 범위도 광범위하고 종류도 다양하다.

초기 공포horror영화의 원형으로 간주되는 비네 감독의 〈칼리가리 박사의 밀실〉 (1919)은 고도의 표현주의적 작품으로, 정신장애자 보호시설의 섬뜩한 살인사건을 설정하는 전례를 만들었다. 많은 후속 영화들처럼 이 영화는 정신이상과 정신과 의사의 사생활을 연결시켰고 정신건강 전문가들을 '다소 엉뚱하고 이상한 사람들'로 묘사했다. 이러한 주제는 이후로도 지속적인 영향을 미쳤고 그러한 영향을 받은 작품 중 〈양들의 침묵The Silence of the Lambs〉(1991)은 많은 호평을 받은 성공작이 되었다. 이 영화에서 앤서니 홉킨스는 정신적으로 이상이 있는 잔인한 정신과 의사 역을 연기했다. 〈쏘우The Saw〉(2004; 2005; 2006; 2007; 2008) 시리즈와 〈살인마 가족 House of 1000 Corpses〉(2003)에서도 현실과 단절된 정신병질적psychopathic 범죄자가 등장한다.

알프레드 히치콕 감독의 독창적인 영화들은 서스펜스suspense 장르 영화의 가장 좋은 예들이다. 서스펜스 영화들은 독창적인 방법으로 관객들의 마음을 사로잡고, 미묘하고 지속적이며 설득력 있는 방식으로 관객들의 불안을 이용한다. 양식화된 사실주의로 알려진 대부분의 히치콕 영화들은 주관적인 카메라 샷과 객관적인 카메라 샷을 섞어 만든 몽타주를 정교하게 편집함으로써 방관자였던 관객들을 결백하지 않은 주인공의 처지로 끌어들여 끊임없이 대리경험을 하게 만든다. 히치콕의 영화는 증상이 심한 정신장애에 대한 호기심을 반영할 뿐만 아니라(〈싸이코〉, 1960), 행동화, 반동 형성, 이상화, 억압 및 취소와 같은 미묘한 심리적 현상 또한 영화에 반영한다. 이러한 방어기제들은 그의 영화 〈의혹의 그림자Shadow of a Doubt〉 (1943), 〈망각의 여로〉(1945), 〈마니Marnie〉(1964)에서 묘사된다. 히치콕의 작품양식은 대단히 인기가 있어서 브라이언 드 팔마, 로만 폴란스키 같은 다른 감독들이 자주 모방하기도 한다.

빈번하진 않지만 다큐멘터리documentary 영화에서도 정신장애가 묘사된다. 프레드릭 와이즈먼의 〈티티컷 폴리즈Titicut Follies〉(1967)과 〈프리드먼가 사람들 포착하기Capturing the Friedmans〉(2003)는 명백한 정신장애 사례를 설명한다. 앞의 두 영화와 대조적으로 공포영화 〈정신병원Bedlam〉(1945) 혹은 다큐멘터리 영화 〈스네이크 핏The Snake Pit〉(1948), 〈프레셔 포인트Pressure Point〉(1962), 〈뻐꾸기 둥지 위로 날아간 새〉(1975)는 흥미롭게도 모두 정신병원과 정신병 환자를 치료하는 내용을 다루고 있다. 적어도 두 선구자적 영화 〈이브의 세 얼굴〉(1957)과 〈악몽Sybil〉(1976)은 관객들에게 정신장애 환자의 전체 사례와 환자와 정신과 의사 간의 갈등을 보여 준다.

코미디comedy 장르 또한 정신병리를 묘사하고 있다. 〈황홀한 영혼 프레드Drop Dead Fred〉(1991), 〈밥에게 무슨 일이 생겼나What about Bob?〉(1991), 〈고소공포증High Anxiety〉(1977), 〈스코틀랜드 PAScotland, PA〉(2011)는 주연배우의 행동에서 유발된 불안감을 완화하기 위해 익살스런 유머를 사용하고 있는데, 이러한 유머로 심리적 일탈을 묘사하고 있다. 우디 앨런 감독은 〈한나와 그 자매들Hannah and Her Sisters〉(1988), 〈헐리우드 엔딩Hollywood Ending〉(2002)과 같은 많은 영화에서 불안, 신경증과 신체화 장애를 묘사하며 경력을 쌓아 왔지만, 보다 최근에는 〈매치 포인트Match Point〉(2005), 〈내 남자의 아내도 좋아Vicky Cristina Barcelona〉(2008)에서 성격장애를 묘사함으로써 좀 더 미묘하고 어둡고 복잡한 정신장애를 다루는 쪽으로 전향하였다.

영화에서의 오해와 고정관념화된 주제

미디어 심리학의 권위자 오토 발Otto Wahl은 그의 저서인 『미디어 매드니스Media Madness』(1995)에서 미디어에 나타난 정신장애와 관련하여 다음과 같이 요약했다. "전반적으로 대중매체는 정신장애에 대해 제대로 묘사하지 못하고 있다. 빈번히 잘못된 정보를 전달할 뿐 아니라, 정신장애를 가진 사람들에 관한 비우호적인 고정관념이 지배적이며, 정신의학적 용어를 부정확하거나 불쾌한 방식으로 사용한다." (pp. 12-13) 이는 주로 미디어 프레이밍media framing 때문이다. 미디어 프레이밍이란 대중들이 해석할 정보를 제공하거나 조직하는 방식이다. 영화에서 정신장애에 관한 미디어 프레이밍은 매우 부정적이고 부정확하다(Goffman, 1986; Sieff, 2003). 정신장애에 대한 미디어 프레이밍은 전형적으로 협소하고 왜곡되어 있어서 정신장애자를 폭력적인, 위험한, 지나치게 단순한, 환멸을 느끼는, 순진한 사람 등으로 표현한다. 이것은 최소한 다음과 같은 두 가지 이유 때문에 문제시된다. ① 일반 대중은 정신 건강을 이해할 수 있는 능력이 부족하다(Orchowski, Spickard, & McNamara, 2006). ② 연구보고에 따르면, 정신장애에 관한 주요 정보원은 대중매체다(Wahl, 1995).

스티븐 하일러Steven Hyler는 영화 속의 정신장애 묘사에 대한 흥미로운 분석을 제시하였다(Hyler, Gabbard, & Schneider, 1991). 하일러와 동료들은 낙인을 지속시키는 여섯 가지 일반적인 고정관념을 제시했다. 첫째, 정신과 환자는 통제되지 않는 반항적인 자유주의자rebellious free spirit다. 이러한 묘사는 〈프랜시스Francis〉(1982), 〈최후의 판결Nuts〉(1987), 〈4인의 방랑자The Dream Team〉(1989), 〈비밀의 목소리The Couch Trip〉(1989), 〈내 책상 위의 천사An Angel At My Table〉(1990), 〈샤인Shine〉(1996), 〈케이-펙스K-Pax〉(2001), 〈어사일럼Asylum〉(2005)과 같은 영화에서 찾을 수 있으며, 가장 대표적인 영화는 〈뻐꾸기 둥지 위로 날아간 새〉(1975)다. 살인광homicidal mania에 대한 고정관념은 앞서 기술했던 많은 공포영화 또는 슬래셔무비slasher movie에서 나타난다. 그런데 하일러 등은 이러한 고정관념은 훨씬 더 이전인 D. W. 그리피스의 1909년작 영화 〈광기의 요리사The Maniac Cook〉로까지 거슬러 올라갈 수 있다고 지적한다. 이 영화에서 정신병자인 고용인은 아이를 오븐에 요리해서 죽이려 한다. 정신지체가 있는 한 남성을 그린 〈슬링 블레이드Sling Blade〉(1996)는 잘 기획되었으며 공감이 가는 영화다. 25년 전 어머니와 그녀의 애인을 살해한 정신지체 남성이 정신병원에서 지내다가 퇴원한 후 두 번째 살인을 저지른다는 이 영화의 내용은 정신장애자와 정신지체자는 위험하다는 고정관념이 유지되는 데 기여했다.

〈케어테이커The Caretakers〉(1963)와 〈드레스트 투 킬Dressed to Kill〉(1980)과 같은 영화에서는 환자가 유혹하는 여자seductress로 그려지고, 1964년 영화 〈릴리스Lilith〉에서는 치료자 역을 맡은 인기스타 워런 비티가 정신과 환자 역을 맡은 진 세버그에게 유혹당한다. '정신장애 환자는 진보된 사회인enlightened member of society이다'라는 고정관념은 랭R. D. Laing과 토마스 사즈Thomas Szasz와 같은 작가의 작품과 연관되어 있으며, 영화로는 〈왕이 된 사나이King of Hearts〉(1966), 〈파인 매드니스A Fine Madness〉

(1966)와 같은 작품에서 잘 설명하고 있다. 자기애적 이기주의자narcissistic parasite에 대한 고정관념은 자기중심적이고 타인의 주의를 끌려 하고 요구가 지나치게 많은 정신장애 환자를 통해 표현된다. 〈밥에게 무슨 일이 생겼나?〉(1991), 〈애니 홀Annie Hall〉(1977), 〈고소공포증〉(1977), 〈상사병Lovesick〉(1983)과 같은 영화에서 이를 잘 설명하고 있다. 마지막으로, 정신장애자를 동물원의 표본zoo specimen처럼 생각하는 고정관념은 그들을 조롱의 대상이나 '정상인'의 흥밋거리로 비하하는 영화들에 의해서 지속된다. 이러한 고정관념을 나타내는 가장 좋은 예는 〈정신병원〉(1948)과 〈마라/사드Marat/Sade〉(1966)다. 브라이언 드 팔마의 〈드레스트 투 킬〉(1980)에서는 이러한 주제가 변형되어 나타나는데, 영화에서 정신이상자이며 살인범인 정신과 의사는 초현실적으로 꾸며놓은 원형 경기장 같은 계단식 교실에서 간호사를 살해하고, 많은 환자들은 자리에 앉아서 말없이 이를 지켜본다.

하일러(1988)의 논문에서는 정신장애 발현의 원인에 대한 영화 속의 고정관념을 크게 세 가지로 기술하고 있다. 첫째는 외상성 원인론에 대한 가정presumption of traumatic etiology이다. 이 가정은 하나의 외상적인 사건이 정신장애의 발병 원인이 된다는 것이다. 그 예로 〈망각의 여로〉(1945)에서는 그레고리 펙이 겪는 기억상실증이 결국 어린 시절 형의 죽음과 관련되어 있음을 보여 준다(히치콕은 극적이며 잊지 못할 회상 장면으로 이를 표현하였음). 〈이브의 세 얼굴〉(1957)에서는 어린 시절 할머니의 시체에 입맞춤을 강요당했던 것이 해리성 정체감장애의 발병 원인임을 보여 준다. 〈지난 여름 갑자기Suddenly, Last Summer〉(1959), 〈용기의 고향Home of the Brave〉(1949), 〈최후의 판결〉(1987)에서도 그 예를 찾을 수 있고, 특히 〈피셔 킹The Fisher King〉(1991)에서 로빈 윌리엄스가 맡았던 배역에서 잘 표현되고 있다.

하일러의 두 번째 가정은 정신분열병을 유발하는 부모schizophrenogenic parent와 관련된다. 아이의 심각한 정신장애는 부모(대부분 어머니)에게 책임이 있다는 것으로, 보편적으로 지지되는 오해 중의 하나다. 미국 국립정신장애자연맹에서는 이러한 근거 없는 오해를 없애려고 많은 노력을 해 왔지만, 이미 대중의 인식 속에 뿌리 깊이 각인되어 있고 영화 속에서도 흔히 나타난다. 그 예로는 〈신의 아그네스Agnes of God〉(1985), 〈고독한 여심Face to Face〉(1976), 〈악몽〉(1976), 〈캐리Carrie〉(1976), 〈프랜시스〉(1982), 〈공포에 사로잡혀Fear Strikes Out〉(1957), 〈샤인〉(1996) 등이 있다.

"우리 집 핏줄에는 광기가 흐르지, 야생마같이."
— 〈비소와 낡은 레이스Arsenic and Old Lace〉(1944)에서 모티어 브루스터

하일러가 논의한 세 번째 오해는 아무런 해가 없는 기이한 행동이 흔히 정신장애로 낙인찍히고 부당하게 취급받는다는 것이다harmless eccentricity is frequently labeled as mental illness and inappropriately treated. 이러한 오해는 〈뻐꾸기 둥지 위로 날아간 새〉(1975)에서 가장 잘 나타난다. 잭 니콜슨이 맡은 캐릭터인 랜들 맥머피는 카리스마 있고 대담하며 활기가 넘치는 인물이다. 그에게 붙여진 진단이 정확한지는 분명치 않지만, 그에게 적합한 유일한 진단명은 반사회성 성격장애일 것이다. 그러나 일단 이 시스템(정신병원)에 들어온 이상, 그는 결코 빠져나갈 수 없으며 치료라는 명분 아래 잘못된 행동에 대한 일종의 처벌로서 전기경련요법과 전두엽 절제술을 받게 된다. 이러한 예는 1966년에 발표된 두 영화 〈왕이 된 사나이〉〈파인 매드니스〉와 이후의 영화 〈고독한 투쟁Chattahoochee〉(1990)에서도 찾아볼 수 있다. 토마스 사즈가 그의 저서(예:『정신장애에 대한 그릇된 신화The Myth of Mental Illness』와 『정신질환의 노예Psychiatric Slavery』와 같은 책)에서 기술한 것처럼, 정신건강시설에서의 치료란 사실상 사회적 통제의 형태를 띤다. 또한 〈시계 태엽 오렌지A Clockwork Orange〉(1971)에서 묘사된 혐오치료와 같이 영화에서는 과잉치료에 대해서도 잘 묘사하고 있다. 영화에서 유지되고 있는 오해에 대한 총 목록은 구체적인 영화 예와 함께 부록 D에 제시되어 있다. 부록 E에는 정신건강 관련 직업을 구체적으로 살펴보고, 심리치료자의 안정된 모습과 불안정한 모습 모두를 상세하게 묘사한 영화를 소개하고 있다.

정신병리와 그것이 영화에서 어떻게 표현되는지에 대해서는 다음 장에서 좀 더 상세하게 논의할 것이다. 일반적으로 우리는 미국정신의학회의 『정신장애 진단 및 통계 편람 제4판-텍스트 수정판Diagnostic and Statistical Manual, Fourth Edition-Text Revison』(이하 DSM-IV-TR)의 진단범주를 따를 것이다. 부록 F에는 이러한 진단범주에 따라 분류된 필모그래피[7]가 제시되어 있다. 여러분이 시간을 내서 부록 F에 있는 영화들을 본다면 경험이 보다 풍부해지고 정신병리에 대한 이해 또한 증가될 것이다.

----

7) 역자 주: 감독, 촬영자, 배우, 주제 등에 따라 분류하여 정리하여 놓은 영화 작품 목록.

정신장애, 정신건강 그리고 인간 조건

　의심할 여지없이 정신장애는 영화감독들이 스크린에서 묘사할 수 있는 가장 매력적인 현상 중 하나다. 물론, 우리에게는 정신장애보다 더욱 문제시되는 다양한 인간 조건human condition들이 있다. 이 책의 저자인 니믹Niemiec과 웨딩Wedding의 다른 저서인 『영화 속의 긍정 심리Positive Psychology at the Movies: Using Films to Build Virtues and Character Strengths』(2008)에서는 무엇이 인간에게 긍정적인가에 초점을 둔 많은 영화에서 위대한 업적, 미덕 그리고 긍정적인 영향을 어떻게 묘사하고 있는지에 대해 검토하고 있다. 그들은 심리적 강점 및 덕목체계Character Strengths and Virtues (Peterson & Seligman, 2004)를 사용하여 24개의 보편적인 성격적 강점들을 분류하고, 각각의 강점(예: 창조성, 호기심, 친절함, 정의감 등)과 관련된 대표적인 영화 작품들을 기술하였다. 사실, 정신장애 환자들도 다른 사람들과 마찬가지로 성격적 강점과 장점을 가지고 있으며, 이러한 강점이 정신적 역경을 극복하는 데 도움을 준다는 점을 고려해야 한다. 이처럼 성격적 강점들을 다룬 영화들은 한 가지 차원 혹은 충격적이고 자극적인 측면만을 묘사하기보다는 이것이 인간에게 어떠한 복잡한 의

〈표 1-3〉 정신병과 성격 강점과 장점을 묘사한 영화

영화	정신병리	덕목	강점
〈엘링〉(2001)	불안장애	용기	용기와 인내
〈어웨이 프롬 허〉(2006)	치매	인간애	사랑
〈미시마〉(1985)	자살	절제	자기조절
〈캔바스〉(2006)	정신분열병	지혜와 초월	창조성과 희망
〈케이-팩스〉(2001)	망상 혹은 해리장애	지혜	균형감과 창조성
〈인썸니아〉(2002)	수면장애	용기	용기와 인내
〈아메리칸 뷰티〉(1999)	기분장애	초월	아름다움에 대한 감사
〈멋진 인생〉(1946)	적응장애	초월	감사와 희망
〈시계 태엽 오렌지〉(1971)	성격장애	지혜와 초월	탁월함에 대한 호기심과 경외심

미를 지니는가에 대해 파헤침으로써 인간 조건을 보다 사실적으로 드러낸다. 〈뷰티풀 마인드〉(2001)와 같은 영화는 정신분열병을 설득력 있게 묘사하고 있지만 사랑, 용기, 인내라는 성격적 강점 또한 잘 보여 준다. 〈표 1-3〉에는 인간 조건의 두 측면을 분명하게 보여 주는 영화들이 제시되어 있다.

정신건강과 관련된 많은 사람들이 매년 보이스 어워즈Voice Awards 시상식에 참석하기 위해 모인다. 이 상은 정신건강과 관련된 이슈와 회복력에 관한 대중의 인식을 촉진시킨 영화에 수여된다. 즉, 정신건강 문제를 보이는 사람들을 품위 있고 사려 깊으며 정확한 묘사를 통해 표현한 작가나 연예 프로그램(영화나 TV) 제작자들에게 수여된다. 이 책에서는 장편영화 수상작들을 소개하고 있고, 특히 〈캔바스Canvas〉(2006), 〈레인 오버 미Reign Over Me〉(2007)와 〈에비에이터The Aviator〉(2004)는 주목할 만한 영화다. 이 시상식은 정신건강센터CMHS와 약물남용 및 정신건강 지원 기구SAMHSA 분과에서 후원하고 있다.

비판적 사고를 위한 질문들

- 영화에서 정신장애를 묘사할 때 가장 중요하다고 여겨지는 영화적 요소는 무엇인가(예: 음악, 조명 등)?
- 정신장애를 이해하는 데 도움이 되었던 영화 캐릭터를 생각해 보라. 영화적 요소가 어떻게 정신장애에 관한 이해를 촉진시키거나 도움이 되었나?
- 영화 제작에서 순수주의적 접근purist approach(예: 도그마95에 입각하여 만들어진 영화들은 특수효과, 외적 음향 등을 사용하지 않았음. 14장 483쪽 참조)이 특수효과를 강조하는 접근보다 심리적 현상을 드러내는 데 있어 더 적합하다고 생각하는가?
- 영화 음악이 어떻게 우울증, 정신분열병 그리고 불안장애의 묘사를 극대화시킬 수 있는지 예를 들어 설명해 보라. 각각의 영화에서 음악은 어떤 차이가 있는가? 장르에 따라 음악에 차이가 있는가?
- 정신장애를 앓고 있는 역동적이고 복합적인 캐릭터를 묘사하는 영화는 대체로 캐릭터의 강점과 장점도 묘사하고 있는가? 그렇지 않다면 그 영화가 인물을 여전히 정확하고 충분히 묘사한다고 볼 수 있을까?
- 당신은 영화를 보는 것처럼 무아지경과 같은 몰입이나 집중 상태에 빠지도록 해 주는 활동에 얼마나 많은 시간을 투자하는가? 이러한 심리상태가 당신의 일상생활에서 어떤 역할을 하는가?

추가적인 탐구

만일 당신에게 영화 매체와 관련된 단 한 권의 책을 읽을 시간만이 주어진다면 다음의 책을
읽어 보라.
- Dick, B. F. (2009). *Anatomy of film* (6th ed.). Boston: Bedford/St. Martin's.

만일 당신에게 단 한 편의 논문을 읽을 수 있는 시간만 주어진다면 다음의 논문을 읽어 보라.
- Hyler, S. E., Gabbard, G. O., & Schneider, I. (1991). Homicidal maniacs and narcissistic
    parasites: Stigmatization of mentally ill persons in the movies. *Hospital & Community
    Psychiatry, 42,* 1044-1048.

저자 추천작

- 〈뷰티풀 마인드A Beautiful Mind〉(2001)
- 〈페르소나Persona〉(1966)
- 〈메멘토Memento〉(2000)
- 〈레인맨Rain Man〉(1988)
- 〈위험한 정사Fatal Attraction〉(2002)
- 〈뻐꾸기 둥지 위로 날아간 새One Flew Over the Cuckoo's Nest〉(1975)
- 〈싸이코Psycho〉(1960)
- 〈잃어버린 주말The Lost Weekend〉(1945)
- 〈현기증Vertigo〉(1958)
- 〈시계 태엽 오렌지A Clockwork Orange〉(1971)

제2장

불안장애

"때때로 나는 무서워……. 내 정신줄을 놓게 될까 봐. 그리고 만약 그렇
다면…….
눈을 감고 하늘을 나는 기분일 거야."

– 〈에비에이터〉(2004)에서 하워드 휴즈

〈에비에이터〉를 관람하면서 생각해 볼 물음들

- 하워드 휴즈는 불안장애의 몇몇 증상을 경험하고 있다. 강박장애와 다른 불안장애가 공존하는 경우가 얼마나 흔한가?
- 하워드 휴즈의 강박사고는 그의 강박행동과 어떤 연관이 있는가? 그의 강박사고와 연관성이 없으며 비논리적으로 보이는 다른 강박행동이 있는가?
- 영화 전체에서 언급되지 않지만 뚜렷이 드러나는 다른 정신과적 장애는 무엇인가?
- 강박장애의 치료법은 무엇인가? 그리고 강박장애의 치료에 방해가 되는 공존 증상은 무엇인가?
- 하워드 휴즈의 인격과 그의 장애를 구별하는 것이 가능한가?
- 하워드 휴즈에게 강박장애가 없었다면 항공사업과 영화사업에 성공할 수 있었을까?
- 강박장애를 가진 사람들은 환각을 경험하는가? 강박장애를 가진 사람이 세균이 없는 환경을 원한다는 내용은 현실적인가?
- 하워드 휴즈에게 치료를 시작하는 데 적절한 시기는 언제였겠는가? 어떤 치료가 가장 좋은 결과를 가져왔겠는가?
- 휴즈는 사망 시 유언을 남기지 않았다. 그리고 그의 재산은 22명의 조카에게 나누어졌다. 휴즈의 생애 마지막 시기에 유언을 쓸 만한 능력이 있었겠는가? 왜 그렇게 생각하나?

 환자 평가[1]

환자가 진술한 내원 사유: "안전한 장소가 없어요. 안전한 장소가 없어요."

현 병력: 하워드 휴즈는 42세 백인 남성으로, 그의 회계사와 함께 개인의원에 방문하였다. 회계사의 보고에 의하면 환자는 저택의 방 하나에 살면서 그 방을 '무균환경'으로 만들어 놓았다고 하였다. 그의 방의 모든 출입문은 보호 테이프로 덮여 있었고, 그는 물건

---

1) 여기서 제시되는 가상의 인터뷰는 〈에비에이터〉에 묘사된 인물 특성을 바탕으로 구성된 것이며, 실존인물인 하워드 휴즈와의 인터뷰를 재현할 의도가 아님을 밝힌다.

을 주울 때면 티슈를 사용하였으며, 접시나 유리그릇을 사용하지 않으려 하였다. 그는 몇 년간 여러 가지 강박사고와 강박행동을 보여 왔는데, 최근에 점점 더 심해지고 있다. 가장 문제가 되는 강박사고는 세균에 대한 두려움이었으며, 결국 매우 심한 공포증으로 악화되었다. 그는 자신의 옷장이 병을 앓고 있는 사람에게 노출되면 옷장을 태워 버렸다. 또한 친구들과 직원들에게 매우 철저한 위생 절차를 지키도록 하였다. 최근에 그는 먼지, 불결함 또는 그의 일생 동안 장애로 여겨 온 것들에 대한 극도의 공포로 인해 심한 공황발작을 경험하기 시작했다. 한번은 다른 사람에게 보이지 않는 것이 '보인다'고 보고하였다. 그는 매일 공황발작을 겪었으며, 사람들이 많은 곳에서 공황발작이 일어날까 봐 매우 걱정하고 있다.

과거의 정신과적 병력, 치료 및 결과: 정신과 치료의 과거력은 없었다. 하지만 몇 년간 증상은 있어 왔다. 그는 정신과적인 질병에 대해서 단호하게 부정하였으나, 자신의 행동이 정신적 불안을 초래한다는 것은 인식하고 있다.

의학적 병력: 휴즈 씨는 아동기부터 시작된 가벼운 신체적 질환들의 긴 병력을 가지고 있다. 그의 어머니는 이 질환이 생명을 위협하는 질병으로 악화될 것을 두려워하여 어린 하워드가 감기나 신체적 불평을 할 때마다 치료방법을 찾았었다. 13세경, 휴즈 씨는 의학적으로 설명할 수 없는 마비가 악화되어 2개월간 휠체어 신세를 지게 되었다. 그의 부모는 그가 소아마비에 걸렸다고 믿었으나 진단은 내려지지 않았다. 그는 수차례의 비행기 사고로 얼굴, 다리, 내장에 손상을 입어 이로 인한 만성적인 통증을 가지고 있었다. 여러 의사들에게서 진통제를 처방받아 현재까지 복용하고 있다.

심리사회적 병력: 휴즈 씨는 아동기 때만 그의 부모(하워드 시니어와 알렌 휴즈)와 가깝게 지냈다. 그의 어머니는 그가 16세였을 때 예기치 못하게 사망하였다. 2년 뒤, 그의 아버지는 심장발작으로 사망하였다. 아동기 동안 그의 어머니는 하나뿐인 아들인 휴즈 씨를 과도하게 보호하였다고 하며, 그의 신체적 상태와 감정적 상태에 대해서 집착하였다고 한다. 휴즈 씨는 그가 어린 시절 병에 대해서 불평함으로써 귀찮은 상황을 회피하거나 관심을 끌 수 있다는 것을 배웠다고 언급하였다. 그의 아버지는 꽤 화려하고 사교적인 라이프스타일로 잘 알려져 있었다. 아내의 죽음 후 비탄과 외로움에 빠진 아버지는 아들을 사립학교에서 집으로 돌아오게 하였다. 아버지가 사망하기까지 휴즈 씨는 캘리포니아에 살았으며, 매력이 넘치는 헐리우드 라이프스타일을 받아들이고 영화산업의 유명인과 자주 만나게 되었다. 그의 친삼촌은 잘 알려진 영화 제작자였다. 그는 고등학교 졸업장을

따지는 못하였지만, 영향력 있는 아버지의 노력으로 라이스 대학교에 입학하게 되었다. 그는 나중에 아버지가 사망한 뒤 대학교를 자퇴하였으며, 매우 성공한 집안사업의 유일한 상속자가 되었다.

휴즈 씨는 19세에 결혼하였고 5년 뒤 이혼하였으며 아이는 없었다. 그는 지속적으로 집안사업을 잘 관리하였으며, 잘 알려진 영화 제작자이기도 하였다. 그리고 그는 성공적인 비행을 시작한 유명한 비행사였다. 그는 재혼하지 않았으나, 몇몇 10대를 포함한 여러 여성들과 짧고 로맨틱한 관계를 가졌었다. 그의 회계사는 가장 가까운 친구다.

약물과 알코올 병력: 휴즈 씨는 통증 조절을 위해 마약성 진통제를 합법적으로 처방받았다. 그는 매일 마약성 진통제를 술과 함께 복용하였다. 그가 중독되었음을 시사하는 강한 증거가 있다.

행동 관찰: 휴즈 씨는 헝클어진 머리에, 키가 크고, 쇠약한 백인 남성의 모습이었으며, 그의 현재 나이보다 많아 보였다. 그는 자신의 회계사와 같이 도착하였다. 그는 망설이면서 방에 들어왔고, 악수를 거절하였다. 그는 의자에 앉기 전에 의자를 털고 앉았으며, 여러 질문에 참을성 없이 화를 내면서 대답하였다. 그는 시선을 마주치지 못하고 피하였다. 면담 동안, 그는 자주 티슈로 입을 덮어서 말을 잘 이해할 수 없었다. 어깨까지 내려오는 머리카락은 빗질을 하지 않은 채였고, 손톱은 더럽고 매우 길었다. 옷은 더럽고 구겨져 있었다. 그는 면담 동안 초조해하였고 가만있지 못하였다. 그리고 거의 모든 질문에 단답형으로 짧게 대답했는데, 대부분 '예' 또는 '아니오'였다.

정신상태검사: 휴즈 씨의 의식은 명료했고, 시간 및 장소에 대한 지남력이 있었으나, 요일과 날짜는 알지 못하였다. 그는 자살사고나 타살사고에 대하여 부인하였으나, 잠들고 난 뒤 깨어나고 싶지 않다고 진술하였다. 그는 다른 사람들이 보지 못하는 어떤 것들(벌레, 세균, 이미지)이 가끔 보인다고 시인하였다. 이러한 사건이 그를 불안하게 함에도 불구하고, 그는 이 모든 것은 자신의 마음이 스스로에게 장난을 치는 것이라고 설명하였다. 또한 이러한 사건들이 대부분 술과 코데인을 사용하고 나서 일어난다고 시인하였다. 그는 바깥의 소음에 의해 산만해지기 전까지 7부터 65까지 순차적으로 셀 수 있었다. "왜 구르는 돌에는 이끼가 끼지 않습니까?"의 의미에 대해서 물어보았을 때, 그는 가만히 앉아 있다가 "그건 나요."라고 이야기하였다. 불안해하면서 그는 그 문구를 계속 반복하였다. 이러한 문구의 반복이 정말로 강박적 행동인지 기억력의 문제인지는 확실하지 않다.

기능적 평가: 매우 짧은 시간 안에 휴즈 씨는 성공적인 영화 제작자, 비행사, 비행기 디자이너, 항공사 이사가 되었다. 그는 충분히 많은 재산을 지니고 있고, 그가 소유한 회사에서 나오는 수익으로 살고 있다. 그는 여자 친구와 헤어지고 벤처사업이 망하고 난 뒤 지난 6개월간 일하지 않았다. 그의 음식은 모든 요리 기구를 멸균하여 사용하는 등 매우 자세한 방침을 따르는 개인 요리사에 의해서 준비되었다. 그는 질병의 전염에 대해서 매우 우려하였음에도 불구하고 자주 씻지는 않았고, 개인위생에 주의를 기울이지 않았다. 그는 은둔자같이 살며 외부와의 접촉이 거의 없었다.

강점: 휴즈 씨는 매우 창조적이고 영리하며, 혁신적인 사람이다. 그의 인생에는 새로운 사업체를 설립하고 로맨틱한 관계와 친밀한 관계를 가지는 등 성공했다고 볼 수 있는 기간이 있다. 그는 자신의 정신병이 아마도 약물 사용과 연관되어 있음을 인지하고 있다. 그는 자신의 아동기 경험에 대해서 잘 이야기할 수 있다. 그는 자신의 공황발작을 다루려는 의지가 있었다.

진단: 강박장애; 광장공포증을 동반한 공황장애; 물질 남용장애. 의증rule out: 양극성 장애.

치료 계획: ① 실제 상황에의 노출과 반응 방지 등 근거 중심 치료를 포함한 집중적인 입원/외래 불안 관리 프로그램을 고려; ② 강박장애 증상을 조절하기 위한 약물치료를 시작하기 위해 정신과 의뢰; ③ 강박사고, 강박행동, 공황발작을 발견하고 다루기 위한 주 1회의 인지행동치료; ④ 불안 조절 능력이 향상됨에 따라 정신치료, 지지집단, 그 밖의 부가적인 자원을 통하여 물질 남용 문제에 초점을 맞추기; ⑤ 라이프스타일 변화, 영양, 일반적인 위생 및 자기 관리에 대한 정신교육.

예후: 만일 휴즈 씨가 치료 계획에 잘 따라온다면 괜찮을 것이다. 하지만 그가 치료에 저항하는 경향이 있다는 점이 그를 치료에 완전히 끌어들이는 데 어려움이 될 것이다.

〈에비에이터〉와 강박장애

마틴 스코시즈 감독의 〈에비에이터The Aviator〉(2004)는 레오나르도 디카프리오가 주연한 영화이며, 아카데미 영화상 시상식에서 5개 부문의 상을 받았다. 이 영화는 과보호하는 부모, 세균에 대한 공포, 충동성, 즉각적 만족에 대한 욕구, 이른 시기에 겪은 부모의 죽음 등 강박장애에 영향을 미치는 여러 가지 요소를 잘 표현하였다. 거물이었던 하워드 휴즈 주니어(1905~1976)의 24세부터 42세까지의 실제 생애에 기반한 이 영화는 그의 심리사회적·신체적 황폐화를 묘사하였다. 그의 코데인 중독에 대해서는 명확히 묘사되지 않았지만, 알코올 사용에 대해서는 명확히 보여 주고 있다. 강박장애를 가진 다른 사람들의 증상과 같이, 영화에서 휴즈의 강박사고와 강박행동은 시간이 지남에 따라서 악화된다. 또한 이 영화는 스트레스가 어떻게 증상을 악화시키는지를 보여 준다. 레오나르도 디카프리오는 실제로 강박장애 환자들과 교류함으로써 휴즈의 모습을 잘 표현할 수 있었다.

"초콜릿 쿠키 10개를 가지고 싶어. 중간에 있는 걸로. 바깥쪽에 너무 가깝지 않은 걸로."

– 〈에비에이터〉(2004)에서 강박행동을 보이는 하워드 휴즈

 불안장애

상황이나 스트레스에 대한 정상 반응으로서의 불안은 활동에 필요한 동기가 되고, 위험이나 주의를 기울일 필요가 있는 것에 대한 건강한 경고 신호이기도 하다. 실존주의적인 작가들과 정신건강 전문가들은 불안이 인간 조건human condition의 한 부분이라는 것에 대해서 동의하고 있으며, 불안에 대한 다양한 이론적인 설명이 있다. 저명한 심리학자인 리처드 라자러스Richard Lazarus는 불안을 불확실하고 실존적인 위협에 마주쳤을 때 나타나는 부정적인 감정이라고 기술하였다(Lazarus, 1999). 정신분석가들은 불안을 위험이나 압도적인 감정에 직면하여 자신이 다룰 수 없을 정도의 무기력에 빠진 것을 나타내는 신호로 본다. 인지-행동주의자들은 지속적인 불안을 부정적인 자기상, 무력감, 취약성과 연관짓는다.

불안이 학교, 직장, 사회적 관계에 상당한 지장을 준다면 정신과적 장애가 있는 것이라고 볼 수도 있다. DSM-IV-TR은 불안장애를 강박장애, 공황장애, 공포증,

스트레스/불안장애(외상 후 스트레스 장애, 급성 스트레스 장애, 범불안장애)로 분류한다. 앞으로의 새로운 진단 매뉴얼은 이러한 장애들을 다시 분류할 것이다. 이러한 장애들의 공통점은 비정상적이고 과장된 불안 반응이며, 이는 신체 건강, 심리적 안녕, 인지적 기능, 사회적 기능에 부정적인 영향을 준다. 스트레스는 증상을 악화시킨다. 치료되지 않은 불안장애는 신체적 악화, 절망, 극도의 공포, 관계악화, 실업을 야기한다. 자살이 최후의 결과가 될 수도 있다.

불안장애의 단일 원인은 없다. 대신, 이러한 장애의 악화를 가져오는 여러 가지 요인이 있다. 유전적 소인, 환경의 변화, 심리사회적 사건 등이 불안장애의 발병에 기여한다. 이러한 장애가 악화될수록 뇌 내부에서 비정상적인 반응을 일으키는 변화가 일어난다. 이에 대한 치료를 위해서는 인지행동치료와 약물치료로 생각과 행동의 변화에 초점을 맞추어 뇌의 새로운 연관 패턴을 확립시키는 방법이 주로 쓰인다.

강박장애

강박장애obsessive-compulsive disorder: OCD를 가진 사람들은 되풀이되는 사고나 비논리적인 행동 때문에 고통을 받는다. 이러한 생각과 행동이 시간을 상당히 소모시켜서 직장과 사회적 관계에 지장을 준다. 강박장애가 심한 경우에는, 이러한 생각과 행동이 사실상 매 순간을 지배하게 된다.

강박사고obsession는 DSM-IV-TR에서 "침투적이고, 부적절하며, 반복적이고 지속되는 사고, 충동, 이미지로서, 뚜렷한 불안이나 고통을 야기함."이라고 정의된다. 강박사고는 일상적인 매일의 걱정보다 더욱 심각한 것이다. 강박장애 환자들은 반복적으로 이러한 생각을 억제하려고 하지만, 억제하려는 시도는 이러한 생각이 더욱 심화되도록 만든다. 이러한 반복적인 사고는 환자에게 불쾌하며 이질적으로 느껴진다(자아이질적ego-dystonic). 흔한 강박사고의 주제는 다른 사람(특히 아이들이나 무력한 사람들)을 해치는 것, 세균이나 배설물에 오염되는 것, 에이즈 같은 전염병이나 독소에 노출되는 것, 불경스러운 생각과 성적으로 나쁜 행실 같은 것들이다. 강박사고는 외상 후 스트레스 장애와 같은 다른 장애와 공존할 수 있다.

강박행동compulsion은 강박사고와 연관된 불편감을 줄이기 위해서 반복적인 행동이나 정신적인 활동을 수행하는 것이다. 강박사고와 강박행동이 논리적으로 연관성을 가지는 경우도 있다(예: 세균으로부터의 오염을 예방하는 데 도움이 될까 봐 반복적으로 손을 씻는 것). 그러나 둘 사이에 아무런 논리적인 연관성이 없는 경우도 많다(예: 매번 신호정지등 앞에서 이동하기 전에 유명한 광고 노래의 처음 몇 소절을 부르는 강박적인 행동의 욕구를 느끼는 환자는 이러한 행동과 사고가 일어날 가능성 사이에 아무런 관련이 없는 것을 안다).

〈매치스틱 맨Matchstick Men〉(2003)은 강박장애의 심리학적 결과를 잘 보여 준 작품이다. 니콜라스 케이지가 연기한 로이 왈러는 미끼를 이용한 교묘한 상술을 잘 부리는 성공한 사기꾼이다. 하지만 별거 중인 아내가 숨겨 왔던 10대의 딸이 자신에게 나타나 그의 삶에 지장을 주게 되자 자신의 질병이나 삶을 더 이상 잘 조절할 수 없게 되었고, 이 때문에 그의 강박 증상이 더 악화되었다. 영화를 보는 관객들은 강박장애를 가진 환자들의 여러 가지 이상하고 무기력한 행동을 볼 수 있을 뿐만 아니라, 치료 회기에서 주인공이 강박장애의 특징적인 내적 갈등에 대해서 생생히 설명하는 것을 볼 수 있다.

다른 유명한 영화로는 〈이보다 더 좋을 순 없다As Good As It Gets〉(1997)가 있다. 잭 니콜슨이 연기한 멜빈 유달은 청결함에 대한 강박을 지닌 여성차별주의자이자 동성애 혐오자다. 그는 매일 같은 레스토랑에서 식사를 하고, 같은 테이블에 앉으며, 같은 웨이트리스(헬렌 헌트 분)를 고집하고, 항상 같은 음식을 주문한다. 멜빈은 항상 종이로 포장한 깨끗한 플라스틱 식기를 가지고 가는데, 더러운 식기들로부터 자신이 더러워질 '위험'을 피하기 위해서다. 그가 잘 짜 놓은 일상이 어떤 것에 의해 방해가 될 때면, 멜빈은 불안해하고 적대적으로 변한다. 그는 문을 열기 전에 문손잡이를 닦으며, 치료자의 사무실로 갈 때도 보도블록의 갈라진 틈을 밟지 않고 피하기 위해 조심히 걷는다. 멜빈의 강박사고는 세균과 질병에 대한 반복적인 사고다. 그의 강박적 행동은 그의 사고의 결과로 시작된 의식적인 행동들이다. 강박장애 환자들은 흔히 여러 가지 강박사고를 지니고 있다. 〈이보다 더 좋을 순 없다〉는 이 장애를 사실적으로 보여 주고 있다(니콜슨의 성격에서 나타나는 것같이 청결함에 대한 심한 강박사고를 가진 환자들이 작은 개를 만질 수 있다는 예외사항도 포함되어 있음).

몇몇 임상가들은 멜빈이 DSM-IV-TR의 강박장애와 강박성 성격장애의 이중진단을 만족한다고 주장한다. 왜냐하면 그가 전반적으로 경직성rigidity, 대인적 통제, 비유연성inflexibility을 보여 주고 있기 때문이다.

강박적으로 손을 씻는 강박장애 환자들을 묘사한 영화는 드물지만 〈로날드를 기다리며Waiting for Ronald〉(2003)라는 단편영화는 이를 잘 보여 준다. 이 영화는 로날드라는 남자에 대한 간단한 영화인데, 그가 자신이 관리하던 주택을 떠나 친구인 에드가와 같이 살기 위해 다른 지역으로 버스를 타러 간다는 이야기다. 두 사람 모두 발달과정상의 장애를 가지고 있다. 강박장애를 가지고 있는 에드가는 손을 씻는 것에 대한 강박을 나타낸다. 그는 자기 모자를 쓸 때도, 모자의 주름을 잡을 때도, 가방에 물건을 넣을 때도 언제나 한 치의 오차조차 허락하지 않는다. 그는 버스 정류장에 일찍 도착하였지만, 로날드가 첫 번째 버스를 놓쳐서 에드가는 생각했던 것보다 더 오래 기다리게 되었다. 에드가는 화장실에 매우 가고 싶어 하였으며, 로날드가 도착하는 것을 놓칠 수도 있을 것임을 알고 있었지만 결국 화장실로 갔다. 에드가는 손을 계속 씻었고, 버스가 오는 소리를 들었음에도 불구하고 계속 손을 씻었다. 그는 손 씻기를 멈추고 싶었지만 그렇게 할 수 없었고, 불안감이 강렬하게 올라왔다. 그는 정신적인 고통으로 몸부림치며 신음하였다. 그는 손을 더 세게 씻었고, 울면서 자신을 세면대에서 떼어 놓으려고 노력하였다. 영화를 보는 사람들은 손을 씻는 행동이 그를 고통스럽고 아프게 하는 것을 명확하게 볼 수 있다. 에드가는 그의 치료자가 한 말과 그의 이름을 대면서 자신을 거듭 격려하려 하였다. "넌 할 수 있어. 조는 내가 할 수 있다고 했어……. 그냥 천천히 숨을 쉬어." 결국 그는 천천히 자신의 손을 세면대에서 한 번에 하나씩 뗄 수 있었다.

코미디 영화인 〈밥에게 무슨 일이 생겼나?What About Bob?〉(1991)에서 빌 머레이는 치료자(리차드 드레이퍼스 분)와 가까워질 수 없을 때 압도적인 불안을 느끼는 등의 여러 가지 문제를 가진 환자 역을 연기했다.

강박적 수집compulsive hoarding은 DSM-IV-TR의 정식적인 진단은 아니나, 강박장애와 흔히 연관되어 있고 강박장애 진단기준의 여러 가지를 공유한다. 여기서 수집이란 거의 쓸모가 없거나, 아주 많이 모아야 가치가 있는 물건을 과도하게 모으고 저장하는 것을 말한다. 심한 경우에는 안전과 건강에 위험이 되기도 한다. 수집은

〈다섯 번째 계절Bee Season〉(2005)의 줄리엣 비노쉬의 성격, 〈아메리칸 스플렌더 American Splendor〉(2003)의 신문 연재만화 작가인 하비 피카의 성격에서 짤막하게 묘사되어 있다. 〈윈터패싱Winter Passing〉(2005)에서, 에드 해리스는 최근에 겪은 아내의 자살로 인해 엉망이 되어 버린 알코올 중독자를 연기하였다. 그는 쓰레기로 가득한 집에서 살고 있다. 그는 강박적인 수집가이며, 주변 환경을 통제하기 위해 수많은 책을 이용하여 집 전체 외곽, 계단, 방에 상징적으로 경계를 지어 놓는다.

실제 상황에의 노출과 반응 방지요법 등 강박장애 및 다른 불안장애의 치료에 대해 영화에서 묘사한 사례를 찾으려면 제15장 '치료'를 참조하라.

두려움장애disorders of fear: 공황, 공포, 사회불안 및 외상 후 스트레스 장애

공황발작

공황발작panic attack의 주 증상에는 강력하고 비이성적인 두려움과 신체적인 고통이 있다. 공황발작이 있는 사람들은 자제력을 잃을 것 같고, 곧 죽을 것 같은 두려움을 느낀다. 이러한 두려움이 비논리적임에도 불구하고, 그들은 매우 실제적으로 느낀다. 공포에 의해 발생하는 신체 증상으로 심계항진, 발한, 떨림, 호흡곤란, 질식감, 흉통, 구토, 어지러움, 마비 증상, 찌릿찌릿한 느낌, 오한, 안면홍조 등이 있다. 그리고 이러한 증상들은 그들의 비이성적인 믿음을 강화시킬 뿐이다. 공황발작의 증상은 심장마비가 일어날 때의 증상과 비슷하다. 첫 번째 공황발작은 주로 칼이나 뱀과 같이 잠재적으로 위험하거나 불쾌감을 주는 외부 물체들을 접한 후에 나타나는데, 이들은 후에 공포의 근원이 된다. 폐쇄된 공간에 갇히거나 강간 또는 학대를 당하는 것과 같이 자신의 통제에서 벗어난 상황들 또한 발작의 선행요인이 될 수 있다. 환자들은 대부분 자신의 첫 번째 발작을 생생하게 기억해 낸다. 〈추한 사랑Dirty Filthy Love〉(2004)에서 마크의 불안은 종종 공황발작으로 이어진다. 〈매치스틱 맨〉(2003)에서는 로이가 영화 전반에 걸쳐서 심각한 공황발작을 겪는다. 〈사랑할 때 버려야 할 아까운 것들Something's Gotta Give〉(2003)에서 잭 니콜슨의 배역인 해리 샌본은 두 번의 공황발작을 경험한다. 이 영화는 공황이 심장마비에서 나타나는 증상과 유사한 증상들을 동반할 수 있음을 지적한다. 해리의 불안은 다이안 키튼이 연기한 에리카 배리라는 여주인공과의 관계에서 겪는 스트레스에 의한 것으로 보인다. 〈디파티드The Departed〉(2006)에서는 빌리 코스티건(레오나르도 디카프리오 분)이 영화의 서스펜스를 조성하는 공황발작을 경험한다. 그가 먹는 약물 Lorazepam은 불안 치료제로 소개된다.

〈브로큰 잉글리쉬Broken English〉(2007)에서는, 파커 포시가 하루의 대부분을 컴퓨터 앞에서 지내는 이벤트 플래너로 묘사된다. 약속을 잡고 직무에 뛰어들 때, 그녀는 공공장소에서 공황발작을 겪기 시작한다. 그럴 때마다 그녀는 즉시 그런 상황에서 벗어나서 편안한 자신의 집으로 돌아간다. 그녀는 후에 자신의 불안과 정면으로 마주하게 되는데, 이는 그녀가 과거에 피해 왔던 남자가 사는 나라로 여행을 떠나는 것으로 상징화된다. 그녀는 처음에는 의지가 되는 친구와 함께 여행을 하지만, 친구가 떠났을 때 그녀는 비로소 자신의 불안과 홀로 마주하게 된다.

공황장애

공황장애panic disorder는 공황발작이 예측할 수는 없지만 규칙적으로 나타날 때 진단될 수 있다. 이러한 발작들은 급작스럽게 나타나는 것 같다. 발작이 명백하게 시간과 장소를 가리지 않고 일어날 수 있다는 사실은 공황장애가 심신 쇠약으로 인한 상태임을 의미한다. 어떤 사람들은 공황발작을 매일 겪는 반면 다른 사람들은 공황을 겪지 않고도 몇 주 혹은 몇 달 동안을 지낼 수도 있다. 잘못된 진단은 종종 공황장애 치료를 지연시키는데, 이로 인해 불안장애가 더욱 악화될 수 있다. 실화를 바탕으로 한 〈노바디스 차일드Nobody's Child〉(1986)에서, 환자 권리 옹호자인 마리 발터(말로 토마스 분)는 정신분열병으로 잘못 진단받아 15년 이상을 주립 정신병원에서 지낸다. 실제로 그녀는 우울증과 공황장애를 겪었다. 퇴원한 후 그녀는 학사학위와 박사학위를 받은 뒤 원장이 되어 다시 주립 정신병원으로 돌아오게 된다.

〈애널라이즈 디스Analyze This〉(1999)와 〈애널라이즈 댓Analyze That〉(2002)에서 공황장애가 있는 마피아 보스 폴 비티(로버트 드 니로 분)는 정신과 의사 벤 소벨 박사(빌리 크리스탈 분)를 만나게 된다. 비티는 자신이 심장마비를 겪는 것으로 믿고 있지만, 벤 소벨 박사는 공황발작과 심장마비의 다른 점을 설명해 주고, 결국 비티가 자신의 발작을 유발하는 내면의 깊은 고통과 마주할 수 있게 도와준다. 비록 비티는 영화에서 인생의 중요한 몇 가지 문제들을 해결하게 되지만, 이러한 치료적 접근은 영화를 보는 이들로 하여금 이것이 공황장애 치료의 전형이라고 믿게 할 위험이 있다. 실제로 약물치료, 인지행동치료, 노출치료와 같은 경험적으로 유효한 치료들은 훨씬 덜 극적인 반면 환자에게 더 많은 것들을 요구한다. 〈마타도어The Matador〉(2005)에서 피어스 브로스넌은 광장공포증이 없는 공황장애를 가진 또 다른 인물로 나오게 된다. 〈패닉 룸Panic Room〉(2002)에서 멕(조디 포스터 분)과 그녀의 어린 딸 사라는 맨해튼 북서쪽에 위치한 저택으로 이사를 가서 첫날을 지내게 되는데, 이때 도둑 세 명이 빈 집으로 착각하고 수백만 달러를 훔치기 위해 침입하게 된다. 멕과 사라는 강철로 만들어지고 외부와 차단되어 그들의 재산과 안전을 보장해줄 수 있는 저택 안 은신처인 '패닉 룸'을 찾게 된다. 영화를 보는 이들은 멕이 패닉 룸에 들어가 도둑들의 위협에서 벗어난 상황에서 호흡이 가빠지고 얼굴에 공포가 드리워지는 등 공황장애 증상을 경험하는 것을 보게 된다. 그리고 그녀의 딸은 "엄마, 지금 떨고 있는 거 아니지?"라고 묻는다. 또 다른 위험한 상황에 직면했을 때 멕의 증상은 다시 나타나고, 그녀의 공황은 확실해진다. 스트레스 상황이 사라의 불안을 유발하고, 그녀의 안색마저 바꾸게 하는 저혈당 증세까지 일으킨다는 점은 흥미로운 부분이다.

올리비아 드 하빌랜드는 상류층 여성인 미세스 힐야드 역으로 주연을 맡은 〈새장 속의 여인Lady in a Cage〉(1964)에서, 정전으로 인해 자기 집 엘리베이터에 갇히게 된다. 구조를 요청한 것이 도리어 강도들을 끌어들이게 되고, 그들은 그녀를 강탈하고 해치려 들기까지 한다. 이 영화는 멜로드라마틱하고 은유적으로 밀실공포와 공황발작을 묘사한다. 공황발작은 또한 현실적인 방식으로도 자주 묘사되는데, 〈엑스페리먼트Das Experiment〉(2001), 〈마이 퍼스트 미스터My First Mister〉(2001), 〈몬스터 볼Monster's Ball〉(2001) 그리고 〈한나와 그 자매들Hannah and Her Sister〉(1986) 등에서는 전체적인 이야기 중에 아주 작은 부분으로 나타난다.

광장공포증을 동반한 공황장애

취약성이 있으면서 공황발작을 경험하는 것을 두려워한다면 광장공포증을 동반한 공황장애panic disorder with agoraphobia로 진단할 수 있다. 이러한 종류의 공황장애를 겪는 사람은 예를 들어 조절능력의 상실, 미치거나 죽을 것 같은 느낌 등 공황발작의 결과를 체험할 것에 대한 두려움을 갖게 된다. 그리고 계속해서 일어나는 공황발작을 피하기 위해 자신들의 삶을 제한하는 방법을 찾는다. 그 회피라는 것이 미묘한 의미를 지니는데, 예를 들어 이러한 사람들은 같이 있으면 안전하다고 느껴지고 공황발작의 파멸적인 결과로부터 자신을 마법처럼 보호해 줄 것 같은 사람과 동행할 때에만 집을 떠날 수 있다. 비록 광장공포증이라는 단어가 시장에서의 공포를 뜻하는 그리스어에서 유래되었지만, 광장공포증을 가진 사람이 모든 '열린 공간'을 두려워한다는 생각은 잘못이다. 광장공포증을 가진 사람은 다양한 상황이나 장소를 공황발작에 대한 공포와 연관짓는다. 〈매치스틱 맨〉의 로이에게 공황에 대한 공포나, 상황이나 장소에 대한 공포가 있었는지는 확실하지 않다. 만약 후자의 기준에 부합한다면 그는 오염에 대한 두려움으로 인해 상황적인 공황을 겪고 있을 가능성이 높다. 이것이 그가 공공장소를 피하는 이유다. 그럼에도 불구하고 이러한 증상만으로 광장공포증 진단을 내리기에는 충분하지 않다.

안전지대를 떠날 때마다 일어나는 불안과 관련된 파멸적인 결과에 대한 지각을 피하려는 강력한 욕구에서 기인하는 진정한 의미의 광장공포증과, 편집증적 정신분열과 같은 사고장애에서 보이는 고립, 위축, 은둔 등을 구별하는 것이 중요하다. 예를 들어, 광장공포증을 위한 지원 단체의 홍보물이 지역신문에 게재되었고, 어떤 사람이 전화를 해서 참여할 기회를 얻을 수 있는지 물었다. 그러나 짧은 전화 인터뷰 동안 그녀는 자신이 집을 떠나게 되면 당장 외계인에게 잡아먹히게 되는 것을 걱정한다고 밝혔다. 분명 그녀에게는 편집증적 사고장애가 있으므로 이 단체에 참여하기엔 부적절하다.

광장공포증을 동반한 공황장애는 실신, 구토, 두통 등 여타 신체적 증상과 관련되므로, 파멸적인 공포를 경험하는 공황 없는 광장공포증agoraphobia without panic과는 구별되어야 한다. 후자의 증상에 해당하는 사람은 공황발작을 두려워하지 않는다. 하지만 이들에게서 보이는 회피는 공황발작을 피하고자 하는 사람들의 회피와 동일할 수 있다. 두 질병 모두에서 그들은 말 그대로 집에만 있고, 안전한 곳으로 인식된 집을 떠나지 못한다. 극단적인 경우 광장공포증을 가진 사람들은 자신의 침실조차도 떠나지 못한다.

〈파인딩 포레스터Finding Forrester〉의 주연인 숀 코너리가 연기한 윌리엄 포레스터는 아마도 광장공포증을 동반한 공황장애로 진단될 수 있을 것이다(그는 또한 회피적 인격을 가지고 있으며 임상적 양상으로는 불안장애와 겹치는 부분이 있다). 포레스터는 그의 아파트를 떠나지 못하고(공공장소에서 느끼는 공황발작에서 오는 공포로 인해), 사회적으로도 부자연스러우며, 공공장소에 나가야 하는 상황에서 공황을 경험한다. 그는 광장공포증을 가진 사람들처럼 행동하는데, 예를 들면 식료품들을 집으로 배달시킴으로써 집 밖에 나가지 않으려 한다. 이 영화는 카메라로 그의 '빙글빙글 도는 듯한' 느낌을 보여 주거나, 소리를 번지게 함으로써 공황발작과 관련한 포레스터의 개인적인 경험을 잡아냈다. 불안의 극심한 고통으로 인해 그는 뛰쳐나가 길을 잃게 된다. 영화의 마지막에서 포레스터가 붐비고 북적거리는 거리를 자전거로 가로지르는 모습을 통해 관객들은 광장공포증의 성공적인 치료에 대한 가능성을 보게 된다.

광장공포증의 가장 흥미로운 영화적 묘사는 로버트 타이처의 〈인사이드 아웃Inside Out〉(1986)에서 볼 수 있는데, 이 영화에서 엘리엇 굴드는 10년 동안 집을 떠나 본 적이 없을 정도로 심한 광장공포증이 있는 뉴욕의 회사원 지미 모간으로 나온다. 그는 음식을 집으로 배달시키고 비밀스런 섹스를 즐기기 위해 아파트로 콜걸을 부른다. 또한 야구방망이를 전화기 옆에 세워 둔 채 생활하면서 밖에 나가야만 하는 상황이 되기 전까지는 절대로 집을 떠나지 않는다.

공포증

두려움은 일정한 조건이 충족될 때 공포증phobia이라고 명명된다. 즉, 공포 자극이 존재할 때 현저한 불안이 생기고 그 자극에 노출되는 상황에서는 언제나 불안을 느끼는 것이다. 게다가 이런 공포를 겪는 사람들은 그 공포 반응의 크기가 지나치다는 사실을 알고 있다. 특정 공포증specific phobia을 가진 사람들은 대부분 이런 상황에서 그들이 경험하는 극심한 고통을 피하기 위해 공포를 유발하는 자극을 회피하려고 한다. 공포를 가진 사람을 안전한 또는 통제 가능한 환경 내에서 공포의 대상에 노출시키는 것은 공포증의 효과적인 치료방법 중 하나다. 그러나 공포는 결코 완전히 없어지지 않으며 극심한 스트레스를 받을 때마다 근원적인 공포와 불안이 다시 나타날 수 있다.

〈다빈치 코드Da Vinci Code〉(2006)에 등장하는 로버트 랭던 박사(톰 행크스 분)는 엘리베이터 안이나 굳게 잠긴 트럭의 뒷자리와 같은 작고 폐쇄된 공간에 들어가는 것을 두려워한다. 만약 그런 상황에 처하면 그는 숨이 차게 되고 과도하게 집중을 하게 된다. 〈고소공포증High Anxiety〉에서 멜 브룩스는 심한 고소공포증이 있어 비행기, 에스컬레이터, 엘리베이터, 호텔의 고층 등 그가 내려다볼 수 있는 장소라면 어디서든 공포를 느낀다. 그는 이러한 장소에서 어지러움, 구토와 같은 증상을 보인다. 특정 공포증은 거미에게 물릴 수 있는 상황, 높은 곳에서 떨어질 수 있는 상황, 심지어 작은 고양이가 할퀼 수 있는 상황에서도 나타날 수도 있다. 특정 공포증은 상황이나 물건에 대한 과도하거나 비이성적인 두려움이 있을 때 발생하며 불안을 유발하는 자극들은 곧 제거된다. 이 공포증의 종류는 개, 곤충 등의 동물이나 폭풍, 폭우 등과 같은 자연환경, 채혈주사 등의 의학적 시술, 다리나 엘리베이터 등의 특정 장소와 기타 질식 등을 야기할 수 있는 상황에 따라 나뉠 수 있다. 특정 공포증은 치료를 하지 않으면 거의 항상 재발하지만 비교적 드물게 나타나는 편이다. 비행에 대한 공포증은 웨스 크레이븐의 스릴러 〈나이트 플라이트Red Eye〉(2005)에 잘 나타난다.

많은 공포증들은 특정 사건(적어도 한 개인이 경험하기에는 외상일 수 있는)에 의해 발생된다. 이것은 알프레드 히치콕의 영화 〈현기증Vertigo〉(1958)에서 특징적으로 잘 나타나는데, 이 영화에서 지미 스튜어트가 연기한 존 퍼거슨은 샌프란시스코 경찰이며 고소공포증에 의해 마비 증세를 나타낸다. 존이 앓고 있는 공포증은 외상적 원인을 갖고 있는데, 그는 범죄자를 지붕에서 추적하는 과정에서 거의 떨어져 죽을 뻔한 경험을 한 적이 있다. 그의 동료는 떨어지는 그를 구하려다 죽게 된다. 그는 죄책감으로 인해 고소공포증acrophobia을 앓게 된다. 영화의 원제목인 'Vertigo'는 여기서 심한 어지러움 또는 마음의 혼돈상태를 의미한다. 그리고 이 두 가지 의미 모두가 영화 속에 잘 녹아들어 있다. 영화의 한 장면에서 그는 "나는 연습을 반복하면 결국엔 높은 곳에 올라갈 수 있다고 생각해."라고 말하며 스스로 행동수정 프로그램을 디자인한다. 그는 유리창에 사다리를 놓고 한 걸음 올라가서 기다리다가 내려오고, 두 걸음 올라가서 또 기다리다가 내려오게 되는데 세 걸음째 올라갔을 때 두려움과 어지러움을 느끼면서 결국 땅으로 떨어지게 된다.

〈배트맨 비긴즈Batman Begins〉(2005)에서 브루스 웨인(크리스찬 베일 분)은 여덟 살 때 동굴에 떨어져서 박쥐 떼를 만난 이후로 박쥐에 대한 공포증을 갖게 된다. 배우들이 박쥐 모습으로 나온 오페라 공연장에서 부모에게 나가자고 재촉하던 그는 부모들이 눈앞에서 살해당하는 것을 목격하게 된다. 그는 자신이 박쥐에 대한 공포증이 없었더라면 부모들이 극장에서 나갈 필요도 없었을 것이고, 살해당하지도 않았을 것이라는 생각에 심하게 자책하게 된다. 이러한 외상을 겪고 난 후 그는 스스로를 공포를 느끼게 하는 상황에 몰아넣고 박쥐 형상을 한 슈퍼히어로가 된다. 그는 '배트맨'이 됨으로써 자신의 공포증을 경감시키게 되고 결국 그것을 극복하게 된다.

밀실공포증claustrophobia은 다코타 패닝이 주연한 〈우주전쟁War of the Worlds〉(2005)에 잘 나타난다. 그녀의 아버지는 이러한 공포증에 대처하는 방법으로 눈을 감고 몸을 팔로 감싸면서 자기 자신에게 말을 거는 상상을 하도록 알려 준다.

사회공포증

비판과 거부당함에 대한 지나친 공포증이 사회공포증social phobia의 특징이다. 사회공포증을 겪고 있는 사람들은 부정적인 가능성이나 생각에 대한 공포를 가지게 되고 다른 사람들의 눈에 띌 만한 상황을 피하게 된다. 이러한 증상은 다양한 형태로 나타나며, 대중 앞에서 말을 하거나 공연하기, 시험, 대화 기술을 요하는 상황 등에서 발생한다. 어떤 남자 환자들은 공공장소에서 소변을 보지 못하는 것과 같은 증상(배뇨공포증paruresis)을 보이는데 이러한 증상은 〈로저 다저Roger Dodger〉(2002)에 잘 나타나 있다. 또 다른 환자들은 자신이 실수를 해서 다른 사람들이 이상하게 쳐다보지는 않을지 두려워 공공장소에서의 식사를 피하기도 한다. 거의 대부분의 사회적 상황에서 공포를 나타내면 사회공포증이 일반화되었다고 할 수 있다.

사회공포증은 아동기나 청소년기에 시작되고 임상적 경과상 치료하지 않으면 만성적으로 재발하며 심한 부적응이 나타나게 된다. 사회공포증 환자 중 소수만이 전문적 치료를 받는다. 사회공포증의 증상으로는 빈맥, 떨림, 발한, 안면 홍조, 어지러움, 과호흡 등이 있으며 이러한 증상은 타인과 사회적으로 접촉하는 상황을 상상하거나 맞닥뜨릴 때 나타나게 된다. 더욱 고통스러운 것은 종종 죽을 것만 같은 느낌을 받는다는 점이다. 결국 환자들은 고통을 야기하는 사회적인 상황에서 필사적으로 도망치고자 하는 욕구를 느끼게 된다. 〈40살까지 못해본 남자40 Year Old Virgin〉(2005)에서 앤디 스티처(스티브 카렐 분)는 불안으로 인해 데이트와 성적 관계를 거부하게 된다. 이 영화에서는 앤디가 비판이나 거부당함에 대한 극심한 공포증으로 인해 동정virgin으로 남아 있다는 점을 전제로 하고 있다.

〈카사블랑카여, 다시 한번Play It Again〉(1972)이라는 영화에서 우디 앨런이 연기한 샘은 주로 여성과 관련된 사회공포증 및 기타 신경증을 가지고 있는 인물로 잘 묘사된다. 그는 항상 데이트하기 전이나 도중에 일어날 수 있는 가장 최악의 상황들만 생각하게 되는데, 이는 장황하고 혼란스러우며 우스꽝스러운 행동들로 나타난다. 그를 보며 데이트를 앞두고 불안해하던 사람들은 "난 저 정도는 아니야!"라고 안심할 수 있을 것이다. 수줍음, 무대공포증, 예기불안은 모두 스트레스를 받을 수 있건 없건 간에 어떠한 사회적 상황에서도 올 수 있는 지극히 '일상적' 불안 증세라는 것을 기억하는 것은 중요하다.

사회적 상황에 대한 예기불안anticipatory anxiety은 종종 자기충족적인 예언을 만든다. 공포증이 있는 환자들은 앞으로 벌어질 상황에 대해 과도하게 걱정하고, 잠도 이루지 못하다가 정작 실제 상황에 놓이면 불안 때문에 제대로 행동하지 못하곤 한다. 그럼으로써 환자들은 여러 상황들에서 자신이 제대로 대처하지 못한다는 믿음이 더욱 굳건해지고 불안해져서 미래에 비슷한 상황에서 더욱 미숙한 행동을 하게 된다.

사회공포증은 수많은 영화에 등장한다. 〈코요테 어글리Coyote Ugly〉(2000)라는 영화에서 바이올렛이라는 젊은 여성은 뉴욕으로 이사를 가서 작곡 공부를 하게 된다. 그녀의 사회불안장애는 스스로의 잠재력에 지속적인 제약을 주는데, 결국 그녀는 '코요테 어글리'라는 이름의 술집에서 바텐더 일을 시작하게 된다. 이 술집에서는 많은 사람들 앞에서 일을 해야 하므로 그녀는 의도적으로 자신을 공포를 느낄 상황에 노출시키는 것이 된다. 또한 그녀의 남자 친구는 그녀가 어둠에서 노래하도록 하여 스스로 공포에 무감각해지도록 도왔다. 이러한 공포에 대한 반복적인 노출을 통해 그녀는 불안장애를 통제하기 시작했다. 영화의 클라이맥스에서, 그녀는 다시 무대공포증에 사로잡혀 무대에서 도망치려 하지만 일시적으로 정전이 된 순간 다시 공연을 진행할 수 있었고 불이 들어온 후에도 공포를 이겨 내고 무사히 무대를 마치게 된다. 바이올렛은 자신의 공포증이 유전이라고 믿었는데, 그녀의 어머니도 비슷한 전례가 있었기 때문이다. 어머니도 과거에 뉴욕에 음악을 공부하러 갔다가 사회공포증으로 인해 중도에 포기하고 돌아온 경험이 있었는데 바이올렛은 남들 앞에서 노래를 부르지 못하게 하는 '유전자'가 자신에게 있으며 다른 불안증세도 유전자에 의한 것이라 믿는다. 하지만 공포증을 극복한 후 그녀는 어머니가 귀향하게 된 것은 아버지 때문이었고, 어머니는 과거에 한 번도 사회불안장애를 나타낸 적이 없다는 사실을 알게 된다.

이렇듯 극심하게 소심한 여성 인물은 여러 영화에서 모티브로 쓰이는데, 예를 들면 〈아멜리에Amelie〉(2001), 〈론리 하트Lonely Hearts〉(1981), 〈록키Rocky〉(1976), 〈피셔 킹The Fisher King〉(1991), 〈인어가 노래하는 소리를 들었네I've Heard the Mermaids Singing〉(1987) 등이 있다. 또한 사회적으로 무능력하고 수줍음을 타는 남자들이 나오는 영화로는 〈버블Bubble〉(2005), 〈사물의 형태The Shape of Things〉(2003), 〈스위트 보이스Dummy〉(2002), 〈마티Marty〉(1955), 〈언테임드Untamed Heart〉(1993), 〈사랑의 기적Awakenings〉(1990), 〈굿바이 미스터 칩스Goodbye, Mr. Chips〉(1939), 〈하워즈 엔드 Howard's End〉(1992), 〈남아있는 나날The Remains of the Day〉(1993)을 비롯하여 어린 바람둥이Little Tramp를 연기한 찰리 채플린의 모든 영화가 해당된다. 특히 오스트레일리아의 명화 〈청춘 기숙사Flirting〉(1990)에서는 두 소심한 청소년들이 끓어오르는 성적 욕구, 그리고 인종차별주의적 사회에 직면하는 모습이 잘 그려져 있다.

외상 후 스트레스 장애

외상 후 스트레스 장애posttraumatic stress disorder는 외상적 사건에 노출된 후 일어난다. 환자들은 실제적 죽음 또는 위협, 심각한 상해를 목격하거나 경험하고 '극심한 두려움, 좌절, 공포'(DSM-IV-TR)를 느낀다. 환자들은 악몽이나 반복되는 기억, 회상, 신체적 고통 등에 의해 외상적 사건들을 재경험하게 된다. 그들은 이러한 기억에서 벗어나려고 부단히 노력하지만 종종 수면장애, 초조, 집중력 저하, 과민반응 등의 증세를 보이게 된다.

전쟁은 외상 후 스트레스 장애의 흔한 원인이지만, 이 외에도 지진, 화재, 홍수,

강도, 강간, 폭행 등의 어떠한 외상적 사건들도 원인이 될 수 있다. 환자들은 종종 무해한 자극에서도 불안을 야기하는 사건들을 떠올릴 수 있다. 예를 들어 차의 후 미등이 참전 용사로 하여금 공포스러웠던 전쟁에서의 기억을 떠올리게 만들기도 한다. 많은 상을 받은 〈라이언 일병 구하기Saving Private Ryan〉(1998)와 같은 전쟁영화 에서는 외상 후 스트레스 장애가 직접 묘사되지는 않지만, 관객이 참전 군인의 지 극히 개인적인 경험들을 관찰함으로써 이 질환이 어떠한 과정에 의해 발생하는지 를 간접적으로 이해할 수 있게 한다. 2003년 7월 13일에 일어났던 리처드 데이비스 살해사건을 바탕으로 만들어진 영화인 〈엘라의 계곡In the Valley of Elah〉(2007)은 조 지아 주 베닝요새로 막 돌아온 23세 군인이 군을 무단이탈했다는 내용으로 시작한 다. 이 어린 군인의 참혹한 사체가 넉달 뒤 숲 속에서 발견되며, 그의 아버지 행크 디어필드(토미 리 존스 분)는 아들의 살해를 둘러싼 비밀을 파헤치게 된다.

> "우리 손에 피를 묻히는 순간이 많아질수록, 집에서 점점 더 멀어지는 것을 느낀다."
> – 〈라이언 일병 구하기〉(1998)에서 존 밀러 대위

　전쟁이나 자연재해를 겪고도 살아남은 사람들은 종종 생존자의 죄책감survivor guilt 이라는 것을 경험한다. 그들은 좀 더 '가치 있는' 사람들을(예: 어린이, 젊은 부모들) 대 신 자신이 살아남았다는 것을 깨달았을 때 죄책감을 가질 수 있다. 〈7월 4일생Born on the Fourth of July〉(1989)에서 외상 후 스트레스 장애를 겪고 있는 캐릭터 론 코빅(톰 크루즈 분)을 생각해 보자. 코빅이 친구 '윌슨'의 죽음에 대해 가지고 있는 죄책감이 '생존자의 죄책감'의 한 예다.

　픽션영화 〈레인 오버 미Reign Over Me〉(2007)에서 아담 샌들러는 9·11 테러와 관 련된 비행기의 승객이었던 아내와 세 딸의 죽음 이후 생존자의 죄책감과 외상 후 스트레스 장애를 극복해 나가는 치과 의사 찰리 파인먼 역을 연기한다. 그는 극도 로 격리된 채 아이 같은 생활로 퇴행하여 대부분의 시간을 비디오 게임을 하고, 큰 소리로 음악을 들으며, 스쿠터를 타고 돌아다니고, 영화를 보고, 드럼을 치면서 보 낸다. 그는 돈 치들이 연기한 오랜 친구인 또 다른 치과 의사의 노력으로 마음의 위 안을 얻게 된다. 하지만 영화는 이 섬세한 주제를 다루는 데 있어 세련되지 못한 부

분이 있고, 관객에게 가족 전체를 잃을 정도의 충격을 겪은 후유증에 대해 극히 일부만을 가르쳐 줄 뿐이다.

자살과 자살시도는 외상 후 스트레스 장애 환자에서 흔히 나타난다. 게다가 외상 후 스트레스 장애에서 약물 남용과 더불어 공존질환을 평가하는 데 있어 중요하다. 자살시도를 한 경험이 있는 외상 후 스트레스 장애 환자 중 거의 모두에게서 동반된 정신과적 질환이 발견될 수 있다.

〈공포탈출Fearless〉(1993)은 외상에 대한 흔치 않은 반응을 보여 주는 흥미로운 영화다. 맥스 클라인(제프 브리지스 분)은 비행기 추락 사고의 몇 안 되는 생존자 중 한 명이다. 그는 다수의 다른 승객들을 도왔으며 이로 인해 영웅이자 성자로 칭송받는다. 그는 스스로를 불사신이라고 생각하고 아내와 아이의 평범한 걱정들을 점점 견디기 힘들어한다. 딸기에 대한 알레르기 반응으로 죽을 뻔한 이후로 그는 다시 정상으로 돌아오게 되고 아내, 아들과의 관계도 다시 회복한다. 이 영화는 외상 후 스트레스 장애에 관련된 베스트셀러를 써서 항공사에 고용된 한 정신과 의사가 사고의 생존자들을 대상으로 토론 그룹을 이끌어 간다는 흥미로운 내용을 포함하고 있다.

〈케이-팩스K-Pax〉(2001)에서 자신이 다른 행성에서 왔다고 주장하는 프롯(케빈 스페이시 분)이라는 캐릭터는 진단상의 수수께끼를 제공한다. 이 영화를 보는 하나의 관점(다른 관점은 3장에서 논의하고 있다.)은 이 인물이 외상 후 스트레스 장애를 가지고 있다고 추정하는 것이다. 관객들은 프롯의 회상을 통해 그의 본명이 로버트 포터이며, 집에 돌아왔을 때 아내와 딸이 살해되고 그 살인자가 집에 있는 광경을 목격한 정신적 외상을 겪었음을 알게 된다. 프롯/로버트는 최면상태에서 외상을 재경험하고 그의 정신과 의사(제프 브리지스 분)가 외상의 순간을 떠올리도록 하였을 때 강한 생리적 각성(예: 심장 박동 증가, 혈압 상승)을 경험한다. 포터는 외상으로부터 벗어나고자 이 사실을 부정하고 고향에서 멀어지게 되었으며 과거를 기억하지 못하고 정서의 제한이 생기게 되었다.

〈피셔 킹〉(1991)에서 로빈 윌리엄스는 식당에서 아내가 총에 맞아 살해당하는 것을 목격한 이후 정신증이 발병하여 노숙자가 되는 전직 대학교수 역을 연기한다. 그러나 윌리엄스가 경험하는 생생하고 잘 만들어진 특별한 환각(예: 센트럴 파크에서 말을 탄 붉은 기사가 그의 머리에 불꽃을 발사하는 것)은 외상의 결과로 나타났을 것 같지는 않다. 같은 영화에서 한 디스크자키(제프 브리지스 분)가 외상을 경험한 후 술과 약물을 남용하고 삶을 포기한 채로 지내는 모습이 외상 후 스트레스 장애를 더 현실적으로 묘사하고 있다. 비록 〈피셔 킹〉에서 외상과 정신증의 관련성을 묘사한 것이 명확하지는 않지만, 외상 후 스트레스 장애가 노숙자들 사이에서 흔히 나타나는 것은 사실이다.

노숙자들이 경험하는 스트레스는 〈엉겅퀴꽃Ironweed〉(1987)과 〈세인트 오브 뉴욕 The Saint of Fort Washington〉(1993)에서 잘 나타난다. 〈엉겅퀴꽃〉은 매우 흥미로운 영화인데, 잭 니콜슨은 여기서 자신의 어린 아들을 실수로 떨어뜨려 죽인 후 죄책감으로 술을 마시는 알코올 중독자를 연기한다. 외상 후 스트레스 장애의 다양한 증상들은 니콜슨의 삶에서 주된 문제인 알코올 중독에 의해 드러나지 않게 된다. 〈엉겅퀴꽃〉은 외상으로 인해 이차적으로 나타난 알코올 남용이 중독으로 진행되어 주된 정신과적 문제로 발전하는 과정을 잘 설명하고 있다.

수많은 영화들이 베트남전쟁을 소재로 하고 있으며, 대부분의 영화가 급성 스트레스 장애나 더 흔하게는 영웅이 전쟁에서 집으로 돌아온 이후 겪는 외상 후 스트레스 장애에 대해 설명하고 있다. 이 중 가장 잘 알려져 있는 영화로는 〈7월 4일생〉(1989), 〈귀향Coming Home〉(1978), 〈디어 헌터The Deer Hunter〉(1978), 〈지옥의 묵시록 Apocalypse Now〉(1979), 〈킬링 필드The Killing Fields〉(1984), 〈플래툰Platoon〉(1986), 〈굿모닝 베트남Good Morning, Vietnam〉(1987), 〈햄버거 힐Hamburger Hill〉(1987), 〈풀 메탈 자켓Full Metal Jacket〉(1987) 등이 있다.

오리지널 버전의 〈맨츄리안 캔디데이트The Manchurian Candidate〉(1962)에서 프랭크 시나트라는 반복적으로 악몽을 꾸는 세뇌의 희생자를 연기한다. 그는 흥건하게 땀에 젖어 비명을 지르면서 깨어나고, 마치 현실처럼 생생하고 충격적인 꿈을 회상한다. 리메이크된 〈맨츄리안 캔디데이트〉(2004)에서 감독인 조나단 드미는 영화의 배경을 현대의 정치 상황과 최근의 전쟁 경험으로 수정하였다. 덴젤 워싱턴이 주연을 맡았는데, 그는 외상 후 스트레스 장애, 편집증, 악몽, 이해할 수 없는 기억들과 함께 걸프 전쟁에서 복귀한다. 그는 전쟁을 둘러싼 사건들을 덤덤하게 묘사하면서 어떤 생각이 뇌리에 떠오르는 것을 경험한다. 그는 자신과 부대원들에게 일어났던 진실이 무엇인지를 밝히는 것에 집착하게 된다. 그는 한 여자의 이마에서 피가 새어

나오는 환각을 경험하면서 최면술사를 만났던 것을 기억해 낸다. 이는 진짜 기억이 돌아오고 있는 것과 공황상태가 시작됨을 상징한다. 그는 심각한 외상과 고문뿐만 아니라 신체적·정신적 학대, 세뇌와 관련된 정치적 음모에 서서히 빠져들기 시작한다. 외상 후 스트레스 장애의 증상들은 또한 〈휴먼 스테인The Human Stain〉(2003)에서 니콜 키드먼이 맡은 배역과 〈오픈 하트Open Hearts〉(2002), 〈공주와 전사The Princess and the Warrior〉(2000), 〈전당포The Pawnbroker〉(1965)의 등장인물들을 통해 잘 나타난다. 〈전당포〉는 자신의 아내가 강간당하고 아이가 죽는 것을 목격한 전쟁 경험으로 인해 무관심하고 냉담해진 수용소의 생존자를 그리고 있다.

급성 스트레스 장애

급성 스트레스 장애acute stress disorder는 많은 부분에서 외상 후 스트레스 장애와 흡사하다. 하지만 급성 스트레스 장애는 외상 후 스트레스 장애에 비해 외상적 경험으로부터 빠르게 발생하고(늦어도 4주 이내), 빨리 해소된다. 대조적으로 외상 후 스트레스 장애의 증상은 1개월 이상 지속되고, 증상이 외상에 노출되고 나서 수개월에서 수년 뒤에 시작될 수도 있다. 짧지만 감동적인 영화 〈굿바이 그레이스Grace is Gone〉(2008)에서 스탠리 필립스(존 쿠삭 분)는 이라크에서 전해진 아내의 사망 소식을 인정하지 못한다. 그 대신 그는 딸들과 함께 미국 중서부에서 디즈니랜드 같은 놀이공원으로 짧은 여행을 떠난다. 〈인 더 베드룸In The Bedroom〉(2001)에서 마리사 토메이가 연기한 인물은 그녀의 남자 친구가 이미 자신과 멀어진 남편에게 살해당하는 충격적인 사건을 경험한다. 다음 장면에서 그녀는 우울하고 무표정해 보인다.

범불안장애

어떤 사람들은 성격적으로 불안감이 있다. 그들은 걱정을 하면서 다방면으로 검토하고 서로 다른 여러 상황에서 생리적인 각성을 경험한다. 그들은 소위 떠다니는 불안free-floating anxiety을 보인다. 그들의 상태는 꽤 쇠약해질 수 있다. 이러한 사람들은 흔히 범불안장애generalized anxiety disorder라는 진단을 받는다. 이 진단을 내리려면 걱정과 불안감을 느끼는 날이 그렇지 않은 날보다 더 많아야 한다.

범불안장애와 관련된 불안은 다른 불안장애에서 보이는 생리적·인지적·행동적 증상들과 같지만 더 만성적이다. 이 장애를 앓고 있는 사람은 빈맥, 입마름, 복통과 같은 다양한 신체 증상을 나타낼 수 있다. 그들은 살아가면서 잘못될 수 있는 수많은 것들에 대해 지속적으로 걱정하고, 불안으로 인해 예민해지고 짜증스러워진다. 범불안장애의 평생 유병률은 5% 정도이지만 소수의 환자들만이 적극적인 치료를 받는다. 증상은 주로 아동기나 청소년기에 발생한다.

니콜라스 케이지는 〈어댑테이션Adaptation〉(2002)에서 쌍둥이 형제인 찰리와 도널드로 1인 2역을 연기했다. 형제는 둘 다 시나리오 작가이지만 한 명은 다른 사람에 비해 훨씬 더 신경증적이다. 두 쌍둥이를 구분하기 위해 어떠한 분장이나 예술적 장치도 사용되지 않았다. 대신 케이지의 연기 하나만으로도 걱정이 많고 신경증적인 찰리와 느긋한 도널드를 묘사하기에 충분하다. 이는 불안을 연구하는 사람들에게 좋은 대비를 제공한다. 찰리는 글이 잘 안 써질 때 불안감에 허우적거리면서 범불안장애의 특징인 자기회의와 자신에 대한 집착으로 고통스러워한다. 다른 장면에서 찰리는 메릴 스트립이 연기한 매력적인 여성에게 접근하면서 심하게 불안해한다. 관객들은 영화에서 클로즈업을 통해 나타나는 그의 불안 증상(예: 땀)뿐만 아니라 목소리로 표현되는 그의 사고과정을 통해 찰리의 불안, 걱정을 알 수 있게 된다. 이 영화에서 주로 말하고자 하는 바는 사람들이 상황, 문제, 불안을 어떻게 '수용하는지'에 대한 것이다.

〈이브의 아름다운 키스Kissing Jessica Stein〉(2002)는 뉴욕의 저널리스트이자 만족스럽지 못한 소개팅에 지친 제시카 스타인이라는 등장인물을 통해 성과 대인관계에 대해 탐구한다. 그녀는 '여자를 찾는 여자'라는 광고를 통해 자신과 너무도 잘 맞는 한 여자와 만나게 된다. 그들의 관계가 발전함에 따라 그녀는 동성애적 관계에 대한 자신의 신경증뿐만 아니라 자신을 여전히 사랑하는 전 남자 친구에 대한 감정과 싸워야만 한다. 제시카는 걱정이 많은 고전적 신경증 환자 특유의 범불안 증상을 경험한다. 그녀는 새로운 또는 다른 무언가에 대해 초조해하고 긴장하고 있으며 매우 불안해한다. 그녀는 대중으로부터 비난받을 때 스스로를 지탱할 수 있도록 하는 자신감을 잃어버린다. 자신의 동성애를 가족과 친구들에게 숨기면서 그녀는 근근이 버텨 나간다. 제시카는 공황발작에 대한 경험과 여러 다양한 불안 증세에 대해 언급한다. 그녀는 말을 더듬게 되고 자신을 예민하게 만드는 상황을 조절하는 것에 지친다. 레즈비언에 관한 책을 읽고 나서 그녀는 자신이 성과 육체적 욕망 모두를 두려워함을 깨닫는다. 그녀의 불안은 특히 가족의 결혼식을 앞둔 저녁식사 자리에서 두드러진다. 그녀는 다른 사람들이 자신을 어떻게 생각하는지에 집착하고 진실을 덮기 위해 거짓말을 반복한다. 이 영화는 정직함과 개성, 변화의 가능성을 강조한다.

> "나는 매일 아홉 번 자동응답기를 확인하고, 내가 해야 할 일이나 바로잡고 고쳐야 할 것들이 너무 많다고 느껴서 잠을 못 자. 그리고 매일 내가 변화를 만들어 내고 있는지, 내가 언제나 내 안에 있는 최고의 것을 표현하고 있는지, 아니면 내가 머릿속에 뒤죽박죽된 광기로 인해 영원히 마비된 채로 남게 되지는 않을지 걱정이 돼. 나는 매번 생일 때마다 절망에 빠져. 나는 삶이 지독하게 불공평하다고 느껴…… 그리고 인생은 때때로 아름답고 훌륭하지만 한편으로는 나를 허탈하게 하고 극복할 수 없는 좌절감을 느끼게 해. 몇 번이고 나 자신을 증오하게 만들기도 하지. 그 순간을 제외하면 나는 자신을 사랑하고, 이 도시와 우리가 살아가는 이 세상 속에서의 내 삶을 사랑해. 이 거대하고 불가사의하며 화려하면서도 끔찍한 세상에서 살아가는 나의 인생을."
>
> ─불안장애가 어떻게 그녀의 삶을 제한하는지에 대한 제시카 스타인의 묘사

우디 앨런이 만든 코미디 영화 중 대부분에서는 불안장애를 가진 인물이 적어도 한 명은 등장하는데, 대체로 범불안장애로 묘사된다(보통 우디 앨런 자신이 이러한 캐릭터를 연기한다). 복잡하고 불완전한 세상에 대처하는 데서 발생하는, 신경증적이고 불안정하며 자신에게 몰두하는 경향과 실존적인 불안은 수많은 우디 앨런 식 유머의 기초를 이루고 있다. 〈애니 홀Annie Hall〉(1997)과 〈맨하탄Manhattan〉(1979)은 우디 앨런의 영화 중에서도 범불안장애를 가장 잘 나타낸 작품이다.

이제는 고전이 된 멜 브룩스의 영화 〈고소공포증〉(1977)은 히치콕의 작품처럼 심리학적인 모티브를 가진 수많은 영화들을 희화화한다. 멜 브룩스는 불안증을 가진 정신과 의사인 리처드 손다이크를 연기하는데, 그는 유명한 정신 요양 시설인 '매우 매우 과민한 사람들을 위한 신경-정신증 요양원'의 소장직을 인계받는다. 손다

이크는 자신과 환자들을 구하기 위해 파렴치하고 무시무시한 직원과 싸워야만 한다. 동시에 그는 범불안증과 공포증에 시달린다.

 ## 국제 영화: 불안장애

〈추한 사랑〉(2004, 영국)에서는 강박장애에 대한 탁월한 묘사를 보여 준다. 이 짧지만 감동적인 영화는 성공한 건축가인 마크 퍼네스(마이클 쉰 분)가 강박증 때문에 병가를 받으면서 시작한다. 그의 아내는 마크의 기이한 행동들을 더 이상 견디지 못하고 떠난다. 이러한 곤경을 겪으면서 그의 강박증과 틱 증상(뚜렛 증후군으로 인한)은 더욱 악화된다. 이 영화는 정신질환의 영향과 어려움을 극복하고자 노력하는 따뜻하고 감수성이 풍부한 인물을 묘사한다. 네 칸 올라간 뒤 두 칸을 다시 내려가며 계단을 오르기, 전등을 반복적으로 켜고 끄기, 층계를 오르내릴 때 벽에 손을 짚기 등의 여러 전형적인 강박행동이 나타난다. 영화 전체에 걸쳐 이러한 의식은 마크의 삶 속 거의 모든 부분을 지배한다. 마크가 '지지집단'에서 증상을 극복하는 과정을 보면서 관객들은 강박증과 관련된 다양한 행동과 불안장애를 치료하기 위한 행동요법들을 일부나마 엿볼 수 있다. 또한 마크의 병이 심해지는 과정을 통해 정신장애의 파괴적인 측면들이 묘사된다.

빈센조 나탈리 감독의 코미디 영화 〈낫씽Nothing〉(2003, 캐나다)에 등장하는 두 룸메이트 데이브와 앤드류는 매일의 삶이 시련의 연속이다. 앤드류는 광장공포증을 동반한 공황장애를 앓고 있다. 그는 집을 떠나는 것을 거부하고 10대 시절 내내 외출을 피했다. 여행사 직원으로 취직하면서 그는 계속해서 집에 머물 수 있게 된다. 앤드류는 여러 순간에서 불안감과 긴장감을 느끼고 항상 그 상황에서 일어날 수 있는 최악의 결과들을 생각한다. 데이브와 앤드류는 그들이 싫어하여 없애고 싶어 하는 것을 무엇이든 사라지게 할 수 있다는 것을 발견한다. 문제는 그들이 이 능력을 과도하게 사용하고 나서 사라진 것들을 다시 나타나게 할 수는 없다는 것이다.

앤드류 : "젠장, 우리는 죽게 될 거야."

데이브 : "내가 보기에 이번만은 네가 과민반응하는 것이 아닌 것 같아."

앤드류 : "내가 기억하는 한 나는 밖에 나가는 것을 두려워했는데, 지금은 그런 게 없어. 하지만 그런 게 없어졌다는 것을 즐기려고 돌아다니지는 않을 거야."

-〈낫씽〉(2003)에서 가장 친한 두 친구

노르웨이 영화 〈엘링Elling〉(2001)은 정신장애를 극복하는 과정을 진솔하게 보여 준다. 엘링이라는 이름의 작고 연약한 남자는 40년 동안 그를 돌보아 주던 어머니가 사망한 이후 정신병원에 맡겨진다. 그는 또 다른 괴짜인 셸을 만나게 되는데, 그는 여성과 관련된 성적 강박, 분노 조절과 관련된 문제를 가지고 있다. 두 남자는 같이 퇴원하여 사회복지사의 보호 아래 시설에 머물게 된다. 영화는 그들이 보통의 삶으로 돌아가는 과정에 대한 것이다. 그들은 각자 혼자서 살아갈 수 있음을 증명해야만 한다.

엘링은 그가 어지럼증과 불안이라는 두 개의 적을 가지고 있다고 주장한다. "그것들은 언제나 나를 따라온다." 그는 외출을 거부하고 전화를 사용하지 못한다(심지어 사회복지사가 확인 전화를 했을 때조차도). 그는 어머니와 병원 직원에게 전적으로 의지해 왔기 때문에 거리 끝에 있는 가게까지 걸어간 것은 그에게 있어 큰 업적이었다. 엘링은 계속해서 전화로 대화하기, 레스토랑에서 식사하기, 휴가 가기 등 여러 상황에 도전하게 된다. 엘링은 불안과 싸우기 위해 위험을 무릅쓰고 시 낭독회에 참석한다. 낭독회에 몇 시간 일찍 도착한 그는 유명한 은둔 시인과 친해진다. 엘링은 행동이 경직되어 있고 지속적으로 걱정을 하며, 그의 유일한 친구인 셸을 그의 새로운 여자 친구에게 빼앗길까 봐 두려워한다. 그는 자신이 홀로 남겨지고 버려졌다는 느낌이 들 때 자신의 두려움을 질투 어린 수동공격적passive-aggressive 태도로 표현한다. 셸과의 우정은 그들이 서로를 위해 희생하고 어려운 시기를 함께하며 더욱 깊어지게 된다. 두려움을 피하는 대신 그들은 돌아서서 두려움에 정면으로 맞서고 의존과 병원, 고립으로부터의 자유를 찾는다.

사회복지사인 프랭크와의 관계를 통해 엘링은 현저히 나아지게 된다. 프랭크는 굳건한 경계를 설정하고 엘링에게 명확한 지시를 내린다. 프랭크가 고집하는 '엄격한 사랑tough love'은 엘링이 자신에게 도전할 것인지 아니면 새로운 거주지를 떠날 것인지 선택하게 만든다. 프랭크는 엘링의 기이한 생각들을 이해하여 받아들이고, 영화의 마지막에 프랭크가 집으로 돌아왔을 때, 그는 엘링이 술에 취해 스스로를 포기하고 소파에 널브러져 있는 것을 묵인해 준다. 엘링은 깨어난 뒤 자신의 집과 자유를 잃어버릴 것이라고 확신하지만, 정반대의 일이 일어난다. 왜냐하면 이러한 모든 인간적인 행동들로 인해 프랭크는 마음속으로 엘링이 바깥세상에서 홀로살아갈 준비가 되었음을 확인하게 되었기 때문이다.

〈엔듀링 러브Enduring Love〉(2004, 영국)는 고장 난 열기구에서 어린 소년을 구하기 위한 시도를 하다 몇 명의 남자가 열기구에 매달리게 되는 기이한 사고에 대한 영화다. 열기구가 높이 올라가면서 대부분의 남자들은 빨리 손을 놓아 스스로를 구하지만, 한 명은 끝까지 잡고 있다가 결국 사망하게 된다. 이 충격적인 사건으로 인해주인공은 급성 스트레스 장애의 증상을 겪게 되고, 여러 관계 속에서 회피와 반추, 이별과 초조 사이를 오가게 된다. 그의 정서적인 고통은 그가 부적절한 감정을 보이고 죄책감과 분노로 인해 괴로워하는 것을 통해 확실하게 알 수 있다.

오스트레일리아 영화 〈물 위를 걷기Walking on Water〉(2002)에서는 에이즈로 죽어가는 남자의 조력 자살 계획이 잘못되어 그의 친구가 엉뚱한 사람을 질식시키게 된다. 그 친구는 질식에 대해 떠오르는 이미지와 기억들로 인해 괴로워한다. 그가 이기억들로부터 벗어나기 위해 노력하는 과정에서 보이는 자기파괴적 행동들은 그의 내적인 갈등과 과민성을 잘 나타내고 있다. 그는 급성 스트레스 장애로 인해 고통받고 있는 것으로 보인다.

영화 〈그녀도 우리 중 하나She's One of Us〉(2003, 프랑스)의 주인공은 명백하게 사회불안과 싸우고 있다. 그녀는 사교적이지 못하고 자주 부적절한 감정상태를 보이며 사회적 상황을 오인한다. 대화를 하면서도 그녀는 머뭇거리거나 두리번거리고 몸을 덜덜 떤다. 헐떡거리는 숨소리가 그녀의 불안감을 더욱 자극한다. 그녀는 타인에게 호감을 주기 위해, 그리고 자신의 위안을 찾기 위해 노력한다.

- 강박장애와 불안장애에서 불안은 각각 어떻게 작용하는가?
- 〈에비에이터〉(2004)의 하워드 휴즈, 〈추한 사랑〉(2004)의 마크 퍼네스, 〈매치스틱 맨〉(2003)의 로이 월러가 각기 가지고 있는 증상들을 비교, 대조해 보자.
- 영화 속에서 이라크전쟁 참전 후에 외상 후 스트레스 장애를 겪는 등장인물들과 베트남전쟁 참전 후에 외상 후 스트레스 장애를 겪는 인물들은 어떻게 다른가?
- 어빈 얄롬Irvin Yalom이나 롤로 메이Rollo May와 같은 몇몇 실존주의 치료자들은 불안이 인간 조건의 핵심적인 부분이라고 주장하며 이를 피하기보다는 직면해야 한다고 주장한다(예: 그들은 심한 외상을 경험한 후 벤조디아제핀을 사용하는 것을 반대한다). 당신은 이에 동의하는가?
- 강박장애를 유발할 수 있는 직업들이 있는가?
- 존 퍼거슨(〈현기증〉, 1958)과 로버트 랭던 박사(〈다빈치 코드〉, 2006)가 특정 공포증으로 인해 겪는 기능장애를 비교해 보자.

추가적인 탐구

만일 당신에게 이 장과 관련된 단 한 권의 책을 읽을 시간만이 주어진다면 다음의 책을 읽어 보라.

- Antony, M. M., & Rowa, K. (2008). *Social anxiety disorder*. Cambridge, MA: Hogrefe & Huber Publishers.

만일 당신에게 단 한 편의 논문을 읽을 수 있는 시간만 주어진다면 다음의 논문을 읽어 보라.

- Boutons, M. E., Mineka, S., & Barlow, D. H. (2001). A modern learning theory perspective on the etiology of panic disorder. *Psychological Review, 108*, 4-32.

저자 추천작

• 강박장애
- 〈에비에이터The Aviator〉(2004)
- 〈매치스틱 맨Matchstick Men〉(2003)
- 〈추한 사랑Dirty Filthy Love〉(2004)
- 〈이보다 더 좋을 순 없다As Good As It Gets〉(1997)

• 외상 후 스트레스 장애
- 〈7월 4일생Born on the Fourth of July〉(1989)

• 공황장애
- 〈파인딩 포레스터Finding Forrester〉(2000)

• 공포증
- 〈현기증Vertigo〉(1958)
- 〈엘링Elling〉(2001)
- 〈배트맨 비긴즈Batman Begins〉(2005)
- 〈카사블랑카여, 다시 한번Play It Again, Sam〉(1972)

제3장

해리장애와 신체형 장애

"어머니를 살해하는 것은 모든 범죄 중 가장 끔찍한 범죄일 것입니다…….

때문에 베이츠는 적어도 자신의 마음에서는 범죄 사실을 지워 버린 것이죠."

– 〈싸이코〉(1960)에서 노먼 베이츠의 행동을 설명하는
경찰 소속의 정신과 의사

〈싸이코〉를 관람하면서 생각해 볼 물음들

- 알프레드 히치콕 감독의 〈싸이코〉(1960)는 지금까지 만들어진 영화 중 최고의 걸작으로 평가받는다. 그렇다면 이 영화는 과연 실제 정신장애의 모습을 명확히 보여 주고 있는가?
- 〈싸이코〉는 살인을 시도하는 정신병질자를 묘사함으로써, 정신장애를 앓고 있는 사람들은 타인에게 위해를 가할 수 있는 위험한 사람이란 통념을 심어 주진 않았는가?
- 베이츠의 관음증은 그의 다른 행동과 비교하면 거의 무해한 것처럼 보인다. 관음증과 같은 성적 도착은 폭력적 성향과 어떤 관련이 있는가?
- 베이츠는 마리온에게 호텔방을 보여 줄 때 '욕실'이란 단어를 말하는 데 어려움을 겪었다. 성범죄를 저지르는 사람들은 일반적으로 성생활이나 생리적 배출에 대해 진지한 논의를 하는 것을 불편해하는가?
- 심리치료자는 임상 장면에서 해리장애 환자를 얼마나 자주 접하게 될까? 노먼 베이츠와 같은 환자를 얼마나 자주 만나게 될까?
- 극중 마리온은 4만 달러를 훔친다. 히치콕은 어떤 방법으로 우리 모두가 그녀를 동정하고 동일시하도록 만드는가?
- 해리장애 환자들은 일상경험에서 드러나는 명백한 증거들을 어떻게 감추는가? (예: 사망한 베이츠 부인에 대한 무반응성)
- 히치콕의 영화에 1960년대 당시의 심리학적 시대정신이 어떻게 녹아들어 있는가?
- 만약 당신이 노먼 베이츠와 같은 환자와 치료 작업을 한다면 편하게 치료에 임할 수 있겠는가? 당신은 환자 면담 시 안전요원이 당신 곁에 있어 주길 원하는가?

환자 평가

환자가 진술한 내원 사유: "나는 이곳에 와야만 했다. 그들이 나를 오게 했다. 물론 나는 당신이 제공할 수 있는 도움을 받고 싶고 노력할 것이다. 그러나 나는 사실 당신이 나에게 얼마나 도움이 될지 의심스럽다."

현 병력: 베이츠는 27세의 백인 남자다. 그는 네 명을 살해한 살인죄로 기소되어 법정 선고를 기다리고 있는 중이다. 그는 10여 년 전 어머니와 그녀의 정부를 살해한 것으로 추정되고 있으며, 최근 30일간 잇달아 일어난 것으로 보고된 두 건의 살인사건 용의자로 지목되고 있다.

과거의 정신과적 병력, 치료 및 결과: 베이츠는 고립, 철회, 은둔과 은밀한 성향을 포함한 이상하고 괴짜 같은 행동 양상을 지속적으로 보이고 있다. 이러한 행동들은 지방당국에 의해 이미 보고되었지만 베이츠 자신과 타인에게 위험한 요소가 될 수 있다는 증거는 전혀 없으며 정신과적 치료를 받은 적도 없었다.

의학적 병력: 베이츠는 수두와 볼거리(이하선염)와 같은 아동기의 흔한 병을 앓은 적은 있지만, 이를 제외하고는 단 한 번도 병원에 가거나 입원한 적이 없다.

심리사회적 병력: 베이츠는 대체로 평상시에는 산책을 하거나 이야기를 하면서 지냈다고 했다. 그는 오랫동안 스스로를 고립시켰다. 그는 학창 시절에 혼자 조용하게 지내 왔으며, 자라면서 자기가 친구로 생각한 사람은 아무도 없었다고 한다. 비록 가족이 운영하는 모텔 경영을 위해 16세에 학교를 그만두었지만, 그전까지 학교성적은 별다른 문제가 없었다. 고속도로가 그 모텔을 우회하게 되자, 경영은 점점 더 악화되었다. 그의 어머니와 어머니의 정부는 약 10년 전에 사망했으며, 그 후로는 혼자서 모텔과 자기 집을 운영해 왔다. 그는 모텔의 장부들을 관리하였고, 모텔과 집의 일상적인 일들은 그럭저럭 잘 수행해 나갔다. 그에겐 형제가 없었고 가까운 친척 또한 없었다. 대부분의 여가 시간은 취미인 박제에 쏟는다고 하였다. 베이츠는 한 번도 결혼한 적이 없었고, 깊은 사랑을 나눠 본 경험도 없었다. 그는 데이트도 하지 않았고, 정기적이며 꾸준한 사회활동도 전혀 한 적이 없었다.

약물과 알코올 병력: 베이츠는 술이나 약물을 남용한 적이 없다고 보고했다. 그는 알코

올에 중독되는 것을 죄악이라고 여겼다. 그는 사람들과 어울리는 술자리는 선호하지 않았고, 담배 또한 피워 본 적이 없다고 보고하였다.

행동 관찰: 베이츠는 검사를 위해 정시에 보안관과 함께 도착하였다. 그의 옷과 차림새는 단정하였으며, 아첨하는 것으로 보일 정도로 공손하였다. 그는 모든 일에 적극적으로 협조하였지만, 자신에 대하여 질문받을 때에는 화난 표정을 지었고 평가에 협조하지 않았다.

정신상태검사: 그는 경계심을 갖고 있으며 장소와 시간에 대한 지남력은 온전한 반면, 사람에 관한 지남력은 없었는데, 실제로 자신을 어머니라고 강력하게 주장했다. 검사자가 그의 남성적 특징이나 어머니가 몇 년 전에 돌아가셨다는 것 등 명백한 부분을 지적하자 흥분해서는 검사실에서 나가겠다고 위협했다. 자신이 실제로 어머니라는 그의 주장을 검사관이 더 이상 힐책하지 않는 것을 본 후에는 평가에 협조하였으며, 간이정신상태검사MMSE의 다른 질문들에 대답할 수 있었고, 총 29점의 점수를 받았다.

기능적 평가: 베이츠는 평균 수준의 지적 능력을 가지고 있는 것으로 평가되었다. 그는 고등학교를 중퇴했으며, 약간의 부기 기술 이외의 직업상 중요한 다른 어떤 기술도 갖추고 있지 않다. 그러나 그는 지난 10년 동안 자신의 모텔을 경영해 온 능력을 보여 주었다. 그에게는 생존해 있는 식구가 없으며 사회적으로 친구로 대해 주는 사람도 없다(그는 혼자 있는 것을 편안하게 생각했으며, 이 때문에 괴로워하는 것처럼 보이지도 않았다). 그의 사회적 기술은 제한되어 있었고 타인과 접촉하는 상황을 불편하고 어색하게 느끼고 있었다. 그러나 확고하고 아주 방어적인 그의 망상장애는 국한된 양상으로 나타나고 있는데, 그가 자신이 어머니라는 주장을 계속하는 한 직업적·사회적 역할을 제대로 해 나갈 것처럼 보이지는 않는다.

강점: 베이츠는 적어도 평균 정도의 지능을 가지고 있으며 모텔 운영과 관련된 기본적인 기술을 가지고 있다. 그는 호텔매니저로서 다년간의 경험이 있으며 항상 친절하다.

진단: 해리성 정체감장애

치료 계획: 베이츠는 법정평가를 위해 의뢰되었으므로 어떤 조직적인 치료 계획을 세우지는 않았다. 그가 저지른 법적 문제 때문에 아마도 일생 동안 수감될 가능성이 있다. 그리

고 교도소 안에서는 적극적인 심리치료를 제공받을 가능성이 거의 없을 것 같다. 치료가 가능하다 할지라도, 그가 자신의 문제들을 이해하기까지는 많은 시간이 필요할 것이다.

예후: 베이츠는 자신의 문제나 그 원인에 대한 본질을 보는 통찰력이 부족하다. 그는 자신의 신념체계를 바꾸려는 노력을 거부한다. 그는 지난 10년 동안에 걸쳐 이러한 그릇된 신념들을 주장해 왔고 이런 측면들은 그의 병이 치료되기 어렵다는 것을 입증해 주는 것 같다. 만일 그가 정신병을 이유로 석방된다면, 집중적인 치료를 위해 주립병원에 입원될 가능성이 있으나, 그렇다 할지라도 예후는 밝지 않다.

〈싸이코〉와 정신병리

1900년대 중반 이후, 영화는 인간의 심리적 복잡성을 묘사하기 시작하였다. 〈싸이코Psycho〉는 알프레드 히치콕 감독의 1960년도 작품이다. 자신의 어머니와 그녀의 정부를 살해한 후에 어머니의 인격으로 살아가는 젊은 남자의 삶을 묘사한 이 영화는 히치콕 감독의 여러 작품들 중에서도 단연 최고의 작품으로 평가받고 있다. 〈싸이코〉는 당대 최고의 영화이지만, 안타깝게도 정신장애를 앓고 있는 사람들에 대한 부정적인 인식을 형성하는 데 큰 영향을 미친 것 또한 사실이다.

영화는 피닉스의 어느 모텔 방에서 맨살이 훤히 비치는 옷을 입은 마리온 크레인(자넷 리 분)이 애인인 샘 루미스(존 가빈 분)와 함께 있는 장면으로 시작된다. 그녀는 샘과 자신의 장래에 대해 이야기를 나누고 있다. 그녀는 샘과의 결혼을 원하지만, 그는 전처에 대한 재정적 책임 때문에 결혼할 결심을 못 내리고 있다. 오후 시간을 연인과 지낸 후에, 그녀는 직장으로 돌아가서 공금 4만 달러를 훔친다. 다음 날 아침 그녀는 돈을 들고 샘이 살고 있는 마을을 향하여 떠난다.

폭풍우를 만난 마리온은 샘의 집에서 단지 15마일 떨어진 곳에 위치한 인적이 뜸한 베이츠 모텔에 묵게 된다. 모텔 주인인 노먼 베이츠(앤서니 퍼킨스 분)는 그녀에게 모텔 뒤편 자신의 집에서 저녁을 제공하는 등 호의를 베푼다. 마리온은 노먼의 어머니가 그녀와 함께 저녁을 먹게 해 달라고 호통을 치는 소리를 듣는다. 베이츠는 마리온을 위해 샌드위치를 만들고, 어머니의 행동에 대해 대신 사과한다. 그들은 사무실이 인접한 방에서 이야기를 나누고 노먼은 자신의 박제 수집품들을 보여주기도 한다. 노먼은 자신의 사무실에 뚫린 작은 구멍을 통해서 마리온이 샤워하는 모습을 몰래 엿본다. 샤워를 하던 마리온은 누군가에 의해 칼로 무자비하게 살해당하는데, 드라마틱한 배경음악이 깔린 이 장면은 영화 역사상 가장 유명한 장면 중 하나다.

노먼은 피로 물든 욕실을 청소한 후 마리온의 시신을 그녀의 자동차 트렁크 안에 싣고는(그리고 아무도 모르게 훔친 4만 달러도 숨겨지게 된다.), 자동차를 인적이 드문 늪지로 몰고 가 빠뜨려 버린다.

한편, 마리온이 일하던 직장의 사장은 그녀가 공금을 들고 도주한 사실을 알게 된다. 그는 경찰에 신고하지 않고 사립탐정 밀턴 아보가스트를 고용하여 그녀의 행방을 추적한다. 그는 샘의 집으로 향하는 마리온의 여동생 라일라를 미행하여 베이츠 모텔에 다다른다. 그는 노먼이 마리온의 실종과 어느 정도 관련이 있을 거라는 직감을 갖고 조사를 위해 노먼의 집을 방문하지만 역시 살해된다. 그 후 라일라와 샘은 마리온의 실종에 대한 조사를 맡은 그 지역 보안관으로부터 노먼의 어머니는 10년 전에 자신의 정부를 독살한 후 자살했다는 이야기를 듣게 된다.

라일라와 샘은 이 문제를 해결하기 위해 모텔로 향하고, 노먼이 어머니의 무덤을 파내서 시체를 미라로 만들었으며 지난 10년 동안 자신의 집에서 어머니의 시체와 함께 지내 왔다는 사실을 알게 된다는 충격적인 결말이 이어진다. 베이츠는 항상 정신적으로 불안한 아이였고, 그는 자신의 어머니와 그녀의 정부를 죽인 후에, 어머니와 자신은 동일하다고 믿으면서 자신의 죄를 덮어 왔다. 영화의 결말 부분에, 노먼은 완전히 어머니의 자아로 바뀌게 된다.

"그들이 날 의심할지도 모르니 나는 그냥 여기 조용히 앉아 있어야지. 그들은 아마 나를 감시하고 있을 거야. 의심하라고 내버려 둬. 내가 어떤 사람인지 볼 수 있게 그들을 내버려 둘 거야. 나는 파리 한 마리도 잡지 않을 거야. 그들이 보았으면 좋겠어. 그들은 볼 거야. 그들은 보고 알게 될 거야. 그리고 말할 거야. 저런, 그녀는 파리 한 마리도 잡지 못하는 사람이군."

— 어머니의 방에 앉아서 마치 그녀인 양 미소 지으며 생각하는 노먼 베이츠

구스 반 산트는 1998년 〈싸이코〉를 리메이크한 컬러영화를 발표한다. 그는 히치콕 감독을 존경하는 마음으로 최대한 원작에 충실한 작품을 만들려고 하였으나, 리메치크작은 원작에 비해 매혹적이지 못하다는 평을 받았다.

 ## 해리, 외상 그리고 영화

의식의 변화alteration in consciousness는 여러 상황에서 일어날 수 있다. 술에 취해 있는 동안에는 감각 자극의 인식에서 영향을 받아 의식이 흐려지거나 환경과 자아에 대한 주의가 약화된다. 어떤 약물은 혼미하거나 꿈을 꾸는 것 같은 상태를 만들어, 복용할 경우 의식은 있으나 몽롱해지게 된다. 최면과 명상 또는 이완을 통한 각성된 주의와 집중 그리고 몰입은 의식 변화의 또 다른 예다.

해리dissociation는 감정, 행동, 생각 또는 사건에 대한 기억과 밀접하게 연관된 의식의 분열과 관련된다(APA, 2000). 해리상태에서는 일반적으로 이어지거나 통합되어야 할 사건이나 정보가 서로 분리된다. 해리는 흔히 무서운 상황, 스트레스, 고통스런 상황에서 스트레스를 극복하기 위해 사용될 수 있는 정상적인 방어기제의 일종으로 볼 수 있다. 이것은 외상으로 인한 엄청난 공포, 고통과 절망으로부터 우리를 분리시켜 준다.

해리는 백일몽과 같은 일상의 가벼운 해리적 경험에서부터 다중인격장애와 같은 심각한 정신질환에 이르기까지 다양하게 나타날 수 있다(Allen & Smith, 1993; Bernstein & Putnam, 1986). 대부분의 사람들은 낯익은 길을 운전하면서 자기가 주행한 전 구간이나 일부 구간에서 무슨 일이 있었는지 갑자기 생각이 안 나는 것 같은 가벼운 해리 경험을 가질 수 있다. 어떤 문화에 있어서는 트랜스trance와 같은 해리상태는 흔히 있을 수 있는 일이며, 문화적 행사나 일상적인 종교적 체험의 일부로서 인정되기도 한다. 극단적인 해리장애의 발달은 심리적 외상trauma과 관련된다. 예를 들어, 〈악몽Sybil〉(1976)에서 주인공이 가진 16개의 서로 다른 인격들은 망상에 사로잡힌 광기의 어머니가 가한 반복적인 신체적·심리적 학대의 결과였다.

많은 영화들에서 외상적 사건을 경험한 후, 이를 극복하기 위해 그러한 경험들을 해리시키는 인물들을 그리고 있다. 그러나 다음에 소개하는 영화에 등장하는 인물들은 진단기준을 충족시킬 만한 충분한 근거를 찾을 수 없기 때문에 해리장애라고 진단될 가능성은 낮다. 〈릴리아 포에버Lilya 4-Ever〉(2002)에서 한 젊은 여자는 타국에서 자신의 의지와는 반대로 방치되고 학대당한 채 매춘을 해 왔다. 그녀는 매춘을 하는 동안 자신의 경험을 해리시킨다. 〈공주와 전사The Princess and the Warrior〉(2000)에서 한 남자는 그의 아내가 살해당하는 동안 욕실에 갇혀 있는다. 그의 다양한 외상적 반응에는 '얼어붙은 채로 꼼짝 않고 있는 것freezing', 현실로부터의 해리, 긴장과 전율 및 충격적인 경험의 회상 등이 포함된다. 올리버 스톤의 영화 〈내추럴 본 킬러Natural Born Killer〉(1994)에서 우디 해럴슨과 줄리엣 루이스는 폭력적이고 충격적인 여러 사건의 피해자이자 가해자를 연기한다. 이 영화에서는 다양한 해리 증상들이 묘사되는데, 통증감각 마비, 지각적 왜곡, 시간 왜곡 및 비현실감 등이 그것이다. 〈스위밍 풀Swimming Pool〉(2002)에서는 한 남자를 살해한 사실을 기억하지 못하는 해리성 기억상실증을 나타내는 여성이 등장한다. 해리 증상이 드러나는 한 장면에서, 그녀는 자신의 어머니를 보고 있다고 생각하지만 어머니는 거기 없다는 말을 듣고는 비명을 지르고 실신하고 만다. 독립영화 〈낙원을 찾아서Searching for Paradise〉(2002)에서는 한 여성이 '환상적인' 남성과의 섹스 중 갑자기 행위를 멈추고 자신이 남편을 배신한 것 같다고 말한다. 이것은 자신을 떠나 버린 아버지와, 현실로 다가온 '환상적인' 남성 사이에서 혼란을 겪는 일종의 해리 경험으로 보인다.

외상적 상황에서 경험될 수 있는 또 다른 해리 경험으로는 비현실감derealization을 들 수 있다. 이러한 상태에서는 친숙한 사람들과 장소가 비현실적인 것처럼 여겨지고 마치 생소한 것처럼 느껴진다. 또한 대상의 크기나 형태가 달라졌다거나 이상하다고 지각할 수 있으며 사람들이 기계처럼 보일 수도 있다. 1989년 샌프란시스코 만 근처에 지진이 났을 때 설문에 응답한 101명 중 40%는 지진 경험 후 주변이 낯선 것처럼 느껴진다고 보고했다(Cardea & Spiegel, 1993). 데이비드 린치의 영화는 배우와 관객 모두에게 현실감 상실을 유발하는 것처럼 보이는데, 흔히 배우들의 정체성은 혼란스럽고 배경은 매우 비현실적으로 그려진다. 〈로스트 하이웨이Lost Highway〉(1997)와 〈멀홀랜드 드라이브Mulholland Drive〉(2001)는 특히 이러한 비현실감을 표현한 좋은 예다.

영화에서의 해리장애

정신건강 분야에서는 해리 경험을 정신과적 장애로 분류시키는 것에 대한 다양한 논란이 제기되어 왔다. 해리 그 자체가 반드시 일상생활에 장애를 일으키거나 정신질환의 증거로 간주되는 것은 아니다. 그러나 만일 해리상태가 주관적 고통을 유발하고 정신적ㆍ대인관계적ㆍ사회적 또는 직업적 기능장애를 가져온다면, 정신과적인 문제로 평가되어야 한다. 기억상실증이나 이인증depersonalization과 같은 해리 증상들은 외상 후 스트레스 장애PTSD와 정신분열병과 같은 다른 정신장애에서도 나타날 수 있다. 만일 해리장애로 판명된다면 다른 정신장애의 가능성은 배제된다. 또한 해리장애는 외상성 뇌손상traumatic brain injury에 의해서는 발생되지 않는다. 이러한 이유로 〈메멘토Memento〉(2000)와 같은 영화는 '신경심리학적 장애'를 다루는 10장에서 소개된다.

해리장애의 범주에는 해리성 기억상실증, 해리성 둔주, 해리성 정체감장애 그리고 이인장애 등의 4가지 장애가 포함된다.

해리성 기억상실증

해리성 기억상실증dissociative amnesia의 주된 증상은 외상 혹은 충격적인 스트레스 사건들(예컨대, 자녀의 사망)로 인해 중요한 개인적 기억을 회상해 내지 못하는 것이다. 외상을 당한 사람들은 대개 외상 전까지의 상황들은 기억하지만 이후 사건들에 대해서는 기억상실을 나타낸다. 해리성 기억상실증으로 인하여 중요한 개인적 정보를 잊어버렸다 할지라도 새로운 정보를 기억하는 기능과 인지능력에는 문제가 없다. 또한 이러한 증상은 가역적reversible이어서, 환자는 정신건강 전문가가 제공하는 도움으로 극적이고 명백한 기억상의 변화를 보일 수도 있다. 기억상실을 나타내는 사람은 자신도 왜 그러는지 그 이유나 의미를 인식하지 못한 채 자극에 대해 강한 감정 반응을 나타낼 수 있다.

영화인들은 대체로 기억상실의 심리학적 원인이 무엇인지를 밝히는 데 초점을 맞추지는 않지만, 종종 기억상실을 주된 주제로 다루어 왔다. 예컨대, 찰리 채플린 과 폴리트 고다드 그리고 잭 오키가 출연한 풍자극으로서 1940년도 아카데미 수상 작인 〈위대한 독재자The Great Dictator〉가 이러한 유형의 영화에 해당된다. 채플린은 유태인 이발사와 가상 국가인 토매니아Tomania의 독재자 아데노이드 힌켈 역을 1인 2역으로 소화해 냈다. 아돌프 히틀러를 패러디한 이 영화에서, 채플린은 '토매니 안' 게토[1]에서 일하는 유태인 이발사로서, 기억상실증으로부터 회복된 후 자신이 힌켈(역시 채플린이 연기함)이 시키는 대로 하며 살아왔다는 것을 깨닫는다. 그는 연 인인 유태인 세탁부 폴리트 고다드와 함께 오스트리아로 탈출한다. 오스트리아에 서 그는 최근에 이 나라를 통치했던 힌켈로 오인받는다. 그러자 채플린은 마치 독 재자인 것처럼 행세한다.

기억상실은 프레스턴 스터지스가 연출하고 조엘 맥크레아와 베로니카 레이크가 열연한 탁월한 영화인 〈설리반의 여행Sullivan's Travels〉(1941)에서도 잘 묘사되고 있 다. 주인공은 머리를 맞아 기억이 상실되고 폭력 조직에 연루되어 6년형을 언도받 게 된다. 살인자 때문에 야기된 외상성 기억상실에 대한 또 다른 예는 〈환생Dead Again〉(1991)에서도 찾아 볼 수 있다.

게리 마샬이 연출한 코미디 영화 〈환상의 커플Overboard〉(1987)에서는 타락하고 자기중심적이며 부유한 여성이 기억상실로 인해 밑바닥 삶을 경험하게 된다. 해리 성 기억상실증은 고전영화인 〈망각의 여로Spellbound〉(1945)와 〈지난 여름 갑자기 Suddenly, Last Summer〉(1959)에서도 묘사된다.

〈이터널 선샤인Eternal Sunshine of the Spotless Mind〉(2004)에 나오는 짐 캐리와 케이트 윈슬렛은 특정한 문제, 즉 이전 애인과 관련된 사건과 사람을 기억하지 못하기 때 문에 일종의 해리성 기억상실을 가진 것처럼 보일 것이다. 그러나 이러한 기억상실 은 외상적 기억을 정교하게 지워 버리는 전문가에 의해 의도적으로 조작된 것이기 때문에 해리성 기억상실증이라는 진단을 내리기는 곤란할 것이다.

헐리우드는 기억상실을 줄거리로 한 성공작 〈본 아이덴티티The Bourne Identity〉 (2002)와 실패작 〈페이첵Paycheck〉(2003)과 같은 액션영화로 흥행에서 어느 정도 성

---

1) 역자 주: 예전 유럽의 유태인 거주 지역 혹은 소수민족이 모여 사는 빈민가.

공을 거두었다. 〈본 아이덴티티〉에서, CIA 암살자인 제이슨 본은 임무 수행에 실패한 후 자신에 대한 기억을 잃게 되고, 이전의 자신이 누구인지 추적해 간다.

〈포가튼The forgotten〉(2004)에서 줄리언 무어는 비행기 사고로 인해 9세 된 아들을 잃고 비통해하는 어머니 텔리 파레타로 열연했다. 텔리의 남편과 치료자는 그녀에겐 아들이 없으며, 아들에 대한 기억은 전부 유산된 사실에 대한 반응이라고 말하면서 이야기는 더욱 복잡하고 흥미진진해진다. 그러나 엉뚱한 결말로 끝나면서 의미 있는 심리학적 탐구가 될 만한 여지는 사라져 버렸다.

〈신기루〉

〈신기루Mirage〉(1965)에서 그레고리 펙이 연기한 데이빗 스틸웰은 그의 상사이자 스승인 켈빈 클라크의 사고사를 목격한 후 기억상실증이 생긴다. 과학자인 스틸웰은 방사선 낙진의 중화법을 최근에 발견하였다. 스승 켈빈이 세계평화를 위해 일해 왔다고 믿는 스틸웰은 스승과 이 정보를 공유한다. 그러나 자신의 공식이 평화를 위해서가 아니라 핵무기를 만드는 데 사용될 것을 알게 된 스틸웰은 공식이 적힌 문서를 열린 창문 앞에서 불로 태워 버린다. 불붙은 문서를 빼앗으려 스틸웰에게 달려든 켈빈은 그만 27층 창문으로 떨어져 죽고 만다. 이러한 상황을 목격한 후 스틸웰은 공포에 떨다 얼마 후 침착한 상태를 되찾지만, 기억상실에 빠진 채 빈 서류가방을 들고 사무실을 떠나고 사무실의 불은 꺼진다.

관객들은 이러한 사실을 영화가 끝날 때까지 눈치채지 못한다. 영화는 실제로 정전된 뉴욕의 건물 사무실에서 시작된다. 스틸웰은 27층에서 내려오는 쉘라(다이앤 베이커 분)를 어두워진 계단 아래로 데려다 주는 매우 차분하고 이성적인 사람으로 나온다. 그는 쉘라를 알아보지 못하지만 그녀는 그를 알아본다. 아파트로 돌아가는 도중 그는 자신을 죽이려 하는 자와 대면하게 된다. 스틸웰은 그 침입자를 격투 끝에 제압하고 의식불명 상태의 침입자를 놔두고 나온다. 차츰 그는 자신이 기억을 잃었다는 것을 알게 되나, 이틀이 아닌 2년 동안 기억상실에 빠져 있었다고 확신하게 된다. 그는 정신과 의사에게 도움을 청하지만 그의 기억상실증 여부에 회의적인 의사는 그를 진료실 밖으로 내몬다.

이 히치콕 스타일의 스릴러물에서, 스틸웰로부터 공식을 빼앗으려고 자객을 고용한 소령 때문에, 자신이 뉴욕에서 원가 관리 회계사였다는 스틸웰의 믿음이 더 강해진다. 이후 그는 탐정 테드 캐슬(월터 매튜 분)을 고용하여 자신의 정체감을 찾고 누가 그를 죽이려 하는지 알아내려 한다. 캐슬은 의문의 조각들을 맞추려고 시도하나 그 과정 중 살해되고, 예전에 연인 사이였던 쉘라와 스틸웰 사이에는 다시 사랑이 시작된다.

탐정의 죽음 후에 스틸웰은 이전에 찾아갔던 정신과 의사의 도움을 간절히 원하지만 여전히 그는 기억상실에 대해 회의적인 태도를 보인다. 이때, 스틸웰의 기억은 점차 돌아오기 시작하여 기억상실 기간이 겨우 이틀인 것을 알게 된다. 정신과 의사는 그의 기억을 자극하는 몇 가지 질문을 한다. 점차 스승의 죽음에 대한 기억이 떠오르게 되고, 스틸웰은 과거 사건들로 인한 공포와 맞설 수 있게 된다.

해리성 둔주

해리성 둔주dissociative fugues란 갑작스럽고 예기치 않게 거주지나 일상적으로 활동하는 직장으로부터 벗어난 개인이 자신의 과거에 대해 회상하지 못하게 되는 것으로 정의할 수 있다. 정체감 혼란이 나타날 수 있으며, 새로운 정체감을 형성할 수도 있다(예컨대, 사업에 실패한 사람이 새로운 도시에서 새로운 정체감을 드러내며 이전의 기억을 떠올리지 못할 수도 있다). 둔주가 시작되면, 개인은 기존의 기억을 대체하는 새로운 기억을 갖게 된다. 이들에게 관련된 질문을 하지만 않는다면 정상적으로 보일 뿐더러 해리 증상에 대한 어떠한 증거도 나타나지 않을 것이다. 둔주가 치료되고 나면 원래의 기억은 회복되지만 둔주 당시의 기억은 사라진다. 둔주 기간 사이에 일어난 일들은 전혀 기억 속에 남아 있지 않게 된다. 비록 해리성 둔주의 유병률은 전체 인구의 약 0.2%로 보고되고 있지만, 전쟁, 자연재해, 혼란스러운 시기에는 더욱 증가될 수 있다(Fullerton, Ursano, & Wang, 2004).

해리성 둔주를 앓고 있는 몇몇 환자들은 단기간에 걸쳐 짧은 거리를 여행하기도 하지만 때로는 아주 먼 곳으로 떠나거나 둔주상태로 몇 달 혹은 몇 년을 지내기도 한다. 시사성 강한 빔 벤더스의 영화 〈파리, 텍사스Paris, Texas〉(1984)에서는 해리성 둔주를 앓고 있는 트래비스 클래이 헨더슨이 등장한다. 그는 4년째 길을 잃고 사막에서 헤매다 발견되었다. 마침내 그는 그의 조각난 삶의 조각들을 (부분적으로) 끼워 맞추게 된다.

〈너스 베티Nurse Betty〉(2000)에서 르네 젤위거가 연기한 인물은 자신의 남편을 살해한 살인자를 목격한다. 얼마 후 그녀는 자신이 TV 연속극에 나오는 배우의 전 약혼녀라고 확신하게 되고 그를 찾아 미 대륙을 횡단한다. 이 역할은 망상장애와 다른 잠정적인 진단과의 감별에 대한 흥미로운 논쟁거리를 제공한다. 짐 캐리가 주연한 영화 〈마제스틱The Majestic〉(2001)은 해리성 둔주 경험이 반드시 두부외상(이 영화에서는 자동차 사고로 인한)으로 유발되지는 않는다는 것을 보여 주는 또 다른 예다. 짐 캐리는 기억상실증을 겪으며 집을 떠나 작은 도시에 살게 되면서 자신이 '교전 중 실종'된 병사라고 여기는 인물을 연기했다.

리차드 알렌과 쉐릴 워커 주연의 영화 〈아이덴티티 언노운Identity Unknown〉(1945)의 주된 주제는 기억상실과 정체성 문제다. 이 영화에는 한 병사가 제2차 세계대전 중에 기억상실증에 걸리게 되고 자신의 정체성을 회복하기 위해 노력하는 모습이 담겨져 있다.

〈언노운 화이트 메일〉

지금까지 해리성 둔주상태를 경험한 사람의 인생을 고찰한 영화 중 최고의 작품으로 평가되는 것은 아마도 〈언노운 화이트 메일Unknown White Male〉(2005)일 것이다. 루퍼트 머레이가 연출한 이 다큐멘터리는 덕 브루스의 실화를 바탕으로 제작되었다. 그는 외견상 아무런 이유 없이 2003년 7월 3일 전까지의 모든 기억을 회상해 내기 어려운 심각한 역행성 기억상실증을 나타냈다. 그는 지난 37년간의 삶에 대해 어떠한 기억도 없이 코니 섬으로 향하는 기차 안에 있는 자신을 발견했을 때 혼란스러워했다. 그는 그곳에 있는 병원에서 신경학적 손상에 대한 검사를 받았으며 '신원불명의 백인 남성unknown white male'이라는 팔찌가 채워진 채 정신병동으로 보내진다.

'나는 그가 경험하는 방식이 정말 부럽다. 그에게는 모든 것이 새롭다. 처음 초콜릿 무스를 먹고 그 맛을 형언하는 것…… 그것은 우리가 결코 가지지 못할 경험이

다. 과거를 청산하고 새출발한다는 것은 어떤 면에서는 바람직한 일이다. 그가 영화
관에서 처음 본 영화는 〈택시 드라이버Taxi Driver〉였다. 누군가 그에게 추천작 50편의
목록을 주었는데, 그는 좋지 않은 영화를 지금껏 한 번도 본 적이 없었기 때문에 진
정한 영화팬이 될 수 있었다."

– 〈언노운 화이트 메일〉의 감독 루퍼트 머레이

이 영화는 우리가 특별히 주의를 기울이지 않고도 기억을 떠올리는 것이 얼마나
복잡하면서도 흥미로운 과정인지를 잘 보여 준다. 브루스는 자신의 이름을 기억할
수 없다. 그럼에도 불구하고 서명을 할 수는 있다(그 서명을 알아볼 수는 없지만). 그
는 해변으로 갔으며 어떻게 수영하는지도 기억한다. 하지만 실제로 물속에 들어가
기 전까진 수영하는 방법을 몰랐다. 그는 부모님의 이름을 회상할 수 없지만 여전히
프랑스어로 말할 수 있다. 그는 자신이 한때 롤링 스톤스의 팬이었다는 것을 기억할
순 없지만 그들의 노래가 나오면 좋아한다. 서명하고, 수영하고, 타이핑하고, 악기
를 연주하고 자전거를 타는 것은 모두 절차기억procedural memory의 예들이다.

"그들 내면의 빛으로 빛나고 있는 꽃송이들. 그것들이 접한다. 이 얼마나 무한한
의미가 담긴 복잡함의 미로인가! 나는 아담이 창조의 아침에 보고 있었던 것—기적,
찰나의 순간, 벌거벗은 실존—을 보고 있었다."

– 『지각의 문The Doors of Perception』에서 자신의 환각 경험과
초심자의 마음속에서 일어나는 현상을 기술한 올더스 헉슬리Aldous Huxley

해리성 둔주상태를 경험하는 다른 사람들과는 달리, 브루스는 기억상실로 인해
좌절감과 깊은 근심을 경험한다. 그는 여자 친구의 전화번호를 호주머니에 지니고
있었다. 그녀는 병원 입원에 동의하고 그가 과거를 회복하도록 돕는다. 그의 기억
상실의 원인은 분명히 밝혀지지 않았다. 영화는 기억과 개인의 자기개념 사이의 밀
접하고 심오한 관계를 강조하고 있으며, 불교에서 '초심자의 마음beginner's mind'이
라고 부르는 것과 같은 경험을 보여 준다.

〈케이-팩스〉

〈케이-팩스K-Pax〉(2001)에서 로버트 포터와 프롯을 연기한 케빈 스페이시에 대해서는 진단을 내리기 어렵다. 정신분열병과 외상 후 스트레스 장애라는 잠정적 진단과 더불어, 해리성 둔주를 추가로 진단해야 하는지에 대한 타당하고 다양한 논쟁의 여지가 있다.

로버트 포터라는 남자는 심각한 외상적 사건을 경험하였다. 어느 날 직장에서 돌아오는 길에, 아내와 아이가 자신의 집에서 범죄자에 의해 살해당하는 장면을 목격한다. 그는 재빨리 범인을 죽이고 집을 정리한 후 가까운 강에 투신한다. 그 후 그는 뉴멕시코주에 있는 자신의 집으로부터 뉴욕에 이르기까지 완전히 새로운 정체성을 지닌 프롯이라는 인물이 되어 떠돌아다니는데, 프롯은 행성의 자전 현상에 대한 탁월한 지식을 지닌 매우 영적인 존재로 보인다. 포터는 새로운 정체성으로 다른 사람들과 편안하게 상호작용하고 자신의 다른 과거력은 모른다고 주장한다. 기억상실이 의학적 최면기법(연령의 퇴행)에 의해 드러나게 되자, 그는 고통스럽게 자신의 과거 심리적 외상과 직면하게 된다.

해리성 정체감장애

과거 다중인격장애로 불렸던 해리성 정체감장애dissociative identity disorder: DID는 기억과 정체감에서의 혼란을 특징으로 하는 매우 희귀한 장애이며, 행동을 지배한다고 추정되는 두 개 이상의 전혀 다른 정체성 혹은 다른 인격의 존재가 핵심적인 증상이다. 기억상실증은 하나의 인격 혹은 여러 인격에서 나타난다. 보통 수동적인 인격일수록 기억상실증은 더욱 심하다. 해리성 정체감장애는 대개 어린 시절 압도적인 외상을 경험한 이후 나타나는 외상 후 상태posttraumatic condition라고 알려져 있다(APA, 2000).

해리성 정체감장애의 증상은 불안장애 증상(공포증, 공황발작, 강박사고-강박행동), 기분장애 증상(조증과 우울증), 다른 해리성 증상(기억상실증, 해리성 둔주, 이인증상), 신체형 증상(전환장애), 성기능장애, 자살시도, 자해, 약물 남용, 섭식장애, 수면장애, 정신분열 증상, 외상 후 스트레스 장애 증상 그리고 경계선 성격장애와 같은 다양한 다른 정신의학적 상태와 연관되어 있다. 외상 후 스트레스 장애의 많은 증상이 해리성 정체감장애에서도 발생하기 때문에, 몇몇 임상가들은 이 두 가지 장애가 동일한 장애의 변형이라고 주장하기도 한다(Piper & Merskey, 2004).

정신치료 없이 분리된 인격들이 자발적으로 완화되거나 통합되었다는 증거는 없다. 치료는 오랜 시간과 강력한 치료적 관계 형성을 필요로 한다. 최면기법은 치료의 여러 단계에서 사용된다. 지지적 관계를 통해 치료자들은 본래의 외상에 접근하고 이를 검토한다. 치료가 진행되면서 환자의 심리적 고통은 가라앉고 환자의 외상은 성숙한 관점에서 검토되며, 이때에 이르러 내적 갈등이 다루어지고 해소된다.

〈파이트 클럽〉 〈아이덴티티〉 그리고 〈시크릿 윈도우〉

위의 세 영화들은 해리성 정체감장애를 다룬 유명한 영화다. 하지만 이 영화들 중 어느 것도 해리성 정체감장애에 대한 정확한 심리학적 정보를 제대로 묘사하고 있진 못하다. 게다가 이 영화들은 〈이브의 세 얼굴The Three Faces of Eve〉(1957)과 〈악몽〉(1976, 뒤에서 다룸)만큼 교육적이지도 않다. 위의 세 영화들을 옹호할 만한 근거는 이 영화들은 해리성 정체감장애에 대하여 관객을 교육하려는 의도로 제작된 것이 아니라는 점이다. 이 영화들에서 해리성 정체감장애는 흥분, 호기심, 흥미 그리고 재미를 배가시키기 위한 도구로서 사용된다. 세 영화 각각은 독특한 영화적 접근을 취하고 있고 관객에게 해리성 정체감장애에 대한 흥미를 제공하는 요소들을 지니고 있으므로 볼 만한 가치가 있다.

빠르고 노골적인 전개가 특징인 데이비드 핀처의 영화 〈파이트 클럽Fight Club〉(1999)은 불면증과 우울증으로 추정되는 증상 때문에 괴로워하는 잭(에드워드 노튼 분)의 독백으로 시작한다. 잭은 소비지상주의적 생활방식으로 인해 타락하기 시작하고, 직장에 무관심해진다. 그는 단지 감정적 해소를 위해 매일같이 중독된 듯 지하 모임을 기웃거리게 된다. 잭(과 관객)은 영화의 많은 부분에서 타일러(브래드 피트 분)가 자신의 또 다른 자아라는 것을 깨닫지 못하지만, 영화 초반부에 타일러를 만나면서 인생의 타락은 정점에 이르게 된다. 타일러는 잭과는 모든 면에서 정반대다. 그는 화려하고 활기차고 매력적이고 파격적이며 자아도취적이다. 이들 두 사람(실제로는 잭 한 사람)은 서로 싸우며(자기 자신과의 싸움), 배출구를 원하는 사회적 낙오자들을 매혹시키는 '파이트 클럽'을 시작하게 된다. 잭의 완전한 해리를 나타내는 다른 자아가 충분히 발달되기까지 타일러의 모습을 한 프레임씩 삽입한 것을 포함하여, 잭의 해리성 정체감장애를 나타내는 많은 단서들이 이 영화 곳곳에 담겨져 있다. 몇몇 정신건강 전문가들은 해리성 정체감장애 환자에서 나타나는 각각의 인격들은 전형적으로 다른 인격을 인식하지 못한다고 주장한다. 이러한 주장을 고려해 보면, 잭의 증상을 정신분열병으로 진단하는 것이 가장 적절할 것이다.

〈아이덴티티Identity〉(2003)는 해리성 정체감장애의 다른 실마리를 제공한다. 관객은 두 개의 이야기를 본다. 한 이야기는 고립된 모텔에서 불가사의한 연쇄살인범의 위협으로부터 벗어나기 위해 고군분투하는 열 명의 등장인물을 묘사한다. 다른 이야기는 사형을 집행하기 전 유죄선고를 받은 연쇄살인범 말콤 리버스의 최후의 심리상태를 그린다. 관객은 후에 말콤이 해리성 정체감장애를 가지고 있고, 열 명의 등장인물들은 통합시키기 위해 그토록 죽이고자 애쓴 말콤의 다른 인격들을 나타내며, 이러한 측면에서 이 두 이야기가 하나의 맥락으로 합쳐진다는 것을 알게 된다.

〈시크릿 윈도우Secret Window〉(2004)를 본 관객은 영화의 결말에 가서야 주인공의 해리성 정체감장애를 알게 된다. 조니 뎁은 아내가 모텔에서 외도하는 것을 본 후 심리적 외상을 경험하게 되는 모트를 연기한다. 그는 다음 소설작품을 쓰기 위해 숲 속으로 들어가 고립된 생활을 하고, 상태는 점차 악화되어 간다. 이는 〈샤이닝 The Shining〉(1980)에서 잭 니콜슨이 연기한 보다 극적인 캐릭터와 유사점이 있다. 그는 상태가 악화되면서(평탄하지 못한 불안한 결혼상태, 아내의 연인에 대한 분노, 금연 실패, 알코올 중독, 작가로서의 슬럼프) 슈터(존 터투로 분)와 만나게 된다. 슈터는 모트가 자신의 이야기를 훔쳤다고 주장하며 배상을 요구한다. 슈터와의 만남은 그를 매우 자극하고 흥분하게 만든다. 관계는 점차 위협적으로 변하여, 급기야 슈터는 여러 사람들과 모트의 애완견을 죽이기까지 한다. 영화의 마지막에 이르러, 좌절한 모트는 벽을 향해 재떨이를 던진다. 벽과 집에는 금이 가기 시작하고, 모트는 그 균열이 집 전체를 둘러싸는 것 같은 환각을 경험한다. 이 장면은 그 자신의 허약함과 지속적인 호흡곤란 상태에 대한 비유다. 또한 관객들은 혼잣말을 하는 모트를 보게 되고, 여러 개로 분리되어 시각적으로 드러나는 내면의 소리들을 듣기 시작한다.

영화의 결말에서 모트는 자신을 변화시키기 위해 스스로 자신의 성격에서 '슈터 부분'을 만들어 내었고, 이 '슈터 부분'에 두려움을 느끼게 되자 그의 인식에서 이를 억압해 왔던 것으로 밝혀진다.

〈이브의 세 얼굴〉

〈이브의 세 얼굴〉(1957)에서 내레이터 앨리스테어 쿡은 관객들에게 이 영화는 다중인격장애를 앓고 있는 한 여인의 실화를 다룬 다큐멘터리라고 소개한다. 이 흑백영화의 배경은 1951년 조지아라는 작은 마을이다. 조앤 우드워드는 조용하고 수동적이며 정숙한 주부이지만 심한 두통에 시달리는 이브 화이트로 등장한다. 그녀는 두통이 심해지다가 '발작'을 일으키는데 발작 중에는 자신이 무엇을 했는지 기억하지 못한다. 화이트 부인은 완고하고 지루하며, 틀에 박힌 생각만 하는 랄프라는 남자와 결혼했으며, 그는 아내의 행동에서 일어나는 변화로 인해 스트레스를 받고 있다. 그들의 불행한 결혼생활은 이러한 설명할 수 없는 사건들로 인해 더욱 악화된다.

발작을 하는 동안, 두 번째 인격인 이브 블랙이 등장한다. 이브 블랙은 화려하고 도발적인 옷을 사고, 흡연과 음주를 하고 나이트클럽에 자주 드나드는, 매혹적이고 성적으로 문란한 독신여성이다. 블랙의 존재를 모르는 화이트는 알 수 없는 기억상실의 공백 기간과 환청으로 인해 자신이 미쳐 버리는 것은 아닌가 두려워하고 있다. 반면에 블랙은 화이트를 알고 있으며, 그녀의 남편과 그녀의 딸아이 보니를 싫어하고, 자신이 흥청망청 밤을 보낸 탓에 다음 날 아침까지 숙취로 고생하는 화이트의 모습을 즐긴다. 화이트와 남편은 루터(리 콥 분) 박사에게 찾아가 두통과 발작에 대한 정신치료를 요청한다.

한 해가 지나서야 루터 박사는 이브 블랙의 정체를 알게 된다. 이브 블랙이 보니를 목 졸라 죽이려고 한 사건이 발생한 후, 이브 화이트는 병원에 입원하게 된다. 그녀는 회복되기 전에는 절대 딸과 만나지 않겠다고 맹세한다. 이브가 병원에 입원해 있는 동안 루터 박사는 이브의 두 인격과 치료적 관계를 수립할 수 있게 되었고, 이 두 인격을 하나로 통합하려 시도한다. 루터 박사는 이브 화이트와 남편에게 다중인격장애에 대해 설명하였고 둘 다 이 장애에 대해 이해하고자 노력하지만 끝내 랄프는 이것을 받아들일 수 없었고, 결국 그녀와 이혼하고 만다.

이브 화이트는 낮 동안 일을 하려고 애쓰는 반면, 이브 블랙은 밤마다 파티를 즐긴다. 이 둘은 계속해서 루터 박사에게 치료를 받았다. 마침내, 이브 화이트와 이브 블랙은 인식하지 못하지만 둘의 존재를 모두 알고 있는 세 번째 인격 제인이 나타난다. 그녀의 부모 집에 있는 딸 보니를 방문한 후, 제인은 어린 시절 현관 앞에서 놀던 때를 기억하기 시작한다. 최면치료를 사용하면서 점차적으로 루터 박사는 이브의 인격이 분열되도록 촉진한 외상(그녀가 죽은 할머니의 시체에 키스하도록 강요당한 것)을 회상하도록 도와준다. 이 기억을 회상하게 되자 오직 제인만이 남게 된다.

〈악몽〉

실화를 바탕으로 한 영화 〈악몽〉(1976)에서는 샐리 필드가 사이빌로, 조앤 우드워드가 코넬리아 윌버 박사로 열연하였다. 1957년 〈이브의 세 얼굴〉로 아카데미 여우주연상을 수상한 조앤 우드워드가 사이빌을 치료하는 정신과 의사 역할로 거의 20년 만에 돌아온 점이 흥미롭다. 영화에는 미술학교에 다니는 동시에 유치원 교사로 일하면서 심적 고통을 겪고 있는 젊은 여성 사이빌이 등장한다. 어느 날 사이빌이 유치원 아이들과 이야기를 나누고 있을 때, 그네의 삐걱거리는 소리가 그녀의 어린 시절 외상적 기억을 떠올리게 한다. 사이빌은 아이들을 모아 대장 따라 하기 follow-the-leader 놀이[2]를 시켜야 함에도 제대로 할 수가 없다. 다음 장면에서, 그녀는 넋을 잃은 채 분수 한 가운데에 서 있다. 그녀의 상사는 그녀가 아이들을 잘못 이끈 것에 대해 심하게 질책한다. 그녀는 아파트로 돌아와 태아처럼 몸을 웅크리고는 고통스런 기억에서 탈출하고자 애쓴다. 절망 속에서 그녀는 아파트 창문을 깨 버리고는 다소 정신적 안정을 찾는 것처럼 보인다. 그러나 그녀는 손목을 칼로 긋고, 결국은 응급실로 실려 간다. 이러한 사건으로 그녀는 정신과 의사인 윌버 박사에게 의뢰되는데, 이후 그녀를 진찰하고 치료하는 데에 11년이라는 시간이 소요된다.

이러한 에피소드는 어린 시절 일어났던 많은 외상적 사건에 압도되어 나타나는

2) 역자 주: 아이들이 한 줄로 서서 맨 앞에 선 대장이 가는 대로 따라 다니며 대장의 동작을 그대로 따라 하는 놀이.

현상 중 하나인데, 사이빌은 어릴 적 외상사건이 다시 떠오를 때마다 창문을 깨거나 자해를 하는 등 이성을 잃은 극단적 행동을 한다. 관객들은 사이빌이 심리적 외상 기억을 떠올릴 때마다 16개의 다른 인격들 혹은 '변화된 인격들' 중 하나가 그녀를 지배하여 이성을 잃은 행동들을 유발시킨다는 것을 점차 깨닫게 된다. 각각의 인격은 그녀의 일부분을 나타내고 특정한 의도가 담긴 행동을 수행한다. 예를 들어 바네사는 음악을 좋아하고, 사이빌이 한때 연주한 적이 있는 음악을 연주하기를 좋아한다. 비키는 삶에 매우 의욕적이고 겁이 없다. 페기는 어릴 적 외상에 대해 공포와 분노를 느끼고 있는 어린아이다. 마샤는 절망을 나타내고 빈번하게 자살시도를 한다.

각각의 인격들과의 상호작용과 최면을 통해 윌버 박사는 외상을 입은 사이빌의 과거를 점차적으로 조합해 간다. 치료의 목적은 각각의 인격들이 과거를 기억하고, 외상사건과 관련된 감정들을 경험하고, 외상에 대한 성숙한 관점을 발달시키도록 도움으로써 분리된 인격들을 통합시키는 것이다. 오랜 기다림 끝에 박사는 서로의 경험들을 공유할 수 있는 인격들 모두와 따뜻한 치료적 관계를 수립할 수 있게 된다. 관계가 형성되자 박사는 사이빌이 과거에는 닫혀 있었던 그녀의 삶의 한 부분을 기억해 내도록 돕는다. 반복적으로 떠오르던 과거 학대경험이 점차 안정화되어 감에 따라, 사이빌은 각각의 인격들이 겪었던 어릴 적 경험들을 기억해 내고, 이들을 전체 성격으로 통합시키게 된다.

해리성 정체감장애를 다룬 그 밖의 영화들

〈프라이멀 피어Primal Fear〉(1996)는 살인 혐의로 기소되는 것을 피하기 위해 해리성 정체감장애를 가장한 한 남성(에드워드 노튼 분)의 이야기를 통해 의학적 진단과 법률적 판단에 대한 균형 잡힌 회의적 관점을 제시하고 있다. 이 영화는 내담자가 다중인격장애를 가장하여 임상가를 속일 가능성이 있음을 시사한다.

〈엑스맨: 최후의 전쟁X-men: The Last Stand〉(2006)의 슈퍼히로인 돌연변이 진 그레이는 해리성 성격장애를 갖고 있는 인물로 그려진다. 이중인격을 그린 다른 많은 영화에서처럼, 그녀는 자신과 다른 사람들에게 위험한 인물이 된다. 그녀의 또 다른 인격은 위험하고, 잔인하고, 스스로를 통제할 수 없으며, 정신장애를 갖고 있는 사람들은 폭력적이라는 오해를 불러일으킬 만한 행동들을 한다. 진 그레이를 연기한 배우 팜케 얀센은 자신의 배역을 더 실감나게 연기하기 위해 해리성 정체감장애에 대해 연구했다고 한다. 이 영화는 '사회가 돌연변이들의 힘을 제한하고 통제해야 한다'는 생각이 '그들(돌연변이들)'을 '우리(정상인)'처럼 만들려는 시도만큼이나 무모하다는 메시지를 담고 있다.

해리성 정체감장애의 예는 〈카인의 두 얼굴Raising Cain〉(1992), 그리고 베스트셀러 『토끼가 울음 울 때When Rabbit Howls』에 기초하여 만들어진 TV 영화 〈보이스 위딘: 트루디 체이스의 삶Voice Within: The Lives of Truddi Chase〉(1990)에서도 찾아볼 수 있다.

이인장애

이인장애depersonalization disorder는 개인의 정신과정 혹은 신체에서 반복적이고 지속적인 분리가 일어날 때 진단된다. 이인장애를 앓고 있는 환자는 자신의 인식에서의 변화와 종종 꿈속에서 살고 있는 것 같은 기분을 느낀다. 이들은 자신의 안을 들여다보는 외부인이 존재하는 것 같은 느낌을 받는다. 하지만 이러한 기분을 겪는 동시에 여전히 현실과 연결되어 있다. 자신에게서 분리되는 것과 같은 순간적인 경험은 청소년에게는 흔하게 나타나고, 정상인에게는 연령 증가에 따라 줄어드는 경향이 있다(Putnam, 1985). 성폭행과 같은 외상적 사건을 겪은 여성들은 때때로 이인증상을 경험한다. 강간을 당하는 동안 그들은 자신이 자기의 몸 위를 떠다니는 것 같았다고 보고한다(Classen, Koopman, & Spiegel, 1993). 자신이 신체에서 빠져나가는 것 같이 느끼는 유체이탈 경험out-of-body experience은 이인 경험depersonalization experiences과 매우 밀접한 관련이 있다. 이러한 경험을 겪는 사람들은 마치 자신이 위에서 자기 몸을 바라보는 것 같고, 자신이 신체에서 분리되는 것처럼 느껴진다고 보고한다.

이인 경험이 여러 질환에서 나타나는 증상 중 하나로 밝혀지면서, 몇몇 권위 있는 전문가들은 이인 경험을 별개의 장애로 볼 것인가에 대한 의문을 제기한다. 이인 경험의 원인은 아직 밝혀지지 않았지만, 이들은 이러한 현상이 측두엽의 기능손상에서 야기된 신경생물학적 장애와 관련되어 있을 것으로 추측하고 있다. 또 다른 전문가들은 이인 경험이 압도적인 외상에 적응하기 위한 것이라고 주장한다. 한편에서는 이인 경험이 고통스럽고 대립적인 자극에 대한 방어, 혹은 스스로에게서 자신을 분리하도록 하는 관찰자아와 경험자아 사이의 분열이라고 주장한다(Steinberg, 1991).

〈넘브Numb〉(2007)는 이인장애(대부분의 관객들에게 생소할 수 있는 단어)를 진단받은 주인공이 등장하는 영화들 중 하나다. 이 영화에서 매튜 페리(드라마 〈프렌즈 Friends〉에 출연했음)가 연기한 시나리오 작가 허드슨은 12분 동안 마약을 12회분이나 흡입한 탓에 심각한 감각에서의 분리 현상을 경험하게 된다(만약 이인 증상이 오직 약물의 직접적인 효과 때문에 나타난다면 이인장애 진단은 내려지지 않을 것이라는 점을 이해하는 것이 중요하다). 허드슨은 만성적으로 마치 그가 자신을 보고 있는 것 같은 심각한 분리를 경험한다. 그는 자신과 다른 사람들 또는 그의 주변에서 일어나는 어떤 것에도 관심이 없다. 그가 하루 종일 하는 일은 골프 채널이나 상영시간이 매우 긴 〈스타워즈Star Wars〉 같은 영화를 보는 것이다. 신경학적으로 그는 아무 문제가 없지만, 의사에게 "저를 포크로 찌르셔도 전 아무것도 느끼지 못할 겁니다." 라고 말한다. 그는 클로나제팜clonazepam을 처방받지만 이 약이 자신의 성욕을 감퇴시킨다는 것을 알게 된다(클로나제팜의 잠재적 부작용). 그는 매번 다른 의사를 찾아다니는 이른바 '병원순례doctor shopping'를 시작한다. 단 한 명의 정신과 의사만이 그의 증상에 내려진 약물처방, 즉 약물지상주의("망할…… 그만 지껄이고 약이나 먹으라고!")의 문제점에 대해 관심을 기울인다. 허드슨은 사라(린 콜린스 분)라는 여인에 대한 진실한 관심을 갖게 되어서야 병을 극복한다. 이 영화는 '사랑이 정신적 장애를 극복하는 데에 충분하다'는 신화의 연장선에 있다. 그가 실제로 우울증이나 이인장애를 겪고 있었는지의 여부에 대해서는 의문이 생기지만, 감별진단(110쪽 참조)에 대한 흥미로운 논의를 제공하고 있다.

"난 그저 당신이 팔다리를 모두 잃는다 해도 우리는 언제까지나 함께할 거란 걸 당신이 알길 바랄 뿐입니다. 그러니까 내 말은, 그런 일이 절대 일어나지 않기를 바란다는 거예요. 왜냐하면 내 생각에 당신의 팔다리는 아주 근사하거든요. 그리고 내가 당신의 이름을 부를 때, 항상 편안하게 들릴 겁니다. 향수를 뿌리는 건 솔직히 자신 없지만 시도는 해 볼게요. 그리고 만약 당신이 이 셔츠를 좋아한다면 한 달이 가

도 난 이 셔츠를 벗지 않을 거예요. 또 난 당신의 할머니가 더 이상 그럴 필요가 없다
고 하실 때까지 할머니의 발톱에 기꺼이 매니큐어를 칠해 드릴 거예요. 당신이 날
구해 줄 필요는 없어요, 사라. 하지만 난 내 삶의 남은 나날 동안 당신을 사랑할 겁
니다. 만약 당신이 내 옆에 있어 준다면 모든 것들이 더 나아질 테니까요."

– 〈넘브〉(2007)에서 허드슨이 사라에게 자신의 사랑을 고백하는 장면

〈나비효과〉

〈나비효과The Butterfly Effect〉(2004)를 이인장애의 진단범주에 두는 것은 확대해석
으로 보일 수도 있다. 비록 이인장애 범주에 분명하게 포함되지는 않지만, 영화
〈나비효과〉는 우리에게 이인장애에 관한 정보를 제공해 준다. 20세의 대학생 에반
은 감정이 매우 격해지거나 스트레스를 받는 상황에 처하면 늘 일시적인 의식상실
을 경험한다. 그가 기억상실과 같은 짧은 의식상실을 겪거나 자신의 기억을 적은
일기를 읽을 때면, 실제로 일어났었던 과거 기억의 한 장면으로 이동한다. 그러면
그는 사람들이 가지고 있는 과거 기억들을 바꾸고, 달라진 과거로 인해 현재 자신
이 원하는 다양하고 완벽한 결말을 만들 수 있다.

그가 관여하는 기억들 각각은 그가 자신의 신체로부터 분리된 것이라 볼 수 있
다. 에반은 그를 둘러싼 세계와 새로운 세계(변화된 기억에 의해 만들어진)에 대한 현
실감각을 유지한 채, 기억 속으로 들어가 그것을 변화시킨다. 그는 이런 '분리' 에
피소드가 그 자신과 주변 사람들의 삶에 심각한 악영향을 미친다는 것을 깨닫게 되
지만, 이러한 사실을 깨닫게 되는 것은 달라진 과거가 이미 자신의 삶과 인간관계
에 상당한 위험을 초래한 이후다.

영화에서 나타나는 해리장애의 또 다른 사례

해리장애는 가장 흥미로운 정신장애 유형 중 하나다. 따라서 해리장애가 영화에
서 상당히 자주 다루어지고 있다는 것은 그리 놀랄 만한 사실이 아니다. 앞서 언급
된 의학적인 사례들뿐만 아니라 영화사에 있어서도 한 인물이 본인이 갖고 있는 인
격(또는 신체와 같은 다른 어떤 것)을 또 다른 인격으로 바꾸는, 해리와 유사한 사례가

상당수 존재한다. 고전적인 사례로 베르히만의 〈페르소나Persona〉(1966)를 들 수 있는데, 이 영화에서는 두 인물 간의 인격이 점차적으로 교체된다. 이와 비슷한 주제가 로버트 알트먼의 영화 〈세 여자3 Women〉(1977)에서도 다뤄진다. 이 영화에서는 두 여성의 인격이 교체되는 것처럼 보인다.

모큐멘터리[3]/코미디mock-documentary/comedy인 〈젤리그Zelig〉(1983)에서 우디 앨런은 자신이 처한 상황에 맞게 인격을 바꾸는 카멜레온 같은 인간을 연기했다. 예컨대, 만일 그가 흑인 뮤지션들 주변에 있으면 마치 자신이 흑인 뮤지션인 듯이 행동하고 말한다. 또한 정치인들 사이에 있으면, 그는 정치인이 된다. 〈이중 생활A Double Life〉(1947)에서 로날드 콜만은 스스로 그 자신의 성격을 오델로의 성격과 융합시키는 것을 발견한다. 코미디 영화 〈키스의 전주곡Prelude to a Kiss〉(1992)은 젊은 신부가 자신의 결혼식 날에 한 나이 든 남성과 키스를 한 후 서로의 몸이 뒤바뀌게 되는 이야기다. 이 영화는 한 사람이 다른 사람을 사랑한다는 것이 무엇인지, 사랑을 불러일으키는 것이 위트나 매력이나 우아함과 같은 인격적 특성인지 혹은 물리적인 육체인지에 관한 흥미로운 질문을 던진다. 이 영화에서는 이러한 전환이 어떻게 일어났는가에 대해서는 구체적 설명이 없다. 대조적으로, 보리스 칼로프가 대학교수의 몸에 범죄자의 뇌를 이식하는 공포영화인 〈검은 금요일Black Friday〉(1940)에는 인격전환의 과정이 분명하게 나타난다.

한 인물이 가지고 있는 원래의 모습과 매우 대조되는 인격을 다룬 주제는 죽은 줄로만 알고 있던 사람이 다시 돌아오는 내용을 담은 영화들에서 볼 수 있는데, 대개 이들은 매우 발전되거나 향상된 모습으로 돌아온다. 〈써머스비Sommersby〉(1993)와 〈마틴 기어의 귀향The Return of Martin Guerre〉(1982)에서 이러한 주제를 찾아볼 수 있다. 이 영화들에서 두 여성은 몇 해 전 자신의 곁을 떠난 남편일지도 모르는 어떤 남성과 함께 잠자리에 들게 되는데, 이때 그들이 느끼는 성적인 흥분은 영화에서 극적인 요소로 작용한다.

우리 모두가 본래부터 지니고 있는 선과 악의 힘을 대조시키는 많은 영화들에서도 해리에 관해 다루고 있다. 예를 들어 각각 선과 악의 특성을 지닌 쌍둥이의 성격

---

3) 역자 주: 실화인 것처럼 구성하여 찍은 영화나 드라마.

을 다룬 영화로는 〈검은 거울The Dark Mirror〉(1946)과 브라이언 드 팔마의 영화 〈자매들Sisters〉(1973) 등이 있다. 후자는 두 여성을 어릴 때 헤어진 샴쌍둥이로 설정함으로써 흥미로운 이야기 구조를 더하고 있다.

영화는 종종 선과 악 사이의 투쟁을 묘사하면서 인간 성격의 이중성을 그려 왔다. 1920년에는 존 배리모어와 마틴 로빈슨이 주연을 맡은 무성영화 〈지킬 박사와 하이드씨Dr. Jekyll and Mr. Hyde〉가 처음 소개되었다. 루벤 마모울리언이 감독을 맡은 1931년 리메이크작은 로버트 루이스 스티븐슨Robert Louis Stevenson의 원작을 바탕으로 한 첫 번째 유성영화다. 이 영화로 아카데미상을 수상한 프레드릭 마치가 연기한 지킬 박사는 친절하고 선한 성격을 나타낸다. 그는 병원의 자선사업에 많은 시간을 할애하는 매우 존경받는 의사다. 사회적으로 수용할 수 없는 자신의 감정과 마찬가지로 그의 내면의 호기심은 그를 인간 내면의 선과 악에 관하여 깊이 생각하도록 만든다. 그는 인간 내면의 악이 포착될 수 있고 분리될 수 있다고 믿는다. 영화에서 지킬 박사는 그가 무척 사랑하는 뮤리엘(미리암 홉킨스 분)과 약혼한다. 신부의 아버지가 결혼 날짜를 잡는 당시의 사회적인 관습에 따라 뮤리엘의 아버지가 택일을 하게 되는데, 뮤리엘의 아버지는 지킬 박사의 일정상 편리하도록 결혼 날짜를 매우 훗날로 잡는다. 관객들은 지킬 박사에게 내재되어 있는 충동, 부족한 인내심, 억누르려고 애를 쓰는 성욕 등을 볼 수 있다.

뮤리엘의 아버지가 그녀와 함께 장기간 여행을 떠나게 되자, 지킬 박사는 인간의 선천적인 악에 대한 자신의 이론을 시험해 보기로 한다. 그는 인간 내면의 악을 분리할 수 있는 물약을 만들어서 그것을 마시고는 사회적 약자인 여성을 유혹하여 성적으로 학대한 후 죽이고 마는 악마 하이드가 된다. 결국 그는 분출되어 나오는 또 다른 인격(하이드)을 더 이상 통제할 수 없게 되고, 법정에서 미래의 장인에게 하이드를 만들어 낸 자신의 실수를 털어놓는다. 끝내 약혼녀 뮤리엘을 유린한 후, 지킬 박사는 붙잡혀 처형당한다.

〈지킬 박사와 하이드씨〉는 1941년에 다시 만들어지는데, 이때 주연은 스펜서 트레이시와 잉그리드 버그만이 맡았다. 그 후에는 잭 팰런스 감독이 연출한 〈지킬 박사와 미스터 하이드의 기이한 사건The Strange Case of Dr. Jekyll and Mr. Hyde〉이라는 제목의 영화가 1968년에 다시 제작되었다. 지킬 박사와 하이드씨 이야기를 가장 훌룽하게 각색한 작품 중 하나는 좀 더 최근에 만들어진, 존 말코비치, 줄리아 로버츠 주연의 영화 〈메리 라일리Mary Reilly〉(1996)다. 같은 주제의 약간 다른 버전이라 할 수 있는 영화로는 헤르만 헤세Hermann Hesse의 소설을 각색한 영화 〈황야의 이리 Steppenwolf〉(1974)를 들 수 있다. 이 영화는 자기 내면의 경쟁적 측면과 투쟁하는 한 개인의 문제를 다루고 있다.

이인장애의 부가적인 사례는 흥미로운 영화 〈타네이션Tarnation〉(2003), 〈악몽의 밤Dead of Night〉(1945), 〈올터드 스테이트Altered States〉(1980), 그리고 마틴 스코시즈 의 〈그리스도 최후의 유혹The Last Temptation of Christ〉(1988)에서 찾을 수 있다.

비판적 사고를 위한 질문들

- 최면 현상에 대한 이해가 어떻게 해리장애를 이해하는 데 도움을 줄 수 있는가?
- 〈프라이멀 피어〉(1996)와 같은 영화에서는 변호사와 치료자를 속여 '의뢰인이 다 중인격장애를 가지고 있다'고 믿도록 하는 것이 상대적으로 쉽다는 것을 알 수 있 다. 만약 당신이 해리장애가 의심되는 환자를 평가해야 하는 임상가라면, 스스로가 해리장애를 앓고 있다고 주장하는 환자가 실제로는 꾀병을 부리고 있을 가능성을 어떻게 판단할 것인가?
- 많은 저명한 심리학자들은 해리성 정체감장애는 존재하지 않는다고 믿는다. 당신 이 이러한 주장에 찬성하는, 혹은 반대하는 근거는 무엇인가?
- 해리는 발생하지만 기억상실은 발생하지 않는 사례들이 있는가?
- 문화적으로 수용 가능한 해리 경험과 비정상이라고 여겨지는 해리 경험을 비교 하라.
- 정신적 외상과 관계없는 해리장애의 다른 사례들로는 무엇이 있는가?
- 〈아이덴티티〉(2003)에서 해리성 정체감장애를 묘사한 내용 중 불분명하고 잘못된 것을 몇 가지 논해 보라.
- 현대영화 〈파이트 클럽〉(1999)에서 에드워드 노튼의 캐릭터와 고전영화 〈이브의 세 얼굴〉(1957)에서 조앤 우드워드의 캐릭터를 비교, 대조해 보라.

신체형 장애somatoform disorder

건강한 사람들의 80%가 한 주 정도에 걸쳐 일시적인 신체화 증상을 경험하지만, 신체화 장애, 감별불능 신체형 장애, 전환장애, 통증장애, 건강염려증, 신체변형장애와 같은 장애에서는 일시적인 고통을 넘어서는 증상을 경험하게 된다.

신체형 장애의 한 가지 유형인 신체화 장애somatization disorder는 반복적으로 경험되는 다양한 신체적 불편함으로 인해 의학적 치료를 요하거나 개인생활에 지장을 가져오지만 이렇다 할 생물학적 병인이 없을 때 진단된다. 또한 여러 신체기관에서 증상이 나타난다. 특히 진단을 위해 위장 계통 증상 2가지, 성(性)적 증상 1가지, 유사 신경학적 증상 1가지 등 최소한 4가지 증상이 있어야 한다. 설명되지 않는 증상들에 대한 의학적인 치료에 사용되는 막대한 경제적 손실은 국제적 관심의 대상이 되고 있다. 반면 정신치료를 받는 경우는 좀처럼 찾아보기 힘들다(Hiller & Fichter, 2004).

신체화 장애 환자들은 서투른 역사학자와 같아서, 그들의 불평은 매번 달라진다. 그들은 쉽게 의사에게 불만족스러워하고, 계속해서 의사를 바꾸기도 하며, 새로운 의사와 매번 다른 이야기를 나누기 때문에 이들의 문제는 이해하기가 매우 힘들다. 게다가 대부분의 의사들은 환자를 진료하고 나면 어떤 종류의 처방전을 주기 때문에 어떤 사람은 여러 가지 약을 한꺼번에 쓰게 되고, 그 부작용으로 전반적인 신체적 고통이 나타나기도 한다. 이러한 일이 습관적으로 반복되어 신체화 장애 진단을 하기가 힘들어진다. 진단을 더욱 어렵게 하는 것은 다발성 경화증multiple sclerosis, 부갑상선 기능 항진증hyperparathyroidism, 전신성 홍반성 루푸스systematic lupus erythematosus와 같은 순수한 의학적 상태가 여러 기관에 영향을 미쳐 유사한 증상을 나타낼 수 있다는 것이다. 경우에 따라서는 환자가 신체화 장애와 비슷한 다양한 신체적 불편을 호소하기도 하지만, 신체화 장애로 진단되기에는 다양성과 지속기간이 충분치 않다. 이런 경우, 미분화형 신체형 장애undifferentiated somatoform disorder로 진단될 수 있다. 과민성 대장 증후군irritable bowel syndrome과 만성 피로 증후군chronic fatigue syndrome과 같은 증상들은 종종 미분화형 신체형 장애의 범주에 포함된다. 이러한 진단을 받은 환자는 신체화 장애 진단기준을 완벽하게 충족시키지는 못하지만 의학적 검사로는 완벽히 설명되지 않는 신체적 증상을 경험한다.

〈세이프〉

토드 헤인즈의 영화 〈세이프Safe〉(1995)는 신체화 장애를 겪고 있는 여성에 초점을 맞춘다. 캐롤 화이트(줄리안 무어 분)는 화학적 민감성, 알레르기, 신체적 고통과 관련된 설명할 수 없는 증상들로 인해 서서히 건강이 나빠진다. 의사는 스트레스가 문제의 원인이라고 말하고, 휴식을 취해야만 한다고 충고했지만 그녀는 자신의 삶에서 무엇이 스트레스를 주는지 찾는 것이 어려웠다. 그녀는 사랑하는 남편과 아름다운 집에서 풍족한 삶을 누리며 음식과 청소 시중을 드는 사람까지 두고 있다. 그녀의 몸은 교통체증, 샴푸, 남편이 사용하는 오드콜로뉴(연한 향수의 일종)와 새로운 소파에서 나오는 가스, 독소, 향(香)과 그 외의 다른 오염물질에 의해 잠식되어 간다. 마치 그녀는 플라스틱, 오존, 화학물질, 고압전선, 오염, 혼합물, 방부제 그리고 햄버거 냄새 등의 공격을 받고 있는 것처럼 보인다. 캐롤의 몸은 점점 더 쇠약해져서 의사를 당황케 하고 급기야 갑자기 과다출혈로 입원한다.

캐롤은 자신과 유사한 기이한 문제들로 고통받는 사람들을 위한 집단치료, 세미나 그리고 사회적 활동을 제공하는 전문화된 상담을 받기 위해 교외의 다른 곳으로 떠나기로 결정한다. 집단상담 회기 동안, 치료자는 환자에게 "무엇 때문에 아프게 된 것 같습니까?" 그리고 "당신의 고통 이면에는 무엇이 자리하고 있습니까?"와 같은 질문을 한다. 한 집단원이 어린 시절 경험했던 학대에 대해 말하면서, 자신이 그것을 떠올릴 때마다 어떠한 고통을 경험하는지, 그리고 가해자를 용서하지 못한 것이 스스로에게 얼마나 큰 악영향을 미치고 자학하게 만드는지를 이야기하였다. 다른 집단원들은 그들의 아픔 이면에는 자기비난 또는 화, 그리고 남성의 경우 마약 중독이 내재해 있다고 하였다. 이처럼 내면에 존재하는 자기증오에 대한 발언을 듣는 동안, 그녀는 자기증오에 대해 깊이 생각해 보게 되었다. 그러나 온갖 치료에도 불구하고 그녀는 계속 악화되는 것처럼 보인다. 치료에서는 자신을 더 사랑하는 것이 필요하다는 너무나 단순한 주제만을 강조한다. 이런 아이디어는 특히 생각과 감정이 면역체계에 미치는 역할의 중요성을 강조하지만, 진부할 뿐 아니라 오해를 낳기 쉽다.

이 영화는 결국 블랙코미디로서 사회를 풍자하고 있다. 감독은 관객들에게 우리는 환경의 영향으로부터 절대로 벗어날 수 없다는 것을 암시하기 위해서 배경의 잡음과 같은 영화적 요소를 현명하게 사용하였다.

〈신의 아그네스〉

복잡한 영화 〈신의 아그네스Agnes of God〉(1985)는 맥 틸리가 아그네스 수녀를, 앤 밴크로프트가 수녀원장으로 열연하였다. 정신과 의사 역할의 제인 폰다는 피로 물든 천으로 감싸여 수녀원의 쓰레기통에 버려진 신생아 살인사건을 조사하기 위해 파견된다. 이 영화는 이성과 신앙을 나란히 두고, 아그네스 수녀가 확실히 '죄 없는 신의 사람'에 속할지라도, 그녀가 아기의 생모이자 그 아기를 죽인 살인자라는 사실 또한 관객들에게 납득시킨다.

박사는 아그네스 수녀의 치료를 위해 최면을 이용하여 어린 시절 그녀가 어머니로부터 성폭행당한 사실을 밝혀낸다. 또한 그녀의 어머니가 수녀원의 수녀였었다는 사실도 밝혀낸다. 영화의 마지막 부분에서 법정은 아그네스 수녀가 정신이상이기 때문에 유죄가 아니라는 판결을 내렸고, 그녀는 정신과적 치료를 계속해서 받을 수 있는 수녀원으로 가게 된다.

아그네스 수녀가 보인 혼란은 사실처럼 보이고 정신이상이라는 진단 또한 타당한 것으로 보인다. 관객들은 그녀가 해리성 기억상실증을 경험하고 있으며, 성폭행과 관련된 기억을 억압하고 탯줄로 아기를 목 졸라 죽인 사실을 진정으로 기억하지 못한다고 확신하게 된다. 그녀는 수도원과 예배당에서 기도하던 중 각각 한 번씩 성흔을 경험하게 된다. 성흔stigmata이란 예수가 십자가에 못 박힐 때와 같이, 손과 발에 피를 흘리는 것을 말하는 것이다. 이것은 흔한 일은 아니지만 깊은 신앙심을 지닌 사람들에게 가끔 발견되는 현상으로 알려져 있다. 〈신의 아그네스〉에서 예수의 피, 살해된 유아의 피 그리고 아그네스의 피는 모두 뒤섞인 것처럼 보인다. 이 영화에서 성흔의 신체적 요소는 긴장감 넘치는 영화 〈스티그마타Stigmata〉(1999)에서 묘사된 성흔보다 좀 더 복잡하고 강렬하며, 아그네스의 개인적 삶과 전체 줄거리를 아우르는 요소다.

전환장애

전환장애conversion disorder는 ① 환자가 신경학적으로는 설명할 수 없으나 신경학적인 것처럼 보이는 운동 및 감각 증상이나 결함을 갖고 있을 때, ② 심리적인 요소가 증상을 유지시키는 주된 원인으로 작용할 때 진단된다. 또한 임상가는 전환장애로 진단하기 전 반드시 꾀병malingering 여부를 확인해 보아야 한다.

전환장애라는 명칭은 심리학적 이론과 관련된 것으로서, 무의식적인 심리적 고통이 '전환'되어 신체적으로 표현되는 것이다. 흥미롭게도, 증상은 신체의 왼쪽 측면에서 좀 더 잘 일어난다(추측하건대 대부분의 사람이 오른손잡이기 때문일 것이다).

근원적인 역동이 외부의 관찰자에게는 매우 명백하게 보이기 때문에 전환장애는 어떤 부분에서 매우 흥미롭다. 팔이 마비되어 총을 쏠 수 없는 병사는 이 사실을 전투에 나가지 않아도 되는 편리한 방편으로 삼고 있다. 자신의 아들이 교통사고로 죽는 현장을 목격한 후에 기능적으로functionally 눈이 멀게 된 여성은 다시는 이러한 끔찍한 일을 볼 수 없다. 실제 임상 장면에서는 이렇게 명확한 전환장애의 사례가 드물다.

〈헐리우드 엔딩Hollywood Ending〉(2002)에서 우디 앨런이 연기한 발 와스만은 히스테리성 실명을 잘 보여 준다. 히스테리성 실명은 과거에는 빈번하게 발생하였지만 최근에는 드물게 나타나는 전환장애다. 발 와스만은 전처의 자금으로 영화를 공동 제작하게 되어 스트레스가 과중한 상태로 새로운 영화의 연출을 시작하기 전날 시력을 잃게 된다. 이는 신경학적 상태인 것처럼 보이지만, 의학적 검사로서는 그가 왜 실명하게 되었는지 밝혀지지 않는다. 그는 심리학자를 찾아가게 되는데, 여기서 그는 이러한 증상이 심리적 요인에 기인하며, 실패에 대한 두려움, 내적 갈등, 아들과의 갈등과 같은 문제들이 작용한 것 같다는 개인적 분석을 받게 된다. 그는 또한 병에 걸릴 것이라는 극심한 두려움과 병에 대한 집착과 관련된 다양한 건강염려증 증상을 나타낸다. 그는 예전부터 수많은 질병들을 앓아 왔다고 생각했는데(오직 나무에서만 나타날 수 있는 질병, 전염병 등), 이는 모두 신체 증상에 대한 그의 잘못된 해석과 관련된다. 히스테리성 실명의 또 다른 사례는 1939년도 영화 〈킬데어 박사의 비밀The Secret of Dr. Kildare〉에서 찾을 수 있다. 이 영화에서 킬데어 박사는 자신의 안전망 확보(safety netting)를 위하여 치료가 계획대로 이루어지지 않을 경우에 환자가 할 일, 의사에게 연락하는 방법, 특정한 상황 전개가 의미하는 것 등을 설명해 주어야 한다. 또한 치료와 관련된 부작용이 나타나면 언제 누구에게 도움을 받을 수 있을까를 설명하여야 한다.

(2) 적절한 종결 시점 확보하기

면담의 종결을 위하여 적절한 종결 시점을 찾는 것이 중요하다. 면담 종결은 5~10분이라는 제한된 외래 시간에 의해 의사 주도적으로 종결할 수도 있다. 그러나 환자의 사례에 따라서는 치료 방침을 정하기 위해 문진 및 진찰에 의한 임상 추론 과정에 필요한 시간에 차이가 있을 수 있으므로 종결 시점이 다를 수 있다. 가장 바람직한 종결 시점은 면담 종결에 대한 의사의 의사 표현이 있고 환자가 이를 공개적이든 암묵적이든 동의하는 시점에 이르는 것이다.

면담의 효과적인 종결을 위해 종결 시점에서 의사는 마지막 요약을 함으로써 면담 종결 의사를 밝혀야 한다. 즉, 진료내용을 요약하고, 치료 계획을 명확히 설명하고, 환자에게 질문 기회를 제공하고, 필요하면 의사의 설명 내용을 수정한다.

> 의사 : 지금까지의 진료내용을 요약하면 환자분은 체중 증가로 인해 작년에는 혈당 조절이 잘 안되었지만, 체중을 이전 수준으로 줄이면 혈당이 다시 만족스러운 수준으로 내려갈 것으로 생각합니다. 제가 말씀 드린 내용이 담겨 있는 식사요법을 위한 식단을 드릴 것입니다. 2개월 후 저에게 다시 오시면 혈당이 얼마나 잘 조절되고 있는지 확인해 드리겠습니다. 지금까지 진료한 것을 제가 요약해 드렸는데, 맞는지요?
>
> 환자 : 예, 맞습니다. 제가 말씀 드린 것처럼 혈당 조절이 잘 안 된 것은

제 남편이 심장발작을 일으킨 후에 제가 운동을 많이 하지 못한 것 때문이었습니다. 이제 남편이 많이 좋아졌으므로 제가 밖으로 나가서 많이 걸을 수 있을 것입니다.

또한 마지막 확인 질문을 하는 것이 필요하다. 의사는 환자가 진료 계획에 대해 동의하는지, 진료 계획에 만족하는지를 확인해야 하고, 환자에게 추가로 할 질문이 없는지 물어야 한다. 이때 기대되는 환자의 대답은 "아니요, 좋습니다. 진료해 주신 것에 감사하고, 제가 궁금한 것을 모두 설명해 주셨습니다." 이다.

실습과제

1. 분임토론 사례

면담을 유지하려는 환자의 욕구에 공감을 표시하고, 다양한 한계 상황을 들어 자연스럽게 종결하는 방법으로 종결대화를 구성해 보시오.

사례 6-1

의사: 지금 진찰을 해 보니까, 숨소리나 배 진찰에서 크게 나쁜 것 같진 않네요. 아무래도 담배를 피우시니까 기관지에 염증이 생겨서 가래는 많이 나오겠죠. 담배 끊는 게 쉽지 않으시죠?

환자: 아휴, 담배는 못 끊겠어요. 그래서 병원에 갈 때마다 담배 끊으라는 얘기를 들으면, 그때는 손가락 걸고 맹세까지 해도 정말 잘 안되네요.

의사: 쉽지 않으시죠. 담배 끊는 문제도 도와 드리겠습니다. 오늘은 제

가 가래 나오는 것하고 속 불편한 것에 대해서 검사를 해 드리고 약을 드리면 좋겠는데요. 오늘 가래 검사를 하시고, 가슴 사진도 찍어 보시고 내시경 검사도 예약하고 그렇게 가시겠어요? 위내시경 검사는 다음 주 수요일쯤 오시면 바로 검사하고 결과를 볼 수 있습니다.

환자 : 그런데 다음 주부터 제가 일을 하게 되면, 하루 일을 공치고 오기가 쉽지 않아요. 그때 가 봐서 또 오게 되면 오지요 뭐.

의사 : 그럼, 오늘 위에 대한 약하고 가래에 대한 약을 보름치 드릴 테니까 잘 드시고, 다음 주라도 내시경 검사를 받으실 수 있으면 꼭 해 보세요.

환자 : 아휴, 나는 이렇게 가래 끓는 것 때문에 옆 사람들에게 민망해서, 이거나 빨리 좀 어떻게 해 주세요.

의사 : _____

참고문헌

대한가정의학회(2003). 가정의학 총론편(2판). 서울: 계축문화사.

Lloyd M, Bor R. (2008). Communication skills for medicine (2nd ed.). 김선, 박주현, 허예라 공역(2008). 제2장 기본적인 의사소통 기술. 의료 커뮤니케이션 (2판). 서울: 아카데미프레스, pp. 12-36.

Meichenbaum D, Turk DC. (1987). Facilitating treatment adherence. New York, Plenum Press.

Silverman J, Kurtz S, Draper J. (2010). Skills for communicating with patients. 박기흠, 성낙진 외 공역(2010). 제7장 진료 종결하기. 환자와 의사소통하는 기술. 서울: 동국대학교출판부, pp. 305-15.

Stewart M. (1995). Patient recall and comprehension after the medical visit. In: Lipkin M Jr, Putnam SM, Lazare A editors. The medical interview: Clinical care, education, and research. New York, Springer, pp. 522-9.

White JC, Rosson C, Christensen J, Hart R, Levinson W. (1997). Wrapping things up: a qualitative analysis of the closing moments of the medical vsit. Patient Educ Couns, 30: 155-65.

새로운 검사를 할 때마다 걱정은 늘어만 갔다. CT 촬영 결과 전혀 증상이 발견되지 않자, 처음에는 날아갈 듯 기뻐하지만 단지 일시적으로 나은 것일 뿐 결국에는 죽게 될 것이라는 생각에 다다르자 이내 다시 절망에 빠진다.

〈밴디츠〉와 〈한나와 그 자매들〉을 관람하면서 생각해 볼 물음들

• 의료인이 아닌 치료자는 기질적organic인 병리 증상을 어떻게 감별할 수 있을까?
• 심리적 문제를 가진 모든 내담자들이 어떤 의학적 질병도 존재하지 않는다는 것을 확인하기 위해 반드시 의학적 정밀 검사를 받아야만 하는가?
• 두통 증세를 보이는 환자가 실제로 뇌종양을 가지고 있을 가능성은 얼마나 될까?
• 환자들은 CT 촬영과 MRI와 같은 값비싼 검사들을 요구할 수 있는가? 아니면 이러한 결정은 궁극적으로 의사들의 선택에 맡겨져 있는 것인가? 만약 환자가 보험에 들었다면 어떻게 될까?
• 결과적으로 심리적 문제로 밝혀진 장애의 치료를 위해 의사를 찾는 환자들과, 의학적 문제 때문에 발생한 장애의 치료를 위해 심리학자들을 방문하는 환자의 비율은 어느 정도일까?
• 건강염려증 증상들은 스트레스를 받으면 더 악화되는가?
• 건강염려증 환자들에게 전형적으로 제공되는 안심시키는 말이나 행동들은 건강관리체제 내에서 가능한 것인가? 이러한 정책상의 변화로 인해 환자들의 불안과 증상들이 악화될 것인가 아니면 개선될 것인가?
• 건강염려증으로 의심되는 사람을 대하는 의사나 전문가들이 취할 수 있는 최적의 접근 방식은 무엇일까?

신체변형장애

어떤 사람이 직업에서나 대인관계에서 성공적으로 기능할 수 없는 것을 신체적 결함 때문이라 여기고 강박적으로 이에 집착하게 될 때, 신체변형장애body dysmorphic disorder로 진단하는 것이 적절할 것이다. 이러한 문제를 가지고 있는 사람들은 매일

같이 몇 시간씩이나 거울을 보면서 자신이 부적합하다고 생각하는 신체부위에 집착한다.

스티브 마틴은 〈록산느Roxanne〉(1987)에서 현대판 시라노 드베르주라크 역을 맡았다. 그러나 영화에서 그의 코는 실제로 이상한 비율이었기 때문에, 실제로는 외모가 이상하지 않지만 결함이 있다는 상상에 집착하는 신체변형장애의 진단에는 적합하지 않다. 이 영화의 주인공 이름을 제목으로 하는 프랑스 영화 〈시라노Cyrano de Bergerac〉에서 제라르 드빠르디유의 코는 기괴하지 않고 우아하며, 다른 사람들은 그의 염려는 적어도 현실적인 것이라기보다는 심리적인 것이라고 추측한다.

예술적 괴짜라고 할 수 있는 피터 그리너웨이는 〈건축가의 배The Belly of an Architect〉(1987)를 연출했다. 이 영화는 관객들에게 로마에서 전시회를 가졌던 미국의 유명한 건축가 스투어리 크랙라이트(브라이언 데니 분)의 이야기를 보여 준다. 크랙라이트는 지나치게 스스로에게 몰두해 있어 아내가 젊은 남자와 외도를 하는 것조차 신경 쓰지 못한다. 특히 그는 복부에 강박적으로 집착하여 모든 관심은 여기에 쏠려 있지만, 의사는 그저 가스나 자기중심적 태도에 의한 것이라고 설명한다. 그는 다른 요인들(소화불량, 피로, 지나친 흥분, 운동부족, 과도한 커피복용, 심한 변비)에 대해서도 검사를 받지만 복부에 대한 집착은 계속된다. 그는 아우구스투스Augustus의 조각상을 복사하고, 조각상의 복부 부분에 집착했으며, 또한 조각상의 복부와 자신을 비교하였다. 특히 인상적인 장면에서, 복부에 대한 집착으로 인해 온 방 안에 복부를 찍은 사진을 늘어놓은 모습이 묘사된다. 그의 증상은 신체형 장애, 강박장애 그리고 망상장애 등과 구분할 필요가 있다. 건강염려증의 근거는 몸이 종양에 의해 잡아먹히고 있다는 그의 확고한 믿음에서 찾을 수 있다. 장애에 기여하는 또 다른 심리적 요소들로는 당황하는 것에 대한 두려움과 죽음에 대한 두려움, 고립감, 심리적인 스트레스, 허풍과 자기집착적인 자아도취적 요소 등이 있다.

감별진단differential diagnosis

신체형 장애를 가지고 있는 환자들은 종종 증상으로 인해 어느 정도의 이차 이득 secondary gain을 얻는다. 예를 들어, 다른 사람들의 과도한 보살핌과 관심, 근로자에 대한 보상과 이익, 가족들의 기대수준의 저하 혹은 힘든 일에 대한 회피 등이 있다. 꾀병, 허위성 장애와 신체형 장애를 구분함에 있어 전반적인 이차 이득의 요소를 인식하는 것이 중요하다. 꾀병malingering을 부릴 때는 대개 확실한 목적을 달성하기 위해 자신의 증상을 의도적으로 속인다(예를 들어, 〈메멘토〉(2000)의 등장인물). 예컨대, 어떤 사형수는 자신이 현재 수감되어 있는 주(州)에서는 정신적 문제가 있는 자는 사형할 수 없다는 것 때문에 정신병 증상을 가장할 수도 있다. 마찬가지로, 배가 아프다고 하면 학교에 안 가도 되고 아이스크림도 먹을 수 있다는 걸 기억하는 아이는 이를 기대하면서 복통을 호소할 수도 있다.

반대로, 허위성 장애factitious disorders는 완전히 다른 진단분류로서, 환자 역할을 하기 위하여 아프다고 가장하는 것이다. 신체적인 증상을 나타내는 대부분의 환자와는 달리, 허위성 장애를 가진 일부 환자들은 심리적 증상을 나타낼 것이다. 대리인에 의한 허위성 장애factitious disorder by proxy(대리인에 의한 뮌하우젠 신드롬 Münchausen syndrome by proxy이라고도 불린다.)는 한 사람의 증상이 다른 사람에 의해 의도적으로 만들어졌을 때 발생한다. 대표적인 예로는 자녀에게 '병자 역할sick role'을 부여하고 실제로 아프게 만드는 어머니가 있다. 우리는 꾀병의 예를 케빈 베이컨의 영화 〈러버보이Loverboy〉(2004)에서 볼 수 있다. 이 영화에서는 집착하고 과잉보호하는 엄마 에밀리 역을 베이컨의 실제 아내 키라 세드윅이 연기하였고, 회상 장면에서 등장하는 10세의 에밀리 역은 베이컨 부부의 실제 딸 소시 베이컨이 연기했다.

정신신체적psychosomatic이라는 용어는 이 장에서 언급된 장애로 인해 괴로워하는 사람들에게 사용하는 비난조의 용어다. 이 용어는 주로 정서 과정이 신체와 심리적 요소 모두에 영향을 끼치는 신체장애를 언급할 때 사용된다. 이 개념의 보편성은 신체형 장애뿐만 아니라 대부분의 의학적·정신적 상태에 적용될 수 있다.

국제 영화: 해리장애와 신체형 장애

　제라르 드빠르디유가 주연을 맡은 1990년대 프랑스 영화 〈시라노〉에서 주인공 시라노는 신체 변형 증후군을 매우 잘 보여 주는 사례다. 시라노는 친척인 록산느를 깊이 사랑하지만 자신의 길고 기형적인 코가 부끄러워 고백할 수 없었다. 대신에 그는 자신의 친구 페레즈를 통해 그녀에게 긴 러브레터를 쓴다. 편지는 성공적이었지만 록산느는 편지를 쓴 사람이 시라노임을 모른 채 로맨틱한 페레즈와 깊은 사랑에 빠진다. 하지만 그가 전쟁에서 사망하자 그녀는 수녀원에 들어간다. 시라노는 계속해서 수녀원을 방문하게 되는데, 15년 후 그는 숨을 거두면서 록산느를 대신하여 쓴 마지막 편지의 한 부분을 읊는다. 록산느는 자신이 늘 진심으로 사랑해 왔던 사람이 바로 시라노라는 것을 깨닫는다.

　제라르 드빠르디유는 또 다른 프랑스 영화 〈죽음의 침묵The Pact of Silence〉(2003)에서도 주연을 맡았다. 이 영화에서 그는 계단에서 떨어져 엄청난 고통을 겪으며 횡설수설하는 수녀의 '발작 증상'을 이해하기 위해 노력하는 의사이자 성직자 역을 연기한다. 이 수녀는 감옥에 감금된 그녀의 쌍둥이 동생이 위험에 처했을 때 동시에 정신신체 증상들을 경험한다(예를 들어, 동생이 수감된 감옥에 화재가 발생했을 때).

　〈아멜리에Amelie〉(2001, 프랑스)에 등장하는 조제트는 만일 임상 클리닉에 방문했다면 신체화 장애로 진단되었을 것이다. 담배를 판매하는 그녀는 신경통에서부터 담배연기가 자신의 눈에 들어오는 것에 대한 불편함에 이르기까지 다양한 증상들을 호소한다. 이 영화에 쓰인 재미있는 인용은 그녀의 증상을 정확히 묘사한다. "사랑이 없는 여자는 태양이 없는 한 송이 꽃과 같이 시들어 간다." 사랑을 느끼지 못할 당시 그녀의 증상은 신체화 장애 기준에 부합되지만 사랑에 빠지게 되자 더할 나위 없는 건강함과 행복을 느낀다.

　스페인 영화 〈무의식Unconscious〉(2004)은 1913년도의 바르셀로나를 배경으로 제작되었고, 정신분석과 정신분석가를 비판한다. 예를 들어, 한 장면에서는 정신과 의사가 회중시계를 흔들며 환자에게 최면을 건다. 그러나 의사 자신이 최면에 걸리게 되고, 결국 의사는 여성 옷을 즐겨 입는다는 은밀한 비밀을 털어놓는다.

이 영화는 건강염려증과 전환장애의 다양한 예를 보여 준다. 또한 지그문트 프로이트 캐릭터가 잠깐 등장하여 자신의 새로운 책 『토템과 금기Totem and Taboo』를 홍보한다.

〈페르소나〉(1966)는 잉그마르 베르히만이 연출한 영화로, 특별한 원인 없이 갑자기 함구증mutism을 앓았던 유명한 여배우 엘리자베스 보글러를 다룬 영화이며, 베르히만이 만든 영화 중 가장 훌륭한 작품으로 여겨진다. 영화에서 주치의는 엘리자베스에게서 아무런 문제를 찾을 수 없었으며 증상 또한 설명할 수 없었지만 휴식과 지속적인 관심이 필요하다는 처방을 내린다. 이로 인해 그녀는 해변에 위치한 집에서 전일제 간호사 알마(비비 안데르센 분)의 보살핌을 받으며 여름을 보낸다. 영화에서 엘리자베스는 말을 하지 않지만 관객들은 그녀가 말할 능력이 있음을 알게 된다. 한 장면에서, 알마가 그녀에게 뜨거운 물을 부으려 했을 때 그녀는 "하지 마."라고 소리친다.

비록 이 영화에서 묘사된 전환장애가 흥미롭긴 하지만, 가장 관심을 끄는 요소는 두 여성의 성격이 융합되어 있다는 것이다. 또한 엘리자베스와 알마의 얼굴이 합성되어 나타나는 것(두 여성의 얼굴이 반씩 비춰짐)과 같은 다양하고 흥미로운 꿈 장면들이 등장한다. 영화의 주제를 설정하는 데 있어서, 베르히만은 고대 그리스 배우가 사용했던 가면과, 칼 융Carl Jung이 우리가 외부세계에 자신을 드러내는 성격적 요소에 대해 사용했던 용어[6]를 떠올렸던 것 같다. 엘리자베스는 연기를 그만두고 더 이상은 가면을 쓰지 않겠다고 다짐했기 때문에 말하지 않게 된 것이다. 이 영화의 결말은 다소 불명확하다. 하지만 엘리자베스는 연기를 다시 시작하게 되고, 알마 또한 간호사로 돌아가는 듯 보인다. 또한 두 여성의 성격이 끝까지 융합된 상태로 남아 있진 않는다.

---

6) 역자 주: 칼 융은 '페르소나persona'라는 용어를 통해 우리가 사회적으로 드러내는 성격의 특성을 설명하였다.

> **비판적 사고를 위한 질문들**
>
> • 신체형 장애가 어떻게 국가의 건강관리 예산에 영향을 끼치는가?
> • 건강관리체제managed care practices [7]가 도입되면 신체형 장애를 가진 사람들은 어떤 영향을 받게 될까?
> • 환자들을 정신신체장애로 잘못 진단하게 되면, 주요 의학적 장애의 몇 %가 누락될 것인가?
> • 신체형 장애의 치료에 있어 어떠한 심신 치료기법mind-body treatment이 가장 유용할 까?
> • 어떤 성격 특성이 신체화 장애, 건강염려증과 가장 밀접하게 관련되는가?
> • 통증은 무엇 때문에 의료종사자들이 직면하는 가장 흔하면서도 제대로 이해되지 않는 증상 중 하나일까?
> • 영화 〈세이프〉(1995)의 어떤 측면이 신체형 장애를 이해하는 데 도움이 되거나 오 히려 문제가 될 수 있는가?

추가적인 탐구

만일 당신에게 이 장과 관련된 단 한 권의 책을 읽을 시간만이 주어진다면 다음의 책을 읽어 보라.

- Vermetten, E., Dorahy, M., & Spiegel, D. (Eds.) (2007). *Traumatic dissociation: Neurobiology and treatment.* Arlington, VA: American Psychiatric Publishing.

만일 당신에게 단 한 편의 논문을 읽을 수 있는 시간만 주어진다면 다음의 논문을 읽어 보라.

- Lilienfeld, S. O., Kirsch, I., Sarbin, T. R., Lynn, S. J., Chaves, J. F., Ganaway, G. K., & Powell, R. A. (1999). Dissociative identity disorder and the sociocognitive model: Recalling the lessons of the past. *Psychological Bulletin, 125,* 507-523.

....

7) 역자 주: 다양하게 세분화되어 있는 미국의 건강 관련 제도를 총체적으로 관리하며 제공하는 의료체 제. 의료보험자, 의료기관, 의사 사이에 진료내용이나 각각의 비용 등에 대한 가이드라인을 설정하고 그에 따라 치료하도록 되어 있다.

저자 추천작

• 해리장애
- ⟨싸이코Psycho⟩(1960)
- ⟨언노운 화이트 메일Unknown White Male⟩(2005)
- ⟨파리, 텍사스Paris, Texas⟩(1984)
- ⟨악몽Sybil⟩(1976)
- ⟨프라이멀 피어Primal Fear⟩(1996)

• 신체형 장애
- ⟨페르소나Persona⟩(1966)
- ⟨신의 아그네스Agnes of God⟩(1985)
- ⟨한나와 그 자매들Hannah and Her Sisters⟩(1986)
- ⟨세이프Safe⟩(1995)
- ⟨건축가의 배The Belly of an Architect⟩(1987)

제4장

심리적 스트레스와
신체적 장애

"많은 사람들이 내가 다시는 레슬링을 하지 못할 거라고 해요. '넌 지쳐 버렸어.' '넌 끝났어.' '넌 패배자야.' '넌 갈 데까지 간 거야.' 하지만 이 거 알아요? 내가 언제 일을 그만두는 게 좋을지에 대해 말해 줄 수 있는 사 람은 오직, 여기 있는 당신들뿐이에요. 여기 있는 당신들…… 당신들이 바 로 내 가족인 겁니다."

– 〈더 레슬러〉(2008)에서 '램'이라 불리는
랜디가 수많은 팬들 앞에서 하는 말

〈더 레슬러〉를 관람하면서 생각해 볼 물음들

- 랜디에게 정신질환이 있는가?
- 당신은 랜디의 정체성과 자아에 대한 정의를 어떻게 기술할 수 있는가?
- 심혈관계 질환에 있어서 스트레스란 중요한 위험요인인가?
- 랜디는 좋은 스트레스 관리기술을 가지고 있는가? 건강한 그리고 건강하지 못한 그의 대처 기술은 무엇인가?
- 랜디의 신체와 정신상태의 연관성은 무엇인가?
- 스테로이드 사용은 심혈관 질환의 원인이 되는가?
- 신체적·정신적 건강이라는 측면에서 랜디의 사회적 고립은 얼마나 심각한가?
- 랜디는 레슬링을 완전히 포기해야 하는가? 만약 아니라면, 그는 어떤 조건하에서 선수생활을 지속해야 하는가?
- 자신이 헌신해 온 일에서 완전히 좌절하게 되었을 때, 어떻게 그 사람 스스로 삶을 다시 만들어 나갈 수 있을까?
- 자멸을 초래할 게 뻔한 행동에 몰두하는 사람들을 도울 수 있는 최선의 방법은 무엇일까?
- 랜디 같은 사람에게 우선적으로 실시해야 할 치료는 무엇인가?

환자 평가

환자가 진술한 내원 사유: "제 주치의 말이 스트레스 때문에 제가 당신을 만날 필요가 있다고 합니다. 사실 저는 스트레스를 많이 받지만 그건 내 스스로 처리해야 할 일이에요. 그것 때문에 정신과 의사를 만날 필요가 있다고 생각하진 않습니다. 기분 나쁘게는 듣지 마세요."

현 병력 : 성명은 랜디 로빈슨, 별명은 '램The Ram'이며, 주치의와 심장전문의로부터 상담을 받은 이력이 있다. 그는 최근에 심장마비를 일으킨 적이 있으며, 치료 후에도 우울증 및 알코올 남용으로 고통받아 왔다.

과거의 정신과적 병력, 치료 및 결과: 랜디는 정신질환과 약물 남용에 관해 치료를 받은 적이 없다고 했다. 그리고 어떤 종류의 상담자와도 만나 본 적이 없다고 했다.

의학적 병력: 랜디의 건강은 눈에 띄게 악화되었다. 최근에 그는 과격한 레슬링 경기 후 의식을 잃고 쓰러져 심장 절개 수술을 받았다. 이 사고 이전에 랜디는 자주 가슴통증을 느꼈지만, 소화불량이나 레슬링 경기로 인한 통증이라고만 생각했었다. 랜디는 어린 시절 이후 신체 검진을 위해 의사를 찾아가 본 적이 없었던지라 자신의 건강이 이렇게도 악화되었다는 사실을 알고는 놀랐다고 했다. 그는 고혈압 진단도 받았으며 허리통증도 심했다. 입원 중 랜디는 MRI 검사를 받았는데 결과는 음성으로 나왔고 다른 의학적 검사에서도 정상이었다. 프로레슬러로서의 일은 매우 격렬하고도 위험하다. 그는 경기 중 의자나 유리, 스테이플 총 그리고 철조망을 이용해서 싸웠고, 팬들을 즐겁게 하기 위해 자해하는 과정에서 많은 부상을 입었다. 그는 지난 몇 년 동안 여러 번 골절상을 입었고, 의사들은 레슬링을 포기하기를 권유하였다.

심리사회적 병력: 랜디는 47세로 현재 혼자 생활하고 있으며, 결혼한 적이 없는 백인 남성이다. 그는 앞만 보며 살아왔다고 말한다. 그에게 친구라고는 그가 거주하는 트레일러 인근에 살면서 가끔 비디오 게임을 같이 하러 오는 아이들, 소수의 열혈 레슬링 팬들 그리고 진정으로 그를 존중해 주는 레슬링 동료뿐이다. 그 외에 랜디는 아주 외롭다고 보고하였는데 최근에 그의 딸 스테파니와 가까워지려고 노력했고, 캐시디라는 스트리퍼와 만나서 약간의 진술한 대화도 나누었다고 한다. 랜디는 인간관계에서 기복이 심했다고 하는데, 그의 딸 스테파니와의 관계 개선을 바랐고, 캐시디와의 결혼에도 관심을 보였다. 그는 건전한 관계란 것이 어떤 것인지 도무지 모르겠다고 했다. 그는 최근에 프로레슬러로 일하는 것 이외에도, 주말에는 식료품 매장에서 고객 서비스와 재고 정리를 하고 있다. 그는 3개월 동안 레슬링을 하지 않았다고 했다.

약물과 알코올 병력: 랜디는 약물과 알코올 남용 이력이 있다. 그는 레슬링을 할 때 체격과 수행능력을 증진시키기 위해 정기적으로 스테로이드제를 사용하였다.

행동 관찰: 최근 랜디의 신체 외관에서 스테로이드제 남용의 증거가 드러나고 있다. 그는 얼굴이 움푹 들어가고, 입술은 부풀어 있으며 가슴, 팔, 어깨 그리고 목 근육이 부어 있었다. 그는 전반적으로는 상냥하고 예의 바른 편이었지만, 약간 조심스럽고 냉담한 반응도 보였다. 정서적인 면에서 약간 불안하고 우울한 경향이 있는데, 이것은 이번이 그가

받는 최초의 심리평가라는 사실에서 기인하는 듯하다. 그는 환각이나 망상 그리고 편집증을 부정하였고 명백하지는 않았다. 그는 또한 타살사고 또는 자살사고를 부인했다.

정신상태검사: 랜디는 간이정신상태검사MMSE에서 25/30의 점수를 받았다. MMSE 점수가 낮기는 했지만 정상 범위 내였다. 하지만 그의 최근기억에는 문제가 있었다. 그는 3개의 물건이름 회상하기와 도형 그리기, 연속 7 빼기 과제에서는 수행이 저조했다.

기능 평가: 랜디의 자기관리 능력은 몇 년 동안 꾸준히 낮아지고 있었다. 그렇다고 이전에 자기관리를 썩 잘한 것 같지도 않았다. 수술 이후에는 수면과 식습관이 개선되었다.

장점: 랜디는 자신의 삶에서 더 많은 관계를 가지길 원했다. 그는 용기의 미덕을 지니고 있었고 정직성과 통합성의 장점을 보여 준다. 그는 직접적인 질문에도 솔직하게 반응한다.

진단: 근육강화 스테로이드 의존(행동과 정서 문제가 혼합된 적응장애). 의증rule out: 주요 우울장애.

치료 계획: 개별 심리치료를 강력히 권장함. 랜디는 의사의 지시에도 불구하고 레슬링을 그만둘 준비가 되어 있지 않은 듯하다. 레슬링을 중단하는 것이 그의 건강과 생활에 결정적으로 중요하기 때문에, 치료에 임할 때는 이것을 가장 우선시해야 한다. 손익분석cost-benefit analysis과 같은 동기부여 면접기법이 가능한 한 빨리 시행되어야 한다. 또한 치료 중 규칙적인 약물치료와 심장전문의에게 2주에 한 번씩 진료를 받는 것 등이 강조되어야 한다. 그의 스테로이드 남용은 신체적 문제(예: 간질환)와 정신적 문제(예: 우울)의 위험성을 더 악화시킬 수 있기 때문에, 스테로이드가 미치는 영향을 교육하고 점진적으로 스테로이드 사용을 줄여 나가면서 최종적으로는 사용을 중단할 수 있는 전략을 짜는 등 교육적 측면에 초점을 맞춰야 한다. 그는 또한 스트레스 관리와 관계 형성 기술 및 일반적인 생활코칭의 도움을 받아야 한다.

예후: 양호. 이 환자의 예후는 유보적이다. 하지만 의사가 시키는 대로 따르고 정기적인 심리치료를 받는다면 개선될 것이다.

스트레스, 신체질환 그리고 〈더 레슬러〉

〈더 레슬러The Wrestler〉(2008)는 대런 애로노프스키가 제작하고 연출한 영화다. 이 40세의 젊은 감독은 인간의 투쟁에 관하여 많은 감동적인 이야기를 만들어 왔다. 그는 〈파이Pi〉(1998)에서 편두통에 대한 공포를, 〈레퀴엠Requiem for a Dream〉(2000)에서는 약물 남용을, 〈천년을 흐르는 사랑The Fountain〉(2006)에서는 불치병을 가진 사람이 현실에 직면하는 것을 부인하는 과정을 묘사하는 등 각각의 영화에서 인물에 대한 강렬하고 심도 깊은 심리적 탐색을 잘 보여 주었다. 〈더 레슬러〉도 예외는 아니다.

미키 루크는 이 영화에서 '램'이라는 별명을 가진 프로레슬러 랜디 로빈슨 역을 맡았다. 랜디는 현실 세계에서 잘 살아갈 수 없기 때문에, 연출로 만들어진 레슬링의 세계(레슬링 경기에 관한 이 영화의 생생한 묘사는 눈을 뗄 수 없고 사실적이며, 한편으로는 레슬링의 모든 것이 연출되고 과장된 것은 아님을 시사하고 있다.)에서 인기 있는 선수인 '램'이라는 성공적인 가면인격, 즉 페르소나persona로 살아간다. 관중과 동료 레슬러들은 램을 존경했다. 그는 계속 레슬링을 했지만 그의 영광은 이미 20년 전에 끝났다. 관중들과 동료 레슬러들은 20년 전에 끝나 버린 영광 후에도 레슬링을 계속 해 온 램을 존경했다.

아이러니하게도 램의 경기 전에 매번 깔리는 테마 음악은 콰이어트 라이엇의 '메탈 헬스'('너의 머릴 박아 버려'라는 가사가 나온다.)였다. 심장마비로 외과 수술을 받은 후, 랜디는 자신이 급격하게 노화되고 있음을 깨닫기 시작했다. 그는 신체적으로는 장시간의 경기를 견딜 수 없었으며, '램'이라는 페르소나로 살아왔기 때문에 대인관계를 장기적으로 지속하는 데도 서툴렀다. 레슬링과 스테로이드 남용으로 인해 그의 신체가 입은 손상은 엄청났고, 스트레스가 그의 심혈관 건강에 미치는 영향도 심각했다. 그는 뭔가 제대로 된 상태가 아니라는 것을 느꼈고, 신체적 건강뿐만 아니라 정신적·정서적·사회적 건강 모두에 문제가 있었다. 랜디는 새로운 삶을 설계하기 위한 성실한 노력을 하기로 결심하고, 안정적인 식료품 매장 일을 순순히 받아들인다. 또한 그는 그동안 소홀했던 딸 스테파니와의 관계를 개선하고, 호감을 갖게 된 이성 캐시디(마리사 토메이 분)와도 새로운 관계를 만들기 위해 노력하였다. 그는 자신이 속한 곳이 어디인지, 어떤 세상이 자신과 더 적합한지를 고민하기 시작하고, 결국 레슬링을 포기하고 다른 사람과의 관계를 선택한다. 이러한 랜디의 순수한 노력을 잘 표현해 주는 몇몇 감동적인 장면들이 있다. 한 장면에서 그는 캐시디의 바에서 춤을 추며, 다른 장면에서는 딸이 어릴 때 좋아했던 장소를 둘이서 다시 가 보고는 자신의 어리석었던 결정을 시인한다. 그는 행동의 결과를 기꺼이 받아들이고("나는 외로워져도 싸다."), 변화하고 싶다는 소망을 드러낸다. 이러한 노력에도 불구하고 그는 여러 도전과 문제들에 직면하게 되는데, 이에 제대로 대처하지 못하는 랜디는 불행한 결과를 가져오는 나쁜 결정을 내리고 만다. 결국 그는 새로운 인생을 포기하고 그에게 친숙한 램이라는 페르소나로 돌아간다. 이 영화는 희망과 절망 사이를 왔다 갔다 하며, 인간이라는 신분의 투쟁과 기쁨을 잘 표현하고 있다.

영화는 랜디 '램'의 컴백을 주제로 하고 있긴 하지만, 이 영화에서 또 한 가지 주목할 만한 점은 바로 미키 루크라는 배우의 컴백이다. 주인공을 맡은 미키 루크 역시 명예를 잃고 스타의 자리에서 추락했지만, 이 영화를 통해서 골든 글로브 상을 수상하고 아카데미 남우주연상 후보에 오르는 등 컴백에 성공하였다. 1년 동안 그가 참여할 계획이 잡힌 10개 이상의 영화를 인터넷 영화 데이터베이스 기록에서 확인할 수 있듯이, 그의 이력은 다시 상승세로 돌아섰다. 루크를 섭외하게 된 데에는 루크가 램 역에 적격임을 제작사 측에 열성적으로 로비한 감독 애로노프스키의 공이 컸다. 제작사가 선택했던 배우는 원래 니콜라스 케이지였다고 한다(그는 실제로 배역에 대한 연구를 벌써 시작했었다).

 스트레스의 역동적 특징

스트레스는 누구나 경험하게 되는 것으로, 우리의 몸과 마음에 다양한 방식으로 영향을 준다. 스트레스 반응은 정상적인 일상생활의 일부분으로서 생리적·인지적·정서적·행동적·사회적 및 영적 수준에서 표출된다. 〈더 레슬러〉에서 랜디 '램'은 영적 수준(예를 들어 인생의 의미와 목적을 찾는 일)을 포함하여 여러 스트레스 수준에서 그 영향력을 경험한다. 급성 스트레스는 심박 수가 빨라지며 혈압이 증가하는 것 등을 특징으로 하는 '싸움/도피 반응fight or flight response'이나 강한 심리적 긴장으로 지각된다. 만성적인 스트레스는 좀 더 미묘하지만 궁극적으로는 더 심각한 영향을 미친다. 시간이 지나면서 만성 스트레스는 우울증 같은 정신장애의 발현을 촉진시키거나 기여할 수 있다. 스트레스가 정신질환 그 자체는 아니지만 대부분의 정신질환을 유발하는 역할을 한다.

스트레스 연구는 여러 가지 이론적 관점에서 접근할 수 있다. 심리신경면역학자psychoneuroimmunologists들은 스트레스 경험의 결과로 발생하는 두뇌와 면역체계의 변화에 초점을 맞춘다. 스트레스를 겪는 동안 질병 증상이 면역체계에 민감하게 반응하여 만성 질환으로 발전할 수 있다(McEwen, 2005). 행동주의적behavioral 관점에서 스트레스는 건강하지 못한 행동을 보상한 결과로 이해된다. 특정인이 질환에 어떻게 대처하는가는 병적 행동이 보상받는가의 여부에 의해 결정된다. 예를 들어 어떤 사람이 휠체어에 적응하는 데 스트레스를 받는 동안 다른 사람의 주의를 끌게 되면, 이는 하나의 보상으로 작용한다. 그렇게 되면 그는 주의를 끌기 위해 휠체어를 사용해야 하는 상황을 의도적으로 만들 가능성이 높아지게 된다.

인지cognitive 이론가들은 사고 및 그것과 긴밀한 관계를 맺고 있는 행동을 강조한다. 이 접근법은 스트레스와 질환의 의미 또는 스트레스와 질환에 대한 자기통제를 연관시킨다. 질환이 심각해질수록 스트레스는 더 커진다. 인지적 접근법의 한 예는 리처드 라자러스Richard Lazarus와 동료들의 연구(2001)에서 찾아볼 수 있다. 라자러스의 주장에 따르면 스트레스는 각 개인과 그 개인이 평가하는 환경 간의 관계에 좌우되므로, 환경이 더 위협적이라고 지각할수록 더 많은 스트레스를 받는다. 정신역동psychodynamic 이론가들은 가족 간 상호작용과 대인관계에 초점을 맞추었다. 그들은 대인관계에 큰 장애가 있는 사람이 더 많은 스트레스를 받는다고 믿는다. 사회문화적sociocultural 관점에서는 스트레스가 개인이 살고 있는 사회의 결과라고 설명한다. 이혼이나 가족의 죽음 등 관계상의 혼란은 개인을 스트레스에 빠트린다.

일상생활에서의 스트레스

  일상생활에서의 스트레스는 마이클 더글라스가 주연한 영화 〈폴링다운Falling Down〉(1993)에서, 비즈니스 세계에서 겪게 되는 스트레스는 〈제리 맥과이어Jerry Maguire〉(1996), 〈글렌게리 글렌 로스Glengarry Glen Ross〉(1992), 〈어느 세일즈맨의 죽음Death of a Salesman〉(1951/1985)에서 설득력 있게 묘사되고 있다. 외국에서 고립되는 것 혹은 위협받는 상황과 관련한 스트레스를 다룬 주목할 만한 영화로는 우디 해럴슨과 케이트 마라 그리고 벤 킹슬리가 주연으로 등장하는 〈트랜스 시베리아 Transsiberian〉(2008)가 있다. 이 영화에서 해럴슨과 마라는 강간 미수와 살인을 범하고 감옥에 갇히게 되며, 다른 죄수에 대한 무자비한 고문을 목격하게 되는 상황에도 불구하고, 놀랍게도 이런 스트레스에 잘 대처한다. 스트레스에 대한 경험의 특징은 이 외에도 수많은 영화에서 찾아볼 수 있다. 전쟁을 다루고 있는 대다수의 영화에서는 오랜 전투에 노출된 영향으로 인한 신체적 · 심리적 스트레스를 중요하게 다룬다. 두 편의 고전영화 〈영광의 길Paths of Glory〉(1957)과 〈지옥의 묵시록 Apocalypse Now〉(1979)은 전쟁이 가져다주는 공포를 관객들에게 그대로 전한다. 험프리 보가트가 선장 역을 맡은 〈케인호의 반란Caine Mutiny〉(1954)은 부적절한 리더십에 직면하여 맞서는 스트레스를 그리고 있으며, 다른 고전영화인 〈정오의 격전 Twelve O'Clock High〉(1949)은 군 생활과 관련된 스트레스를 아주 구체적으로 그리고 있다.

 스트레스와 대처

  대처에는 다양한 방법이 있는데, 사람이 어떻게 스트레스에 대처하고 관리하는가는 스트레스 상황이 가지는 의미나 가능한 대처 기술과 같은 몇몇 요인에 의해 결정된다. 〈노이즈Noise〉(2007)에서 데이비드 오웬(팀 로빈슨 분)은 그에게 스트레스를 주는 도시의 소음(특히 자동차 경적 소리)에 매우 공격적이고 파괴적인 방식으로 대응한다. 처음에는 소음이 데이비드를 성가시게 자극하는 정도였으나, 나중에 그는 소음을 모든 사람에 대한 공격으로 해석한다. 그는 정의의 사도가 되어 권위에 맞서지 못하는 사람들을 보호하겠다고 나선다. 그의 과대사고는 점점 심해지면서 경적 소리 때문에 자동차를 부수기에 이른다. 체포된 후 그는 자신의 감정이 '침착'한 상태이며 행동 또한 통제되고 있다고 설명한다. 하지만 그의 역기능적 대처 행동은 그를 영웅으로 대하는 사람들에 의해 더욱 강화된다.

　어떤 사람들은 스트레스를 내재화하는 방식으로 대응한다. 예를 들어 많은 영화에서 우디 앨런이 연기한 캐릭터는 스트레스가 신체화되어 신체적 증상을 호소하기에 이른다. 〈헐리우드 엔딩Hollywood Ending〉(2002)에서 영화감독 발 왁스만(우디 앨런 분)은 스튜디오 경영주와 데이트를 하는 전 부인에 의해 감독으로 고용되었을 때 일시적으로 눈이 멀게 된다. 어떤 이들은 스트레스를 부정한다. 예를 들어 〈스테이션 에이전트The Station Agent〉(2003)에서 세 명의 주요 인물들은 다른 사람들의 도움을 거절한다. 다른 사람들은 서부영화의 영웅 존 웨인처럼 스트레스에 직면하여 침착하고 굳센 상태를 유지하기도 한다. 어떤 사람들은 〈아메리칸 뷰티American Beauty〉(1999)에서의 아네트 베닝처럼 스트레스를 외재화하거나 다른 사람들의 탓으로 돌린다. 〈스테이션 에이전트〉(2003)에서는 등장인물들이 스트레스와 고통에 대처하기 위해 여러 가지 대처방법을 탐구한다. 이러한 대처방법들은 위험하고 부적절한 방법들에서부터 긍정적이고 치유적인 접근방법에 이르기까지 다양하다. 알코올 남용, 고립, 도움 거부, 자살시도는 부정적인 접근의 예이고, 반면 친구 사귀기, 취미활동 개발(기차 여행), 함께 저녁식사하기, 그림 그리기 등은 건강한 대응 전략의 예다.

신체질환에 의한 스트레스

　스트레스는 신체질환을 가지고 있을 때 복합적으로 일어난다. 내부적 스트레스(미래에 대한 불안, 자기비난, 어떤 행동 이후의 후회, 우울)와 외부적 스트레스(업무, 학교, 가족, 가정환경) 그리고 질환에 의한 스트레스(제한된 이동성, 작업시간의 감소, 관계의 손실)는 모두 상호작용하며 그 부담을 증가시킨다.

스트레스와 암

많은 영화들에서 암의 실체와 진단에 대한 대처를 묘사하고 있다. 난소암으로 죽어 가는 23세 여성을 그린 영화 〈나 없는 내 인생My life without me〉(2003)에서는 주인공 앤을 통해 흥미롭고 특별한 대처방식을 보여 준다. 그녀는 남편과 아이들에게 자신이 죽어 가고 있음을 말하지 않기로 결심하고, 가족들이 의사와의 면담 내용에 대해 물어볼 때에도 거짓말을 한다. "거짓말은 나의 유일한 안식처"라며 고독을 느끼면서도, 앤은 자신의 인생을 더 충만하게 살기로 작정하고 자신이 죽고 난 뒤를 대비해 가족들을 준비시킨다. 그녀는 아이들의 미래 생일을 위한 테이프를 만들고, 사랑에 빠질 남자를 만들며, 남편을 위한 미래의 배우자를 고르는 등 '해야 할 일 목록'을 만든다. 여러 면에서 그녀의 대처법은 부적응적이며 조작적이고 이기적이며 부정직(그녀는 이중생활을 만들었다.)했지만, 한편으로는 감동적이고 사려 깊으며 독창적인 방법이었다.

〈버킷 리스트The bucket List〉(2008)에서 불치병으로 입원한 룸메이트 에드워드 콜(잭 니콜슨 분)과 카터 챔버스(모건 프리먼 분)는 죽기 전에 늘 하고 싶었던 일을 하면서 임박한 죽음에 대처한다. 신랄한 독설가인 에드워드는 두 번 이혼하고 외동딸과 소원해져 버린 억만장자다. 카터는 45년간 성공적인 결혼생활을 유지하였고 두 명의 아이가 있는 조용한 사람이다. 에드워드는 자기중심적인 반면, 카터는 늘 자신보다 가족의 요구를 우선으로 하였다. 두 사람은 병의 말기 진단을 받은 직후, 죽기 전에 하고 싶은 일의 목록을 작성한다. 그들은 사망 전 마지막 달이 되어 서로에게서 많은 것을 배운다. 〈레일스 앤 타이즈Rails and Ties〉(2007)에서는 난치성 암과 만성 통증에 대처하는 환자를 그리고 있다. 정서적으로 공허한 남자(케빈 베이컨 분)와 암에 걸려 죽어 가는 그의 아내(마샤 게이 하든 분)는 어린아이를 비공식적으로 입양하면서, 암의 실체에 직면하고 친밀감과 공감 그리고 기쁨을 함께 만들어 나간다.

〈파란 나비Blue Butterfly〉(2004)에서는 뇌종양으로 불치병 진단을 받아 3～6개월밖에 살 수 없는 한 아이가 나온다. 소년은 창백함, 구토, 피로, 어지러움 등의 증상을 보이고, 몸의 균형을 잡지 못해 휠체어를 타고 다닌다. 아이에게 활력을 다시 찾아 주기 위해 안간힘을 쓰는 어머니는 곤충학자를 설득하여 아이를 정글로 데려가 희귀한 파란 나비를 찾도록 한다.

스트레스와 후천성 면역 결핍증/에이즈

〈천사의 아이들In America〉(2003)은 감독 짐 셰리단의 개인적 삶을 토대로 하고 있다. 이 영화는 두 살짜리 아이를 잃은 후에 아일랜드에서 미국으로 이주한 가족에 관한 이야기다. 가족 구성원들은 각자의 방식으로 슬픔을 겪는데, 이 중에서도 아버지 역할을 포기하는 것이 가장 힘겹다. 그들은 뉴욕 시 슬럼가의 황폐한 아파트를 구한 후 아래층에 사는 마테오(지몬 한수 분)와 친구가 되는데, 그는 에이즈로 죽어 가는 나이지리아인 예술가다.

마테오는 아파트 주민들 사이에서 '비명 지르는 남자'로 알려져 있었는데, 그는 때때로 고통에 격하게 소리치고 아파트에 있는 물건들을 집어던지며 난폭하게 그림을 난도질하는 등 간헐적으로 분노 에피소드들을 보여 준다. 가지처럼 메마르고 날카로운 외모와 주기적인 고통의 비명소리로 묘사되는 마테오는, 그를 처음 본 짐의 가족들에게는 공포의 존재였다. 그의 문 앞에는 "얼씬거리지 마시오"라고 쓰여져 있고, 할로윈에 사탕을 받으러 온 두 어린 소녀에게는 위협적으로 "가 버려!"라고 고함을 지른다. 그렇지만 마테오는 이내 그 소녀들에게 부드럽고 친절하게 대한다. 소녀는 마테오의 냉장고가 약으로만 가득 차 있고 음식물은 없는 것을 보게 된다. 그제서야 사람들은 마테오가 비명을 지르는 데는 그럴 만한 이유가 있다는 것을 알게 된다. 소녀는 마테오에게 자신의 남동생 프랭크가 뇌종양으로 죽었다고 이야기하였다. 마테오는 이 이야기를 듣고 따라 울게 되는데, 남자아이의 이야기가 병에 걸린 자신의 모습과 유사하기 때문일 것이다.

모든 신체적 질환은 심리적 충격을 가져다준다. 마테오는 분노에 휩싸이는 것뿐만 아니라 고립되어 있고 우울해한다. 그의 정서적 스트레스는 신체적 질병과 상호작용하여 결국 그의 대처 능력을 떨어뜨리게 되며 이러한 사실은 자명하다. 면역성

질환에 의한 만성적인 피로는 기절이나 호흡곤란으로 이어져 그의 상태는 더욱 악화된다. 에이즈 말기 단계에 이른 마테오는 입술의 물집과 얼굴 염증이 생기고, 기온에 민감해지며 기진맥진해서 딴 사람과 말하는 도중에 잠이 들 지경에 이르렀다. 하지만 인생에 대한 마테오의 분노와 증오의 저 밑바닥에는 신사적인 부드러움과 지혜가 숨겨져 있었다. 아일랜드인 가족, 특히 두 활기찬 소녀는 마테오가 다른 사람과 이어지고 사랑할 수 있는 능력을 재발견하도록 도와주었다. 그의 비명과 고통은 점점 진정되기 시작했다. 그는 결국 자신이 앓고 있는 질병의 현실을 수용하고 관대한 마음으로 죽음과 고통을 받아들이기 시작하면서, 죽는 날까지 다른 사람들에게 다가가 그들 삶에 영향을 미친다.

> "나는 당신과 사랑에 빠졌어. 당신의 아름다운 아내 그리고 당신의 아이들과도 사랑에 빠졌어. 심지어는 아직 태어나지도 않은 당신의 아이도 사랑해. 나는 당신의 분노까지 사랑해! 난 살아가는 모든 것들을 사랑해."
>
> ─〈천사의 아이들〉(2003)에서 마테오

〈비하인드 더 레드 도어Behind the Red Door〉(2001)는 에이즈로 고통받으며 죽어 가는 한 남자가 폭발적인 분노와 우울 사이에서 동요하며 자신의 병에 대처하는 내용을 다룬 최신작이다.

이 영화에서는 키퍼 서덜랜드가 에이즈에 걸린 로이 역으로 등장한다. 마테오와 달리 문 앞에 "얼씬거리지 마시오"라고 적어 놓진 않았지만, 그의 나르시시즘은 효과적으로 다른 사람의 접근을 막는다. 로이도 마테오와 마찬가지로 다른 사람(이 영화에서는 이전에 사이가 멀어진 여동생)과 연결되고, 이것이 로이로 하여금 심리적으로 더욱 잘 대처하게 하며 자신의 병을 보다 심층적으로 받아들이게 한다. 두 사람 모두 죽음에 대한 투쟁에서 수용으로 전환한 것이다.

특히 적대적이고 비양육적인 환경 속에서 에이즈 진단과 관련된 스트레스를 가장 잘 보여 주는 영화는 아마도 〈필라델피아Philadelphia〉(1993)일 것이다. 톰 행크스는 에이즈에 걸린 젊은 동성연애자 앤드류 베킷 역으로 아카데미 남우주연상을 수상했으며, 덴젤 워싱턴은 베킷의 변호사로 인상적인 연기를 보였다.

스트레스와 기타 퇴행성 질환

루게릭병 등의 퇴행성 질환에 대한 성공적인 대처를 다루고 있는 영화로는 루 게릭의 인생을 이야기한 〈야구왕 루 게릭Pride of the Yankees〉(1942)과 〈모리와 함께한 화요일Tuesdays with Morrie〉(1999), 그리고 우주과학자 스티븐 호킹의 생각과 삶을 그린 〈브리프 히스토리 오브 타임A Brief History of Time〉(1992) 등이 있다. 만성 질환에 대한 뛰어난 대처를 다룬 또 다른 영화 〈데리우스 서부에 가다Darius Goes West〉(2007)에서 주인공 데리우스는 뒤셴형 근위축증Duchenne mascular dystrophy으로 괴로워한다. 〈듀엣 포 원Duet for One〉(1986)에서는 다발성 경화증이 스테파니 앤더슨(줄리 앤드류스 분)의 주요 스트레스 요인인데, 저명한 연주회의 바이올리니스트인 그녀는 몇 달 만에 인생이 극적으로 변한다. 그녀의 손은 감각을 잃어버리고 불의의 낙상으로 무대를 포기하고 휠체어 신세를 지게 된다. 그녀의 화려한 경력과 유명 작곡가인 남편 데이비스 콘월리스(앨런 베이츠 분)와의 결혼생활이 끝나면서, 그녀의 투병은 정체성 위기로 이어지게 된다. 영화 내내 스테파니는 긍정적 감정(부정을 통한 행복감)과 심한 우울증, 자살시도 사이에서 동요한다. 그녀의 급격한 감정 변화는 부분적으로는 경력과 삶의 실패로 설명되고, 일부는 그녀의 질병 자체에서 기인한 것이다.

"난 건강하고 정상이야, 그리고 당신이 죽은 후에도 난 살아 있을 거야!"
- 〈듀엣 포 원〉(1986)에서 스테파니 앤더슨이 병에 대한 현실과
데이비스 콘월리스에게 적대감을 드러내는 장면

〈인사이드 아임 댄싱Rory O'shea was Here〉(2005)은 신체장애로 인한 자유의 상실과 심한 의존을 그려 내고 있다. 이 영화에서 두 젊은이는 뇌성마비와 근육영양장애라는 신체적 상황에도 불구하고 그들 자신의 독립과 자유를 찾기 위해 노력한다. 룸메이트로서 서로를 돕는 그들은 일상생활에서 도움을 받기 위해 활동보조인을 고용한다.

"독립적인 생활은 하나의 인간으로 성장하고 성숙하게 함으로써 나에게 도움을 준다. 그것은 내 안에 있는 나의 잠재력을 키워 나가는 데 도움을 준다. 그것은 병원 생활을 통해서 실현될 수 있는 것만은 아니다. 그것은 나에게 현실에 기여할 수 있는 길을 열어 주고, 보다 충만한 인생을 살게 해 준다."

― 뇌성마비 때문에 단어가 뒤엉키는 마이클의 말을 근육영양장애를 가진 친구이자 룸메이트인 로이가 해석한 것

〈뮤직 위딘Music Within〉(2007)에서도 역시 뇌성마비를 그리고 있지만, 이 영화는 장애를 가진 사람에 대한 차별에 초점을 맞추고 있다. 그중에서도 특히 잔인하고 기억에 남는 장면으로는 팬케이크 가게에서 웨이트리스가 고객의 외모가 '역겹다'(뇌성마비를 가지고 있어서)는 이유만으로 서비스를 거절하는 장면이 있다. 하지만 영화의 대부분은 리차드 피멘틀의 이야기를 그리고 있으며, 관객들에게 어떤 영감을 불러일으키는 내용이다. 베트남전쟁 때 부상으로 청각장애인이 된 그는, 1990년 미국 장애인법 제정이라는 획기적 사건에서 중요한 역할을 한 인물이다. 그는 공명정대한 원칙과 독창성, 카리스마를 통해 청각장애인과 다양한 장애를 가진 그의 친구들을 옹호한다.

나이트 샤말란의 〈언브레이커블Unbreakable〉(2000)에서는 질병에 매우 취약한 사람의 스트레스를 강조하고 있다. 이 영화에서 일라이자(새뮤얼 잭슨 분)는 희귀한 유전적 골격질환을 갖고 있어서, 어떠한 움직임이나 동작에도 뼈가 쉽게 부러질 정도로 매우 취약한 모습을 보여 준다. 그의 성격은 '슈퍼히어로'의 전형인 데이빗 던(브루스 윌리스 분)과 매우 대조적이다. 던은 마치 불사신인 것처럼 한 번도 아파 본 적이 없으며, 치명적인 열차사고에도 상처 하나 없이 살아남은 유일한 인물이다.

이러한 인물의 극명한 대조는 질병과 부상에 대한 낮은 민감성 대 높은 민감성 간의 연속성, 그리고 이 연속성에서 스트레스가 어떻게 작용하는지와 관련하여 흥미로운 질문을 던진다.

이와 유사한 골격질환을 다룬 영화 〈아멜리에Amelie〉(2001)에서는 '유리로 된 사람', 즉 온몸의 뼈가 쉽게 산산조각 나기 때문에 집을 떠날 수 없는 인물이 등장한다.

스트레스와 위장질환과 고통

과민성 대장 증후군IBS은 영화에서 종종 코미디적 소재로 사용되어 왔고, 이는 이 병으로 인해 고통받는 수많은 사람들에게 불이익을 가져다주기도 했다. 예를 들어, 코엔 형제의 영화 〈레이디킬러The Lady Killers〉(2004)에서도 IBS에 대해 묘사한 부분이 있다. IBS 환자는 대부분 코미디적 요소로 묘사되지만, 이 증상이 부적절한 순간에 닥칠 수 있다는 것 등 이들이 겪게 되는 몇몇 고통을 보여 주기도 한다. 다큐멘터리 영화 〈커트 코베인: 어바웃 어 선Kurt Cobain: About a Son〉(2006)에서는 너바나Nirvana의 리드 싱어 커트 코베인이 실제로 심각한 복통 문제(IBS와 유사한)로 고통받는 것을 보여 준다. 영화는 코베인의 삶에서 만성 통증이 그의 심리와 자살사고에 얼마나 심각한 영향을 미치는지를 강조하고 있다.

대런 애로노프스키 감독의 〈파이〉(1998)에서는 편두통에 대한 스트레스가 극적으로 잘 표현되고 있다. 주인공은 자신의 머리에 구멍을 뚫으려 할 정도로 그가 할 수 있는 모든 방법들을 통해 고통을 예방하거나 멈추기 위해 노력한다. 애로노프스키는 이 영화에서 소리라는 극적 요소를 아주 능숙하게 사용한다(두통을 잘 표현하기 위해서 날카롭게 찢어지는 소리, 꿰찌르는 소리, 윙윙거리는 소리를 삽입하였다). 〈크리스탈Chrystal〉(2004)에서는 만성적인 고통으로 심각한 영향을 받는 여자의 인생을 그리고 있다.

스트레스와 신체적 제약

신체적 제약(변형된 다리)을 극복한 성공 스토리는 〈엠마뉴엘스 기프트Emmanuel's Gift〉(2005)에서 확인할 수 있다. 가나의 가난한 지방에서 살고 있는 남자 엠마뉴엘은 의족을 선물받게 되고, 2주 만에 자전거를 타고 이어서 1년 만에 철인 3종 경기를 완주하였다. 그의 사례는 장애를 가진 사람들에 대한 부정적인 인식을 말끔히 씻고 장애에 대한 낙인을 줄이는 역할을 한다.

에릭 스톨츠, 헬렌 헌트, 웨슬리 스나입스가 출연한 영화 〈워터댄스The Waterdance〉(1992)는 오토바이 사고 이후에 휠체어에 묶여 버린 사람의 인생이 어떤지를 매우 설득력 있게 그리고 있다. 이 영화는 또한 사고 후에 희생자들이 자주 직면하는 문제인 성적 문제를 설득력 있고 공감할 수 있게 다루고 있다.

어느 시점에 입원환자 중 한 명이 새로 입원한 조엘 가르시아(에릭 스톨츠 분)에게 어떤 질문을 던지고 가르시아는 자신에게 되묻게 된다. "예쁜 소녀가 당신을 떠나 그녀의 몸을 흥분시키는 어떤 다른 사람에게로 가 버리는 데는 얼마나 걸릴까요?"

병원에서는 환자를 인종과 가치관, 사회적 계층에 따라 분류한다. 하지만 그들이 가지고 있는 상처의 황폐한 현실과 육체적 제약으로 인해 그들은 마음 깊이 연합되고 있다. 말론 브랜도가 휠체어에 의존하는 환자 역을 맡은 영화 〈더 맨The Men〉(1950)에서는 이와 관련된 주제를 효과적으로 다루고 있다. 이 영화에는 캘리포니아 재향군인병원에 입원 중이며 실제로 마비 증세가 있는 재향군인들이 출연했다.

히치콕 감독의 영화 〈이창Rear Window〉(1954)에서 사진작가 제프리스(제임스 스튜어트 분)는 휠체어를 타게 된 이후부터 관음증이 조금씩 더 심해지기 시작한다. 〈7월 4일생Born on the Fourth of July〉(1989)과 〈귀향Coming Home〉(1978), 그리고 다소 설득력이 부족하지만 〈크래쉬Crash〉(1996)에서도 휠체어 생활에 적응하는 데 필요한 심리적 대응을 그리고 있다.

신체마비에 대한 병리적인 적용은 〈비터문Bitter Moon〉(1992)과 〈래리 플린트The people vs. Larry Flynt〉(1996), 〈브레이킹 더 웨이브Breaking the Waves〉(1996)에서 묘사되고 있다. 휠체어 신세를 지게 된 사람을 돌보는 것과 관련한 스트레스는 〈패션 피쉬Passion Fish〉(1992)에서 보여 주고 있으며, 만성 질환을 겪거나 죽어 가는 아이를 둔 부모의 스트레스는 〈로렌조 오일Lorenzo's Oil〉(1992)에서 애절하게 그려지고 있다. 〈우연한 방문객The Accidental Tourist〉(1988)에서 윌리엄 허트는 아들을 잃고 이에 대처하는 남자의 역할을 연기한다. 사무엘 골드윈의 영화 〈우리 생애 최고의 해The Best Years of Our Lives〉(1946)에서는 전쟁에서 양손을 잃고 집으로 돌아오는 선원의 삶의 변화를 그리고 있다.

신체장애의 원인이 되는 스트레스

세일Seyle은 초기 저술(1956; 1974)에서 생리적 변화와 스트레스 사이의 관계를 확인하였다. 그는 만성적인 스트레스가 내분비선을 변화시켜 신체질환이 생기게 된다고 제안하였다. 〈치과 의사들의 비밀스러운 삶The Secret Lives of Dentists〉(2002)에서는 스트레스의 정신신체적 결과를 흥미롭게 보여 준다. 어떤 아이는 높은 수준의 가족 스트레스를 경험하는데, 일부는 외현적으로 분명한 스트레스(부모의 고함, 비난 그리고 저주)이고 일부는 내현적인 스트레스(부모가 각자 비밀을 가지고 있으며, 부모에게서 고립되거나, 함께 보내는 시간이 적은 것)이다. 이 아이는 원인을 알 수 없는 신체 증상이 심해지기 시작하여 결국 독감에 걸리고 그 결과로 온 가족이 아프게 된다. 이 예시는 스트레스(면역체계의 반응을 저하시키는)로 인해 신체가 질병에 더 취약해진다는 사실을 이야기하고 있다.

빌리 크리스탈이 연출한 영화 〈61₆₁〉(2001)은 베이브 루스의 단일시즌 홈런기록 경신을 놓고 1961년에 미키 맨틀과 로저 매리스 사이에 벌어진 홈런 경쟁에 관한 이야기다. 이 영화는 스트레스에 대한 신체적 충격과 압력으로 매리스가 겪게 되는 탈모와 피부 가려움증 그리고 심리적·행동적 어려움 등을 묘사하고 있다.

 국제 영화: 심리적 스트레스와 신체장애

〈잠수종과 나비The Diving Bell and the Butterfly〉(2007, 프랑스)는 1995년 43세의 나이로 자신의 왼쪽 눈을 제외한 몸 전체가 마비되는 뇌졸중을 앓게 된 쟝 도미니크 보비(마티유 아말릭 분)의 인생에 기초하여 제작된 훌륭한 영화다. 감금 증후군locked-in syndrome으로 인해 심리적인 고통은 받았지만, 보비의 정신능력은 손상되지 않고 온전히 유지되었으며 왼쪽 눈의 깜빡임을 통해서 외부 세상과 소통할 수 있는 능력을 배우게 된다. 보비는 멀쩡한 한쪽 눈의 깜빡임을 통해서 자신의 회고록을 작성할 수 있었지만, 불행히도 회고록이 출판된 이틀 후에 사망했다. 보비의 신체적 한계는 〈씨 인사이드The Sea Inside〉(2004, 스페인)에서 사지가 마비된 라몬이 경험하는 한계를 연상케 한다.

〈예스터데이Yesterday〉(2004, 남아프리카 공화국)에서는 치료 여건이 열악한 곳에서 에이즈에 대처하는 현실을 그렸다. 병약한 여인 에스터데이와 그녀의 어린 딸

뷰티는 아프리카의 뜨거운 햇볕을 견뎌 내며 마을 의사를 계속 찾아가지만, 의사는 하루에 치료할 수 있는 환자 수를 초과했다며 그들을 쫓아 버릴 뿐이다. 예스터데이는 그녀의 병과 열악한 진료 여건으로 인해 좌절하지도 않고 딸을 학교에 보내겠다는 목표를 잃지도 않은 채, 앞으로 나아가며 다시 다음 날을 준비한다. 때로는 일을 하면서 피로와 기침으로 쓰러지고, 다른 날에는 완전히 맥없이 쓰러진다. 그녀는 죽어 가는 남편과 건강한 아이를 보살피고 있다. 이 영화는 또한 HIV의 전염 경로, 그리고 감염의 진정한 위험성에 대한 무지함으로 인해 얼마나 많은 사람들이 에이즈에 대한 오해를 가지고 있는지를 그리고 있다.

아카데미 수상작인 캐나다 영화 〈야만적 침략Barbarian Invasions〉(2003)은 불치병을 지닌 채 살아가는 사람에 관한 이야기다. 자기애적인 성향의 남자 레미는 암으로 죽어 가고 있으며, 그의 가족과 친구들은 그를 돕기 위해 모인다. 대학교수인 레미는 아내와 15년 동안 별거 중인데, 그 원인은 그가 학생 및 정부(情婦)와의 성관계를 끝까지 고집하고 자신의 성적 능력에 엄청난 자부심을 갖고 있었기 때문이었다. 그는 아들 세바스챤과 소원한 관계였는데, 비디오 게임과 관련한 아들의 직업적 성공에 지나치게 비판적이었다. 레미는 병실에 누워 있는 동안에도 사회에 대해 비판하는 것만큼이나 세바스챤을 비판한다. 그럼에도 불구하고 세바스챤은 어떻게든 아버지를 돕기 위해 애쓴다. 그는 아버지를 위해 병원의 한 층을 통째로 빌리는 등 다양한 편의시설을 만들고, 아버지의 제자들을 매수하여 지원과 관심을 보이도록 하며, 통증 완화를 돕기 위해 헤로인도 구매한다. 레미는 병원에 있는 동안 고통에 대처하기 위해 헤로인을 피우기 시작했고, 헤로인이 없을 때는 금단 증상을 느끼기도 하였다.

> "바보 멍청이들은 변화하기를 거부하지."
> -〈야만적 침략〉(2003)에서 세바스챤이 죽어 가는 아버지와 말다툼할 때

홍콩 영화 〈디 아이The Eye〉(2002)는 젊은 여자가 각막 이식 수술을 받아 시력을 회복하고 난 후 겪게 되는 서스펜스 스릴러 영화다. 그녀는 수술 직후부터 죽은 사람의 영혼, 즉 귀신을 보고 느끼기 시작했다. 그 귀신들은 모종의 '해결' 또는 '용서'가 이루어지기 전까지는 자신들의 죽음을 매일 다시 경험할 수밖에 없다. 결국

그녀는 자신이 귀신 중 한 명의 눈을 이식받게 되었다는 사실을 알게 되고, 이것을 해결하고 치유하기 위한 여정을 떠나야 함을 느끼게 된다. 영화는 시력회복이라는 흥미로운 주제를 다루면서, 그 과정에는 인내가 필요할 뿐만 아니라 두려움이 따를 수 있다는 사실을 이야기하고 있다. 또한 이 영화는 각막 이식을 받은 환자들이 단순한 물체와 상호작용할 때조차 맹인일 때부터 잘 발달되었던 운동감각기억을 시각기억으로 전환하는 데 어려움을 겪는 것을 다루고 있다. 여자가 스테이플러stapler를 사용하려는 장면에서 이런 어려움이 잘 나타난다. 하지만 유감스럽게도 이 영화는 수많은 다른 작품들처럼, 사랑이라는 명분 아래 전문가로서 지켜야 할 경계를 넘어 버리는 심리학자를 묘사하고 있다.

덴마크 영화 〈오픈 하트Open Hearts〉(2002)에서는 우연한 사고를 그리고 있다. 영화에서 요아킴은 차에서 내리다가 고속으로 오는 차에 치여 목 아래 부분이 마비되었다. 요아킴이 느끼는 분노와 원한은 자신의 여자 친구와 간호사 그리고 사회로 향하게 된다. 여자 친구 세실리는 요아킴을 친 그 여성 운전자와 마찬가지로 혼란과 상처, 슬픔에 시달린다. 세실리는 거부당한다고 느끼고 운전자의 남편에게 마음을 돌려서 연인관계로 발전하게 된다. 이 영화는 신체적 상해로 인해 유발되는 강렬한 감정들을 잘 보여 주며, 부상의 여파와 사랑하는 사람의 부상이 미치는 영향을 탐구한다. 또한 이 영화는 적절히 대처하지 못해서 생기는 감정적 혼란과 고독 및 고통이 수반되면 어떤 결과들이 일어나는지를 보여 준다.

〈초급 이태리어 강습Italian for Beginners〉(2000, 덴마크/스웨덴)은 췌장암으로 극심한 고통 속에서 죽어 가는 여성에 관한 이야기다. 그녀는 비열하게 외부의 다른 사람들에게 비난을 돌리는 식으로 대처하며, 고통을 견디기 위해 모르핀 주사를 요구한다. 〈시네마 천국Cinema Paradiso〉(1988, 이탈리아)은 영사실 기사와 소년 사이의 우정을 그리고 있다. 영사실 기사는 화재로 장님이 되지만, 그에게 주어진 자신의 인생을 살아가야만 한다. 스트레스의 강력한 영향력은 〈신부의 아들Son of the Bride〉(2002, 아르헨티나)에서 그려지고 있다. 이 영화는 심장발작 증세로 인해 가족의 중요성을 부인할 뿐 아니라, 심리적으로 커다란 압박을 느끼는 것처럼 보이는 인물에 관한 이야기다. 그는 심장발작을 이용하여 그가 무시해 왔던 인생의 중요한 부분을 바꿀 기회를 가진다. 심혈관 질환에도 불구하고 삶에 정면으로 맞서는 또 다른 인물로는 〈세상에서 가장 **빠른 인디언**The World's Fastest Indian〉(2005, 뉴질랜드)에서 앤서니 홉킨스가 연기한 주인공 버트 먼로가 있다. 그는 동맥경화와 후두염 진단을 받았지만 자신의 오토바이인 '인디언'을 타고 경주에 참가하게 된다.

뛰어난 오스트레일리아 영화 〈내 노래에 맞춰 춤을 추자Rolf de Heer's Dance Me to My Song〉(1998)는 뇌성마비로 휠체어에 매인 생활을 하게 되었고, 심리적으로도 잔인하고 교활한 간호사 마들렌(조이 케네디 분)의 덫에 빠진 줄리아(헤더 로즈 분)의 이야기를 전하고 있다. 이 감수성 짙은 흥미로운 이야기에서 말하는 기계 및 컴퓨터를 통해 소통하는 줄리아는 에디(존 브럼턴 분)에게서 사랑과 우정을 발견하지만, 결과적으로는 마들렌이 그를 독차지할 뿐이다. 이 영화는 기능을 상실할 정도의 질환을 가지고 살아가는 것의 스트레스와 그 속에서도 의미 있는 관계를 맺을 수 있음을 보여 주고 있다.

〈나의 왼발My Left Foot〉(1989, 아일랜드/영국)은 오로지 왼발만으로 그림을 그림으로써 뇌성마비를 극복하고 성공한 아티스트이자 작가인 크리스티 브라운Christy Brown의 실화를 기반으로 만들어졌다. 브라운은 뇌성마비의 치료나 보조 장치가 없었던 시대에 그의 신체적 장애를 받아들이고 극복했다.

〈오아시스Oasis〉(2002, 한국)는 심한 뇌성마비를 가진 여성과 한 부랑자의 사랑을 잘 그리고 있다. 그녀의 신체 언어body language는 강렬한 얼굴표정과 끙끙대는 소리, 경련하는 동작, 신체 근육의 경직성 등의 특징을 나타낸다. 또한 사회적으로 심하게 격리되어 사회에 기여할 수 있는 기회가 전혀 주어지지 않는 그녀의 상황이 기능적으로 상당한 악영향을 미친다는 사실은 분명하다. 그녀의 상태는 스트레스를 받을 때 더욱 심해지고, 그러한 상황에서 그녀는 의사소통을 할 수 있는 모든 능력을 잃어버린다. 영화 속에서의 묘사는 너무나 강렬해서 관객들이 이 여배우가 실제로 뇌성마비가 있다고 생각하게 만들 정도지만, 감독인 이창동은 영화 전반에 걸쳐 인상적이고 초현실적인 장면들을 만들어 내고 있다. 예를 들면 두 주인공이 저절로 증상이 없어져서 짧은 시간 동안 정상적인 모습으로 우아하게 춤을 추다가 다시 이전의 상태로 되돌아가는 장면이 있다. 이 영화는 장애에 대한 일반인들의 선입견에 대해 직접적으로 말하고 있다.

〈어둠 속의 댄서Dancer in the Dark〉(2000, 덴마크)에서 가수 비요크는 점차 시력을

잃어 간다. 시력상실은 일과 대인관계 그리고 춤과 같은 그녀의 관심사에 영향을
미치게 된다.

- 만약 랜디 '램'과 같은 사람이 당신의 환자가 되어 치료를 받고 있다면, 그리고 그
가 당신에게 자신의 레슬링 경기에 올 것을 요구한다면 당신은 수락하겠는가? 만약
'예'라고 한다면 당신은 어떤 조건을 내걸 것인가? 만약 아니라면, '예'라고 답할
다른 어떤 상황이 있을까?
- 어떻게 하면 환경적인 스트레스(소음, 공해, 강한 바람, 교통 등)에 역기능적으로
대처하지 않고 성공적으로 스트레스를 관리할 수 있을까?
- 〈노이즈〉(2007)에서 데이비드 오웬의 파괴적인 행동은 정당화될 수 있는가?
- 스트레스의 역할은 면역체계에 질환을 가지고 있는 사람에게 더 심각한가?
- 어떤 신체적 · 심리적 접근이 에이즈의 진행을 가장 성공적으로 늦출 수 있을까?
- 〈듀엣 포 원〉(1986)에서 행동적 · 인지적 · 정신역동적 또는 생물학적인 접근 중 어
떤 것이 질병에 대한 스테파니 앤더슨의 반응을 가장 잘 설명할 수 있을까?
- 충격적인 진단(다중경화증이나 암과 같은)을 받은 후에 성격의 큰 변화를 겪게 되
는 사례는 얼마나 흔한가? 〈버킷 리스트〉(2008)에서 에드워드와 카터, 그리고 〈언
브레이커블〉(2000)에서 엘리야의 대처기술을 비교해 보라.
- 모든 질환과 질병 및 장애는 스트레스를 동반하는가?
- 〈나 없는 내 인생〉(2003)에서처럼 자신이 죽어 가고 있다는 사실을 가족에게 알리
지 않기로 한 앤과 같은 여자가 있다면, 당신은 어떤 조언과 지원을 하겠는가?
- 〈폴링다운〉(1993)과 같은 영화에서 제시하는 것처럼 현대 미국인의 생활에 점점
더 스트레스가 많아지고 있다는 제안은 타당한가? 당신의 답변에 증거를 제시하라.
- 〈폴링다운〉(1993)에서 마이클 더글라스가 '딱딱 소리 내는 행위snaps'를 하는 것이
정신질환을 나타내는가? 이런 현상은 근본적인 심리적 문제가 없더라도 발생할 수
있는가?
- 〈잠수종과 나비〉(2007)에서는 뇌졸중 환자의 위대한 끈기와 인내를 그리고 있다.
이 영화가 우리에게 가르치고 있는 삶의 교훈은 무엇인가?

추가적인 탐구

만일 당신에게 이 장과 관련된 단 한 권의 책을 읽을 시간만이 주어진다면 다음의 책을 읽어 보라.

- Wicks, R. J. (2008). *The resilient clinician*. New York: Oxford University press.

만일 당신에게 단 한 편의 논문을 읽을 수 있는 시간만 주어진다면 다음의 논문을 읽어 보라.

- Miller, T. W. (2007). Trauma, change, and psychological health in the 21st century. *American Psychologist, 62*, 889-898.

저자 추천작

• 심리적 스트레스와 신체적 장애
- 〈잠수종과 나비The Diving Bell and the Butterfly〉(2007)
- 〈천사의 아이들In America〉(2003)
- 〈워터 댄스The Waterdance〉(1992)
- 〈듀엣 포 원Duet for One〉(1986)
- 〈신부의 아들Son of the Bride〉(2002)
- 〈필라델피아Philadelphia〉(1993)
- 〈트랜스 시베리아Transsiberian〉(2008)
- 〈뮤직 위딘Music Within〉(2007)
- 〈스테이션 에이전트The Station Agent〉(2003)
- 〈오아시스Oasis〉(2002)

제5장

기분장애

"내가 상자 해파리jellyfish를 처음으로 본 건 열두 살 때였다. 아버지는 우리를 몬터레이 만 수족관에 데려가셨다. 나는 그 해파리가 지구상에서 가장 치명적인 생물체라는 아버지의 말씀을 잊을 수가 없다. …… 내게 그것은 내가 본 것 중 '가장 아름다운 생명체'였다."

- 〈세븐 파운즈〉(2008)에서 벤 토마스

〈세븐 파운즈〉를 관람하면서 생각해 볼 물음들

- 〈세븐 파운즈〉는 자살을 미화하고 있는가?
- 벤 토마스는 기분장애 진단기준을 충족시키는가?
- 영화나 다른 미디어에서 자살을 긍정적으로 묘사할 경우 자살이 대중 사이에 '전염되는 효과contagion effect'를 초래할까? 이 영화도 그러한가?
- 자살이 삶의 어려운 문제를 해결하는 합리적인 방법임을 시사하는 영화에는 어떤 것들이 있는가?
- 끔찍한 교통사고에서 살아남은 사람들은 우울증보다 외상 후 스트레스 장애 증상을 나타낼 가능성이 더 높은가?
- 벤 토마스는 매우 특이한 자살방법을 선택했다. 가장 흔한 자살방법은 무엇인가? 가장 치명적인 자살방법은 무엇인가?
- 친구 댄 모리스가 벤의 자살을 공모한 것은 윤리적인가? 이와 유사한 상황이라면 당신은 어떻게 하겠는가?
- 벤과 같은 캐릭터라면 자살을 계획하고 있음을 정신건강 전문가에게 시인했겠는가?
- 벤은 남자 친구에게 상습적으로 학대받는 여성에게 해변의 집을 주었다. 이처럼 애지중지 하던 물건을 다른 사람에게 주는 것은 전형적인 자살위험 신호다. 다른 위험 신호로는 어떤 것이 있는가?
- 〈세븐 파운즈〉는 장기를 기증하는 방법을 정확하게 묘사하고 있는가?
- 에즈라 터너라는 이름은 어떤 의미가 있는가? 벤이 인쇄기를 고친 것은 어떤 의미인가?
- 휴대폰 사용(문자 메시지, 이메일, 통화)과 자동차 사고는 관련이 있는가?
- 영화제목과 영화 내용 전반에 걸쳐 숫자 7은 어떤 의미를 갖는가?
- 자살 계획을 숨기고자 하는 사람들의 자살위험을 심리검사와 심리학적 방법을 사용하여 알아낼 수 있는가?
- 비평가와 일반 대중은 왜 이 영화에 열광할까? 관객들은 왜 이 영화를 보며 감정적 반응을 보일까?

환자 평가

환자가 진술한 내원 사유: "나는 단지 동생 때문에 왔다. 하지만, 난 이전에 정말 나쁜 행동을 했고 다시는 그렇게 행동하지 않을 것이다."

현 병력: 벤 토마스는 동생에게 떠밀려서 방문했다. 그는 우울한 기분은 부인하였지만 약 10파운드 정도 살이 빠졌고 수면에 어려움이 있다는 것은 인정했다. 성욕이 줄어들었기 때문에 최근에는 성행위도 왕성하지 않았다. 그는 집중하는 것이 어렵고 화나 짜증을 잘 낸다고 했다. 최근 이유 없이 맹인 텔레마케터를 비웃고 조롱했었다고 하며, 자살사고는 부인했다.

과거의 정신과 병력, 치료 및 결과: 주된 정신과적 병력은 없었다. 토마스는 정기적으로 연락하는 남동생이 있고 다양한 부류의 친구들이 있는데, 몇몇은 고등학교 때부터 알던 사람들이다. 부모님은 돌아가셨다. 그는 대략 1년 전 심한 자동차 사고를 냈고 그 사고로 약혼자를 비롯한 6명이 사망했다. 엄청난 외상적 사건임에도 불구하고, 그는 정신건강 관련 서비스를 요청하지도 않았고 치료를 받지도 않았다.

의학적 병력: 특이소견 없음.

심리사회적 병력: 토마스는 학벌이 좋고(MIT 출신) 유능하며 성공한 엔지니어다. 그는 평범한 어린 시절을 보냈다고 하였다. 그는 성공적인 발명으로 많은 돈을 벌었으므로 더 이상 일을 할 필요가 없었다. 최근 대부분의 시간을 자선사업에 투자하고 있다. 그는 최근 만난 여성에게 애정을 느끼고 있다고 했다. 하지만 그는 현재 플라토닉한 관계를 유지하고 있고 "계속 그런 관계를 유지할 것 같다"고 하였다.

약물과 알코올 병력: 토마스는 지금까지 술을 마시거나 약물을 복용한 적이 없다고 했다.

행동 관찰: 환자는 평가 시간에 맞춰 방문했다. 그는 잘 차려입었고, 침착했고, 분명하게 표현하였다. 그는 단지 동생 부부의 권유로 예약을 했으며, 자신이 앞서 언급했던 교통사고로 약혼녀를 잃은 것 때문에 우울하고 비통함을 느끼고 있는 것뿐이라고 했다.

정신상태검사: 토마스는 사람, 장소, 시간 및 상황에 대한 지남력을 유지하고 있었다. 간이정신상태검사MMSE에서는 30점 만점을 받았다. 그는 지능이 우수했고, 정신상태검사의 간단한 질문에 흥미를 보였다.

기능적 평가: 토마스는 중등도 우울의 몇몇 증상을 보였다. 하지만 DSM-IV-TR의 우울장애나 외상 후 스트레스 장애의 진단기준을 충족시키지는 않았다.

강점: 이 영리한 환자는 많은 강점을 갖고 있다. 그는 잘생겼고, 유식하고, 감정을 잘 표현하고 사교적이다. 그는 풍자적인 유머감각을 가지고 있으며, 평가를 받는 동안 편안해 보였다.

진단: 해당 없음.

치료 계획: 토마스는 오직 자신에 대한 친척들의 염려를 무마시키는 데에만 관심이 있다. 그는 추가적인 서비스를 받는 것에는 관심이 없었다. 그에게 지지적인 심리치료를 권유하였지만 이를 거절했다.

예후: 양호함.

〈세븐 파운즈〉

〈행복을 찾아서The Pursuit Of Happyness〉(2006)는 윌 스미스가 이탈리아 감독 가브리엘레 무치노와 처음으로 함께했던 작품으로, 경제적 어려움과 노숙생활을 극복하고 성공한 한 남자와 그의 아들을 그린 작품이다. 〈세븐 파운즈Seven Pounds〉(2008)는 이들 배우와 감독이 다시 팀을 이뤄 만든 작품이며, 자극적이고 논쟁적인 영화다. 주인공 벤 토마스는 다른 면에서는 아주 행복한 생활을 해 왔지만 단 한 번의 비극적 실수를 저지른 후 이를 속죄하기 위해서 자살을 택한다. 그는 자신의 집, 재산, 눈과 심장을 포함한 여러 장기를 (장기가 필요하고 기증받을 만한 가치가 있는) 7명의 사람에게 기증한다. 그는 구형 쉐보레 콜벳을 과속으로 몰면서 스마트폰 메시지를 읽으려다 사고를 냈고 그 사고로 약혼자를 포함한 6명이 사망했다. 그는 다소 모호한 방식이지만 이에 대한 책임을 다하고 싶어 했다. 그는 에밀리 포사(로사리오 도슨 분)와 교제하게 된다(성적 관계는 아님). 그녀는 적합한 기증자를 찾아 심장을 이식받지 못하면 죽을 운명이었다. 토마스는 어릴 적 친구와 공모하여 반드시 심장은 에밀리에게, 눈은 맹인이자 엄격한 채식주의자인 텔레마케터 에즈라 터너(우디 해럴슨 분)에게 주기로 하고, 다른 장기들도 그것을 필요로 하는 사람들에게 주기로 했다. 영화는 매우 감상적이며, 윌 스미스의 캐릭터가 정신질환을 갖고 있는지는 명확하지 않다. 하지만 이 영화는 자살을 미화하는 영화산업의 경향성에 대해 흥미로운 질문을 던지고 있고, 자살이 때로는 이타적인 행동이 될 수도 있음을 우리에게 암시한다. 저자들은 정신건강 전문가도 환자가 부인한다면 자살사고 suicide thinking가 있는지 알아차리기 어렵다는 점에 착안하여 앞부분의 환자 평가를 고안하였다. 우리는 이 영화가 우울, 자살 그리고 감독과 제작자의 사회적 책임에 대해서 수업시간 동안 활발한 논의를 이끌어 낼 수 있는 발판이 되길 희망한다.

 기분장애

대부분의 사람들은 인생에서 우울한 시기가 있고 이것은 지극히 정상적이다. 예컨대, 시험에 떨어지거나 연인과 이별하면 슬퍼질 것이다. 반면 졸업이나 결혼과 같은 중요한 일들에 대해서는 기분이 고양되는 듯한 경험을 하는 것도 흔한 일이다. 어떤 장애에서는 이러한 정상적인 우울이나 고양감과 유사한 감정상태가 나타나지만, 사실 이때의 감정상태는 정상적인 그것과는 매우 다르다. 기분장애mood disorder를 겪고 있는 사람은 부정적 감정으로 소진되어 정상적인 대처기제를 통해 기분을 완화시킬 수 없다. 기분장애의 경우 아주 강한 정서가 특징적이며 이러한 정서는 개인의 삶을 지배하기 시작한다. 기분장애는 다양한 인지적·정서적·행동적 징후들을 포함하고 있지만, 본질적으로 모든 기분장애의 가장 중요한 증상은 정서적emotional인 것이다. DSM-IV-TR에서는 기분장애를 우울장애depressive disorder와 양극성 장애bipolar disorder로 분류하고 있다.

우울장애

정신장애 중 가장 보편적인 장애 중 하나인 우울장애의 경우, 미국인 중 약 1천 6백만 명 정도가 앓고 있는 것으로 추정된다. 대부분의 조사에 의하면 우울장애는 일반적으로 여성이 2배 정도 많으며, 사회적 계층과도 관련이 있어서 경제적으로 어려운 사람들이 우울 증상을 더 많이 경험하는 것으로 알려져 있다.

주요 우울 에피소드major depressive episode는 우울한 기분과 일상 활동에서의 흥미나 즐거움의 상실과 관련되어 있다. 수면, 식습관, 식욕, 집중력, 동기, 자존감 및 에너지 수준은 가장 영향을 많이 받는 영역들이다. 에피소드는 경미한 정도(증상이 거의 없음)부터 심한 정도에 이르기까지 다양하며, 몇몇 주요 우울 에피소드에서는 망상이나 환각이 동반되기도 한다. 어떤 사람들은 가면성 우울masked depression을 경험하는데, 이들은 무의식적으로 자신의 우울감을 숨기고 전형적인 우울 증상보다는 신체적 고통을 경험한다. 가면성 우울상태에서 나타나는 이와 같은 신체적 증상들은 간혹 신체적 질병으로 오진되기도 한다. 어떤 사람들은 초조성 우울agitated depression을 경험하기도 하는데, 이는 좌절과 분노가 지배적인 반면, 우울 징후는 감춰져 있다. 만약 만성적으로 우울한 기분, 낮은 자존감, 비관적 느낌, 체념 혹은 절망감이 자살사고나 기능저하 없이 2년 동안 지속된다면 기분부전장애dysthymic disorder로 진단된다(APA, 2000).

〈마인드 더 갭Mind the Gap〉(2004)과 〈쇼핑 걸Shopgirl〉(2005)은 우울에 대한 두 가지 유형의 독특한 묘사를 제공하고 있다. 첫 번째 영화는 자신들의 인생을 바꾸기 위해 정직하고 성실하게 노력하는 캐릭터들에 관한 몇몇 일화vignette[1]들로 구성되어 있다. 그러한 일화 중 하나에서 흑인 남성은 억눌린 분노와 함께 분명한 우울감을 보인다. 그는 하루 종일 아파트에서 혼자 TV를 보며 앉아 있다. 그는 아내를 속이고 바람을 피웠던 것과 아들을 버린 것에 대한 죄책감으로 가득 차 있다. 그는 가게에서 권총을 사고 아들에게 보내는 유서를 쓴다. 하지만 방아쇠를 당기기 직전, 그는 성직자를 찾아가 '미안하다'고 말하는 것과 그들에게 용서를 구하는 것에 대

---

1) 역자 주: vignette란 책이나 영화 등의 작고 우아한 삽화 또는 소품을 뜻한다.

한 조언을 구한다. 그런 다음 전처와 아들에게 직접 용서를 구하기 위해 떠나는 남성의 모습이 매우 인상적이다. 〈쇼핑 걸〉은 시나리오 작가이자 배우인 스티브 마틴 Steve Martin의 소설을 바탕으로 한 것으로, 비현실적이고 독특한 우울을 묘사하고 있다. 이 영화에서 어리고 고립되어 있으며 우울한 여성인 미라벨은 연상의 남자와 사랑에 빠진다. 영화는 부드러운 색상과 미라벨의 책상 위치 등을 사용하여 다른 직원들로부터 그녀가 고립되어 있다는 것을 강조했다.

〈아메리칸 스플렌더American Splendor〉(2003)에서 신문 연재만화 작가 하비 피카는 기분부전장애와 관련된 증상과 행동을 보여 주고 있다. 그의 우울은 초조감과 부정적 성향으로 표출되고, 물건을 차거나 부수고 매우 비관적인 시선으로 세상을 바라보고, 자주 자신은 "아무것도 아니다"라고 말한다. 그는 늘 미간을 찌푸리고 있는데, 이는 그의 감정적 동요와 세상에 대한 절망적인 견해를 드러내는 것이다.

하비는 사회적 기술이 부족해서 늘 타인과 거리를 두고, 불친절하고 서투르고 부적절한 반응을 보이며 시선접촉을 거의 하지 않는다. 자신이 그린 만화가 성공했음에도 불구하고, 냉소적이고 염세적인 태도는 여전하다. 이러한 심리상태는 그가 데이비드 레터맨David Letterman 쇼에 출연할 때마다 드러나서, 사람들은 그를 염세주의자로 인식하게 되었지만 정작 그 자신은 어떤 것도 부인했다. 외로웠기 때문에 그는 자신을 만나기 위해 다른 주에서 온 여성과 단 한 번 만난 후 결혼을 결심했다. 외로운 두 사람은 결혼을 통해 서로의 고통을 은폐하고자 했던 것이다. 그럼에도 불구하고 하비는 아내와 잘 맞는 것처럼 보이는데, 그녀 역시 기분부전장애를 나타내며 쉽게 불안해하고 신체화 증상을 보이고 비관적이며, 과수면증으로 고생하고 있다.

이 영화에서는 다양한 대처 전략들을 보여 준다. 암으로 진단받았을 때 하비는 만화를 통해 이 병의 새로운 측면들을 표현하고자 노력한다. 그러나 그는 쓸데없는 물건들을 모아 두는 바람직하지 않은 특징도 지니고 있어서 집은 더럽고 어수선하며 도처에 만화책들이 널려 있다. 또한 그는 더 많은 '물건'들을 구하기 위해 주기적으로 중고 할인 매장이나 세일 매장을 들른다.

정서적 색채가 강렬한 영화 〈몬스터 볼Monster's Ball〉(2001)에서 행크(빌리 밥 손튼 분)와 레티샤(이 영화로 아카데미 여우주연상을 수상한 할리 베리 분)는 자기 자신을 혐오하는 외로운 사람들로, 둘 다 외아들을 잃고 극심한 외로움을 경험한다. 행크의 아들은 그가 보는 앞에서 자살했고, 레티샤의 아들은 뺑소니차에 치여 죽었다. 이 두 사람은 모두 자신의 내적 혼란과 괴로움 때문에 자식을 신체적·언어적으로 구박해 왔었다. 영화는 두 주인공이 내면의 지옥에서 벗어나기 위해 어떠한 노력을 기울이는지를 잘 보여 준다. 즉, 어떤 면에서 행크가 근무하는 교도소는 이들의 내적 고통, 외로움, 고독, 공허함의 은유다. 그는 사형을 집행하는 일을 해 왔는데 이러한 직무가 그의 삶에서 정신적 황폐화를 일으킨다는 것을 깨닫고는 직장을 그만두게 된다. 그는 비록 인종차별주의자이지만 어느 날 길가에서 절규하는 미모의 흑인 여성 레티샤를 발견하고 도와주게 되면서 그녀와 친밀해지기 시작한다. 그는 단지 '옳은 일을 한 것'으로 느꼈다고 표현하였는데, 이는 자신의 '내면'을 외부로 끌어내고자 시도한 것이다. 술을 마신 후 두 사람은 '단지 감정에 끌려' 본능적이고 격정적인 섹스를 하게 된다. 이들은 둘 다 정서적으로 무감각하였고 각자의 고통에 압도당해 있었다. 두 연인의 정사 장면 사이에는 필사적으로 날개를 퍼덕이는 새를 놓아주기 위해 새장 안으로 내미는 인간의 손길을 담은 장면이 짧게 삽입되었다. 이러한 관계를 통해 두 주인공은 더욱더 친밀해지고 진실된 관계로 발전하여 그들은 스스로를 괴롭혀 온 우울감을 의미 있게 배출할 수 있는 출구를 찾게 된다.

〈쿨러The Cooler〉(2003)는 '불운한' 남자 버니(윌리엄 매이시 분)에 관한 이야기다. 그는 전형적인 반사회적 성격의 카지노 보스(알렉 볼드윈 분) 밑에서 일한다. 버니의 업무는 카지노에서 승률이 높은 고객 주변을 맴돌며 그들에게 불운을 가져다주는 것이다. 그는 승자를 패자로 만들기 때문에 '냉각기the Cooler'라 불린다. 그가 테이블에 나타나는 것만으로 이기고 있는 고객을 파산하게 만들기에 충분했다. 그는 이것이 매우 쉽다고 주장한다. "나는 단지 나 자신이 될 뿐이다." 그는 어마어마한 도박 빚을 갚기 위해 자신의 '나쁜 운'을 사용하도록 강요받은 이래로 여기에 빠져 옴짝달싹 못하고 헤어 나올 수 없게 되었으며, 이 일을 하지 않는다면 보스에 의해 살해당할 처지에 놓이게 된다. 단순한 줄거리를 벗어나 버니의 모습을 심도 있게 살펴보면 그의 성격이 매우 자기비판적이고 자기패배적이며 부정적이라는 것을 알 수 있다. 그의 '불운'은 자기충족적 예언이다. 그는 고립되어 있고, 혼자 살고 있으며, 너무 수동적이어서 자신의 삶을 바꾸기 위한 어떠한 노력도 할 수 없다.

이 영화에는 우울의 전형적인 세 가지 요소가 그려진다. 주인공은 불행하고(불운하고), 절망적이고, 무기력하다. 인지치료적 접근은 기분상태에 영향을 미치는 본인의 사고, 믿음 그리고 태도의 영향을 강조한다. 사랑에 빠지게 되면서 버니의 운명은 바뀐다. 그는 적극성을 띠게 되고, 카지노 테이블에 그가 나타나면 오히려 다른 사람의 성공을 촉진시키게 된다. 영화에서는 태도의 영향력을 가장 중요하게 다루고 있는데, 우리는 그의 부정적 태도가 사랑과 행운을 비켜 가게 해 왔지만, 긍정적 태도로의 변화는 행운과 성공을 가져다준다는 것을 알게 된다.

여러 측면에서 이 이야기는 진부하다. 사랑을 위해 끝까지 싸우고, 폭군 같은 보스에게서 벗어나고, 결국 엄청난 행운이 찾아와 벗어날 수 없을 것만 같던 불운으로부터 주인공을 구한다.

〈여인의 향기Scent Of A Woman〉(1992)에서 퇴역한 미 육군 중령인 프랭크 슬레이드는 주요 우울 에피소드로 진단되기에 충분할 정도의 전형적인 증상들을 상당수 드러낸다. 그는 우울한 기분과 일상생활에서의 흥미 상실(무쾌감증anhedonia)을 보이고 있다. 그가 내뱉는 "나에게 삶이란 없어, 나는 어둠 속에 있어."라는 분노에 찬 말 속에서 그가 경험하는 우울이 자신의 실명상태와 관련된다는 점과, 삶의 의미나 목표가 상실되어 있음을 느낄 수 있다. 혼자 앉아서 술을 마시다가 취해 버리거나 네 살 난 조카를 못살게 구는 것과 같은 일상은 확실히 그가 삶에 대한 흥미를 잃어버렸음을 보여 주는 명백한 증거다.

우울한 사람들은 대체로 즐거움을 느끼지 못하고, 아침에 일어나는 것이 매우 어렵다. 또한 자주 흥분하며 쉽게 화를 내는데, 이 때문에 도움을 받고자 하는 내면의 욕구는 잘 드러나지 않는다. 슬레이드 중령은 과민하고, 위협적이며, 그에게 다가가는 사람들에게 욕설을 퍼붓는다. 이런 식으로 화를 내고 욕함으로써 다른 사람들에게서 멀어지게 되는데, 사람이란 본질적으로 불쾌한 상황으로부터 철수하고자 하는 법이다. 중령의 여행에 동행하기 위해 고용된 대학생 찰스 심스는 그와의 첫 만남 후부터 그와 함께 있는 것을 원치 않게 되었고, 중령과 함께 보내야 하는 주말을 두려워하게 되었다.

우울증을 묘사하는 또 다른 흥미로운 영화는 1971년도 아카데미 수상작인 〈종합병원The Hospital〉이다. 허버트 보크(조지 스콧 분)는 우울하며 자살충동을 느끼는 중년의 내과 의사로, 태만과 부주의함의 결과로 잇따른 사망 사건이 발생한 비조직적이고 혼잡한 병원의 의료사고 문제에 대처하려고 노력한다. 보크의 사생활도 그가 운영하는 병원만큼이나 궁지에 빠져 있다. 그는 최근에 이혼을 했고, 자녀들로부터 소외당하고 있으며, 성격적 문제나 성적 무능력으로 고생하고 있다. 그는 초기에는 천재적인 의사로 신뢰를 받았었다. 그러나 영화에서 처음 소개되는 그의 모습은 완전히 실패하고 절망한 상태다. 영화의 한 장면에서, 그가 사무실에 앉아서 치사량의 칼륨을 주사하려고 준비하는 모습을 볼 수 있다.

보크는 우울 에피소드의 전형적인 증상을 보이고 있다. 그의 우울한 기분은 폭발적인 분노 표출이나 만성적인 성마름으로 나타난다. 그는 쾌감을 상실했고, 자신의 환자, 직업 그리고 대부분의 사람들이 의미와 목적을 찾을 수 있는 일상생활의 어떠한 활동에도 관심을 표현하지 않는다. 그는 잠을 설치고, 자신이 무가치하다고 느끼며, 반복되는 자살사고로 괴로워한다. 이러한 보크의 행동은 슬레이드 중령의 행동과 매우 비슷하다. 즉, 두 남자 모두 임상적으로 우울하기 때문에 행동 양상이 서로 유사하다고 할 수 있다.

〈프로작 네이션Prozac Nation〉(2001)에서는 크리스티나 리치가 재능은 있지만 문제가 많은 하버드 신입생 엘리자베스 워첼 역을 맡아 우울증으로 인해 어떻게 황폐화되어 가는지를 매우 탁월하게 묘사하고 있다. 특히 이 영화는 워첼이 서서히 우울에 빠져드는 모습을 설득력 있게 표현하고 있는데, 그녀는 자신의 병에 대해 다음과 같은 통찰력 있는 기술을 한다. "헤밍웨이는 『태양은 다시 떠오른다The Sun Also Rises』에서 누군가가 마이크 캠벨에게 그가 어떻게 파멸되어 갔는지 질문하는 장면에서 이와 같은 전형적인 과정을 잘 보여 주고 있다. 그는 '서서히 그리고 갑자기'라고 말할 수밖에 없었다. 이것은 어떻게 우울증에 걸리게 되는지를 말해 주는 것이다. 당신은 또 하루를 살아야 한다는 사실을 두려워하며 잠에서 깬다." 워첼은 약물치료가 필요하다는 것을 알았지만 그것이 자신의 무수한 개인적 문제를 해결하는 데 충분치 않다는 것 또한 알고 있다. 그녀는 "나는 이곳을 마약을 사러 오는 마약 밀거래소crack-house라고 부른다. 스텔링 박사는 이 약의 딜러이며, 이제는 모든 의사가 이 물건을 거래하는 것처럼 느낀다. 가끔은 우리 모두가 프로작Prozac[2] 공화국에 살고 있는 게 아닌가 하고 느껴진다."고 말한다.

톰 맥카시가 연출한 〈더 비지터The Visitor〉(2007)는 사회적 고립과 미국의 엄격한 이민정책으로 고통받고 있는 사람들을 예리하게 묘사하고 있다. 이 영화의 주연을 맡은 리차드 젠킨스는 우울하고 무능한 대학교수이면서 아내의 죽음에서 헤어 나오지 못하는 주인공 월터 배일 교수 역을 맡았다. 그는 건성으로 피아노를 배우지만 에너지, 열정 그리고 재능의 부족으로 실패한다. 그가 동료와 학생들과 상호작용하는 것을 보노라면 햄릿의 "오! 신이시여, 오 신이시여, 세상만사가 나에겐 왜이리 지겹고, 맥 빠지고, 밋밋하고, 부질없어 보이는가!"라는 비탄이 떠오른다. 그의 삶은 피곤하고 지겹고 맥 빠지고 부질없다. 그러나 그는 가끔씩 사용하는 자신의 뉴욕 아파트에 살고 있던 불법체류자 커플을 돕게 되면서 불행에 빠져 허우적대는 것을 멈추고 의미와 목적 그리고 어느 정도의 만족감을 찾는다. 조용하고 소심

---

2) 역자 주: 대표적인 항우울제의 상품명. 미국의 일라이 릴리 제약회사가 개발하였으며, 1987년 FDA의 승인을 받은 이후 전 세계적으로 가장 많이 사용되는 항우울제다.

하고 불행했던 교수에서 누군가의 삶에 관심을 가지는 사람으로의 변화는, 클래식 음악을 연주하기 위해 피아노를 건성으로 배우려 했던 그가 젬베djembe(아프리카 드럼)를 열정적으로 배우려 하는 장면에서 상징적으로 나타난다. 영화는 우울과 소진에 대해 그리고 있으며, 타인을 돕고 그들과 관계하는 것이 스스로에게 가장 좋은 치료적 진리임을 제시한다.

하일러Hyler(1988)는 영화에서 우울증을 보이는 많은 주인공들은 DSM-IV-TR의 주요 우울장애보다는 우울한 기분을 동반한 적응장애adjustment disorder with depressed mood의 진단기준을 충족시키는 것 같다고 지적했다. 그 예로서 하일러는 프랭크 카프라 감독의 〈멋진 인생It's a Wonderful Life〉(1946)에 나오는 제임스 스튜어트의 캐릭터와 〈누명 쓴 사나이The Wrong Man〉(1956)의 헨리 폰다의 캐릭터를 들고 있다. 〈누명 쓴 사나이〉에서 폰다는 부당하게 살인자로 기소되었으며 반응성 우울증reactive depression 증상을 보여 주었다.

양극성 장애

양극성 장애bipolar disorder는 우울장애보다는 덜 빈번하게 발병하며, 유병률은 약 0.5~1% 정도다. 우울증과는 달리 양극성 장애는 남성과 여성의 발병 빈도가 비슷하다. 대부분의 정신장애와 마찬가지로 사회경제적 지위가 낮은 계층에서 더 많이 발생한다. 그 이유는 한편으로는 이 장애가 직업적 능력을 제한하기 때문이고, 또 다른 한편으로는 매우 부유한 사람들만 감당할 수 있을 정도로 치료비용이 높기 때문이다. 그러나 부유한 환자조차도 조증 에피소드와 관련된 판단력 결여로 급박한 경제적 곤란을 겪게 될 수 있다.

조증 에피소드manic episode는 비정상적이고 지속적으로 고양된 기분, 또는 과대하거나 과민한 기분이 적어도 1주일 이상 지속되고, 이 기간 동안 정서적 장애로 인해 직업 또는 기능상의 손상을 가져온다. 조증 에피소드는 가벼운 정도에서 심한 정도까지 다양하며 정신병적 양상을 동반하기도 한다. 경조증 에피소드hypomanic episode에서는 고양된 기분이 4일 이상 유지된다. 이러한 변화는 타인에 의해 관찰되며 개인의 기능 수준을 변화시킨다. 그러나 명확하게 말하자면, 경조증 에피소드는 직업이나 사회적 기능을 손상시킬 정도로 심각하지는 않다.

　양극성 장애를 앓고 있는 사람들은 호감을 주는 경우가 많다. 그들의 기본적인 성격은 보통 외향적이며, 판매직과 같이 사람들과 빈번하게 접촉하는 직업을 가진 경우가 많다. 조증 에피소드 동안 그들은 자신에 대해서 긍정적으로 느끼고 이러한 기분이 다른 사람들에게 전염되기도 한다. 그들은 때때로 매우 관대하고, 낯선 사람에게 값비싼 선물을 사주기도 한다. 조증 에피소드 동안 일반적으로 판단력은 매우 결여되어 있다. 그들은 사치스러운 휴가로 돈을 낭비하거나 노름으로 생활비를 탕진한다. 또한 짧은 기간 동안 다수의 성적 파트너를 갖기도 하고 지칠 줄 모르는 신체적 에너지를 가진 것처럼 보이기도 하며, 잠을 자지 않고도 괜찮은 듯 보이고, 거의 먹지 않아서 몇 주 만에 30~40파운드의 살이 빠지기도 한다. 조증 에피소드 동안 체력이 소진될 가능성이 매우 높으며, 조증이 장기화될 경우에는 가정이 파괴될 수도 있다. 예를 들어 빚을 갚거나 신용을 회복하기까지 몇 년이 걸릴지도 모른다.

　제1형 양극성 장애bipolar I disorder는 조증 에피소드와 우울 에피소드를 모두 가지고 있으며 이 둘이 번갈아 나타날 때 진단된다. 우울 에피소드는 조증 단계가 오기 전 3~6개월 정도 지속된다. 제2형 양극성 장애bipolar II disorder의 진단은 주로 우울 에피소드를 가지고 있으면서 가끔 경조증을 나타내는 사람들에게 내려진다. 이 환자들은 심한 조증 에피소드를 보이진 않는다. 순환성 장애cyclothymic disorder는 주요 우울장애나 조증 에피소드를 경험한 적은 없지만 경조증이나 우울 증상을 보이는 사람에게 진단된다.

〈미스터 존스〉

　알란 그리스먼과 데브라 그린필드의 1993년작 〈미스터 존스Mr. Jones〉는 음악가 미스터 존스(리처드 기어 분)와 그의 정신과 주치의 리비 보웬 박사(레나 올린 분)에 관한 이야기다. 〈미스터 존스〉는 제1형 양극성 장애의 증상을 명확하게 묘사한다. 이 영화에서 존스는 고양된 기분을 나타내고, 성적으로 매력적이며 행복감에 차 있는 사람으로 그려진다. 그는 매우 카리스마 있는 남성이기도 하다. 그는 계약자를 설득하여 자신을 고용하도록 만들고, 지붕 위로 올라가 몇 개의 못을 규칙적으로 박은 후에 지붕 꼭대기에서 날기 위한 준비를 한다. 지붕 맨 꼭대기에 올라가기 전에 그는 하워드라는 새로 사귄 친구에게 100달러짜리 수표를 주었다고 주장한다. 존스가 정말로 자신이 날 수 있다는 믿음을 갖고 있음을 알게 되자 하워드는 위태롭게 서 있는 기둥에서 내려오라며 그를 설득한다. 급기야 구급차가 도착하게 되고 그는 지역 정신과 응급실로 실려 가서 그곳에서 몇 시간 후에야 퇴원하게 된다. 그 병원에서 그는 오진을 받고 부적절한 약물을 처방받는다.

그 후 존스는 은행에 가서 12,000달러를 인출한다. 그 과정에서 그는 창구 직원을 유혹하고, 유흥으로 흥청망청 돈을 쓴다. 그는 작은 그랜드피아노를 구입하고, 비싼 호텔을 예약하고, 콘서트에 간다. 오케스트라가 연주하는 베토벤의 '환희의 송가'를 듣던 그가 베토벤은 더 빠른 템포로 연주하길 원했다며 지휘대에 올라가 지휘하려고 난동을 부리는 바람에 연주는 중단되고 그는 체포되어 병원으로 보내진다. 존스는 이전에도 조증으로 인한 탈진상태로 입원한 바 있으며, 이번에는 정신과 의사 리비 보웬 박사가 정확한 진단과 치료를 하게 된다.

존스는 자신이 조울증이라는 것을 알고 있다. 그는 청소년기에 처음으로 진단받았고 여러 차례 입원했었다. 그러나 그는 손이 떨린다며 약 먹는 걸 거부했다. 그가 자신에 대해 좋은 기분을 느낄 때는 조증 단계이거나 약물에 취해 있을 때일 뿐, 나머지 기간에는 외롭고 우울했다. 그의 이러한 침울한 기분은 삶을 위협하고 자살시도까지 하도록 만든다. 관객들은 영화를 통해 정신장애가 한 촉망받는 클래식 음악가의 삶에 어떠한 영향을 미치는가에 관한 통찰을 얻을 수 있을 것이다. 또한 이 영화는 양극성 장애와 같은 질병이 대인관계에 어떠한 영향을 주는지를 묘사하고 있다. 그가 사랑했던 여자가 그의 기분 변화를 더 이상 견딜 수 없게 되자, 존스에게 남아 있던 유일한 중요한 관계조차 끝나 버리고 만다.

불행하게도, 이 영화의 후반부에서는 보웬 박사와 존스가 서로 사랑하는 관계로 발전된 내용을 담고 있다. 이 영화에서는 의사와 환자와의 관계에 대한 비윤리적인 측면 때문에 박사가 병원을 사직하게 된다는 점을 강조하지만, 정신과 의사의 행동이 실제로 미치는 영향에 대해서는 설명하지 않고 있다.

양극성 장애를 묘사하는 다른 영화들

어떤 영화들은 양극성 장애를 가진 인물을 묘사하지만, 증상 자체를 보여 주지는

?

토론을 위한 부가적 질문(미스터 존스)

- 보웬 박사는 왜 수련의가 내린 망상형 정신분열병 진단에 이의를 제기하였는가?
- 의사와 환자 간의 관계가 처음으로 위협받는 것은 언제쯤인가? 정신과 의사가 이 환자와의 관계에서 경계했어야만 할 역전이countertransference와 관련된 초기 경고 신호가 있었는가?
- 존스의 이전 자살시도 병력은 재시도의 가능성을 증가시키는가?
- 의사와 환자 간의 애정 문제는 병실 잡역부와 환자 간의 관계 문제보다 더 심각한가?
- 환자가 퇴원했다고 해도 그것이 문제가 될 수 있는가? 왜 그런가?
- 정신과 의사가 자신이 치료하고 있는 환자에게 적절할 수도 있는 병력에 관한 정보를 얻기 위해 환자의 모교를 방문하는 것은 윤리적인가?
- 환자가 약물의 효과를 부정하거나 약물이 그들의 창조성을 감소시킨다고 하더라도 양극성 장애와 같은 병을 가진 환자에게 법원의 명령에 의해 약물치료를 강요해야만 하는가?

않는다. 예를 들어, 〈디스코의 마지막 날The Last Days of Disco〉(1998)에서 한 인물은 '괴짜looney' 또는 '정신병자crazy'로 정형화된다. 그러나 그는 리튬을 통해 안정되고 차분해지며 균형을 되찾는 것처럼 묘사된다. 〈가든 스테이트Garden state〉(2004)도 양극성 장애로 진단된 환자를 묘사하고 있다. 그러나 이 환자는 약물치료에 따르지 않고도 양극성 증상이 악화되지 않고 극적으로 삶이 향상된다. 간혹 내과 의사가 휴약기drug holiday를 권고하기도 하지만 이러한 영화들은 이처럼 중요한 결정이 의학적 자문 없이도 이뤄질 수 있다는 잘못된 인식을 심어 줄 수도 있다.

양극성 장애를 가장 탁월하게 묘사한 영화 중 하나인 〈콜 미 안나Call Me Anna〉(1990)는 패티 듀크Patty Duke의 베스트셀러 자서전을 각색한 TV 영화이며, 패티 듀크가 직접 주연을 맡았다. 이 영화는 그녀의 생애와 양극성 장애로 인한 투병, 그리고 기분 변화와 그에 따른 성격 변화를 생생히 묘사한다. 실존인물인 패티 듀크는 후에 정신장애가 있는 사람들의 옹호자가 되었다.

지나 롤랜즈는 존 카사베츠 감독의 〈영향 아래 있는 여자A Woman Under the Influence〉 (1974)에서 양극성 장애를 가진 여성을 연기한다. 조증 에피소드 동안 그녀가 보여준 상당히 설득력 있고 주목할 만한 장면은, 이웃이 그녀에게 자녀를 맡기기 위해 잠깐 방문했을 때, 아이들을 자신과 함께 두는 것이 안전하지 않다고 판단한 것이다. 그녀는 무엇이 문제인지 정확히 알지 못했지만, 무언가 잘못되었다는 것을 명확히 알고 있었다. 〈미스터 존스〉와는 달리, 롤랜즈가 정신병원에서 6개월을 보냈다는 사실에도 불구하고, 이 영화에서 실제 진단은 구체적으로 명시되지 않는다.

양극성 장애처럼 보이는 또 다른 예는 〈모스키토 코스트Mosquito Coast〉(1969)에서 해리슨 포드가 연기한 캐릭터에서 찾을 수 있다. 그러나 이 영화에서 포드의 캐릭터는 기이한 습관과 강박적 성향을 보이므로 다른 진단을 추가하는 것이 더 적합할 수도 있다. 전기영화 〈존경하는 어머니Mommie Dearest〉(1981)에서는 조앤 크로포드Joan Crawford가 양극성 장애였음을 암시하고 있다.

경조증 에피소드와 관련된 빠른 말투, 즉각적인 사고, 충동적인 행동 유형의 예는 〈풋볼 대소동Horse Feathers〉(1932)에서 그루초 막스가 연기한 대학 총장, 그리고 〈굿모닝 베트남Good Morning, Vietnam〉(1987)에서 로빈 윌리엄스가 연기한, 빠르고 재치 있는 말재주를 가진 인기 공군 DJ 역할에서 볼 수 있다.

양극성 장애를 묘사한 인기 영화 중 하나는 제시카 랭과 토미 리 존스가 주연을 맡은 〈블루 스카이Blue Sky〉(1994)다. 이 영화를 통해 아카데미 여우주연상을 수상한 랭은 칼리 마샬 역을 맡았는데, 영화에서 양극성 장애 진단을 받은(당시에는 조울증manic-depressive disorder이라고 진단된) 그녀는 가족들을 상당한 곤란에 빠뜨린다. 그녀는 상반신을 노출한 채로 일광욕을 하거나 성적인 행동을 보이는데, 영화는 양극성 장애와 같은 병이 가족에게 어떤 영향을 미치는지를 잘 보여 준다.

"물을 예로 들 수 있다. 때로는 물이 되고, 때로는 얼음이 된다. 때로는 수증기가 되기도 한다. 그렇지만 항상 똑같은 H_2O이고 그 특성이 바뀔 뿐이지. 네 엄마도 똑같아. 엄마도 그저 물이랑 똑같은 거야."

— 〈블루 스카이〉(1994)에서 아이들에게 엄마의 변덕스러운 행동을 설명하는 헨리 마샬

양극성 장애를 상당히 정확하게 묘사하는 최근 영화들로는 〈러닝 위드 시저스 Running with Scissors〉(2006)와 〈마이클 클레이튼Michael Clayton〉(2007)이 있다. 〈러닝 위드 시저스〉에서, 아네트 베닝은 자신을 치료하던 정신과 의사에게 아들의 인생을 맡겨 버리는 양극성 장애 엄마를 연기한다. 〈마이클 클레이튼〉에서, 톰 윌킨슨은 조증을 앓고 있는 대형 로펌의 고위 변호사를 연기한다. 윌킨슨의 캐릭터는 부적절한 행동(예: 법정에서 옷 벗기), 언어압박, 과대망상적 사고를 보여 준다. 그의 병은 약물로 조절되지만 리튬 복용을 멈추면 병이 악화된다. 영화는 양극성 장애를 가진 사람들에게 약물치료가 얼마나 중요한지 보여 주고 있다.

 기분장애에 대한 이론

기분장애에 관한 세 가지 주요한 이론적 접근이 있다. 유전적genetic 접근은 가계 내력을 이해하는 데 유용하다. 생물학적biological 접근은 생리학적 변화와 약물요법 및 전기경련요법의 원리를 설명한다. 심리학적psychological 접근은 행동을 이해하는 방향과 정신장애에 대한 심리치료의 근거를 제공한다. 환경과 외부적 사건들(예: 실직 또는 최근의 이혼 등)은 기분장애의 발현에 매우 중요한 요인들이다.

유전적 이론

쌍둥이와 입양아 연구들은 기분장애에 유전학적 취약성이 있다는 것을 입증해 왔다. 특히, 양극성 장애는 일란성 쌍둥이에서 93%의 매우 높은 발병 일치율을 나타냈다(Kieseppa, Partonen, Haukka, Kaprio, & Lonnqvist, 2004).

연구자들이 일란성 쌍둥이(동일한 유전 암호 가짐)와 이란성 쌍둥이(상이한 유전 암호를 가짐)들의 기분장애 발병률을 비교한 결과, 일란성 쌍둥이에게서 67%, 이란성 쌍둥이에게서는 15%의 일치율을 보였다. 일란성 쌍둥이에게서 나타난 높은 일치율은 쌍둥이가 각기 다른 환경에서 양육되었을 경우에도 마찬가지였다. 분명히 기분장애에는 유의미한 유전적 요소가 존재한다.

생물학적 이론

기분장애에 대한 생물학적 접근은 대뇌 변연계 내의 신경전달물질의 작용에 초점을 맞추고 있다. 관련 신경전달물질로는 도파민dopamine, 세로토닌serotonin, 아세틸콜린acetylcholine, 노르에피네프린norepinephrine이 포함된다. 우울증의 경우 시냅스 연결부위의 신경전달물질이 적으며 조증의 경우는 지나치게 많은 것으로 여겨진다.

대뇌 변연계는 또한 매우 복잡한 내분비계의 중요한 요소인 뇌하수체 호르몬을 조절하기도 한다. 내분비계에서의 변화 역시 기분에 영향을 미친다. 많은 연구에서 뇌하수체와 갑상선 기능의 변화가 기분장애를 일으킨다는 것이 증명되고 있다. 우울 증상을 보이는 몇몇 사람들에게서 뇌하수체에서 생성되는 호르몬인 코티졸이 지나치게 많이 분비된다는 것이 발견되었다. 또 다른 경우는 갑상선 호르몬 수치가 지속적으로 낮게 나타났고, 몇몇 급속 순환성 양극성 장애에서는 갑상선 호르몬의 증가가 나타났다.

심리학적 이론

심리학적 이론은 기분장애를 이해하고 치료하는 데 매우 중요하다. 우울장애와 양극성 장애가 명백한 생물학적 근거를 가지고 있음에도 불구하고, 이들 장애에 대한 정신역동적 개념들은 행동적이고 정서적인 문제들을 이해하는 또 다른 방법을 알려 준다. 우울증에 대한 많은 심리학적 특징들이 영화에서 분명하게 드러난다.

초기 정신분석학자들(예: 프로이트S. Freud, 아브라함K. Abraham)은 우울장애를 가진 사람은 삶에 있어 중요한 인물에 대해 양가감정ambivalence을 경험한다고 하였다. 즉, 그들은 동일한 인물을 사랑하면서 동시에 미워하는 것처럼 행동하곤 한다. 〈여인의 향기〉(1992)에서 슬레이드 중령은 그의 조카, 동생 그리고 다른 가족 구성원에 대해 애정과 적대감을 동시에 드러낸다. 그는 또한 찰리 심스가 자신을 도우려 할 때 적대적이며 공격적으로 변했다.

내사introjection, 즉 정서적 유대가 있는 사람 혹은 집단의 성질과 가치를 무의식적으로 받아들이는 것 또한 우울장애의 특징으로 확인되었다. 〈여인의 향기〉에서 슬레이드는 자신에게 군대의 가치관을 내사하여 모든 사람들을 자신에게 보고해야 하는 병사처럼 대했다. 흥미롭게도, 슬레이드는 그의 오만한 행동으로 군에서 퇴출되고 만다. 군대에서 보인 슬레이드의 문제는 장기간 치료받지 않은 우울증의 병력과 관련된 것 같다.

우울장애의 또 다른 특징인 퇴행regression은 더 어린 시기의 행동 양상으로 되돌아가는 것을 말한다. 우울장애를 겪는 동안 어린 시절의 행동 양상이 나타날 수 있고, 미숙한 행동을 할 수도 있다. 〈여인의 향기〉에서 슬레이드가 네 살 난 조카와 놀이를 하는 장면은 은퇴한 장교의 행동으로 받아들이기 어렵다.

조증 에피소드를 경험하는 사람에게서 특징적으로 나타나는 부정denial은 현실을 무시하는 것이다. 조증 환자들은 자신에게 문제가 없다고 믿기 때문에 종종 약물치료를 중단하기도 한다. 그들은 가족 구성원의 어떠한 조언도 거부하고, 질병과 관련된 어떠한 의견에도 적대감을 보인다. 〈미스터 존스〉에서 존스는 약물치료를 중단한 후에 여러 번 병원에 입원하였고, 그러한 일이 다시 반복될 것이라는 것을 충분히 알고 있었다. 하지만 매번 이번에는 다를 것이라 자신을 납득시킨다. 이것이 부정의 전형적인 예다.

인지-행동 이론가들은 우울증의 경험을 이해하는 데 있어 중대한 기여를 했다. 아론 벡Aaron Beck은 우울증 환자들에게서 흔히 나타나는 인지삼제cognitive triad에 대해 설명했다. 인지삼제는 ① 자신을 결점이 있고 부적합한 존재로 지각하는 것, ② 세상을 요구가 많고 처벌적인 곳으로 지각하는 것, ③ 실패, 파멸 그리고 곤경을 예상하는 것이다. 이러한 '자동적 사고'의 예는 〈아메리칸 스플렌더〉(2003), 〈쿨러〉(2003), 〈여인의 향기〉(1992), 〈종합병원〉(1971)에서 볼 수 있으며, 〈디 아워스The Hours〉(2002)에서 줄리안 무어가 연기한 캐릭터에서도 잘 나타난다.

 ## 기분장애와 창조성

기분장애가 창조적 과정과 관련이 있다는 흥미로운 증거가 있다. 많은 예술가, 시인, 작곡가들이 우울증이나 양극성 장애로 진단받았거나, 이러한 장애가 있었다는 사실이 그들의 전기에서 암시되고 있다. 35년 이상을 창조성과 창조적 천재에 대해 연구한 딘 사이몬튼Dean Simonton은 이성적·논리적·형식적인 기술을 사용하는 전문가 혹은 과학자들보다 주관적·직관적·정서적인 기술과 밀접한 전문가 및 예술가들이 정신장애를 가질 가능성이 높다는 점에 주목하고 있다(Ludwig, 1998; Simonton, 2009). 또한 사이몬튼은 창조성이 높은 사람들은 자신의 기이한 사고를 조절할 수 있고 그것을 생산적으로 사용할 수 있다고 했다. 이와 유사한 맥락에서, 양극성 장애를 가진 심리학자 케이 레드필드 재미슨Kay Redfield Jamison은 이 장애를 가진 많은 사람들은 일반적으로 정상상태일 때 창조적 활동을 나타내는데, 이때 조증, 경조증 또는 우울 증상을 겪은 기간 동안 발생했던 경험에 의존한다는 것을 언급했다(Jamison, 1993). 최근 두 편의 단편 다큐멘터리, 즉 여러 보호시설에 있는 정신질환자들에게서 수백 개의 예술적 창작품을 수집하는 의사인 한스 프린존에 대한 이야기인 〈광기와 예술 사이Between Madness and Art〉(2007)와, 잔가지와 나뭇가지로 놀랍도록 창조적인 물체와 옷을 만들어 내는 벙어리 정신분열병 남성의 이야기인 〈숨겨진 재능: 앵거스 맥피 이야기Hidden Gifts: The Story of Angus McPhee〉(2005)는 정신병리와 예술가 간의 관련성을 다루고 있다.

리차드 드레이퍼스, 패티 듀크, 캐리 피셔, 린다 해밀턴, 장 클로드 반담, 비비안 리를 포함한 여러 배우들이 양극성 장애를 앓고 있거나 양극성 장애에 걸렸다는 소문이 나기도 했다. 기분장애를 경험한 것으로 여겨졌던 시인들로는 윌리엄 블레이크, 랄프 월도 에머슨, 에드거 앨런 포, 로드 바이런, 알프레드 로드 테니슨, 존 베리먼, 실비아 플라스, 테오도르 뢰트게, 앤 섹스톤 등이 있다. 화가와 작곡가로는 빈센트 반 고흐, 조지아 오키프, 로버트 슈만 등이 포함된다(Jamison, 1993). 실비아 플라스가 겪은 우울증은 그녀의 반 자전적 소설인 『벨 자The Bell Jar』(1979)를 각색한 영화인 〈실비아Sylvia〉(2003)에 자세히 나타난다. 작가 버지니아 울프의 기분장애는 영화 〈디 아워스〉(2002)에서, 베토벤의 고난의 인생은 1995년도 영화인 〈불멸의 연인Immortal Beloved〉에서 묘사되고 있다. 빈센트 반 고흐의 생애, 작업, 정신장애(아마도 양극성 장애일 것이다.)는 〈빈센트Vincent〉(1987), 〈빈센트Vincent & Theo〉(1990) 그리고 〈반 고흐Van Gogh〉(1991)에서 잘 드러난다. 그러나 이 중 어떠한 것도 커크 더글라스가 고흐 역을, 안소니 퀸이 폴 고갱 역을 맡은 〈열정의 랩소디Lust for Life〉

> ? 창조성에 대한 부가적 질문
>
> • 특정 정신장애를 지닌 사람들은 그렇지 않은 사람들보다 더 창조적인가?
> • 이들의 삶에서 특정적인 극적인 창조성과 완전한 혼돈 간의 유의미한 차이를 어떻게 이해할 것인가?
> • 반 고흐에 대한 당신의 관점은 어떠한가? 그의 행동 중 기분장애 진단기준에 부합하는 것이 있는가? 발작seizure이 있었을지도 모른다는 어떤 근거가 있는가? 그 밖의 다른 유력한 가설이 있는가?
> • 만약 반 고흐와 같은 사람을 치료할 기회가 주어졌다면, 치료가 그의 재능을 파괴할 것을 알고 있더라도 치료를 시도하겠는가?
> • 기분장애를 겪은 다른 예술가나 작가들로는 누가 있는가?
> • 당신은 자살을 한 다른 예술가, 작가, 시인들을 알고 있는가?

(1956)의 예술적 성취에 비할 수는 없다. 록 밴드 너바나Nirvana의 영향력 있는 마지막 리드 싱어이자 기타리스트인 커트 코베인은 구스 반 산트의 〈라스트 데이즈Last Days〉(2005)와 〈커트 코베인: 어바웃 어 선Kurt Cobain: About a Son〉(2006)에서 묘사되고 있다. 코베인은 양극성 장애로 진단받았고 1994년에 자살했다. 〈결혼식Wedding〉(2000)은 앤 섹스톤의 시에 나타나는 인지 왜곡의 사례들을 보여 준다. 이런 특이한 왜곡은 우울장애가 있는 사람이나 자살하기 쉬운 사람들에게서 흔히 나타난다.

셰익스피어W. Shakespeare는 스스로 목숨을 끊은 사람들에게 매혹되어 있었으며, 그의 희곡과 이를 각색한 영화들은 자살을 연구하는 유용하고 매혹적인 방법을 제공한다. 자살이 중요한 주제인 셰익스피어의 주요 희곡으로는 『로미오와 줄리엣 Romeo and Juliet』 『줄리어스 시저Julius Caesar』 『햄릿Hamlet』 『안토니우스와 클레오파트라Anthony and Cleopatra』 『맥베스Macbeth』 『오셀로Othello』 『리어 왕King Lear』 등이 있다. 각각의 희곡에 대해서는 다수의 각색 영화가 존재한다.

 자살

자살과 우울

자살은 전 세계 사망 원인 중 8위에 해당될 정도로 중요하지만, 자살률은 나라마다 상당한 차이가 있다. 일반적으로 자살률은 덜 부유한 나라에서는 낮고, 독일, 스위스, 스웨덴과 같이 부유한 나라에서는 매우 높으며, 대부분의 동유럽 국가에서도 높게 나타난다. 미국과 캐나다의 자살률은 중간 범위에 속한다. 청소년에게서도 자살은 세 번째 사망 원인이다. 남성이 자살을 더 많이 하는 경향이 있지만, 자살 시도는 여성에게서 더 흔하다. 남성들의 자살이 더 성공적인 이유는 여성보다 더 치명적인 방법(예: 총기 자살)을 선택하기 때문이다.

자살에 의한 사망률은 일반적으로 도시 지역에서 더 높게 나타나고, 자살 확산율은 도시의 크기와 정적 상관이 있는 것으로 나타났다. 또한 주민 간의 유대가 좋은 농촌에서는 자살이 적게 발생하지만, 낙후되고 농사가 사양길에 접어든 지역이나 근로자들이 많이 이주하는 곳에서 발생률이 높다. 자살 발생률은 연령에 따라 증가하는데, 연령층이 높을수록 자살할 위험성도 매우 높다(NIMH, 2003).

자살 가능성이 있는 사람들을 분류하는 주된 기준 중 하나는 정신과 병력이고, 자살 고위험군은 희망이 없는 사람들이다. 미래에 대해 절망감을 표현하는 사람들은 희망을 가지고 있는 사람들보다 자살할 가능성이 더 높다. 자살 경향성과 절망 간의 연관성은 자살 경향성과 우울장애, 혹은 자살 경향성과 물질사용장애 간의 연관성보다 더 강하고 견고하다(Kuo, Gallo, & Eaton, 2004). 앞서 논의한 두 영화 〈여인의 향기〉(1992)와 〈종합병원〉(1971)의 주연배우들은 강한 절망감을 표현하였다.

〈모래와 안개의 집〉

〈모래와 안개의 집House of Sand and Fog〉(2003)은 우울장애가 나타나는 방식에 대한 흥미로운 설명을 제공한다. 알코올 중독에서 회복된 우울한 캐시 역은 제니퍼 코넬리가, 가족을 위해 성공하고자 보잘것없는 두 군데의 직장에서 열심히 일하는 이란 출신의 전직 고위층 대령인 베라니 역은 벤 킹슬리가, 그리고 캐시를 보호하고 그녀와 새로운 인생을 시작하고 싶어 하는 유부남 경찰관 레스터 역은 론 엘다드가 맡아 열연했다. 바딤 페렐만 감독은 각 인물의 정신역동을 다음과 같이 간결하게 설명한다. "베라니는 올라가기를 원하고, 캐시는 들어가기를 원하고, 레스터는 나오기를 원한다. 이것이 바로 그들의 동기다." 캐시의 집은 세금 체납으로 경매에 넘어가고, 베라니가 경매로 집을 갖게 되면서 윤리, 갈등, 인간적 욕구, 이상 추구와 관련된 복잡한 관계가 시작된다.

> "그녀는 여기에 와서 자살시도를 했다. 우리는 그녀를 도와줘야 한다. 그녀는 나약한 한 마리 새다. 당신의 할아버지는 당신의 집에 날아든 새는 천사와 같다고 말하곤 했다. 당신은 이 존재를 축복으로 바라보아야 한다."
> ―〈모래와 안개의 집〉(2003)에서 캐시의 첫 번째 자살시도에 대한 베라니의 충고

캐시는 아버지에게 상속받은 집에서 혼자 살고 있다. 영화의 도입부에서, 캐시는 잠을 자다가 어머니의 전화를 받으며 깬다. 중독자를 위한 지지집단 모임에 참여해야 할 필요성에 대해 어머니와 의논하다 대화를 중단하고 눈물을 흘리면서 전화를 끊은 캐시는, 흔들리는 물침대(불안정에 대한 초기의 암시)에서 일어난다. 그리고 수도꼭지에서 물이 뚝뚝 떨어지고 확인하지 않은 우편물 더미가 현관을 막고 있는 지저분한 집을 배회하기 시작한다. 영화 도입부는 청소부로 살고 있고, 알코올 중독의 병력을 가지고 있으며, 고립되고 삶에 대한 의욕이 없는 불안정한 여성에 대해 묘사하고 있다. 알코올 중독과 우울증과 싸우고 있는 캐시의 삶의 무대는 바로 이러한 것들이다.

캐시는 초조함, '무감각하고 둔마된 정동numbed and blunted affect', 사회적 고립 등 우울증의 기저 특성들을 나타낸다. 그녀는 자신의 우울 증상에 대처하기 위한 노력을 언급하면서 "나는 부정적인 생각을 표현하지 않으려고 한다."고 말한다. 그녀는 재정적인 어려움 때문에 모텔비를 지불할 수 없게 되자 자신의 차에서 히터를 켜고 생활하거나 잠을 잤다. 그녀는 유부남과의 관계를 통해 외로움에서 벗어나 위안을 얻으려고 한다. 스트레스가 증가하면서 그녀는 담배를 다시 피우기 시작한다. 알코

올과 우울 간에는 명백한 관련이 있지만 그녀는 이를 부인한다. "봐, 내가 술에 취하지 않을 때는 와인을 생각하지 않잖아. 알코올은 절대 문제가 되지 않아." 그런 다음 그녀는 희미한 미소를 머금은 채 와인을 마시기 시작한다. 2년 동안의 금주 생활이 무너졌고 이로 인해 육체적·정신적 악화가 빠르게 진행되었다. 생활에서의 스트레스와 혼란으로 인하여 그녀의 병은 재발되었고 악화되었다.

캐시는 오빠에게 전화하여 "난 다 끝난 것 같아, 다 끝났어."라 말하고 자신을 찾아와 위로해 달라고 애원하며 '도움 요청'을 한다. 그녀의 오빠는 전형적인 '바쁜 미국인'으로, 일에 집중해야 한다면서 서둘러 전화를 끊어 버린다. 캐시의 절망은 커져만 간다. 울어서 충혈되고 눈물이 어린 눈으로 그녀는 위스키 몇 병과 약간의 휘발유를 구입한다. 그녀는 울면서 위스키를 마시며 운전을 한다. 이와 같은 우울과 절망감 속에서 그녀는 두 번의 자살시도를 한다. 집을 잃은 절망으로 그녀는 권총을 들고 자살을 시도한다. 방아쇠를 여러 번 당기지만 총알은 장전되어 있지 않았다. 그녀는 경매 입찰자인 베라니와 그의 가족들에게 발견되어 보살핌을 받는다. 그녀는 몇 병의 알 수 없는 약을 먹는 것으로 두 번째 자살을 시도하지만, 이번에도 다른 사람들에게 일찍 발견되어 약들을 토해 내고 다시 구조된다.

이 영화에서는 우울장애에 대한 은유가 많이 나타난다. 월출, 일출 및 일몰은 등장 인물의 기분상태와 정신상태의 변화를 나타낸다. 제목에서 암시하는 것처럼 모래와 안개는 영화에서 중요한 요소다. 모래와 안개 모두 우울을 상징하는 것으로 해석될 수 있다. 모래는 '가라앉는'다는 자살의 속성을 나타내는 불안정한 요소다. 캐시가 우울상태로 점점 깊게 가라앉을수록, 여러 장면에 걸쳐 안개는 보다 짙어져서 결국 어느 한 장면에서는 집을 완전히 둘러싼다. '움직이는 안개'를 표현한 카메라 촬영을 통해 안개는 나무, 산, 물 그리고 집을 재빨리 뒤덮는다. 이것은 우울증에서 보이는 부정적 사고, 무력감, 자기파괴적 행동과 관련된 급속한 변화와 유사하다. 영화는 잘려 나간 나무로 시작해서 울타리에 의해 보호되는 나무의 화면으로 끝을 맺는다.

관객들은 영화를 보면서 두 캐릭터 모두에 감정이입을 하고, 양측의 욕구를 모두 볼 수 있는 모험을 하게 된다. 긴장이 증가하고 갈등이 지속되면서 이러한 모험은 보다 복잡해지고, 마침내 스크린에 묘사된 절망상태는 영화를 보는 사람들에게도 전달된다.

토론을 위한 부가적 질문《모래와 안개의 집》

- 영화 내용만을 고려했을 때, 캐시는 기분장애 진단기준을 충족시키는가?
- 어떤 점 때문에 캐시에게 입원을 권유해야 하는가?
- 어떤 부정적인 자동적 사고가 캐시에게 일어나는 것 같은가?
- 영화에서 알코올과 우울 간에는 어떤 관계가 있는가? 알코올과 약물 남용이 기분 장애와 공존하는 비율은 어느 정도인가?
- 우울한 음주자의 자살률은 우울한 비음주자에 비해 얼마나 높은가?
- 캐시의 자살시도에 대해 등장인물들이 반응하는 방식을 설명하라. 이러한 반응들 은 전형적인가?
- 캐시에게서 어떠한 자살 신호가 있었는가? 캐시와 베라니의 자살위험을 나타내는 요인을 비교·대조해 보라.
- 영화 제목이 뜻하는 바는 무엇인가? 이것은 우울 또는 중독과 관련이 있는가?
- 어떤 비평가들은 캐시를 나약한 인간으로 기술한다. 당신은 이에 동의하는가?
- 캐시의 건강한 대처 전략과 건강하지 않은 대처 전략은 무엇인가?

〈디 아워스〉

〈디 아워스〉(2003)는 심리적·정서적·영화적 균형을 이룬 수작으로, 아카데미 시상식에서 작품상, 감독상, 각색상 후보에 올랐다. 이 영화에는 니콜 키드먼, 메릴 스트립, 줄리안 무어, 에드 해리스, 클레어 데인즈, 제프 다니엘스, 토니 콜레트, 존 레일리, 미란다 리처드슨 등 스타급 배우들이 총동원되었다. 영화 음악은 유명한 필립 글래스가 만들었고, 대본은 데이비드 헤어가 각색하였다. 아이러니하게도, 이 영화에서 가장 덜 알려진 인물은 영화에서 가장 중요한 감독일 것이다. 이 영화는 스티븐 달드리 감독의 두 번째 영화다. 이미 영국 연극계에서는 연출가로서 많은 수상 경력이 있었던 그는 이 영화에서 영화감독으로서의 첫 출발 이상을 보여 주었다.

"레오나드, 내가 명확하게 생각할 수 있었다면 난 이 어둠, 깊은 어둠 속에서 혼자 씨름하고, 오직 나만 내 자신의 상태를 알 수 있을 뿐이라고 당신에게 말했을 거예요."

—〈디 아워스〉(2002)에서 남편에게 말하는 버지니아 울프

〈디 아워스〉는 다른 시대에 살고 있지만 서로 긴밀하게 연결되어 있는 세 여성에 대한 세 가지 이야기를 담고 있다. 이들 여성은 심각한 우울 증상과 자살 문제를 겪고 있다.

키드먼은 지금은 유명한 소설가가 된 버지니아 울프를 연기한다. 그녀는 오늘날 양극성 장애로 알려진 질환을 앓으며 1900년대 초반, 곧 그녀의 대표작 중 하나가 될 『댈러웨이 부인Mrs. Dalloway』을 힘들게 집필한다. 영화는 버지니아 울프의 죽음으로 극적으로 시작하고 끝난다. 그녀는 몸을 쉽게 가라앉히기 위해 주머니에 무거운 돌을 넣은 채 흐르는 강물에 뛰어든다. 이 영화에서는 초조, 수면에 대한 욕구감소, 판단력 저하, 우유부단함 등 일부 조증 증상을 묘사하고 있지만 우울장애에 더욱 초점을 맞추고 있다. 특히 우유부단함은 그녀가 의사의 처방을 거스르고 런던에서 살 작정으로 집을 떠나려고 결심할 때 나타난다. 울프는 기분장애에 부합하는 병력을 가지고 있고, 환청을 들었으며, 자살시도를 두 번 한다. 그녀를 보호하기 위해 고안된 생활양식에 따른다고 해도 그녀가 경험하는 내면의 혼란은 삶을 지속하기에는 너무나 고통스럽다. 그녀는 스스로를 안정시키기 위해 마리화나를 피우고, 생각에 몰두하며 고통에 무감각해진다.

주인공 중 한 명인 로라(줄리안 무어 분)는 1950년대의 고풍스러운 동네에서 산다. 그녀는 관심과 열정을 가지고 『댈러웨이 부인』을 읽고 주인공에게서 위안과 영감을 발견했다. 로라의 성격은 수수께끼 같지만 그녀는 분명 우울하고 그녀에게 요구되는 일상생활의 부담으로 압박감을 느끼고 있다. 그녀는 사회적으로 서투르고 겁이 많고, 항상 사교적으로 어떻게 반응해야 하는지 몰라 자신이 없고, 때때로(초인종이 울릴 때) 문 근처에 서 있기는 하지만 대답하지 않는다. 그녀는 간단한 일(예: 빵 굽기)에도 당황하고, 자기 실수에 대해 비판적이다. 울프와 마찬가지로 로라는 외로움을 느끼고, 이웃과 사귀는 방법은 모르지만 관계를 맺기를 원한다. 로라는 자신의 집을 방문한 이웃 키티(토니 콜레트 분)에게 입맞춤하는데, 이는 어떤 면에선 다른 삶을 위한 시도라 할 수 있다. 그녀는 많은 시간을 혼자 보내고 자주 흐느껴 운다. 어느 순

간, 그녀는 자살을 하려고 마음을 먹고, 아들을 베이비시터에게 남겨 둔 채 집을 떠나서 호텔에 투숙한다. 그러나 호텔에서 자살에 대한 꿈이 촉매가 되어 오히려 심경의 변화를 일으킨다. 삶에 대처하는 것이 너무 힘들었던 그녀는 결국 자살을 포기하고 남편과 아이들을 떠나 새로운 인생을 시작하기 위해서 캐나다로 떠난다.

> "당신 자신의 모습이 아닐 때가 있죠. 그때 당신은 스스로 목숨을 끊으려 해요. 호텔에 갔던 날 밤 늦게 난 계획을 세웠죠. 둘째를 낳은 후에 가족을 떠나리라. 나는 그렇게 했어요. 어느 날 아침 일어나서, 식사를 차려 놓고, 버스 정류장에 가서, 메모를 남겼어요…… 선택의 여지가 없었던 것에 대해 후회해 봐야 무슨 의미가 있겠어요? 그건 당신이 감내할 수 있는 것이죠. 그런 거죠, 뭐. 누구도 저를 용서하지 않을 거예요. 그건 바로 죽음이었어요. 나는 삶을 택했어요."
> — 〈디 아워스〉(2002)에서 자신을 설명하는 로라

세 번째 이야기는 2001년 뉴욕을 배경으로 클래리사(메릴 스트립 분)의 이야기를 담고 있다. 클래리사는 옛 애인이자 에이즈로 죽어 가는 시인 리차드(에드 헤리스 분)의 문학상 수상을 기념하는 파티(영화 〈댈러웨이 부인〉에서처럼)를 준비함으로써 자신의 고통을 숨기고 다른 사람들에게 감동을 주려고 한다. 클래리사는 사회적으로 자신감 있고 자신에 대한 확신에 찬 강한 여성이다. 그녀의 약점은 리차드를 도우려는 노력, 그녀의 파트너와의 소원한 관계, 그리고 옛 사랑(제프 다니엘스 분)을 만났을 때의 감정적 동요를 통해 서서히 드러나게 된다.

> "나는 여전히 시간에 직면해야 해, 그렇지 않아? …… 파티 후의 시간과 그 후의 시간들 말이야."
> — 〈디 아워스〉(2002)에서 클래리사에게 자신의 자살사고를 암시하고 있는 리차드

클래리사는 리차드가 환각, 약물치료 불응, 우울, 냉소에 대응하는 것을 도우려는 자기희생을 통해 자신의 내적 고통을 감추려고 하였다. 그러나 결국 리차드는 그녀가 보는 앞에서 아파트 창문에서 뛰어내려 자살해 버린다.

토론을 위한 부가적 질문(〈디 아워스〉)

- 버지니아 울프의 자살 결정과 가족을 떠나 살기로 한 로라의 결정을 서로 비교하고 대조하라. 어느 것이 더 건강한 결정인가? 어느 것이 더 정당한가?
- 삶의 덫에 빠졌다고 느끼고 극심한 내적 혼란을 느끼는 울프와 같은 사람에게 자살은 올바른 결정인가, 아니면 자신의 고통에서 도망치려는 이기적인 시도인가?
- 울프와 같은 곤경과 성격에 대해 치료자는 어떻게 접근해야 하는가?
- 영화의 결말에서 클래리사의 예후는 어떠한가?
- 여러 세대에 걸쳐 각 여성이 보이는 우울의 요소는 무엇인가?
- 에이즈로 고통스럽게 죽어 가는 사람(예: 리차드)에게도 삶은 여전히 가치 있는 것이라 할 수 있을까? 이 질문에 "아니요"라고 대답하는 환자에게 어떤 말을 해 줄 수 있을까?

우울증과 자살을 다룬 그 밖의 영화

〈레볼루셔너리 로드Revolutionary Road〉(2008), 〈더 리더: 책 읽어주는 남자The Reader〉(2008), 〈보이 A Boy A〉(2007), 그리고 자기희생적 자살을 담고 있는 〈그랜 토리노Gran Torino〉(2008) 등에서 알 수 있듯이, 영화에서 자살을 다루는 경향은 줄어들지 않고 있으며, 많은 최신작에서는 자신의 삶을 끝내는 주인공을 묘사하고 있다.

절망hopelessness과 자살의도는 〈잘 자요, 엄마Night, Mother〉(1986)에서 잘 묘사되었다. 시시 스페이섹이 주인공 제시로, 앤 밴크로프트가 엄마 셀머로 출연했다. 이 영화는 퓰리처상을 수상한 연극을 각색한 것으로, 자살에 대해 많은 생각을 하도록 하고 자살을 이해하게 한다. 영화의 전체 무대는 어머니의 집이며, 제시는 이혼한 후부터 그곳에서 살고 있다. 영화는 저녁 6시 5분, 제시가 어머니에게 그날 밤 자살할 것이라고 알리면서 시작된다. 셀머가 딸의 자살 결심을 막으려고 애쓰면서 모녀는 그들의 삶을 회고한다. 결국 제시는 더 이상 희망이 없다고 말하고, 저녁 7시 45분에 그녀의 삶을 마감한다.

자살은 드라마를 극적으로 만들며, 영화에서 흔한 주제로 사용된다. 몇 가지 예를 들면 〈디어 헌터The Deer Hunter〉(1978)에서 베트남에 잔류한 군인의 잊을 수 없는 러시안 룰렛 게임[3]에 의한 죽음, 〈필드The Field〉(1990)에서 비판적인 아버지를 기쁘게 하지 못할 것 같아 물에 빠져 자살한 젊은이, 〈풀 메탈 자켓Full Metal Jacket〉(1987)에서 해병대 신병의 살인과 자살, 로만 폴란스키의 영화 〈세입자The Tenant〉(1976)에서 최근에 자살한 여자의 아파트를 빌린 후 자살을 한 주인공, 〈안나 카레니나Anna Karenina〉(1935)에서 달려오는 기차에 뛰어들어 자살한 여자 주인공(그레타 가르보 분), 〈마운틴 오브 더 문Mountains of the Moon〉(1990)에서 사냥 사고인 것처럼 보이는 계획된 자살 등이 있다. 일본 소설가 미시마 유키오는 현대문학에서 가장 흥미로운 성격을 가진 사람 중 하나로, 할복자살(의식으로서의 자살)을 했고, 그의 삶과 죽음은 〈미시마Mishima: A Life in Four Chapters〉(1985)라는 영화에서 그려졌다. 〈네트워크 Network〉(1976)에서 피터 핀치가 연기한 하워드 '빌은 저녁 뉴스를 진행하는 미치광이 예언자로, 2주 안에 그가 방송 중 자살할 것이라고 발표하여 시청률을 치솟게 한다. 독립영화 〈아이 오브 갓Eye of God〉(1997)에서 어린 소년은 어머니가 자살하는 것을 보고 극심한 스트레스 상태에 놓이고, 혼란과 공포를 경험하며 말을 하지 못하고 긴장상태에 빠진다. 얼마 후, 그는 14세의 나이로 자살한다.

　감독은 때때로 자살실패로 긴장을 고조시키거나 인물의 성격을 미리 제시한다. 〈스테이션 에이전트The Station Agent〉(2003)에서, 올리비아(패트리샤 클락슨 분)는 자살시도를 한 후 두 명의 다른 외로운 인물들과 지지와 우정을 주고받는 친밀한 결속을 맺게 된다. 베르나르도 베르톨루치의 〈마지막 황제The Last Emperor〉(1987)에서 중국의 마지막 황제였던 푸이가 철도역 화장실에서 손목을 그어 자살을 시도했을 때, 우리는 그의 성격과 그가 경험하는 절망을 더 잘 이해할 수 있었다. 〈위험한 정사Fatal Attraction〉(1987)에서 알렉스 포레스트(글렌 클로즈 분)도 손목을 그어 자살을 시도하는데, 이러한 시도는 애인을 맘대로 통제하고 조종하기 위한 것이었다. 〈고독한 투쟁Chattahoochee〉(1990)의 첫 장면에서 에밋 폴리(게리 올드만 분)가 자신의 가슴을 향해 총을 쏠 때, 우리는 그가 죽음을 두려워하며 정신이상이 아니라는 것을

---

3) 역자 주: 러시안 룰렛Russian roulette은 회전식 연발 권총의 여러 개의 약실 중 하나에만 총알을 넣고 총알의 위치를 알 수 없도록 탄창을 돌린 후, 참가자들이 각자의 머리에 총을 겨누고 방아쇠를 당기는 게임이다.

알 수 있다..

자살은 때때로 영화에서 낭만적으로 묘사되기도 하는데, 주인공들의 죽음이 아름답게 묘사되어 뇌리에서 지워지지 않는 영화 〈엘비라 마디간Elvira Madigan〉(1967)에서 두 연인은 동반 자살을 결심한다. 〈사랑한다면 이들처럼The Hairdresser's Husband〉(1992)에서 여자 주인공은 새로운 남편과의 행복을 잃지 않기 위해 물에 뛰어들어 죽는다.

마지막으로, 자살은 유머러스한 주제로 다뤄지기도 한다. 이러한 예들로는 〈디엔드The End〉(1978)에서 버트 레이놀즈의 캐릭터, 블랙코미디 〈해롤드와 모드Harold and Maude〉(1972)에서 수차례 자살시도를 하는 해롤드, 〈텅 빈 공간 속으로의 도약 Leap into the Void〉(1979)에서 여동생이 자살을 실행하도록 애쓰는 이탈리아 판사, 〈야전병원 매쉬M*A*S*H〉(1970)에서 차살하고 싶어 하는 야전병원의 치과 의사를 위한 화려한 마지막 만찬, 〈지배계급The Ruling Class〉(1972)에서 의도치 않게 목매달려 당하는 죽음을 들 수 있다.

〈처녀 자살 소동The Virgin Suicides〉(1999)은 소피아 코폴라 감독의 데뷔 작품이다. 줄거리는 어머니의 강압적인 통제와 억압에 못 이긴 다섯 딸들이 자살하고 마는 내용이다. 불행하게도, 이 영화는 자살이 과잉통제하는 부모 때문에 일어난다는 오해를 지지하고 있다. 사실 자살은 그 반대의 경우에 더욱 흔히 일어난다.

〈죽은 시인의 사회〉

〈죽은 시인의 사회Dead Poets Society〉(1989)에서는 대학 입학을 준비하는 엄격한 남자 사립 고등학교의 자유분방한 영어 교사 존 키팅 역을 로빈 윌리엄스가 맡아 열연하였다. 이 영화는 여러 부문의 아카데미상 후보에 올랐다. 1959년을 배경으로 한 이 드라마는 제도적 가치와 개인의 창조성을 대비시키고 있다. 키팅은 수업 시간에 학생들의 '비판적인 사고력'을 길러 줌으로써 새로운 교육적 경험을 제공하고 그들이 독립적인 관점을 가질 수 있도록 해 주었다. 학생들은 그가 학창시절에 '죽은 시인의 사회'라는 비밀 단체를 만들어 지적인 창조적 활동에 전념하였던 사실을 알게 되고 이러한 비밀 단체를 다시 조직하게 된다.

이 영화의 주요 갈등 중 하나는 배우가 되고 싶어 하는 학생 닐과 아들이 의사가

토론을 위한 부가적 질문〈죽은 시인의 사회〉

- DSM-IV-TR에 근거하여 닐에게 정신과적 진단을 내릴 수 있을까? 만일 그렇다면, 어떤 진단이 적합할까?
- 다른 사람에 대한 응징을 위해 자살하는 사람은 흔한가?
- 집에 권총이 있다는 사실은 자살의 가능성을 증가시키는가?
- 만약 닐이 여자였더라도 총으로 자살을 했을 것인가?
- 존 키팅이 닐과 아버지 사이의 갈등을 줄이기 위해 했던 것 이외에 그가 할 수 있었던 것은 무엇인가?

되기를 원하는 사업가인 완고한 아버지와의 갈등이다. 아버지는 학교에서 제작하는 영화 〈한여름 밤의 꿈Midsummer Night's Dream〉의 오디션에 닐이 참가하는 것을 허락하지 않는다. 닐은 아버지의 요구를 무시하고, 오디션에 참가해 주인공으로 발탁된다. 키팅은 닐이 아버지와의 관계를 개선하고 아버지의 지지를 얻도록 격려했다. 닐의 아버지는 아들의 성공적인 공연을 보고 격분했다. 닐은 즉시 집으로 끌려오고, 아버지가 절대로 자신이 배우가 되는 것을 '허락해' 주지 않을 것이라 믿고, 자포자기하여 아버지의 총으로 자살한다. 학교위원회는 닐의 자살에 대한 희생양으로 자유분방한 선생 키팅을 해고한다. 이 영화는 학생들이 키팅의 해고에 항의하는 것으로 끝이 난다.

〈리스트커터: 러브 스토리Wristcutters: A Love Story〉(2006)는 주인공 지아가 자신의 손목을 그으면서 시작된다. 그리고 나서 그는 자신이 자살한 사람들이 사는 일종의 지옥 같은 곳에 있음을 발견한다. 그는 한 번 더 자살할까 생각하기도 했지만, 오히려 더 악화된 환경에 처하지 않을까 하는 의구심이 들었다. 이 영화는 관객에게 우울과 자살에 대해 거의 알려 주는 것이 없고, 사라지는 모든 것을 설명하기 위해서 '이 모든 것이 꿈이었다'는 시시한 줄거리 장치plot device를 사용하여 관객들의 지성을 모독한다.

〈해롤드와 모드〉(1971)는 컬트 고전으로, 문제 청소년 해롤드가 목을 매달아 자살을 시도하는 장면으로 시작된다. 그는 늘 간섭하는 어머니를 괴롭히기 위해 반복적으로 자살시도를 하는 척하고, 한 번도 만난 적 없는 사람의 장례식에 참석하는 것을 즐긴다. 한번은 장례식장에서 자신과 마찬가지로 장례식에 참석하는 것을 즐기는 79세의 노파 모드Maude를 만난다. 전혀 다른 두 사람은 급속도로 친구가 되고, 해롤드는 모드가 죽기 직전 그녀에 대한 사랑을 고백한다.

〈쇼생크 탈출The Shawshank Redemption〉(1994)에서 목을 매달아 자살하는 인상적인 장면, 그리고 〈디어 헌터〉(1978)에서 전쟁포로들에게 강제적으로 러시안 룰렛 게임을 강요하는 장면은 많은 관객에게 매우 강렬한 인상을 남겼다.

위험 요인들과 선행 사건

자살과 관련된 위험 요인들은 매우 많다. 인구통계학적인 위험 요인에는 청소년이나 노인, 남성, 백인, 별거, 이혼 혹은 사별, 고립, 실업 등이 포함된다. 다른 위험 요인에는 우울증, 알코올 중독, 양극성 장애 그리고 신경학적 장애가 포함된다.

불행하게도, 자살에 대한 위험 요인들과 선행 사건들이 잘 알려져 있다 하더라도, 누가 자살을 시도할지를 정확하게 예측하는 것은 거의 불가능하다. 대부분의 임상가들은 초기면담에서 정서적인 문제나 정신질환이 있는 모든 환자에게 자살에 대한 평가를 한다. 자살에 대한 평가는 세 가지 영역에 초점을 맞추는데, 그 세 가지는 의도, 계획 그리고 치명성이다.

의도intent 혹은 자살사고는 임박한 자살에 대한 구체적 표시이며, 아마도 가장 중요하고 유일한 예측 변수일 것이다. 자살의도가 강한 사람은 그렇지 않은 사람보다 불면증이 더 심하고, 더 비관적이며, 집중력도 더 떨어진다. 〈잘 자요, 엄마〉(1986)에서 전체 이야기는 자살하려는 제시의 계획에 초점이 맞춰져 있다. 자살에 대한 강한 의도를 가진 사람은 남자, 노인, 독신이거나 별거 중인 사람, 그리고 혼자 사는 사람일 경우가 많다. 그러나 전문가들은 '의도'란 간헐적episodic으로 나타나는 것이므로 오늘은 자살의도가 없더라도 내일은 생길 수도 있다는 것을 안다. 〈죽은 시인의 사회〉(1989)에서는 닐의 자살의도에 대한 언급이 없었기 때문에, 많은 관객들은 그가 집으로 돌아와서, 무력감을 느끼고 자신이 지지받지 못하는 환경에서 벗어날 방법이 없다고 확신하기까지 자살에 대한 의도가 없다고 생각했을 것이다. 만약 누군가가 그의 자살의도를 알았거나 그가 도움을 청할 수 있었다면(예: 자살 관련 상담전화), 닐은 자살이 아닌 창조적인 대안을 찾았을지도 모른다.

대부분의 전문가들은 어떤 사람이 자살에 대한 의도를 가지고 있다 할지라도, 항상 내면에는 구원받고자 하는 소망이 함께 존재한다고 믿고 있다. 그래서 자살하고자 하는 강한 의도가 있는 사람은 의식적으로 또는 무의식적으로 비탄의 신호, 무기력의 증거, 또는 도움에 대한 요청을 보낼 가능성이 있다. 언어적인 단서로는 "나는 사라질 거야." 또는 "이제 나를 못 보게 될 거야." 등으로 표현될 수 있을 것이다. 또는 자신의 일을 정리한다든가, 소중한 물건을 나눠 준다든가, 유별난 행동을 한다든가, 또는 사회적으로 고립되는 것과 같은 평소와 다른 행동을 보일 수도 있다. 〈여인의 향기〉(1992)에서는 이러한 행동이 모두 나타난다. 슬레이드 중령은 그의 재정적인 일을 정리하고, 가족들을 방문하여 작별인사를 한 후에 '마지막 향연'을 펼친다.

자살을 계획plan하고 있는 사람은 막연히 살고 싶지 않다고 생각하는 사람보다 실제로 자살할 가능성이 더 많다. 임상가들은 환자가 자살 계획을 세웠는지, 그 계획이 얼마나 구체적인지를 알아내도록 훈련받는다. 막연히 자살을 결심한 사람은 자살하는 방법을 알고 있고 계획된 방법에 접근할 수 있는 사람보다 덜 위험한 것으로 여겨진다. 〈종합병원〉(1971)에서 허버트 보크 박사는 치사량의 칼륨을 주사해서 자살할 계획을 세운다. 그는 계획과 의도를 모두 드러내고 있고, 쉽게 칼륨에 접할 수 있으므로 매우 위험하다.

방법의 치명성lethality도 자살위험의 지표다. 선택한 방법이 치명적일수록, 자살에 성공할 가능성이 더 커지며, 특히 선택한 방법에 쉽게 접근할 수 있다면(예: 집에 있는 권총) 더 그렇다. 가장 치명적인 자살방법은 총기류의 사용, 건물이나 다리에서의 투신 그리고 목을 매는 것이다. 손목을 베거나 15개 이하의 아스피린을 복용하는 것은 자살을 시도하는 흔한 방법이지만 그다지 치명적이지는 않다. 중간 정도로 치명적인 방법으로는 물에 투신하는 것, 일산화탄소에 질식되는 것 그리고 목을 깊게 찌르는 것이 있다. 〈여인의 향기〉(1992)와 〈죽은 시인의 사회〉(1989) 두 영화 모두에서, 자살행동의 수단으로 총을 선택했기 때문에 치명성은 높았다.

자살예방

자살은 분명한 예고가 없기 때문에, 절대적으로 안전한 예방 대책은 없다. 갑작스럽게 자살하려는 사람들에 대한 치료에는 그를 보호하고, 구조되기를 원하는 내면의 부분과 접촉하는 것이 포함된다. 대개 자살하려는 사람은 입원시켜야 하며 혼자 두어서는 안 된다. 이렇게 했을지라도 필사적으로 자살하고자 하는 사람을 병원환경은 막을 수 없으며, 실제로 많은 자살이 보호된 환경하에서 이뤄지고 있다. 영화 〈크로스오버Crossover〉(1983)에서, 정신과 간호사는 그가 돌보는 환자 한 명이 자살한 후에 자기회의로 괴로워한다.

〈보통 사람들〉

〈보통 사람들Ordinary People〉(1980)은 아카데미상 수상작으로, 주디스 게스트Judith Guest의 동명소설을 토대로 했으며, 자살시도를 한 후의 여파를 묘사하고 있다. 티모시 허튼이 연기한 콘래드는 보트가 전복되는 바람에 그의 형 버크가 죽은 후 자살을 시도하는 감수성 예민한 10대다. 콘래드는 죄책감을 극복하지 못하고 자살시도를 하였고 4개월 동안 병원에 입원한다. 영화는 그가 집으로 돌아온 후부터 시작되며, 자신을 되찾으려는 노력과 부모와 대화하려는 부질없는 시도가 그려진다. 도널드 서덜랜드가 연기한 아버지 캘빈은 성공한 세무 변호사로, 콘래드의 요구를 잘 받아 주려고 노력한다. 메리 타일러 무어가 연기한 어머니 베스는 좋은 의도를 가지고 있지만 아들의 요구를 궁극적으로 채워 주지는 못한다. 그녀는 가족이 위기를 맞게 하는 장본인이기도 하다.

병원에서 돌아온 후, 콘래드는 수업에 집중할 수 없었고 학급 친구들과도 멀어졌다. 또한 그는 부모와 함께 있을 때도 불안해하였다. 아버지는 그에게 정신과 상담을 받을 것을 권유하고, 결국 그는 타이론 버거 박사(주드 허쉬 분)에게 치료를 받게 된다. 치료과정에서 콘래드와 부모와의 관계가 탐색되며, 박사는 가족 모두가 치료에 참여할 것을 권유하지만 베스가 이를 거절한다. 영화가 진행되면서 생존한 아들에 대한 베스의 감정이 분명해진다. 캘빈은 베스와 아들과의 관계에 문제가 있다고 생각하기 시작하고, 그들의 관계를 개선하려 하지만 실패한다. 베스는 결국 남편과 아들을 떠나고, 그들은 그녀의 한계를 받아들이고 서로를 사랑하는 마음으로 생활을 다시 가꿔 나간다.

이 영화에서 중요한 역할을 하는 다른 인물들이 있다. 콘래드의 수영 코치는 그에게 입원에 대해서 질문하고, 전기경련요법으로 치료받았는지 물어보고, 훈련 내내 그를 힘들게 하였다. 결국 콘래드는 수영 팀을 그만두기로 결심했다.

또 다른 중요 인물은 콘래드가 병원에서 만난 소녀 카렌이다. 입원해 있는 동안, 두 사람은 완전히 '마음을 연 진실한' 관계였다. 콘래드가 집으로 돌아와 그녀에게 연락했을 때, 그녀는 떨어져 있었지만 잘 생활하는 것처럼 보였다. 그녀는 학교 활동에 참여하고 있고, 자살시도를 하도록 만든 문제들에 대해 더 이상 생각하지 않으려 한다. 또한 그녀는 치료자를 만나지 않기로 결심한다. 카렌이 되찾은 자신감은 그를 놀라게 했고, 그는 자신의 허약한 모습에 방황하게 된다. 이후 콘래드는 그녀와 연락하려고 했지만, 그녀가 자살했다는 사실을 알게 된다.

카렌의 죽음은 콘래드로 하여금 형의 생명을 앗아간 보트 사고를 다시 떠올리게 했다. 콘래드는 마침내 형은 죽고 자신은 살아남았다는 죄책감을 설명할 수 있게 되었다. 콘래드는 형이 보트에 매달리지 않았기 때문에 그에게 화가 났었다는 것을 깨달았다. 버거 박사의 도움으로 그는 형을 잃은 상실에 대한 강한 고통을 직면하고 자신의 죄책감을 해결하게 된다.

만약 자살시도에서 살아남는다면, 그 시도의 의미를 검토해야 한다. 관객들이 콘래드에게 우울 증상이 있었다는 것을 인지하였는지의 여부와는 상관없이, 자살시도 전에 우울 증상이 있었다고 가정하는 것이 안전하다. 콘래드의 자살시도는 죽으려는 시도일 뿐만 아니라 동시에 도움을 요청하는 외침이다. 가족은 형의 죽음에 대한 그의 고통을 이해하지 못했거나 거기에 상응하는 반응을 하지 못했다. 어머니는 다른 누구와도 잘 지내지 못했고, 아버지도 가족과 상호작용을 거의 하지 않았다. 콘래드는 자살시도를 통해서 가족과 친구들에게 그의 절망적인 상황을 알렸다.

모든 자살위협은 심각하게 받아들여져야 한다. 자살시도가 충동적인 행동일 때도 있지만, 그것은 또한 의사소통을 하려는 행동이기도 하다. 만약 콘래드가 적절한 의사소통 기술을 가지고 있었다면, 그는 자신의 감정을 토로하고 그것의 의미를 찾을 수 있었을 것이다.

> ⁇
>
> 토론을 위한 부가적 질문(보통 사람들)
>
> • 당신은 〈보통 사람들〉에 등장하는 콘래드의 가족을 어떻게 기술할 수 있는가?
> • 만약 당신이 이 가족을 치료하는 치료자라면 어떻게 하겠는가?
> • 이 영화의 캐릭터 중에서 DSM-IV-TR의 우울장애 진단기준을 충족시키는 사람
>   이 있는가?

 국제 영화: 기분장애와 자살

매력적인 이탈리아 영화 〈레스피로Respiro〉(2002)는 DSM-IV-TR의 양극성 장애 진단기준에 부합하는 한 여성에 관한 이야기다. 그녀는 변덕스럽고, 예측할 수 없고, 부적절한 행동을 자주 나타낸다(예: 그녀는 알몸으로 아들에게 수영을 하자고 불러낸다). 지중해의 작은 어촌 마을에 살고 있는 그녀가 너무 사나워서 우리에 가두어 둔 개들을 풀어 줘 버리자, 마을 사람들은 그녀를 정신병원에 보내야 한다고 주장하게 된다. 그녀는 정신병원에 가는 것을 피하기 위해 큰아들의 도움을 받아 동굴로 피신하게 되고, 남편과 마을 주민들은 마침내 기이하지만 삶을 사랑한 그녀의 행동을 그리워하게 된다.

〈체리 향기Taste of Cherry〉(1997)는 흥행에 성공하지는 못했지만 깊은 인상을 준 이란 영화이며, 칸 국제 영화제Cannes Film Festival에서 황금종려상을 수상했다. 이 영화는 자살하고자 단호하게 결심하지만 도와줄 사람을 찾지 못하는 한 남성의 이야기를 그리고 있다. 그는 땅에 구덩이를 파고 그 속에 누워서 한 움큼의 약을 먹고 죽으려고 한다. 그러나 그는 자신이 죽은 후 구덩이를 덮어 줄 누군가를 찾는 것이 중요했다. 그가 이 일을 맡기려고 한 사람을 설득하지만 그 사람은 자살하려는 결정에 의구심을 불러일으킬 만한 통렬한 질문을 그에게 한다. "당신은 체리 맛을 포기

하고 싶은가요?"

〈거북이도 난다Turtles Can Fly〉(2004, 이란/프랑스/이라크)는 이라크와 터키 국경에서 제작된 영화로, 전쟁의 공포와 잔혹함으로 인해 극심한 외상 후 스트레스 장애를 앓고 있는 청소년들을 그리고 있다. 그들은 우울하고, 살인 성향과 자살 성향을 보인다. 영화는 전쟁으로 파괴된 나라에서 살아가는 아이들에게 어떤 일들이 발생하는지에 관한 메시지를 숨김없이 적나라하게 보여 준다.

일본 영화 〈환상의 빛Maboroshi No Hikari〉(1995)은 겉으로 보기에 무의미하고 무분별한 남편의 자살이 젊은 여성에게 어떠한 영향을 미치는지를 잘 보여 주고 있다. 그녀의 남편은 아무런 이유 없이 달려오는 기차의 선로에 고의적으로 걸어 들어가 자살하였다.

〈자살 클럽Suicide Club〉(2002)은 자살 현상에 대해 탐색하고 그에 대한 답보다는 많은 질문을 던지는 일본 영화다. 이 영화는 자살과 범죄, 음악, 폭력, 집단 전염, 내적 충동, 소비주의, 사악한 힘 그리고 다양한 외부 요인들 간의 연관성에 대해 고찰한다. 기이하게도 54명의 어린 소녀들이 달려드는 지하철 전동차에 집단적으로 뛰어들어 자살하고, 집단 히스테리와 혼란이 가중되어 나라 곳곳에서 많은 사람들과 집단이 자살하게 된다. 한 장면에서 한 무리의 학생들이 자살 클럽을 만들자고 농담처럼 이야기를 하고는 건물의 지붕 끝에 모여서 서로 "뛰어"라고 구호를 외친다. 그들은 순서에 따라 뛰어내려 죽고 이를 서로 지켜본다. 이 영화는 자살 전염 현상을 설명하고 있는데(de Leo & Heller, 2008; Hacker et al., 2008), 이러한 현상은 인터넷과 같은 새로운 매체의 등장으로 인해 더욱 심각해지고 있다(Mehlum, 2000).

〈레인Rain〉(2001)은 어린 소녀가 해변에서 가족 그리고 이웃과 상호작용하면서 성인이 되어 가는 이야기를 그린 뉴질랜드 영화다. 이 영화에서 소녀의 어머니는 매우 우울해하며 성적으로 문란하고 술을 마실 때만 행복해 보이는 알코올 중독자로, 술 마시는 것만이 우울로부터의 유일한 탈출구인 것 같다.

스코틀랜드 영화 〈윌버Wilbur Wants to Kill Himself〉(2002)는 관객들로 하여금 영화가 다양한 고정관념과 오해를 불러일으킬 수 있다는 것을 보여 준다는 점에서만 유용하다. 우울하고 성마른 남자인 윌버는 아이들에게 욕을 하고 여성들을 거부한다. 그가 자살하려는 것을 늘 형이 막아 줌에도 불구하고 그는 형수에게 집적댄다. 형은 보호자 역할을 하며 그를 챙겨 주고 지지해 주며, 그의 집에서 날카로운 물건들을 제거한다. 윌버의 반복적인 자살시도 방법으로는 약, 오븐의 가스, 목매달기, 물에 빠지기, 욕조에서 손목 긋기, 건물의 지붕 끝에 서기 등이 포함된다. 형수와 서로 사랑하는 사이가 되면서 윌버의 자살시도는 끝이 난다. 이 영화는 사랑이 정신병을 치유할 수 있다는 오해를 조장한다. 영화는 집단치료를 하는 두 명의 심리학자들에 대한 노골적인 고정관념을 담고 있어서 관객들을 매우 혼란스럽게 한다. 치료회기 동안 담배를 피우는 한 치료자는 집단치료를 받지 않는 편이 환자를 위해서는 차라리 나을 것이라고 말하고, 다른 치료자는 환자와의 사이에서 넘어서는 안 될 경계를 허물고 그의 귀를 핥으며 데이트를 하러 나가고 병원의 밀실에서 성관계를 나누며 환자에 대한 비밀보장 원칙을 어긴다.

반복적으로 자살을 시도하고 실패하는 인물에 대한 또 다른 영화로는 〈얼굴The Face〉(1999, 한국)이 있다. 이 영화의 주인공에 대해 진단을 내리기는 어렵다. 즉, 완전히 고립되어 생활하고 집을 거의 떠나지 않으며 친구가 없는 그녀의 유일한 사회적 접촉의 대상은 그녀를 질책하고 학대하는 여동생뿐이다. 주인공은 사회적으로 서투르고 어머니가 갑자기 사망할 때까지 주로 바느질을 하며 생활한다. 이후 그녀는 여동생을 목 졸라 죽인다. 이 인물은 현실과의 접촉이 단절되어 있고, 해리와 자살시도 간에 연관성이 있음을 암시한다. 주인공이 바다 한가운데에 다다라 고무보트에서 뛰어내려 헤엄쳐서 자신의 삶으로부터 탈출하는 장면으로 영화는 끝난다. 이는 (케이트 쇼팽의 『각성The Awakening』에서의 주인공과 다르지 않은) 자살시도인 동시에 그녀의 마지막 꿈(수영을 배우는 것)을 실현하는 것이었다. 관객들은 〈피아노The Piano〉(1993)의 주인공도 물에 빠져 자살하려 했다는 것을 상기할 수 있을 것이다.

비판적 사고를 위한 질문들

- 기분부전장애, 주요 우울 에피소드, 주요 우울장애는 질적으로 다른 현상인가, 또는 단순히 동일한 장애에서 정도의 차이가 나타나는 것인가?
- 만약 당신이 정말로 친구가 자살을 할 것이라고 생각한다면, 당신의 윤리적·도의적 의무는 무엇인가?

- 만약 당신이 친구가 아닌 치료자라면 그를 설득하는 것이 당신의 책임인가?
- 당신이 살고 있는 지역사회에는 자살 관련 상담전화가 있는가? 당신은 그것을 사용하는 방법을 알고 있는가?
- 당신은 자살에 대한 막연한 생각과 도움에 대한 요청을 어떻게 구분할 수 있는가?
- 남성과 여성의 자살 비율은 아시아 국가와 스웨덴, 덴마크, 오스트리아가 미국보다 훨씬 높다. 어떤 문화적 요인으로 이러한 차이를 설명할 수 있는가?
- 〈모래와 안개의 집〉(2003)의 캐시는 우울증 치료를 받지 않았다. 치료를 받지 않는 우울증 환자는 몇 퍼센트 정도 되는가? 우울증 발병 후 치료를 받으러 오기까지 얼마나 걸리는가?
- 〈미스터 존스〉(1993)에서, 내과 의사는 양극성 장애를 당뇨병과 비교했다. 어떤 방식으로 비교가 될 수 있는가? 그것은 어떤 방식으로 판단을 그르치게 하는가?
- 패티 듀크Patty Duke는 '감추고 있던 것을 밝히고' 자신의 기분장애에 관한 이야기를 공개적으로 나눈 유명한 사람이다(〈콜 미 안나〉, 1990를 보라). 당신은 정신장애에 대한 고통을 솔직하게 공개했던 다른 유명인사들도 생각나는가? 그중 양극성 장애를 가진 사람도 있는가?
- 당신은 조증 에피소드를 경험하는 사람, 암페타민 남용에 따른 일시적 고양감이나 에너지를 경험하는 사람과 높은 수준의 열정과 활력을 가지고 있는 사람을 어떻게 구분할 수 있는가?
- 〈미스터 존스〉(1993)에서 보웬 박사는 "당신은 병든 사람이 아니다. 당신은 병을 앓고 있는 사람이다."라고 말한다. 이러한 의미적 차이는 왜 중요한가?
- 영화인들에게는 자살이 전염되는 것을 방지하기 위해 자살의 미화를 지양할 책임이 있는가, 또는 사회적 영향에 대한 걱정 없이 가능한 한 최고의 영화를 만드는 것이 가장 중요한 책임인가?

추가적인 탐구

만일 당신에게 이 장과 관련된 단 한 권의 책을 읽을 시간만이 주어진다면 다음의 책을 읽어 보라.

- McKeon, R. (2009). *Suicidal behavior.* Cambridge, MA: Hogrefe Publishing.

만일 당신에게 단 한 편의 논문을 읽을 수 있는 시간만 주어진다면 다음의 논문을 읽어 보라.

- Picture This: Depression and Suicide Prevention (a Substance Abuse and Mental Health Services Administration publication). PDF 복사본을 다운받으려면 웹 검색 엔진에 제목을 넣어라.

저자 추천작

• 양극성 장애
- 〈블루 스카이Blue Sky〉(1994)
- 〈미스터 존스Mr. Jones〉(1993)
- 〈마이클 클레이튼Michael Clayton〉(2007)

• 우울증
- 〈더 비지터The Visitor〉(2007)
- 〈여인의 향기Scent Of A Woman〉(1992)
- 〈아메리칸 스플렌더American Splendor〉(2003)

• 자살
- 〈모래와 안개의 집House of Sand and Fog〉(2003)
- 〈디 아워스The Hours〉(2002)
- 〈죽은 시인의 사회Dead Poets Society〉(1989)
- 〈세븐 파운즈Seven Pounds〉(2008)

제6장

성격장애

" 르롤린 모스: "애당초 몫을 나눌 거였다면, 내가 쉬거 녀석과 거래를 못할 건 없지 않나?"

칼슨 웰즈: "아니, 아니, 아니, 당신은 이해 못해. 당신은 그 사람과 거래를 할 수 없어. 그에게 돈을 주더라도 그는 당신을 죽일 거야. 그는 독특한 사람이야. 그는 자신만의 원칙을 갖고 있다고도 할 수 있어. 돈이나 마약, 무엇이든 초월하는 그런 원칙. 그는 당신과 달라. 나와도 다르지."

– 〈노인을 위한 나라는 없다〉(2007)에서 정신병질자
안톤 쉬거에 대한 대화 "

〈노인을 위한 나라는 없다〉를 관람하면서 생각해 볼 물음들

• 안톤 쉬거의 성격역동을 반사회성 성격장애 진단으로 적절하게 설명할 수 있다고 생각하는 가?
• 앞에 인용된 대화 속의 쉬거에 대한 설명과 비슷한 사람을 치료하고 있는 동료 치료자가 있 다면, 당신은 어떤 충고를 하겠는가?
• 쉬거의 행동방식의 이유를 설명하는 영화 속 실마리는 무엇인가?
• 반사회성 성격장애를 가진 사람들의 전형적인 유년기가 있을까? 그렇다면 그것의 공통점 은 무엇인가?
• 사람이 엄청나게 나쁜 죄를 짓고도 전혀 죄책감과 양심의 가책을 느끼지 않는 것이 가능한 가?
• 반사회성 성격장애를 가진 사람 대부분은 매우 위험한 행동을 할까?
• 쉬거가 조금이라도 긍정적인 예후를 보일 여지가 있을까? 반사회성 성격장애의 진단을 받 은 사람은 회복될 수 있을까?
• 한 사람이 동시에 여러 가지 다른 성격장애를 가질 수 있을까?
• 반사회성 성격장애는 여성보다 남성에서 더 흔한가? 그 이유는?
• 성격장애는 DSM-IV-TR 진단의 축 I과 어떤 질적 차이가 있을까?

환자 평가

환자가 진술한 내원 사유: "나는 누군가를 찾고 있어요. 당신은 내가 찾는 사람이 아니에요." 나중에 그는 동행한 보호관찰관을 언급하며 "이 사람이 당신과 얘기 하고 오라고 하네요." 라고 덧붙였다. 보호관찰관은 이 평가가 '법원 의 권고'에 따른 것이라고 말했다.

현 병력: 안톤 쉬거는 결혼한 적이 없고 혼자 살고 있으며, 어떠한 의미 있는 관계도 갖 지 않는 48세의 남자다. 그에게는 많은 법적 문제가 있는데, 가장 최근의 것은 자동차 절 도와 방화다. 그는 살인 혐의로도 기소되었지만 무죄 방면되었다. 쉬거는 매년 몇 번씩

체포되어 왔기 때문에 지방 교도관은 그를 익히 잘 알았다. 그는 이전에 두 번이나 감옥의 독방에서 탈출했었다.

과거의 정신과적 병력, 치료 및 결과: 쉬거는 오랜 기간 동안 법체계 내의 규칙에 반하는 행동을 저지르고 문제를 일으켜 왔다. 그는 어린 시절 위탁 가정에서 자랐고, 소년원과 정신과 치료센터에서 청소년기의 대부분을 보냈다. 어렸을 때 그는 개와 고양이, 토끼들을 고문하고 죽였다. 그는 몇 년간 다양한 진단들을 받아 왔는데, 거기에는 정신분열병, 우울증 및 조울증이 포함된다. 그는 자신의 어떠한 행동도 충동에 따른 것이 아니라 의식적이고 신중한 행동이라고 말하며 충동조절 문제를 부인했다. 그는 방화행위의 결과로 즐거움 따위는 느끼지 않았다고 말했다. 그는 이전의 불법행위들에 대한 죄의식이나 양심의 가책도 느끼지 않는다고 했다. 그는 싸움에서 결코 물러서는 법이 없으며, 오히려 종종 싸움을 부추긴다고 말한다.

의학적 병력: 쉬거는 특별한 의학적 병력이 없고 약물처방을 받은 적도 없으며, 스스로도 신체적으로 건강하다고 말한다.

심리사회적 병력: 쉬거의 말로는 자영업을 한다고 하지만 그 이상 자세한 내용은 더 설명하지 않았다. 그는 정상적인 직업을 갖고 고용주 밑에서 하루 이상 일해 본 적이 없다고 한다. 그는 고등학교를 중퇴하고, 어떠한 대학 수업에도 출석하지 않고 고등학력평가시험GED을 치르지도 않았다. 성인이 되어서는 많은 중범죄와 경범죄를 저지르고 몇 달씩 수감되었다. 그는 사회적으로 고립되어 있으며, 친구를 만들거나 친밀한 관계를 형성하는 것 자체에 관심이 없다. 하지만 단순히 면식이 있거나 직업적 접촉을 하는 사람들은 많이 알고 있다고 했다.

약물과 알코올 병력: 쉬거는 과거 몇 년간 매일 일정량의 환각제 또는 '다른 약물들'을 사용한 적이 있다고 보고하였다. 하지만 그는 최근 20년 동안은 단 한 번도 불법 약물을 사용하지 않았다고 강조했다. 그는 20년 넘게 술이나 담배를 입에 대지 않았다. 그에게 20년 전의 전환기에 대해서 물어보면 "때론 그런 일도 일어나는 법이지."라고 말하며 그 부분에 대해 공개하길 거부했다.

행동 관찰: 쉬거는 말수가 매우 적었고 한 번에 한두 문장 넘게 말하는 경우는 거의 없었다. 목소리 톤은 굵고 낮았고, 매우 간결하면서 정확한 단어로 이야기하였다. 그의 정

서는 다소 짜증스러운 단조로움만을 나타낼 정도로 그 범위가 한정적이었다. 쉬거는 자신의 기분에 대해 '좋음'이라고 묘사했다. 면접자와의 시선접촉은 부적절하다고 할 수 있을 정도로 노골적이며 날카롭다. 이것이 임상가를 위협하려는 시도에 의한 것인지 아니면 원래 그의 방식인지는 모호하다. 그의 외양은 깨끗하고 평범했다. 특히 그는 통찰력이 뛰어나서 임상가의 질문 뒤에 숨어 있는 의미를 이해하고 있는 것처럼 보인다. 그러나 그는 자신의 행동이나 사생활에 대한 이해와 통찰을 제공하는 것은 거부했다.

정신상태검사: 쉬거는 사람, 장소, 시간 그리고 상황에 대한 지남력을 유지하고 있었고, 간이정신상태검사MMSE에서 30점 만점에 30점을 받았다. 정신상태검사 결과 인지적 어려움이나 정신과적 장애의 증거는 없었다. 살인 경향성은 불분명하였다. 그는 긍정도 부정도 하지 않았고, 가해 의도에 대한 상세한 내용은 밝히길 꺼려했다. 그는 또한 자살 경향성을 부인했다. 환각과 망상, 편집증은 드러나지 않았고 이에 대해 명백하게 부인했다. 하지만 면접자가 그를 당국에 넘긴 남자에 관해 질문하였을 때 수수께끼 같은 진술을 했다. "내가 그를 해방시켰어. 살다 보면 때때로 운 좋은 일이 생기지." 쉬거는 자신이 많은 문항에 답하고 정신상태검사에 응했기 때문에 그 대가로 임상가가 자신과 같이 게임을 해야 한다고 요구했으며, 임상가는 결국 게임을 같이 하기로 결정하였는데, 이는 라포rapport(신뢰감) 형성의 목적이 크고 면접이 거의 마무리 단계였기 때문에 가능한 것이었다. 쉬거는 다른 말 없이 웃으면서 방을 나갔다.

기능적 평가: 쉬거는 그의 삶의 모든 영역에서 별다른 기능의 문제가 없다고 보고했다. 하지만 사회적 기준에서 본다면 그는 사회적 · 심리적 또는 개인적으로 잘 기능하지 못한다. 그러나 쉬거는 이러한 것들에 그다지 신경 쓰지 않았다.

장점: 쉬거는 꽤 지적이고 자신의 환경과 주위 사람들의 동기에 대해 매우 정확하게 알고 있는 것 같다. 그는 인내심이 있고 높은 자기통제력이 있는 것 같다. 그는 무미건조한 유머감각을 보였다.

진단: 반사회성 성격장애.

치료 계획: 쉬거는 비록 구체적인 범죄 계획이나 의도를 보이지는 않았지만 유해한 행위를 다시 저지를 위험성이 높다. 난폭하고 공격적이었던 그의 과거와 진단명 및 타인에 대한 공감 능력 부족 등이 이러한 예상을 뒷받침한다. 이해하기 어려운 그의 표현과 어지

러운 신체 언어body language는 별 도움이 되지 않는다. 정보공개는 승인되었고, 임상가가 정기적으로 쉬거의 보호관찰관과 소통할 수 있도록 허가되었다. 임상가는 이 사건에 대해 법의학 심리학자인 동료와 상의할 것이고, 유해한 행동을 예방할 수 있는 최선의 접근 방법과 일어날 수 있는 미래의 시나리오에 대한 상담과 조언을 구하기 위해 미국심리학협회의 윤리 사무국과 연락할 것이다. 가장 우선적으로 취해야 할 개입은 쉬거와 접촉할 수 있는 다른 이들의 안전을 확보하는 것이다.

예후: 나쁨. 이 사람은 양심의 가책도 없고, 자기 자신의 변화에 대해 어떠한 것에도 관심이 없으며, 자신이 행한 일이 잘못된 일임에 대해 전혀 인식하지 못하고 있다.

정신병질, 반사회성 성격장애 그리고 〈노인을 위한 나라는 없다〉

하비에르 바르뎀에게 2007년 아카데미 남우조연상을 안겨 준 배역인 안톤 쉬거는 영화사상 정신병리와 악마적 인물에 관한 묘사 중 가장 오싹한 인물로 인정받는다. 미국영화협회에서 선정한 '100인의 영웅과 악당' 목록 중 악당 부문에 쉬거가 포함되어 있지 않다는 사실을 믿기 어려울 정도다(부록 A 참조).

쉬거에 대한 묘사는 무서우리만큼 흡인력이 있다. 한 측면에서 그는 단순히 돈을 위해 일하는 사람이고, 다른 측면에서는 냉혈한이며 연쇄살인을 행하는 정신병질자psychopath 또는 악마로 상징화된다. 그는 도덕률이 완전히 결여되어 있어서 선악에 대한 관념이 전혀 없는 사람으로 보는 것이 적절하겠지만, 다른 한편으로 그는 운명이라는 자신의 한 가지 믿음을 따르는 원칙적인 사람이라고도 볼 수 있다. 어떤 상황에서는 누구를 죽일지 결정하기 위해 동전을 던지고, 또 다른 상황에서는 단순히 그의 일에 끼어드는 사람을 죽이기도 한다. 그는 선함이나 도덕성, 혹은 만나는 상대를 조금도 신경 쓰지 않는다. 의미와 목적은 그에게서 가장 멀리 떨어져 있는 것들이다. 그는 가축을 기절시키거나 죽일 때 사용하는 관통성 나사머리 장총과 같은 독특한 흉기를 쓴다.

깊고 거친 목소리와 예리한 눈, 절도 있고 자신감 있는 걸음걸이를 가진 쉬거의 캐릭터는 매력적으로 묘사된다. 그는 아주 과묵하고 말을 할 때 신중하게 단어를 선택한다. 그의 국적과 인종은 명확치 않아서, 그는 마음먹은 대로 어디 출신도 될 수 있다. 그의 행동은 높은 수준의 '부정적 천재성'(악의적 목적을 위한 순간적 창의력)을 내포하고 있다. 그를 막을 방도는 없는 듯 보이고, 만나는 모든 사람을 능숙하게 '이용'한다. 그를 늦추거나 막을 수 있는 어떤 벽이나 잠긴 문도 없다. 그의 나사머리 장총은 그가 부딪히는 모든 장애물들을 뚫는다. 만약 쉬거가 어떤 사람을 죽이기 위해 기다리고 있다면, 어디로 도망가든 별다른 차이는 없을 것이다. 한 장면에서 그는 수세에 몰리게 되지만, 곧 종적을 감추는 방법을 찾아낸다. 이것은 이 인물의 또 다른 결정적인 측면이다.

우리가 볼 수 있는 것은 '순수한 악마'가 아니라 악마의 일면에 불과한 것처럼, 우리는 쉬거를 볼 수 없고 그도 보이기를 원치 않는다. 심지어 등장인물 중 하나는 그를 유령이라고 부른다. 사실 그가 등장하는 첫 장면(그리고 다른 여러 장면들)에서 그는 잔인하게 살인하고 도주하기 직전에 뒷좌석에 앉아 있는데, 얼굴에 음영이 드리워져 보이지 않는다. 그는 피해자들을 조용히 따라가서는 갑자기 나타난다. 가능한 한 빨리 나타나고 사라진다. 만약 그에게 살인할 것인지를 묻는다면, 쉬거는 "상황에 따라 다른데, 나를 아는가?"라고 답할 것이다. 이런 설명들을 읽다 보면 쉬거가 전형적인 반사회성 성격은 아니라는 사실이 분명해진다. 그는 위법행위나 무책임함, 충동성, 공격성 등의 폭넓은 파괴적 행동 양상을 보일 뿐 아니라, 인간성이라고는 찾아볼 수 없는 연쇄살인범이다. 정신병질적psychopathic 성격이라는 진단(공식적인 DSM-IV-TR 진단명은 아니지만 이 장에서 나중에 언급될 것이다.)이 쉬거에게는 보다 정확하고 적절한 기술이 될 것이다.

〈노인을 위한 나라는 없다No Country for old Men〉(2007)는 아카데미 감독상과 각색상 등 수많은 상을 수상했다. 코엔 형제가 감독을 맡은 이 영화는 스릴러/서스펜스, 범죄극과 서부극이라는 많은 장르적 요소를 통합하고 있다. 안톤 쉬거의 성격은 〈다크나이트Dark Night〉(2008)에서 조커 역으로 아카데미상을 받은 히스 레저와 견주어 볼 만하다. 조커는 상대를 빨아들이는 카리스마가 있는, 정신병질적 성격 유형에 딱 맞는 악당이다. 그는 양심의 가책이나 인간의 선함을 조금도 보이지 않고 자신의 의지대로 살인한다. 두 인물 모두 이 성격장애 차원의 극단에 있다고 볼 수 있다. 관객들은 각 인물에 대해 매우 호기심을 가지고 그들이 묘사되는 장면을 기대한다. 이 두 인물과 〈시계 태엽 오렌지A Clockwork Orange〉(1971)의 알렉스 같은 다른 정신병질자들에게 관객들이 쉽게 매혹되는 이유는 여러 측면에서 설명할 수 있다. 이러한 대중들의 호기심에 관해 연구한 토드 카쉬단Todd Kashdan은 세 가지 가능성을 제시했다(Kashdan, 2009, and personal communication).

① 노출: 영화는 사람이 느끼는 극도의 공포를 안전하게 경험할 수 있는 공간이고, 공포가 어느 수준에 이르렀을 때 관객들은 그들이 보고 있는 것이 실제가 아니라는 사실을 항상 인식하고 있기 때문에 이러한 경험을 기꺼이 즐길 수 있다. 영화는 호기심과 공포감이 결합되어 혼합된 정서상태를 이끌어 내며, 이를 통해 관객들은 아주 즐겁고 긍정적인 경험을 하게 된다. 관객의 불안은 호기심에 의한 즐거움을 증폭시키고, (그에 따르는) 긍정적 경험은 더 강렬하고 지속적이다.

② 스릴 추구: 일부 관객들은 하나의 경험으로서 개인적이고 정서적인 위험에 빠지는 것을 즐긴다. 인생의 많은 부분이 '평범함'의 범주에서 벗어나지 못하므로 일반적으로 우리가 강렬한 감정(예: 증오)을 경험할 수 있는 기회는 거의 없는데, 이러한 영화는 연속적인 경험의 범주를 풍부하게 채워 주고 관객이 강렬한 감각을 경험할 수 있게 만든다.

③ 사회적 도식social scripts: 우리는 용기와 공포의 극복이 긍정적인 결과로 이어질 수 있다는 사실을 잘 안다. 이런 사회적 도식이 어떤 관객에게는 긍정적으로 받아들여지는 반면, 이를 즐기지 않는 다른 이들에게는 단지 용기를 시험하는 것에 지나지 않는다. 실제로 이러한 극단적인 상황에 처하게 되는 경우는 거의 없어서, 특별히 이런 경험을 즐기지 않는다고 하더라도 관객들은 종종 이를 찾게 된다. 또한 이런 현상은 높은 호기심과 낮은 행복감의 감정 프로파일을 가질 때 잘 일어난다.

 성격장애의 유형

〈표 6-1〉 현대영화 속의 예시에서 보는 성격장애의 특징

장애 진단군	성격장애	특징	고전영화의 예들	최신 영화의 예들
A	편집성paranoid	다른 이들의 동기를 의심하고 불신	〈케인호의 반란〉(1954)의 프란시스 퀵 선장, 〈시에라 마드레의 보물〉(1948)의 프레드	〈랜드 오브 플렌티〉(2004)의 폴, 〈아이, 로봇〉(2004)의 스프너
	분열성schizoid	사회관계로부터 이탈되고 정서적 표현이 제한됨	〈윌 페니〉(1968)의 윌 페니	〈바틀바이〉(2001)의 바틀바이, 〈그 남자는 거기 없었다〉(2001)의 에드 크레인
	분열형schizotypal	친밀한 관계에 대한 극심한 불편함, 사고 또는 인식의 왜곡 그리고 기이한 행동	〈지배계급The Rulling Class〉(1972)의 잭 아놀드 알렉산더 탠크리드 거니	〈찰리와 초콜릿 공장〉(2005)의 윌리 웡카, 〈레인 오버 미〉(2007)의 찰리 파인만
B	반사회성antisocial	다른 사람의 권리를 위반하고 무시	〈시계 태엽 오렌지〉(1971)의 알렉스, 〈열차의 이방인〉(1951)의 브루노 안토니	〈매치포인트〉(2005)의 크리스 윌튼, 〈악마가 너의 죽음을 알기 전에〉(2007)의 앤디 핸슨
	경계성borderline	감정과 대인관계에서의 불안정성, 부적절한 자기-이미지, 유기 공포 그리고 두드러진 충동성	〈위험한 정사〉(1987)의 알렉스 포레스트	〈노트 온 스캔들〉(2006)의 바바라 코벳, 〈마고 앳 더 웨딩〉(2007)의 마고
	연극성histrionic	과도한 감정 및 관심 추구	〈욕망이라는 이름의 전차〉(1951)의 블랑쉬	〈아메리칸 뷰티〉(1999)의 캐롤린 버냄
	자기애성narcissistic	과장, 감탄에 대한 요구와 다른 사람들의 요구와 문제에 대한 공감 부족	〈선셋대로〉(1950)의 노마 데스몬드	〈오버나이트〉(2003)의 실존인물 트로이 듀피, 〈앵커맨〉(2004)의 론 버건디
C	회피성avoidant	사회적 억제, 무능력하다고 느낌, 그리고 부정적 평가와 비판에 민감함	〈유리동물원The Glass Menagerie〉(1950)의 로라 윙필드	〈아멜리에〉(2001)의 아멜리에 플랭, 〈파인딩 포레스터〉(2000)의 윌리엄 포레스터

C	의존성dependent	복종적이고 매달리는 행동과 유기 공포	〈밥에게 무슨 일이 생겼나?〉(1991)의 밥	〈화이트 올랜더〉(2002)의 클레어 리차드
	강박성obsessive-compulsive	질서정연함과 완벽함, 통제에 대한 집착	〈별난 커플〉(1968)의 펠릭스 웅거	〈달빛 상자〉(1996)의 알 파운튼

    우리 각자에게는 고유의 독특한 개성과 성격 특성이 있다. 때에 따라서는 이러한 성격 특성이 우리를 곤경에 빠뜨리기도 한다. 어떤 사람들은 그들의 성격 때문에 대인관계에서 끊임없이 곤란을 겪게 된다. 경직되고 부적응적이며 계속해서 문제를 일으키고 심한 내적 고통을 유발하는 행동양식이 지속적으로 나타날 때 이를 성격장애로 진단하는 것이 적절할 것이다.

    성격장애를 갖고 있는 사람들은 사회적 기대에서 현저히 벗어나는 경직된 행동양식을 광범위한 측면에서 지속적으로 나타낸다. 그들의 행동은 다른 대부분의 사람들에게 기이하거나 독특하게 비쳐진다. 그러나 개인에게 이러한 경험은 자아동조적ego-syntonic이어서 너무나 뿌리 깊게 내재되어 있기 때문에 주관적으로는 불편함을 느끼지 못한다. 즉, 이들은 자신의 병리에 너무나도 익숙해져 있다. 〈표 6-1〉에 정리된 10개의 성격장애는 임의대로 나열한 것이 아니라 모든 성격장애를 별개의 세 집단으로 분류한 개념적 모델에 기초한 것이다. A군(괴이하거나 벗어난 행동)에는 편집성, 분열성 그리고 분열형 성격장애가 있다. B군(극적이고, 감정적이며 변화무쌍한 행동)에는 반사회성, 경계성, 연극성, 자기애성 성격장애가 해당된다. C군(불안 또는 공포 행동)에는 회피성, 의존성, 강박성 성격장애가 포함된다.

    임상가가 내담자와 단 한 번의 면담만으로 성격장애를 진단한다는 것이 쉽지 않은 것처럼, 영화 속에서 잠깐 동안 등장하는 인물을 보고 성격장애로 진단하는 것 또한 어렵다. 유년기에서 성인기에 이르기까지의 발달과정을 다양한 관점에서 보여 주는 영화들은 관객들이 보다 쉽게 진단내릴 수 있도록 해 준다(예를 들어 〈레드 드래곤Red Dragon〉(2002), 〈양들의 침묵The Silence of the Lambs〉(1991), 〈한니발Hannibal〉(2001), 〈한니발 라이징Hannibal Rising〉(2007) 등 한니발 렉터의 삶을 다룬 네 편의 영화들).

    일시적인 외부적 상황 요인에 의해 정상 범주에서 벗어난 행동을 한다는 이유만으로 성격장애로 진단하는 것은 적절하지 않다(예를 들어 몇 번이고 세무감사를 받는다면 정부에 대해 편집증을 가질 수 있다). 마지막으로 성격장애의 진단에 있어서 문화적 변인들을 고려하는 것이 매우 중요하다. 예를 들어 이탈리아 영화 〈다운 앤 더 티Down and Dirty〉(1976)에서는 주인공을 반사회적 성격을 가진 사람으로 묘사한다. 그러나 그의 행동은 이탈리아 남부 문화라는 측면과 가난으로 인한 정신적 황폐를 고려하면 어느 정도 이해될 수 있다.

어떤 성격장애는 남성들에게 더 흔하고(예: 반사회성 · 자기애성 성격장애), 반면에 여성들에게 더 흔한 성격장애도 있다(예: 경계성 · 히스테리성 · 의존성 성격장애). 이러한 사실은 우리가 곧 보게 될 영화 속 성격장애 묘사와도 일치한다.

A군 성격장애

A군에 속하는 '기괴하고 별난' 성격장애는 드물기 때문에 이를 묘사한 영화도 흔하지 않다(해리성 정체감장애와 같은 장애가 현실에서는 희귀하지만 영화에서는 자주 다뤄지는 것과 달리).

편집성 성격장애

편집성paranoid 성격장애를 지닌 사람들은 고립되어 있으며 의심이 많다. 그들은 다른 사람들이 자신의 뒤에서 수군거리고 음모를 꾸민다고 확신한다. 다른 사람의 행동들이 자신을 해치려는 것인지 주시하고, 다른 사람이 건네는 우정과 호의를 속임수나 음모의 일부라고 간주하며 거절한다. 아이러니하게도 편집증적인 사람들의 행동은 기이하기 때문에, 다른 사람들은 뒤에서 이들에 대해 이야기하기 시작하고 이는 곧 자기충족적 예언이 되고 만다. 편집증적인 사람은 친구가 몇 안 되거나 거의 없다. 그들은 거의 모든 것들을 개인화하며, 다른 사람이 무심코 한(평상시의 가벼운) 말을 자신만의 신념체계에 따라 왜곡하여 이해한다.

〈랜드 오브 플렌티Land of Plenty〉(2004, 미국/독일)는 9·11 사건 이후 미국에서 두드러지게 나타났던 그릇된 애국심과 편집증에 관한 빔 벤더스의 영화다. 젊은 여성인 라나는 삼촌 폴을 만나기 위해 텔아비브에서 미국으로 돌아왔고, 엄마를 대신하여 그에게 편지를 전한다. 의심 많은 편집증 환자인 폴은 LA를 공격하려 하는 테러리스트와 폭탄 찾기에 정신이 팔려 있다. 그는 여느 편집증 환자들과 마찬가지로 인간에 대한 과민 성향을 보인다. 다른 사람과 대화를 할 때 그는 굉장히 강렬하고 설득력 있는 어투를 구사한다. 폴은 헐어 빠진 밴에 살며, 조이스틱과 모니터가 달려 있는 수제 카메라를 사용하고, 잘라 낸 신문지로 차벽을 덮어 놓았다. 그가 사용하는 물건들 중 몇몇은 그가 증거를 찾기 위해 뒤졌던 쓰레기통에서 가져온 것이다. 그는 인종차별적 관점으로 아랍 남성을 보며, 터번을 쓴 노숙자를 만나면 그 자가 테러리스트라고 곧잘 의심한다. 폴은 한 남자가 차로 사람을 죽이게 되는 장면을 목격하게 되는데, 그의 일거수일투족을 모두 비디오테이프에 담고 있었기 때문에 자신의 즐거움을 위해 비디오테이프 영상을 끊임없이 돌려 본다. 폴은 자신이 베트남 전쟁에서 고엽제 'Agent Orange'에 노출된 적이 있다고 말하기 때문에, 다른 심리학적 진단을 내리기 전에 신체장애의 가능성을 우선적으로 검토할 필요가 있다.

"그들은 나의 조국을 감염시키려 하고 있어. 그들은 우리를 파괴시키려 할 거야. 하지만 내가 절대로 그렇게 내버려 두지 않을 거야."
– 〈랜드 오브 플렌티〉(2004)에서 편집증 증세를 보이는 폴

우간다의 독재자 이디 아민을 연기해 아카데미상을 수상한 포레스트 휘태커의 작품 〈라스트 킹The Last King of Scotland〉(2006)은 편집증을 가진 지도자의 위험성을 명백히 잘 보여 준다. 어떤 측면에서 아민은 우간다의 정통성 있는 지도자이자 '아버지'이며, 사람들을 설득시키는 모습이 아주 카리스마 있다. 또한 그는 종종 흥미로운 애정관계를 가지며, 우호적이고 명랑하며 짓궂은 모습을 보이기도 한다. 하지만 다른 한편으로 그는 무자비한 독재자로 그려진다. 강렬하고 예측 불가능한 통치 기간 동안 그는 300,000명 이상의 우간다인들을 살해한다. 편집증은 그의 성격에서 중요한 부분이고, 그는 또한 편집증을 자신의 끔찍한 행동을 정당화하기 위해 사용한다.

"두려움을 느끼는 사람이 있지. 그 사람은 약하고…… 노예일 뿐이야."
– 〈라스트 킹〉(2006)에서 아민의 아이러니한 발언

편집성 성격장애를 설득력 있게 묘사한 작품으로 형사 델 스프너(윌 스미스 분)가 등장하는 〈아이, 로봇I, Robot〉(2004)이 있다. 스프너는 2046년의 세계에서 중요한 도구가 된 로봇에 대해 특히 의심이 많고 비판적이며 분노가 가득한 사람이다. 스프너는 가림막도 없이 샤워를 하고, 로봇에 대한 불신 때문에 소포를 배달하러 온 로봇을 밀쳐 버린다. 이러한 그의 잘못된 지각은 로봇이 범죄를 저지른 사례가 없는데도 불구하고, 어느 로봇을 지갑을 가지고 달아나는 강도로 잘못 판단하여 무작정 뒤쫓아 가서 달려들 지경에 이르게 한다. 이야기의 대부분은 스프너의 편집증으로 인해 법을 어기게 되는 것인데, 다른 사람들도 이를 알고 있다. 제임스 크롬웰이 연기한 알프레드 래닝 박사는 로봇으로부터 인류를 구원하기 위해 스프너의 편집증에 의지한다. 편집증 성격을 묘사한 많은 영화에서처럼[예를 들어 〈컨스피러시 Conspiracy Theory〉(1997)에서 멜 깁슨이 연기한 제리 플렛쳐] 재미있는 영화 구성을 위해 종종 왜곡된 정신병리학적 지식이 묘사되는데, 이 때문에 편집증을 가진 극중 인물의 행동이 진실에 부합하거나 정당화되는 결말을 보여 주기도 한다.

〈로얄 테넌바움The Royal Tenenbaums〉(2001)에서 벤 스틸러가 연기한 채스 테넌바움은 여러 가지 편집증적 특징을 시간의 흐름에 따라 일관되게 보여 주었다. 그는 아버지에 대한 근원적인 분노와 비현실적인 공포를 가지고 있으며, 그를 둘러싸고 있는 환경과 가정에 대한 과도한 관심과 각성을 보인다.

〈케인호의 반란The Caine Mutiny〉(1954)에서 함장 퀵 역의 험프리 보가트는 편집증적 성격을 뛰어나게 표현했다. 퀵은 선원들의 사기를 유지해야 하는 자신의 중요한 역할은 무시한 채 선원들의 사소한 잘못에 집착하게 된다. 그는 군사재판에서 반란을 도모한 초급 장교의 증인으로 불려가면서, 결국 압박감에 완전히 무너져 버리고 만다. 영화에는 퀵이 주머니에서 두 개의 볼 베어링을 꺼내어 손으로 불안하게 만지는 장면이 있는데, 이는 법정에 있던 사람들이 그가 심리적으로 정상이 아니라는 것을 알게 해 주는 매우 인상적인 장면으로 유명하다. 보가트는 〈시에라 마드레의 보물The Treasure of the Sierra Madre〉(1948)에서도 세 명의 남자가 나누어 갖기로 한 금을 파트너가 훔치려고 한다는 생각에 사로잡히는 편집증적 캐릭터를 연기하였다.

분열성 성격장애

분열성schizoid 성격장애를 지닌 사람은 친밀한 대인관계에 거의 관심이 없고 이러한 관계를 회피한다. 그들은 가족과 사회, 또는 가치관에 있어서 유대가 결여된 외로운 사람으로 일컬어진다. 이러한 사람들은 타인에게 강렬한 감정이나 다정함을 표현하지 않는다. 그들은 냉담하고, 수줍어하며, 무관심하다. 그들은 대부분 성적 욕구가 낮거나 아예 없고, 결혼도 거의 하지 않는다. 분열성 성격장애를 훌륭하게 묘사하고 있는 몇몇 영화가 있다. 〈바틀바이Bartleby〉라는 제목의 두 영화가 있는데, 두 영화 모두 허먼 멜빌Herman Melville의 단편소설 『공중인 바틀바이Bartleby the Scrivener』를 영화화한 것이며, 특히 2001년작은 바틀바이라는 이름의 매우 수동적인 남자가 평범한 사무직에 고용되면서 벌어지는 이야기를 다루는 훌륭한 컬트영화[1]다. 그는 처음에는 자신의 일을 빈틈없이 처리하지만, "저는 안 하는 쪽으로 하겠습니다I would prefer not to."라는 기이한 문장을 반복하며 추가적인 업무를 거부하기 시작한다. 에어컨 통풍구를 몇 시간째 응시하고, 직장 동료들에게 관심을 보이지 않는 등 그의 이상한 변덕은 계속된다. 분열성 성격장애를 가진 사람들은 종종 사회로부터 고립되는데, 이런 모습은 상징적으로 표현된 오프닝 장면에서 확인할 수 있다. 생산을 중심으로 바쁘게 돌아가는 사회를 표현하는 고속도로와 고가도로에 둘러싸여 갇혀 있는 장면은 바틀바이의 고립을 잘 나타내 준다. 그는 영화 전반에 걸쳐 말투가 느리고, 시선접촉은 한정되어 있으며, 정서는 단조롭고 무표정하다. 때때로 그는 상황에 맞지 않는 멍한 웃음을 한두 번 보여 주지만, 대인관계에서 어떤 의미 있는 미소나 웃음을 보이지는 않는다. 사람이 왜 분열적인 방식으로 행동하는지에 대한 구체적인 이유는 알 수 없으며, 마찬가지로 이 영화에서도 감정의 부족이나 사회적 무관심을 보이는 바틀바이의 행동을 분명히 설명하고 있지는 않다. 1970년작 영화는 이와 유사한 분열적 성향을 묘사하고 있으며, 이야기 구성은 2001년작과 매우 유사하다. 오래된 이 흑백영화는 어둡고 느리며 우울하다.

분열성 성격장애를 다룬 또 다른 걸작으로 코엔 형제의 느와르 영화 〈그 남자는 거기 없었다The Man Who Wasn't There〉(2001)가 있다. 이 영화의 제목에서도 분열성

---

1) 역자 주: 제도권 영화계에서 주목받지 못했지만 소수의 영화광에 의해 재평가받은 영화.

성격장애의 특징이 잘 드러나고 있다. 빌리 밥 손튼은 삶에 흥미가 없는 냉소적이고 무뚝뚝한 이발사 에드 크레인을 연기했다. 그는 매사가 마음에 들지 않고 자신의 삶에 즐거움 따위는 없다고 말한다. 그의 둔마된 정동flat affect은 전혀 감정적이지 않고, 목소리 톤도 단조롭다. 그는 천천히 그리고 뻣뻣하게 움직인다. 심지어는 담배도 느리고 절도 있는 어떤 의식(儀式)을 치르는 것처럼 피운다. 타인에 대해 반응할 때 그는 언제나 무거운 한숨을 쉬며 무기력한 모습을 보이고, 비판을 받을 때에도 수동적이다. 심지어 아내가 그의 가장 친한 친구와 바람을 피우고 있다는 사실을 알면서도 그다지 신경 쓰지 않는다. 그는 자신이 외판원에게 이용당하는데도 그냥 내버려 둔다. 그는 한 어린 소녀와의 관계에서만 자신의 감정적 에너지를 사용하는 것처럼 보이는데, 음악가가 되려는 소녀의 꿈을 위해 헌신적인 도움을 준다. 또한 그의 일관된 특징은 '그를 정말로 아는' 사람이 아무도 없다는 것이고, 이는 그가 자신에 대한 이야기를 타인에게 털어놓고 공유하는 능력이 부족하기 때문에 더욱 심화된다.

크리스핀 글로버는 〈윌러드Willard〉(2003)에서 사회적으로 부적응적인 분열성 성격장애 환자를 연기했다. 윌러드는 다른 사람들로부터 고립되어 있고, 유일한 친구라고는 지하실에 모여드는 쥐밖에 없다. 소크라테스라고 이름을 붙여 준 쥐 한 마리가 자살을 시도하던 그를 구해 준 이후부터 그는 사람들과 보다 더 거리를 두면서 복수를 위해 쥐들을 불러 모은다.

〈헤비Heavy〉(1995)에서, 주인공은 어머니의 죽음에 대해서 분열적인 반응을 보인다. 그는 냉혈한이며 매사에 무감동적이고 성적 관심도 없고 고립되어 둔마된 정동을 보인다. 분열성 성격장애 진단기준에 부합하기 위해서는 사별과 관련된 애도의 반응과는 별개로 어머니의 죽음 이전의 성격이 평가되어야 한다. '소처럼 크더라도 아무도 볼 수 없다'는 그의 믿음은 주인공의 고립감에 대한 흥미로운 분열적 표현을 나타낸다. 독불장군의 모습은 서부영화의 단골 소재이고, 이러한 인물들 대부분은 분열성 성격장애의 진단기준에 들어맞는다. 여기에 해당되는 사람들은 가까운 관계를 피하고, 혼자서 하는 활동을 즐기며, 막역한 친구가 적고, 다른 사람들의 칭찬이나 비판에 무관심하게 보인다. 두 가지 예로 〈윌 페니Will Penny〉(1968)의 주인공 찰튼 헤스턴, 〈제레미아 존슨Jeremiah Johnson〉(1972)의 주인공 로버트 레드포드가 있다.

분열형 성격장애

분열형schizotypal 성격장애를 지닌 사람은 '정신분열병처럼 보이는' 성격을 가지지만 정신분열병의 진단기준을 충족시키지는 않는다. 이들은 이상하고 기묘한 신념과 생각, 행동을 나타낸다. 또한 매우 미신적이고 일반적이지 않은 지각 경험을 나타내기도 하며 의심이 많고 편집증적이다. 〈레인 오버 미Reign Over Me〉(2007)에서 아담 샌들러는 찰리 파인만 역을 맡아 분열형 성격장애를 가진 사람을 매우 인상적으로 연기하였다. 찰리는 9·11 참사에서 가족 모두(세 딸과 그의 부인)를 잃었지만, 관객들은 여기서 비극에 대한 즉각적 반응이 아닌 주인공의 타락을 보게 된다. 하지만 이 이야기는 주인공이 회복하는 과정의 이야기이며, 관객들은 분열형 성격장애로 진단을 받을 수도 있었던 한 남자를 만나게 된다. 별나고 기괴한 행동을 보이는 찰리는 외모도 기괴하고 어린애처럼 보인다(예를 들어 그는 차림새가 너저분하고 스쿠터를 타고 다니는 동안 계속 헤드폰을 끼고 있다). 그는 사회적으로나 대인관계에서 우둔함을 보이는 한편, 모질고 냉담하며 때로는 부적절하게 행동한다(예를 들어 새로운 친구의 가족들과 함께 식사를 하지만 카운터에 앉아 헤드폰을 쓰고 노래를 흥얼거린다). 그는 다른 사람들에게 이야기할 때 아무 때고 사소한 질문을 한다. 그는 몇 번이고 자신의 주방을 뜯어고치고, 데스메탈 음악에 맞춰 드럼을 치거나 혼자서 비디오 게임을 하는 등 독특한 방식으로 여가 시간을 보낸다. 각 군의 성격장애 특징들은 때때로 혼합되거나 중첩될 수 있다. 예를 들어 찰리는 다른 사람과의 관계에 대한 어떠한 욕구도 없고(분열성), 다른 사람을 매우 의심한다(편집성). 분열형 성격장애의 진단을 내리기 전에 임상가는 찰리의 성격 특성 중 어디까지를 사별에 대한 애도의 반응으로 보아야 할 것인지, 또는 심한 우울증이나 PTSD 증상과 관련시킬 수 있는지를 감별해야 하며, 치료자는 비극적 사건이 일어나기 이전에는 그의 성격이 어떠했는지에 대해서도 파악할 필요가 있다.

분열형 성격을 눈에 띠게 잘 묘사한 영화로 팀 버튼 감독의 〈찰리와 초콜릿 공장 Charlie and the Chocolate Factory〉(2005)이 있다. 이 영화에서 조니 뎁이 독특하게 연기한 월리 윙카는, 진 와일더가 연기한 작품 〈초콜릿 천국Willy Wonka and the Chocolate

Factory〉(1971)보다 성격장애 진단기준의 핵심을 더욱 잘 묘사하고 있다. 뎁이 연기한 윙카에게는 고립과 특이한 지각 경험, 기이한 생각을 더 분명하게 드러내 주는 심각한 수준의 단절적 특성이 엿보인다. 그는 혼자 살고 있으며, 친구는 난쟁이(웜파 룸파) 무리뿐이다. 그는 타인과 의사소통을 할 때 이상한 습관을 보인다. 예를 들면 이상한 문법으로 말을 하고, 부족한 사회적 기술을 보충하기 위해 메모용 카드를 사용하며, 공공장소에서 혼잣말을 하기도 하고, '부모'라는 단어를 말하지 못한다. 그의 외모는 화려하고 유별나다. 이 영화는 윙카의 성격을 이해할 수 있게 해주는 가족사를 함께 설명하고 있다. 그는 멀게만 느껴지는 권위적인 아버지와 외롭게 살아왔고, 그가 집을 도망쳐 나오기로 결심했을 때 아버지는 별로 신경 쓰는 모습을 보이지 않았다.

〈로얄 테넌바움〉(2001)에서 오언 윌슨은 화려한 복장을 한 채 별난 단어를 사용하는 엘리라는 역을 맡았다. 그는 변덕스러운 음색을 가지고 있으며, 이상하고 별난 행동을 하고, 때로는 현실을 제대로 파악하지도 못한다. 그의 방의 벽면은 수많은 이상한 그림으로 덮여 있었다. 약물 남용이 이러한 특징들에 얼마나 큰 영향을 주고 있는지는 확실하지 않지만, 그럼에도 불구하고 그의 행동과 상호작용들은 사실상 분열형 성격장애로 판단된다.

〈파이날Final〉(2001)에서 데니스 리어리는 편집증적 정신분열병을 가진 아주 매혹적인 남자 역할을 연기했다. 그가 보여 주는 정신분열형의 특성은 흥미롭지만, 분열형 성격장애로 진단되기 위해서는 이러한 특성이 정신분열병 에피소드에서만 배타적으로 나타나지는 않아야 한다.

〈바틀바이〉(2001)의 주인공 어니스트는 다양한 분열형적 특성을 보인다. 그는 논리적 사고의 부족을 보이고, 화가 나면 단어가 섞이고 뒤범벅되어서 의사소통은 지리멸렬해진다. 외모도 단정치 못했고 스트레스에 직면하면 자주 힘들어한다. 그의 행동은 종종 상황에 맞지 않았으며, 사무실에 있을 때에는 전혀 일하는 것처럼 보이지 않았고, 복사기 잉크에 물을 쏟았을 때에도 그는 아무런 반응을 보이지 않았다. 또한 인형이 튀어나와 회전하는 장난감에 대해서는 지나친 두려움을 보였다. 그는 지속적인 편집증적 증세와 걱정스러운 표정을 보이며, 영화 전반에 걸쳐서 무딘 감정을 드러내고 있다.

　분열형 성격은 플래너리 오코너Flannery O'Conner의 소설 『와이즈 블러드Wise blood』(1952)와 1979년에 존 휴스턴이 이 소설을 각색하며 만든 영화에서도 잘 그려지고 있다. 소설과 영화에 등장하는 남부의 전도사는 자신의 '예수 없는 교회'에 들어오라고 사람들을 설득하는 일에 열중했다. 그는 무수히 많은 기괴한 믿음과 이상한 말, 억눌린 정서 및 이상행동을 나타내고 있었고 가까운 친구들이 거의 없었다. 이 다섯 가지 특징들은 분열형 성격장애의 진단에 충분한 근거가 될 수 있다.

　하일러Hyler(1998)는 영화 〈택시 드라이버Taxi Driver〉에서 로버트 드 니로가 연기한 트래비스 브리클이라는 등장인물을 분열형 성격장애에 관해 기술하는 데 사용했다. 그는 이 영화가 의대생들에게 정신병리학을 가르치는 데 유용하다고 생각했고, 의대생들이 정신상태검사를 수행하고 기록할 수 있도록 고안된 컴퓨터 프로그램에 이 영화와 관련된 내용을 추가했다(Hyler & Bujold, 1994).

? 토론을 위한 부가적 질문(A군 성격장애)

- 이 장애들을 진단하기 위한 기준을 어떻게 구분지을 수 있을까? 그리고 유사한 특성을 보이는 축 I의 정신분열병과는 어떻게 감별할 수 있을까?
- 분열성 성격장애(〈바틀바이〉의 주인공의 증상 같은)에서 병의 원인이 되는 요소는 무엇인가?
- 앞에서 소개된 영화에서 묘사된 것처럼 이상하고 괴짜인 사람들이 단순히 극단적으로 독창적인 사람일 뿐이라는 관점에 타당성이 있는가?
- A군 성격장애 진단을 받은 사람에 대해 어떤 치료적 선택을 내릴 수 있는가?
- 위에서 다룬 영화의 인물들 중 개인적·사회적 또는 직업적 생활에서 유의미한 변화를 만들어 낸 경우가 있는가? A군 성격장애는 변화에 저항적인가?

B군 성격장애

　이 군에 해당하는 각각의 성격은 종종 생동감 있고 화려하며, '극적이고 정서적이며 변화무쌍함'이라는 표현에 어울린다. 따라서 B군 성격장애를 가진 사람들은 영화에서 매혹적이고 자극적인 주인공이라는 공통점을 가진다. 그들은 종종 주의를 끌고 갈등하며, 교묘하고 매력적이며 카리스마가 있어서 이들에 대한 영화팬들의 선호도는 극단적으로 갈린다. 게다가 이들은 대개 문제로 점철된 과거사를 지니고 있으며, 관객들은 현재의 고통에서 벗어나 인상적인 변신을 하는 과정을 보게되는데, 어느 쪽이든 좋은 드라마가 될 수 있다. 〈리플리The Talented Mr. Ripley〉(1999)의 주인공 맷 데이먼이 연기한 톰 리플리는 B군 성격장애의 여러 특성을 보여 주는 좋은 예다. 심지어 오프닝 크레딧에서는 원제목의 '재능 있는talented'이라는 문구 대신에 다음의 형용사들을 나열함으로써 이 장애의 복잡성을 설명하고 있다. '신비로운' '열망하는' '은밀한' '외로운' '곤란한' '혼란스러운' '사랑하는' '음악적인' '재능을 타고난' '지적인' '아름다운' '부드러운' '신들린 듯한' '열정적인'.

반사회성 성격장애

반사회성antisocial 성격장애를 가진 사람들은 법을 어기고, 신체적 공격을 할 수 있으며, 다른 사람을 속이고, 거짓말을 하고, 위험에 무감각하며, 자신의 행동 결과와 죄에 대해 양심의 가책이 거의 없거나 아예 없다. 그들은 다른 사람의 권리를 침해하고, 그들 행동의 결과로 벌을 받거나 수감될 경우에만 고통을 경험한다. 그들은 충동적이고, '쾌락 원칙pleasure principle'을 충실히 따르고 살아가며, 미래를 계획하거나 어떤 행동의 결과를 예상하는 데 상당히 어려움을 겪는다. 반사회성 성격장애를 가진 개인들은 경험을 통한 학습에 상당한 어려움을 보이고, 살면서 이와 관련한 법적·대인관계적 문제를 겪는다. 〈비겁한 로버트 포드의 제시 제임스 암살 The Assassination of Jesse James by the Coward Robert Ford〉(2007)에서 유명한 열차 강도 제시 제임스는 명백한 반사회적 인물로 묘사된다. 그는 냉정한 속임수와 반항적인 무모함, 높은 수준의 편집증 증상을 보여 준다. 그는 추종자들과 동료들이 자기를 잡으려 한다고 의심하게 된다. 특히 그에 대한 현상금이 증가할수록 그의 편집증은 그를 더욱 통제적이고 충동적이며 예측할 수 없게끔 만든다. 제임스는 반사회적 특성과 편집증적 특성이 포함된 달리 분류되지 않는 성격장애personality disorder not otherwise specified(NOS)로 진단될 가능성이 있다.

시드니 루멧의 〈악마가 너의 죽음을 알기 전에Before the Devil Knows You're Dead〉

(2007)는 스토리가 캐릭터를 결정짓는 강렬한 멜로드라마다(보통 드라마에서는 인물이 스토리를 결정한다).[2] 두 형제는 경제적 어려움에서 벗어나기 위해 애쓰며 살아가고, 더 나은 삶을 갈망하여 'mom and pop'이라는 보석 가게를 털려는 계획을 세운다. 그러나 아이러니하게도 이 가게의 주인은 그들 부모다. 강도 짓이 꼬이기 시작한 후부터 형제들의 반사회적 성향은 강하게 나타나 사기성과 충동성, 무모함이 만연하게 된다. 루멧 감독은 각각의 인물이 근원적으로 얼마나 불완전한 존재인지, 그리고 이들이 복수, 보상의 상실, 나태함으로 인해 얼마나 끔찍해져 가는지를 잘 묘사하고 있다.

〈악마가 너의 죽음을 알기 전에〉(2007)를 관람하면서 생각해 볼 물음들

- 영화 속 인물들은 변화할 수 있었을 것처럼 보인다. 하지만 그렇지 못한 이유는 무엇인가? 반사회성 성격장애를 가진 사람들은 일반적으로 변화에 대해 내성을 가지고 있는가? 반사회성 성격장애를 가진 사람들은 보편적으로 변화에 저항하는가?
- 필립 세이무어 호프만이나 알버트 피니, 에단 호크 등이 연기한 등장인물들의 행동 또는 행동하지 않음은 그들을 사악하다고 판단할 수 있게 만드는가? 만약 그렇지 않다면 진정 사람을 사악하게 만드는 것은 어떤 행동인가?
- 필립 세이무어 호프만은 끔찍한 상황에서 이에 대처하기 위해 약물을 남용한다. 반사회성 성격장애를 가진 사람들 사이에서 이런 경우는 얼마나 일반적인가?
- 이 영화의 독특한 제목은 아일랜드에서 건배할 때 나누는 "음식과 옷을 가지시길, 당신의 머리를 받치는 부드러운 베개도. 40년은 천국에 있길. 악마가 당신의 죽음을 알기 전에." 라는 말에서 유래한 것이다. 이 말의 의미는 무엇인가? 왜 이 제목이 영화에 적합하다고 생각하는가?

반사회성 성격장애를 가진 사람들은 종종 많은 성적 파트너를 만나고, 상대의 욕구나 감정은 고려하지 않은 채 자신의 성적 만족을 위해 다른 사람들을 이용하는 경

---

2) 역자 주: "잘 쓰인 드라마에서는 캐릭터가 스토리를 결정짓는다. 하지만 멜로드라마에서는 스토리가 캐릭터를 결정짓는다."

                                             - 시드니 루멧 감독

향이 있다. 그들은 표면적으로는 따뜻하고 호감을 줄 수 있으나, 상대를 성적으로 정복한 후에는 멀어지고 무관심해진다. 이러한 사실은 〈네이키드Naked〉(1993)의 지적이고 철학적이면서 반사회적인 인물 쟈니(데이빗 튤리스 분)를 통해 명백히 알 수 있다. 〈사도The Apostle〉(1997)에서 로버트 듀발은 엽색과 학대를 일삼고 자신의 문제를 타인들 혹은 신에게까지 투사하는 복잡하고 반사회적인 소니 목사 역할을 맡았다. 듀발이 연기한 소니 목사는 의욕이 넘치지만 결점이 많다. 열정적으로 설교하고 교묘한 솜씨와 매력으로 남들이 의미 있는 삶을 살 수 있도록 순수하게 도와주려는 모습을 보인다는 점에서 그는 '반사회적이면서도 영적'이다. 하지만 그는 자기 문제에 대해 악마를 탓하고 자신의 삶을 책임지려 하지 않는다. 그는 알코올을 남용하며 아내에게 충실하지 않고 그녀를 총으로 위협하고, 창문으로 물건을 던지며, 심지어는 거칠게 아내의 머리채를 잡아 야구장으로 끌고 와서는 아내의 남자 친구의 머리를 야구방망이로 때려 입원시켰다. 사람들이 그를 영적 지도자로 추앙함에도 불구하고, 그는 이들에게 자신의 과거를 숨긴다. 소니는 거창하게 잘 포장된 연설로 자기애적 자질을 보일 뿐만 아니라, 설교를 통해 다른 사람들에게 존경받고 자신의 능력을 입증하려고 한다. 소니의 캐릭터는 고전영화 〈사냥꾼의 밤The Night of the Hunter〉(1955)의 더욱 심한 정신병질적 '전도사(로버트 미첨 분)'를 연상시킨다.

매력적인 영화 〈테이프Tape〉(2001)는 모텔 방이라는 하나의 배경을 두고 세 인물들(에단 호크, 로버트 숀 레오나드, 우마 서먼) 사이에서 일어난 일에 관한 이야기다. 이 간단한 설정에도 불구하고 이 영화는 반사회적 성격을 가진 교활한 빈스와 그가 고등학교 친구 두 명을 조종하는 복잡한 광경을 잘 그려 내고 있다. 소방관이 되고자 하는 빈스는 28세의 무직자다. 그는 마약을 복용하면서 작은 모텔 방 주위를 달리며, 맥주를 마셔 대고 캔을 주위에 마구 던져 어지럽혀 놓는 등 불안정한 모습을 보인다. 그는 마약 거래의 이력이 있고, '화내는 경향'과 '미해결된 문제'를 갖고 있다고 말한다. 가끔은 상냥하고 부드럽게 말하지만, 관객들은 그가 친구들을 속이기 위해 의도적으로 그렇게 행동한다는 것을 금방 깨닫게 된다. 빈스의 집요한 추궁에 넘어간 존은 그에게 약점(고등학생 때 데이트 강간을 했다는 사실)을 털어놓게 되고, 아주 교활한 빈스는 이를 몰래 녹음한다. 공감이라고는 조금도 하지 않는 빈스는 자신의 속임수를 계속 이어 가기 위해 존을 협박하고 또 다른 옛 친구(빈스의 전 여자 친구이며 존에게 강간을 당한 피해자) 에이미에게 연락한다.

〈존스타운의 삶과 죽음Jonestown: The Life and Death of Peoples Temple〉(2006)은 현대사에서 가장 큰 규모의 집단자살이라 불리는 사건에 관한 오래된 영상 기록, 녹취록, 저술, 그리고 그 사건의 생존자 및 가족과의 인터뷰 등을 활용한 영화다. 1978년 11월 18일 가이아나의 존스타운에 있는 인민사원People's Temple에서 909명의 교인들은 복음 전도사 짐 존스와 함께 자살한다. 사원의 회원들은 존스의 카리스마, 그리고 그가 던지는 통합과 희망, 평등, 정의에 대한 메시지에 빠져들었다. 많은 사람들이 그를 신처럼 신봉하며 구세주라 여겼다. 하지만 죽은 사람들과 그 외의 많은 사람들이 간과한 중요한 점은 바로 짐 존스가 반사회성 성격장애를 가진 사악한 인물이었다는 사실이다. 그는 권력을 남용하고 자신의 성적 욕구를 채우기 위해 집회를 이용했다(어떤 사례에서는 한 여자와 성관계를 하면서 덜덜 떨고 있는 여자에게 "너를 위해 이러는 거야."라고 설득했다). 그는 신도들에게 자주 굴욕감과 수치심을 주면서 교묘히 조종하였고, 사소한 규칙 위반에도 집회 군중들 앞에서 때리는 등의 벌을 주면서 쾌락을 느꼈다. 한번은 휠체어를 탄 여인(실제로는 그의 비서)을 무대에 세워서 가짜 치료를 했다. 그는 교회에서 나이 든 노인들을 돌봐 드릴 것이라고 약속하며 교회를 위해 집을 팔라고 설득한다. 그는 자신의 추종자들에게 그들 자신만을 위한 생각에 빠지지 말라고 독려했는데, 그 이유는 스스로를 버려야만 구원을 받을 수 있다는 것이었다. 그는 친구이든, 형제이든, 구세주 또는 신이든, 신도들에게 필요한 존재가 될 수 있어서 행복하다고 말했다. 존스는 어렸을 때부터 강한 병적 특질을 보였는데, 예를 들면 그는 고양이 장례식을 주관하기 위해 고양이들을 죽였다.

대니 버로우스의 실화를 다루고 있는 〈빌리버The Believer〉(2001)는 유태인 나치라는 극적으로 모순된 역할 속에서 자신에 대한 심각한 애증을 보이는 한 남자에 대한 이야기다. 오프닝 장면에서 버로우스는 나치의 심벌을 상징하는 전형적인 스킨헤드의 모습으로 젊은 유태인을 길 한복판에서 때리고 있다. 그는 모순된 나치의 신념을 받아들이고 백인, 아시아인, 흑인 그리고 유태인 순으로 인종의 순위를 매긴다. 동시에 버로우스는 매우 지적이고 자기주장이 분명해서, 자신보다 나이 많은 사람들에게까지 나치의 질서와 규율, 가치에 대해 카리스마 있게 말하면서 '너의 적을 죽여라' '유태교는 병이다'라는 메시지를 명확하게 표현한다. 이러한 그의 호전성과 충동성은 많은 싸움을 야기한다. 버로우스는 자신의 반사회적 행동에 대해 양심의 가책을 거의 느끼지 않다가, 파시스트당과 함께 유태인 집회를 약탈하는 동안 사람들이 유태인의 신성한 기록을 담고 있는 두루마리 뭉치를 어떻게 다루는지에 대해 관심을 보이기 시작한다. 그는 이 두루마리 뭉치를 집으로 가져와 정성 들여 보관하면서, 그의 여자 친구에게 히브리어를 가르치기 시작한다. 여기서 그는 자신이 여태까지 만들어 왔던 삶의 방식의 결과에 대한 내부적 모순에 직면하게 되고 이를 감당해야만 한다.

실화를 토대로 반사회성 성격장애를 그리고 있는 또 다른 영화 〈셰터드 글라스 Shattered Glass〉(2003)는 시사주간지 『뉴 리퍼블릭New Republic』의 기자이면서 오랫동안 과장과 허위로 날조된 기사를 써 온 스티븐 글라스에 관한 이야기다. 이 영화에서 크리스텐슨은 성격장애와 관련된 정교한 속임수와 환상, 이중생활뿐만 아니라 '곤란에 빠진 반사회성 성격'의 신경증적 특질까지 훌륭하게 묘사하고 있다. 여기서 신경증적 특질이란 반사회성 성격장애를 가진 사람이 체포되거나 체포되려 할 때 보이는 변화의 양상과 불안감을 나타내는 것이다. 글라스는 비굴하고 감정적이며 변명하는 반응을 보인다. 타인을 조종하기 위한 그의 속임수는 여러 가지 형태를 띤다. 자기에게 편집장의 지원이 얼마나 필요한지, 그리고 다른 언론들과 경쟁하기 위해서 그것이 얼마나 중요한지(그가 거짓말을 할 때)를 강조하고, 끊임없이 "나한테 화났어요?"라고 물으면서 이야기를 사적으로 돌리기도 한다. 글라스는 자신이 저지른 행동의 결과를 보지 못하고 계속해서 여러 가지 거짓말들을 지어내고, 앞선 거짓말을 돌려 막기 위해 또 다른 이야기를 만들어 내면서 자신을 더욱 깊은 사기극으로 몰아넣는다. 결국 그의 행동은 『뉴 리퍼블릭』 측에 엄청난 쇼크를 남긴다.

반사회성 성격장애를 가진 인물이 체포되는 또 다른 예로 〈25시25th Hour〉(2002)에서 마리화나 매매죄로 감옥에 들어가기까지 24시간이 주어진 인물 에드워드 노튼이 있다. 그는 체포되었기 때문에 어쩔 수 없이 수치심과 죄책감과 분노에 직면하게 된다. 영화를 보면 그가 아버지와 여자 친구뿐만 아니라 뉴욕시에 있는 모든 인종과 집단, 구역에 "엿 먹어라" 하고 소리 지르며 강렬한 분노를 외부로 표출하는 인상적인 장면이 있다. 종종 그가 거울을 보며 자신에게 말하는 장면을 통해 그 말을 바로 자신에게 하고 있음을 추론할 수 있지만, 반사회성 성격장애를 가진 다른 사람과 마찬가지로 자신의 개인적인 책임으로 받아들이지는 않는다. 스파이크 리의 이 영화는 후회와 선택에 관한 중요한 문제를 제기하면서, 우리에게 해결되지 못한 여러 질문들을 던진다.

〈캐치 미 이프 유 캔Catch Me If You Can〉(2002)은 반사회성 성격장애를 가진 인물을 다룬 또 다른 영화다. 실화에 기초한 이 영화는 1960년대에 프랭크라는 사기꾼이 자신의 매력과 잘생긴 외모를 이용하여 은행에서 백만 달러를 훔치려 하는 이야기다. 레오나르도 디카프리오가 판암 항공사의 부조종사, 의사, 변호사로 성공적으로 변신하는 프랭크를 연기했다. 프랭크는 6년 동안 FBI 요원 칼 핸러티에게 쫓기다가, 결국 체포되어 FBI에서 사기 범죄에 대한 자문역을 하면서 살아가게 된다.

반사회성 성격장애에 관한 흥미로운 대조는 〈레버티Levity〉(2003)에서 확인할 수 있다. 이 영화에서 빌리 밥 손튼은 반사회성 성격장애를 갖고 있으면서도 자신의 과거 행위(수년 전에 했던 살인)를 바로잡으려 노력하는 인물을 연기했고, 모건 프리먼은 경찰에게 들키지 않기 위해 신분을 위조하는 반사회적 성향의 목사를 연기했다. 마찬가지로 〈레이디킬러The Lady Killers〉(2004)에서 톰 행크스는 자신의 이익을 위해 화려한 언변과 합리화를 이용하면서 나이 든 여자를 속이는 매력적인 인물을 연기한다.

극적 요소는 덜하지만 〈글렌게리 글렌 로스Glengarry Glen Ross〉(1992)에서도 순진한 구매자들을 냉정하게 속이는 절망적이고 불행한 부동산 외판원 잭 레먼을 그리고 있다. 자기 행동에 대한 결과를 고려하지 않고 사적인 이익을 위해 다른 사람들을 쉽게 속이고 조종하려는 것은 특히 반사회성 성격장애의 두드러지는 특징이다. 〈아일랜드의 연풍Widow's Peak〉(1994)에서 미아 패로우는 전반적인 입장에서 보면 반사회성 성격장애로 진단하기에는 부적절하지만, 나타샤 리차드슨과 함께 완벽에 가까운 사기꾼 예술가의 연기를 보여 준다. 많은 영화에서 반사회적 행동을 묘사하지만, 종종 이러한 등장인물들이 반사회성 성격장애의 기준에 부합되는지는 명확하지 않다. 〈강박충동Compulsion〉(1959)은 두 명의 반사회적인 친구 아티와 쥬드를 그리고 있다. 이 둘은 완벽한 범죄란 '우월한 지능의 진정한 시험'이라는 그릇된 생각에 빠져 있다. 그들은 단순히 자신들이 그럴 능력이 있다는 이유로 법망을 뚫고 살인 혐의를 벗으려 한다. 두 인물 모두에게 반사회성 성격장애가 있지만, 아티의 경우는 더 심각하다. 그는 차갑고도 상냥하며, 심리적 압박 속에서도 상당히 계산적이다. 그는 자신을 쫓는 경찰들의 혼란과 무질서함에 쾌감을 느끼고, 이들이 자신의 범죄에 대해 이야기하는 것을 즐겨 듣는다.

케빈 스페이시 같은 배우는 반사회성 인물을 연기한 것만으로도 자신의 경력을 화려하게 장식할 수 있을 정도다. 스페이시는 아주 다양한 성격 연기까지 소화할 수 있지만, 특히 그는 반사회성 성격의 몇몇 측면을 여러 인상적인 배역을 통해 잘 보여 준다. 예를 들면 그는 〈유나이티드 스테이츠 오브 리랜드The United States of Leland〉(2004)에서 오만한 작가, 〈아메리칸 뷰티American Beauty〉(1999)에서 '쾌락 원칙'에 집착하는 불행한 사람, 〈세븐Se7en〉(1995)에서 교활한 연쇄살인자, 〈유주얼 서스펙트The Usual Suspects〉(1995)에서 사기꾼, 〈벼랑 끝에 걸린 사나이Swimming with Sharks〉(1994)에서 악랄한 간부, 그리고 〈슈링크Shrink〉(2009)에서 무능하고 비윤리적이며 우울해하는 치료사의 역할을 연기했다.

〈엔론: 세상에서 제일 잘난 놈들Enron: The Smartest Guys in the Room〉(2005)은 부패한 조직 내의 경영진의 반사회성 성격장애를 묘사하며, 〈기업The Corporation〉(2004)은 비인도적이고 사회규범을 무시하는 기업을 통해 정신병질의 기준에 부합하는 단체의 전형을 잘 보여 준다.

> "엔론의 치명적인 결함을 말한다면, 그건 아마 자존심일 거야. 그것은 오만이 되고, 편협함과 탐욕이 되지."
> ─〈엔론: 세상에서 제일 잘난 놈들〉(2005)에서 경영진들의 근원적인 이슈

반사회성 대 정신병질적 성격

정신병질적 성격장애psychopathic personality disorder는 실제 진단은 아니지만, 흔히 사용되는 용어다. 반사회성 성격antisocial personality과 사회병질sociopath, 정신병질psychopath 등의 용어는 모두 뒤섞여 사용되면서 종종 혼란을 야기한다. 로버트 헤어Robert D. Hare는 정신병질자에 대해 40년 동안 연구해 온 이 분야의 세계적 권위자다. 헤어는 대부분의 정신병질자가 반사회성 성격의 기준에 들어맞지만, 그 반대의 경우가 반드시 성립하지는 않는다고 설명한다. 또한 헤어는 비교문화 연구를 통해 정신병질이 일반화될 수 있음에 주목한다. 그는 얕은 감정과 유창함, 조작성, 기생하는 생활,

일회적인 관계, 지속적 사회규범 위반, 자기중심주의, 참회/공감의 결여, 좌절에 대한 낮은 인내심, 거짓말하기 등을 정신병질적 성격의 기준으로 제시하고 있다.

영화에서는 정신병질자와 사회병질자가 '양심이 없는' 사람으로 자주 묘사된다. 〈캐리비안의 해적Pirates of the Caribbean〉 시리즈(2003, 2006, 2007)에서 반사회적 해적으로 나오는 조니 뎁의 역할과 제프리 러쉬가 이끄는 해적 좀비들을 비교해 보자. 좀비는 확실하게 정신병질적이다. 〈표 6-2〉는 최근 영화들을 통해 반사회성 성격장애와 정신병질 간의 차이를 분명하게 보여 준다.

〈표 6-2〉 영화를 통한 정신병질적 성격과 반사회성 성격의 구분

성격 유형	영화	성격 특징
반사회성	〈캐리비안의 해적〉의 잭 스패로우 (조니 뎁 분)	교묘한 조작과 일탈행동을 하지만 잭 스패로우는 신뢰와 관심, 신의 그리고 팀워크의 특성을 보여 준다.
	〈25시〉(2002)의 몬티 브로건	법과 규칙을 어긴 사실이 있고 충동적이고 성마르며 무모하고 오만하지만 다른 사람에 대한 걱정이나 후회를 보여 준다.
	〈네이키드〉(1993)의 쟈니(데이빗 듈리스 분)	사기적이며 충동적이고 자기중심적이며 공감이 결여되어 있고 무책임하다. 잠깐 동안이지만 사회 개선을 위해 사람들을 걱정하고, 사람들과 관계하는 모습을 보여 주기도 한다.
	〈사도〉(1997)의 사도 E.F.-유리스 '쏘니' E.F.(로버트 듀발 분)	심한 속임수와 충동성, 위험한 말과 행동; 그러나 때로는 진심으로 다른 사람을 격려하고 신을 사랑하며 양심을 보여 준다.
정신병질/ 사회병질	〈캐리비안의 해적〉(2003, 2007)의 바르보사(제프리 러쉬 분)	자신의 이익을 위해 마음 내키는 대로 사람들을 죽이며, 일곱 가지 용서받지 못할 죄악(특히 탐욕)을 가진다.
	〈마이너스 맨〉(1999)의 밴(오언 윌슨 분)	양심도 없고 아무런 이유나 목적도 없이 무작위로 살인을 저지르는 연쇄살인자
	〈내츄럴 본 킬러〉(1994)의 미키 녹스(우디 해럴슨 분)와 줄리엣 루이스(말로리 녹스 분)	자신에게 방해가 되는 모든 자를 어떠한 망설임이나 양심의 가책 없이 고문하고 죽인다.

〈언브레이커블〉(2000)의 일라이자 프라이스(새뮤얼 잭슨 분)	대형 살인을 저지르면서도 인간의 생명을 전혀 고려하지 않는다. 그는 오직 '반대쪽 운명'을 찾겠다는 자신의 요구를 충족시키려 할 뿐이다.

특히 인상적인 두 영화 〈몬스터Monster〉(2003)와 〈아메리칸 싸이코American Psycho〉(1999)는 이 두 장애의 감별과 관련된 흥미로운 질문을 제기하고 있다. 〈몬스터〉의 아이린은 어쩌면 정신병질이라기보다 반사회성에 가까운 연쇄살인자의 드문 예가 될 수 있다. 그녀는 사랑을 나누고 표현할 수 있으며(그녀의 애인 역할은 크리스티나 리치가 연기했다.), 자신이 저지른 살인은 자기방어라고 주장한다(실제 연쇄살인자 아이린 우노스가 말한 대로). 〈아메리칸 싸이코〉에서는 패트릭 베이트먼(크리스천 베일이 연기한)이 영화 내내 많은 사람들을 죽이는 장면을 보여 준다. 만약 문자 그대로 받아들인다면, 그가 정신병질적 성격인 것은 분명하다. 하지만 줄거리 구성과 그의 폭넓은 공상, 마지막 장면에서 베이트먼의 머리가 클로즈업되는 연출을 고려해 보면, 흥미롭게도 이 영화에서 묘사되는 모든 살인사건은 베이트먼의 생각/환상 속에서 만들어졌음을 알 수 있다. 관객들은 베이트먼이 매우 자기애적이고 깊은 반사회성 특성을 가지고 있지만, 정신병질자는 아님을 알게 된다.

정신병질 성격을 가진 사람을 묘사하는 영화는 아주 많다. 앤서니 홉킨스가 식인자 한니발 렉터로 열연한 〈양들의 침묵〉(1991), 〈한니발〉(2001), 〈레드 드래곤〉(2002), 그리고 억압된 정신병질이 다시 되살아나는 내용을 그리고 있는 〈죽음보다 무서운 비밀Apt Pupil〉(1998), 〈인 콜드 블러드In Cold Blood〉(1967), 〈보스턴 교살자The Boston Strangler〉(1968), 〈헨리: 연쇄살인범의 초상Henry: Portrait of a Serial Killer〉(1990), 아동 연쇄살인범 프리츠 랭이 등장하는 〈엠M〉(1931), 그리고 데니스 호퍼가 사회병질자로 나오는 〈블루 벨벳Blue Velvet〉(1986)과 〈스피드Speed〉(1994)와 같은 여러 영화들에서 그 인상적인 예를 찾을 수 있다. 〈헬터 스켈터Helter Skelter〉(1976)에서 스티브 레일스백이 연기했던 찰스 맨슨은 사회적인 가치와 도덕적 행동을 전혀 신경 쓰지 않는 정신병질적 성격장애자의 또 다른 예다(1969년에 아홉 명을 죽인 실존인물 맨슨은 자신이 저지른 행동과 그의 희생자들의 죽음 앞에서 일말의 양심의 가책도 보이지 않았다).

> "닫힐 수 없었기에 문은 열려 있었다."
> ─〈죽음보다 무서운 비밀〉(1998)에서 은둔하는 전 나치 추종자 커트 듀샌더

전설적인 감독 스탠리 큐브릭은 그의 영화에서 정신병질적 성격을 가진 등장인물을 자주 묘사했다. 그중에서도 가장 유명한 캐릭터는 아마 〈시계 태엽 오렌지〉(1971)의 길거리 깡패 알렉스일 것이다. 강한 정신병질적 경향을 보이는 다른 인물로는 〈풀 메탈 자켓Full Metal Jacket〉(1987)에 등장하는 상급 훈련 강사(구너리 서전트 하드맨 분)와 〈샤이닝The Shining〉(1980)에서 황폐해져 가는 인물 잭 토랜스(잭 니콜슨 분), 〈2001 스페이스 오딧세이2001: A Space Odyssey〉(1968)에서 인간을 기만하는 컴퓨터 할, 〈로리타Lolita〉(1962)에 등장하는 소아애호증 환자, 걸작 〈영광의 길Paths of Glory〉(1957)에서 반전 운동에 직면한 장군(커크 더글러스 분)등이 있다. 정신병질적 성격의 고전적 예는 알프레드 히치콕 감독의 〈열차의 이방인Strangers on a Train〉(1951)에서 찾아볼 수 있다. 불법적인 행동(살인 포함)을 일삼는 브루노 안토니(로버트 워커 분)는 쉽게 남을 속이며 경박스러운 언변과 충동적인 모습을 보이고, 살인을 저지르거나 자신의 아버지를 죽이려는 계획을 세우면서도 어떠한 양심의 가책도 느끼지 않는다.

경계선 성격장애

경계선borderline 성격장애는 불안정하지만 강렬한 대인관계와 쉽게 변하는 기분, 충동적 행동, 변화무쌍한 정서로 특징지을 수 있다. 이들은 쉽게 화를 내지만 이러한 분노는 별다른 흔적을 남기지 않고 여름날의 폭풍처럼 빨리 지나간다. 유기(버려짐) 공포는 경계선 성격장애의 병질적 특징이다. 이들 대부분은 자신의 모든 관계들에 강하게 집착하여, 처음 사랑에 빠질 때 이들이 추구하는 강렬한 관계와 사랑과 분노를 오가는 특성은 상대방을 숨 막히게 할 정도다. 치료에 들어가게 되면 치료자는 그들의 과도한 의존과 부적절한 아첨 때문에 곧 신경이 곤두서게 된다. 이들은 한밤중에 전화하여 사무실을 방문하겠다고 고집 피우면서 긴급 상담 요청

을 할 가능성이 가장 높은 사람들이다. 특히 환자가 고립되거나 혼자라는 느낌이 들 때 이런 일이 쉽게 일어나곤 한다(예를 들어 치료자들이 막 휴가를 가려고 할 때). 그들은 단지 몇 시간 동안에도 무분별한 아부와 강한 혐오('사랑-증오' 또는 '밀고-당기기'라고 불리는) 사이를 왔다 갔다 한다.

경계선 성격장애를 가진 사람들은 흔히 자살시도와 자해행동을 나타낸다. 경계선 성격장애 환자의 자살성공 확률은 약 10%가량 되기 때문에, 그들의 이런 행동을 무시해서는 안 된다. 하지만 20알의 바리움Valium을 삼키고 위기관리센터에 전화를 한다거나, 자살예방센터에 전화하기 전에 손목에 얕은 외상을 내는 것과 같이, 실제로 생명을 위협한다기보다 주변의 관심과 주의를 끌기 위한 경우가 더 흔하다. 또한 자해는 경계선 성격장애에서 흔하고도 심각한 문제다. 경계선 성격장애는 우울증과 양극성 장애의 증상과 중첩되며, 어떤 경계선 성격장애 환자는 항우울제나 기분 안정제 치료에 반응을 보인다. 경계선 성격장애로 진단되는 사례는 남성보다 여성이 훨씬 많다.

〈위험한 정사Fatal Attraction〉(1987)에서 알렉스 포레스트 역으로 열연한 글렌 클로즈는 경계선 성격장애를 가장 뛰어나게 묘사하고 있다. 마이클 더글라스가 연기한 댄 갤러허(행복한 결혼생활을 하는 뉴욕의 변호사)는 매력적이고 매혹적인 출판사 임원 알렉스 포레스트와 성적 관계를 맺기 시작한다. 댄의 단순한 하룻밤 외도로 시작된 관계는 알렉스가 그를 소유하려 하고 조종하려 들면서 점점 그와 가족들에게 악몽이 되어 간다. 댄은 이러한 관계에서 벗어나기 위해 노력하지만, 알렉스는 가족들에게 폭로하겠다고 하며 그를 협박하고, 아내에게 전화하고, 자살시도를 하며, 댄이 관계가 끝났다고 하자 자신의 손목을 벤다. 점점 그녀는 그의 아내와 아이를 위협하는 행동까지 한다. 분노와 충동성, 정서적 변동성, 거절과 버려짐에 대한 공포, 부적절한 행동, 아부와 혐오 사이를 오고 감, 자해와 같은 알렉스의 행동은 경계선 성격장애 환자들의 특징을 극적으로 잘 묘사하고 있다. 이 영화에서 그리고 있는 것처럼 경계선 성격장애 환자들이 타인에게 위협적인 존재일 수도 있지만, 이런 현상이 전형적인 것은 아니며 오히려 자신에게 위해를 가할 가능성이 더욱 높다. 물론 (알렉스 포레스트처럼) 강한 반사회성 성격장애의 특징도 함께 가지고 있다면, 주변 사람들을 위협할 가능성은 증가한다.

〈마고 앳 더 웨딩Margot at the Wedding〉(2007)에서 경계선 성격장애를 보이는 마고(니콜 키드먼 분)는 남편과 별거하고 자신의 아들과 함께 여동생 집에서 결혼식에 참석하기 위해 시간을 보내고 있다. 앞서 설명한 것처럼, 단지 며칠 동안의 삶의 행보만을 가지고 성격장애로 진단하는 것은 어려운 일이다. 마고는 매우 허술한 경계와 불안정한 정서를 갖고 있으며, 언어는 충동적이며, 여동생의 임신에 관한 은밀한 소식을 접하게 된다. 그녀의 행동과 언어 방식에는 긴장과 분노, 충동성, 반발심이 자주 드러난다. 두 자매가 아이들 앞에서, 혹은 둘이서 별 생각 없이 이야기하는 학대 이력을 통해 몇 년 동안 상당한 긴장감이 존재해 왔음을 알 수 있다. 마고는 강간에 대해 이야기하면서 주체할 수 없을 정도로 크게 웃는다. 영화의 마지막 장면에서 아들을 버스에 태워 보낸 후에 핸드백과 다른 물건들을 내버려 두고 미친 듯이 달려가는 마고의 모습은 유기에 대한 공포를 다시 한 번 보여 준다. 그녀의 행동과 반응의 대부분은 적어도 어느 정도는 부적절하며 그녀의 삶에 지대한 영향을 미친다.

〈블랙 스네이크 모운Black Snake Moan〉(2006)의 라에(크리스티나 리치 분)라는 인물에게서 경계선 성격장애의 더욱 심각한 예를 찾아볼 수 있다. 이 영화는 비극적인 장면과 아름다운 개인적 기억을 뒤섞어서 주인공의 성격 결함을 표현하고 있다. 라에는 남자 친구 로니(저스틴 팀버레이크 분)가 전쟁터로 떠나게 되면서 유기 공포가 더욱 심해진 불안정한 여자다. 그녀는 알코올과 약물 남용 그리고 많은 남자들과의 잦은 성관계로 공포를 잊으려 한다. 섹스는 그녀가 다른 사람들과 관계를 맺는 유일한 방법이다. 그녀는 학대받았던 적이 있으며, 다른 사람들이 그녀를 이용하는 것에 상관하지 않는다. 그녀는 경계선 성격장애를 가진 사람들의 특징인 높은 수준의 감정적 폭발과 일시적인 해리 증상을 보인다. 또한 흥미로운 점은 시간이 지나면서 유혹하고 폭발하는 원래의 전반적인 행동방식으로 되돌아온다는 것이다.

크리스티나 리치는 경계선 성격장애를 묘사한 또 다른 두 영화를 통해 큰 성공을 거둔다. 〈프로작 네이션Prozac Nation〉(2001)에서 그녀가 맡은 배역인 엘리자베스 워첼은 강렬한 유기 공포와 불안정한 정서를 나타낸다. 그녀는 남자 친구를 소유했다가 거부하고, 그녀의 친구를 방해하며, 여러 위기를 경험하고, 내면의 깊은 자기혐오감을 경험하며, 자해행동을 여러 차례 한 적이 있다. 또한 그녀는 우울증도 함께 겪고 있다. 마찬가지로 우디 앨런의 〈애니씽 엘스Anything Else〉(2003)에서 그녀가 연기한 아만다 체이스는 대인관계와 감정적 불안정성에서 경계선 성격의 특징을 그대로 보여 준다. 그녀는 관심을 얻으려 하고 정직하지 않으며, 자신에게 의존하는 남자를 이용하고, 마약을 복용하고, 자기방어적이며, 자신의 결정과 행동을 설명함에 있어서 매우 독선적이다.

우디 앨런의 영화 〈내 남자의 아내도 좋아Vicky Cristina Barcelona〉(2008)에서 페넬로페 크루즈가 연기한 마리아 엘레나(페넬로페 크루즈는 이 역할로 아카데미 여우조연상을 수상했다.)는 더욱 깊고 어두운 경계선 성격장애를 보여 준다. 그녀는 대인관계에서 불안정하고 격렬하며, 성적으로 충동적이고, 정서가 쉽게 변하며, 버럭 화를 내는 기질이 있고, 해리적 징후와 함께 일시적인 자살충동을 보이기도 한다. 조종과 속임수의 특징을 지닌 경계선 성격장애를 묘사한 또 다른 예로 〈노트 온 스캔들Notes on a Scandal〉(2006)의 바바라 코벳(주디 덴치 분)이 있다. 중견 교사인 바바라는 젊은 교사인 쉬바 하트(케이트 블란쳇 분)가 열다섯 살짜리 학생과 불륜관계라는 것을 알게 되고, 두 여자는 교묘하게 서로 조종하고 속이는 암투를 시작한다. 외로운 여자 바바라는 친구나 친밀한 지인이 없고, 어떤 교제나 정서적 관계를 갈망하는 것처럼 보인다. 그녀는 쉬바에 대해 강한 매력을 느껴 서로를 성애화하는 위험한 게임에 그녀를 끌어들인다. 경계선 성격장애가 있는 사람들은 종종 대인관계 상황에서 현실을 잘못 해석하고 왜곡한다. 특히 친밀한 사이에서 더욱 그러한데, 바바라는 자신과 쉬바 사이의 단순한 우정을 더 깊고 친밀한 관계의 증거로 잘못 해석한다. 동시에 그녀는 쉬바의 신뢰와 충성을 주저 없이 이용하고 셰익스피어W. Shakespeare의 희곡에서 이아고가 오셀로를 배반했던 것처럼 쉬바의 믿음을 저버린다. 바바라는 유기 공포와 관련된 병적 증상을 자신의 고양이에게까지도 보인다. 관객들은 그녀의 생각과 일기가 내레이션될 때 바바라의 내면세계를 들여다볼 수 있다. 이 영화를 보면서 우리는 성격장애를 갖고 있는 사람들이 계속해서 같은 행동양식을 반복한다는 사실을 알 수 있다. 젊은 교사에게 종종 집착해 왔던 바바라는 과거에도 이러한 이상한 행동으로 법적 제재를 받았을 정도로 지나친 행동을 했고, 영화의 마지막 장면에서는 또다시 다음 희생자에게 접근한다.

〈처음 만나는 자유Girl, Interrupted〉(1999)에서 수잔나가 연기한 병원 직원은 경계선 성격장애의 진단기준에 맞는 것처럼 보이지만 자살시도와 난잡한 성관계 두 가지만 기준에 부합하므로 이러한 진단이 정당하다고 보기는 어렵다. 하지만 그녀는 분명 우울해하고 심각한 관계에서의 문제를 갖고 있다. 남성의 경계선 성격장애를 묘사한 경우는 드문데, 〈리플리〉(1999)에서 맷 데이먼이 연기한 톰 리플리에서 그 예를 찾을 수 있다. 리플리는 상당한 유기 공포를 가지고 있다. 그는 심지어 버림받는 고통을 피하기 위해 살인을 저지르기까지 한다. 경계선 성격장애의 다른 잠정적인 예로는 〈미스터 굿바를 찾아서Looking for Mr. Goodbar〉(1977)의 테레사 둔과 마틴 스코시즈 감독의 〈특근After Hours〉(1985)에 나오는 몇몇 여성 조연들이 있다. 〈원초적 본능Basic Instinct〉(1992)과 〈원초적 본능 2Basic Instinct 2〉(2006)의 캐서린 트라멜(샤론 스톤 분)은 DSM-IV-TR 진단기준에 엄밀하게 부합하지는 않지만, 경계선 성격의 많은 특징들을 보인다. 예를 들어 그녀는 인간관계에서 교묘한 술책을 부리고, 성적으로 상대를 농락하고 충동적이며, (영화 후반부에는) 치료 기간 동안 정서적 불안정을 나타내고, 분노를 보이며, 집착이 강하다.

연극성 성격장애

연극성histrionic 성격을 가진 사람의 결정적인 특징은 타인의 관심을 구하는 극적인 행동이다. 이들은 자기중심적이고 자신의 외모에 집착한다. 그들은 어떤 상황에서든 자신이 '중심적 위치'에 있지 않으면 불편함을 느낀다. 또한 약간의 자극으로도 자신들의 감정의 스위치를 켜거나 끌 수 있다. 그들은 다른 사람이 주목받을 때 분개하며, 종종 도를 넘는 행동으로 다시 관심의 초점이 되고자 한다. 〈앤티 맘Auntie Mame〉(1958)에서 주연을 맡은 로잘린드 러셀의 모습과는 달리, 그들은 처음에는 적극적이고 흥미로운 사람인 것처럼 보인다. 하지만 실제 연극성 성격을 가진 사람은 계속해서 관심을 받기 위해 무모한 시도를 하는데, 이런 행동은 주변 사람들을 금방 지치게 하며, 동등한 사회적 관계를 맺지 못하는 무능함에는 화가 날 정도다.

〈아메리칸 뷰티〉(1999)의 등장인물 캐롤린 버냄(아네트 베닝 분)은 멜로드라마에서나 나올 법한 명백한 연극성 성격을 지니고 있다. 그녀는 결혼생활에 별 감흥이 없고 불행해하며, 피상적인 이유—상대가 성공했고, 부유하며, 매력적이고, 대단히 자기애적이라는—로 다른 남성과 바람을 피운다. 그녀는 남편 레스터가 맥주를 소파에 흘렸을지도 모른다는 강박관념을 보이면서, 오랜만에 찾아온 남편과의 친밀한 순간을 망치고 만다. 그녀는 자신을 돋보이게 하는 품위 있는 옷을 입고, 자신의 외모를 꼼꼼하게 가꾼다. 캐롤린은 부동산 대리인으로 일하는데, 집의 외관을 과장되게 표현하면서 시큰둥한 구매자에게 집을 팔려고 한다. 자신의 밝은 미소와 얄팍한 친절만으로는 집을 팔 수 없다는 현실에 직면한 그녀는 과도한 감정을 드러내며 무너져 버린다. 자신의 얼굴을 때리고 발을 세게 구르면서 "닥쳐! 그만해! 넌 약해 빠졌어! 이 어린애야! 닥쳐! 닥쳐!"라고 소리친다. 사회적인 상황에서 캐롤린은 사람들이 많은 곳에서도 모두에게 다 들릴 정도로 아주 크게 웃는다. 그녀는 사회적으로 부적절한 행동을 하고, 가족들을 사사건건 비판한다. 예를 들어 일상적인 댄스파티에서 돌아온 딸을 웃으며 반기면서 마치 중요하고 도움이 되는 평이라도 하는 것처럼 "내가 너를 자세히 지켜봤는데, 한 번도 실수하지 않더라."라고 말한다. 그녀의 딸은 이러한 그녀를 혐오스럽게 바라본다.

연극성 성격장애를 가진 사람들은 감정의 한쪽 극단에서 반대쪽 극단을 자주 오간다. 캐롤린은 자신이 원하는 남자와 있을 때면, 히스테리적인 웃음을 터뜨리다가도 갑자기 진지해진다. 그리고 애처롭게 울다가도 금세 화를 내면서 딸의 뺨을 때리기도 한다. 연극성 성격은 대체로 쉽게 타인에게서 영향을 받는다. 캐롤린은 "자신 말고는 아무도 믿어서는 안 된다."라는 부동산 중개인의 신조를 우스꽝스러울 정도로 숭배하고 있어서, 이를 삶에서 깨우쳐야 할 가장 중요한 진리라고 가르친다. 요약하면, 연극성 성격장애가 있는 사람들에게는 실질적인 내용보다는 외형과 스타일이 더 중요하다.

연극성 성격의 또 다른 적절한 예는 캐서린 헵번이 죽어 가는 엄마 마리 타이론을 연기한 〈밤으로의 긴 여로Long Day's Journey into Night〉(1962)에서 찾아볼 수 있다. 가족들 삶의 중심에는 엄마가 있고, 두 아들과 남편은 그녀를 맹목적으로 사랑한다. 그녀는 자신의 외모에 몹시 신경을 쓰고, 공공연한 칭찬을 기다리면서 자신이 왕년에 미모가 빼어났다고 수시로 얘기한다. 만약 그녀를 임상적으로 진단한다면 축 II에서는 연극성 성격장애, 축 I에서는 생리적 의존 증상이 있는 아편제(모르핀) 의존으로 진단할 수 있을 것이다.

〈화이트 올랜더White Oleander〉(2002)에서 로빈 라이트 펜이 연기한 스타(연극성 성격에 적합한 이름)라는 인물은 친부모가 수감된 어린 청소년 아스트리드(앨리슨 로번 분)의 첫 번째 양부모가 된다. 스타는 전직 스트리퍼였고 알코올 중독 재활과정에 있다. 기독교인으로 새롭게 거듭난 그녀는 아스트리드에게 성경을 읽고 예수를 구세주로 받아들일 것을 권하기도 한다. 처음에는 친절했던 스타는 아스트리드를 지나치다 싶을 정도로 보살피고 도와주지만, 관객들은 곧 그녀의 이런 행동이 단지 처음에 보이는 피상적인 모습일 뿐이라는 사실을 알게 된다. 그녀는 아스트리드의 성적 매력이 남편의 관심을 끈다는 것을 알고 위협을 느끼게 되면서 위험한 살인 계획을 세우기에 이른다.

자기애성 성격장애

자기애성narcissistic 성격을 가진 사람들은 타인으로부터 칭찬을 받으려는 욕구가 강렬하고, 대개 자기중심적이며, 자신의 중요성을 과장한다. 그들은 성공이나 권력에 대한 공상에 빠져 많은 시간을 보낼지도 모른다. 그들은 자신이 특별한 대우를 받을 자격이 있으며, 다른 사람들은 자연스럽게 자신의 기대에 응해 줄 것이라고 생각한다. 이런 생각은 이들이 거만하게 행동하고 우쭐하도록 만든다. 그들은 선입견을 가지고 다른 사람들의 업적을 바라보고 평가 절하한다. 이 장애의 명칭은 연못에 반사된 자신의 모습을 보고 사랑에 빠진 그리스 신화의 나르시스에서 유래한 것이다. 거울이라는 소재는 영화에서 종종 자신의 반영, 자아로의 심취를 상징적으로 표현하고, 깨진 거울은 가치나 존중감이 깨진 것을 의미하며 자아도취자를 묘사한다.

비록 겉으로는 자신만만하고 안정되어 보일지라도, 자기애성 성격장애를 가진 사람들은 낮은 자존감을 보이며, 숨겨진 무의식에는 불안전함과 무가치감, 자기의심과 같은 감정을 담아 두고 있다. 〈폰 부스Phone Booth〉(2003)는 마지막 장면이 볼 만하다. 관계에 대한 공포와 자기애 성향을 가진 주인공은 과시욕을 충족시키기 위해 비싼 옷을 입고 젊은 비서를 곁에 두었으며, 이용할 가치가 있는 사람만 상대하면서 성공을 위해 타인을 기만했던 자신의 행동에 대해 통찰한 후, 자신의 방어를 말끔히 걷어내고, 자신의 속임수와 조종, 은폐를 끝내 인정한다. 순식간에 그의 모든 허식과 특권의식, 자만심은 사라진다. 그는 스스로 이러한 문제들을 의식적으로 인정하지 않고, 깊이 묻어 둔 채로 남겨 두고 있었다. 이를 인식하고 인정하기 위해서는 극단적인 상황이 필요했던 것이다. 물론 대부분의 자아도취자는 자신에 대한 이런 통찰에 이르지 못하고, 설령 그렇다 해도 오래 지나지 않아 그들의 원래 방식으로 되돌아온다.

무일푼에서 벼락부자가 되었다가 다시 무일푼으로 전락한 트로이 듀피의 실화를 바탕으로 그려 낸 TV 드라마 〈오버나이트Overnight〉(2003)에서도 자기애적 상처가 잘 드러나는데, 바텐더는 미라맥스 영화사로부터 그가 쓴 시나리오에 대한 매력적인 제안을 받는다. 그럼에도 불구하고 그가 몰락하고 다시는 헐리우드에서 일하지 못하게 만드는 것은, 바로 자신의 중요성에 대한 과장과 성공에 대한 집착, 특권의식, 그리고 사람을 이용하는 심각한 자아도취증이다. 이 영화는 자신의 단점을 전혀 알아차리지 못한 채 깊은 상처를 가진 한 남성을 잘 표현하고 있다.

자기애성 성격장애를 다루고 있는 최근 영화는 매우 많다. 〈엘리시안 필드에서 온 남자The Man from Elysian Fields〉(2001)에서 앤디 가르시아가 연기한 자기애적이고 매력적인 작가 바이런은 자신의 자아도취증과 스스로 자초한 파괴적 결말을 깨닫고는 고통에 직면하며 변화해 나가려고 한다. 〈패밀리 맨The Family Man〉(2000)에서 니콜라스 케이지가 연기한 잭 캠블은 오로지 돈과 권력만이 자신의 관심사라고 말한다. 〈쥬랜더Zoolander〉(2001)에서 벤 스틸러가 연기한 우스꽝스러운 인물 데릭은 자신에게 너무 몰두한 나머지 자신이 세뇌되었음을 깨닫지 못한다. 〈맨 후 크라이드The Man Who Cried〉(2000)에서 존 터투로가 연기한 단테 도미니오는 자기애적인 오페라 가수이자 연기자다.

> "그 모든 허세 뒤에는 (생각보다 똑똑하긴 하지만) 본인이 남들에게 비춰졌으면
> 하는 그 자신만만한 모습에는 턱없이 못 미쳐서 조마조마해하는 한 남자가 있지."
> ─〈나를 책임져, 알피〉(2004)에서 리즈가 알피의 자아도취증을 끄집어내며

〈로저 다저Roger Dodger〉(2002)에 등장하는 전형적인 자기애적 성격의 소유자 로저 스완슨(캠벨 스콧 분)은 16세 학생에게 어떻게 세상을 바라보고 생각해야 하는지를 가르치는 바람둥이다. 그는 소년에게 어디를 바라보건 섹스 기회를 찾고 생각하고 감지하도록 가르친다. 로저는 술집이나 파티에서, 혹은 매춘부를 통해 이 소년이 여자를 유혹할 수 있는 다양한 '기회'를 만들어 준다. 그는 아무 거리낌 없이 소년에게 술에 취해 쓰러진 여자를 이용하라고 한다. 로저는 소년에게 남자다움을 강요할 뿐

진정으로 공감하지는 않는다. 로저의 과장된 자기상과 자만의 뒤에는 연인이었던 매력적인 상사 이사벨라 로셀리니로부터 거절당한 분노가 감춰져 있다.

〈러브 라이프Lovelife〉(1997)에서 알랜(존 테니 분)은 자신이 매우 소중하다고 생각하는 이류 작가이자 교수다. 그는 자기 자신과 자신의 일에만 관심이 있는 것 같다. 그는 여자들을 함부로 대하고 그들을 유혹하고 속여서 착취하며, 화려한 언변으로 접근하여 공짜 술을 얻어먹기도 한다. 알랜은 자신의 거만함을 부정하며, 자신은 두 여자와 좋은 관계를 맺기 위해 노력하기 때문에 자비롭고 섬세하다고 믿는다(진짜 문제는 이 여자 중 한 명은 다른 여자처럼 아첨하지 않는다는 것이다). 그는 자기가 손짓만 해도 여자들이 바로 다가와야 된다고 믿는다(한 등장인물은 "그가 원하는 걸 말하면 모든 사람이 뛰어오는 거야."라는 말로 그를 묘사한다).

> "다른 사람들이 나를 만난 것을 최고의 일이라고, 나 없이는 살아갈 수 없다고 생각 했으면 좋겠어요."
>
> – 〈러브 라이프〉(1997)에서 자기애적인 작가

이 영화는 비난에 민감하고 자아존중감이 낮아서 쉽게 자기애적 상처를 입게 되는 자아도취자의 모습을 정확하게 묘사하고 있다. 알랜은 여자 친구가 자신의 강의에 오지 않을 때면 몹시 속상해하며 고집스럽고 수동공격적passive-aggressive인 반응을 보인다. 그는 여자 친구가 자신을 두고 파티에 가 버린 것을 두고 강렬한 유기공포를 표현한다. 그러고는 여자 친구 앞에서 무릎을 꿇고는 비굴하게 빌고, 그녀의 무릎에 기대어 그가 간절히 갈망하는 어머니의 돌봄과 관심을 받으려고 한다.

> "누구든 해치러 가자."
>
> – 〈남성 주식회사〉(1997)에서 차드

감독 닐 라뷰트는 두 개의 씁쓸한 풍자영화 〈남성 주식회사In the Company of Men〉(1997)와 〈사물의 형태The Shape of Things〉(2003)에서 도저히 잊을 수 없는 잔혹한 자아도취자를 만들어 냈다. 〈남성 주식회사〉에서는 두 명의 남성 자아도취자가 나오는데, 그중에서도 취약하고 귀머거리인 여자를 유혹해서 사랑에 빠지게 만들어 놓고 나중에 차 버리자고 친구를 설득하는 차드(아론 에커트 분)가 특히 더 병적이다. 차드는 스스로 이런 행동을 할 자격이 있다고 생각한다. 그는 남성들을 거절하고 이용하며 기만하는 여자들을 비난하면서 그와 그의 파트너가 가엾은 귀머거리 여인을 응징하고 학대함으로써 남성들의 체면을 회복할 수 있다고 믿는다. 〈사물의 형태〉에서 에블린이라는 캐릭터는 불안해 보이고 자신 없고 소심한 사람이었던 아담을 신체적으로 매력 있고 멋지고 자신감 있는 사람으로 완전히 바꿔 놓는다. 하지만 아무런 양심의 가책 없이 진행된 연구 발표에서, 그녀는 아담과의 모든 관계가 사람을 찰흙처럼 쉽게 바꾸고 조종할 수 있음을 보여 주려는 인간 대상의 '연구 프로젝트'의 일부였다는 충격적인 사실을 밝힌다. 그 후 아담과 이야기할 때 에블린은 대단히 고집스럽고 뻔뻔하고 성마른 표정을 짓는다. 그녀는 자기가 그를 더 나은 사람으로 만들었기 때문에 그가 자기에게 고마워해야 한다고 믿는다. 타인과 사회적 관습을 완전히 무시하고 병적으로 교묘한 술수를 부리는 것을 볼 때, 두 영화의 등장인물들은 강한 반사회적 특징이 있다고도 할 수 있다. 그들은 약하고 예민하며 자존감이 낮은 사람을 의식적으로 찾아다니는데, 말 그대로 먹이를 구하는 약탈자라고 할 수 있다. 두 영화의 결말 모두 그동안의 과정이 조작된 '게임'이었음을 드러내면서 동시에 전혀 공감능력이 없는 두 인물이 얼마나 병적인지도 잘 보여 준다. 여성의 조종성을 묘사하는 유사한 이야기는 〈마이 썸머 오브 러브My Summer of Love〉(2004)에서도 만날 수 있다.

여성 자아도취자는 흔하지는 않지만 〈에비타Evita〉(1997)에서 마돈나가 연기한 당당하고 매력적인 에바 페론이 여기에 포함된다. 에바는 신체적인 외모와 다른 사람에게 보이는 모습과 자세를 무엇보다도 우선시했다. 그녀는 정치적 경력을 쌓고 스스로를 과시하기 위해, 사람들을 이용하여 자신의 이익을 취하려고 한다. 〈빙 줄리아Being Julia〉(2004)에서 아네트 베닝이 연기한 줄리아 램버트는 여성 자아도취자의 또 다른 예다. 줄리아는 자신의 성공과 명성을 즐기는 영화배우다. 하지만 그녀는 거부당할 때마다 자기혐오의 감정을 드러내고, 자신의 일에 중독되어 있다. 하지만 휴식을 갖고 어떠한 것에 관심을 가지는 것은 그녀에게 활력을 주었고, 자아도취증을 없애 주는 것처럼 보였다. 이 인물은 또한 영화 내내 관객들이 줄리아가 연기를 하는 것인지 진짜 감정을 느끼고 표현하는 것인지 분별하기 어려울 정도로 어떤 연극적인 특징을 보인다. 또한 〈아메리칸 뷰티〉(1999)에 나오는 청소년 캐릭터인 안젤라 헤이스(미나 수바리 분)는 분명한 자기애적인 특징을 보인다. 이런 점은 특히 그녀가 모델이 되는 것에 집착하고, 입원한 신입생에게 아무런 동정심도 느끼지 못하며 어찌 되었든 자신은 특별하고 중요하다고 굳게 믿는 것에서 잘 드러난다.

다른 유명한 자기애적 인물로는 〈선셋대로Sunset Blvd〉(1950)에 나오는 노마 데스몬드(글로리아 스완슨 분)와 〈보이스 타운Boys Town〉(1938)에서 처음부터 거만하고 이기적으로 그려지는 휘트니 마쉬(미키 루니 분)가 있다. 〈닥터The Doctor〉(1991)에서 윌리엄 허트는 자신의 목에 종양이 생기고 환자가 된다는 것이 어떤 기분인지 알기 전까지는 오직 자기 자신과 경력만을 생각했었으며, 자기중심적이고 자기애적이었던 의사 잭 맥키 역으로 나온다. 마지막으로 배리 레빈슨의 영화 〈벅시Bugsy〉(1991)에서는 워런 비티가 자기애적이며 자기중심적인 깡패 벅시 시겔 역을 맡았다.

?

토론을 위한 부가적 질문(〈B군 성격장애〉)

- 왜 경계선 성격을 그리는 많은 영화 중 가장 좋은 예는 여성이고 자아도취의 가장 좋은 예는 남성인가? 실제 임상 장면에서도 그러한가?
- B군 성격장애가 교도소와 구치소에서 가장 흔하게 만날 수 있는 성격장애인 이유는 무엇인가?
- 반사회적 성격과 정신병질/사회병질 간의 구분에 동의하는가? 그 근거를 서술해 보라.
- 사회가 연쇄살인범을 만들어 내는 데 어떤 영향을 미치는가?
- 〈몬스터〉에 등장하는 에일린 워노스가 주변 환경의 희생자라고 해석할 수도 있을 것이다. 만약 에일린이 매춘부가 아니었다면 그녀가 살인자가 되었을까? 그녀가 학대당한 적이 없었다면 어떻게 되었을까?
- B군 성격장애 중 어떤 유형의 환자가 가장 빈번하게 치료받으러 올 것 같은가? 언제 그리고 왜 그럴까? 가장 도움을 청할 것 같지 않은 유형은 무엇인가?
- 〈리플리〉에서 톰 리플리의 성격은 B군 성격장애에 해당되는 네 가지 장애 기준 각각에 얼마나 부합하는가?

C군 성격장애

실제 임상 상황과 마찬가지로, 영화 속 등장인물들이 가진 증상과 성격 특성은 각 장애군의 여러 가지 장애에 공통적으로 해당하는 경우가 많다. 예를 들어 〈스토커One Hour Photo〉(2002)에서 로빈 윌리엄스가 연기한 겁쟁이 캐릭터는 한 가지 성격장애를 갖고 있음이 분명하지만, 특히 C군 성격장애군 중의 여러 가지 장애에 해당하는 특성을 나타내기도 한다. 그는 혼자 살고 있으며, 대인관계에서 요구되는 위험 감수를 지나치게 두려워한다(회피성). 그는 가짜 가족에 집착하고(의존성), 직장에서 사진을 다루거나 집에서 이를 보관하는 데 있어서 엄격한 자기만의 방식을 고수한다(강박성). 약간의 우울증에 더해 정신병적 특징과 예상되는 과거 성학대의 경험, 그리고 관음증적 요소까지 고려한다면 윌리엄스는 더욱더 복잡한 인물임을 알 수 있다.

회피성 성격장애

회피성avoidant 성격장애를 지닌 사람들은 자신이 미숙하고 열등하게 평가될까 봐 몹시 두려워한다. 또한 비판에 매우 민감하며 이들의 삶은 거절과 비판에 대한 두려움으로 휩싸여 있다. 이들은 부적합한 연인관계로 웃음거리가 될 거라 확신하고 친밀한 관계를 회피해 버리며, 세상(특히 대인관계와 상호작용 측면에서)을 안전하지 않고 위험한 곳으로 지각한다. 이들은 자아존중감이 낮으며, 스스로를 무능하고 열등한 존재라고 표현한다. 이들은 대부분의 시간을 집에서 혼자 보내는데, 그 이유는 밖을 나다니다가는 만천하에 자신의 결함이 알려질 것이라 걱정하기 때문이다. 이러한 열등감은 보통 어린 시절부터 시작된다. 아들러 학파의 입장에서 보면, 회피성 성격장애를 지닌 사람들은 불완전함을 받아들일 용기가 부족한 것이다. 하지만 임상가의 입장에서는 문화적 차이가 환자의 행동에 영향을 미칠 수 있다는 사실을 민감하게 알아차리는 것이 중요하다. 예를 들어, 어떤 아시아 문화권에서는 자신의 성공에 대해서 스스로 낮추고 지나치게 겸손해하는 것이 바람직한 행동이며 이것은 부적응적인 성격 특질이 아니다.

회피성 성격장애는 일반형 사회공포증social phobia, generalized type과 상당부분 중첩

된다. 중첩되는 부분이 너무 많기 때문에 많은 전문의들은 두 진단을 구분하는 것이 무의미하다고 여기고 있으며, DSM-IV-TR은 이 두 진단이 같은(혹은 유사) 상태를 단순히 다른 방법으로 개념화하고 있는 것임을 인정하고 있다. 앞으로 이 장에서 다룰 영화 속의 인물에 대해 공부할 때는 이 점을 염두에 두어야 한다.

회피성 성격은 분열성 성격과는 구분되는데, 두 성격 모두 대인관계를 피하지만 회피성인 사람들은 실제로 자신의 삶에서 부족한 친밀함을 갈망한다. 〈파인딩 포레스터Finding Forrester〉(2000)에서 자말이라는 한 고등학생은 교수와 작가로서의 생활을 그만두고 은둔하며 친밀한 관계를 맺고 싶어 하는 윌리엄 포레스터(숀 코너리 분)와 친구가 된다. 이 영화는 회피 경향에서 벗어나려고 하는 사람에 대한 이야기다. 〈파인딩 포레스터〉에서 포레스터는 자신의 아파트를 떠나지 않고, 다른 사람들은 오직 그가 창문을 닦을 때만 그를 볼 수 있다. 그는 50년 전 책을 써서 문학상을 받기도 했지만 그 이후로는 책을 출판하지 않았는데, 아마도 거절에 대한 두려움 때문에 포기한 것인 듯 보인다. 그는 타인을 피하고, 자신 말고는 다른 어떤 것에도 관심 갖기를 거부하며, 결국 외출한 상황에서 대중 속에서 공황발작을 경험한다. 그는 "잘 가"라는 인사말도 없이 자말 앞에서 문을 닫아 버리는 것처럼 사회적으로 부적절한 행동을 한다. 윌리엄이 자신의 아파트에 고립되어 있는 것에는 깊은 슬픔이 담겨 있다. 그는 창문을 깨끗이 닦아 놓고 밖에 있는 사람들을 흥미롭게 지켜보면서 실제로 어떤 관계를 추구한다. 이즈음에서 관객들은 윌리엄의 고립이 얼마나 쓸쓸한 것인지 궁금해지기 시작한다. 윌리엄은 자주 혼자서 술을 마시며 때로는 일할 때도 마신다. 그는 가족이나 직업 같은 사적인 문제에 관해 이야기 나누는 것을 피한다. 분명 그는 사람들과 공유하는 것을 꺼려하며, 자말과의 우정이 상당히 깊어짐에도 불구하고 자신의 암을 비밀로 한 채 그에게 털어놓지 않는다.

의존성 성격장애

의존성dependent 성격장애는 어떤 결정을 내릴 때 많은 어려움을 보인다. 그들은 순종적이며 자신의 삶의 구조나 의미, 방향을 정하는 데 있어 다른 사람에게 의존한다. 그들은 수동적이고 타인에게 매달리려고 하며, 자신의 의견을 주장하는 것에 미숙하고 다른 사람의 의사에 따른다. 그들은 때때로 배우자나 다른 사람으로부터 받는 언어적·육체적·성적 학대에 굴복하기도 한다. 그들은 자신감이 결여되어 있고 스스로 잘해 나갈 수 없다고 느끼며, 자신의 의견이나 믿음을 표현했을 때 그것이 받아들여지지 않을까 봐 두려워한다. 그들은 무척 많은 시간과 에너지를 그들이 의존하고 있는 사람과의 관계를 유지하는 데 사용한다. 이러한 친밀한 의존관계가 끝나면, 그들은 곧바로 오랫동안 자신의 요구를 들어줄 수 있는 또 다른 구원자를 찾아 나선다.

　의존성 성격을 보여 주는 재미있는 영화로 1991년에 제작된 〈밥에게 무슨 일이 생겼나?What about Bob?〉가 있다. 밥(빌 머레이 분)은 리차드 드레이퍼스가 연기한 정신과 의사의 환자다. 밥은 정신과 의사가 휴가를 갔을 때에도 쫓아가서 그를 괴롭힌다. 치료자라면 보통 지나치게 의존적인 환자를 한 번씩은 경험하게 되지만, 밥의 경우처럼 심한 사례는 좀처럼 만나기 힘들다. 이 영화는 전이와 역전이에 대해 논의할 수 있는 흥미로운 이야깃거리를 제공한다.

　　"나는 몇 년 동안 그를 통해 나 자신을 봤어요."

　　　　　　　－〈러브 라이프〉(1997)에서 나타나는 의존성 성격

　〈러브 라이프〉(1997)에서 여성 바텐더 몰리는 자아도취적인 남자 친구 알란에게 지나치게 순종적이며, 그를 위해 할 수 있는 모든 것을 하고 그 과정에서 자신의 정체성마저 잃어버리게 된다. 몰리는 알란이 잘못된 일을 할 리가 없으며 그에게는 어떠한 결점도 없다고 믿으며, 게다가 그의 무자비한 비난도 순순히 받아들인다. 그녀는 의존성 성격을 가진 사람들처럼 다른 여자와 어울리는 남자 친구를 보고 자신이 거부당했다고 생각하지만, 남자 친구가 다른 여자와 헤어지고 나서 찾아오면 그를 다시 받아준다.

　〈화이트 올랜더〉(2002)에서 르네 젤위거는 의존성 성격을 가진 양어머니 클레어 리차드를 연기한다. 클레어는 남편에게 순종적이고 그의 결정에 맞서거나 도전하지 못하며 다른 사람의 조종에 매우 취약한데, 이러한 점은 결국 그녀를 자살에 이르게 한다. 〈애니씽 엘스〉(2003)에서 제이슨 빅스가 연기한 제리 포크는 사람들을 기분 좋게 해 주는 유쾌한 캐릭터다. 그는 너무 의존적이어서 혼자 지내거나, 자신의 요구를 주장하거나, 스스로 도전하기 위해서는 속임수가 필요할 정도다.

강박성 성격장애

강박성 성격장애obsessive-compulsive personality disorder를 지닌 사람들은 완벽주의와 질서정연함, 과도한 통제욕구 등의 지속적이고 완고하며 부적응적인 성격 특성을 가지고 있다. 그들은 세세한 것에도 꼼꼼한 주의를 기울이고 명단을 만들고 계획을 세우는 데 많은 시간을 할애한다. 그들은 시간을 생활의 구성물로 보지 않고, 오히려 적이나 정복해야 할 어떤 것으로 여긴다. 그들은 삶의 긴박한 순간과 운명의 홍망성쇠를 스스로 통제한다는 느낌을 얻기 위한 쓸모없는 시도에 모든 심리적 에너지를 쏟아붓는다. 강박성 성격장애를 잘 표현한 영화로는 〈별난 커플The Odd Couple〉(1968)과 〈야전병원 매쉬M*A*S*H〉(1970)가 있다. 〈별난 커플〉에서 펠릭스 웅거 역의 잭 레먼은 인상적인 연기를 보여 준다. 그는 오스카 매디슨(월터 매튜 분)의 신경증적인 룸메이트로, 불쾌한 냄새를 제거하기 위해 방향제 통을 들고 온 집 안을 돌아다닌다. 〈야전병원 매쉬〉에서 프랭크 번즈(로버트 듀발 분) 소령은 전쟁 내내 '매의 눈' 피어스(도널드 서덜랜드 분)와 '사냥꾼' 존 맥킨타이어(엘리엇 굴드 분)의 기묘한 행동과, 그들의 혈기왕성한 행동을 제지하지 못하는 무기력한 군대의 체제 때문에 초조해한다. 그는 계급에 대한 강박관념을 가지고 있으며 사병들이나 하급 장교들과 지나치게 친해지는 것을 꺼린다. 또한 그는 사병들이 한국 여자들과 사귀지 못하도록 하는 데 많은 노력을 쏟아 붓는다. 그는 '뜨거운 입술'이라는 별명을 가진 홀리한(샐리 켈러먼 분)과 불륜관계에 있음에도 불구하고 독선적이고 도덕적이며 엄격하다. 그는 자신의 뜻대로 안 되면 화를 내지만, 같은 텐트에서 생활하는 사람들의 거만한 태도에 대해서는 무기력한 반응을 보인다.

강박성 성격장애와 강박장애obsessive-compulsive disorder 간의 차이를 이해하는 것은 매우 중요하다. 강박성 성격장애는 부적응적인 성격 양상을 반영하는 반면, 강박장애는 반복적이고 지속적인 사고, 심상, 충동(강박관념obsessions)과 반복적인 행동이나 정신적 작용(강박충동compulsions)을 피하거나 억제할 수 없는 심각한 정신장애를 나타낸다. 예를 들면 강박성 성격장애를 가진 사람은 계속해서 집 안을 청소하고 쓰레기를 주워야 할 수도 있다. 이것은 (지나치면) 부적응적이지만 개인의 삶을 크게 손상시키지는 않을 것이며, 어떤 업무에서는 다소 적응적일 수도 있다. 그러나 강박장애 환자는—〈매치스틱 맨Matchstick Men〉(2003)에서 니콜라스 케이지의 극중 역할인 로이 월러의 예처럼—하루 중 대부분의 시간을 강박적 사고에 집중하거나 강박적 행동에 빠져 있다. 이런 사람들은 자신의 문제로 매우 고통받고, 행동이나 생각이 비정상적이며 통제 불가능하다는 사실을 잘 알고 있다. 이는 강박성 성격장애를 지닌 사람들이 자신의 상태 때문에 고통스러워하는 경우가 드문 것과는 대조적이다.

〈달빛 상자Box of Moonlight〉(1996)에서 존 터투로는 강박성 성격장애를 가진 알 파운튼 역을 맡았다. 터투로는 매니저로 일하는 자신의 직장과 아내와 아이들이 있는 가족생활 모두에서 엄격하고 지나치게 양심적이며 규칙에 철저하다. 알은 아이들이 학습용 카드 사용법을 배우는 것에 대해서도 지나치게 엄격하게 굴면서 강박적으로 그것들을 어떻게 쓰는지 물어본다. 그는 좀처럼 농담을 받아들이지 못하고, 그렇게 하려면 사전에 그런 사회적 상황을 연습해야 할 정도다. 그는 다른 사람을 감독하는 직장에서 어색하고 융통성이 없어서 로봇이나 기계처럼 보이며 걸음걸이나 행동이 경직되어 있다. 이러한 강박성 성격장애의 특성이 미치는 효과는 가족과 동료들과의 관계에서 아주 잘 묘사된다. 가족 구성원들은 그를 회피하고 옆에 있을 때 수동적이며 머뭇거리게 되고, 그의 동료들은 뒤에서 그를 비웃는다.

알은 긴장을 풀기 위해 일과 가족으로부터 잠시 떠나 과거를 찾기 위한 여행을 떠난다. 그 여정에서 '여호와의 증인' 신도 두 명이 그의 고통과 지난 몇 년간의 상실감(그의 강박성 성격장애의 병인으로 보이는)을 정확하게 알아보지만, 금세 그들은 종교적으로 변해서 포교를 하려고 접근하는 바람에 그는 거부감만 느끼게 된다. 알은 물이 쏟아지는 것이나 자전거를 타는 아이들의 모습 같은 몇몇 장면에서 세상이 거꾸로 움직이는 것을 본다. 이것은 그의 삶이 뒷걸음질 치고 있음을 나타내는가? 이는 마치 뒤로 가는 것처럼 보일 정도로 한 사람이 너무 틀에 박히게 살아와서, 이들에게는 전혀 진전이 없다는 사실을 의미하는 흥미로운 영화의 예다. 이는 시간에 대한 은유이고, 강박성 성격장애 환자에게는 이것이 바로 가장 큰 적이다.

? 토론을 위한 부가적 질문(〈C군 성격장애〉)

• 〈스토커〉(2002)에서 로빈 윌리엄스의 극중 역할은 이 군의 각 장애의 진단기준에 얼마나 잘 부합하는가?
• 불안이 이런 장애의 강력한 구성요소라면, 약물이 치료의 중요한 부분이 될 수 있는가?
• 강박장애 환자와 강박성 성격장애 환자의 치료는 동일한가?
• 강박성, 회피성 또는 의존성과 관련된 강점은 무엇인가?

 다양한 성격장애를 묘사하는 영화들

독자들은 교육적 · 임상적 목적으로 몇몇 성격장애를 한 가지 관점에서 묘사한 영화를 보고 싶어 할 것이다. 이런 영화들은 서로 다른 병리들 간의 상호작용을 묘사함에 있어서 흥미로운 역동을 잘 보여 준다. 여기 몇몇 예가 있다.

〈바틀바이〉(2001)에서 크리스핀 글로버가 절묘하게 연기한 주인공 바틀바이는 분열성 성격의 고전적 예를 잘 보여 준다. 바틀바이의 주변에는 자기애성(자기과시적인 바람둥이 로키 역의 조 피스코포), 분열형(말을 할 때 뒤섞인 단어를 나열하고 단정치 못한 남자 에미), 연극성(매혹적이고 관심을 끌려고 하는 비비안), 의존성(해고된 직원으로부터 자신을 분리시키지 못하는 사장) 성격까지 각양각색의 동료들이 있다.

〈화이트 올랜더〉(2002)에서는 한 여자아이가 각각 다양한 성격 결함을 가진 양부모 밑에서 자란다. 아이는 생물학적인 어머니 잉그리드(반사회성 범죄자)로부터 벗어나 스타(위험한 연극성)와 클레어(자존감이 낮은 의존성 성격)를 거쳐 마침내 레나(돈을 벌기 위해 입양아동들에게 길거리에서 옷을 팔도록 하는 반사회적 성격)에게로 가게 된다. 잉그리드의 날카로운 눈부터 클레어의 짓눌린 눈까지 각 양어머니들의 눈빛은 모든 것을 말해 주는 것 같다. 〈로얄 테넌바움〉(2001)은 자아도취, 의존성, 근

친상간, 자살행동, 편집증, 중독, 우울, 반사회적 행동 등을 포함하는 다양한 병적
요소를 가진 최악의 역기능적 가족을 묘사하고 있다(심지어 가족 중 한 사람의 친구까
지도 분열성 성격장애를 나타낸다).

우디 앨런의 영화 〈애니씽 엘스〉(2003)는 자기애성 성격장애를 가진 한 노인이
경계선 성격인 사람을 통해 알게 된 한 의존성 성격의 청년과 친구가 되는 것을 그
리고 있다. 프랑스 감독 장 피에르 주네는 매우 재미있고 기발한 인물들이 정교하게
짜여 있는 상황 속에서 기상천외한 역할을 수행하도록 하는 의도를 가지고 영화를
만들었다. 그 예로 〈아멜리에Amelie〉(2001)와 〈잃어버린 아이들의 도시The City of Lost
Children〉(1995), 〈델리카트슨 사람들Delicatessen〉(1992)이 있다.

 국제 영화: 성격장애

A군

〈아멜리에〉(2001)에서 극중 인물 조셉(도미니크 피뇽 분)은 편집증 성격의 기준에
부합한다. 그는 전 여자 친구가 일하는 카페에 온종일 앉아서 그녀를 지켜보며, 다
른 남자와 만나서 데이트하는 그녀에 대해 지나치게 의심스러워한다. 그는 작은 녹
음기를 주머니 속에 넣어 와서 그녀의 다양한 웃음소리와 말과 대화를 자신의 실제
상황 중계해설과 함께 녹음한다. 이러한 행동은 다음 여자 친구와도, 또 그다음 여
자 친구에게 실연당했을 때에도 계속되기 때문에, 우리는 이것이 하나의 패턴(진단
을 위한 부가적 중요성을 제공하는)임을 알 수 있다. 분노와 빠른 방어적 반응은 편집
증 성격에서 흔하며, 분명히 조셉의 성격 중 일부이기도 하다.

B군

1960년대 프랑스의 뉴웨이브 시네마New Wave Cinema 운동을 주도한 감독 중 한 사
람인 장 뤽 고다르가 만든 고전영화 〈네 멋대로 해라Breathless〉(1960, 프랑스)가 이에

해당된다. 이 운동은 보다 추상적이고 실험적인 작법writing style과 이야기 구조 narrative structure를 선호하면서, 딱딱한 과학과 기술보다는 정신병리나 정신이상과 같은 심리적·사회적 이슈를 강조했던 당시 영화인들의 경향과 관련되어 있다. 〈네 멋대로 해라〉에서 주인공 미셸 푸가드(장-폴 벨몽드 분)는 젊은 폭력배이며 반-영웅anti-hero이다. 그는 도둑질을 하고 경찰의 추격을 받는데 그 과정에서 능숙하게 경관 중 한 명을 죽이고 당국으로부터 달아난다. 그는 미국 여성인 패트리샤 프란키니(진 세버그 분)에게 완전히 마음을 빼앗기고 자신과 함께 로마로 도망가자고 설득한다. 이 인물은 공감능력이 결여되어 있고 이기적이며 무례하고 비난을 일삼고, 여성을 물건 취급하는 특징을 갖고 있다.

폴란드 감독 크쥐시토프 키에슬로프스키는 한 아파트단지 내의 다양한 세입자들의 이야기를 보여 주는 1시간짜리 영화 10편으로 구성된 놀라운 작품 〈십계The Decalogue〉(1989)를 만들었다. 각각의 영화는 십계명 중 하나와 조금씩 관련이 있다. 영화 속에는 딸의 아이를 지키기 위해 속임수를 쓰는 엄마와 거리를 헤매고 다니며 무차별적으로 택시 운전사를 교살하는 어린 방랑자와 같은 반사회적 인물들이 여기저기 보인다. 독립영화감독인 톰 티크베어의 〈향수: 어느 살인자의 이야기 Perfume: The Story of a Murderer〉(2006, 독일)는 천재적인 후각을 가지고 자란 남자아이에 대한 흥미로운 영화다. 그는 멀든 가깝든 자신의 주변에 있는 것의 냄새라면 무엇이든지 맡을 수 있는 자신의 능력에 집착하게 된다. 주인공인 장 바티스트 그르누이(벤 위쇼 분)는 성인으로 성장하면서 궁극의 향을 찾아 나서며 '향을 유지'하고 '간직'하려는 사명을 가지게 된다. 이런 여정 동안 그는 직간접적으로 경계를 넘기 시작한다(그 예로 부적절하게 길거리에서 말도 없이 여자의 팔을 쥐고 조심스럽게 그녀의 팔 냄새를 맡는다). 그리고 그는 사람들을 죽이는데, 한 장면에서 그는 여자가 소리지르지 못하게 입을 막았다가 우발적으로 죽이고는 그 후에 여자를 벌거벗겨 면밀하게 여자의 냄새를 맡는다. 무모하고 책임감이 없으며 양심의 가책을 느끼지 못하는 것은 이 인물의 주요한 특징이다.

〈갱스터 초치Tsotsi〉(2005, 남아프리카/영국)는 필요에 따라 다른 사람을 죽이고 동료 폭력배를 잔인하게 구타하는 아프리카인 폭력배에 관한 영화다. 어느 날 초치(프레슬리 츠웨네야가네 분)는 한 여자를 강탈하고 그녀의 차를 빼앗는데, 차의 뒷좌석에 아기가 있는 것을 발견한다. 그는 마지못해 이 아기를 돌보기로 결심하는데, 이러한 경험은 천천히 그의 성격을 바꿔 놓는다. 관객들은 회상 장면을 통해 초치의 고통스러운 과거(그의 어머니와의 관계에 대한 동경, 신체적으로 학대하는 아버지, 아버지가 동물을 학대하는 것을 목격함, 그리고 같은 가족으로 살면서도 일부러 초치를 그의 어머니에게서 떼어 놓도록 한 아버지를 무시하는 것)를 알게 된다. 관객들은 점점 이 잔인한 인물에 대해 동정심을 조금씩 느끼기 시작한다. 그리고 초치가 아기를 기르면서 마을에 있는 자신의 어머니와 연락이 닿게 되고 그가 때려눕힌 남자와도 화해하며, 자신의 생계를 희생해 가면서까지 아기를 친모에게 돌려주는 모습을 보면서 관객들의 이러한 경험은 더욱 강렬해진다.

　반사회성 성격장애를 가진 젊은 인물에 대한 또 다른 영화로는 칸 국제 영화제에서 황금종려상을 수상한 〈더 차일드The Child〉(2005, 프랑스)가 있다. 어딘가 귀엽고도 쩨쩨해 보이는 좀도둑 브루노(제레미 레니에르 분)이지만, 그가 돈을 위해 갓난아기를 파는 장면에서는 오싹할 정도다. 이 영화는 아기를 파는 과정을 흥미롭게 그리고 있다. 브루노는 전화를 걸고, 외관상 버려진 것처럼 보이는 집 계단을 올라가서, 방 한쪽에 아기를 재킷 위에 올려놓고, 옆방으로 가서 문을 닫는다. 그는 휴대전화로 전화를 걸고 "끝났어"라고 말하고 잠시 기다렸다가, 다시 첫 번째 방으로 가서는 그의 재킷과 함께 돈을 가지고 간다.

　흥미로운 영화 〈스위밍 풀Swimming Pool〉(2003, 프랑스/영국)은 매력적이고 도발적이며 흥분을 갈망하는 여자 줄리(뤼디빈 사니에르 분)를 그리고 있다. 그녀는 태연하고 느긋하지만, 쉽게 상처받거나 화를 내는 사람이다. 그녀는 성적으로 충동적이고 문란해서 매일 밤 다른 남자와 성관계를 갖는다. 그녀는 자신에게 관심을 보이지 않는데도 나이 든 남자에게 달려든다. 어느 날 그녀는 얼굴과 눈 주변에 멍이 든 채로 나타나는데, 이를 보는 관객들은 밖에서 지낸 밤 시간 동안 그녀에게 어떤 위험한 사건이 있었는지 추측하게 된다. 그녀는 룸메이트가 남자와 춤추기 시작할 때 교활하고 질투 어린 모습을 보인다. 그리고 거절당했을 때는 불같이 화를 낸다. 그녀의 이러한 불안정성은 (죽은) 어머니가 보인다고 생각하고 기뻐하다가, 그곳엔 아무도 없다는 이야기를 듣자 소리를 지르며 기절하는 것 같은 해리성 에피소드를 만들어 낸다. 줄리는 또한 자신이 연인을 죽였다는 사실을 기억하지 못하는 기억상실 증상도 경험한다.

〈새장 속의 광대La cage aux folles〉(1978, 프랑스)의 극중 인물 자자(미셸 세로 분)는 프랑스 남부의 한 나이트클럽에서 춤추는 여장 게이 댄서이며 연극성 성격장애의 훌륭한 예다. '그녀'는 호들갑스럽고 매우 대담하며 행동의 대부분은 과장되어 있다. 그녀의 파트너 레나토(우고 토그나지 분)가 그녀에게 자신의 전 부인을 미래의 사위와 함께 중요한 저녁식사에 초대할 계획이라고 말하자 자자는 대단히 모욕감을 느끼며 자살하겠다고 협박한다. 하지만 레나토와 관객들은 그녀의 이런 협박이 진심일 거라고는 생각하지 않는다.

C군

유명한 캐나다 영화 〈인어가 노래하는 소리를 들었네I've Heard the Mermaids Singing〉 (1987)에서 쉐일라 맥카시는 불안하고 사회적으로 서투르며 회피성 성향을 가진 비정규직 직원 폴리 반더스마를 연기한다. 그녀는 순진하고 사회적으로 내성적이며, 낮은 자존감과 자아개념을 가지고 있다. 맥카시가 연기한 보이스오버(목소리만 들어가는) 내레이션은 타인과의 상호작용 시 그녀의 생각과 감정에 대한 통찰을 보여준다.

〈아멜리에〉(2001, 프랑스)에서 오드리 토투가 연기한 변덕스럽고 귀여운 주인공은 많은 회피성 성격 특징을 가지고 있다. 아멜리에는 감수해야 할 위험을 무서워하지만 다른 사람들과 사귀고 싶어 하고 특히 친밀한 사랑을 나누고 싶어 한다. 이영화에서 강조하는 바는, 남자를 만나는 것에 대한 그녀의 생각과 도전이다. 재치있게 묘사되는 영화의 핵심적 주제는 그녀의 인생에 들어온 한 남자와 실제로 만나는 것에 대한 지속적인 회피다. 좋은 행동을 한 후에도 아멜리에는 불안해 보이고, 사람들과 상호작용할 기회를 무시하려고 눈길을 돌린다. 그녀는 단지 사회적으로 상호작용하는 방법을 모르는 것이다. 영화는 아멜리에가 보이는 불안과 회피행동의 원인에 대해서 복잡하게 분석하지는 않는다. 그보다는 그녀가 태어날 때부터 ('불안한 신경'을 가졌고 모든 것을 불안해하는) 신경증적인 어머니와 (모든 감정을 피하는) 얼음장 같은 아버지 사이에 갇혀 있었다는 사실을 보여 준다. 게다가 그녀는 소

꿈친구나 사회생활 없이 혼자 고립된 채 공상과 상상에만 익숙해졌다. 또 다른 원
인들이 있다면, 한 이웃에게 속아서 자연재해의 '원인'이 자신에게 있다는 죄책감
을 가지게 된 일이나, 어머니가 그녀 앞에서 극적인 죽음을 맞이한 것, 아버지와 관
계 맺고 의사소통하는 데 지속적인 문제를 겪은 것 등이다.

회피성 성격을 가진 사람들의 공통된 행동양식은 자기희생의 문제다. 타인을 돕
는 데 헌신하는 반면, 자신을 위해 노력하거나 스스로를 돌보지 않는 것이다. 아멜
리에는 다른 사람들이 즐거움을 찾게 도와주고 틀에 박힌 생활 패턴에서 벗어나게
해 주면서, 스스로 평범하고 착한 사람이 되기 위해 헌신하는 모습으로 자기희생의
전형을 보여 준다. 아멜리에는 회피적인 생활 패턴에 익숙해져 있지만 스스로는 그
것을 잘 모른다. 하지만 결국 그녀는 다른 사람을 지지하며 다가가는 법을 배우고,
자신의 두려움에 직면하는 데 필요한 용기를 갖게 된다.

오두리 토투는 또 다른 프랑스 영화 〈좋은 걸 어떡해God is Great and I Am Not〉
(2002)에서 C군 성격 특질을 가진 미셸이라는 인물을 연기한다. 이 영화에서 미셸
은 파트너의 종교에 따라 개종함으로써 반복적으로 자신의 믿음을 양보한다는 점
에서 의존성 성격(그렇지만 장애는 아닌)의 변덕스러운 요소를 가지고 있다. 그녀는
애인이 바뀔 때마다 남자의 종교로 개종한다. 혼자되는 것에 대한 두려움으로 결국
그녀는 친밀한 관계가 끝난 후 자살하게 된다.

스페인 영화 〈매드 러브Mad Love〉(2002)에서 한 여자는 계속되는 남편의 외도 증
거에도 불구하고 강박적으로 남편에게 매달린다. 그녀는 남편의 행방에 대해 몰두
하고 걱정하지만, 그가 명백한 배신과 관련된 여행에서 돌아올 때면 계속해서 강한
흥분상태를 보인다. 한 장면에서 남편은 그녀의 다정한 행동에도 불구하고 따뜻한
포옹을 거부하고, 그녀는 그에게 그가 어디에 있었는지에 대해 자신에게 거짓말을
하라고 요구한다. 그녀는 거부당할 때에도 계속해서 강박적으로 그를 사랑하고, 그
녀의 죽음으로 그들이 다시 결합할 것이라 믿는다.

"나는 당신이 나를 혐오하더라도 당신을 사랑하고 싶어요."

– 〈매드 러브〉(2002)에서 '조안 더 매드'의 전형적인 의존성 대사

• 왜 성격장애를 묘사하는 많은 영화들에서는 강렬하고 잊혀지지 않는 인물들을 그리고 있는가?

• 왜 대중들은 잔인한 악당 캐릭터(예를 들어, 조커, 안톤 쉬거, 혹은 한니발 렉터)에 매혹되고 끌리는가? 이런 극중 인물들이 미디어의 많은 관심을 받고 주요 영화상을 수상하는 것은 적절한가?

• 일생 동안 유지되는 성격 특성을 병으로 취급해도 되는가(성격장애를 DSM-IV-TR에 포함시켜야 하는가)?

• 성격장애를 치료하기란 매우 힘들고 치료는 수년 동안 계속된다. 성격장애에 대해서도 보험회사가 혜택을 주어야 하는가?

• 반사회성 성격장애를 지닌 사람들에 대하여 논할 때 악마라는 개념이 의미가 있는가?

• 단순한 성격 특성(의심 같은)은 성격장애(편집성 성격장애) 또는 질병(편집형 정신분열병)과 어떻게 다른가? 양적으로나 질적으로 어떤 차이가 있는가?

• 영화 〈위험한 정사〉(1987)는 원래 댄 갤라거의 지문이 묻어 있는 칼로 알렉스 포레스트가 자살하는 장면으로 끝났다. 하지만 관객들이 마지막 장면을 마음에 들어 하지 않아 기억에 남을 만한 욕조 장면으로 대체되었다. 영화가 원본대로 개봉되었다면, 경계선 성격장애의 진단에 더 부합하였을까?

• 경계선 성격장애 환자들을 치료할 때 치료자들이 겪을 수 있는 고충은 어떤 것들이 있을까?

추가적인 탐구

만일 당신에게 이 장과 관련된 단 한 권의 책을 읽을 시간만이 주어진다면 다음의 책을 읽어 보라.

- Yudofsky, S. C. (2005). *Fatal flaws: Navigating destructive relationships wilh people with disorders of personalily and character*. Arlington, VA: American Psychiatric Publishing.

만일 당신에게 단 한 편의 논문을 읽을 수 있는 시간만 주어진다면 다음의 논문을 읽어 보라.

- Widiger, T. A., & Trull, T. J. (2007). Plate tectonics in the classification of personality disorder: Shifting to a dimensional model. *American Psychologist, 62*, 71-83.

저자 추천작

• 성격장애
- 〈노인을 위한 나라는 없다No Country for old Men〉(2007)
- 〈리플리The Talented Mr. Ripley〉(1999)
- 〈선셋대로Sunset Blvd〉(1950)
- 〈별난 커플The Odd Couple〉(1968)
- 〈노트 온 스캔들Notes on a Scandal〉(2006)
- 〈위험한 정사Fatal Attraction〉(1987)
- 〈아메리칸 뷰티American Beauty〉(1999)
- 〈시계 태엽 오렌지A Clockwork Orange〉(1971)
- 〈바틀바이Bartleby〉(2001)
- 〈찰리와 초콜릿 공장Charlie and the Chocolate Factory〉(2005)

제7장

물질사용장애

"계속 바늘을 그렇게 찔러 대면, 당신의 음악을 빼앗기는 건 물론이고 감옥에 들어가게 될 거야. 당신이 원하는 게 진짜 그런 거야?"

– 〈레이〉(2004)에서 레이 찰스의
아내 델라 비 로빈슨이 남편에게 말하며

〈레이〉를 관람하면서 생각해 볼 물음들

- 헤로인 중독은 알코올 중독과 어떻게 다른가?
- 레이 찰스는 헤로인에 중독되었는데도 어떻게 공연 활동을 이어갈 수 있었을까?
- 영화에서 드러나는 부정denial의 예로는 어떤 것이 있는가?
- 레이가 시각장애라는 사실이 그의 음악에 도움이 되었는가, 해가 되었는가? 그것이 그의 물질 남용과 어떠한 방식으로 상호작용하는가?
- 레이에게 또 다른 중독이 있는가?
- 그가 헤로인을 사용하게 된 데는 어떤 요인이 작용하였는가?
- 〈블로우〉(2001)에 등장하는 조지 정의 코카인 중독과 비교했을 때, 레이의 헤로인 중독은 어떠한가?
- 물질 남용자가 이중생활을 하는 경우가 많은가? 음악가에게 이중생활은 보편적인 특징인가?

환자 평가[1]

환자가 진술한 내원 사유: "감옥에 안 가려면 어떻게든 치료법을 찾아야 하니까."

현 병력: 아프리카계 미국인인 레이는 15세 때부터 헤로인을 사용하기 시작한 34세의 기혼 남성으로 현재는 헤로인과 마리화나를 모두 복용한다. 그는 헤로인 중독으로부터 벗어나기 위해 치료를 받고자 한다. 체포되기 6시간 전에 마지막으로 헤로인을 복용했다.

과거의 정신과적 병력, 치료 및 결과: 레이는 어떤 정신과적 치료경력도 없다고 한다. 그는 헤로인으로 흥분이 고조되었을 때 섬광기억flash back을 통해 두어 가지의 과거 외상 경험을 재현한다고 보고한다.

---

1) 여기에 제시된 가상의 인터뷰는 〈레이〉에서 묘사된 인물 특성을 바탕으로 구성된 것이며, 실존인물 레이 찰스와의 인터뷰를 재현할 의도가 아님을 밝힌다.

의학적 병력: 7세에 녹내장 혹은 감염으로 시력을 상실했다. 다른 의학적 병력은 없다.

심리사회적 병력: 레이 찰스 로빈슨은 1930년 9월 23일 조지아 알바니에서 태어났다. 그는 두 형제 중 맏이다. 그는 세계대공황이 몰아닥치던 어린 시절에 인종차별이 심한 플로리다 남부로 이사를 하면서 가난하게 자랐다. 5세가 되던 해에 그는 동생이 욕조에서 익사하는 장면을 목격한다. 그는 동생이 물에 빠져 죽고 있다는 사실을 깨닫지 못한 채, 어머니가 물에서 아이를 꺼낼 때까지 그저 무력하게 서 있었다. 그는 7세 때 시력을 잃고 스스로에게 의지하며 맹인학교를 꿋꿋하게 다녔으며, 잃어버린 시각의 공백을 메우기 위해 발달된 다른 감각들에 의존하게 되었다. 레이의 어머니 외에도 두 명의 다른 아내가 있었고 그들과의 사이에서 낳은 자식이 있었던 그의 아버지는 레이가 10세 되던 해에 사망했고, 그는 아버지에 대해 아는 바가 거의 없었다. 5년 후에는 어머니가 사망했다. 그후 그는 학교를 떠나 여러 밴드를 전전하며 음악가로 일하기 시작했다. 지금은 음악계에서 가장 훌륭한 음악가가 되기 위해 그의 길을 가고 있다.

레이 찰스는 한 번의 이혼 후 캘리포니아 비버리힐스에서 그의 아내 델라 비 로빈슨과 함께 호화로운 삶을 살고 있으며, 세 명의 자녀를 두고 있다. 그에게는 불륜관계로 생긴 아이들도 몇 명 있다. 그의 성적 경험은 13세 때 처음으로 시작되었다. 그는 "섹스를 하지 않은 날이 거의 없다"라고 말하며, 한 여자에게만 충실할 수 있는 능력도, 그렇게 하고 싶은 마음도 없다고 한다.

약물과 알코올 병력: 레이 찰스는 약 20년 전인 15세부터 헤로인을 복용하기 시작했다. 그는 정기적으로 마약을 투약하기 위한 소지품을 항상 들고 다녔다. 그는 헤로인을 자신이 원해서 복용하는 것이지, 어떤 외상 경험으로 인한 반작용 때문은 아니라고 한다. 그는 별로 어렵지 않게 마약 복용 습관을 유지할 수 있을 정도로 헤로인을 구매할 여유가 있으며, 지금까지 헤로인 중독으로 인한 치료는 받아 본 적이 없다. 그는 이제 감옥에 들어가지 않기 위해 치료를 받으려고 한다. 그는 규칙적으로 알코올과 마리화나를 복용하고 담배를 하루에 두 갑씩 피운다.

행동 관찰: 레이 찰스는 선글라스를 끼고 각 평가 문항에 조용히 대답했다. 그는 유쾌하고 매력적이며, 잘 차려입은 아프리카계 미국인이다. 그는 미약하게나마 계속해서 머리와 몸을 무의식적으로 흔들었다.

정신상태검사: 레이는 사람, 시간, 상황, 장소에 대한 지남력은 유지하고 있다. 기억손

상의 단서는 없다. 인지 기능은 정상적이고 정신이상의 증거는 없으며, 간이정신상태검사MMSE에서 30/30의 점수를 받았다.

기능적 평가: 레이 찰스는 자신과 가족을 충분히 부양하고 있는 성공적인 피아니스트이자 가수 겸 작곡가다. 그는 다른 감각들이 매우 발달되어 있었기 때문에 지팡이나 안내견을 절대 쓰지 않았다. 그의 대인관계는 뭔가 혼란스러워 보이지만, 이 사안에 대해서는 별로 언급하고 싶어 하지 않았다.

장점: 레이 찰스는 심각한 중독이 자신의 음악가로서의 경력을 쌓는 데에 방해가 될 것이라는 점을 잘 알고 있다. 그는 일에 있어서 비상한 창의력과 진보성을 지니고 있다. 그가 자신의 삶에서 겪어 온 고난을 고려한다면 그의 회복 가능성은 상당히 높다고 가정할 수 있다.

진단: 아편류 의존, 니코틴 의존. 의증rule out: 마리화나 의존.

치료 계획: ① 중독성 해독detoxification, ② 입원치료, ③ 퇴원 후의 가능한 메타돈methadone 치료

예후: 오랜 기간 동안의 물질 사용 경력과 마약에 대한 접근이 용이하다는 점, 또한 절제에 대한 내적 동기가 부족하다는 조건들을 고려해 본다면, 신중하게 예후를 지켜볼 필요가 있다.

〈레이〉와 헤로인 중독

아카데미상을 수상한 영화 〈레이Ray〉(2004)는 R&B계의 전설적인 천재 음악가로서 73세에 생을 마감한 레이 찰스(제이미 폭스 분)의 35세까지의 삶을 그리고 있다. 인종차별, 극심한 가난, 아버지의 부재, 남동생의 익사와 관련한 트라우마 그리고 시력상실에 이르기까지 찰스의 어린 시절은 험난했다. 그는 일찍이 어느 지역 카페의 음악가를 만나 음악에 대한 관심을 키워 갔다. 15세가 되던 해에 어머니가 사망하자, 그는 학교를 그만두고 흑인 댄스홀을 운영하는 여러 댄스 밴드의 친구들을

만나 남쪽으로 여행을 떠난다. 레이의 두 번째 아내 델라 비 로빈슨(케리 워싱턴 분)은 남편의 부재와 약물 중독, 불륜 문제 등으로 고통받으면서도 많은 노력을 한다. 영화에서는 그와 끝까지 함께하지만, 실제로 두 사람의 관계는 파국을 맞았다. 영화 전반에 걸쳐 우상으로 거듭난 레이의 아이러니한 음악적 성공은 그의 개인적 정체성, 대인관계에서의 수많은 실패와 갈등, 계속된 성적 욕구, 고독에 대한 전반적 공포 등과 같은 요소와 대비되며 그려진다.

레이 찰스는 어린 시절 밴드 동료 중 한 명이 놓아 준 헤로인 주사를 계기로 20년 동안의 헤로인 중독 생활을 시작한다. 레이는 처음 헤로인을 접했을 때 그 자리에서 곧바로 밀려드는 쾌락을 경험한다. 헤로인은 혈뇌장벽[2]을 넘으면 모르핀으로 전환되고 빠르게 아편계 수용기에 흡수된다. 또한 레이는 헤로인의 다른 효과들도 경험한다. 영화에서는 정신기능이 흐려지는 현상은 묘사되었으나 메스꺼움이나, 구토, 통증의 억압(그 외 단기적 효과) 등은 묘사되지 않았다. 헤로인과 그 외 아편제에 대한 복용자들의 반응은 복용량이나 약물 복용 경험에 따라 달라진다. 아편제 중독상태에서 복용자는 일반적으로 행복감, 졸림, 냉담함, 주변 사물에 대한 무관심함을 보인다. 더구나 약물 복용자는 진정작용으로 점점 가라앉고 동공이 상당히 축소되어 환각을 경험할 수도 있다. 복용 경험자들이 일상생활에서 직업적·사회적 기능을 유지한다 하더라도, 그들의 판단력은 상당히 손상된다.

> "이게 생전 처음 하는 것은 아니야. 이게 너와, 음악 그리고 아이를 위태롭게 한다는 걸 느끼면, 그러면 나는 바로 끊을 거야……."
>
> - 〈레이〉(2004)에서 레이 찰스(제이미 폭스 분)

헤로인의 장기적인 효과는 중독, 더러운 주사 바늘로 인한 감염, 정맥손상, 종기, 심장 내부와 판막 감염 그리고 관절염에 이르기까지 상당히 파괴적이다. 레이에게 나타나는 가장 주된 장기적 효과는 바로 중독이다. 모든 아편제는 엄청난 내성을 야기하며, 약물 복용이 중단되었을 때는 공통적으로 금단 증상이 나타난다. 〈레이〉

----

2) 역자 주: 뇌로 들어가는 독성 물질을 차단하는 장벽.

에서는 금단 증상이 사실적으로 잘 묘사된다. 헤로인 사용자는 내성이 점점 강해지면서 최초 복용량의 100배에 달하는 양을 더 빠른 주기로 복용해야만 쾌감을 유지할 수 있게 된다. 이 영화에서도 내성이 심해지는 과정을 분명하게 확인할 수 있다. 일반적인 중독의 경우처럼, 레이가 헤로인을 더 많이 사용할수록 증상도 더욱 심해진다. 다른 헤로인 중독자의 경우와는 달리 레이는 풍부한 재정적 여유가 있었기에 마약을 구하기 위한 절도나 매춘에 연루되지는 않았다. 결국 그는 FBI에 의해 헤로인 소지 혐의로 체포된 후, 감옥에 가는 것을 면하기 위해 치료를 받기로 한다.

 약물 남용

인류는 식물이 인간의 지각에 영향을 미칠 수 있다는 것을 알게 되면서 마음의 정신작용을 바꾸는 물질을 사용하기 시작했다. 물질(알코올이나 마약) 사용에 따른 장애는 물질 남용과 의존의 문제로 나뉜다. 물질 남용substance abuse은 계속적으로 해로운 결과가 나타나는 물질 사용의 패턴으로 정의된다. 물질 남용으로 진단되기 위해서는 아래에 제시되는 네 가지 항목 중 적어도 한 가지에 해당되어야 한다. ① 자신의 역할과 기능을 충분히 해내지 못한다, ② 운전을 하는 등 신체적으로 위험을 초래할 수 있는 상황에서도 복용을 반복한다, ③ 법적인 문제를 일으킨다, ④ 물질과 관련해서 사회적 혹은 대인관계적 문제가 재발함에도 계속적으로 복용한다. 또한 증상이 물질 의존과 연관되는 진단기준을 충족해서는 안 된다.

혹은 이에 덧붙여 물질 의존substance dependence, 내성, 금단 증상, 충동적 약물 복용 행동이 있는데, 여러 다른 약물들에 대한 의존 증상은 (완전히 동일하지는 않지만) 약물의 범주와 상관없이 유사하다. 〈표 7-1〉에 제시된 7가지 기준 중에서 세 가지 이상이 12개월 동안 나타날 때 이를 물질 의존으로 진단한다.

〈표 7-1〉 물질 의존의 기준

기준(DSM-IV-TR 적용)	〈레이〉(2004)에서의 예시
1. 내성. (a) 흥분에 이르기 위해 필요로 하는 물질의 양이 계속해서 증가하는 것, (b) 일정량의 물질을 사용했을 때 효과가 감소하는 것 두 가지로 정의된다.	영화 전반에 걸쳐 레이는 계속해서 더 많은 헤로인을 사용한다.
2. 금단. (a) 특정한 물질이 남용되는 것에 따르는 구체적인 효과, 혹은 (b) 금단 중상을 없애기 위해 물질을 사용하는 것 두 가지로 정의된다.	헤로인에 대한 레이의 금단 중상은 그의 삶을 위협할 정도다. 그는 '차디찬 칠면조cold turkey'[3]의 생리적 · 심리적 효과를 경감시키는 모든 약물처방을 거절한다.
3. 의도했던 것보다 더 많은 양이나 오랜 기간 동안 물질을 사용한다.	그는 가족 구성원으로서의 역할을 하려고 하지만 그의 헤로인 복용은 계속되고 더 잦아졌다.
4. 물질 사용을 줄이거나 중단하기 위한 지속적인 욕구	레이는 스스로가 언제든지 마약을 끊을 수 있다고 말하고 그래야만 한다는 것도 알고 있다.
5. 물질을 구하거나 약물의 효과로부터 회복되기 위해 많은 시간을 소비한다.	그는 자주 흥분에 도취된다. 그는 약물에 쉽게 접근할 수 있는 것으로 보인다.
6. 물질 사용으로 인해 중요한 사회적 · 직업적 활동과 여가를 포기하거나 줄인다.	약물 복용 중에는 중요한 가족 행사를 놓친다.
7. 물질 사용으로 인해 지속적으로 신체적 · 정신적 문제가 생긴다는 것을 알면서도 계속 물질을 사용한다.	자신의 몸에 상처를 남기고 균형을 잃으며 집중을 하지 못하지만 복용은 계속된다.

아편제

마약의 한 종류인 아편제에는 아편, 모르핀, 코데인codeine, 메타돈methadone, 페르코단Percodan(아스피린과 옥시코돈의 합성물) 그리고 헤로인이 포함된다. 이 물질들은 중독성이 매우 강하며 심각한 생리적 · 심리적 의존을 유도한다. 이 약물들은 마약이라는 일반적인 범주로 다루어지기도 한다. 다른 약물은 대부분 흡입이나 주사를 통해 사용되는데, 아편은 보통 흡연을 통해 사용된다. 대부분의 국가에서는 아편류 물질을 법적으로 규제하고 있다. 아편제 중독 치료를 위한 메타돈을 제외한

---

3) 역자 주: (마약 중독자의) 갑작스런 약물 중단에 의한 신체적 불쾌감.

나머지 약물은 설사나 통증에 대한 처방의 경우에 한해 법적으로 허용되고 있다. 펜타닐fentanyl과 메페리딘meperidine은 아편제의 유사물질(효과에 있어서는 유사하지만 화학적 구조가 미세하게 다른 화학 혼합물)인데, 통증 감소의 목적에 한해 합법적으로 처방되는 동시에 쾌락을 위한 비합법적 마약으로도 판매된다. 모르핀보다 50배 강한 효과를 나타내는 펜타닐은 특히 위험한 물질이다.

〈레이〉(2004) 외에도 아편제 사용을 그리고 있는 영화는 많다. 세르지오 레오네 감독의 영화 〈원스 어폰 어 타임 인 아메리카Once Upon a Time in America〉(1984)의 오프닝과 엔딩 장면에서 로버트 드 니로는 아편을 흡연한다. 영화 〈인도 차이나Indochine〉(1992)와 베르나르도 베르톨루치 감독의 〈마지막 황제The Last Emperor〉(1987)에서는 아편이 상당히 비중 있는 소재로 나온다.

캐서린 헵번은 유진 오닐의 희곡을 각색한 〈밤으로의 긴 여로Long Day's Journey into Night〉(1962)에서 알코올 중독자인 아들(제이슨 로바즈 분)과 함께 모르핀 중독자로 출연한다. 모르핀 남용은 공상과학 스릴러 영화 〈에일리언 2020Pitch Black〉(2000)에서도 잘 묘사된다. 사람이 마약에 깊게 취해 있는 상태에서도 어느 정도 기능할 수 있음을 보여 주는 예는 쿠엔틴 타란티노 감독의 영화 〈펄프 픽션Pulp Fiction〉(1994)에서 확인할 수 있다. 보스의 아내 미아(우마 서먼 분)는 남편의 부하인 빈센트를 만나러 가기 전 코카인을 흡입하고, 빈센트(존 트라볼타 분)는 그녀와 데이트를 하러 가기 전에 헤로인 주사를 맞고 나선다. 이 둘은 '잭 래빗 슬림'[4)]에서 만나 흐트러짐 없는—혹은 아주 흥미로운—대화를 나눈다. 그들은 심지어 댄스 경연에서 우승을 차지하기도 한다. 그날 늦은 저녁, 미아는 빈센트의 코트 주머니에 든 헤로인을 발견한다. 그녀는 그 헤로인을 코카인으로 착각하고 흡입했다가 혼수상태에 빠진다. 빈센트는 에피네프린이 들어 있는 주사기를 미아의 심장 부근에 찔러 넣어 가까스로 그녀의 목숨을 구한다.

헤로인 중독을 가장 잘 표현한 문제작으로 〈레퀴엠Requiem for a Dream〉(2000)이 있다. 이 영화에 출연하는 대부분의 주연은 물질 의존적인 인물로 묘사되는데, 사라(엘렌 버스틴 분)는 처방받은 다이어트 알약에, 그리고 세 명의 10대 청소년 해리(제

---

4) 역자 주: 최근 10년간의 팝스타들을 닮은 직원들이 일하고 있는 1950년대 풍의 레스토랑.

레드 레토 분), 마리온(제니퍼 코넬리 분) 그리고 타이론(말론 웨이언스 분)은 헤로인을 포함한 여러 물질들에 의존한다. 영화에서 해리는 헤로인을 주사하다가 감염되고 결국 괴저(壞疽)로 이어져 결국 팔을 절단하게 된다.

아편제의 금단 증상은 아편제 약물 복용이 중단되거나, 길항제antagonist(아편제의 효과를 차단하는 약)를 복용했을 때 발생한다. 금단 증상이 완전히 사라지기까지는 보통 3일에서 8일의 시간이 걸린다. 아편제의 금단은 불쾌한 기분, 메스꺼움과 구토, 근육통, 많은 콧물, 설사, 하품, 발열, 불면증 등과 같은 다양한 증상을 수반한다. 아편제 금단 증상의 사례는 〈레이〉나 프랭크 산타나의 영화 〈황금팔을 가진 사나이The Man with the Golden Arm〉(1955)에서 확인할 수 있다.

윌리엄 프리드킨의 영화 〈프렌치 커넥션The French Connection〉(1971)은 헤로인 거래를 다룬 좋은 영화다. 프리드킨은 아카데미 감독상을 받았으며, 경찰 수사관 지미 '뽀빠이' 도일 역을 연기한 진 해크먼은 아카데미 남우주연상을 수상했다. 〈커넥션The Connection〉은 마약 밀매꾼을 기다리는 마약 중독자들의 이야기가 담긴 1961년작 영화다. 영화 〈크리스티안 F.Christiane F.〉(1981, 독일)에서는 서베를린의 마약 문화를 살펴보며 10대의 마약 중독과 매춘에 대한 현실을 강렬하게 표현했다. 이 외에 헤로인 중독의 사례들을 다루고 있는 영화에는 〈하이 아트High Art〉(1998), 〈누가 이 비를 멈추랴Who'll Stop the Rain〉(1978), 〈모나리자Mona Lisa〉(1986), 〈샤파쿠아Chappaqua〉(1966) 그리고 〈레이디 싱스 더 블루스Lady Sings the Blues〉(1972)가 있다.

지금까지의 마약 관련 영화 중 가장 강렬했던 작품은 구스 반 산트의 1989년작 〈드럭스토어 카우보이Drugstore Cowboy〉다. 밥(맷 딜러 분)은 네 명의 마약 중독자들의 리더이며 약국을 털면서 마약 생활을 이어 간다. 이 영화에서는 특히 늙고 마약에 찌든 채 초라한 모텔에서 지내는, 마치 폐인처럼 타락한 목사 역의 윌리엄 버로우스의 짧은 연기가 매우 인상적이다. 밥은 그 목사를 보면서 자신의 미래의 모습을 보게 된다. 올바른 길을 가고자 하는 그의 선택과, 그가 직면하는 딜레마들(그의 친구들이 다시 그들의 세계로 돌아올 것을 유혹하는 것까지)이 매우 현실적으로 그려지고 있다.

알코올[5]

올리버 홈즈 2세Oliver Wendell Holmes, Jr.는 "모든 사람은 최상의 상태가 되길 간절히 바라지만, 그에 다다를 길이 없는 불쌍한 악마는 술에 취함으로써 최상에 이른다."라고 말했다. 알코올 사용의 역사는 적어도 5,000년 이상을 거슬러 올라간다. 윌리엄 제임스William James의 『영적 체험의 다양성Varieties of Religious Experience』(1902)과 올더스 헉슬리Aldous Huxley의 『지각의 문Doors of Perception』(1954)과 같은 책에서는 알코올과 약물 그리고 신비주의 사이의 관계에 대한 탐구를 진전시켜 왔다.

알코올과 뇌

알코올은 빠르게 혈류로 흡수되어, 한 시간 동안 순도 100도의 알코올을 분해할 수 있는 간으로 보내진다. 만약 한 시간에 한 잔의 술을 마신다면 간은 어렵지 않게 이를 계속 분해하고 뇌에 영향을 미치지 않도록 처리할 수 있다. 하지만 한 시간에 한 잔 이상의 술을 마신다면 당연히 뇌에 영향을 미치게 된다. 특히 알코올은 소뇌에 빠르게 흡수되어 비틀거림, 운동실조증, 반응속도 저하와 같은 증상을 초래하게 된다. 또한 판단력을 떨어뜨리고 개인에 따라서는 공격성을 유발하기도 한다. 비록 알코올이 흡수되면서 억제력을 저하시키는 초기에는 일시적으로 성적 욕구가 활성화되지만, 일정 단계가 넘어서면 성적 기능에도 분명한 손상이 나타난다. 셰익스피어의 말을 빌리자면, 알코올은 "일으키기도 했다가 다시 가라앉히도다. 욕정은 일으키지만 능력은 빼앗아가노라."(『맥베스』, 2막 3장)

〈잃어버린 주말〉

빌리 와일더의 명작 〈잃어버린 주말The Lost Weekend〉(1945)은 알코올 중독이라는 소재를 인상적으로 그리고 있다. 영화의 주인공인 돈 버냄(레이 밀랜드 분)은 작가로서 쌓아 온 이력과 동생의 신뢰, 애인 헬렌(제인 와이먼 분)의 사랑 모두를 저버리

---

5) 이번 장에서는 '알코올 의존'과 '알코올 남용' 양자를 동시에 지칭하기 위해 '알코올 중독alcoholism'이라는 비특정적·비진단적 용어를 사용하기로 한다. 많은 영화에서 이 둘의 차이점이 불분명하기 때문이다. 구분이 분명할 경우에는 이 둘을 구별하기로 한다.

면서까지 술을 한 잔이라도 더 마시려고 한다. 영화의 초반부에서는 알코올 중독자의 방어기제 특징으로 잘 알려져 있는 부정denial의 분명한 사례를 볼 수 있다. 돈 버냄은 음주 생활의 심각성을 오랫동안 무시하려고 노력했지만, 결국에는 이러한 태도가 그의 인생을 망가뜨리고 있음을 깨닫는다. 버냄은 박쥐가 쥐를 잡아먹는 환상을 보게 되는데, 이는 환각이 가지는 특징의 한 종류로서 진전섬망delirium tremens을 잘 표현하고 있다. 버냄은 끝내 애인의 코트를 팔아 총을 구하고 유서를 쓰지만, 그가 방아쇠를 당기기 전에 헬렌이 도착한다. 영화는 그가 쓸 소설에 대한 계획을 짜고, 담배를 위스키 한 잔에 떨어뜨리는 상징적인 동작과 함께 끝난다.

> "한 잔이 너무 많고, 백 잔으로도 충분치 못하구나."
> —〈잃어버린 주말〉(1945)에서 돈 버냄을 꾸짖는 바텐더

비록 영화의 결말이 당시 사람들의 감수성을 자극하는 데 그친 면이 없지 않아 있지만, 여전히 이 영화는 알코올의 파괴적 효과를 극적으로 잘 표현한 영화로 평가받는다. 밀랜드는 버냄 역을 열연하여 아카데미 남우주연상을 받았고, 영화는 작품상과 감독상 그리고 각본상까지 수상한다. 감독이었던 빌리 와일더는 영화 작업을 시작하기 전에 단주동맹Alcoholics Anonymous: AA에 의견을 구하기도 했다.

알코올 남용의 패턴

DSM-IV-TR에 따르면, 의존에 대한 7가지 특징적 증상 목록에서, 12개월 동안 적어도 3가지 항목 이상이 충족될 때에 물질 의존으로 진단받는다. 돈 버냄의 알코올 중독 증상에 적용되는 항목들은 〈표 7-2〉에 제시되어 있다. 의존 증상은 정신에 영향을 미치는 모든 물질(알코올이나 약물)의 경우에도 똑같이 적용된다.

알코올 중독의 역학(疫學)

대부분의 미국 성인들(약 65%)은 때때로 술을 마시며, 성인 10명 중 1명은 하루에 1온스 이상의 알코올을 소비한다. 남성은 보통 몸무게가 더 많이 나가기 때문에 여성보다 알코올에 어느 정도 더 쉽게 견디며, 따라서 술고래에 대한 정의는 남성

〈표 7-2〉 알코올 의존의 기준

기준	〈잃어버린 주말〉에서의 사례
1. 개인이 의도했던 것보다 더 오랜 시간 동안 또는 더 많은 양의 알코올을 소비한다.	버냄은 영화가 시작할 때부터 술을 마시고 있으며, 영화 내내 술을 마신다.
2. 알코올 사용이 과도하다는 것을 자각하고 있다. 사용량을 줄이려고 노력해 보지만 통제하는 데에 실패한다.	버냄은 계속해서 술을 끊고, 적어도 한 번 이상 치료를 시도하지만 성공하지 못한다.
3. 알코올을 구해서 마시고 그 효과로부터 회복하는 데에 대단히 많은 시간을 소모한다. 심한 경우에는, 깨어 있는 모든 시간 동안 물질을 획득하기 위한 노력을 쏟아붓는다.	버냄은 호밀 위스키에 집착하고 있기 때문에 그의 아파트 곳곳에 그것을 숨겨 놓는다. 술 이외의 다른 것에 대해서는 거의 생각하지 않는다. 또한 그는 자신의 욕구를 다시 채우기 위해 지갑을 훔치고 술집에서 도둑질을 하기에 이른다.
4. 중독상태나 금단 증상이 직장 내 혹은 부적절한 상황에서 발생한다(예: 자동차 운전을 하고 있을 때).	버냄은 글 쓰는 일을 완전히 청산하고, 술을 구하기 위해 그의 타자기를 전당포에 맡긴다.
5. 중요한 사회적 · 직업적 활동이나 오락이 알코올로 대체된다.	버냄은 음주 생활로 인해 동생과의 관계가 심각하게 틀어지고, 가족과 함께 시골에서 주말을 보내는 것을 꺼려한다. 애인과의 관계도 위기에 처한다.
6. 알코올이 야기하는 위험성에 대해서 자각하지만 알코올 사용은 계속된다.	버냄은 자신의 모습을 '취했다'라고 표현하며, 스스로가 작가로서의 재능이 떨어지고 있음을 정확히 인식하고 있다.
7. 내성이 발달하여 같은 효과를 내기 위해서는 더 많은 양의 알코올을 필요로 한다(다른 마약에 비해 알코올의 내성은 심하게 나타나지 않는 편이다).	버냄은 영화에서 대략 2쿼트(1/4갤런)의 호밀 위스키를 마시는데, 이는 대부분의 사람들이 견딜 수 있는 양보다 훨씬 많은 수준이다.
8. 알코올 사용을 중단했을 때 금단 증상이 나타난다.	버냄은 진전섬망 증상이 나타나고 환각을 경험한다.
9. 금단 증상을 경험한 후에는, 알코올 사용이 처음 가져다주었던 쾌감을 느끼기 위해서가 아니라 그 불쾌감을 없애기 위해 술을 마신다.	아침부터 마신 술에 대한 바텐더의 질문에 대해 "밤에는 술을 마신 거고, 아침에는 약을 먹은 거죠."라고 말한다.

과 여성 각각에 맞게 조정되어야 할 것 같다. 일반적으로 하루에 평균 세 잔 이상의 술을 마시는 사람을 술고래라고 볼 수 있다. 모든 알코올의 절반 이상을 단지 10%의 사람들이 모두 소비하는 데서 알 수 있듯이, 어떤 사람들은 우리가 추정하는 평균보다 훨씬 더 많은 양의 알코올을 마실 것이다.

미국 성인의 7% 이상(대략 1,400만 명)이 알코올 중독자다. 알코올 중독은 매년 수십억 달러의 생산성 손실과 건강관리 비용 부담 그리고 수많은 사고를 야기하는 등 미국에서 가장 심각한 건강 문제들 중 하나다. 알코올 남용은 자동차 사고의 원인 중 30%를 차지하며, 이 외에도 교통사고의 절반은 알코올로 인해 발생한다.

약 10%에 달하는 성인들은 알코올에 대한 의존으로 내과 전문의의 치료를 받으려 하며, 일반 병원을 찾아오는 사람 셋 중 한 명은 알코올과 관련된 질병으로 인해 입원한다. 알코올 중독자들의 사망률은 일반인들에 비해 2~3배 높으며 수명은 10~12년 정도 짧다. 또한 알코올 중독자의 자녀는 과다활동hyperactivity, 낮은 IQ, 정서장애, 아동학대, 태아알코올증후군fetal alcohol syndrome(NIAAA, 2000) 등의 위험에 쉽게 노출된다. 이러한 심각한 문제점에도 불구하고, 전체 알코올 중독자 중 10%도 되지 않는 사람들만이 문제를 해결하기 위한 치료를 받는다.

영화 속의 알코올 중독 묘사

알코올 사용에 대한 이미지는 현대영화의 곳곳에 나타나는데, 알코올 사용이 묘사되지 않는 성인영화를 찾아볼 수 없을 정도다. 이러한 사실은 알코올이 우리 모두에게 직간접적으로 많은 영향을 미치고 있음을 반영한다.

〈잃어버린 주말〉(1945)의 성공을 시작으로, 〈키 라르고Key Largo〉(1948), 〈하비Harvey〉(1950), 〈사랑하는 시바여 돌아오라Come Back Little Sheba〉(1952), 〈스타 탄생A Star Is Born〉(1954), 〈뜨거운 양철지붕 위의 고양이Cat on a Hot Tin Roof〉(1958), 〈술과 장미의 나날Days of Wine and Roses〉(1962) 등 알코올 중독을 중심 주제로 다룬 작품들이 연이어 발표되었다. 이 외에도 관련 영화로는 〈누가 버지니아 울프를 두려워하랴Who's Afraid of Virginia Woolf?〉(1966), 〈미스터 아더Arthur〉(1981), 〈술고래Barfly〉(1981), 〈텐더 머시즈Tender Mercies〉(1983), 〈파리, 텍사스Paris, Texas〉(1984), 〈활화산Under the Volcano〉(1984), 〈후지어Hoosiers〉(1986), 〈엉겅퀴꽃Ironweed〉(1987), 〈심판The

Verdict〉(1987) 그리고 〈재생자Clean and Sober〉(1988) 등이 있다.

〈재생자〉(이 장의 뒷부분에서 소개한다.)와 같이 정신이 번쩍 들게 하는 영화와는 대조적으로, 어떤 영화에서는 알코올 중독을 행복하고 걱정거리 없는 상태로 그리기도 한다. 〈하비〉와 〈미스터 아더〉는 이를 분명하게 보여 주는 영화들이다. 〈미스터 아더〉에 대해서 빈센트 캔비(Canby, 1981, p. 10)는 다음과 같이 말했다.

> 닉과 노라 찰스에 의해 드라이 마티니가 사실상 국민의 술이 되기 전부터…… 숨은 악영향들은 보여 주지 않은 채, 폭음하는 것을 묘사하는 영화들이 있어 왔다. 아더는 사람들이 페리에(탄산수)를 마시듯이 스카치를 마셔 댄다……. 그가 술에 취한 채 비틀거리고 게슴츠레한 눈으로 마을을 쏘다닐 때, 그는 하나의 사례로서가 아니라 괴짜로밖에 보이지 않는다.

공교롭게도, 이 영화는 롱아일랜드의 롤스로이스 자동차에서 빈둥거리지만 매력적인 인물 아더를 그리고 있다. 영화 속에서 그는 운전수를 둘 만큼 재산을 많이 갖고 있었지만, 그의 모습을 흉내 내려는 대부분의 10대 관객들에겐 아더만큼의 행운은 없었을 것이다.

영화는 영화를 만든 사람이 이해하고 있는 사회관습을 반영하고, 이는 당연히 알코올 사용에 대해서 적용된다. 최근 영화인 〈레볼루셔너리 로드Revolutionary Road〉(2008)에서 알코올은 1950년대 성역할의 고루함과 경직성을 마비시키는 중요한 역할을 한다. 즉, 영화는 순환적으로 사회관습에 영향을 미친다. 알코올 중독이 중독자의 가족들에게 어떤 영향을 미치는지를 다루는 영화로 〈남자가 사랑할 때When a Man Loves a Woman〉(1994)가 있다. 알코올 중독에 관한 또 다른 강렬한 영화로는 〈라스베가스를 떠나며Leaving Las Vegas〉(1995)가 있는데, 니콜라스 케이지는 죽음에 이르기까지 생생하게 묘사되는 진전섬망을 보이며 기꺼이 술을 마신다. 이 외에 스티브 부세미의 〈트리스 라운지Trees Lounge〉(1996)와 〈드렁크Drunks〉(1995)가 있다. 〈드렁크〉는 AA에 대한 좋은 정보를 얻을 수 있기 때문에 AA 공개 미팅에 가볼 기회가 없었던 이들에게 적극적으로 추천할 만한 작품이다. 덧붙여, 영화에서 그려지는 알코올 중독에 관심이 있는 사람은 노먼 덴진Norman Denzin의 저서 『헐리우드 명장면:

미국 영화에서의 알코올 중독Hollywood Shot by shot: Alcoholism in American Cinema』(1991)을 읽어 볼 것을 권한다.

알코올 중독이 기능적 측면에 미치는 강력한 영향은 〈프라이즈 위너The Prize Winner of Defiance〉(2005)에서 잘 그려진다. 줄리안 무어와 우디 해럴슨은 1950년대를 배경으로 10명의 아이들을 기르는 부모로 출연한다. 해럴슨은 일주일치 봉급을 몽땅 술을 마시는 데 써 버려서 가족들이 먹을 우유 살 돈조차 없게 되고 파산 지경에까지 이르는 켈리 라이언 역으로 열연한다. 켈리는 어린애 같은 의존성을 보이며, 아이들과 가정을 돌보지 못한다. 하지만 그 시대와 문화적 배경 때문에 그는 알코올 중독으로 진단받지도 못하고 어떠한 치료적 해결방안도 얻지 못한다. 켈리의 과도한 음주가 부른 충격적인 사건 때문에 방문한 경찰관은 쓸데없이 야구에 대한 잡담이나 하고 가는가 하면, 어떤 신부는 엉뚱한 방향으로 한 술 더 떠서 그의 아내 에블린이 가정을 위해 더 노력해야만 한다고 비난한다.

"꽤나 오래됐어요. 매일 밤 그는 여섯 팩하고도 위스키 한 파인트의 술을 마셔 대니 주말이 되면 당연히 봉급은 남아나질 않아요. 전부 술집으로 들어가는 거죠."
— 〈프라이즈 위너〉(2005)에서 청각장애인들에게 알코올
중독자인 남편에 대해 설명하는 에블린 라이언

맥 라이언이 알코올 중독 여성 역을 맡아 열연한 영화 〈남자가 사랑할 때〉(1994)를 포함해서 몇몇 영화에서는 알코올 의존·남용과 함께 우울증에 시달리는 여성들을 그리고 있다. 이러한 경향의 최근 작품으로는 〈모래와 안개의 집House of Sand and Fog〉(2003), 〈몬스터 볼Monster's Ball〉(2001) 그리고 〈28일 동안28 Days〉(2000)이 있다. 〈28일 동안〉에서 작가 그웬 커밍스(산드라 블록 분)는 음주운전으로 큰 사고를 내고 법원에서 지정한 중독자 재활원에 보내진다. 그녀는 과도한 음주, 일시적 기억상실, 잠에서 깬 후의 아침 음주, 하루 종일에 걸친 음주 등으로 인해 중독과 내성의 증상을 보인다. 자신의 증상에 대한 극심한 부정denial을 나타내는 그녀는 매우 충동적이고 위험을 쉽게 감수한다. 그녀는 어디에서나 술을 들고 다니는 행동이라든지, 언니 결혼식에서 큰 사고를 친다든지, 부주의로 화재를 일으키는 등의 통

제를 벗어난 행동들을 한다. 그녀의 금단 증상은 손 떨림, 갈망, 흥분, 그리고 알코올을 대체할 진통제로 니코틴이나 손에 넣을 수 있는 무슨 약이든지 갈구하는 증상으로 나타난다. 알코올 중독자에게 드물게 일어나는 난감한 상황은 바로 동반자가 술을 많이 마실 때인데, 이 영화에서 남자 친구는 상당히 무능력한 조력자인데다가 치료에 대해 거부반응을 보이고 비판적이다. 〈아름다운 세상을 위하여Pay It Forward〉(2000)에서 헬렌 헌트는 두 곳의 직장에서 돈을 벌면서 몰래 술을 먹는 알코올 중독자를 연기했다. 〈최종 분석Final Analysis〉(1992)에서는 킴 베이싱어라는 배우를 통해 소량의 알코올도 폭력성에 영향을 미칠 수 있음을 보여 준다.

알코올 남용의 문제는 몇몇 주연배우들에게서 분명하게 잘 드러나는데, 〈사도Apostle〉(1997)의 소니 목사(로버트 듀발 분), 〈파인딩 포레스터Finding Forrester〉(2000)에서의 윌리엄 포레스터(숀 코너리 분), 〈배드 산타Bad Santa〉(2003)에서의 윌리(빌리 밥 손튼 분), 그리고 〈베가번스의 전설The Legend of Bagger Vance〉(2000)에서는 전쟁에서 돌아온 후 과도한 음주를 시작한 라놀프 주너(맷 데이먼 분)가 있다. 알코올은 그들의 고립감과 외로움을 악화시킬 뿐이다. 〈시계 태엽 오렌지A Clockwork Orange〉(1971)에서 알렉스와 그의 패거리들은 온갖 폭력행위들을 저지르기 전 몸을 풀기 위해 술을 마신다.

알코올 중독은 술집들, 싸움터가 되는 술집, 위스키 술병, 술에 취한 총잡이, 마을 술꾼들 등의 모습들과 함께 서부영화 장르에서 특히 널리 쓰이는 소재다(Wedding, 2001). 〈하이 눈High Noon〉(1952), 〈역마차Stagecoach〉(1939), 〈셰인Shane〉(1953), 〈리오 브라보Rio Bravo〉(1959) 그리고 〈용서 받지 못한 자Unforgiven〉(1992) 등이 대표적인 예다.

"이제 30일이 지났습니다. 장례식에도 다녀왔고, 취업 면접은 900만 번쯤 본 것 같고, 52,000달러의 빚이 있고, 이렇게 칩을 받았어요. 어느 순간 갑자기, 내가 알코올과 마약 중독자라는 끔찍한 믿음에 사로잡히게 되었지요."
　　　　　－〈재생자〉에서 다릴 포인터가 AA에서 30일 절제 칩에 대해 말하며

〈재생자〉(1988)에서 마이클 키튼은 알코올 및 코카인 중독자인 다릴 포인터 역으

로 주연을 맡았고, 모건 프리먼은 '크레이그'라고 알려진 중독 상담자 역할로 출연한다. AA 미팅을 가지는 것과 집단치료를 받는 장면은 이 영화에서 가장 중요한 장면으로 그려진다. 다릴은 사람들에게 자신이 알코올과 마약에 중독되었음을 인정하고, 우리들 모두는 각자의 행동에 대해서만 책임을 진다는 것을 깨달으며, AA에서 30일 절제 칩[6]을 받고는 영화가 끝난다.

진정제-수면제

진정성 약물은 소량 복용할 경우 차분해지는 느낌과 행복감을 주고, 다량 복용 시에는 수면을 유도한다. 여기에는 아미탈Amytal, 넴뷰탈Nembutal, 세코날Seconal, 페노바르비탈phenobarbital을 포함하는 바비튜레이트barbiturate가 있고, 벤조디아제핀benzodiazepine(바리움, 리브리움)과 같은 불안완화제anxiolytics도 있다. 최근에는 불안완화의 특성을 가진 벤조디아제핀과 약한 항우울제를 혼합한 자낙스Xanax(알프라졸람)라는 단반감기short half-life 불안완화제가 개발되었는데, 현재 미국에서 가장 보편적으로 처방되는 약이 되었다. 자서전과 영화로 만들어진 〈난 가능한 한 빨리 춤추고 있어I'm Dancing as Fast as I can〉(1982)에서는 바리움 중독과 관련한 문제들이 묘사된다.

바비튜레이트는 소량을 복용했을 때 근육을 이완시키고 행복감을 유도하며, 다량을 복용하면 깊은 수면에 빠지게 된다. 비록 바비튜레이트는 내성이 빠르게 생기지만, 치사량은 상대적으로 일정하게 유지된다. 이 때문에 바비튜레이트 남용자는 종종 위험에 처하게 되며, 따라서 바비튜레이트는 불안장애에 대한 처방으로는 거의 사용되지 않는다. 하지만 간질과 같은 경우에는 여전히 이 약물을 처방할 수도 있다.

바비튜레이트의 효과는 알코올의 효과와 유사하며, 불분명한 발음과 비틀거리는 걸음걸이와 같은 증상을 유발한다. 이 효과들은 바비튜레이트가 알코올과 혼합되었을 때에 더욱 현저해지는데, 이 혼합물은 너무나 치명적이다. 마릴린 먼로는

---

6) 역자 주: 금주 과정을 마친 회원들에게 발행하는 칩.

알코올과 수면제를 함께 사용해서 자살한 것으로 알려져 있다. 게다가 바비튜레이트의 금단 증상은 다른 마취제narcotics보다 더욱 힘들고 고통스러우며, 생명을 위협할 정도다.

이에 비해 벤조디아제핀은 중독성이 덜하고 자살시도에 사용될 경우에도 성공률이 비교적 떨어지기 때문에, 불면증 치료에 바비튜레이트 대신 사용된다. 이 약물은 특히 미국에서 보편적으로 처방되는데, 많은 사람들은 이 약물을 지나칠 정도로 자주 처방받는다고 느낀다.

흥분제

흥분제stimulant 약물은 중추신경계central nervous system를 흥분시키고, 피로를 쫓으며, 식욕을 억제하고, 기분을 고조시킨다. 코카인, 암페타민amphetamine, 메스암페타민methamphetamine, 엑스터시MDMA, 니코틴, 카페인은 모두 정도의 차이는 있지만 중독성이 있는 흥분제들이다. 이 물질들은 뇌의 보상체계를 활성화시킴으로써 기분 좋은 느낌을 만든다. 코카인과 메스암페타민의 효과는 대단히 중독성이 강해서 떨림이나 정신이상, 경련과 같은 심각한 증상으로 이어질 수도 있다. 치명적인 영향을 가져올 수 있을 정도의 과도한 섭취는 일반적으로 호흡장애로 인한 사망을 야기한다. 마약에 대한 갈망과 스트레스는 마약을 구하는 행위를 초래한다. 메칠페니데이트methylphenidate(리탈린Ritalin, 콘서타Concerta 등) 또한 흥분제로 분류되는데, 이것은 과잉행동장애의 경우에는 합법적으로 처방된다.

코카인

코카인은 보통 코로 들이마시지만, 드물게는 정맥 주사로 몸에 주입하기도 한다. 프로이트S. Freud는 오락과 치료법의 차원에서 코카인 사용에 대해 기록했는데, 프로이트와 셜록 홈즈가 코카인에 대한 기호를 나누고 그들의 추리적 재능을 모아서 사라진 환자의 수수께끼 문제를 해결하는 역사 판타지 영화 〈명탐정 등장The Seven Percent Solution〉(1976)에서도 이를 묘사하고 있다.

코카인을 일컫는 속어를 제목으로 한 영화 〈블로우Blow〉(2001)는 코카인 밀매꾼이었던 조지 정(조니 뎁 분)의 삶을 통해 미국의 한 거물급 마약밀매상의 연대기적 흥망을 그리고 있다. 이 영화는 일을 하기보다는 캘리포니아 해변에서 마리화나를 피우는 것을 즐겼던 전형적인 1960년대 청소년들에게 마약과 돈의 유혹이 어떤 영향을 미쳤는지를 묘사하고 있다. 이 영화에 등장하는 조지 정은 마리화나를 팔아서 돈을 벌기가 쉽다는 것을 알게 된다. 마리화나 거래죄로 수감되어 있는 동안 그는 코카인 밀매의 세계를 소개받는다. 영화는 불법임에도 불구하고 충분한 이윤을 보장하는 마약 문화에 관한 사회적 현실을 잘 보여 주고 있다. 또한 조지는 중독과 금단의 생리적 · 심리적 증상을 겪기도 한다.

> "코카인의 치사량은 체중에 따라 1g에서 1.5g밖에 되지 않는 것으로 알려져 있다. 나는 하루 평균 5g, 혹은 그보다 더 많은 양을 써 왔다. 10분 동안 한 번에 10g이 나 되는 양을 들이마시기도 했다. 아마도 이때 높은 내성이 생겼던 것 같다."
>
> — 〈블로우〉(2001)에서 조지 정

이 외에 코카인 중독을 다룬 주목할 만한 영화로는, 하비 케이틀이 주연을 맡은 〈악질 경찰The Bad Lieutenant〉(1992), 마틴 스코시즈 감독의 〈좋은 친구들Goodfellas〉 (1990), 브라이언 드 팔마 감독의 〈스카페이스Scarface〉(1983), 그리고 나오미 왓츠가 고통에 가득 찬 여인으로 출연하는, 알레한드로 곤잘레스 이냐리투 감독의 〈21그램21 Gram〉(2003)이 있다.

약물 사용 시에 나는 소리에서 그 이름이 유래된 크랙 코카인crack cocaine(값싼 농축 코카인)은 작은 알갱이 형태를 띠며 흡연을 통해 사용된다. 크랙 코카인의 효과는 사용 후 즉시 나타나지만, 흥분의 최고조 상태는 비교적 짧다. 크랙의 가격 자체는 상대적으로 저렴한 편이지만, 크랙 중독은 이전과 같은 효과를 얻는 데 하루 수백 달러 정도의 많은 돈이 요구되는 심각한 수준의 중독으로까지 순식간에 발전할 수 있다. 많은 사람들이 코카인 중독으로 인해 매춘이나 절도, 폭력과 같은 파괴적인 행위에 이르게 된다. 영화 〈허슬 앤 플로우Hustle and Flow〉(2005)에서는 크랙 거래로 하루하루를 꾸려 나가는 디제이(테렌스 하워드 분)라는 인물이 등장한다. 그는 가족을 부양하기 위해 돈을 벌려고 하지만, 궁극적으로 자신의 삶을 어떻게 이끌어 갈 것인지를 스스로에게 질문하기 시작한다. 〈하프 넬슨Half Nelson〉(2006)에서 라이언 고슬링은 다양한 인종의 학생들을 가르치는 코치 역을 맡았다. 그는 정기적으로—혼자서 그리고 낯선 여자들과 함께—코카인을 복용하며, 경기가 끝난 후에는 여학생 라커룸에서 크랙을 흡연한다. 그는 열정적이고 창의적인 교사였으나 코카인 중독으로 인해 수업에서 냉담한 태도를 취하고, 회피하려 하며, 화를 잘 내고, 피로해 하는 교사가 되어 버리고 가족과도 멀어지게 된다.

맥아더 공원

독립영화 〈맥아더 공원MacArthur Park〉(2001)에 등장하는 코디는 크랙 중독에서 벗어나려고 노력하면서 크랙에 중독된 다른 노숙자들과 함께 살아온 공원을 떠나려고 한다. 그에게는 공원을 꼭 떠나야 할 이유가 있었는데, 그것은 최근에 그의 아들이 그를 찾았고, 아들은 코디가 재기하는 데 도움이 될 만한 집을 가지고 있기 때문이다. 영화에서는 크랙 중독이 코디가 공원을 떠나기 위해 이겨 내야 하는 장애물임을 잘 묘사하고 있다.

> "나는 집 없는 노숙자가 아니야. 단지 집으로 가고 싶지 않을 뿐이야."
>
> – 〈맥아더 공원〉(2001)에서 코디

영화에서는 어디에서 크랙이 판매되고 생산되는지뿐만 아니라, 어디에서 광범위하게 남용과 의존이 이루어지고 있는지를 잘 그려 내고 있다. 영화 속 인물들은 고통에 대처하고 금단 증상을 피하기 위해 많은 양의 크랙을 사용한다. 여러 인물들은 각자의 방식으로 공원의 마약 세계와 관계를 맺는다. 어떤 사람은 그 생활을 떠나기도 하고, 또 다른 이들은 떠나려고 시도는 하지만 그 세계에 주저앉아 타락해 가기도 한다. 혹자는 떠나는 것에 관심조차 없는 '목표 상실자lost cause'가 되어 버리기도 한다.

실제 이 영화의 시나리오를 쓴 타이론 앳킨스는 로스앤젤레스의 맥아더 공원에서 노숙을 하던 크랙 중독자였다. 그는 수감생활을 하면서 대부분의 이야기를 썼고, 감옥을 떠난 후 재활치료 프로그램에 들어가기 전에 공원으로 돌아갔다.

〈스위트 낫씽〉

크랙 중독의 타락을 그린 또 다른 영화로는 〈스위트 낫씽Sweet Nothing〉(1996)이 있는데, 이 영화는 뉴욕 브롱크스에 버려진 한 아파트에서 발견된 일기장 내용을 바탕으로 하고 있다. 영화는 주인공의 결혼생활과 자녀나 친구와의 관계, 직업 등의 모든 것을 갉아먹는 크랙 중독의 파급력을 잘 묘사하고 있다. 영화의 중심인물 안젤로는 실제로 마약을 복용하느라 아버지의 장례식에 참석하지 못했고, 결국 마약은 그에게 가장 중요한 것이 되기에 이른다. 안젤로는 아내로부터 성적 흥분을 더 이상 느끼지 못하게 되고, 영화가 진행될수록 그의 편집증 증상은 점점 심해진다.

코카인은 실제 수많은 배우와 감독 · 연출자들의 삶과 경력에 영향을 미쳐 왔다. 예를 들어, 토미 레티그(TV 시리즈에서 래시의 스승인 제프 역으로 잘 알려진)는 코카인 밀수입으로 연방 교도소 5년 수감을 구형받았고, 리차드 프라이어는 크랙 흡연 도중에 발생한 폭발로 인해 심한 화상을 입었으며, 독일에서 가장 훌륭한 감독으로 평가받았던 라이너 베르너 파스빈더는 바비튜레이트와 코카인 혼용으로 인한 심부전으로 37세에 사망하였다.

암페타민

일반적으로 암페타민류에는 암페타민(벤제드린Benzedrine), 덱스트로암페타민(덱세드린Dexedrine), 그리고 메스암페타민(메테드린Methedrine)이 있다. 암페타민류와 그 파생 물질은 코 막힘 제거약이나 식욕 억제제 등에도 들어 있으며 이 약물들은 경구 복용된다. 메스암페타민이 고도로 농축된 형태인 메스암페타민 결정체, 일명 'ice'는 흡연이나 주사 또는 경구 약으로 사용되며, 14시간까지 지속되는 흥분을 만들어 낸다. 아프리카와 중동 지방에서 자라는 관목인 카트khat에서는 씹었을 때 암페타민과 유사한 효과가 나타나는 잎이 자란다. 〈블랙 호크 다운Black Hawk Down〉(2001)을 보면 카트를 사용하는 장면이 짤막하게 묘사된다. 조니 캐쉬의 실제 삶을 바탕으로 한 영화 〈앙코르Walk the Line〉(2005)에서 호아킨 피닉스는 노련한 음악가 역을 맡았다. 이 영화는 캐쉬가 운영하는 영화사업의 흥망성쇠, 암페타민 남용의 과정, 가수 준 카터(리즈 위더스푼 분)에 대한 캐쉬의 사랑을 그리고 있다. 캐쉬는 오랫동안 여러 다른 물질들과 함께 처방약을 남용해 왔는데, 긴장과 스트레스를 풀기 위해 이러한 약물들을 자주 사용했다. 마약에 취한 채 무대에서 노래를 부르다가 쓰러질 정도였던 캐쉬의 내성과 금단 증상(생리적 · 심리적 모두)은 잘 묘사되고 있다. 이 영화 속 장면들은 〈레이〉(2004)와 유사한 대응방식으로 전개된다. 두 영화 모두 과거 외상 경험을 극복하고 음악계의 정상을 차지하지만, 위험하게 마약에 탐닉하고 결혼 후 부정한 관계를 맺으면서 이중적인 삶을 전전하다가, 결국에는 마약 의존을 극복하고 음악으로 재기하여 수많은 이들을 감동시킨 유명한 음악가의 일생을 그리고 있다.

암페타민은 중독성이 강하며 메스암페타민과 같은 약물의 내성은 매우 빠르게 생긴다. 금단 증상 증후군으로 나타나는 특징들로는 우울함, 피로, 악몽, 불면증이나 과다수면, 식욕 증진 그리고 정신운동의 지체 및 떨림 등이 있다. 이러한 '파괴적인' 효과들은 마약 사용자가 초기에 느끼는 도취감euphoria에 대해 치러야 하는 대가일 것이다. 암페타민이 야기하는 정신병은 정신분열병에서 보이는 심각한 정신장애와 거의 유사한 증상을 보인다.

〈도파민Dopamine〉(2003)에서는 흥분제를 다량 사용하는 주인공이 등장한다. 그는 마약 거래상으로부터 암페타민 알약들을 구해 와서 밤새 일을 한다. 한 장면에서 그는 일곱 잔의 커피를 컴퓨터 옆에 줄지어 놓는다. 흥분제 남용을 흥미롭게 그리고 있는 영화로는 〈레퀴엠〉(2000)과 〈스펀Spun〉(2003)이 있다.

〈레퀴엠〉

잊을 수 없는 영화 〈레퀴엠〉에서 네 명의 절박한 주인공들은 각자의 잘못된 인생 행로에서 마약으로 인해 나락으로 빠져들게 된다. 영화에서는 흥분제와 헤로인 중독을 매우 사실적으로 그리고 있다. 하지만 중요한 것은 이 인물들이 가능한 모든 약물을 복용하려 한다는 점이다. 마약은 음식과 섹스, 삶의 목표, 그 외의 모든 것들을 대체해 버린다. 신체와 정신에 미치는 마약의 효과는 파괴적이다. 사라(엘렌 버스틴 분)는 생방송 TV쇼에 나가기 위해 약물 복용으로 체중을 줄이려고 한다. 그의 아들 해리(제레드 레토 분)는 마약을 사기 위해 반복해서 사라의 TV(그것이 벽에 체인으로 고정되어 있었음에도 불구하고)를 훔쳐 전당포에 맡긴다.

감독 대런 애로노프스키는 극도의 근접촬영 기법으로 마약의 효과를 표현한다. 그는 주인공들이 알약을 삼키는 것, 물질을 주사하고 마약을 들이마시는 것, 그 후에 뒤따르는 생리적 변화(동공팽창)까지 모두 과장된 음향 효과와 함께 보여 준다. 활발한 카메라 움직임과 편집, 분할-스크린 기술들은 영화를 보는 사람들로 하여금 마약을 남용하는 중독자들의 혼란과 빠르게 진행되는 현실을 경험할 수 있도록 해 준다.

결국 모든 인물들은 생존해 있긴 하지만 그들의 삶은 철저히 파괴되어 있다. 과거로 다시 되돌아갈 수 없는 인물들은 병원이나 감옥, 정신장애 치료기관, 혹은 길거리의 매춘부로 살아가게 된다. 영화평론가 로저 에버트는 이 영화를 '지옥 여행 travelogue of hell'이라고 간략히 표현했다.

〈스펀〉

〈스펀〉(2002)에서는 메스암페타민 중독의 몇 가지 결과를 끔찍하리만큼 사실적으로 그리고 있다. 등장하는 모든 인물은 사실상 메스암페타민 중독자다. 미키 루크는 초라한 아파트 곳곳에 메스암페타민 제조장을 만들고 그곳이 폭발할 때까지 마약을 만드는 인물을 연기한다. 존 레귀자모는 마약에 중독된 거래상 스파이더 마이크 역으로 출연한다. 메스암페타민에 의존하는 또 다른 인물로는 마약 제조꾼의 연인인 니키(브리트니 머피 분)가 있는데, 그녀가 키우는 개는 메스암페타민 제조장에 있다가 털이 초록색으로 변한다. 핵심 인물인 로스(제이슨 슈왈츠먼 분)는 메스암페타민을 복용하는 데 몰두한 나머지, 섹스를 하는 동안 침대에 묶어 두었던 여자를 깜빡 잊어버린다. 로스는 그의 마약 남용을 견디지 못하고 그를 떠나 자신의 삶을 살아가기로 했던 옛 연인 에이미와의 관계를 통해 재활의 기회를 갖기를 바란다. 하지만 그녀는 로스의 한마디 말에서 그가 여전히 자신의 문제를 부정하고 있다는 사실을 너무도 명백하게 확인할 수 있었다. "진짜 좋은 게 뭔지 알아, 에이미? 난 마약에 완전히 빠져 버린 게 아니야. 언제든지 끊을 수 있다고."

"스푼, 도프, 크랭크, 크리프, 폭탄, 스팽크, 똥, 뱅, 짚, 트위커, 차드. 이름이 뭐라 불리건, 그건 모조리 메스암페타민이다. 내가 여기에 온 이유도 이것 때문이다."

—〈스펀〉(2002)에서 중독자의 오프닝 인용구

이 등장인물들은 시계바늘이 도는 동안에는 언제나(섹스 후 여자 몸에서 떨어져 나올 때, 소변 본 후, 운전 중에) 메스암페타민을 복용한다. 부적절한 웃음, 움찔거리기, 빨라진 언어와 몸동작, 쓰레기더미가 된 숙소 등 중독의 증상은 각각의 인물들 모두에게 나타난다. 누구도 잠들지 않고 모두가 빠르게 말하며 아무도 진정한 인간관계를 갖지 못하는 세계의 모습이다. '스펀spun'이란 며칠 동안 깨어 있다가 메스암페타민의 절정에 다다르고 난 후 잠들어 버리는 흥분 후 손상의 반복되는 패턴을 뜻한다. 영화에서 묘사되고 있는 약물의 영향력은 강력하다. 메스암페타민 중독자들은 결국 감옥에 갇히거나, 병원에 강제 입원되거나, 인생이 파괴되어 버릴 것이며, 혹 운이 좋다면 이러한 삶의 방식에서 벗어날 길을 찾을지도 모른다.

〈레퀴엠〉(2000)에서처럼, 스피디한 카메라 기법은 관객들로 하여금 메스암페타민을 복용한다는 게 어떤 것인지 간접적으로 경험하게 해 준다. 등장인물이 메스암페타민을 흡입한 후 두 눈이 충혈되고 크게 열리는 모습이 클로즈업되어 표현되고, 종종 등장하는 만화 이미지들은 등장인물의 사고와 마약의 효과를 강조한다. 또 다른 클로즈업 영상은 동공이 확대-수축되고 핑핑 도는 움직임을 보여 준다.

환각제

사이키델릭psychedelic이라고도 불리는 환각제hallucinogen는 지각을 왜곡하는 약물이다. 사용자들은 모든 감각양상의 환각과 공감각synesthesia(이미지를 듣거나, 소리를 보는 것과 같은 교차된 감각), 이인화depersonalization 현상을 경험한다고 보고한다. 이약물은 기분에 있어서도 강한 영향력을 행사한다.

환각제는 자연환경 속에서도 발견되지만, 대체로 인위적인 합성방식으로 생산된다. 자연에서 구하는 환각제로는 페이오트 선인장으로부터 추출되는 메스칼린 mescaline과 멕시코 환각버섯으로부터 추출되는 실로시빈psilocybin이 있다. 몇몇 북미원주민들은 종교 의식에서 이 환각버섯을 사용한다.

메스칼린은 실험실에서도 생산할 수 있다. 하지만 가장 잘 알려져 있고 가장 널리 사용되는 합성 환각제는 리세르그산 디에틸아미드lysergic acid diethylamide: LSD다. 보통은 알약의 형태로 삼키는데, 액체와 혼합하여 종잇조각에 흡수시켜 핥거나 각

설탕 혹은 젤라틴판으로 만들어 삼키기도 한다. LSD는 색과 맛이 없으며 그 영향력은 대단히 강력하다. 또한 가지각색의 증상을 초래하며 환희에서부터 절대적 공포에 이르기까지 극단적인 감정적 변화들이 나타날 수 있다. 가장 드라마틱한 효과 중 하나는 사실적인 지각 경험인데, 약물 경험이 긍정적인 경우에 사용자는 다음과 같이 표현한다. "한 톨의 모래알에서 세상을 보고 / 한 송이 야생화에서 천국을 보기 위해서, / 당신의 손바닥에는 무한함을 / 그리고 한순간에 영원을 쥐어라."(윌리엄 블레이크William Blake의 시 〈순수를 꿈꾸며Auguries of Innocence〉에서) 하지만 불행하게도 그 경험은 언제나 그렇게 친절하지 않아서, 마약의 영향하에서 저지르는 잘못된 선택은 부상이나 죽음을 야기하기도 한다. 또한 어떤 사용자들의 경험에 따르면 마약을 복용한 직후, 몇 주에서 몇 년 전에 했던 여행과 관련한 감각기억을 재경험하는 '플래시백flash back', 즉 섬광기억 현상을 겪었다고 한다. 이 약물은 중독적인 것은 아니나 그 내성은 매우 빠르게 강화된다.

스탠리 큐브릭 감독은 『플레이보이Playboy』 인터뷰에서 LSD에 대한 자신의 체계적인 관찰을 다음과 같이 이야기했다.

> "제가 LSD에 등을 돌리게 된 이유 중 하나는 그것을 사용하던 모든 지인들이 두 가지를 구분하지 못하는 별난 무능력함을 갖고 있었기 때문입니다. 실제로 흥미롭고 활기를 주는 것과, 마약이 이끄는 '좋은' 여행의 더할 나위 없는 행복의 상태에서 단지 흥미로운 것처럼 보일 뿐인 것, 이 둘 사이를 말이에요. 그 사람들은 그들의 결정적인 능력을 완전히 잃어버리고, 그들 삶에 있어서 가장 활기를 주는 영역에 대한 관심도 잃어버리는 것 같더군요. 아마도 모든 것이 아름다울 때, 어떤 것도 아름답지 않은가 봅니다."

〈아버지의 이름으로In the Name of the Father〉(1993)에서 죄수들은 감옥 생활의 단조로움을 견디기 위해 조각 퍼즐 뒤에 있는 LSD를 핥는다. 퍼즐은 커다란 세계지도 형태이기 때문에 죄수들은 '한 나라에 한 번씩' 흥분을 느낀다. 이 외에도 1960년대의 청년문화를 사실적으로 그리고 있는 영화들을 보면 LSD 경험에 대한 내용을 얼마든지 찾아볼 수 있다.

천사의 가루라고 알려진 펜시클리딘Phencyclidine: PCP 또한 1960년대 초부터 사용되었던 강력한 환각제다. 알약으로 복용할 수도 있고, 마리화나에 뿌려 흡연할 수도 있다. 이 약물은 LSD보다 더 극명한 증상을 나타내며 통각 상실이나 이인화, 편집증, 분노 반응, 정신분열-유사 정신증과 같은 결과를 낳는다. 이러한 환각제 사용은 〈이지 라이더Easy Rider〉(1969), 〈라스베가스의 공포와 혐오Fear and Loathing in Las Vegas〉(1998)에서 묘사된다.

〈스캐너 다클리A Scanner Darkly〉(2006)에서는 정형화되고 부분적으로 컴퓨터화된 등장인물들을 통해 편집증, 마약남용, 정부 통제로 특징되는 공상과학 세계를 그리고 있다. 리처드 링클레이터 감독과 키아누 리브스, 로버트 다우니 주니어, 위노나 라이더, 우디 해럴슨이 출연하는 이 영화는 불행하고 가정적인 한 남자가 그 삶으로부터 떠나 마약에 중독된 요원이 되는 과정을 그리고 있다. 그는 훈련을 받으면서, 훌륭한 요원들이 적당히 마약을 복용한다는 사실을 알게 된다. 영화에 나오는 가상의 마약은 전 인구의 40%가 중독된 'substance D'(D는 절망despair, 황폐desolation, 죽음death을 의미한다.)이다. 환촉(온몸에 벌레가 기어가는 것 같은)이나 비틀거리기, 충혈된 눈, 극심한 편집증, 강한 분노, 자살시도 등의 많은 중독 증상과 금단 증상이 영화에서 극적으로 그려진다. 이 중 한 등장인물은 미지의 생물체가 쉬지 않고 그의 삶의 죄목들을 읽어 대는 환각에 빠질 정도로 심각한 증상을 겪게 된다.

흡입제

흡입제inhalant 중독자들이 널리 사용하는 물질에는 플라스틱 접착제, 휘발유, 페인트 희석제(시너), 스프레이 페인트, 세제, 캔 스프레이 분무가스 등이 있다. 증발기체를 흡입하는 방법으로는 헝겊에 물질을 적시거나 물질을 종이나 비닐에 두고서 직접 들이마시기, 코나 입 안으로 물질을 분사하는 방법이 있다. 이렇게 흡입된 화학물질은 폐와 혈류 속으로 빠르게 흡수된다.

〈러브 리자〉

〈러브 리자Love Liza〉(2002)에서 윌슨(필립 세이무어 호프만이 완벽히 연기한)은 아내가 자살한 후 휘발유 흡입에 중독된 컴퓨터 기술자다. 이는 상당히 기괴하고 비전형적인 사별(死別) 반응이라고 할 수 있다. 심리적 파멸에 이른 윌슨은 그의 모든 에너지와 신경을 휘발유 냄새를 세차게 들이마시는 데 쓴다. 그가 쓰는 방법은 헝겊에 휘발유를 적셔 흡입하는 동안 얼굴 위에 대고 있는 것이다. 영화를 보면 주유기나 자동차의 연료 주입구에서 나는 휘발유 냄새를 맡기 위해 그가 종종 몸을 구부리는 모습을 볼 수 있다.

중독 증상이 나타나면서 윌슨의 언어구사는 명료하지 않고 왜곡되거나 부적절하고, 때로는 터무니없는 것처럼 보인다. 그의 대인관계 능력은 현저하게 떨어져 혼란스러워 보이고 무례하며, 그에게 말을 거는 사람을 냉담하게 대한다. 여러 영화적 요소들을 통해 그의 흐려진 시야와 그가 한 장면에서 경험하는 환각의 효과가 강렬하게 묘사되고 있다. 윌슨은 중독의 양극단 사이에서 망설인다. 휘발유의 쾌감에 도취하여 원격 조종 보트들이 경주하는 호수에서 수영을 하고 고속도로에서 다른 운전자들에게 큰소리로 대화를 걸 정도로 부적절한 행동을 보이며, 반대로 흡입하지 않을 때나 일시적 기억상실blackouts에서 깨어난 후에는 심한 동요와 분노 폭발을 경험한다. 윌슨은 영화가 진행되면서 점점 더 고립되지만, 그를 도우려는 주위 사람들의 노력 덕분에 완전한 고립은 면한다. 그는 휘발유 흡입 중독으로 주유소에서 쫓겨난 두 청년들에게 휘발유를 제공하는 등 판단력 손상을 나타내는 또 다른 행위를 보인다.

그는 흡입행위의 결과로 인해 새로운 직장을 잃고 중요한 관계들이 손상되었으며, 집까지 불에 타 버린다. 윌슨은 너무 많은 고통을 겪고 있어서 차마 자살한 아내의 유서를 읽을 엄두도 내지 못한 채, 단지 그녀의 죽음을 상기하기 위해서 유서를 항상 몸에 지니고 다닌다. 하지만 결국 아내의 유서를 읽게 되고, 그가 무엇을 해야 하는지 알게 된다. 종합해 보면, 이 영화에서의 심각한 마약 중독 묘사는 과장된 멜로드라마가 아니라 마약세계의 현실을 솔직하게 표현하고 있는 것이다.

마리화나

마리화나는 대마류 식물인 대마Cannabis sativa로부터 추출된다. 마리화나의 효과를 나타내는 실질적인 약물 성분은 테트라히드로칸나비놀tetrahydrocannabinol: THC이다. 이 물질이 더 많이 함유되어 있을수록 마리화나의 효과는 강력해진다. 마리화나의 THC 성분은 불법적인 경로로 널리 유통된다. 불법적으로 거래되는 마리화나의 THC 성분은 매우 다양하지만 일반적으로 THC의 사용 수준은 과거 30년 동안 증가해서 오늘날 사용되는 마리화나는 1960년대 길 모퉁이나 대학 캠퍼스에서 널리 구할 수 있었던 때보다 대략 5배는 더 강해졌다. 대마초의 진액은 더 강력한 약물인 해쉬쉬hashish를 생산하는 데에 사용된다.

　마리화나는 의학적 가치를 인정받고 있으며, 몇 가지 장애의 치료를 위해서 합법적으로 구할 수도 있다. 이 약은 식욕을 증진시키고 화학요법 시에 생기는 메스꺼움을 조절해 주기도 한다. 그 밖에 빈맥, 진정작용, 정신운동성 손상 등에 효과가 있다. 환각제의 경우처럼 마리화나도 사용자의 기분이나 상황에 따라 심리적 효과가 현저히 다르게 나타날 수 있다. 대부분의 경우, 이 약은 가벼운 행복감과 현기증, 일반적인 안녕감을 유발한다. 하지만 같은 약물이더라도 어떤 시간과 환경에서는 현저한 불안감과 편집증을 유발할 수 있다.

　마리화나 사용에 대한 예는 수많은 영화에서 찾아볼 수 있다. 특히 유명한 장면으로는 〈이지 라이더〉(1969)에서 등장인물 데니스 호퍼와 피터 폰다(잭 니콜슨 분)가 모닥불 주위에 둘러앉아 마리화나를 피우는 장면이 있다.

　과거에 〈당신 애들에게 말하라Tell your children〉라는 제목으로 출시되었던, 마약의 위험성을 고발하는 저예산 영화 〈리퍼 매드니스Reefer Madness〉(1936)는 마리화나를 피우던 1960년대 젊은이들 사이에서 대단한 유행이었다. 많은 사람들의 생각과는 달리 이 영화는 실제로는 진지한 의도를 가지고 만들어졌다. 영화는 도입부에서 '사회에 대한 소름끼치게 무시무시한 위협' '공공의 적 #1' '치명적인 마약' 등의 문구를 인용하며 마리화나를 극적으로 소개하고, 그 후 마리화나 사용의 위험과 사회적 영향력에 대한 여러 조롱조의 신문 헤드라인을 통해 마리화나를 표현한다. 다음으로 어느 부모들 모임에서 한 전문가가 마리화나에 맞서 함께 힘을 뭉쳐야 함을 설파한다. 풍자적으로 구성된 이 영화의 대부분은 평범해 보이는 마약 거래상 집단이 한바탕 거친 재즈파티를 열어서 청소년들을 마리화나에 중독되게 만드는 이야기들로 전개된다. 마리화나를 사용하는 모든 사람은 바보같이 통제가 안 될 정도로 웃거나, 극도의 몸 떨림, 심한 분노와 날카로움, 서성거림, 공포와 편집증과 같은 비정상적인 증상들을 보인다. 더 심한 경우는 성적 학대나 자살, 살인으로 이어지기도 한다. 마리화나는 개인의 특성을 악화시키는 것으로 묘사된다. 영화는 처음처럼 부모들 모임으로 돌아와서 이러한 것들이 중독의 위험한 결과임을 강조하고, 손가락으로 카메라를 가리키면서 관객에게 당신의 자녀가 그 다음이 될 수 있음을 충고하며 끝난다. 하지만 이 영화는 마리화나의 부작용이나 영향력에 대해 관객들을 교육시키기에 부족한 면이 있다. 만일 그렇다면 단순히 피상적인 오해만을 퍼뜨리는 꼴이 되었을 것이다. 그럼에도 불구하고 이 영화는 과거에 사람들이 가졌던 오해와 집단 전염의 힘, 그리고 그것이 만들어 내는 편집증과 히스테리를 잘 기록하고 있다.

> "판사님, 이번 사건에서 당국은 피고인 랄프 윌리의 재판을 유보합니다. 그는 마리화나 중독으로 인해 절망적이고 구제할 수 없을 정도로 미쳐 있음이 확실해졌습니다. 피고를 평생 동안 미친 범죄자 수용시설에 집어넣도록 하자는 것이 우리들의 입장입니다, 판사님."
>
> — 〈리퍼 매드니스〉(1936)에서 마리화나를
> 사용한 남자의 상태를 판사에게 보고하는 심리 전문가

코미디 듀오인 치치와 청Cheech and Chong의 영화들에서는 마리화나 사용을 찬양하며 이를 마약으로 분류하는 것을 비웃는다. 마리화나가 내용상 중요하게 다루어진 그 밖의 영화로는 코엔 형제가 연출한 느와르 영화 〈위대한 레보스키The Big Lebowski〉(1998)와 기이한 코미디 영화 〈투 트러블Half Baked〉(1998)이 있다.

복합물질 의존

복합물질polysubstance 의존은 특정 물질에 눈에 띄게 중독되어 있지 않은 상태에서 세 가지 이상의 물질(니코틴과 카페인은 제외)을 사용하는 것을 의미한다. 윌리엄 버로우스William Burroughs의 책을 각색한 데이비드 크로넨버그의 영화 〈네이키드 런치Naked Lunch〉(1991)는 비록 소설 내용과 밀접하지는 않지만 흥미로운 작품이다.

주인공 빌은 바르게 살아가려고 노력하는 복합마약 중독자다. 불행히도 그와 그의 아내는 살충 스프레이에 중독되었고, 살충구제원이라는 직업 때문에 빌(윌리엄 리분)은 이 특정 약물을 절대 피할 수 없게 된다. 이 영화에서는 특히 시각적인 환각의 표현이 흥미롭다. B급 영화 〈그늘 속의 시간들Shadow Hours〉(2000)에서는 주유소 직원으로 일하는 한 젊은이가 등장하는데, 부유하고 신비로운 어느 작가는 그에게 제정신으로 돌아올 수 있을 때까지 마약의 심연에 빠져들어야 한다고 권한다. 두 남자는 댄스 클럽이나 마약파티, 스트립 클럽, 격투 클럽, 가학-피학 변태성욕 클럽 그리고 고문하는 이벤트 등을 찾아 돌아다닌다.

담배

텔레비전과 영화에 가장 많이 등장하는 약물은 담배다. 역학 연구를 보면 이것 역시 우리에게 가장 치명적인 약물임을 알 수 있다. 질병대책센터Centers for Disease Control and Prevention: CDC는 미국에서 한 해에 440,000명이 담배로 인해 사망한다고 추산하고 있다. 치사율이란 것이 약물 문제의 심각성을 나타내는 한 지표이긴 하지만, 분명한 것은 우리가 가장 '심각하게' 여기는 약물 가운데에서도 이 담배만큼 위험한 것은 없다는 점이다.

비록 35%의 흡연자들이 매년 금연을 시도하지만(그리고 이 중 80%는 끊으려는 욕구를 표출한다.), 금단 증상의 고통으로 인해, 금연을 시도하여 성공하는 사람은 전체 흡연자 중 5%가 채 안 된다. 니코틴 금단에 관련된 증상들에는 불쾌하고 우울한 기분, 불면증, 조급증/분노, 불안, 주의집중의 어려움, 침착하지 않음, 심박 수 저하 그리고 식욕과 체중의 증가가 있다.

1964년 미국 공중위생국Surgeon General의 보고서가 발표된 이후 담배로 인한 질병의 발생과 사망률이 강조되어 왔다. 부분적으로는 위생국이 대중교육의 선봉에 서서 노력한 결과로 많은 미국인들이 담배를 끊게 되었다. 또한 미국의학협회에서도 흡연을 반대하는 목소리를 높이고 있다.

다양한 영화들에서는 사람들이 담배를 피우는 장면을 묘사하며, 실제로 일반적인 드라마나 코미디에서 흡연자가 없는 경우를 찾기란 힘들다. 짐 자무시가 시나리오를 쓰고 연출한 영화 〈커피와 담배Coffee and Cigarettes〉(2003)에서는 니코틴 사용과 함께 과소평가되는 또 다른 중독성 물질인 카페인을 다룬다. 몇 개로 분리되어 있으며 서로 다른 인물이 등장하는 짧은 사건들은 대화와 커피와 담배를 통해서만 연결되며, 어떤 사람은 다른 사람보다 물질을 더 충동적으로 사용한다. 이 영화의 각 사건은 등장인물 사이의 익살스러운 교류를 나타내고 있는데, 몇 가지 예를 들면 다음과 같다. 대중음악가인 이기 팝과 톰 웨이츠는 금연의 미학에 대해 토론하고, 배우인 알프레드 몰리나가 같은 영국 출신의 배우 스티브 쿠건에게 자신이 그의 사촌이라고 주장하며, 커피의 유해성과 대체의학에 관한 이야기를 나누는 우탕 클랜의 멤버 두 명 앞에 나타난 웨이터 복장의 빌 머레이가 커피를 주전자째 마시고, 케이트 블란쳇 그리고 블란쳇과 똑같이 생긴 사촌 쉘리 사이에는 신경전이 벌어진다. 〈로얄 테넌바움The Royal Tenenbaums〉(2001)에서 기네스 펠트로가 연기하는 인물 마르고는 니코틴에 중독되었지만 그녀는 흡연 습관을 숨기기 위해 기발한 방법을 생각해 낸다. 아이러니하게도 풍자 코미디물인 〈흡연, 감사합니다!Thank You for Smoking〉(2005)에서는 큰 담배회사의 지원을 받는 마케팅 부서의 로비스트의 모습을 그리면서 단 한 사람의 흡연 장면도 묘사하지 않는다. 이 영화에서 아론 에커트는 암환자들도 피울 수 있는 담배가 만들어져야 한다고 주장하는 화려한 언변의 소유자 닉 네일러 역을 연기한다. 영화 속 한 장면에서, 그는 납치를 당해서 온몸이 니코틴 패치로 뒤덮이지만, 흡연에 대한 그의 강한 내성 덕분에 가까스로 살아날 수 있었다(비록 그가 흡연하는 장면이 절대 나오지는 않지만).

 영화 속에 그려진 약물

수많은 영화에서 약물을 남용하는 등장인물들이 그려지지만, 때로는 약물을 남용한다는 것이 무엇을 의미하는지 명확하게 전달하지 못한다. 인물들에게 '마약 중독자'라는 딱지를 붙이기보다는, 각각의 물질이 다른 특징(예: 내성, 금단 증상, 흥분 수준)을 가지므로 어떤 특정 약물이 사용되었는지를 판독하는 것이 더 중요하다. 〈표 7-3〉은 약물 남용을 묘사한 몇몇 영화를 소개할 뿐 아니라 이러한 분류를 도와

〈표 7-3〉 물질 남용과 영화의 예

남용된 약물	영화 예시	설명	평정
알코올	〈라스베가스를 떠나며〉(1995)	자포자기한 알코올 중독자로 등장하는 니콜라스 케이지	Ψ Ψ Ψ Ψ
	〈7월 4일생〉(1989)	고통을 겪고 있는 퇴역 군인으로 등장하는 톰 크루즈	Ψ Ψ Ψ
	〈모래와 안개의 집〉(2003)	병이 재발한 제니퍼 코넬리	Ψ Ψ Ψ Ψ
헤로인	〈펄프 픽션〉(2001)	영화 속의 유명한 장면에서 우마 서먼은 헤로인을 코카인으로 착각한다.	Ψ Ψ Ψ Ψ
	〈지난 날〉(2001)	타락과 금단 증상	Ψ Ψ Ψ
흥분제/수면제	〈난 가능한 한 빨리 춤추고 있어〉(1982)	바리움 중독	Ψ Ψ
코카인	〈트래픽〉(2000)	역동적이고 통합적인 마약 영화	Ψ Ψ Ψ Ψ
	〈블로우〉(2001)	유명한 코카인 밀수꾼으로 나오는 조니 뎁	Ψ Ψ Ψ
크랙 코카인	〈맥아더 공원〉(2001)	흥미로운 LA의 리얼리즘	Ψ Ψ Ψ
암페타민	〈앙코르〉(2005)	암페타민과 음악을 혼합하는 조니 캐쉬	Ψ Ψ Ψ Ψ
	〈레퀴엠〉(2000)	잊혀지지 않는 엘렌 버스틴의 연기	Ψ Ψ Ψ
	〈스펀〉(2002)	메스암페타민 중독과 삶의 방식	Ψ Ψ
	〈라스베가스의 공포와 혐오〉(1998)	약물 사용을 정상화함	Ψ Ψ
흡입제	〈러브 리자〉(2002)	필립 세이무어 호프만이 휘발유를 흡입하는 모습을 보여 줌	Ψ Ψ Ψ
스테로이드	〈더 레슬러〉(2008)	싸울 준비로 한껏 고무되어 있는 미키 루크	Ψ Ψ Ψ
마리화나	〈위대한 레보스키〉(1998)	'멋쟁이'로 불리는 제프 브리지스	Ψ Ψ
니코틴	〈로얄 테넌바움〉(2001)	자신의 흡연 습관을 숨기기 위해 애쓰는 기네스 펠트로	Ψ Ψ Ψ Ψ
카페인	〈커피와 담배〉(2003)	커피와 담배에 관한 짧은 일화들	Ψ Ψ Ψ
혼합	〈아이즈 와이드 셧〉(1999)	스피드볼(코카인 & 헤로인)	Ψ Ψ Ψ Ψ
복합물질	〈네이키드 런치〉(1991)	살충제와 다른 물질	Ψ Ψ

줄 것이다. 여기서 싸이(*Ψ*) 개수는 각 영화의 중요성을 강조하는 평가척도(평가척
도의 자세한 내용은 부록 F를 확인하라.)를 나타낸다.

 ## 약물 남용으로부터의 회복

많은 영화들에서는 과거에 약물 남용자였던 사람이 완전히 회복(지속되는 완전한
완화)되는 모습을 묘사하는데, 다시 약물을 남용하거나 재발하는 모습이 그려지지
는 않는다. 알코올과 마약 남용으로부터의 회복에 있어서는 지원 단체가 핵심적인
요소다. 빌 윌슨Bill wilson과 밥 스미스Bob Smith 박사에 의한 AA의 설립은 수십 년에
걸쳐 무수한 지지집단이 만들어지는 계기가 되었고, 이는 〈또 다른 탄생My name is
Bill w.〉(1986)에서 잘 나타내고 있다.

조나단 드미가 연출한 〈레이첼 결혼하다Rachel Getting Married〉(2008)는 중독자가
재활원에서 집으로 돌아왔을 때 가족의 역동dynamics이 어떻게 터져 나올 수 있는지
를 강조하며 물질 남용 회복에 관해 사실적으로 묘사하고 있다. 킴(앤 해서웨이 분)
은 언니의 결혼식을 준비 중인 가족들과 시간을 함께 보내기 위해 재활시설로부터
며칠간 떠나 있게 된다. 때때로 가족들은 과도하게 예민해지고 조심하며 긴장될 수
밖에 없지만 그녀를 받아들이려고 노력한다. 킴은 종종 폭발성을 나타내기도 하고,
과거(예: 그녀의 어린 남동생을 돌봐야 하는 상황이었지만 마약에 취한 상태에서 운전하던
중 다리에서 추락하는 사고로 동생이 죽고 말았던 몇 년 전의 비극적인 사건)와 현재(예:
언니의 주의를 끌기 위한 것으로 보이는, 언니의 친한 친구와의 신경전)에서 튀어나오는
수많은 문제들을 표출시킨다. 킴은 신부와 신랑에게 축하의 말을 전하는 상황에서
병의 전조가 나타나자 두서없이 자기 이야기에 몰입하여 (가족을 당황하게 하는) 말
을 내뱉는다. 놀랍게도 킴은 주말 내내 파티를 하며 긴장되는 사건들이 발생하는
동안 침착함을 유지했으나 그녀는 어머니와의 신체적 · 정서적 다툼이 있은 후 자
살시도의 일환으로(몇 년 전 그녀의 동생을 죽음에 이르게 했던 터무니없는 행동을 상징
적으로 속죄하는) 도로에서 마구잡이식 운전을 한다. 킴이 중독되어 있는 약물이 무
엇인지는 분명하지 않지만, 영화에서는 이것이 알코올 또는 다른 물질임을 암시하

고 있다. 이 영화는 우울한 주제임에도 불구하고 중독자와 중독자를 대하는 가족들에게 유머와 희망이 중요하다는 것을 보여 주고 있다. 또한 이 영화에서는 참석하는 이들에게 실질적인 지원과 도움을 주는 지지집단 모임에 대해 섬세하게 묘사하고 있다. 모임의 참여자들은 그들의 개인적인 이야기들을 나누고, 12단계를 암송하고, 12단계 격언(예: "계속 다시 돌아오라, 당신이 노력한다면 잘될 것이다.")과 기도(예: 고요한 기도) 그리고 테마(예: "약물 없이 인생은 지루할 수도 있다.")를 공유한다. 킴은 중독에서 회복되는 과정 동안 가족과 함께 자신의 고통을 끈질기게 견뎌 내며 여러 가지 긍정적 노력을 하지만, 그녀의 가족과 관객들이 그녀에 대한 애정을 느끼기에는 여전히 부족해 보인다.

앞서 살펴보았던 영화 〈28일 동안〉(2000) 또한 12단계 지지집단, 즉 AA에 대해 그리고 있다. 평온을 비는 기도 외에 고무적인 격언으로는 "하면 된다. 당신은 그럴 가치가 있다." "신은 우리가 이겨 내지 못할 정도의 시련을 주지는 않는다." "함께하면 더 낫다." 등이 있다. 영화 속의 알코올/약물 상담자(스티브 부세미 분)는 재기 중인 중독자(알코올/약물 상담자 중 재기한 중독자는 흔하다.)이며, 영감을 주고 힘을 북돋아 주기 위해 그의 이야기를 다룬 사람들과 공유한다.

〈셰리베이비SherryBaby〉(2006)에서는 시설(비록 이 경우에는 교도소지만)에서 나오기 위해 노력하는 등장인물 셰리 스완슨(매기 질렌할 분)의 모습을 그리고 있다. 셰리는 6년 동안의 헤로인 중독 후 2년 반 동안은 문제없이 살지만, 풀려나온 지 나흘 만에 또다시 헤로인에 대해 강한 충동을 느낀다. 그녀는 무엇이 올바른지 생각하고 그렇게 하려고 하지만, 별다른 대처 수단을 갖지 못한 채 여전히 헤로인을 갈망한다. 그녀는 생존에 필요한 정신기능에서 한참 떨어지는 능력을 가지고 있는데, 교묘한 손재주가 있는 반면 공감을 잘하지 못하며, 상당한 내적 분노와 공격성을 갖고 있어서 때때로 문을 쾅 닫거나 욕설을 퍼붓는 등 서투른 사회적 판단력을 보인다. 한 장면에서는 그녀와 정서적으로 소원한 아버지가 딸이 취약해진 기회를 틈타 그녀의 가슴을 애무하는데, 이 사건 이후 아버지로부터 받은 성적 학대에 대한 스트레스가 즉각적으로 중독 재발을 일으킨다. 영화의 오프닝 음악에는 "나의 왼쪽에는 천사가 있지만 오른쪽에는 악마가 있어요."라는 가사가 반복되는데, 이는 절제를 지켜 나가기 위해 안간힘을 쓰고 있는 이 중독자의 내적 투쟁을 잘 보여 주고 있다.

〈표 7-4〉 12단계와 12가지 교훈[7)]

1. 우리는 우리의 생활이 수습할 수 없을 지경에 이르렀고, 알코올에 대해 무기력했음을 인정했다.
2. 우리 자신보다 더 큰 힘이 건강을 회복하게끔 할 수 있다는 것을 믿게 되었다.
3. 우리가 이해하는 바대로 신의 보살핌에 우리의 의지와 삶의 방향을 맡기기로 결정했다.
4. 철저하고 두려움 없이 우리 자신에 대한 도덕적 검토를 했다.
5. 우리 잘못의 정확한 본질을 신과 자신에게 그리고 다른 어떤 사람에게 시인했다.
6. 신은 이런 모든 성격상의 결점을 제거하도록 철저히 준비했다.
7. 신에게 우리의 단점들을 없애 주시기를 겸손하게 요청했다.
8. 우리에게 해를 입어 온 사람들의 명단을 만들어서, 그들 모두에게 기꺼이 보상할 용의를 갖게 되었다.
9. 어느 누구에게도 해가 되지 않는 한, 할 수 있는 데까지 어디서나 그들에게 직접 보상했다.
10. 인격적인 검토를 계속하여 잘못이 있을 때마다 즉각 시인했다.
11. 기도와 명상을 통해서 우리가 이해하는 신과의 의식적인 접촉을 증진하고자 모색했다. 그리고 우리를 위한 신의 의지를 깨닫고 그것을 이행할 수 있는 힘을 주시도록 기도하였다.
12. 이런 단계들의 결과, 우리는 영적으로 깨어났고, 알코올 중독자들에게 이 메시지를 전하려고 노력했으며, 우리 일상의 모든 면에서도 이러한 원칙을 실천하려고 노력했다.

〈21그램〉(2003)에서 베니치오 델 토로는 기독교인으로 거듭나 알코올 중독을 극복하고자 노력하는 전과자 역할을 연기한다. 〈어 마이티 윈드A Mighty Wind〉(2003)에서 유진 레비가 연기했던 포크 가수 미치는 눈을 크게 뜬 채로 말과 생각이 느려지는 둔마된 정동flat affect을 보인다. 이는 과거의 상당한 마약 남용의 결과로 추정된다.

12단계는 수많은 지지집단의 전통이 된 가이드라인이다. 이 중요한 믿음들은 마약 중독자들의 개념화와 치료에 있어서 혁명적인 변화를 가져왔으며, 셀 수 없을 정도로 많은 중독자들의 삶을 구했다. 〈표 7-4〉에 AA에서 사용되는 12단계 접근 목록이 정리되어 있는데, '알코올'이라는 단어는 그 사람이 어떤 중독이냐에 따라서 마약(예: 단약동맹Narcotics Anonymous: NA), '섹스' '도박' '돈' 혹은 '음식'으로

---

7) 열거된 12단계는 AA 세계 본부(주)의 허가를 받아 인용되었다. 12단계의 인용을 허가했다고 해서 AA가 이 책의 내용을 감수·승인하거나, 여기서 표명하는 입장에 동의하는 것은 아니다. AA는 짜여 있는 활동 및 프로그램과 연계하여 12단계를 적용하는, 알코올 중독만을 위한 회복 프로그램일 뿐이며 알코올 중독 외의 맥락에 해당하는 문제에까지 개입하지는 않는다.

바로 대체될 수 있다.

 국제 영화: 물질사용장애

중국인 감독 장양의 영화 〈지난 날Quitting〉(2001, 중국)에서는 헤로인 남용과 금단 증상을 혼합하여 회상 장면을 통해 묘사하고 있다. 한때 유명했던 젊은 남자 배우 홍성은 헤로인 남용에서 벗어나기 위해 부모님과 살고 있다. 그는 몹시 흥분한 상태이며 부모에게 언어적인 학대를 한다. 그는 그동안 쌓아온 커리어와 명성이 흔들리고, 몇몇 친구들을 잃게 되고, 존 레논에 대한 망상적인 강박과 환각에 시달리며, 강한 분노를 표출하는 모습으로 내버려지는데, 관객들은 그의 이러한 타락이 헤로인 의존과 남용의 결과로 인한 것임을 알게 된다.

"나는 나 스스로와 싸우고 있었어. 나는 무엇에 대해서 싸우고 있는지 몰랐어."

– 〈지난 날〉(2001)에서 홍성

망명한 이라크 쿠르드족 출신 감독 이네 살림의 영화 〈보드카 레몬Vodka Lemon〉(2003, 프랑스/이탈리아/스위스/아르메니아)은 흥미롭고 미묘한 울림이 있으며, 느리지만 매혹적인 코미디/드라마다. 영화는 구소련 해체 이후의 아르메니아에서 시작되며, 사별한 배우자의 무덤을 찾아온 홀아비와 미망인이 각자의 여행 도중 만나서 나누게 되는 로맨스를 그리고 있다. 이 소박한 미니멀리즘 영화의 주된 소재는 알코올이다. 도시 사람들 대부분은 일상생활에 깊이 들어온 알코올을 대처 전략의 차원에서 마시는 것 같아 보인다. 모두가 항상 술을 마시기 때문에, 이 도시에 상점이라고는 병에 담긴 보드카를 파는 '보드카 레몬'뿐이다. 알코올과 관련이 있을 수도 있고 없을 수도 있는 한 가지 예외를 제외하고는, 이런 광범위한 알코올 사용이 제어하기 어려운 행동이나 증상을 야기하지는 않는다.

독립영화감독 할 하틀리의 영화 〈세상에 없는 것No Such Thing〉(2001, 아이슬란드/미국)은 외딴 아이슬란드 마을에서 영화 제작 스텝이었던 여인(사라 폴리 분)이 약혼자였던 카메라맨을 죽인 '괴물'의 이야기를 파헤치는 내용이다. 그녀는 고립되어 있고 괴이하게도 알코올에 중독된 괴물을 추적하면서 그 괴물과 친구가 된다. 그녀는 괴물이 불을 내뿜고 사람을 마음대로 죽인다는 사실에도 불구하고, 그 괴물을 미국으로 데리고 돌아온다. 괴물은 파괴될 수 없고 심지어 스스로 죽을 수도 없다. 우리는 이 영화에서 그 괴물(그리고 그 속의 알코올)이 희망/공포, 선/악, 희극/비극, 부정/진실, 인간애/어둠과 같은 양면성을 드러내고 있다는 사실을 흥미롭게 생각해 볼 만하다.

영화 〈알콜과 함께한 16년16 Years of Alcohol〉(2003, 영국)에서는 알코올 중독자인 아버지의 간통과 폭력을 지켜보며 자란 아들이 아버지와 똑같은 모습으로 성장하게 되는 이야기를 그리고 있다. 이 영화에는 심하게 취한 한 폭력배가 바텐더를 터널에서 두들겨 패는 장면이 나오는데, 이는 폭력과 마약을 함께 묘사하고 있는 또 다른 걸작 영화 〈시계 태엽 오렌지〉(1971, 미국/영국)의 전반부에서 알렉스와 그의 패거리들이 하는 행동을 매우 유사하게 표현함으로써 그 영화에 대해 일종의 경의를 표한 것이다. 알코올에 중독된 여성들을 그리고 있는 영화로는 〈레인Rain〉(2001, 뉴질랜드)과 〈물 위를 걷기Walking on Water〉(2002, 오스트레일리아)가 있다.

비판적 사고를 위한 질문들

- 술과 담배를 금지한다면 어떻게 될까? 아니면 이는 이미 시도했지만 실패한 사회적 실험인가? 반대로 몇몇 마약들을 합법화한다면 마약 중독이 감소하지 않을까?
- 12단계 접근의 장점과 단점은 무엇인가?
- 등장인물이 한 가지 약물만 사용하는 영화와 여러 약물을 사용하는 영화 수를 비교해 보라. 단독으로 사용할 때 가장 중독되기 쉬운 약물은 무엇인가?
- 합법적인 물질(알코올, 니코틴)에 중독된 경우와 불법적인 물질(코카인, 헤로인, 마리화나)에 중독된 경우의 사회적 대우를 비교해 보라.
- 레이 찰스의 성공에 있어서 헤로인의 역할이 있다면 어떤 것이었을까? 영화에서 분명하게 드러나는 다른 중독은 없었는가?
- 알코올과 마약에 취한 상태에서 범죄를 저지른 죄수들을 판결할 때, 중독 또는 환각상태가 경감 사유가 되어야 하는가? (예: 〈데드 맨 워킹Dead Man Walking〉(1995)에

서의 살인)

- 알코올 및 약물 남용을 치료하는 임상가 자신들이 이런 문제로 치료받았던 경험은 얼마나 중요한가? 중독자가 되어 보지 않은 사람이 중독자들의 욕구와 문제들을 진정으로 이해할 수 있을까?
- 미국에서 약물 사용을 합법화하는 것에 대한 찬성과 반대 주장의 쟁점은 무엇인가?
- 이 세상에 〈맥아더 공원〉(2001)과 유사한 장소가 얼마나 많을 것 같은가? 모든 대도시들에는 그러한 곳이 있는가?
- 〈레퀴엠〉(2000)에서 어떤 인물에게 가장 동정심이 생기는가? 관점에 따라 그 생각은 달라질 수 있는가?
- 대부분의 메스암페타민 중독자들은 〈스펀〉(2002)의 등장인물과 유사하게 행동하는가?
- 중독의 관점에서 '회복된recovered' 것과 '회복 중recovering'인 것의 차이점은 무엇인가?
- 어떤 사람이 한 가지 물질에 중독되었다면, 다른 이차 중독으로 빠지게 될 가능성은 얼마나 높을까?
- 약물과 폭력성 간에는 어떤 관계가 있는가? 어떤 약물을 사용했을 때 공격행동을 저지를 가능성이 가장 높은가? 당신의 이러한 생각을 뒷받침하는 영화를 찾아보라.

추가적인 탐구

만일 당신에게 이 장과 관련된 단 한 권의 책을 읽을 시간만이 주어진다면 다음의 책을 읽어 보라.

- Earleywine, M. (2009). *Substance use problems*. Cambridge, MA: Hogrefe & Huber Publishers.

만일 당신에게 단 한 편의 논문을 읽을 수 있는 시간만 주어진다면 다음의 논문을 읽어 보라.

- Courtney, K. E., & Polich, J. (2009). Binge drinking in young adults: Data, definition, and determinants. *Psychological Bulletin, 135*, 142-156.

저자 추천작

- 흥분제
- 〈스펀Spun〉(2002)
- 〈블로우Blow〉(2001)
- 〈레퀴엠Requiem for a Dream〉(2000)

- 알코올
- 〈잃어버린 주말The Lost Weekend〉(1945)
- 〈술과 장미의 나날Days of Wine and Roses〉(1962)
- 〈라스베가스를 떠나며Leaving Las Vegas〉(1995)

- 아편제
- 〈레이Ray〉(2004)
- 〈밤으로의 긴 여로Long Day's Journey into Night〉(1962)
- 〈펄프 픽션Pulp Fiction〉(1994)
- 〈스위트 낫씽Sweet Nothing〉(1996)

제8장

성장애 및 성정체감장애

"나는 다른 모든 사람들과 달라. 난 양성체(兩性體)야."

– 〈소년은 울지 않는다〉(1999)에서 티나 브랜든의 자가진단

〈소년은 울지 않는다〉를 관람하면서 생각해 볼 물음들

- 영화는 어떻게 성역할과 성 관련 고정관념을 조장하는가?
- 당신은 배우들 중 누가 특별히 남성적이거나 여성스럽다고 생각하는가? 그 이유는?
- 만약 당신과 사랑을 나누려고 한 사람이 실제와는 반대 성별로 가장했음을 알게 된다면 어떻게 반응할 것인가?
- 티나가 사실은 여자라는 것을 알고 난 후 존과 톰은 왜 그렇게 화를 내는가?
- 당신은 성전환자와 사랑에 빠지는 자신을 상상할 수 있는가?
- 자식이 불완전한 성기를 가지고 태어난다면 부모는 그 아이를 양육하는 방법에 대해 어떤 결정을 내려야 하는가?
- 프로이트S. Freud는 "해부학적 구조는 운명이다."라고 말했다. 그가 무슨 뜻으로 이렇게 말했을까? 당신은 이에 동의하는가?
- 〈소년은 울지 않는다〉에서 묘사한 것처럼 성정체감 문제들은 흔한가?
- 성정체감장애가 더 잘 일어나는 쪽은 (해부학적으로) 남성인가 여성인가?
- 복장도착과 성전환증 그리고 동성애를 구분짓는 특징은 무엇인가?
- 티나 브랜든을 레즈비언으로 기술하는 것이 정확한가?
- 어떤 개인이 남성인지 아니면 여성인지를 감별하는 데 기준이 되는 행동 특징들은 무엇인가?
- 어떤 사람이 해부학적으로는 남성이지만 심리적으로는 여성이라면, 그 사람을 가리킬 때 남성대명사나 여성대명사를 사용하는 것 중 어떤 것이 보다 정중한 표현일까?
- 성전환 수술이 성전환자의 행복에 기여한다는 근거가 있는가? 그렇다면, 이 수술에 필요한 비용을 보험회사에 청구할 수 있도록 법으로 제정할 필요가 있는가?
- 남성에서 여성으로 성전환 수술을 한 사람과 행복하고 잘 적응된 관계를 갖고 있는 남자의 성적 지향은 무엇인가?
- 티나 브랜든 같은 사람이 샌프란시스코나 보스턴처럼 대도시의 환경에서 더 편안하고 안전하게 살 수 있을까?

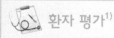 환자 평가[1]

환자가 진술한 내원 사유: "나에게는 문제가 있습니다. 나는 성정체감장애를 갖고 있습니다."

현 병력: 티나 브랜든은 스스로 성정체감장애라는 자가진단을 내린 21세의 여자다. 그녀는 유년시절 이후 내내 자신이 '남자 같다'고 느껴 왔다고 진술한다. 심리적 남성으로서 그녀의 정체감은 강렬하고 지속적이었다. 아주 어린 아이였을 때도 티나는 여자애들의 장난감에 별로 관심을 보이지 않았다. 그녀는 자신이 남자아이들의 사회적 지위와 그들의 게임을 부러워했었다고 기억한다. 그녀는 정신과 의사 혹은 심리학자를 한 번도 만나지 않았지만 스스로 성정체감장애에 대해 폭넓은 독서를 했고, 자신의 현재 상태에 대한 지식을 꽤 갖고 있었다. 그녀는 데이트하던 여자에게 자신이 남녀 양성체hermaphrodite라고 말했다. 그녀는 그것이 부정확하다는 것을 알고 있었지만, 이 표현이 성과 자기정체감에 대한 그녀의 관심을 다른 사람들에게 좀 더 쉽게 이해시키기 때문에 사용하는 것뿐이라고 말한다. 그녀는 여태까지 그래 왔고 지금도 여전히 자신을 남성으로 인식하고 있으며 남자로 살고 싶다는 소망에 가득 차 있다.

과거의 정신과적 병력, 치료 및 결과: 정신과적 질환에 대한 특별한 병력은 없다. 티나는 병원에 입원하거나 심리학자 혹은 정신과 의사의 치료를 받은 적이 없다. 그녀는 가끔 자살을 생각하지만 한 번도 이를 시도한 적이 없었다. 그녀는 자신이 우울하다고 느꼈을 때 고등학교의 상담교사를 만났지만 그 당시에는 그녀의 성에 대한 고민들을 털어놓지 않았다.

의학적 병력: 뚜렷한 의학적 병력은 없다. 환자에 따르면 그녀는 부인과를 포함한 의사의 검진을 받았고, 모두가 그녀의 성기가 해부학적으로나 기능적으로 '정상'이라고 확인했다. 환자는 월경하는 것을 숨기기 위해 노력했지만, 월경주기는 규칙적이었다. 가슴 발달도 역시 정상인데, 티나는 자신의 가슴을 조여서 잘 보이지 않도록 했다.

심리사회적 병력: 티나 브랜든은 태어난 직후에 입양된 이래로 생물학적 부모는 만나지 못했으며, 여러 양부모들과 살았다. 18세가 된 이후에는 네브래스카에 있는 링컨 시 트레일러 하우스 지역으로 옮겼다. 그녀는 6개월 전 폴즈 시로 옮기기까지 그녀의 오빠와 함

---

1) 여기서 제시되는 가상의 인터뷰는 〈소년은 울지 않는다〉에 묘사된 인물 특성을 바탕으로 구성된 것이며, 실존인물인 티나 브랜든과의 인터뷰를 재현할 의도가 아님을 밝힌다.

께 살았다. 티나는 사회적으로 고립되고 학교에서 배척당했다. 그녀는 다른 아이들이 자기를 '독특하게' 여긴다고 말한다. 13세 때, 티나는 자신을 '브랜든 티나'라고 칭하기 시작했고, 이 이름을 되도록 많이 사용했다. 그녀는 정상적인 발달 단계를 거쳤다. 하지만 남자애들과 데이트하는 것에 흥미를 가져 본 적은 전혀 없었다. 그녀는 사춘기 이후부터 여성에게 끌렸고 여성에 대한 일반적인 환상을 가지고 있었다. 티나는 자신이 레즈비언이라고 생각하지는 않지만, 데이트에서의 모든 성적 경험은 여자들과 함께 했던 것들이었다. 티나는 데이트하는 여자들이 자신의 성기를 만지거나 보는 것을 허락하지 않았다. 그녀는 또한 좀도둑질과 수표위조의 이력을 갖고 있다.

약물과 알코올 병력: 티나는 10대 초기부터 술과 약물을 복용하고 남용했다. 티나가 남용한 약물에는 마리화나, LSD 그리고 (가장 자주 사용한) 필로폰이 있다. 그녀는 법적으로 문제되는 일은 없었지만, 일시적 기억상실blackout을 많이 경험했다고 말한다. 술은 거의 매일 마셨다. 하지만 돈이 충분치 않아서 마약은 주로 주말에만 복용했다. 티나는 맥주를 마시지 않고 하루를 보낸 날이 언제인지 기억이 안 날 정도였지만, 별다른 금단 증상이나 알코올 중독임을 확인할 수 있는 다른 지표는 없었다.

행동 관찰: 티나는 날씬하고 매력적인 젊은 여자이며, 평가 때는 청바지와 플란넬 셔츠를 입고 왔다. 그녀는 법적 이름이 티나 브랜든임을 인정하지만 브랜든으로 불러 달라고 요구했다. 그녀는 내성적이고 조용했지만 모든 질문에 잘 대답했고, 예의 바르고 협조적이었다. 하지만 그녀는 약간 불안해 보였다.

정신상태검사: 티나는 오늘을 24일이 아닌 23일로 잘못 알고 있는 것 이외에 간이정신상태검사MMSE에서 다른 실수는 없었으며 총점 29점을 받았다.

기능적 평가: 티나는 영리하고 상냥하며, 성정체감에 대한 자신의 고민에 상당한 통찰력을 가지고 있었고, 이 주제에 대해 폭넓은 독서를 했다. 그녀는 고등학교 교육까지만 받았음에도 불구하고 대학에서도 성공적으로 경쟁할 수 있을 것처럼 보였다. 그녀의 훌륭한 대인관계 기술과 절제된 유머감각은 그녀가 다양한 직업적 역할을 잘 수행하는 데 도움이 될 것이다.

강점: 지능, 사회적 기술, 유머, 자기통찰.

진단: 성정체감장애, 여성에게 성적으로 끌림; 알코올 남용. 의증rule out: 알코올 의존.

치료 계획: 라포rapport를 형성하고 성에 관한 감정을 탐색하기 위해 매주 지속적으로 환자를 지켜보기로 한다. 티나에게 적합한 계획이 호르몬 치료인지 성전환 수술인지를 판단하기 위해 성정체감장애 전문가에게 상담을 의뢰한다.

예후: 조심스럽게 지켜봐야 함. 티나의 높은 지능과 대인관계 기술은 심리치료를 받는 데 유리한 조건이다. 그녀는 자신이 남성이라고 굳게 믿고 있으며 어떠한 주저함도 보이지 않는다. 하지만 남자로 보이기 위한 속임수의 시도와, 알코올과 마약 남용에 관한 부분은 여전히 염려되는 부분이다.

 ## 성정체감장애

DSM-IV-TR에서 성정체감장애를 언급하고 있음에도 불구하고, 성전환자transsexual 라는 용어는 여전히 실제 임상 장면에서 널리 쓰인다. 성정체감장애를 지닌 개인은 자신의 해부학적 성을 불편해하고 잘못된 몸에 갇혀 있다고 믿으며, 반대 성의 성기로 자신의 성기를 대체하려는 욕구가 강하다. 이러한 충동은 남성의 경우 자기거세로 이어질 수도 있을 만큼 매우 강력할 수 있다. 정체감의 문제는 주로 유년기에 시작되지만, 진단은 사춘기에 이른 후에야 내려진다. 성정체감장애의 흔한 공존질환인 우울증으로 인해 고통받거나 자살시도를 하는 경우도 흔하다(APA, 2000).

〈소년은 울지 않는다〉, 그리고 성정체감과 관련된 다른 영화

킴벌리 펄스 감독의 〈소년은 울지 않는다Boys Don't Cry〉(1999)에서 힐러리 스웽크는 티나 브랜든 역으로 잊을 수 없는 명연기를 보여 주었고, 이 역할로 그녀는 아카데미 여우주연상을 받았다. 이 영화는 〈브랜든 티나 이야기The Brandon Teena Story〉(1998)라는 제목의 한 다큐멘터리에서 묘사된 실제 이야기에 기초하고 있다.

〈소년은 울지 않는다〉에서는 생리를 시작했을 때 낙담하는 모습뿐만 아니라 양

말을 말아서 만든 모조 페니스를 사용해 남자로 가장하려는 브랜든의 노력을 생생하게 묘사한다. 그녀는 클로에 세비니가 연기한 라나라는 육감적인 인물과 행복한 애정관계를 맺게 된다. 영화는 브랜든의 이야기를 정확하게 묘사하고 있고, 존 로터와 마빈 니센이 보이는 증오와 동성애 공포증을 세밀하게 이해하고 있다. 두 남자는 브랜든과 처음에는 친구가 되지만, 나중에 그녀의 성정체성에 대해 속았다는 사실을 알고 그녀를 강간하고 죽인다. 호색한이면서 무신경하며 잘난 체하는 보안관의 심문은 슬프게도 매우 정확하다. 영화는 브랜든을 미화하지는 않는다. 단지 해부학적으로 정의된 성과 자신에 대한 깊은 인식이 일치하지 않는 상황에서 흔히 동반되는 혼란, 낙담, 비애, 절망을 정확하게 표현하고 있다. 성전환증에 관한 더 깊은 이해를 원하는 사람은 누구든 이 영화를 볼 필요가 있다.

"신은 나를 어떤 다른 사람으로 만들 생각이셨을 거야."

— 〈노멀〉(2003)에서 로이

성정체감장애에 초점이 맞춰져 있는 다른 영화로는 〈노멀Normal〉(2003)과 〈솔저스 걸Soldier's Girl〉(2003)이 있다. 두 편의 영화 모두 자신의 성적 정체감을 사랑하는 사람, 그리고 사회에서 어떻게 인정받을 수 있는가 하는 문제에 직면하여 겪게 되는 치열한 고통을 보여 준다. 〈노멀〉에서 로이(톰 윌킨슨 분)는 자신이 뒤바뀐 몸으로 태어났다고 믿으며 성전환 수술을 원한다. 그의 25세 된 아내(제시카 렌지 분)는 이에 대해 다양한 반응(부정, 충격, 분노, 거부, 우울 그리고 결국에는 수용)을 보이고, 결국 그들은 결혼생활을 유지하기 위해 노력한다. 로이는 그의 모임, 동료들, 직장 상사, 아이들 그리고 사회로부터 받아들여지기를 갈망하지만, 각기 다른 악전고투가 뒤따른다. 〈솔저스 걸〉은 군대에 들어가서 성전환자(성전환 수술에 대한 준비로 여자처럼 옷을 입고 있는 남자)와 사랑에 빠진 젊은 남자 베리 윈첼의 비극적인 실화를 다룬 영화다.

〈트랜스 아메리카Transamerica〉(2005)는 앞으로 닥칠 남자에서 여자로의 성전환 수술에 대비해 돈을 저축하고 의사를 만나는 수술 전 상태의 브리 역으로 펠리시티 허프만이 열연한 감동적인 영화다. 브리는 존재조차 몰랐던 아들(대학시절 우연한 사고로 생긴 아이) 토비로부터 전화를 받는다. 브리의 담당 의사는 수술 전에 반드시 그의 아들과 재회하도록 권유했고, 뉴욕에서 출발한 긴 여정은 피닉스에서 자신의 비정상적인 가족과 재결합하기에 이른다.

"성형수술이 정신장애를 치료할 수 있다는 것이 묘하지 않아?"

― 〈트랜스 아메리카〉(2005)에서 정곡을 찌르는 한마디

미국과 유럽에서 성전환증 현상에 대한 사람들의 관심이 싹트기 시작한 것은 1951년 크리스틴 조겐슨의 성전환 수술 이후부터다(〈크리스틴 조겐슨 이야기The Christine Jorgensen Story〉 참조. 저예산으로 만들어진 다소 지루한 영화이며 1970년에 제작되었음). 1980년대 중반에는 남성 외과 의사 리차드 라스킨스가 여성 테니스 스타 르네 리차드로 성전환하는 내용의 텔레비전 영화 〈두 번째 서브Second Serve〉가 방영되면서 이에 대한 관심이 다시 일어났다. 성전환증을 묘사한 다른 영화들에는 〈마이라 브레킨리지Myra Breckinridge〉(1970)(영화 비평가 렉스 리드가 출연함), 〈뜨거운 오후Dog Day Afternoon〉(1975), 〈가프The World According to Garp〉(1982), 그리고 〈컴백Come Back to the Five and Dime Jimmie Dean, Jimmie Dean〉(1982) 등이 있다. 〈크라잉 게임The Crying Game〉(1993)은 성전환자와 관련된 복잡한 관계를 풍부하면서도 미묘하게 그리고 있다.

수만 명의 환자들이 외과 수술을 받았음에도 불구하고 이러한 성전환자의 외과적 치료는 여전히 많은 논란의 여지를 남기고 있다. 성전환증은 생물학적 여성보다 생물학적 남성들에게 더욱 자주 발생하며, 남성들이 성전환 수술을 원하는 경우가 더 많다. 성전환자들은 수술 전이나 후에 이성애자, 동성애자, 또는 무성애asexual자일 수 있다. 이러한 환자를 다루는 많은 전문가들은 성행위 그 자체는 그들에게 이차적인 문제라는 사실 때문에 어려움을 겪는다. 즉, 핵심은 성정체감이지 성행위가 아닌 것이다.

정상적인 성행위의 범위

인간의 행위 중 성행위만큼 복잡 미묘하며 흥미로운 것도 없다. 사회과학자들이나 일반 대중은 인간의 성행위에 내재된 수많은 가능성에 매혹된다. 정상적인 성행위의 범위가 매우 폭넓다는 것을 인정하는 것은 중요하며, 유별나거나 거슬리게 보이는 많은 행위들도 DSM-IV-TR의 진단기준에 비추어 정상으로 간주된다. 일반적으로 복잡하고 미묘한 성적 환상들은 흔하게 일어나는 것이며, 이런 것들이 심리학적 장애에서 연유하는 것이 아님을 기억할 필요가 있다. 다만 파트너가 원하지 않는데도 자신의 환상에 맞추려고만 하거나 다른 사람을 고통스럽게 하는 행동을 할 때에는, 어떤 심리적인 문제가 있다고 볼 수 있을 것이다.

영화 제작자들은 우리가 성행위에 매료되어 있다는 것을 이용하여 이익을 얻는 데 매우 기민했고, 현대영화에서는 성적 정신병리에 관한 사례가 넘쳐난다. 진지한 학생이라면 이런 영화들을 통해 이상심리학에 대해 풍부하게 배울 수 있을 것이다.

 성기능장애|sexual dysfunctions

인간의 성적 반응 주기sexual response cycle에는 다음의 4가지 단계가 있다.

① 욕망: 성에 대한 환상들
② 흥분: 각성, 생리적 변화에 따른 쾌감
③ 오르가슴: 성적 긴장의 방출과 성적 쾌감의 절정
④ 해소: 근육 완화와 일반적인 행복감

성장애sexual disorder는 위의 네 단계 중 어느 수준에서도 나타날 수 있다. 예를 들어 남성의 조루증premature ejaculation이 오르가슴 단계의 장애라면, 남성 발기불능male erectile disorder(임포impotence)은 흥분/각성 단계의 장애다. 다른 기능장애로는 성교

시 성기에 빈발하는 통증인 성교 통증dyspareunia, 질 영역 외부 근육의 반복적이고 불수의적인 경련이 성교를 방해하는 질 경련vaginismus 등이 있다.

〈섹스, 거짓말 그리고 비디오테이프Sex, Lies, and Videotape〉(1989), 〈남자가 여자를 사랑할 때Boxing Helena〉(1993), 〈초급 이태리어 강습Italian for beginners〉(2001), 그리고 〈몬스터 볼Monster's Ball〉(2001) 등은 발기불능 상태가 된 남자가 그에 따른 결과를 직면하는 장면을 담고 있다. 워런 비티는 〈우리에게 내일은 없다Bonnie and Clyde〉(1967)에서 무기력한 클라이드 바커 역을 연기했다. 그리고 피터 오툴은 〈비너스Venus〉(2006)에서 노화와 전립선암으로 인한 발기불능자로 등장한다. 〈정사Intimacy〉(2000)에서는 조루증으로 인한 좌절을 묘사하고 있다.

〈더 오에이치 인 오하이오The Oh in Ohio〉(2006)는 10년간의 결혼생활 동안 오르가슴과 성적 만족을 느껴 보지 못한 아내 때문에 좌절감을 느끼는 어느 고등학교 교사를 그리고 있다. 그는 결국 그의 제자들 중 한 명과 불륜에 빠지고 만다. 그의 아내는 버려진 기분을 느끼면서 그녀의 인생에서 처음으로 성적 탐구에 눈을 뜨게 되고, 결국 대니 드비토가 연기한 수영장 판매원과 만족스러운 성경험(정사)을 하게 된다. 오르가슴에 대한 워크숍 동안 한 여성은 자신의 질을 '벨벳 화산'이라고 묘사한다. 〈에이미의 오르가슴Amy's Orgasm〉(2001)은 남자 없이도 여자 혼자서 할 수 있는 자위방법에 관한 책을 쓰는 자신감 있고 자기확신에 찬 한 여성이 '쇼크 디스크 자키' 라디오 아나운서와 사랑에 빠지고 성적 만족을 찾는다는 내용의 영화다.

〈킨제이 보고서Kinsey〉(2004)는 20세기 중반에 성에 대한 사람들의 관점을 크게 바꾸었던 대학교수 알프레드 킨제이(리암 니슨 분)에 관한 중요한 영화다. 킨제이는 여러 지역에 걸친 수많은 사람들과의 인터뷰 내용을 기초로 두 권의 획기적인 책 『남성의 성적 행동Sexual Behavior in the Human Male』(1948)과 『여성의 성적 행동Sexual Behavior in the Human Female』(1953)을 출간한다. 많은 사람들이 킨제이의 방법론과 연구에 대해 비판하지만, 이것이 사회에 미친 영향력에 대해서는 부정할 수가 없다. 킨제이는 동성애, 혼전 성교, 다양한 성적 체위 등이 정상적인 것이라고 인식되는 데 공헌했고, 자위는 해롭다는 믿음과 같은 여러 가지 오해를 바로잡았다. 영화는 객관적이고 편견 없이 '중립적인 태도를 유지하는 것은 생각보다 어렵다'는 점을 인터뷰 팀원들에게 상기시키는 킨제이를 극적으로 표현한다. 킨제이가 인간의 성에 대한 강의에서 성기에 관한 슬라이드를 보여 주는 솔직한 교육 접근법은 특히 인상적인 장면이다. 이 영화는 또한 강박적 의식(강박성 성격으로 보인다.), 바비튜레이트 남용, 성적 경계의 무분별함, 대인관계에서의 피상성 등과 같은 이 저명한 연구자의 여러 결점까지 보여 준다.

성 중독

성 중독sexual addictions은 현대 사회에서 점점 더 심각한 문제로 인식되고 있다. 성 중독 분야에서 세계적인 권위자 중 한 명인 패트릭 케임즈Patrick Cames는 성적 강박성(『그것을 사랑이라 부르지 말고 어둠 속에서 나오라Don't Call It Love and Out of the Shadows』), 인터넷 섹스 중독internet sex addiction(『인터넷의 어두운 그림자In the Shadows of the Net』), 그리고 나중에 언급될 성도착증 등에 관한 주제에 대해 광범위한 집필을 하였다. 그리고 이러한 영역 각각에 대해 다룬 영화들이 있다.

자전적 다큐멘터리 영화 〈나는 섹스 중독자다I am a Sex Addict〉(2005)는 이 영화의 감독이자 주연인 카베 자헤디가 연기한 매춘부들과의 섹스와 강박적 자위행위를 통해 성 중독에서의 강박행동을 강조하고 있다. 또한 여기서는 건강하거나 그렇지 못한 여러 대처 전략들과 함께 미국의 섹스중독자갱생협회 같은 12단계 재활집단의 중요한 역할이 강조되고 있다. 이보다 더 좋은 예로, 〈드 러블리De-Lovely〉(2004)에서는 콜 포터의 강박적인 동성애 정사, 그리고 그의 아내에 대한 진실한 사랑과 이러한 정사를 조화시키고자 하는 주인공의 내적 갈등을 담고 있다.

성 중독자를 다루고 있는 좋은 영화는 중독의 행동뿐만 아니라 그들이 내린 결정에 따른 결과와 현실까지 보여 준다. 남성 성 중독자로 그려진 인물로는 〈영 아담Young Adam〉(2003)의 조 타일러(이완 맥그리거 분), 〈나를 책임져, 알피Alfie〉(2004)의 주인공 알피(주드 로 분), 〈돈 쥬앙Don Juan DeMarco〉(1995)에서 조니 뎁이 연기한 인물, 그리고 〈섹스 중독자의 고백The Diary of a Sex Addict〉(2001)에서의 새미 혼(마이클 데스 바레스 분) 등이 있다.

루이스 브뉘엘의 고전영화 〈세브린느Belle de Jour〉(1967)는 매춘부가 직업인 기혼 여성을 그리고 있다. 이 영화는 여성의 성 중독과 이로 인한 이중생활의 시작을 묘사한다. 주인공은 새로운 생활방식 속으로 더 깊게 빠져들고 자신의 거짓말에 점점 더 익숙해지며, 결국은 스스로 빠져나올 수 없는 지경에 이르고 만다. 〈스위밍 풀 Swimming Pool〉(2003)과 〈퍼스널 벨로시티Personal Velocity〉(2002)의 한 장면에서도 여성 성 중독자에 관한 묘사가 담겨 있고, 〈걸스 라이프This Girl's Life〉(2003)에서 줄리엣 마퀴스는 자신 있고 자기확신적이며 열정적인 포르노 배우의 역할을 연기한다.

〈온라인On-Line〉(2002)은 인터넷 중독의 심각한 문제에 대해서 살펴본다. 이 영화에서 남자는 약혼녀에게 버림을 받게 되고, 그 결과 인터넷에 많은 시간을 허비하게 되고 룸메이트를 돕기 위해 포르노 웹사이트를 함께 만들어 '사람들로 하여금 그들 자신의 판타지에 접근하도록' 한다. 영화가 끝날 무렵이 되어서야 관객들은 그가 하루 종일 웹 카메라로 지켜보고 있던 온라인상의 인물이 바로 그의 약혼녀였다는 것을, 그리고 그가 여기에 중독된 나머지 개인적 현실감을 바꿔 버렸다는 것을 알게 된다. 영화는 인터넷 중독자들 및 인터넷 성 중독자들이 겪는 극심한 외로움과 고립감, 그리고 관계에서의 친밀감 부족을 예리하게 그리고 있다.

성 중독의 중요한 특징은 비밀스러운 행동이다. 비밀스러움과 성 사이의 관계는 〈파 프롬 헤븐Far From Heaven〉(2002), 〈언페이스풀Unfaithful〉(2002) 그리고 〈치과 의사들의 비밀스러운 삶The Secret Lives of Dentists〉(2002)에서 자세히 다루고 있다. 페드로 알모도바르와 피터 그리너웨이, 그리고 존 워터스와 같은 영화감독들은 성생활, 성 중독, 성도착증을 창의적으로 묘사한 것으로 특히 잘 알려져 있다.

성도착증

DSM-IV-TR은 성도착증paraphilia이라는 용어를 성적 일탈deviation이나 도착perversion과 같은 표현 대신에 사용하고 있다. 이러한 구태의연한 용어는 매우 경멸스런 의미를 내포하고 있으며, 연구와 치료 모두에서 부적절한 편견을 가져올 수 있다.

성도착에는 페티시즘fetishism(이성물애), 복장도착증, 소아애호증, 노출증, 관음증, 성적 피학증, 성적 가학증, 마찰도착증, 음란전화증 등이 있다. 우리는 대부분의 사람들이 생의 어떤 순간에는 위에 열거된 변태성욕 범주들 중 하나 또는 그 이상에 부합하는 행동을 꿈꾸거나 해 본 경우가 있다는 점을 알아 둘 필요가 있다. 성적 판타지 그 자체는 심리적인 문제라고 할 수 없으며 진단을 내리는 근거가 될 수도 없다. 하지만 개인이 판타지에 따라 행동하거나 이로 인해 심각한 고통을 받게 된다면 문제는 달라진다. 예를 들면 창문을 통해 벌거벗은 이웃사람을 훔쳐보는 것에 대한 환상을 가지고 있는 것을 두고 비정상적인 행동에 빠져 있다고는 말할 수 없다. 사실 이러한 종류의 환상은 남성들 사이에서 흔한 것이다. 하지만 만약 어떤 남자가 이러한 환상에 의해서만 성적 각성을 얻게 되거나 실제 행동으로 옮겨서 그의 이웃을 염탐한다면 이 행동들은 정상에서 벗어난 경우가 될 것이다.

복장도착증

성전환자와는 달리, 복장도착증 환자transvestite는 자신의 해부학적 성별에 대해서는 별 불만이 없다. 그렇지만 복장도착자들은 반대 성의 옷을 입고 반대 성을 가진 사람처럼 보이는 것에서 기쁨과 만족을 얻는데, 이성의 옷을 입는 것 또는 그에 대한 환상은 복장도착자들의 성생활에 있어서 중요한 역할을 한다. 성전환자인 남자도 여장을 하지만 이는 성적 흥분에 목적이 있다기보다는 여성의 옷이 여성으로서의 정체감을 가지도록 하기 때문이다. 반면에 복장도착증이 있는 남성은 여성의 옷을 입었을 때 성적으로 흥분하는 '근육질의 이성애자'인 경우가 많다. 복장도착증이 있는 사람들은 여성이 되려고 갈망하지는 않지만, 여성의 모습으로 다른 사람들의 칭찬을 받기를 원하거나, 여성의 옷을 입음으로써 성적 흥분을 얻고 싶어 한다. 브라운(Brown, 1994)에 따르면, 남편이 여성의 옷을 입는다는 사실을 결혼 후에야 알게 된 대부분의 아내들은 결국 그것을 받아들이게 된다. 그리고 이러한 결혼생활이 자녀들에게 나쁜 영향을 끼치지 않을 것이라고 생각한다. 복장도착증 환자의 자녀들은 성인이 된 후에 적절한 성역할 행동을 하며, 이성의 옷을 입는 행동을 보일 가능성은 거의 없다.

성전환증처럼, 복장도착증이 있는 사람들도 이성애자 혹은 동성애자일 수 있으나 대개는 이성애자다. 복장도착증 환자들은 성적 흥분 자체가 정의된 하나의 증상이기 때문에 무성애자일 수는 없다.

복장도착증이 있는 사람들이 이성의 옷을 입는 행위는 거의 대부분 아동기 때부터 시작되지만, 그들의 엄마나 누이의 옷을 입는 어린 소년들이 후에 성정체감 문제를 갖게 되는 경우는 거의 없다. 성전환증은 남성과 여성 모두에게 나타나는 반면에, 복장도착증은 거의 필연적으로 남성들에게만 해당되며, 남성의 옷을 입고 성적으로 흥분하는 여성에 대한 사례연구는 거의 없다.

많은 복장도착증 환자들은 특별한 경우에만 이성의 옷을 입는데, 이들은 평소에는 이러한 행동을 억제하고 있다가 불안하거나 스트레스를 받는 상황, 혹은 성적 파트너와 헤어진 상황 등에서 이러한 모습을 드러낸다. 그들이 선호하는 옷으로는 잠옷, 팬티, 브래지어, 스타킹 그리고 하이힐 등이 있다. 이러한 의상들은 성적 자극을 일으키는 물건들이며, DSM-IV-TR에서는 복장도착증을 복장도착적 페티시즘 transvestic fetishism이라고 정의한다. 복장도착증 환자가 느끼는 성적 흥분이 어떤 개인을 대상으로 일어나는 것이 아니라 무생물(여성의 옷가지)을 대상으로 이루어진다는 점에서 다른 형태의 페티시즘과 유사하다고 볼 수 있다.

복장도착증을 주제로 다루고 있는 영화는 매우 많은데, 대체로 이를 매우 우스꽝스러운 것으로 취급할 뿐이고 진지하게 다루지는 않는다. 이성의 옷을 입는 코미디 영화로 유명한 〈투씨Tootsie〉(1982)가 있는데, 여기서 실직한 배우가 배역을 얻기 위해 여자인 척하는 연기를 더스틴 호프만이 선보였다. 이와 비슷한 브레이크 에드워드의 〈빅터 빅토리아Victor/Victoria〉(1982)는 줄리 앤드류스가 주연한 훌륭한 영화로, 가난한 카바레 여가수가 남녀 성대모창을 하면서 유명해진다는 내용이다. 두 영화 모두 남녀 성별과 역할에 대한 복잡한 관계를 예리하게 분석하였다.

다른 영화에서도 이성의 옷을 입는 등장인물을 찾아볼 수 있다. 빌리 와일더가 연출하고 마릴린 먼로, 토니 커티스, 잭 레먼 그리고 조지 래프트가 출연한 〈뜨거운 것이 좋아Some Like It Hot〉(1959)도 이 분야의 고전으로 인정받는다. 좀 더 최근 영화로는 로빈 윌리엄스가 주연한 〈미세스 다웃파이어Mrs. Doubtfire〉(1993)가 있는데, 이 영화는 아내와 결별하게 된 주인공이 그의 자녀들과 좀 더 오랜 시간을 보내기 위하여 '유모'로 가장하는 내용이다. 〈엔틀Yentl〉(1983)에서 바바라 스트라이샌드는 교육을 받기 위해서 남장을 하는 여성 역할을 맡았다. 〈투 웡 푸To Wong Foo, Thanks for Everything, Julie Newmar〉(1995)는 차가 고장나는 바람에 괴팍한 사람들이 가득한 마을에 머무르게 된 세 명의 복장도착자들에 대한 재미있는 영화다. 이 영화에서는 웨슬리 스나입스와 패트릭 스웨이지가 주연을 맡아 연기하였다. 제인 캠피온의 〈홀리 스모크Holy Smoke〉(1999)에서 하비 케이틀이 연기한 권위적인 인물은 성적 강박관념에 빠져 퇴행하고 타락하면서 이성의 옷을 입기 시작한다.

> "나는 라틴계 마릴린 먼로야. 난 한 바구니 암탉보다 더 많은 다리를 가졌어!"
> – 〈투 윙 푸〉에서 미스 치치 로드리게즈

마이클 케인과 앤지 디킨슨이 열연한 브라이언 드 팔마 감독의 〈드레스트 투 킬 Dressed to Kill〉(1980)은 다른 면으로는 좋은 영화이지만, 불행히도 복장도착증을 폭력이나 사회병질과 연관시켰다. 하지만 복장도착자들이 보통 사람들보다 살인범이 될 가능성이 더 높다는 증거는 어디에도 없다. 그 반대로 대부분의 문화권에서 성일탈자로 간주되는 사람들은 오히려 범죄의 희생자가 되는 경우가 더 많다.

페티시즘

생명이 없는 물건에 습관적으로 성적 흥분이 된다면 그들은 페티시즘fetishism을 갖고 있다고 말할 수 있다. 물건과 관련된 성적 흥분이나 환상이 매우 강하며 적어도 6개월 이상 지속될 때에 페티시즘으로 진단할 수 있다. 그 물건으로 자위행위를 하기도 하며 이를 파트너와의 성행위에 사용하기도 한다. 페티시즘이란 용어는 그 물건 자체 또는 물건에 대한 무분별한 이끌림을 뜻한다. 그러나 진정한 페티시즘은 팬티, 실크 스타킹, 코르셋, 하이힐 또는 의복의 고무 부분이나 정상적인 성행위와 관계없는 신체부위(머리카락, 발 또는 절단된 사지의 남은 부분)처럼 무생명체를 포괄한다. 일반적으로 페티시즘과 성행위 간에 어떤 연관성이 있다고 추측되지만, 어떤 환자는 서류함이나 유모차처럼 모호한 자극에서도 성적 흥분이 된다고 보고하기도 하는데, ① 어떻게 해서 흥분이 그 자극과 처음으로 짝 지어지게 되었는지 혹은 ② 페티시즘의 잠재된 상징적 가치가 무엇인지를 판단하기는 매우 어렵다. 물건은 흔히 자위행위에 사용되지만 착용되기도 하고 숭배되기도 하며, 직장으로 삽입하거나 숨겨 두거나 애무하거나 빠는 데 사용되기도 한다(Chalkey & Powell, 1893).

어떤 전문가들은 페티시즘이 복장도착증과 병적 도벽kleptomania(사소한 싸구려 물품 따위를 훔치고 싶어 하는 강렬한 욕망)을 유발하는 정신적 충동과 관련이 있다고 생각했다. 그러나 이 세 가지 장애를 연결하는 유사점을 비교해 보면 이들 간의 차이점은 사소해 보인다. 페티시즘 환자는 대상 물건을 성적 흥분과 연결하는 것을 갈망하고, 복장도착증 환자는 어떤 옷을 입는 것을 갈망하고, 병적 도벽이 있는 사람들은 훔치기를 갈망한다. 이들에게는 종종 이상한 행동을 하기 전에 불안이 엄습하며, 종종 자위행위를 하기도 한다.

여러 영화들에서 페티시즘을 가진 주연이나 조연이 출연한다. 에릭 로메르가 연출한 프랑스 영화 〈클레르의 무릎Claire's Knee〉(1971)이 좋은 예다. 이 매력적인 영화에서는 결혼을 앞둔 작가가 친구의 딸, 더 정확히는 그녀의 오른쪽 무릎에 대해 갖게 되는 강박관념에 대해서 다룬다. 영화 속의 성적 요소들이 섬세하고 세련되게 다루어지면서, 어느새 소녀의 무릎에 대한 남자의 병적 집착이 아주 그럴싸하게 묘사된다.

피터 그리너웨이의 〈필로우 북Pillow Book〉(1997)은 서예에 대한 페티시즘을 보이는 여성을 그리고 있다. 그녀는 서예와 섹스를 혼합하고, 서예 붓을 쾌락의 도구로 상징화한다. 서예에 대한 그녀의 열정은 점점 커져만 가고, 금단 증상까지 경험하기에 이른다. 그녀는 자신의 몸에 글을 새겨 줄 이상적인 대상을 찾게 되고, 그 대상 중 무능력한 노인과 산만한 젊은이는 배제한다. 그녀는 자신의 몸에 글을 써 줄 사람을 찾기 위해 낙서하는 사람을 무작위로 잡아서 시험한다. 그녀는 어느 지원자에게 "너는 달필이 아니라 난필가(삼류 작가)일 뿐이야."라고 말한다.

페티시즘에 대한 놓쳐서는 안 될 또 다른 영화로 스티븐 소더버그의 〈섹스, 거짓말 그리고 비디오테이프〉가 있다. 이 지적인 영화는 1989년 칸 국제 영화제에서 황금종려상과 남우주연상을 수상하였는데 각본, 감독, 편집을 모두 소더버그가 직접 맡았다. 이 영화는 한 남자의 대학 시절 룸메이트 그레이엄 달튼의 등장으로 인해 세 사람(남자, 그의 아내 그리고 그 남자와 불륜관계를 갖고 있는 처제)의 삶이 어떻게 변화하는지에 대해서 묘사하고 있다. 발기불능증이 있는 남자 달튼은 여자들이 성생활에 대해 은밀하고 세세한 부분까지 이야기하는 비디오테이프를 보면서 자위할 때에만 오르가슴에 도달한다. 인생을 솔직하게 살기로 결심한 달튼은 버림받은 아내인 앤에게 자신의 성생활의 시시콜콜한 면들을 털어놓는다. 결국 두 사람은 사랑하게 되고 달튼은 그의 오래된 룸메이트(앤의 남편)와 극적인 만남을 갖게 된다. 달튼은 앤과의 관계를 통해서 변화되고 마침내 고립감으로부터 벗어나 정서적으로 만족하고 성적으로도 성숙한 관계를 맺을 수 있게 된다.

또 다른 훌륭한 영화로 〈에쿠우스Equus〉(1977)가 있다. 이 영화에서 리처드 버튼은 인생에서 모든 열정을 잃어버리고 환멸에 빠진 정신과 의사 마틴 디사트 역을 연기하였다. 영화는 말 여섯 마리의 눈을 멀게 하여 체포되었던 10대 소년 알란 스트랭(피터 퍼스 분)을 디사트가 치료하는 것을 중심으로 전개된다. 이 잔인한 행동은 스트랭이 말에 대해 위협받으면서도 성적으로 흥분하는 것과 관련이 있다. 이 영화는 어떻게 동물에 대한 페티시즘이 생길 수 있는지에 대한 몇 가지 통찰을 우리에게 제공해 준다.

하지만 〈옥보단〉(1993)이나 산타에 대한 페티시즘을 가지고 있는 여자를 그린 〈배드 산타Bad Santa〉(2003)와 같은 몇몇 영화들에서는 페티시즘을 단순한 우스갯거리로 다룸으로써, 성도착증에 대한 통찰을 거의 제공해 주지 못한다.

데이비드 크로넨버그의 NC-17 등급 영화인 〈크래쉬Crash〉(1996)는 많은 논란을 빚기도 했으며 자동차와 파손차량을 통해 페티시즘을 느끼는 사람들에 관한 이야기다. 이 영화는 발라드J. G. Ballard의 소설을 바탕으로 한 영화이며, 한 여자가 알 수 없는 남자와 후배위 성행위를 하는 동안 자신의 젖가슴을 비행기 날개에 비벼 대며 금속을 훑는 것을 보여 주는 첫 장면으로 시작된다. 그녀는 나중에 이러한 경험을 남편인 제임스와 나누고, 제임스 역시 그날 자신이 경험한 성적 모험을 그녀와 공유한다. 제임스는 후에 큰 자동차 사고를 당하고 상대편 차의 운전자는 사망한다. 죽은 남자의 아내 헬렌은 그 사고에서 살아남지만 병원에 입원하게 되고 회복할 때까지 목발을 짚고 다닌다. 병원에서 퇴원한 직후, 그녀는 자신의 남편을 죽게 만든 제임스와 성관계를 갖는다. 헬렌은 그녀와 차에서 성관계를 가졌던 모든 남자들에 대한 이야기를 하여 제임스를 흥분시킨다. 두 사람은 자신들 모두가 자동차 사고나 고속도로 사망사고에 관련된 장비(앰뷸런스, 화염, 소방차 등)에 의해서 성적으로 흥분된다는 것을 알게 된다. 그들은 점점 더 일탈적인 하위문화로 빠져들어 금속이나 자동차 그리고 자동차 사고에 대한 성적 환상을 나누게 된다. 그들이 속한 집단은 '작은 녀석Little Bastard'이라 불리는 스포츠카에서 1955년의 제임스 딘 사망을 재현함으로써 그 자신과 다른 이들을 흥분시키는 이상한 남자가 이끌고 있다. 이 영화는 페티시즘이라는 주제뿐만 아니라 노출증, 관음증, 트로일리즘(287쪽 참조) 그리고 동성애에 대해서도 함께 그리고 있다. 영화는 시체성애증을 암시하면서 끝이 난다. 제임스는 의도적으로 아내의 스포츠카를 무서운 속도로 운전해서 아내가 차 밖으로 튕겨나가게 한다. 그는 그녀가 살아 있음을 확인한 뒤 의식을 잃어 가는 그녀의 다친 몸에 정사를 치르면서 중얼거린다. "아마 다음에는 성공할 거야, 여보, 다음에는 말야."

?

토론을 위한 부가적 질문

- 〈크래쉬〉에서 묘사된 페티시즘은 그대로 믿기에는 지나치게 과장되어 있는가?
- 금속, 가죽 그리고 플라스틱은 페티시즘의 흔한 대상들이다. 특정 물건들에 관한 어떤 것이 성도착증 환자들로 하여금 성적 흥분을 자아내게 하는가?
- 부부가 다른 파트너와 성관계를 갖는 것에 대한 환상을 공유하는 것이 흔한 일인가?
- 성적 흥분(긍정적인 경험)과 고통(대부분의 사람에게 매우 부정적인 경험) 간의 연관성이 자주 지적되어 온 것은 무엇 때문인가?

노출증

노출증exhibitionism이 있는 사람들이 성적 만족을 얻기 위해 즐겨 하는 행동은 생각지도 않은 낯선 사람들에게 성기를 노출시키는 것이다. 그리고 때때로 노출 후나 노출 중에 자위행위를 한다. 노출증이 있는 사람들은 대부분 그가 위협한 여자와 성관계를 가지려 하지 않으며, 오히려 다른 사람과 성관계를 가질 기회가 있을 때 겁먹고 두려워하는 것이 보통이다. 노출증에 대한 소문은 동네를 거닐다 강간을 당할 가능성에 대한 강한 두려움을 낳지만, 강간과 노출증은 근본적으로 다른 행위이며 거의 아무런 관련이 없다.

노출증은 나이에 상관없이 일어나지만, 대체로 20대 중반 남성에게서 나타나기 시작한다. 일반적인 이미지는 레인코트를 입은 지저분한 노인이 연상되지만, 노출증의 발생률은 40대 이후부터 급격히 줄어서, 인지기능이 손상되지 않은 노인에게는 거의 발생하지 않는다. 많은 노출증 환자들은 의미 있거나 만족스러운 성적 관계를 가져 본 적이 없지만, 일부 환자들은 정상적인 심리성적 발달력을 거친다.

여성 노출증은 상당히 희귀하지만, 몇몇의 여성들은 그들의 가슴이나 다리를 노출시킴으로써 기분 좋은 자극을 얻는다. 여성에게 있어 노출은 성적 상대가 아닌 남성에게 우월감을 과시하는 한 방법으로 쓰이기도 한다. 노출을 통해 상대의 심리를 조종하는 것은 〈원초적 본능Basic Instinct〉(1992) 중 샤론 스톤에 대한 심문 장면에서 극적으로 묘사된다. 노출증 환자의 행동을 묘사한 간결한 장면은 〈내츄럴 본 킬러Natural Born Killers〉(1994)와 〈모번 켈러의 여행Morvern Callar〉(2002)에서 찾아볼 수 있다.

〈모정The Good Mother〉(1988)은 건강한 성행위와 노출증 간의 경계에 관한 흥미로운 질문들을 던진다. 다이안 키튼은 여섯 살 난 딸아이의 엄마이면서 이혼한 여성인 안나 던랩 역을 맡았다. 안나는 조각가와 사랑에 빠지고 자신의 딸 앞에서 완전

토론을 위한 부가적 질문

- 6세 여아가 성인의 성기에 관심을 보이는 것은 정상인가?
- 당신이 〈모정〉에 등장하는 판사라고 한다면, 같은 결정을 내릴 것인가?
- 〈모정〉에서 보헤미안 조각가는 어리석은 실수를 한 것인가, 아니면 연인의 딸이 자신의 성기를 만지도록 놔두는 것은 적절했는가?
- 나체로 생활하는 것이 아무렇지도 않은 가정에서 성장한 아동은 성적으로나 대인관계적으로 어떻게 적응할 것인가?
- 관음증과 노출증 사이에는 어떤 관련성이 있는가?
- 부모와 함께 자는 것이 성적 자극을 낳기 때문에 부적절해지는 연령은 언제인가?

히 벌거벗은 채로 생활하는 보헤미안적 삶을 살기 시작한다. 안나의 새 연인은 목욕을 한 자신에게 그녀의 딸아이가 다가와 자연스러운 유아적 호기심을 표현할 때, 아이에게 자신의 성기를 만지게 한다. 이 사건에 대해 알게 된 전남편은 자녀양육권을 되찾기 위해 소송을 하게 되고 안나는 딸아이를 만날 권리를 얻기 위해서 연인을 단념하기로 결심한다.

관음증

훔쳐보는 취미를 가진 사람voyeur을 가리켜 '훔쳐보는 탐peeping Tom'이라고도 하는데, 대개 낯선 사람이 전혀 눈치채지 못하게 그들이 옷을 벗는 모습이나 화장실을 사용하는 모습 또는 성교 장면을 몰래 훔쳐봄으로써 흥분하고 성적 만족을 느끼는 사람을 말한다. (해변에서 그런 것처럼) 다른 사람들의 몸을 보고 싶어 하는 것은 정상적인 것이지만, 훔쳐보는 취미를 가진 사람들은 들키지 않고 다른 사람들을 훔쳐볼 수 있는 은밀한 장소를 찾는 데 전력을 다한다. 흥분은 그 상황의 은밀함과 항상 연계되어 있으며, 관음증voyeurism 환자들에 관한 여러 연구에 따르면, 포르노 영화를 보는 것이나 여종업원이 상반신을 드러내는 술집에 가는 것이나 나체 해변에 가는 것은 모두 대중들에게 허가된 것들이기 때문에 관음증 환자들에게는 별다른 흥미를 주지 못한다고 한다.

노출증이나 음란전화의 경우와 같이 관음증 환자들이 희생자들과의 성관계를 주도적으로 시도하는 경우는 흔하지 않다. 이들은 대부분 흥분된 장면을 보거나 나중에 그러한 장면을 연상하면서 자위행위를 한다. 그들의 행동이 성폭력 범죄로 발전하는 일은 거의 드물지만 성과 관련된 살인사건에 연루된 남성들의 3분의 2 이상이 초기에 관음증을 경험한 것으로 보고되고 있다(Ressler, 1986).

관음증의 흥미로운 한 변형인 트로일리즘troilism은 다른 사람들의 성행위를 봄으로써 성적 만족을 느끼는 것이다. (혹은 자신들의 성행위를 다른 사람들에게 보여 주는데, 이는 관음증보다는 노출증에 가깝다.) 이것은 때때로 절시증scoptophilia(나체와 외설 사진을 보고 성적 쾌감을 느끼는 것)으로 불리기도 한다. 이러한 형태의 변형으로 3자 성관계ménage á trois, 스와핑, 서로의 앞에서 다른 파트너와 성행위를 하는 부부들 등이 있다. 이러한 형태의 성행위가 에이즈나 다른 성병의 원인이 될 수 있음에도 불구하고 프리섹스와 스와핑이 성행하고 있는 것 같다. 스와핑 시도의 실패를 그린 영화로 1969년 폴 마줄스키의 〈밥, 캐롤, 테드 그리고 앨리스Bob and Carol and Ted and Alice〉가 있는데, 이 영화에서는 로버트 컬프, 엘리엇 굴드, 다이안 캐넌 그리고 나탈리 우드가 출연하였다. 이 영화는 성 자유화보다는 사회적 허용과 1960년대 후반의 도덕관을 옹호한다. 이 영화의 마지막 장면에서 등장인물들은 모두 한 침대에 누워서, 일부일처에 대한 약속을 재확인한다.

관음증을 다뤘던 다른 영화로는 〈러브 라이프Lovelife〉(1997)와 캐나다 영화 〈어져 스터The Adjuster〉(1991)가 있다. 관음증을 노골적으로 다루는 대부분의 영화들은 잘못된 일반 상식을 단적으로 드러낸다. 예를 들면, 〈피핑 탐Peeping Tom〉(1960)에서는 희생자를 고문하고 죽어 가는 모습을 사진으로 찍는 관음증 환자(가학적인 심리학자에게 길러진)의 이야기를 그리고 있다. 하지만 이것은 성적 가학증sexual sadism의 예라고 볼 수 있으며, 관음증에 해당되지는 않는다. 한편 관음증의 고통은 영화 〈관음 고백Voyeur Confessions〉(2001)에서 잘 표현되고 있다.

몇몇 영화들은 뚜렷한 성적 환상이나 만족감을 나타내지 않고 강한 관음적 요소들을 표현하기도 한다. 크리스토퍼 놀란의 데뷔작 〈미행Following〉(1998)은 길거리에 있는 사람들 중 한 사람을 정해서 그 사람을 하루 종일 쫓아다니는 것을 즐기는 남자에 대한 독창적인 이야기다. 관음증이 있는 이 사람은 자신의 소설 속 인물에 대한 아이디어를 얻기 위해 미행을 합리화하는 외로운 작가다. 그의 습관은 점점 '저항할 수 없는' 것이 되면서 중독의 특성을 지니게 된다. 그는 통제할 수가 없고, 관음증에 강박적으로 사로잡혀 있으며, 부적절하고 불온한 행동을 유지하기 위하여 다양한 인지적 정당화를 이용한다.

다른 성적이지 않은 (혹은 발기불능자의) 관음증은 히치콕의 고전영화인 〈이창Rear Window〉(1954)에서 확인할 수 있다. 이 영화에서는 관음증이 뚜렷하게 묘사되는데, 사진작가인 제프리스(제임스 스튜어트 분)는 그의 이웃을 계속해서 훔쳐보고 창문에서 떠나지를 못한다. 그의 모든 생활은 다른 사람들의 삶을 훔쳐보는 것으로 이루어져 있고 그는 이러한 방식으로 심리적 욕구를 충족한다. 그는 또한 아름다운 한 여성의 보살핌을 거부하고 저항한다. 만약 제프리스가 그 자신이 목격한 장면을 살인으로 오인하였고, 그의 모든 행동이 긍정적이거나 유익한 결과라곤 전혀 찾을 수 없는 순수한 관음증에 불과하다고 관객들이 추정한다면, 이 영화는 분명히 관음증에 관한 영화라고 할 수 있다.[2]

성적 피학증

성적 피학증 환자sexual masochist는 자신이 모욕을 당하거나, 매를 맞거나, 묶여 있거나 혹은 고통을 당할 때 성적으로 흥분한다. 성적 피학증sexual masochism의 진단은 환자가 실제로 이러한 행위들에 가담할 때에만 내릴 수 있다는 점을 이해하는 것이 중요하다. 다른 변태성욕과 마찬가지로, 성적 피학에 대한 단순한 환상은 흔하고 무해하며, 더불어 지나치지 않은 가학-피학적sadomasochistic 행위(예: 할퀴거나 무는 것)는 정상적인 성행위에 흥미를 더하기도 한다.

성적 피학증이 있는 사람들은 감금을 포함한 채찍질, 수갑 채우기, 때리기, 살 도려내기 그리고 살 태우기 등 온갖 방법으로 자신을 학대하도록 한다. 그들은 종종 신체적인 학대뿐만 아니라 언어적으로도 학대받는다. 흥분이 일어나기 위해서는 수치심을 자극하는 것이 필수적일 수도 있다. 예를 들어 성적 피학증 환자들은 기저귀를 차거나, 학대자 앞에서 대소변을 보기도 한다. (부드러운) 성적 학대자를 파트너로 삼는 것을 가장 행복해하는 성적 피학증 환자에게 있어서 채찍이나 쇠고랑, 가죽 그리고 고무제품 등은 성적 활동에서 중요한 역할을 한다. 성적 피학증이 있는 남자에게 성적 만족을 가져다주는 여자를 여성 우월자dominatrix라고 한다. 성적 피학증 환자들은 동성애자일 수도 있고 아닐 수도 있지만, 가학-피학증 환자 sadomasochist들이 만나는 대부분의 사람들은 이성애자다. 동성애자들 중에는 성적 피학증 환자가 가학증 환자보다 훨씬 많다(Innala & Ernulf , 1992).

〈세크리터리Secretary〉(2002)는 우울하며 심한 자해행동을 하는 젊은 여성(매기 질렌할 분)을 묘사한 흥미로운 영화다. 그녀는 성공적인 변호사 미스터 그레이(제임스 스페이더 분)의 비서로 취직하게 된다. 그녀는 자신의 실수에 대한 그의 엄격한 처

---

2) 역자 주: 실제로 영화에서 살인이 일어났고 범인은 잡힌다.

벌을 즐기고, 이어서 가학-피학적 변태성욕 관계를 맺게 된다. 그레이는 그녀를 때리고 그녀에게 고함치는 것을 즐기며 다른 가학적인 행동들도 하지만 그녀에게 자해는 하지 말라고 한다(그녀의 피학증을 통제하기 위해 자신의 가학증을 역설적으로 이용한다). 영화는 직장 내에서 세련되게 옷을 갖추어 입은 채 목 뒤에 있는 긴 봉에 팔이 묶여 있는 그녀의 모습으로 시작한다. 그녀는 자신의 치아를 이용하거나 윗몸을 수평으로 돌려서 물건들을 줍는다. 가학-피학적 변태성욕자의 다양한 행동을 거치면서 성숙해진 그녀는 자기학대를 그만두고 상사와 의미 있는 관계를 맺어 가면서 결국은 그와 결혼하게 된다.

〈퀼스Quills〉(2002)에서는 말년을 정신병원에서 보내게 된 마르키스 드 사드(제프리 러쉬 분)에 관한 내용을 다룬다. 주인공은 그의 삶에 의미와 기쁨을 주는 여러 가지 변태성욕적 행동에 관여한다.

〈피아니스트〉

〈피아니스트The Piano Teacher〉(2001)에서, 에리카 코헛(이자벨 위페르 분)은 교양 있고 성공한 피아니스트다. 그녀가 연주하는 공연장은 언제나 청중들로 만원을 이룬다. 그녀는 음악학교에서도 뛰어난 피아노 교수로 인정받고 있다. 에리카라는 캐릭터는 성적으로 억압되어 있고 엄격함과 통제성의 특성을 지닌 보수적인 여성을 매끄럽게 잘 그려 내고 있다. 영화는 시간이 경과하면서 중요한 주제와 핵심 이슈들에 점차 도달하게 되고, 관객들에게 조금씩 그녀의 세계와 가치를 소개하기 시작한다. 관객들은 그녀가 포르노 숍에 잠시 들르는 것을 보게 되는데, 거기서 그녀는 떠나기 전에 한 젊은 남학생을 혼낸다. 다른 장면에서 그녀는 비디오를 보기 위해 가게에 있는 부스로 들어간다. 이러한 장면들은 공중화장실에서 남학생과 성적인 행동을 하는 것으로 이어지고, 이 장면에서 그녀는 약간 가학적이고 매우 통제적이다. 관계는 시작되고, 그제서야 그녀의 깊은 환상(과 정확한 진단)이 드러나게 된다. 그녀는 사실 성적 피학증 환자였던 것이다. 한 장면에서 그녀는 통제적이고 참견하는 엄마가 방 안으로 벌컥 들어오지 못하게 보호벽을 설치한다. 에리카는 연인에게 성적 가학-피학 증상에 관한 판타지를 드러내는 편지를 건넨다. 그는 편지를 읽으면서, 재갈이 물려진 채 그의 명령과 규칙에 복종하지 않았을 때 두들겨 맞고 싶어

하는 그녀의 욕망을 알게 된다. 그다음에 그녀는 로프와 그 외의 각종 가학-피학적인 도구들을 숨긴 장소를 밝힌다. 그는 사랑과 혐오를 동시에 느끼며, 그녀가 '병'에 걸렸고 치료가 필요하다고 말한다.

> "두들겨 맞고 싶은 강한 갈망은 오랫동안 내 안에 있었어."
>
> – 〈피아니스트〉(2001)

영화는 성인이 된 딸의 모든 일거수일투족을 알려고 하는 통제적인 어머니와 그녀를 둘러싸고 있는 대부분의 강압적인 환경과 같은 병의 원인에 대해 탐구해 나간다. 어머니는 물리적으로 통제하고, 공격적이며, 에리카의 복장과 피아노 연주(에리카가 훌륭한 피아니스트라 할지라도), 그리고 젊은 남자와의 다정한 대화에 이르기까지 사사건건 따지고 비난한다. 그리고 "어떤 사람한테도 지면 안 돼, 우리 딸." 이라고 하며 그녀를 훈육한다. 소문에 의하면 에리카의 아버지는 보호시설에서 정신병으로 죽었다.

흥분을 유발하거나 발기나 사정을 강렬하게 하기 위해 스스로 목을 조르는 자위질식autoerotic asphyxia은 성도착증을 가진 사람에게 흔치는 않지만 간혹 나타날 수 있고 종종 성적 피학증과 관련된다. 미국에서는 자위질식으로 인해 매년 50명 이상의 사망자가 발생한다(Centers for Disease Control and Prevention, 2008). 블랜차드와

〈피아니스트〉를 관람하면서 생각해 볼 물음들

- 에리카가 그녀의 애인에게 보낸 편지는 진실한 사랑의 표현이었나?
- 에리카는 왜 유혹당하는 것에 대한 두려움을 느끼는가?
- 에리카의 어머니는 그녀의 성도착증에 어떤 영향을 미쳤는가?
- 성적 피학증 환자가 가끔 가학적 변태성욕자의 역할을 떠맡는 것이 통상적인가?
- 사람들이 성행위 동안 판타지에서의 역할을 받아들이는 것은 얼마나 흔한가?

허커(Blanchard & Hucker, 1991)는 자위질식 행위 도중 사망한 117명의 남성 사례를 개관했다. 자위질식으로 인해 죽음에 이른 경우 대부분 사고사로 간주되기 때문에, 자위질식을 확인하는 것은 매우 중요하다.

우리가 자위질식에 대해 알고 있는 것의 대부분은 사망 원인에 대한 경찰조사 결과 보고에 의한 것이다. 사망자 중에는 젊은 백인 남성이 많다. 또한 감금을 위한 각종 장비들이 종종 거울이나 카메라와 함께 사용된다. 이러한 사례에는 복장도착 행위가 흔히 동반된다. 또한 죽기 전에 사정을 했다는 증거가 종종 발견된다.

성적 가학증

성적 가학증sexual sadism은 성적 피학증의 거울상mirror image이다. 가학증 환자들은 그들의 피해 상대가 느끼는 수치심과 고통을 통해 성적 쾌감을 얻는다. 성적 파트너들은 이 행위에 응하기도 하고 그렇지 않기도 한다. 만약 상대방이 응한다면 '반복적으로 또는 오직 그것만을 선호'하며, '성적 흥분을 느끼기 위해 죽음에 이를 정도로 지속적이고 폭넓은 신체손상을 가했을 때'에 이 진단기준에 부합된다.

가학증과 피학증이라는 용어는 독일의 성과학자인 크래프트 에빙Richard von Krafft Ebing에 의해서 19세기에 처음으로 사용되었다. 성에 관한 최초의 의과대학 교과서인 『성의 정신병리Psychopathia Sexualis』의 저자인 크래프트 에빙은 프랑스 작가 마르키스 드 사드의 이름을 따서 사디즘(가학적 변태성욕)이라는 용어를 만들었다. 드 사드의 소설과 단편들은 학대와 고문, 살인에 대한 내용으로 가득한데 이것들은 모두 성적 만족과 관련되어 있다. 그의 작품 중 하나인 『소돔의 120일The 120 Days of Sodom』은 피에르 파올로 파졸리니 감독에 의해 영화 〈살로, 소돔의 120일Salo or The 120 Days of Sodom〉(1976)로 만들어졌다.

가학-피학적 섹스에는 종종 체인, 채찍, 고무, 가죽의상 그리고 뾰족한 구두 같은 정교한 섹스 장난감이 사용된다. 또한 채찍질과 결박도 흔한 행위다.

일부 성적 가학증 환자들은 강간범이기도 하지만, 강간범은 강간 그 자체로부터 성적 쾌락을 얻는 것은 아니라는 사실을 이해할 필요가 있다. 강간은 성적 흥분과는 거의 무관한 폭력행위일 뿐이다. 반면에 성적 가학증 환자는 희생자의 고통에서 강렬한 성적 쾌락을 느낀다.

여기서 우리는 경미한 성적 가학/피학증(결박과 처벌 또는 지배와 복종이 있는 섹스)과, 심각한 성적 가학/피학증(고문과 죽음의 위험과 신체상해가 있는 섹스)을 구분하는 것이 중요하다(Arndt, 1991). 경미한 수준에서는 대체로 여성이 남성을 지배한다는 몇몇 근거가 있는 반면, 극단적인 수준에서는 남성이 여성을 학대할 가능성이 더 높다.

성적 가학증을 묘사하는 영화는 미국에서 꽤 흔하며 이런 영화는 유럽과 아시아권에서도 상영되어 많은 관객을 끌어모았다. 이런 부류의 영화 중 많은 것들은 서투르고 투박하며 사회적인 가치가 거의 없다. 눈에 띄는 하나의 예외로 데이비드 린치의 〈블루 벨벳Blue Velvet〉(1986)이 있다.

〈블루 벨벳〉

〈블루 벨벳〉은 전원풍의 중서부 주변의 풍광과 바비 빈튼이 부른 동일한 곡명의 노래와 함께 시작한다. 하지만 이런 목가적인 장면은 곧 중단되고, 관객들은 영화가 끝날 때까지 결코 긴장을 풀지 못한다.

이 영화의 줄거리는 뇌졸중으로 오랫동안 병석에 있는 아버지를 돌보기 위해 대학을 나와서 집에서 생활하는 제프리 뷰몬트(카일 맥라클란 분)라는 한 학생에 관한 것이다. 제프리는 집주변 마당을 산책하다가 절단된 귀 하나를 발견한다. 나중에 그것은 카바레 가수인 도로시 발렌스(이사벨라 로셀리니 분)의 남편 것으로 판명된다. 도로시의 남편과 아들은 그녀를 굴복시켜 자신의 성적 요구에 따르도록 하려는 지역 폭력배인 프랭크 부스(데니스 호퍼 분)에 의해 인질로 잡혀 있다. 이 영화에서 가장 복잡한 성향을 가진 사람 중 한 명인 도로시는 자신의 아파트에서 일어난 범죄를 해결하려는 어리석은 시도를 하던 제프리를 발견한다. 논란이 될 만한 한 장면에서 도로시는 제프리를 발견하고는 칼로 그를 위협해 자신과 섹스하도록 강요한다. 그녀는 앞에서 논의된 성적 피학증의 많은 특징들을 보여 주는데, 이는 나중에 프랭크가 도착하고 그녀를 야만적으로 학대하기 시작할 때 더욱 두드러진다. '블루 벨벳'이라는 노래에 병적으로 집착하고 도로시에 대한 강박에 사로잡힌 프랭크는 도로시의 파란 벨벳 욕실 가운을 조각조각 잘라 낸다. 그는 이것을 평소 몸에 지니고 다니면서 다른 성적 상대를 만날 때 사용하는데, 이것이 바로 페티시즘이다. 데니스 호퍼는 가학적인 섹스뿐 아니라 흡입제까지도 중독된 프랭크 부스 역으로 잊을 수 없는 명연기를 보여 주었다.

> "나는 당신의 일부를 가지고 있어. 당신은 당신의 병을 내 안에 집어넣었어. 이것은 나를 돕고 나를 강하게 만들지."
>
> — 〈블루 벨벳〉(1986)에서 성적 피학증에 빠진 도로시

이 영화에서 수수께끼 같은 측면은 도로시와 제프리 둘 다 가학-피학성 섹스에 일단 노출된 후부터는 서로에게 더 매혹당한 것처럼 보인다는 것이다. 영화는 부차적인 줄거리로 제프리가 부패한 지역형사의 딸인 샌디와 연루되는 이야기를 담고 있다. 그는 도로시와 강렬한 성적 관계를 맺고 난 후부터 샌디와의 관계는 맥없고 무미건조하게 느낀다.

이 영화는 1986년에 전미영화비평가협회The national society of Film Critics award로부터 작품상을 수상했고, 린치는 그해 최고의 감독으로 선정되었다. 이 영화는 잔혹할 정도로 노골적인 묘사가 많기 때문에 모든 관객들이 공감할 만한 영화는 아니다. 그러나 정신병리적인 내용을 풍부하게 담고 있어서 성적 정신병질자들의 복잡한 세계에 관심이 있는 사람이라면 누구나 볼 만한 가치가 있는 영화다.

마찰도착증

마찰도착자frotteur는 외관상 고의적이지 않게 보이면서 성적으로 다른 사람들을 스치고 문지르는 것에서 성적 만족감을 느끼는 사람들이다. 마찰도착자들은 자신들의 행동을 혼잡함의 탓으로 돌릴 수 있도록 해 주는 붐비는 가게, 에스컬레이터, 버스 그리고 지하철 같은 곳에 자주 드나든다. 많은 학자들이 마찰도착증을 노출증의 한 변형으로 간주하지만, DSM-IV-TR에서는 이를 독립적인 성도착증의 목록에 포함시키고 있다.

〈스위트 보이스Dummy〉(2002)는 마찰도착자인 한 무직자를 그리고 있다. 대머리에다가 두꺼운 안경을 낀 이 남자는 순전히 코믹한 웃음거리로 영화에 등장한다.

그의 마찰도착증 행동이 영화상 분명하게 묘사되지는 않지만, 분명히 마찰도착증의 DSM-IV-TR 진단기준에 잘 들어맞는다.

소아애호증

소아애호증pedophile은 아이들에게서 성적 자극을 받는 사람들이며, 그동안 이러한 자신들의 욕구에 따라 행동해 왔던 또는 그러한 욕구로 인해 스트레스를 받는 사람들이다. 소아애호증은 동성애보다 이성애의 경우 좀 더 흔한 것으로 보이지만 소녀나 소년 또는 둘 모두에게 끌릴 수 있다. DSM-IV-TR의 소아애호증 진단기준에 따르면 성적 자극을 느끼는 대상이 사춘기 전(일반적으로 13세 이하) 아동이어야 한다. 가해자가 최소한 16세 이상이 아니거나, 관계된 아동보다 적어도 다섯 살 이상 많지 않다면 이 진단기준은 적용되지 않는다.

공식적인 진단명은 아니지만, 사춘아애호증ephebophilia이라는 용어가 있는데 이것은 때때로 사춘기 청소년들에 이끌리는 사람들을 일컬으며, 이들이 매혹되는 연령대는 14~17세로 한정적이다. 또한 로리타 증후군Lolita syndrome이라는 용어는 사춘기 소녀들에게 이끌리는 남자들을 칭한다. 일반적으로 이런 증상을 행동으로 옮기는 것은 불법이지만, 사춘아애호증은 병적으로 보이지 않을 수 있으며, 오히려 사춘기의 여자가 나이 많은 성인 남자와 결혼하는 관습이 있는 사회에서는 정상적인 것으로 간주된다. 이러한 사춘아애호증은 종종 인간의 본능과 사회적 규범 간에 존재하는 갈등을 나타낸다.

사춘아애호증은 성장영화 〈가져선 안될 비밀Towelhead〉(2007)에서 묘사되고 있다. 이 영화는 앨런 볼[성에 눈뜨기 시작하는 두 소녀에 대한 영화 〈아메리칸 뷰티American Beauty〉(1999)를 제작하고 공동 각본을 맡기도 했다.]이 처음으로 감독을 맡은 영화다. 〈가져선 안될 비밀〉에서 몇몇 어른들이 13살의 소녀 자시라를 학대하는데, 그중 그녀 어머니의 남자 친구는 자시라의 음모를 면도해 주며 아빠인 것처럼 행세한다. 영화의 원제이기도 한 '수건머리towelhead'는 아랍계 혈통을 가진 사람에 대한 경멸적 용어다. 주인공의 아버지는 엄격한 레바논계 미국인인데, 그는 딸의 성적 성숙과 월경에 적절하게 대처할 준비가 제대로 되어 있지 않은 사람이다.

〈비너스〉(2006)에서는 피터 오툴이 주연으로 등장한다. 전립선암을 가진 70대 배우인 그는 자신보다 53살이나 어린 여자와 로맨틱하고 에로틱한 관계를 가지게 되는데, 영화에서는 이를 아주 그럴싸한 이야기로 그려 낸다.

청소년이 되면 13세쯤에 성적 성숙(사춘기)을 겪게 되지만, 대부분의 정신건강 전문가들은 청소년기라는 이른 시기에는 성적 교감에 대한 욕구에 적절하게 대응할 준비가 되어 있지 않기 때문에 천천히 성인의 성생활로 전환할 것을 추천한다. 하지만 각 문화마다 성관계가 허용되는 연령기준에 대해서는 많은 편차가 존재하는데, 여러 나라에 걸쳐 최저 연령을 살펴보면 대략 12~18세라고 할 수 있다.

〈하드 캔디Hard Candy〉(2005)는 소아애호증 환자들이 새로운 희생자를 찾아내는 데 있어서 인터넷이 어떻게 새로운 길을 열어 줄 수 있는지를 묘사한다. 영화에서는 14세의 여학생과 소아애호증이 있는 32세 사진작가가 온라인상에서 처음 인연을 맺는다. 이 둘은 결국 실제로 만나게 되며, 서로에게 빈정거리는 말로써 그들이 섹스를 위해 만난다는 것을 암시한다. 그러나 기묘한 반전을 통해, 이 조숙한 14세 소녀는 결국 자신이 상황을 통제하면서 이 남자를 거세하고(이 남자는 한 소녀의 행방불명과 관련된 것으로 보이며, 실제로 그 소녀의 사진이 컴퓨터 파일로 보관되어 있다.), 이 남자는 나중에 자살하게 된다.

보통 사춘아애호증에 관한 대부분의 사례에서(그리고 이를 주제로 다루는 대부분의 영화에서) 어린 소녀에 매혹되는 나이 많은 남자가 나오지만, 다음에 소개할 두 영화는 나이 많은 여자와 10대 소년 간의 관계를 잘 다루고 있다. 〈프라이빗 레슨Private Lessons〉(1981)은 프랑스인 가정부가 15세 소년을 유혹하는 내용의 영화다. 이 영화는 미성년자에 대한 신랑 만들기 훈육, 경계적 폭행 그리고 성적 학대를 잘 묘사한다. 더 강렬한 영화 〈더 리더: 책 읽어주는 남자The Reader〉(2008)에서는 케이트 윈슬렛이 15살짜리 소년과 성관계를 맺게 되는 한나 슈미츠 역을 연기했다. 어느 여름날 정사를 치르고는 갑자기 소년의 삶에서 떠나 버린 그녀는 8년 후에 강제수용소 간수로 근무한 이력 때문에 전범 재판에서 다시 그의 앞에 나타나게 된다. 이 영화의 제목은 책을 읽어 주는 만남들을 통해 한나와 소년의 관계가 시작된다는 내용에서 나온 것이다. 케이트 윈슬렛은 이 영화로 아카데미 여우주연상을 수상했다.

"특별히 아끼는 아이들이 있었어요. 대부분 어린 여자애들이었지요. 그녀는 아이
들한테 음식도 주고 잠자리도 마련해 주었어요. 저녁이 되면 아이들한테 자기와 함
께 자자고 했어요. 우리가 무슨 상상을 했는지 알겠죠. 우리는 그렇게 생각했어요.
그런데 우리는 그녀가 여자애들이 자신에게 책을 소리 내서 읽도록 한다는 걸 알게
되었어요. 그 소녀들이 그녀에게 책을 읽어 주고 있었던 거였어요. 처음에는 이 간
수가…… 이 간수가 참 감수성이 있는 사람이구나…… 이 여자는 더 인간적이
고…… 더 친절하구나 하고 생각했어요. 그녀는 약하고 아픈 사람들을 많이 골라갔
지요. 이 사람들을 보호하고 있는 것처럼 보였어요. 하지만 그러고 나서 이들을 처
리해 버렸어요. 그게 더 친절한 건가요?"
　　－〈더 리더: 책 읽어주는 남자〉(2008)에서 한나 슈미츠의 행동을 묘사하는 증언자

유사하지만 흔하지 않고 진단명에도 들어 있지 않은 또 다른 것으로 유아애호증
infantophilia이 있다. 이 용어는 0~5세까지의 유아에게 주로 성적 매력을 느끼는
성인에게 적용된다. 〈블리스Bliss〉(1997)에는 유아애호증을 묘사하는 장면이 나
온다.

많은 유아애호증 환자들은 어린 시절 성적으로 학대받은 적이 있음을 보고한다
(Freund, Watson, & Dickey, 1990). 청소년기부터 아동에게 매혹되기 시작하는 소아
애호증 환자들은 고착된 소아애호증 환자fixated pedophile로 간주된다. 반면, 그동안 일
반적인 성생활에 만족해 오다가 갑자기 아동에 대해 성적으로 몰입하기 시작하는
사람은 상황적 또는 퇴행적 소아애호증 환자regressed pedophile로 분류된다.

미국에서는 성적 학대를 당하는 아동의 사례가 매년 10만에서 50만 명에 이르
며, 이러한 사례는 점점 증가할 것으로 예상된다(Centers for Disease Control and
Prevention, 2008).

아동이 가족 구성원 중에서 가장 취약하다는 점 때문에, 대부분의 사람들은 소아
애호증 환자가 비난받아 마땅하다고 생각한다. 하지만 이에 대한 사회적인 지탄에
도 불구하고 폭넓은 아동 포르노물을 접할 수 있다는 사실은 아동에 대한 성적 관
심이 여느 성도착증들만큼이나 흔한 것임을 단적으로 보여 준다. 경험적 자료에 의
하면 성인이 아동에 대해 성적으로 이끌리는 경향은 그 범위가 매우 넓다. 예를 들

면, 브리에르(Briere, 1989)는 대학생 남성을 조사하였는데 그들의 21%가 어린아이들에게 성적으로 이끌린다고 하였고, 9%는 아이들에 대한 성적 환상을 가지고 있다고 보고했다. 그리고 7%는 만약 그들이 발각되거나 처벌받는 것을 피할 수만 있다면 아이들과 성관계를 맺는 것을 고려할 것이라고 했다.

　소아애호증과 사춘아애호증 환자들은 놀이나 음식, 또는 선물로 희생자를 유혹한 뒤, 적절한 수준의 접촉을 하고 종국에는 부적절한 접촉과 성폭행을 하게 된다. 〈블루 카Blue Car〉(2003)에서는 청소년에 대한 유혹이 강력하고도 현실적으로 묘사되고 있는데, 이 영화에서 한 어리고 취약한 소녀는 그녀의 선생에게 유혹당한다. 대부분의 관객들은 영화의 초기부터 선생이 이 청소년을 교묘히 조종하고 있다는 사실을 의식하지 못한다. 〈아메리칸 뷰티〉(1999), 〈로리타Lolita〉(1962/1997), 〈이 투 마마Y Tu Mama Tambien〉(2001) 그리고 〈매닉Manic〉(2003)에서도 청소년에 대한 유혹이 묘사된다. 〈막달레나 시스터즈The Magdalene Sisters〉(2002)에서는 성직자가 취약하고 감정적·신체적으로 학대받은 소녀와 섹스를 한다.

　다큐멘터리 〈프리드먼가 사람들 포착하기Capturing the Friedmans〉(2003)와 블랙코미디물인 〈해피니스Happiness〉(1998)에서는 아동에 대한 성적 학대가 강렬하게 그려진다. 〈프리드먼가 사람들 포착하기〉에서 아버지 아놀드와 그의 아들 제시는 아동에 대한 성범죄 혐의로 기소된다. 그들의 집이 수색되면서, 아동 포르노물이 집안 도처에 숨겨져 있는 것이 발각된다. 영화는 이 두 개인을 고발하지도 면죄해 주지도 않는다. 〈미스테리어스 스킨Mysterious Skin〉(2004)은 캔자스의 한 작은 마을에서 자란 두 소년의 이야기를 그리고 있다. 두 소년은 리틀리그 코치에게 성적 학대를 당하지만 각기 다른 방법으로 대응한다. 브라이언은 고통스러운 경험을 억압했고 자신이 코피를 흘리면서 깨어났다는 사실만 기억했다. 그는 자신의 인생에서 잃어버린 다섯 시간 동안 외계인에게 유괴당했었다고 굳게 확신하고 그렇게 설명한다. 반면에 닐은 그 사진에 대한 반응으로 매춘을 하게 된다. 그는 처음에는 주변 공원에서 일하다가 나중에는 나이 많은 백인 남자 고객들이 주로 사는 뉴욕으로 이사했다. 이러한 이야기를 통해 영화는 유년기 성적 학대의 영향에 대해 선정적이지 않으면서 균형 잡힌 시사점을 제시한다.

"빨간 망토를 쓴 소녀! 그래! 그런 거야. 숲의 사나이가 여우의 배를 가르니 그 여자애가 긁힌 자국도 없이 나왔어…… 그렇지만 당신은 일곱 살짜리 애가 반쪽이 되도록 짓밟힌 것을 본 적 있어? 그애는 진짜 조그맣고, 마냥 짓밟힌 거야. 나는 이런 일을 치르는 20세의 수의사들을 봤어. 불쌍한 친구들이야, 그들은 그냥 무너지며 울었고, 나도 거기 서서 울었어…… 이 세상에는 망할 놈의 숲의 사나이란 없는 거야."

— 〈우즈맨〉(2004)에서 소아애호증 환자에게
희생된 아이를 처리하면서 받는 스트레스를 묘사하는 경찰관

〈리틀 칠드런Little Children〉(2007)과 〈우즈맨The Woodsman〉(2004), 이 두 영화는 소아애호증의 문제점을 특히 섬세하게 잘 묘사하고 있다. 토드 필드 감독의 〈리틀 칠드런〉은 사랑하는 관계를 찾고 장기간 동안 유지하는 것이 얼마나 어려운지를 보여 주는 인상적인 영화다. 케이트 윈슬렛은 인터넷 포르노에 중독된 남편이 있으며, 미몽에서 깨어나는 가정주부 사라 피어스 역을 연기했다. 이 영화에 등장하는 로니라는 인물은 어린 소녀에 대한 노출증 때문에 징역살이를 마친 후에 그의 어머니와 함께 살게 된다. 로니의 어머니는 그가 성인 여성과 데이트를 시작할 수만 있다면 결국엔 성인 여성에게 이끌리게 될 것이라고 확신했다. 그렇지만 그가 자위행위를 하기 위해 데이트 상대에게 운동장으로 차를 몰고 가자고 부탁하면서, 그의 어머니가 주선한 데이트는 재앙으로 끝나 버렸다. 그의 어머니는 암으로 세상을 떠나기 전에 그의 아들에게 "부디 착한 아이가 되어 줘"라고 부탁하는 짧은 메모를 남겼다. 그는 스스로 거세함으로써 자신의 슬픔에 대응했고, 그의 인생은 사라에 의해 구원되었는데, 그녀는 이전에 가졌던 반감과 혐오에서 벗어나 로니의 고통을 진정으로 이해하기 시작한다. 〈우즈맨〉에서는 케빈 베이컨이 12년의 형량을 채운 후 감옥에서 풀려난 소아애호증 환자인 주인공을 맡아 연기하였다. 이 영화에서는 자기 내면의 악마와 계속해서 투쟁하면서, 동시에 함께 일하는 여인과의 성숙한 성적 관계를 정립하려고 노력하는 그의 모습을 그리고 있다. 그러나 적절한 해결책이나 해피엔딩을 제공하지 않은 채, 문제의 복잡성을 과소평가하고 있다.

근친상간

근친상간incest은 DSM-IV-TR에서 소아애호증의 하위분류로 다루어진다. 이 용어는 결혼하기에는 너무 가까운 사람끼리의 성적 관계를 뜻한다. 러셀(Russell, 1983, 1984)은 수양딸과 양부 간의 근친상간 빈도가 무려 16%나 된다고 보고했다. 그리고 양부는 아이들을 학대할 가능성이 생물학적 부친보다 7배나 높다. 바너드 등(Barnard et al., 1989)의 보고에 의하면, 어린 시절 동안 성적 학대를 경험하는 여성들 6명 중 1명은 양부 슬하에서 성장했다.

성도착증의 여러 유형의 분포는 포르노물에서 어떤 주제가 가장 인기 있는가를 조사함으로써 추정할 수 있다. 레베그(Lebegue, 1991)는 포르노물에 관한 법무장관 자문위원회 보고서 1986년판(Attorney General's Commission on Pornography, 1986)에 의해 수집된 3,050권의 잡지와 책 이름들을 모두 개관했다. 그는 가학-피학증이 성도착증 중 가장 흔하다는 것을 발견했다. 그러나 DSM-IV-TR 기준에 따라 성도착증과 관련된 것으로 판단된 746개 간행물 중에서 근친상간을 암시하는 제목(예를 들어 '수지는 아빠를 사랑해')의 간행물은 21%를 차지했다.

스탠리 큐브릭의 〈로리타〉(1962)는 동시대 영화 중 근친상간을 주제로 한 고전적인 예다. 이 영화는 블라디미르 나보코프의 소설을 비교적 자유롭게 영화화한 것이며, 영화를 각색한 위대한 작가에 의해 원작과는 다른 몇 가지 변화가 가미되었다. 한 정신분석가는 나보코프 자신이 어릴 적 삼촌에게 성적 학대를 받은 결과 소아애호증 환자가 되었다고 주장하기도 한다. 40여 년 전 개봉될 당시만 해도 매우 대담한 영화로 간주된 이 영화는 로리타라는 소녀(수 라이온 분)에 대한 험버트(제임스 메이슨 분)의 사랑을 그리고 있다. 셸리 윈터스는 로리타의 어머니 역을 연기했고, 피터 셀러스는 영화에서 두 역할을 연기했다. 실제로 근친상간을 저지르는 양부 중 상당수가 그렇듯이, 험버트의 몰락은 그의 딸이 누군가와 성경험을 하려 한다고 강박적으로 의심하는 편집증에 의해 초래되고, 그녀가 성적으로 성장하는 것을 저해한다. 〈로리타〉는 1997년에 다시 제작되었고 제레미 아이언스가 험버트 역을 맡았다.

바바라 스트라이샌드가 출연한 영화 〈최후의 판결Nuts〉(1987)에서는 양아버지(칼 말덴 분)에 의한 목욕탕 유혹신이 생생히 묘사된다. 소아도착과 사회병질의 결합을 다룬 고전적인 예로 1931년 프리츠 랑의 영화 〈엠M〉이 있는데, 이 영화에서 페터 로레는 베를린 거리에서 은밀히 서성거리는 아동 성추행자 역을 맡았다. 1977년에 제작된 감옥드라마 〈숏 아이스Short Eyes〉에서는 아동 성추행자가 잡히고 감금되는 과정을 드라마틱하게 묘사한다.

〈AKAAKA〉(2002)는 매우 창의적인 영화로, 아들을 성적으로 학대하는 아버지를 그려 내고 있다. 〈돌로레스 클레이븐Dolores Claiborne〉(1995)에서, 아버지는 여러 가지 방법으로 그의 딸에게 성적 학대를 가한다. 추운 겨울 날씨에 보트 위에서 아버지가 딸로 하여금 자신의 성기를 만지도록 하는 장면이 묘사되는데, 이 장면에서 그는 몸을 따뜻하게 하기 위해 그녀의 손이 필요하다고 주장한다.

논쟁적인 영화 〈프리스트Priest〉(1994)를 보면 어린 소녀가 신부에게 자신이 아버지로부터 학대받고 있다고 고백하는 극적인 장면이 연출되는데, 신부는 이 아이를 보호하기 위해 비밀유지 선서를 깰 수 없다는 사실에 매우 고민한다. 뒤로 갈수록 줄거리는 더 복잡해지는데, 바로 그 신부는 동성애 친구와 성적 관계를 가지고 있고, 그의 상관은 신부로서의 독신 맹세를 깨고 가정부와 성관계를 맺는다.

다른 성도착증

전화외설증

대부분의 미국 여성과 상당수의 남성들은 외설 전화를 경험해 봤고(비록 이것이 인터넷을 통한 성범죄로 대치될 것으로 예상되기는 하지만), DSM-IV-TR에서는 성적 만족을 위해 외설적 내용의 전화를 하는 것을 전화외설증telephone scatologia이라 칭한다. 노출증이나 외설 전화와 관련된 범죄를 저지른 이력이 있는 19명의 남자 성인 성추행자의 임상평가 결과를 살펴보면, 대부분이 부적응적이고 숱한 성범죄를 저질러 왔으며, 문제가 많은 가정의 출신이고, 그중 몇몇은 성적으로 일탈되어 있었다. 반사회적 특질, 성적 이상자가 있는 가정, 동성애적 갈등, 억압된 성 그리고 성적 이상 등이 이러한 증상과 관련이 있는 요인으로 간주되었다(Saunders & Awad, 1991).

외설 전화를 하는 사람 대부분은 낮은 자존감을 가진 남자들이다. 그들은 성적 무력감을 가진 경우가 많고, 희생자를 능멸함으로써 일종의 권력감을 느낀다. 이런 권력감은 노출증 환자들에게도 적용되지만, 외설 전화를 하는 경우 붙잡힐 가능성은 적어지고, 이런 행위는 훨씬 적은 위험부담으로 짜릿한 긴장감을 느끼게 해 준다. 또한 전화외설증 환자들은 대부분 그들이 전화하는 개개인과 직접적인 접촉을 시도하지는 않는다.

다른 형태의 외설 전화로 '포르노 전화dial-a-porn' 서비스를 이용하는 경우도 있다. 이러한 전화 서비스는 별 위험부담 없이 열정적인 파트너와 함께 성도착을 즐기도록 해 준다. 스파이크 리의 〈걸 식스Girl 6〉(1996)의 주인공, 로버트 알트먼의 〈숏컷Short Cuts〉(1994)에서 가족을 부양하는 여자는 폰섹스 교환원으로 일한다. 〈숏컷〉에서, 여자는 아기 기저귀를 갈고 가족들의 저녁식사 준비를 하면서 동시에 끙끙 앓고 이상야릇한 신음소리를 낸다. 아담 샌들러가 연기한 베리 이건은 〈펀치 드렁크 러브Punch Drunk Love〉(2002)에서 폰섹스 회사에 전화를 건다.

필립 세이무어 호프만은 〈해피니스〉(1998)에서 외설 전화에 중독된 외로운 남자를 연기한다. 처음에는 무해한 대화로 시작하지만 나중에는 자위행위를 하면서 훨씬 더 은밀하고 세부적인 대화를 나눈다.

기타 성도착증

다른 성도착증으로는 분변애증coprophilia, 소변애증urophilia, 관장애증klismaphilia(관장기를 통해 성적 쾌락을 느낌), 국부애증partialism(몸의 한 부분에만 배타적으로 집중함), 시체애증necrophilia 그리고 동물성애증zoophilia 등이 있다. 알프레드 킨제이는 동물성애증(수간bestiality)에 대한 조사를 했었는데, 그 결과 어떤 시골지역에서 소년의 65%가 동물과의 성적 접촉 경험을 가진 것으로 나타났다고 한다.

시체애증은 매우 드문 것으로 보이지만, 명백한 몇 가지 이유들 때문에 이 장애의 유병률을 추정하는 것은 매우 어렵다. 〈킬 빌Kill Bill: Vol. 1〉(2003)에서 병원 조무사는 돈을 받고 다른 남자들로 하여금 혼수상태의 환자를 강간하도록 주선한다. 이런 행동은 아마도 시체애증의 한 유형으로 간주될 수 있을 것이다. 제프리 다머라는 범죄자의 구속으로 인해 시체애증에 대한 대중들의 관심이 높아졌는데, 그는 희생자들을 살해한 뒤 시체들과 성관계를 가졌으며 그들의 몸을 절단하고 다양한 신체부위를 먹었다. 다머에 대해서는 정신질환 여부를 판단하는 데 널리 이용되는 심리검사인 미네소타 다면적 인성검사Minnesota Multiphasic Personality Inventory: MMPI가 실시되었다. 다머에게 이루어진 컴퓨터 기반 심리평가 결과에는, "이 환자는 심각한 심리적 문제의 소지가 있다……. 그는 전형적으로 외벌적extrapunitive인 방식의 행동을 표출함으로써 자신의 좌절에 대처한다……. 그는 성적인 문제들에 있어서 매우 갈등적이다."라는 소견이 나왔다. 하지만 제프리 다머의 인생에 기초한 영화 〈다머 Dahmer〉(2002)는 오락적으로도 교육적으로도 아무런 가치가 없다.

존 워터스는 종종 관객들에게 충격을 주기 위한 영화를 기획하는 감독인데, 성적 주제를 다룬 흥미로운 컬트영화cult film, 예를 들어 〈핑크 플라밍고Pink Flamingos〉(1972)가 이에 해당한다. 두부외상 이후 성 중독증을 보이는 여인을 다룬 그의 최근 영화 〈더티 쉐임A Dirty Shame〉(2004)에서는 무척이나 많은 페티시즘 관련 요소를 보여 주지만, 관객들이 약간은 무미건조한 이 영화를 보면서 페티시즘에 대해 사실상 배우는 것은 거의 없다. 또한 이 영화는 〈키스드Kissed〉(1996)에서 몰리 파커가 시체 애증 환자를 섬세하게 묘사한 것과 극명하게 비교된다. 파커가 연기한 산드라 라슨은 처음에는 참새와 얼룩다람쥐의 시체를 관찰하면서 거기에 매료된다. 그녀는 죽은 동물을 묻은 다음 어느 정도 시간이 지난 후에 다시 땅을 파서 동물의 시체를 꺼내어 그녀의 몸에 문지른다. 그녀는 결국 나중에 장례사의 집에 취직하게 된다. 그녀는 시체와 성관계를 가지지만 성행위를 종교적인 의식과 유사한 것으로 간주한다. 이 영화를 본 사람이라면 시체애증에 대한 개인적 혐오감과 비난하고 싶은 마음이 조금은 누그러지는 것을 느끼게 될 것이다.

시체애증은 흡혈귀 영화에서도 종종 묘사되거나 암시되곤 한다. 그중 최고의 영화는 〈브람 스토커의 드라큘라Bram Stoker's Dracula〉(1992)인데, 프랜시스 포드 코폴라가 감독을 맡았다. 피를 보면 흥분이 되는 사람들에 대해서는 많은 사례연구들이 있으며, 이러한 증상은 흡혈귀증vampirism으로 간주된다.

국제 영화: 성장애 및 성정체감장애

에도아드 모리나로의 〈새장 속의 광대La Cage aux Folles〉(1978, 프랑스/이탈리아)는 중년의 동성애자인 르나토와 알빈의 관계를 묘사한 코미디 영화다. 르나토는 프랑스 북쪽에 위치한 '깃털 새La Cage aux Folies'라 불리는 나이트클럽을 소유하고 관리하고 있는데, 여기에 등장하는 연기자들은 모두 여성 역할을 하는 남성 복장도착자들이다. 자자라는 예명을 사용하는 알빈은 깃털 새 클럽의 스타 연기자인데, 그는 르나토의 애인이자 오랫동안 함께해 온 동반자다. 알빈은 무대 안팎에서 반대 성의 복장을 하고 완전히 여성의 정체감으로 무장한다.

하지만 이 영화는 하나의 코미디이며 동성애나 복장도착증 어느 것에 대해서도 정확한 묘사를 하고 있지 않다는 점을 아는 것이 중요하다. 여장 남성인 알빈의 역할은 여성과 관련된 매너리즘을 과장되게 표현한 것이며, 영화는 1978년 개봉되었을 당시에 존재했던 동성애에 대한 고정관념들을 잘 보여 준다. 그러나 고정관념에 치우친 묘사에도 불구하고 이 영화는 두 주인공의 지속적인 애정관계를 잘 표현했다는 점에서 칭찬할 만하다. 이 두 명의 남자는 관습적인 규범을 따르지는 않지만 자신들의 성적 정체감에 대해 안정감을 느끼면서, 그들의 삶의 방향을 스스로 결정할 권리가 있음을 잘 알고 있다. 르나토는 영화의 어떤 장면에서 "그래, 난 화장해. 그래, 난 남자와 함께 살아. 그래, 난 늙은 동성애자야. 그렇지만 난 내가 누군지는 알아. 이렇게 되는 것에 20년이 걸렸고 경찰이라고 해서 이런 나의 생활을 파괴할 순 없어."라고 말한다.

이 영화는 직접적인 성적 표현은 자제하면서 경건한 체하는 수많은 위선자들을 부각시키며, 자신의 진정한 성적 정체감을 부정하는 것의 이면에 도사리고 있는 위험성을 잘 표현하고 있다. 이 영화는 웃음을 자아내는 코미디로 안성맞춤인데, 영화 속에서 강한 사회적 메시지를 찾고자 한다면 이 영화를 보는 것은 손해가 될 뿐이다.

패트릭 메카베의 소설을 기초로 닐 조단이 만든 영화 〈플루토에서 아침을Breakfast on Pluto〉(2005, 아일랜드/영국)은 어릴 때부터 여자 옷 입는 것을 즐겨 온 복장도착자인 '키튼'이라는 한 고아의 인생을 그린 아일랜드 영화다. 이 영화는 사회적 학대나 추방, 비극, 진단적 병리를 묘사한 것에 비해 성정체감에 대해서는 덜 다루고 있다. 이 영화는 생명의 위협, 매춘, 무주택자, 실직, 그리고 집이 불타는 것 등의 어마어마한 스트레스 상황과 비극적인 경험들을 극복했으며, 이성의 옷을 입는 것을 좋아하고 성정체감의 문제를 가진 인물에 관한 이야기다. 키튼은 이 모든 것들을 참고 견딘다. 또한 복장도착증은 영화제 수상작 〈내 어머니의 모든 것All About My Mother〉(1999, 스페인)과 〈백치들의 집House of Fools〉(2002, 러시아)에서도 그려진다.

〈브레이킹 더 웨이브Breaking the Waves〉(1996)는 한때 정력적이었던 남자가 산업재해로 불구가 되고는 아내의 이야기로부터 간접적인 성적 만족을 얻기 위해 아내로 하여금 다른 남자와 성교를 하도록 권한다는 내용이며, 트로일리즘에 대해 다룬 인상적인 덴마크 영화다. 영화 속의 아내는 그의 이러한 관음적 쾌락이 남편을 살아 있게 지탱해 주는 유일한 방패막이임을 확신하기 때문에, 남편의 요구에 따르는 헌신적인 가톨릭 교인이다.

박찬욱 감독의 잊을 수 없는 한국 영화 〈올드보이Old Boy〉(2003)에서는 15년간 보지 못했던 딸과 부지불식간에 그리고 어쩔 수 없이 근친상간을 저지르게 되는 끔찍한 상황에 빠지는 한 남자의 이야기를 그리고 있다. 한국의 코미디 영화인 〈색즉시공Sex is Zero〉(2002)은 청소년과 대학생들의 왕성한 성적 에너지와 난잡한 성교를 다룬 한국의 이단영화다. 이 영화는 정상적이거나 비정상적인 수많은 성행위를 묘사하고 있는데, 지하철 안에서 다른 사람과의 마찰(마찰도착은 아님), 풍선인형과의 섹스, 에어로빅/선탠하는 여자들을 멍하니 바라보기, 강박적인 자위행위, 발기지속증priaprism 등이 그것이며, 여자들의 젖가슴에 대한 강박적인 사고 등이 포함된다. 이 영화의 감독은 영화 내용 중 80%는 실제 경험을 토대로 한 것이라고 말하고 있다.

페드로 알모도바의 〈욕망의 낮과 밤Tie Me Up! Tie Me Down〉(1990)은 지나치지 않은 수준의 성적 피학증을 가진 여인과 그녀를 유괴하여 그녀가 종국에는 그를 사랑하기를 바라는 남자와의 관계를 도발적으로 그려 내고 있는 영화다. 윌리엄 와일러의 1965년 영화 〈수집가The Collector〉도 비슷한 고전적 주제를 다루고 있으며, 최신의 영화에도 이런 주제는 많이 다루어진다. 하지만 페드로 알모도바만큼 이 개념을 발전시킨 감독은 거의 없는데, 그는 〈신경쇠약 직전의 여자Women on the Verge of a Nervous Breakdown〉(1988)에서 남녀관계에 대해 또 다른 복잡한 심리적 탐구를 해 나간다. 〈욕망의 낮과 밤〉은 정신병원을 탈출했을 때 한 번 잠자리를 같이한 적이 있는 여인 마리나를 찾는 한 남자 리키의 유일한 열망을 그리고 있다. 마리나는 여배우이고 과거에는 마약 중독자였다. 지금은 포르노 영화의 스타이며, 리키와 어떠한 미래를 약속한 기억도 가지고 있지 않다. 그녀를 유괴한 후 그들이 벌이는 여러 관계는 관객들에게 괴상한 방식의 성폭력과 코미디의 혼합물을 제공하는데, 영화는 이러한 과정을 통해서 계속해서 사랑과 통제의 주제를 넘나든다. 하지만 결국에는 사랑이 승리하고 리키와 마리나는 건강하고 만족스런 관계로 발전한다. 영화는 여성 혐오적으로 보이기는 하지만, 알모도바 감독은 마리나가 잡혀 있는 동안에 발휘하는 힘을 잘 묘사하고 있다.

이마무라 쇼헤이가 연출한 일본 영화 〈붉은 다리 아래 따뜻한 물Akai hashi no shita no nurui mizu〉(2001)은 몸에서 따뜻한 물이 나오는 희귀한 병을 앓고 있으면서 물건을 훔치거나 성교를 하는 등 '무언가 부도덕한 일을 하는' 것을 통해 자신을 표출하는 한 여인의 이야기를 그리고 있다. 그녀에게 있어서 물은 상징적인 생명력이다. 물에 노출되면 물고기가 자라며 식물이 성장한다. 이것은 비상식적인 줄거리이지만, 이 영화는 충분히 볼 만한 가치가 있어 보인다.

또 다른 일본 영화 〈감각의 제국Nagisa Oshima's Ai No Corrida〉(1976)은 자위질식을 매력적으로 묘사하고 있다. 이 영화는 성적 쾌락에 집착하는 두 연인의 성적 강박을 다루고 있다. 여자는 연인의 발기를 지속시키려고 목조르기에 점차 의존하게 되고, 충분히 예상할 수 있듯이 결국은 이러한 행위 중에 그가 죽게 된다. 한 잔혹하면서도 생생한 장면에서 여자는 남자의 성기를 잘라 낸다. 이 영화는 실수로 연인의 목을 졸라 살해한 후 연인의 잘려진 성기를 들고 이리저리 방황하는 한 여인의 실화에 기초하고 있다. 이 영화가 일본에서 개봉되었을 때 오시마 나기사 감독은 외설죄로 재판을 받았으나 나중에 사면되었다. 하지만 영화감독으로서의 그의 입지는 유럽과 미국에서 그의 영화가 얻은 비평가들의 호평과 상업적인 성공으로 인해 확고해진다.

크쉬시토프 키에슬로프스키가 제작한 폴란드 영화인 〈사랑에 관한 짧은 필름

A Short Film About Love〉(1988)은 수줍음이 많고 집 안에 틀어박혀 있는 것을 좋아하며 관음증이 있는 19세 소년 토믹에 관한 내용인데, 그는 망원경을 통해 근처 아파트에 살고 있는 연상의 여인 마그다를 관찰한다. 그는 점점 더 그 여자에게 집착하게 되고, 결국 그녀가 수많은 연인들과 성관계를 하는 것을 훔쳐봐 왔다고 고백한다. 이야기를 듣고 마그다는 처음에는 분노했지만 곧 흥미를 느끼게 된다. 그녀는 아예 침대 위치까지 바꿔 가면서 자신이 연인과 성관계하는 모습을 그가 좀 더 쉽게 관찰할 수 있도록 해 주었다. 후에 10대 소년은 그녀와 짧은 신체적인 접촉을 가지게 되지만 그것은 만족스럽지도 않고 굴욕만을 안겨 주는 경험이었으며, 결국 그는 아파트에서 도망치게 되고 손목을 그어서 자살을 시도했다. 그러나 그는 살아남았고 병원에서 치료를 받게 된다. 그러는 동안 마그다는 쌍안경을 통해 그의 아파트를 살펴보면서 그가 언제 돌아오는지 지켜보게 되고, 점점 더 그에게 집착하게 되었다. 이 영화의 첫 부분은 그의 관점에서, 두 번째 부분은 그녀의 관점에서 연출된다. 이 영화는 마치 히치콕의 명작인 〈이창〉(1954)을 생각나게 한다.

여기서 논의된 많은 외국 영화들은 걸작이며 강력히 추천된다. 이 영화들은 매력적이면서 상당히 도발적이어서 관객들로 하여금 복잡하고 까다롭고 너무나 매혹적인 인간의 성적 경험의 다양성을 이해하도록 해 준다.

비판적 사고를 위한 질문들

- DSM-IV-TR 트랜스젠더 범주의 복장도착 및 페티시즘과 성정체감장애가 게이와 레즈비언에 대한 사회적 고정관념과 차별을 강화시키는가?
- 〈새장 속의 광대〉(1978)에서, 만약 르나토의 아들이 르나토와 알빈에 의해서 양육되었다면 심리적으로 유해한 효과가 나타났을까? 그렇다면 그 증거는 무엇일까?
- 〈새장 속의 광대〉는 게이들이 특별히 창의적이고 예술적일 것이라고 제안한다. 이 고정관념을 뒷받침하는 어떤 증거가 있는가? 만약 그렇지 않다면, 어디서부터 이러한 제안이 나왔는가?
- 성 중독의 문제는 점차 증가하고 있다. 어떤 사회적 요인이 이러한 현상의 원인이 되고, 이런 현상을 강화시키는가? 성 중독자들은 언제 가장 다양한 치료법들을 찾을 수 있을 것인가? 어떤 치료법이 가능한가? 치료법들은 성공적인가?

- 어린이에 대한 이상성욕은 어떤 단체, 문화, 성적 지향 또는 직업에서 보다 일반적인가? 소아도착과 성직자 간의 관련성은 무엇인가?
- 1973년에 동성애는 DSM에서 삭제되었다. 무엇이 이런 결정을 초래했을까? 또한 이것의 효과는 어떠했는가?
- 생식기와 유두에 피어싱하는 것은 1950년대에는 매우 드물었지만 1990년대 이후 점점 흔해지고 있다. 그렇다면 1950년대에는 이런 행동이 성적 이상으로 간주되었는가? 문화와 사회적 맥락은 정신질환의 분류에 어떤 영향을 끼쳐 왔는가?
- 드레스나 슬립 같은 여성의 옷들이 명백하게 여성다운 것으로 간주되는 반면에 바지와 벨트 같은 남자 옷들은 남성들만 착용하는 것은 아닌데, 그 이유는 무엇인가?
- 치료자들이 게이나 레즈비언들의 성적 성향을 변경하기 위해 하는 일은 윤리적인가? 만약 그렇다면, 어떠한 환경 속에서 이러한 행위가 가장 적절할 것인가?
- 페티시즘이나 다른 성적 도착의 발달에 대해 잘 설명할 수 있는 심리학적 이론은 무엇인가?

추가적인 탐구

만일 당신에게 이 장과 관련된 단 한 권의 책을 읽을 시간만이 주어진다면 다음의 책을 읽어 보라.

- Kahr, B. (2008). *Who's been sleeping in your head? The secret world of sexual fantasies.* New York, NY: Basic Books.

만일 당신에게 단 한 편의 논문을 읽을 수 있는 시간만 주어진다면 다음의 논문을 읽어 보라.

- Riggle, E. D. B., Whitman, J. S., Olson, A., Rostosky, S. S., & Strong, S. (2008). The positive aspects of being a lesbian or gay man. Professional Psychology. *Research and Practice, 39*, 210-217.

저자 추천작

• 성도착
- 〈로리타Lolita〉(1962)
- 〈세크리터리Secretary〉(2002)
- 〈가져선 안될 비밀Towelhead〉(2007)
- 〈더 리더: 책 읽어주는 남자The Reader〉(2008)
- 〈우즈맨The Woodsman〉(2004)

• 성정체감장애
- 〈소년은 울지 않는다Boys Don't Cry〉(1999)
- 〈트랜스 아메리카Transamerica〉(2005)
- 〈플루토에서 아침을Breakfast on Pluto〉(2005)

• 성기능장애
- 〈더 오에이치 인 오하이오The Oh in Ohio〉(2006)
- 〈킨제이Kinsey〉(2004)

제9장

정신분열병과 망상장애

"내 이름은 존 내쉬다! 나는 강제로 구금되어 있다. 누구든 국방부에 전
화해 주십시오!"

- 〈뷰티풀 마인드〉(2001)에서 존 내쉬(러셀 크로우 분)

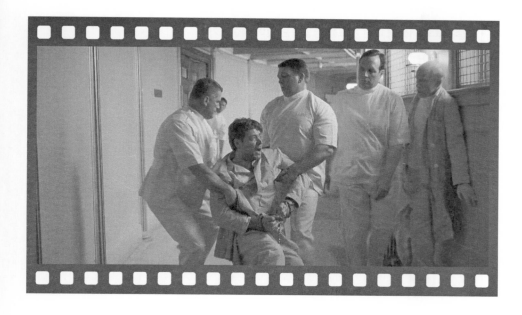

〈뷰티풀 마인드〉를 관람하면서 생각해 볼 물음들

- 망상형 정신분열병paranoid schizophrenia이란 무엇인가? 망상형 정신분열병이라고 진단되는 근거는 무엇인가?
- 대개 정신분열병 환자들은 환시visual hallucination보다 환청auditory hallucination을 더 많이 보고하는가?
- 존 내쉬가 병에 걸린 이유는 무엇인가?
- 영화 속에서 존 내쉬의 병의 경과와 진행과정이 어떻게 묘사되었는지 설명해 보라.
- 정신건강 분야에 종사하는 사람들은 정신질환자들의 폭력 가능성을 정확하게 예측할 수 있는가?
- 존 내쉬의 수학적 천재성과 병의 경과 간에는 어떤 관계가 있는가?
- 존 내쉬가 보이는 우울과 불안의 요소는 어떤 것이며, 영화의 어떤 장면에서 이러한 측면이 부각되고 있는가?
- 정신분열병 환자들은 자신의 망상과 모순되는 절대적인 진실에 직면했을 때 망상의 실체를 이해할 수 있는가?
- 존 내쉬는 영화에서 그의 아내와 다른 인물들에 비해 상당히 나이 든 모습으로 묘사되었다. 치료받지 않은 정신장애 환자의 삶의 방식은 노화에 어떠한 영향을 미치는가?
- 정부를 위해서 일하는 직업이 그의 음모와 피해망상에 어떠한 영향을 주었는가?
- 약물치료와 더불어 어떤 치료를 병행하는 것이 적절한가?
- 론 하워드 감독은 영화 전반부에서 어떤 단서를 사용하여 존 내쉬가 정신분열병 초기 단계임을 나타내고 있는가?
- 조명, 음악 등의 영화적 요소들이 존 내쉬의 정신분열병을 묘사하는 데 어떤 도움을 주었나?

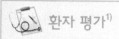 환자 평가[1]

환자가 진술한 내원 사유: "그들이 내가 정신분열병으로 진단되었다고 했어요. 그래서 약을 먹고 있어요. 나는 도대체 내가 왜 여기에 와서 내 문제에 대해 말해야 하는지 알 수가 없어요. 나는 스스로 해결책을 찾을 수 있어요. 난 단지 아내와 약속했기 때문에 여기 왔을 뿐이에요."

현 병력: 존 내쉬 교수는 외래환자로 38세 백인 남성이다. 그는 환시와 환청, 강렬하고 짧은 불안, 혼돈, 피해망상, 망상적 사고 등 다양한 증상을 보이고 있다. 그는 환시를 빈번하게 경험하는데, 대개 망상적이고 위험한 것이지만 가끔은 무해하고 지지적인 것도 있다. 전자는 주로 그에게 명령을 내리고 요구가 많은 국방부 대리인의 형태로 나타난다. 후자는, 내쉬 교수의 설명에 따르면, 대학 시절 룸메이트였다는 한 젊은 남자와 그 남자의 조카딸인 어린 소녀의 형태로 나타난다. 그는 중요한 관계 망상을 보고하였고 미 국방부 일급비밀 업무의 하나로 뉴스와 잡지의 메시지를 해독한다고 주장하였다. 내쉬는 그가 폭행한 정신과 의사가 러시아 스파이이며, 환시에 나타나는 친구가 자신을 배신했다고 확신하게 되었다. 그는 자신의 팔에 접근 코드가 내장된 라듐 칩이 이식되어 있다고 믿었다. 그의 왼쪽 팔에는 그가 이 장치를 제거하려고 시도한 자해의 흔적이 있다.

과거의 정신과 병력, 치료 및 결과: 내쉬 교수의 증상은 프린스턴 대학교 박사과정 중에 시작되었다. 그는 33세 때 처음으로 정신과 입원치료를 받았다. 그는 과거에 '정신분열병' 진단으로 두 차례 입원치료를 받았다고 보고하였다. 두 번째 입원은 10달 전이었으며, 4개월 동안 입원치료를 받았다고 하였다. 입원치료 기록은 제공될 것이다. 두 차례의 입원 기간 동안 그는 10주간 주 5회기에 걸쳐 인슐린 쇼크insulin-shock 치료를 받았다.

의학적 병력: 내쉬 교수는 그가 복용한 약 때문에 발기부전을 겪었다. 그의 왼쪽 팔에는 긴 흉터가 있는데 그의 팔에 이식되어 있다고 믿었던 가상의 통신장치를 잘라 내려 했을 때 생긴 것이다. 다른 의학적 병력은 없었다.

심리사회적 병력: 내쉬 교수는 초등학교 1학년 때 교사가 그를 가리켜 "두 개분의 뇌와

----

1) 여기서 제시되는 가상의 환자 평가는 존 내쉬가 입원했던 여러 곳의 정신병원 중 한 곳에서 퇴원한 후 짧은 면담을 가졌다고 가정하고 작성한 것이다.

반 개의 심장을 가지고 태어났다"고 말했다면서 "나의 아내는 부족한 심장을 보완해 주고 있다."고 덧붙였다. 그는 결혼한 지 8년이 되었다. 그는 결혼생활이 행복하고, 부인은 지금껏 만나 본 사람 중 가장 아름답고, 솔직한 사람이라고 했다. 그들에게는 2세 6개월 된 아들이 있다. 내쉬 교수는 프린스턴 대학교에서 수학 박사학위를 받았다. 그는 유명한 카네기 펠로우십을 포함한 다양한 학술상 수상 경력이 있다.

약물과 알코올 병력: 내쉬 교수는 알코올이나 약물 남용과 관련된 병력에 대해서 부인하였다. 그는 가끔 맥주를 마시고, 대학원 시절에 폭음한 적이 있다고 말했다.

행동 관찰: 내쉬 교수는 머리가 헝클어지고 면도하지 않은 모습과는 대조적인 옷을 입고 있었다. 그는 사무실을 들어올 때와 나갈 때 머리를 숙이고 발을 질질 끌었다. 그는 가끔 '방백asides'(상대방이 듣지 못하게 또는 관객들에게만 들리도록 말하는 것) 형식으로 혼잣말을 하기도 했다. 그는 시선접촉이 잘 되지 않았는데, 특히 질문에 대답할 때 더 심했다. 기분과 정동은 가라앉은 상태였고 논리정연하게 말하였지만 가끔 개연성이 없을 때도 있었다. 또한 심한 진전을 보였는데, 이는 지연성 운동장애tardive dyskinesia 증상일 수 있다. 내쉬 교수는 그의 병에 대해 약간의 통찰은 있지만, 병의 심각성에 대해서는 받아들이지 못하였다. 그는 유리 물잔에 빛이 반사되는 것과 같이 사무실에 있는 대상들에 집착하였다.

정신상태검사: 내쉬 교수는 간이정신상태검사MMSE에서 30점 만점을 받았고, 면담이 진행되는 동안 완전한 지남력을 나타냈다. 그는 특히 연속해서 7 빼기serial sevens 과제에 강했는데 검사자가 "그만"이라고 몇 번이나 말했음에도 불구하고 정확하고 빠르게 100부터 27까지 계산하였다.

기능적 평가: 내쉬 교수는 10년 전에 박사학위를 받았다. 그는 MIT에서 6년 동안 교수로 재직하면서 학생들을 가르치고 연구를 했다. 현재 그는 실직상태다. 그는 그의 분야에서 저명하고 존경받는 학자였다. 그는 상당히 내성적인 성격으로 사회적 기술이 부족했다. 현재 그를 사회적으로 지지하는 사람은 아내와 두 명의 직장 동료뿐이다. 그는 사교적인 것을 좋아하지 않지만 '열정적인 학생들'을 가르치는 것을 즐긴다고 하였다.

강점: 그는 과학과 수학 분야에 상당한 재능이 있으며, 자신의 분야에서 매우 영향력 있는 연구업적을 이루었다. 아내를 향한 그의 사랑은 강하고 분명했다. 그는 아내와 함께

별을 바라보거나, 산책하거나 함께 시간 보내는 것을 좋아하며, 매우 창의적이고 호기심
이 강한 비판적 사고의 소유자다.

진단: 망상형 정신분열병. 환시와 환청, 피해망상에 대한 명백한 증거가 있다. 이러한
증상의 원인이 될 만한 의학적 상태나 물질 남용의 병력은 없다. 그는 재활치료의 어려움
으로 인해 경미한 우울증을 경험하고 있지만, 진단기준을 충족할 정도는 아니다.

치료 계획: 환자가 치료 권고사항, 특히 약물요법을 따르지 않는다면 재발할 가능성이
아주 높으며, 만일 자신의 망상에 반응을 보인다면 위험할 수도 있다. 재발 방지와 더불
어 안정상태가 될 때까지 의학적 검토와 모니터링을 위한 정기적인 정신과 외래치료가
요구된다. 또한 사회 기술 훈련, 동료의 지지, 직업을 통한 지역사회와의 통합 촉진 등을
강조하는 정신재활 접근을 통해 많은 도움을 받을 수 있을 것이다.

예후: 약물요법과 재활치료를 지속적으로 받는다면 양호함.

정신분열병과 〈뷰티풀 마인드〉: 현실, 오해, 회복

〈뷰티풀 마인드A Beautiful Mind〉(2001)는 1994년 노벨 경제학상을 수상한 존 포브
스 내쉬 주니어의 삶에 대해 실비아 네이사가 쓴 동명의 전기를 바탕으로 만든 영
화다. 존 내쉬와 알리사 내쉬는 인터뷰에서 최종 영화 결과물에 만족한다고 언급했
다. 내쉬 박사는 〈뷰티풀 마인드〉 촬영현장을 방문하여 제작과정에서 러셀 크로우
와 론 하워드 감독과 상의하였다. 영화는 존 내쉬의 '정신spirit'과 인생의 주요 사건
들은 충실히 다루고 있지만, 알리사와의 이혼과 재결합, 구속 같은 몇몇 부정적인
사실들은 생략했다.

영화는 정신분열병의 공포, 정신적 외상, 고통을 묘사했고, 정신분열병을 가진
사람이 수용시설 밖에서도 정상적인 삶을 찾을 수 있고 때때로 사회에서 다른 사람
들처럼 기능할 수 있음을 분명히 보여 주었다. 영화는 수백만의 관중들에게 정신분
열병 환자의 현실과 도전에 대해 가르쳐 주었다. 그러나 이 영화는 몇 가지 결점을
가지고 있어서 어떤 측면에서는 관중들이 오해할 여지를 줄 수도 있다. 예를 들어,
환청은 환시보다 더 흔하고 빈번하게 일어나지만 환시를 가장 두드러진 증상으로

묘사함으로써, 환시가 정신분열병 환자의 대표적인 증상이라고 오해할 여지를 준다. 론 하워드 감독은 영화라는 시각적 매체를 사용하였기 때문에 시각적 현상을 강조했다고 한다.

> "종종 내가 느끼는 것은 의무감…… 혹은 떠나고 싶다는 것에 대한 죄책감, 존과 신에 대한 분노예요. 하지만 그럴 때면 나는 그를 봐요. 나는 나 자신에게 내가 결혼한 남자를 보도록 강요하고, 그러면 그는 그 남자가 되어요. 그는 내가 사랑하는 사람으로 바뀌어 있고, 나는 그를 사랑하는 사람으로 변해요. 항상 그런 것은 아니지만 그것으로 충분해요."
>
> ─⟨뷰티풀 마인드⟩(2001)에서 남편의 병에
> 어떻게 대처해 왔는지에 대한 알리사 내쉬의 대답

이 영화는 중증 정신장애 환자들의 치료와 재활에 관한 어려움을 깊이 파헤친다. 중증 정신장애가 건강한 가족에게 미치는 영향에 대해서 잘 묘사한 영화는 드물다. 이 영화의 후반부에서는 내쉬의 아내 알리사가 '정신분열병의 현실에서 살고 있는' 그를 돕는 중요한 역할을 하고 있음을 잘 묘사하고 있다. 그녀는 그가 약을 복용하는 것을 잊지 않게 해 준다. 그녀는 장시간 일하고, 아이 양육을 도맡으며, 가사를 돌보고, 남편의 회복에 도움이 될 만한 모든 일을 한다.

정신분열병은 회복 후 나타날 수 있는 우울, 매일 수차례 복용해야 하는 약과 그에 따른 많은 부작용 등 다양한 어려움 때문에 재발하기 쉽다. 이 영화는 약물요법을 따르는 것이 얼마나 어려운지 정확하게 묘사하고 있고, 향정신성 약물치료가 존 내쉬의 업무 능력, 자녀 양육, 아내와의 성관계 등에 어떠한 부정적 영향을 미치는지를 잘 보여 주고 있다.

> "그는 투명인간이 되는 주사를 맞았어. 나한테 이식되어 있던 게 녹으면서 그 화학물질이 내 혈관으로 스며들었기 때문에 나는 그를 볼 수 있어. 나는 당신을 보호하려 했기 때문에 당신에게 말할 수 없었어."
>
> ─⟨뷰티풀 마인드⟩(2001) 중 약물치료 중단 후 재발한 존 내쉬

정신분열병 환자가 지역사회에서 적응하는 것은 매우 어렵다. 이 영화의 또 다른 강점은 적응하려고 고군분투하는 존 내쉬의 모습을 잘 묘사하고 있다는 것이다. 스트레스는 그의 망상을 촉발시키고, 그는 포기하고 혼자이기를 바라면서도 한편으로는 친절하고 다른 사람들과 관계를 유지했다.

영화는 정신분열병에 대한 일반인들의 공포를 잘 보여 주고 있는데, 특히 질병이 내쉬의 친구들에게 어떠한 영향을 미치는지 잘 설명하고 있다. 가장 친한 친구가 그의 집에 와서는 눈에 띄게 예민해져 말을 주저하고 어색하게 웃는다. 다른 친구는 내쉬가 그의 사무실에 방문했을 때 그를 경계하며 주시했다. 다른 반응들은 더 부정적이었는데, 어떤 대학생들은 그를 놀리고 그의 어색한 걸음걸이와 자세를 흉내 내었고 다른 학생들은 의혹의 눈초리로 그의 이상한 행동을 주시했다.

〈뷰티풀 마인드〉를 최근 영화 〈프루프Proof〉(2005)와 비교해 볼 수 있다. 〈프루프〉에서 앤서니 홉킨스는 정신분열병 환자임에도 엘리트 대학에 재직하고 있는 세계 최고의 수학자로 열연했다. 〈프루프〉에서도 정신분열병이 가족들에게 미치는 영향을 묘사하고 있다(〈프루프〉에서는 부녀관계가 묘사되어 있다). 자신이 정신분열병 환자라고 밝힌 심리학자이자 심리학 교수인 프레데릭 프리스Frederick Frese는 『심리학비평PsycCRITIQUES』에 이 영화를 리뷰하면서 "〈프루프〉는 마음속에서 일어나고 있는 것들이 정신분열병에서 어떻게 확장된 의미의 지평으로 경험되는지를 잘 포착한 뛰어난 작품"이라고 논평했다(Frese, 2006).

 정신분열병의 진단

정신분열병schizophrenia은 주로 청소년기 후기나 성인기 초기에 나타나지만 아동기나 성인기 중·후반에 나타날 수도 있다. 발병률은 남녀 모두 같지만, 증상은 여성보다 남성에게 더 일찍 나타난다.

정신분열병으로 진단하기 위해서는 특정한 증상이 나타나야 한다. DSM-IV-TR에 따르면, 장애의 징후가 적어도 6개월 이상 지속되어야 하고, 한 달 동안(활성기) 망상delusion, 환각hallucination, 와해된 언어disorganized speech, 심하게 와해된 행동이나 긴장증적 행동grossly disorganized or catatonic behavior, 혹은 음성 증상negative symptom, 중 두 가지 이상의 증상이 나타나야 한다. 활성기 동안 직업, 사회적 관계, 자기관리 영역에서 능력이 감소하며, 발병 이전의 상태로 회복되는 경우는 매우 드물다.

　활성기 이후에 진단기준을 충족시키려면 현저한 사회적 고립 또는 철회withdrawal, 역할 기능에서의 현저한 손상 등의 증상이 나타나야 한다.

> "정신분열병이란 악몽의 실체가 무엇인지는 아직 알려지지 않았습니다. 당신이 가장 중요하게 생각했던 사람, 장소, 순간들이 사라지거나 죽은 것도 아닌데 더 끔찍하게도 이런 것들이 존재조차 하지 않았다는 것을 갑자기 깨닫게 되었다고 상상해 보십시오. 그게 어떤 지옥이겠습니까?"
>
> —〈뷰티풀 마인드〉(2001)에서 정신과 의사
> 로젠 박사가 알리사 내쉬에게 남편의 정신분열병에 대해 설명하면서

　정신분열병은 망상형, 해체형, 긴장형, 잔류형 그리고 감별불능형 등의 다섯 가지 유형으로 분류된다.

　망상형paranoid type은 한 가지 주제와 관련된 체계화된 망상이나 빈번한 환청(비난하는 목소리를 듣는 것)이 특징적이다. 망상형 환자들은 매우 불안해하고 화를 잘 내고 논쟁적이며 폭력적으로 변할 수도 있다. 사람들이 예상하는 것처럼(그리고 대부분의 영화들에서 흔히 표현되는 것처럼) 폭력과 정신분열병 간에 밀접한 관련성은 없지만, 정신분열병으로 진단받은 사람 중에서 망상형 환자들이 폭력적인 행동을 나타낼 가능성이 높다. 이 유형은 〈뷰티풀 마인드〉(2001), 〈도니 다코Donnie Darko〉(2001), 〈고티카Gothika〉(2004) 같은 영화로 널리 알려졌다. 〈피플 세이 아임 크레이지People Say I'm Crazy〉(2004)라는 다큐멘터리는 망상형 정신분열병을 극복하는 용감한 남성의 일상을 솔직하고 현실적으로 묘사하고 있다.

　해체형disorganized type 혹은 혼란형은 지리멸렬한 언어와 와해된 행동을 나타낸다. 이러한 유형의 환자에게는 사고의 전환shift이 쉽게 일어난다. 보통 전환된 사고들은 연관성이 없다. 그들은 때로 슬플 때 웃는 것과 같은 부적절한 감정을 표출하기도 한다. 그들은 대개 아주 이상한 매너리즘mannerism(판에 박힌 행동 패턴)을 지니며,

극단적인 사회적 손상을 보인다. 〈피셔 킹The Fisher King〉(1991)에서 로빈 윌리엄스가 맡은 역할과 〈샤인Shine〉(1996)에서 제프리 러쉬가 연기한 데이비드 헬프갓은 (망상형과 함께) 해체형 정신분열병의 많은 속성을 나타내고 있다. 〈스파이더Spider〉(2002)에서 랠프 파인즈가 맡은 주인공은 이 하위유형의 가장 대표적인 예다.

긴장형catatonic type에서 가장 두드러진 증상은 정신운동장애다. 예를 들어 긴장형 환자들은 혼미한 상태를 보이고, 환경에 대한 인식이 전혀 없다. 그들은 오랜 시간 동안 한 자세를 유지하거나(납굴증waxy flexibility[2]), 태아와 같은 자세로 기어가거나, 괴상한 자세로 팔을 붙잡고 있거나 끈질기게 의자에 앉아 있거나 하는데, 근육의 경직 때문에 자신의 몸을 움직이기 힘들다. 가끔은 매우 흥분하거나 초조해지기도 하지만, 곧 다시 그전의 매너리즘에 빠지고 만다. 어떤 때는 함구증mutism을 보이기도 한다. 이 유형은 다른 유형에 비해 흔치 않다. 〈사랑의 기적Awakenings〉(1990)은 긴장형을 극적으로 묘사하고 있다(이 영화는 정신과적 장애보다는 신경과적 장애를 묘사하고 있다). 〈케이-팩스K-Pax〉(2001)와 〈백치들의 집House of Fools〉(2004)처럼 많은 영화들에서 (종종 배경으로) 긴장형 정신분열병 환자 한두 명이 있는 정신과 수용시설을 묘사한다.

잔류형residual type은 활성기 증상(환각, 망상 등)은 보이지 않지만 사회적 철회나 이상한 행동과 같은 증상들을 보이는 경우 진단된다(APA, 1994). 〈어 마이티 윈드A Mighty Wind〉(2003)에서 유진 레비가 연기한 밋치는 이 하위유형을 잘 설명한다. 밋치는 칙칙한 모텔 방에 혼자 앉아 몇 시간 동안 허공을 응시하고, 정신운동지체를 보이고, 멍하고 냉담하고 냉소적인 표정을 짓고, 사회적 기술이 부족하지만 정신분열병의 활성기에 있는 것처럼 보이지는 않는다. 이러한 것들이 잔류형의 특성이다. 관객들은 그가 실제 진단은 받지 않았음에도 불구하고 심한 우울, 분노 폭발 그리고 기이한 행동으로 이전에 장기간 입원했음을 짐작할 수 있다.

감별불능형undifferentiated type은 정신병적psychotic 증상(망상, 환각 등)이 특징이지만, 다른 유형들에서 나타나는 두드러진 특징은 없다. 감별불능형은 입원환자에게서 자주 발견된다. 정신병원을 배경으로 하는 영화에서 감별불능형 정신분열병으로

2) 역자 주: 외적 힘에 의해 취하게 된 자세를 그대로 유지하는 상태.

진단될 수 있는 환자들이 병동이나 낮 병동에 있는 장면을 볼 수 있다.

 ## 가족역동과 정신분열병

1960년대와 1970년대에 유행했던 이론에 따르면, 정신분열병의 원인은 역기능적인 가족 의사소통 패턴과 관련성이 있는 것으로 간주되었다. 정신분열병 환자가 있는 가족의 의사소통은 간접적이고 불분명하며 불일치되며 성장을 방해하는 방식으로 이루어진다고 믿어져 왔다. 이에 따르면, 가족들 간의 의사소통은 왜곡되어 있고 '이중 메시지double messages'에 근거한다. 때문에 아이는 부모로부터 상반되는 메시지를 받게 되어 이중 구속double bind 상태가 된다. 예를 들어, 부모가 "이리 와서 안기렴" 하고 말한 후 아이가 안기면 부모는 아이를 밀쳐 버린다. 그 아이는 부모를 만족시키는 것이 불가능하고 '이룰 수 없는' 상황이라고 느끼게 되며, 이러한 심리적 구속에 대한 반응으로 정신분열적 행동을 발전시키게 된다. 정신분열병을 만드는 가족schizophrenic family은 서로 너무 얽혀 있는 것이 특징이다. 이러한 가족의 구성원들은 결코 적절하게 분리되거나 개별적인 존재로 성장할 수 없다. 즉, 이들 가족은 서로 경계가 없다. 그러나 현재에는 이처럼 왜곡된 가족 의사소통이 정신분열병의 원인이라는 관점은 대체로 받아들여지지 않게 되었다.

누구도 부모가 자녀를 정신분열병으로 만든다고 생각하지 않지만 그럼에도 불구하고 이러한 오해는 대중문화와 현대영화에서 유지되고 있다. 〈클린, 쉐이번Clean, Shaven〉(1993)에서 주인공 피터 윈터의 어머니는 냉정하고 냉담하며 사회적으로 고립되어 있는 사람으로 묘사되고 있는데, 이러한 측면들이 아들의 병에 대해 적어도 부분적인 책임이 있음을 분명히 암시하고 있다. 마찬가지로, 신동 피아니스트 데이비드 헬프갓의 일생을 그린 스콧 히크의 매력적인 영화 〈샤인〉(1996)에서도 데이비드의 정신병 발병의 근원이 아버지라는 것을 암시하고 있다. 아버지는 아들에 대한 사랑과 증오를 모두 가지고 있는데, 아들에게 "아무도 나처럼 너를 사랑해 줄 수는 없어."라고 말하는 동시에 아들의 미래와 가능성을 매우 제한한다. 1962년 영화 〈데이비드와 리사David and Lisa〉에서도 비슷한 주제를 찾아볼 수 있다. 외모에 치중

하는 데이비드의 어머니는 그를 지지하려 노력하지만 아들의 능력과 문제에는 완전히 무감각하다. 그의 아버지 또한 데이비드의 어린 시절에 전혀 도움이 되지 않는 수동적이고 냉담한 성격으로 묘사되었다. 부모 모두 데이비드의 문제를 해결하는 데 도움이 되지 못했으며, 이 영화는 역기능적인 부모의 의사소통과 데이비드의 정신병이 관련된다는 것을 시사하고 있다.

 ## 오해: 정신장애자는 폭력적이다

현대영화에서 묘사되고 있는 가장 심각하면서도 보편적인 고정관념stereotype 중 하나는 정신장애와 폭력과의 관련성이다. 이러한 오해는 정신분열병과 망상장애를 묘사한 영화에서 가장 극명하게 드러난다. 정신장애자는 폭력적이라는 믿음이 영화에서 직접적으로 언급되지는 않지만, 대개 줄거리와 결론의 메시지를 통해서 관객들에게 분명하게 인식된다. 관객들은 등장인물이 심리적 문제로 치료를 받는 것을 보거나 정신장애가 악화되어 가다 결국 폭력적인 행동을 저지르는 것을 보게 된다. 폭력과 정신장애와의 관련성에 대해 대중들은 잘 모르고 있기 때문에, 이러한 미디어의 영향으로 정신장애자를 대할 때 지나치게 위험하다는 편견을 갖게 된다는 것은 불행한 일이 아닐 수 없다. 실제로 정신장애자는 폭력의 가해자보다는 피해자일 경우가 훨씬 더 많다. 게다가 여러 연구에서도 정신장애는 폭력의 필요조건도, 충분조건도 아니라고 보고하고 있다(Stuart, 2003). 정신장애자들이 일반인들보다 폭력에 더 크게 반응하는 경향이 있는지에 관한 결과 또한 일관적이지 않다. 그러나 영화감독들은 종종 형언할 수 없는 복잡한 것을 표현하기 위해 이러한 고정관념을 사용한다. 이는 애매모호한 것을 명확하게 만드는 방법이자 인간의 정신세계를 이해시키는 방법이다.

"지구상에서 가장 중요한 사람을 죽이기 전까지 나는 보잘것없는 사람이었다…… 나는 아무것도 아니었지만 이제 유명한 인물이 되었다."

"내 피 속에는 아무 감정이 없다. 어떤 분노도 그 무엇도 없다. 내 머릿속에는 죽음의 침묵과 차가운 고요가 흐른다. 그는 나를 바라보았고 옆을 지나쳐 가며 보았다. 그때 내 머리 속에서는 '해 버려, 해 버려, 저질러 버려, 다시 한 번.' 이렇게 말하는 소리가 들렸다."

- 존 레논을 살해한 것에 대한 마크 채프먼의 설명

영화에서 이러한 측면을 활용한 분명한 예는 유명인사의 암살을 묘사한 영화들에서 찾아볼 수 있다. 특히 〈존 레논 죽이기〉The Killing of John Lennon〉(2006)와 〈대통령을 죽여라The Assassination of Richard Nixon〉(2004)에서는 유명인사에 집착하여 결국 살해하거나 강력한 망상적 사고로 살인을 시도하는 남성을 묘사하고 있다. 두 남자는 꾀죄죄하고, 성마르고, 변덕스럽고, 사회적으로 불편감을 느끼며, 내성적이다. 이들은 깊은 불안과 열등감, 그리고 몇몇 사회체제(소비지상주의, 정치)에 대한 분노감을 가지고 있으며 이러한 좌절감에 대처하기 위해 폭력을 사용한다. 이들 영화에서는 과대망상 상태를 조장하는 내적 대화와 추론을 매우 흥미롭고 정확하게 묘사하고 있다. 〈존 레논 죽이기〉에서 마크 채프먼은 과대망상적이고 편집적이며 기분 변동이 심하고 자신의 행동에 대한 망상적 설명을 한다. 그는 회환이나 후회를 보이지 않았고, 나중에 신으로부터 유죄를 인정하라는 메시지를 받았다고 믿고 있었다. 결국 이 두 영화는 관객들에게 정신분열병/망상장애와 폭력/살인 간에는 강한 관련성이 있다고 생각할 여지를 남긴다.

"그 작은 소년은 더 이상 아무것도 할 수 없었다. 그는 그저 아무것도 할 수 없었다…… 왜냐하면 그 시스템은 암에 걸렸기 때문이다. 시스템 전체가 암에 걸렸고 내가 저항했기 때문에 벌 받았다. 그러나 누군가는…… 그냥 누군가는 저항해야만 한다!"

"나는 존중받지 못하고, 기만당하고, 아무것도 아닌 것처럼 다루어질 것을 잘 알고 있다."

- 〈대통령을 죽여라〉(2004)에서 리차드 닉슨의
암살을 시도하도록 이끈 사무엘 빅(숀 펜 분)의 망상

사람들이 정신장애자에게 공포를 느끼게 만든 또 다른 영화는 〈킨Keane〉(2004)이다. 이 영화는 뉴욕의 항만청 버스터미널에서 잃어버린 딸을 미친 듯이 찾아다니는 남자의 이야기다. 데미안 루이스는 현실을 유지하려고 안간힘을 쓰지만 증상이 점차 악화되어 가는 정신분열병 남성을 훌륭하게 연기하였다. 그럼에도 불구하고, 대부분의 관객들은 영화에서 충격적이고 기이한 행동을 보이는 장면들만 기억할 것이다. 특히 윌리엄 킨이 주차장에서 한 남자(이전에 한 번도 본 적 없는)를 뒤쫓는 한 장면만을 기억할 가능성이 있다.

데이빗 마멧이 각본을 쓴 〈에드몬드Edmond〉(2005)에서 윌리엄 메이시는 현실과의 접촉을 잃어버린 남자를 소름끼치게 연기했다. 에드몬드는 아내와 결별하고 섹스를 위해 뉴욕의 거리를 떠돌면서 증상이 점점 더 악화된다. 그는 자기파괴적으로 변하기 시작하고, 고독감, 고립감, 성마름을 나타내며, 책임감과 공감하는 능력은 바닥을 드러낸다. 관객들은 그가 지하철역에서 자신의 말에 귀 기울이지 않는 여성에게 충동적으로 소리를 지르고, 성관계를 가진 여종업원을 살해하는 인상적인 장면들을 쉽게 기억할 것이다. 그는 나중에 자신이 너무 많은 커피를 마셨기 때문에 살인을 한 것이라 합리화하였고, 세상에는 너무나 많은 사람들이 있다고 주장하였다.

여성을 주로 공격하는 광란의 '싸이코 살인마'에 관한 수백 편의 서스펜스 영화 또는 공포영화가 있다. 이런 영화들은 어떤 점에서 흥미롭긴 하지만, 어떠한 정신장애와도 관련이 없으며 정신장애와 관련된 낙인stigma을 유지시킨다. '정신병적'이라는 용어는 공포를 유발하고 예측 불가능함을 드러내는 데에 주로 사용된다. 〈케어테이커The Caretakers〉(1964), 〈침묵의 동반자The Silent Partner〉(1979), 〈어둠 속에 홀로Alone in the Dark〉(1982), 〈엔젤 인 레드Angel in Red〉(1991) 그리고 〈케이프 피어 Cape Fear〉(1991) 같은 영화들은 정신장애자들에 대한 낙인의 형성에 기여하고 있다.

최근 두 호러/스릴러 영화 〈메이May〉(2002)와 〈섹스 마네킹Love Object〉(2003)은 정신장애가 점점 악화되어 결국 폭력적으로 변하는 주인공의 모습을 잘 묘사하고 있다. 〈메이〉는 자신의 인형을 가장 친한 친구로 여기는 섬뜩하고 손재주가 뛰어난 수의사 조수 메이의 모습을 잘 그려 내고 있다. 친밀한 사회적 관계 형성에 실패해 감에 따라 그녀는 점점 정신병적으로 변해 간다. 그녀는 사람들의 신체에서 아름다운 부위만을 모아 자신만의 인형을 만드는 것에 집착하게 되고, 이를 위해 살인을 시작한다. 〈섹스 마네킹〉에서는 젊은 남성이 실물과 똑같은 그의 섹스용 인형이 진짜라고 믿으며 그 인형이 자신을 조종하고 공격한다고 믿게 된다. 이러한 망상은 심해져서 마침내 외부세계에 대한 폭력으로 확장된다.

> "친구가 없다면, 하나 만들렴."
>
> – 〈메이〉(2002)에서 나타나는 정신병적 사고의 예

널리 알려진 영화 〈뷰티풀 마인드〉(2001)에서의 정신분열병에 대한 묘사는 일반인들에게 장애에 대해 알리는 교육적 효과는 있었지만, 존 내쉬가 특히 편집증적 상태에 있을 때 부인과 신생아에게 공격적이고 위협적 태도를 보이는 장면이 강조되었다. 이러한 전형적인 고정관념을 보여 주는 또 다른 대표적인 예로는, 캐시 베이츠가 한 작가에게 집착하여 그를 고문하는 망상장애 환자 애니 월크스로 열연하여 아카데미 여우주연상을 수상한 〈미저리Misery〉(1990), 고립된 여주인공의 모습을 그린 로만 폴란스키의 〈혐오Repulsion〉(1965, 영국), 로버트 드 니로가 전형적인 편집증적 살인자 트래비스 비클 역을 훌륭히 소화해 낸 〈택시 드라이버Taxi driver〉(1976) 등이 포함된다. 다른 수많은 영화들에서도 정신분열병이나 이와 관련된 장애를 가진 환자를 폭력적이거나 위험한 것으로 묘사하고 있다.

 현대영화 속에 그려진 정신분열병과 망상장애

정신분열병

영화를 사용하여 일반인들과 학생들에게 정신분열병의 실제에 대해 교육할 수 있을까? 한 연구에서는 정신분열병을 정확하게 묘사한 영화와 부정확하게 묘사한 영화의 일부를 모아서 편집한 비디오를 제작하였다(Owen, 2007). 연구자들은 정신분열병에 대한 비디오 상영 혹은 전통적인 강의 조건에 대학생들을 무선 배치

random assignment하여 실험을 한 후 학생들에게 정신분열병과 관련된 시험을 치르게 하였다. 영상과 강의 두 조건 모두에서 정신분열병에 대한 지식 수준이 증가하였지만, 여학생 집단에서는 강의보다는 영상을 통한 지식 교정 효과가 훨씬 더 높았다.

⟨캔버스⟩

조셉 그레코가 처음으로 각본을 쓰고 연출한 작품인 ⟨캔버스Canvas⟩에서는 망상형 정신분열병이 탁월하게 묘사되었다. 이 작품은 정신분열병 증상으로 고통받는 부모와 함께 성장했던 그레코의 경험을 바탕으로 하고 있다. 정신건강 분야에 종사하는 전문가 중 일부는 실제로 마샤 가이 하든의 정신분열병 연기가 영화 역사상 가장 정확하다고 평가했다. 하든은 메리 마리노 역을 맡았는데, 그녀는 남편, 아들과 친밀해지고 싶어 하지만 자신의 병 때문에 그렇게 될 수 없다는 것을 알게 된다. 그녀는 주기적으로 환청을 겪고, 그 소리를 듣지 않기 위해서 수돗물을 틀어서 자신의 이마에 물을 들이부었다. 그녀는 중요한 문제를 의논하는 저녁식사 자리에서 웃는 등 부적절한 감정을 나타내거나, 아들이 탄 버스를 쫓아가서는 안전이 걱정된다고 말하여 아들을 당황하게 만들고, 주변 사람들이 그녀의 증상 때문에 느끼는 불편함을 인식하지 못한다. 메리가 편집증적인 공포상태에서 빗속을 뛰어다니며 도청장치를 찾는다며 이웃사람들을 깨우는 장면은 매우 인상적이다. 이 영화에서는 (플로리다 정신보건법이라고 불리는) 베이커Baker법이 언급되는데, 이 법은 판사, 경찰, 의사, 혹은 정신건강 전문가에 의해 효력을 나타낸다. 베이커법에 의하면 정신장애가 있고, 자신 혹은 다른 사람들에게 해를 끼치거나, 타인의 기본적인 욕구를 무시하는 사람은 자신의 의사와 상관없이 평가를 받아야 한다. 메리는 편집증적 행동으로 자신을 해칠 위험에 처했을 때마다 경찰에 의해 구조되었다.

이 영화는 보호시설에 가족을 보내는 것, 정신장애를 극복하기 위한 고군분투, 가장 힘든 시기 동안의 희망 찾기와 같은 주제들을 포함하고 있다. 또한 중증 정신장애의 현실을 축소시키지 않고 있는 그대로 보여 준다. 즉, 메리는 입원과 퇴원을 반복했고, 자주 약물치료를 중단했으며, 그녀의 질병은 가족들에게 엄청난 영향을 미쳤다. 남편은 보트 만드는 것에 집착했고, 아들은 등교를 거부하기 시작했다. 그럼에도 불구하고 이들은 모든 상황을 극복하면서 창의성이라는 분출구를 통해 서로 친밀해져 간다. 즉, 이들은 그림 그리기, 뜨개질하기 혹은 만들기 등 어떤 것이 되었든 간에 각기 다른 '캔버스'를 가지고 있다.

"당신이 그림을 그릴 때, 그들은 사라진다."
"누구?"
"목소리들."

— 〈캔버스〉(2006)에서 다른 환자와 교류하는 메리 마리노

이 영화는 정신장애가 가족에게 미치는 영향을 훌륭하게 묘사하였다. 또한 이 영화는 부자연스럽거나 억지스럽지 않은, 부드럽고 희망적이고 긍정적인 결말로 마무리된다.

〈케이-팩스〉

이 영화는 케빈 스페이시가 주연을 맡은 2001년도 작품이다. 주인공 프롯은 광선을 타고 케이-팩스K-pax라는 행성에서 지구로 여행 왔다고 주장한다. 영화가 시작될 때, 우리는 분주한 기차역에서 광채에 둘러싸여 등장하는 프롯을 보게 된다. 곧 그는 누명을 쓰고, 정신병원에 입원한다. 정신과 의사 파웰(제프 브리지스 분)은 프롯에게 종래의 정신과적 약물치료는 효과가 없음을 알고서 그를 치료하는 데 흥미를 느낀다. 관계가 진전되면서 파웰은 프롯의 정체성, 케이-팩스와 지구의 차이점에 대해 더 많이 알게 된다. 프롯은 케이-팩스의 회전 패턴에 대해 학자처럼 광범위하게 설명했고, 그곳에서는 남자와 여자가 어떻게 아기를 갖는지와 같은 두 행성(지구와 케이-팩스) 간의 차이점을 이야기하였다. 프롯이 가진 대부분의 망상은 기이하기 때문에 그는 망상장애로 진단되지 않는다. 관객들은 이 시점에서 실제로 두 가지 선택을 할 수 있다. 즉, 프롯을 정신분열병 환자로 보거나, 다른 행성에서 온 영혼의 안내자라고 해석할 수 있다. 우리가 전자를 받아들인다면 영화를 통하여 망상 증상이 있는 환자가 어떠한 곤경에 처해 있는지 이해하는 데 도움이 된다. 그는 완전히 망상의 덫에 빠져 어떠한 탈출구도 갖고 있지 않다. 즉, 이 경우 가장 성가신 문제는 환자가 자신이 망상을 가졌다는 사실을 모른다는 점이다. 후자를 선택

한다면 관객들은 영화의 흥미롭고 영감을 주는 면을 선택한 동시에 정신장애 환자는 '진보된 사회인이다enlightened member of society'라는 신화를 받아들인 것이다 (Hyler, Gabbard, & Schneider, 1991).

그러나 이 영화는 더욱 복잡해진다. 파웰 박사가 프롯이 어디에서 왔는지, 이 행성 어디를 방문했는지 질문함에 따라 다른 진단적인 설명이 대두된다. 우리는 회상 장면과 최면회귀를 통해 프롯이 로버트 포터임을 알게 된다. 포터는 집에서 강간당한 후 살해된 아내와 아이의 시체를 발견하였고, 바로 살인자와 맞닥뜨리게 되는 외상을 경험하며 살인자의 목을 부러뜨리게 된다. 그런 다음 프롯은 수돗물로 피 묻은 손을 씻고(이 때문에 그는 물 공포증을 보였다.) 가까운 강으로 가서 자살을 시도한다. 관객들에게는 프롯이 자살에 실패한 후 발견되어 정신병원에 보내졌다고 추측할 수 있는 여지를 준다. 요컨대, 추가적으로 고려해야 할 진단은 외상 후 스트레스 장애와 해리성 둔주다. 그의 갑작스러운 여행, 새로운 정체성의 상정, (최면상태가 아니면) 그의 과거를 회상하지 못한다는 점을 고려할 때 해리성 둔주라는 진단을 내릴 수 있다.

결국, 프롯은 긴장증catatonic 상태, 즉 자극에 반응하지 않고 경직되어 휠체어에 몸을 맡길 수밖에 없는 상태가 되고 마는데, 이런 상태라면 충분히 정신분열병으로 진단될 수 있다.

? **토론을 위한 부가적 질문(〈케이-팩스〉)**

- 당신이 생각하기에 프롯이라는 인물에게 가장 적합한 진단은 무엇인가? 왜 그런지 설명해 보라.
- 프롯은 병동의 다른 환자들을 자신의 망상체계에 어떻게 동화시키는가?
- 프롯을 병원에서 퇴원시키기 위해서는 어떤 진단기준이 적절한가?
- 이 영화와 〈뷰티풀 마인드〉(2001)가 어떻게 정신장애를 묘사하고 있는지 서로 비교해 보라.
- 이 영화와 〈뷰티풀 마인드〉에 나타나는 정신과 의사의 역할과 치료방식에 있어서의 차이점에 대해 토론하라. 같은 해에 만들어진 두 영화의 역할 설정은 어떠한가?

〈스파이더〉

관객들은 오프닝 크레딧을 보며 이 영화가 심오한 심리학적 영화임을 알게 된다. 전통적인 심리평가 도구인 로샤 잉크반점 검사Rorschach Psychodiagnostik와 유사한 잉크 반점이 오프닝에 나타난다. 따라서 관객들은 영화가 시작되는 순간부터 애매모호한 엔딩에 이르기까지 그들이 본 것을 '해석interpret'하도록 초대받는다.

데이비드 크로넨버그 감독은 첫 장면에서 '사람들의 이동'을 묘사함으로써 2002년작인 이 영화의 전반적인 분위기를 설정하였는데, 첫 장면에서 기차가 도착하고, 분주하게 움직이는 많은 사람들이 자신의 목적지로 향하는 반면, 주인공 스파이더 (랠프 파인즈 분)는 천천히 기차에서 내리고, 방향감각을 잃고 다른 사람들로부터 점점 고립되어 간다. 이 어둡고 우울한 영화는 정신분열병을 가진 남성의 심리적인 측면을 나타내고 있다. 스파이더는 최소한의 대화만 하기 때문에 관객들은 그의 얼굴표정과 몸짓 그리고 완전한 고립을 통해서 그의 내면세계를 알게 된다.

랠프 파인즈가 연기한 성인 스파이더는 정신병원에서 퇴원하여 그룹 홈3)에서 적응하려고 한다. 그는 망상, 중얼거림, 지리멸렬하고 와해된 언어와 행동, 불결하고 단정치 못한 외모, 심하게 둔마된 정동과 질질 끄는 걸음걸이와 같은 음성 증상 등 다양한 정신분열병의 증상을 나타낸다.

크로넨버그는 스파이더가 자신의 과거를 재조직하려고 시도하는 모든 과거 회상 장면에 현재의 스파이더를 함께 배치하는 독창적 시도를 보여 준다. 성인 스파이더는 부모님과 소년인 자신이 세상과 소통하는 것을 마치 관찰하는 것처럼 그려진다. 이러한 기억의 일부는 잘못된 것이고 일부는 정확하지만 관객은 물론 스파이더 본인조차 어떤 것이 진실인지 모른다. 문제를 더 복잡하게 하는 것은 그가 과거와 현재뿐만 아니라 기억의 실체를 혼동하여 결국 더욱 심한 혼란과 왜곡을 초래하고 있다는 점이다.

또한 이 영화는 아동기 정신분열병childhood schizophrenia을 잘 묘사하고 있는데, 우리는 어린 소년이 현실을 왜곡하고, 아버지와 정부가 어머니를 죽였다는 피해망상

---

3) 역자 주: 사회생활에 적응하기 힘든 (신체적·정신적) 장애인이나 노숙자 등이 자립할 때까지 지역사회 내 소규모 시설에서 공동으로 생활할 수 있게 하는 제도 또는 그러한 시설.

을 보이면서 사회접촉에서 완전히 고립되어 가는 모습을 볼 수 있다.

"너는 너무 혼자인 것 같구나. 넌 친구가 필요해. 내가 네 나이였을 때는 친구가 있었어. 모든 사내애들은 말이야…… 친구가 필요해."
— 빌 글레그(가브리엘 번)가 망상 증상이 있는 아들 스파이더에게 한 말

이 영화에서는 몇몇 은유들을 사용하여 스파이더가 현실과 정신병의 현실 붕괴를 인식하려고 고군분투하는 모습을 잘 묘사하고 있다. 한 장면에서, 그는 매우 조심스럽게 수백 조각의 매우 복잡한 퍼즐을 맞추려고 노력하고, 다음 장면에서는 어떤 고통스러운 기억의 파편들을 맞추고 난 후, 화를 내면서 퍼즐을 부숴 버리고 병실바닥에 퍼즐 조각들을 집어던진다. 한 장면에서 마치 거미줄spider's web처럼 함께 놓인 깨진 거울, 컵 조각 그리고 노끈은 그의 정신상태를 상징한다.

토론을 위한 부가적 질문(〈스파이더〉)

• 무엇이 정신분열병을 묘사하는 이 캐릭터를 도발적이고 현실적인 것으로 만드는가?
• 스파이더가 보이는 몇몇 행동(길거리에서 작은 물건들을 주워 오는 것, 욕조에 태아의 자세로 누워 있는 것 등)들은 정신분열병의 보편적인 특징인가?
• 이 영화는 정신분열병의 원인이 무엇이라고 말하고 있는가?
• 인터뷰에서, 데이비드 크로넨버그 감독은 이 영화에서 다양한 결말이 있을 수 있다고 했다. 어떤 것이 정신분열병을 묘사하는 데 가장 부합되는 대안이 될 수 있는지 숙고해 보라
• 감독은 관객들이 '스파이더가 되기를' 바란다고 말했다. 왜일까? 당신도 자신이 스파이더가 된 듯한 착각을 느꼈는가?
• 이 영화는 분명 정신분열병 환자를 다루고 있다. 영화에서 왜 다른 이야기나 다른 진단들에 대해서는 언급하지 않는가?

망상장애

일반적인 생각과는 달리, 망상장애delusional disorder는 정신분열병의 한 유형이 아니며, 환각 증상은 망상장애의 두드러진 특징이 아니다. 망상장애 환자가 경험하는 망상은 기이하지 않다. 대신 독살되거나, 미행당하거나 사랑받고 있다는 등 '일상적인' 상황들을 포함하고 있는데, 이는 실제로 사실이 아니다. 망상에는 색정(애정) 망상, 과대망상, 질투망상, 피해망상, 신체망상이 있고 이러한 유형들이 함께 나타날 수도 있다. 이들의 일상적 기능 수준은 대체로 양호하다.

망상장애를 묘사한 〈내겐 너무 사랑스러운 그녀Lars and the Real Girl〉(2007)는 독특하고 매우 뛰어난 영화다. 이 영화에 등장하는 라스(라이언 고슬링 분)는 말수가 적고 냉담하며 형의 옆집에서 따로 살고 있다. 그는 가능한 한 사회적 접촉과 친밀함, 대화를 회피했다. 어느 날 그는 인터넷으로 실물과 똑같이 생긴 인형을 구입해서 비앙카라고 부르고, 점차 그녀가 그의 실제 여자 친구라고 믿게 되었다. 그는 비앙카를 파티, 교회, 가족과의 식사모임에 데려갔고, 그녀를 사랑으로 보살피며, 자신의 내적인 비밀과 감정들도 그녀에게 털어놓았다. 흥미롭게도, 그가 속한 지역사회에서는 라스의 망상을 받아들이고 그가 비앙카와 이야기하고, 함께 시간을 보내고, 심지어 그녀와 관계할 가능성이 있는 누군가와 싸우는 것까지 허용했다. 이러한 지역사회의 지지로 인하여 그는 점차 자신의 망상을 버리고 인형이 아닌 실제 사람들과 교류하면서도 안전감을 느낄 수 있게 되었다.

피터 위어의 〈트루먼 쇼The Truman Show〉(1998)는 정신장애가 묘사되지 않지만 망상장애를 이해하는 데 유용한 영화다. 주인공이 발견한 진실과 망상장애의 본질, 이 두 가지는 동전의 앞면과 뒷면으로 볼 수 있기 때문이다. 이 영화는 트루먼 버뱅크의 비현실적인 삶에 대한 것이다. 그를 둘러싼 모든 것들은 그를 위해(아니, 좀 더 정확하게 말하면 리얼리티 쇼를 보는 대중을 위해) 만들어졌다. 도시의 모든 사람들, 빌딩들, 가로등, 물, 심지어는 태양까지도! 이것은 TV쇼를 위한 대규모 제작세트다. 그러나 트루먼은 그가 살고 있는 시혜븐 마을을 실제라고 생각한다. 즉, 이곳은 그가 태어나서 지금까지 알고 있는 세상의 전부였다. 트루먼이라는 그의 이름은 매우 의미심장한데, 왜냐하면 오직 그만이 유일한 '진짜 사람'이기 때문이다. 아내, 가장 친한 친구, 부모를 포함한 그 밖의 모든 인물은 배역을 맡은 배우들이다. 결국, 트루먼은 그가 '세상 속의 또 다른 세상'에 갇혀 있다는 것을 깨닫게 되고 이 가상 현실에서의 탈출을 시도한다.

> "우리는 세상이 우리에게 제공한 것들을 현실로 받아들인다."
>
> ─〈트루먼 쇼〉(1998)에서 크리스토프

 TV 쇼가 없고 시헤븐이 다른 여느 마을과 같다고 상상해 보라. 이 시나리오에서 과연 트루먼의 행동이 망상처럼 보일까? 그가 갖는 의문, 칼로 아내를 위협하는 것, 가게를 둘러보는 의심스러운 눈초리, 도로 한가운데에 멍하니 멈춰 서서 교통을 마비시키는 것 등 그의 모든 행동들은 아마도 망상장애처럼 보일 수 있을 것이다. 그를 둘러싼 세계의 대부분은 그의 망상체계에 포함될 것이다. 그는 주변에서 일어나는 다양한 환경적 요소들을 자신의 망상 속으로 끌어들일 것이다. 즉, 카메라 장비가 갑자기 하늘에서 떨어지고, 빗물은 그에게만 쏟아지며 걸을 때마다 그를 따라오고, 아내의 행동에서 모순을 관찰한다. 더욱이 그가 아내를 미행할 때나 자신이 믿을 수 있는 사람은 과연 누구인지 질문할 때 편집증적 행동으로 비춰질 수 있다. 트루먼은 마침내 자신의 전체 삶이 '누군가에 의해 만들어졌다'는 것을 깨닫고는 잠시 동안 피지 섬으로 피신할 필요가 있다고 말한다. 우리는 아마도 이것을 망상적 사고라고 해석할 수 있을 것이다.

 트루먼은 실제로 벌어지고 있는 일들에 대한 정당한 반응을 보인 것이지만, 망상장애 환자들은 전형적으로 실제로 일어나지 않는 일들에 반응한다. 그는 자신의 현실을 인식하려고 노력했고 결국 그렇게 함으로써 자유로워졌다.

?

토론을 위한 부가적 질문〈트루먼 쇼〉

- 이 영화는 치료자나 내담자가 인지행동치료를 이해하는 데 도움을 주는가?
- 어떤 점에서, 이 영화는 일종의 심리학적 연구라 할 수 있다. 도덕적이고 윤리적

인 문제점은 무엇이며, 이 영화에서 보이는 것처럼 통제된 환경에서 사례연구를 하는 것이 과연 가능할까? 미래에는 이러한 연구를 수행할 수 있을까? 어떤 점에서는 이러한 연구를 통해 더 나은 사회를 만들 수 있을까?

• 트루먼의 세계에서, 사회는 그를 중심으로 돌아간다. 이러한 신념은 편집증, 망상 장애, 정신분열병 환자에게 보편적인 것인가?

• 트루먼이 자신의 세계에서 떠나려 할 때, 크리스토프는 "내가 당신보다 당신을 더 잘 안다."고 말하면서 그가 떠나지 않도록 만류하였다. 만일 트루먼이 이 말을 믿는다면, 이것이 그가 정신병 환자임을 시사하는가? 대부분의 정신병 환자들이 이런 식의 말들을 믿는가?

 정신장애를 묘사한 다른 영화들

정신분열병 환자들은 종종 '거리를 배회하는 미친 사람들'로 정형화되기도 하는데, 이는 모든 기이한 행동을 '미친' 것으로 생각하는 오해 때문에 생겨났다. 영화의 줄거리에 큰 영향을 미치든 아니든 간에 영화에서 중요하지 않은 캐릭터가 보인 이러한 행동들 때문에 생겨난 오해는 정신장애와 관련된 낙인이 형성되는 데 기여한다. 〈시네마 천국Cinema Paradiso〉(1988)에서 정신분열병으로 보이는 한 남자는 매일 저녁 정해진 시각에 광장에서 심각하게 외친다. 매일 그는 자신의 소유라고 믿는 거리의 작은 구역을 뛰어다니며 "이 광장은 내 거야, 지금은 12시고 이 광장은 내 거야!"라고 외치며 어느 누구도 이 구역에 발을 못 들이게 한다. 영화의 후반부, 즉 오랜 세월이 흐른 뒤에도 그는 계속해서 "이 광장은 내 거야. 내 거. 여긴 내 광장이야."라고 주장하며 똑같이 행동한다. 영화에서 중요한 장면이 아님에도 불구하고, 관객들은 그의 기이함, 그리고 이것이 바로 정신병이라는 낙인을 간과할 수 없다.

때로 영화에서 묘사되는 정신병은 단지 잠시 동안 현실과의 분리를 보이며(예를 들어, 단기 정신증적 장애brief psychotic disorder), 분명한 계기가 있다. 베르나르도 베르톨루치의 최신작인 〈몽상가들The Dreamers〉(2003)에서는 한 젊은 남자가 서로 매우 밀착되어 있는 쌍둥이 남매(이사벨과 테오)와 삼각관계에 빠져든다. 한 장면에서, 젊은 남자와 이사벨이 섹스를 하려던 순간, 그녀는 테오가 옆방에서 다른 여자와 함께 있으면서 내는 소리를 듣게 된다. 그녀는 현실과 괴리되어 젊은 남자에게 "당신은 누구야? 내 방에서 뭐하는 거야? 당장 나가!"라고 소리치고 동시에 테오의 방 벽을 쿵쿵 쳤다. 다음 날 아침, 평온한 휴식 후에 그녀는 다시 일관되고 현실감 있는 모습으로 되돌아온다. 만약 그녀의 증상이 하루 이상 지속되었다면 단기 정신증적 장애로 진단되었을 것이다. 〈몽상가들〉에서 묘사된 이사벨의 경험은 〈몬트리올 예수Jesus of Montreal〉(1989, 캐나다/프랑스)에서의 등장인물의 경험과도 유사하다. 이 인물은 지하철역에서 갑자기 정신병적 상태가 되어 아무에게나 말을 내뱉거나 낯선 사람에게 추상적인 문장들을 말하고 지나간다. 우리는 이러한 행동이 실신, 즉 잠시 정신상태에 변동이 생겼기 때문에 발생한 것인지를 궁금해할 것이다.

감응성 정신장애shared psychotic disorder(불어로 folie à deux라고 불리며 '둘이서 공유하는 정신병'이라는 뜻)는 이미 망상을 가지고 있는 사람과 친밀한 관계를 가지는 사람 역시 망상을 겪게 되는 것으로, 영화에서는 거의 다루어지지 않았다. 〈탄생Birth〉(2004)은 예외적인 경우다. 이 독립영화에서는 니콜 키드먼이 안나를 연기했다. 그녀는 자신이 죽은 남편의 화신이라는 망상을 가진 어린 소년 손을 만난다. 안나는 처음에는 의심했지만 손과 많은 시간을 보내면서 그를 믿기 시작했고, 그의 망상을 공유했다. 물론, 다른 사람들은 이것이 망상에 불과하다고 생각했고, 이후 남편의 옛 연인이 나타나서 남편은 안나보다 다른 사람을 먼저 원했을 것이라고 주장하는 이야기를 듣게 되자, 망상체계는 무너지게 된다. 안나를 '사랑할 뿐인' 소년은 낙담해서는 자신은 안나의 남편이 아니라고 말한다. 안나가 손의 망상을 공유하는 것은 더 이상 불가능했고, 그녀는 다시 자신의 삶으로 돌아오게 된다. 이보다 정도는 덜 하지만, 〈누가 버지니아 울프를 두려워하랴Who's Afraid of Virginia Woolf〉(1996)에서는 실제로는 존재하지 않는 아들이 있다고 생각하는 감응성 정신장애의 특징을 보이는 부부를 묘사하고 있다.

존 카사베츠의 〈영향 아래 있는 여자A Woman Under the Influence〉(1974)는 몇몇 가능성 있는 감별진단에 대한 물음을 던지고 있다. 마벨 롱제티(지나 롤랜즈 분)에게는 분열정동장애schizoaffective disorder의 증거가 있다. 그녀는 분명 현실과 접촉하지 않은 채 다양한 기분장애를 가지고 있다. 그러나 그녀가 2주 동안 어떠한 기분장애 증상도 없이 정신병적 증상을 경험했는지 여부는 명확하지 않다. 게다가, 그녀는 유기 공포와 같은 특징적인 경계선 성격장애의 행동을 보이며 자해하기도 한다. 아들을 포함한 다른 사람들은 그녀가 늘 과민하다고 말하고 있어 불안장애의 진단 또한 고려해야 할 것이다. 적절한 감별진단을 위해서는 더 많은 정보가 필요할 것이다.

〈시네도키 뉴욕Synecdoche, New York〉(2008)에 나타난 일반적인 의학적 상태에 의한 정신증적 장애psychotic disorder due to a general medical condition는 논란의 소지가 될 수 있다. 필립 세이무어 호프만은 케이든 코타드 역을 맡았다. '코타드'라는 이름은 허무주의적이거나 부정망상을 나타내는 코타드 신드롬Cotard syndrome을 직접적으로 나타낸다. 이것은 자신이 죽었거나 존재하지 않는다는 망상적 신념을 가진 사람들에게서 관찰되는 희귀한 신경정신과적 장애다. 코타드라는 인물은 실존적 문제, 관계, 삶의 문제, 신체화와 망상의 경계 등 기분의 동요를 수반하는 수많은 어려움과 싸운다. 코타드에 대한 진단은 명확하지 않은데, 이는 주로 초현실주의적인 영화 스타일과 찰리 카우프만 감독의 복합적이고 다층적인 구성에 기인한다.

테리 길리엄의 1991년 영화 〈피셔 킹〉은 로빈 윌리엄스가 강박적이지만 상냥한 노숙자 페리 역으로 주연을 맡았다. 페리는 자신이 성배를 구해야 할 임무를 띤 기사라고 믿는다. 영화를 보면, 그는 몇 가지 환각을 가지고 있는데, 그중에는 그와 늘 이야기를 나누고 인도해 주는 절친한 '작은 사람들'이 포함된다. 빨간 기사는 그가 극도로 스트레스를 받았을 때나 예전의 비극이 떠오를 때 나타나는 공포의 환영이다.

〈소피의 선택Sophie's Choice〉(1982)에서 소피(메릴 스트립 분), 네이단(케빈 클라인 분), 스팅고(피터 맥니콜 분) 세 사람은 떨어질 수 없는 친구가 되고, 소피와 네이단은 몹시 격렬하고 로맨틱하며 성적인 관계를 유지하고 스팅고 또한 소피를 깊이 사랑하게 된다. 스팅고와 소피는 강렬한 사랑과 의심, 분노, 적대감, 편집증 등을 포함한 네이단의 이상하고 변덕스러운 행동들을 이해하기 위해 많은 노력을 한다. 처음 네이단은 자신이 하버드 대학교 졸업생이며 엄청난 연구를 해 온 생물학자라고 주장하는 불안정하고 감정의 기복이 심한 사람으로 나온다. 이야기가 전개되면서 관객들은 네이단이 망상형 정신분열병의 진단을 받았고 그저 근근이 적응하며 살아가고 있다는 것을 알게 된다. 그의 증상은 각성제와 코카인을 사용하여 악화되고, 정신증적 사고로 인해 부도덕한 잘못이나 예측할 수 없는 행동을 저지르게 된다. 그의 기괴한 행동은 대인관계로 인한 스트레스가 늘어나고, 부정 방어기제가 어려워질 때 더욱 뚜렷하게 나타난다. 약물 사용이 그의 증상에 얼마나 영향을 미치는지는 명확하지 않다. 만약 증상이 물질 중독 상태나 금단 기간 중 혹은 그 직후 한 달 이내에 나타난다면 그는 물질로 유발된 정신증적 장애substance-induced psychotic disorder 진단을 받게 될 것이다.

정신과적 보상작용psychiatric compensation의 상실을 가장 생생하게 묘사한 영화는 〈케인호의 반란The Caine Mutiny〉(1954)이다. 이 영화에서 필립 프랜시스 퀵(험프리 보가트 분)이란 인물은 제2차 세계대전의 구축함 선장이며 강박장애 환자다. 선원들은 점점 압박에 시달리며 악화되어 가는 퀵 선장을 숨죽여 지켜보다가 결국에는 바니 그린월드 중위가 지휘권을 박탈하고 직무를 대신하게 된다. 그린월드는 나중에 군법 회의에 기소되는데, 법정증인으로 출두하여 변호사의 질문을 받던 퀵이 불안하면 늘 하던 습관(쇠구슬을 손에 쥐고 만지작거리는 것)을 보이며 정신적으로 와해되어 가는 장면은 이 영화의 가장 극적인 장면이라 할 수 있다.

"아, 하지만 그 딸기! 거기, 바로 거기에 내가 그걸 둔 거야. 그들은 나를 놀리고 비웃었지만 나는 그 의심을 비웃기라도 하듯 상관실 아이스박스의 복사열쇠가 있었다는 걸 논리적으로 증명해 냈어."

– 〈케인호의 반란〉에서 선장 퀵

 국제 영화: 정신분열병과 다른 정신장애

최근의 두 한국 영화 〈지구를 지켜라Save the Green Planet〉(2003)와 〈싸이보그지만 괜찮아I'm a Cyborg, But That's OK〉(2006)는 정신장애를 묘사한 점에 있어서 특히 주목할 만하다. 〈지구를 지켜라〉에서는 젊은 남자가 안드로메다에서 온 외계인이라고 생각되는 사람들을 뒤쫓아 그들이 지구를 파괴하는 것을 멈추게 하려 한다. 그와 여자 친구는 이들을 붙잡아 고문했다. 그는 그들의 '예민한 영역(눈, 발, 생식기)'을 찾아서 (그들이 머리카락을 통해서 전달하는) 텔레파시를 제한하면 그들의 힘을 제거할 수 있을 거라 믿었다. 그는 자신은 영웅이며 인류를 구했다고 믿는다. 그와 외계인과의 교류에서 알 수 있는 것처럼 그는 영향력에 대한 망상delusion of influence을 경험하고 있다. 〈싸이보그지만 괜찮아〉에서 젊은 여성 영군은 정신병원에 입원했다. 그녀는 자신이 싸이보그이고 종종 시계나 자판기와 대화한다는 망상을 가지고 있다. 그녀는 음식을 먹으면 (싸이보그인 자신이) 고장 난다고 믿기 때문에 먹는 것을 거부한다. 그녀는 돌아가신 할머니와 교류하기 위해 할머니의 틀니를 끼고, 직원을 죽여야 한다고 느끼기 때문에 그녀의 손가락 총으로 의사, 간호사 그리고 병원 직원들을 쏘는 것을 상상한다.

> "방송에서 하라는 대로 충전을 했더니 앰불런스가 일루 데리고 오대. 근데 말야 나는, 기계 치고는 사용 설명서도 없구, 라벨 같은 것도 안 붙어 있구······. 아직도 몰라, 내 용도가 뭔지. 왜 만들어졌을까, 난?'
> ─〈싸이보그지만 괜찮아〉(2006)에서 영군

기억에 남는 도입 부분에서, 영군은 조립 라인에서 일하면서 그녀의 환청('방송')이 그녀에게 말하는 대로 사무적으로 따랐다. 즉, 그녀는 자신의 팔을 칼로 가르고 그 속으로 전선을 집어넣은 후 그 전선을 콘센트에 연결한다. 영화는 영군의 정신 질환의 기원에 대해서도 다룬다. 그녀의 할머니도 정신분열병 치료를 받았고, 자신이 많은 새끼 쥐들을 돌보는 엄마 쥐라고 생각해서 무만 먹었다.

〈싸이보그지만 괜찮아〉는 정신병적 신념의 힘과 그러한 신념에 저항하는 데 도움을 주려는 전문가의 헛된 노력을 잘 보여 주는 영화다. 특히 전문가가 환자의 정신병, 문화와 결부된 이슈(이 영화에서 나타나는 것처럼 환자는 그러한 신념에 대한 비밀유지와 수치심 때문에 노출하기를 꺼려한다.), 함구증, 그리고 자신의 신념과 그 영향력에 대한 환자의 무지와 씨름할 때 그러하다. 흥미롭게도, 영화 속 대부분의 심리학적 용어와 진단들이 정확하다. 정신병동을 묘사하는 대부분의 영화들과 마찬가지로, 〈싸이보그지만 괜찮아〉 역시 정신병 환자들을 문자 그대로 바닥을 데굴데굴 구르는 등 거칠고 광기가 넘치는 모습으로 묘사하고 있다. 여기에서 의문이 생긴다. 즉, 영화는 관객을 계도하는 데 더 중점을 두어야 할까, 아니면 관객들이 공감을 더 잘 할 수 있도록 하는 데 중점을 두어야 할까? 이 영화는 주인공의 가장 은밀한, 매우 왜곡된 망상적 신념을 밝힘으로써 극적이고 흥미로운 특이성을 강조한다. 즉, 이 영화는 관객들이 인물에 공감하도록 하는 측면을 선택하였고, 정신장애의 현실과 치료에 대해 관객을 교육하는 면은 희생되었다.

프랑스 영화 〈히 러브스 미He loves me, he loves me not〉(2002)는 망상장애를 묘사하고 있는 가장 효과적이고 분명한 영화일 것이다. 이 영화는 프랑스 감독 래티샤 콜롱바니의 데뷔작이다. 먼저, 관객들은 루이라는 이름의 남자와 사랑을 꽃피우는 안젤리끄(〈아밀리에Amelie〉의 오드리 토투 분)의 인식을 통하여 그들이 본 것이 완전한 현실이라고 믿게 된다. 중반부를 지나면서, 영화는 사실상 다시 원점으로 돌아가서 루이의 관점을 보여 주는데, 유부남 의사인 그는 안젤리끄의 존재를 거의 알지 못한다. 관객들은 이들의 내면세계를 돌아보며 안젤리끄가 서로의 관계를 어떻게 인식했는지를 루이의 경험세계와 비교할 수 있게 된다. 현실은 바로 영화의 후반부에서 드러난다. 따라서 관객들은 마침내 전반부의 모든 경험들이 안젤리끄의 망상이었음을 깨닫게 된다. 관객들은 그녀가 강박적으로 루이에게 전화하여 23개의 메시지를 남겼다는 것을 알게 된다. 그림을 그리고 그의 주변을 맴돌거나 노트에 적는 것 등과 같은 그녀의 모든 강박적 행동들이 망상체계를 강화하고 유지시켰다.

안젤리끄가 성공적으로 가정을 돌보고, 정규직으로 일하고, 적절한 옷차림으로 주변의 다른 사람들과 정상적인 교류를 하는 것을 통해 알 수 있듯이, 망상장애 환자들은 사회에서 제대로 기능할 수 있다. 그녀가 생각하는 것을 알지 못한다면, 우리는 그녀가 망상적이라는 것을 모를 수도 있다. 특히 매우 상냥하고, 종종 미소 지으며, 순진한 외모를 가진 사람일수록 더욱 그러하다. 이 영화는 또한 망상적인 사고방식의 틀을 깨는 것에 대한 위험을 묘사한다. 우리는 여기서 폭력적인 정신과 환자의 고정관념을 볼 수 있는데, 안젤리끄는 '만약 내가 그를 갖지 못한다면, 아무도 가질 수 없어.'라는 생각으로 두 명의 무고한 사람들을 살해하려 하였다.

대부분의 영화들은 망상장애 환자들을 묘사하는 데 호의적이다. 특히 장애가 진짜인지 혹은 등장인물의 특이한 성격이 잘못 판단되고 있는 것인지 애매할 때 더욱 그러하다. 그러나 〈히 러브스 미〉에서는 전혀 애매하지 않다. 이 영화는 장애를 진솔하고 명확하게 나타내고 있고, 서로 다른 진실 중에서 어느 쪽이 '더 실제적인지'를 철저하게 보여 주고자 하는 영화의 목적을 잘 유지하고 있다. 망상장애라는 진단은 안젤리끄가 정신병원으로 가게 되는 마지막 부분에서 언급된다. 이 영화의 감독은 이런 심오한 심리적 영화에서 그들이 달성하고자 했던 것을 분명히 알고 있었고, 또한 그것을 달성했다.

〈2001년 9월 11일11'09"01 - September 11〉(2002, 영국/프랑스/이집트/일본/멕시코/미국/이란)은 프로듀서 알렌 브리간드가 11명의 유명한 감독들에게 '9·11사건과 그 결과에 대해서 단일 프레임으로 이루어진 11분 9초짜리 영화를 만들 것'을 제안하여 만들어진 작품이다. 알렌 브리간드는 감독들에게 그들의 문화, 기억, 이야기, 언어를 담은 짧은 영화를 만들어 줄 것을 요청했다. 보스니아헤르체코비나, 인도, 미국, 일본, 이집트, 멕시코, 이란, 영국, 프랑스, 서아프리카, 이스라엘의 감독이 참여했으며, 11편의 작품 중 하나에서 일본 감독 이마무라 쇼헤이는 전쟁에 참전하였다가 자신이 뱀이라고 믿게 된 채 집에 돌아온 남자를 묘사하였다. 그 남자는 이처럼 심각하고 기이한 망상을 가지고 주변을 스르르 기어가고, 뱀처럼 쉭쉭거리는 소리를 내고, 자신에게 밥을 주는 여인을 깨물고, 살아 있는 쥐를 먹었다. 결국 그는 새장에 갇힌 채 집에서 추방되었다. 물줄기 속으로 들어가기 전 그는 "사람으로 산다는 것이 그렇게 혐오스럽습니까?"라는 질문을 받는다. 이 단순한 질문(그리고 정신병)은 끔찍하고 신랄한 방식으로 전쟁의 공포를 대변해 주고 있다.

〈백치들의 집〉(2002)은 러시아/체첸공화국의 영화로, 실화를 바탕으로 하고 있다. 1차 체첸전쟁 기간 중이었던 1996년을 배경으로, 이 영화는 전쟁터의 경계에 위치한 정신병원을 묘사한다. 병원 직원들은 체첸전쟁 때문에 도망갔고 환자들만 남겨져서 자립해야만 했다. 군인들은 병원으로 대피하게 되어 환자들과 교류하게 된다. 정신병원을 묘사하는 대부분의 영화들처럼 여기서 묘사된 정신병 또한 혼란스럽다. 환자 제나는 유명한 가수 브라이언 아담스가 나오는 비디오에서 자신의 환각을 본다(혹은 백일몽일까?). 브라이언 아담스는 영화에 직접 출연하여 '한 여인을 진정 사랑한 적 있나요?Have you ever really loved a women?'라는 노래를 부르기도 하였다. 제나는 색정형 망상장애delusional disorder, erotomanic type 환자다. 왜냐하면 그녀는 브라이언 아담스가 그녀의 약혼자이고 그녀와 사랑에 빠졌다고 믿기 때문이다. 그녀의 방은 브라이언 아담스의 포스터로 도배되어 있다. 나중에 그녀는 피난처를 찾고 있는 군인이 그녀에게 한 거짓 청혼을 순진하게 믿는다. 머지않아 그녀는 유혹하는 군인과 브라이언 아담스에 대한 망상 중 어느 하나를 선택해야 하는 기로에 처했다는 것을 알게 된다. 영화에서 제나가 깨진 컵을 너무 세게 잡아 손을 베어 피가 나는 장면이 있다. 그녀는 그 고통을 잊기 위해 브라이언 아담스를 떠올렸다. 제나는 자신이 예전에는 아팠지만 더 이상은 그렇지 않다고 사람들에게 이야기하며 자신의 병을 부인한다. 게다가, 그녀는 자신이 동료 환자들에게 요가와 아코디언 연주법을 가르쳐 주는 선생님이라고 믿고 있다. 제나는 다른 환자들이 실수하거나 지도가 필요할 때 도움을 주려고 한다. 영화의 기법 면에서 볼 때, 관객들은 밝은 색과 빛을 통해 그녀의 현실을 본다. 그 세계에서 직원과 환자들은 그녀의 음악에 맞추어 춤을 춘다. 환자의 지각을 통해 현실을 만들어 내는 이러한 영화 기법은 영화에서 흔히 사용된다. 이 영화에는 망상장애 환자, 정신병적 방화범, 정신병적 복장도착증 환자, 정신병에 걸린 난쟁이 그리고 긴장증 환자도 등장한다.

〈행복Something Like Happiness〉(2005, 체코 공화국)은 어렸을 때부터 친구였던 세 명의 성인인 토닉, 모니카, 다샤의 복잡한 역동을 묘사하고 있다. 두 명의 자녀를 둔 미혼모 다샤는 정신병이 악화되어 아이들을 방치하고 남자 친구를 사귀는 데만 집착한다. 그녀는 정신병동에 입원하였고 임신하기로 결심한다. 이 영화에서 가장 충격적인 장면은 다샤가 병동에서 퇴원하자마자 자신의 아이들을 돌봐 준 친구의 집으로 가서 아이들의 특별한 파티를 망치고, 아이들을 붙잡아 강제로 차에 태우고, 아이들의 물건을 가지고 가지 못하게 하는 것이다.

베르너 헤어조크의 〈아귀레, 신의 분노Aguirre, the Wrath of God〉(1972, 서독/페루/멕시코)에는 페루의 아마존 지류 깊숙한 곳에 있다는 전설의 도시 엘도라도의 보물을 찾는 스페인 원정대가 등장한다. 아귀레는 원정대 내부의 반란을 이끄는 도전적이고, 경쟁적이며, 권력주의적인 인물이다. 정글에서의 길고 결실 없는 여정 동안, 그는 현실감각을 잃고 과대형 망상장애delusional disorder, grandiose type를 보인다. 깊게 파인 눈을 가진 그는 불안하고 과민하고 집착하는 것처럼 보인다. 그는 더 많은 정복을 위해서 더 큰 배를 가질 것이라고 말하면서 더더욱 허세를 부린다. 그는 자신의 부하들의 요구에 무관심하고 그들을 고통과 파괴로 이끈다. 어느 순간, 그는 "나, 신의 분노는 내 딸과 결혼할 것이다."라고 외치고 그녀를 지배할 것이라고 말한다.

"만약 나 아귀레가 새가 나무에서 떨어져 죽기를 원하면 새들은 나무에서 떨어져 죽을 것이다. 나는 신의 분노다. 내가 걷는 땅은 나를 보고 흔들린다. 그러나 나와 강을 따르는 사람은 누구든지 막대한 부를 얻을 것이다."

– 〈아귀레, 신의 분노〉(1972)에서 아귀레의 과대망상

앞서 언급한 것처럼, 영화감독들은 흔히 폭력성과 정신병을 연결시킨다. 〈람포 지옥Rampo Noir〉(2005, 일본)은 네 편의 짧고 비현실적인 공포영화(〈화성의 운하Mars's Canal〉 〈거울 지옥Mirror Hell〉 〈벌레Caterpillar〉 그리고 〈우충Crawling Bugs〉)를 모아 놓은 것으로, 일본 작가 에도가와 람포의 소설을 각색하여 그에게 헌사한 것이다. 각 영화는 폭력성과 혼란스러운 환경 혹은 지옥과 관련된 상황에 대한 각기 다른 관점을 보여 준다. 각 영화는 강력한 비현실적 요소를 가지므로 정신질환, 폭력성, 정신병에 대해 각기 다른 관점을 제공한다. 〈화성의 운하〉에서는 자연스럽게 녹음된 잡음 이외에는 별도의 음향을 사용하지 않았고 시각적인 이미지에 의도적인 결함을 남겨 두었다. 관객들은 풍경을 따라 초현실적인 이미지의 벌거벗은 남자가 벌거벗은 여자와 싸우고 캐릭터의 얼굴이 서서히 어두워지는(가령, 흔히 정신질환이 서서히 악화되는 것처럼) 것을 본다. 이 단편영화는 람포의 말—"꿈에서 현실을 볼 수 있다. 당신이 밤에 꿈꾸는 것이 실제다."—을 인용하면서 끝이 난다. 정신병과 폭력성의 연관성을 묘사하는 또 다른 캐릭터로는 〈요리사, 도둑, 그의 아내 그리고 그의 정부The Cook, The Thief, His Wife, and Her Lover〉(1989)에 나오는 도둑이 있다.

뉴질랜드 작가 자넷 프레임의 자서전을 제인 캠피온이 영화화한 〈내 책상 위의 천사An Angel at My Table〉(1990)는 오진과 의료과실을 강조한 영화다. 어색하고, 불안해하고, 사교적으로 서투른 소녀인 프레임은 뚜렷한 공황발작 후에 정신분열병으로 오진되어 전기경련요법으로 치료받고 8년 동안 정신병원에 입원해 있었다. 그녀는 그 당시 유행했던 치료기법이었던 전두엽 절제술은 간신히 면하였다.

〈붉은 황금Crimson Gold〉(2003, 이란)은 계급차별에 대한 주제를 다루고 있는데, 현

대 이란의 빈부격차와 긴장을 강조하고 있다. 후세인은 무뚝뚝한 피자 배달원이며 부자와 가난한 사람 모두에게 피자를 배달한다. 그러나 그가 정장을 차려입었건 평상복 차림이건 상관없이 보석판매상이 그를 함부로 대하고 거부하자 폭발하고 만다. 흥미롭게도 주연배우가 실제로 망상형 정신분열병 진단을 받았다는 사실에 주목하라. 이러한 사실은 결코 영화에서 언급되지도 않았고 명백하게 묘사되지도 않았지만, 주인공의 둔마된 정동과 특이한 행동에서 이를 알아차릴 수 있을 것이다.

비판적 사고를 위한 질문들

- 정신장애가 가족과 지역사회에 미치는 영향을 고려할 때, 영화가 설명할 수 있는 가장 특징적인 주제는 무엇인가? 〈캔바스〉(2006), 〈스파이더〉(2002), 〈내겐 너무 사랑스러운 그녀〉(2007)에서 질병이 가족에 미치는 영향을 어떻게 다루고 있는지 비교, 대조해 보라.
- 〈뷰티풀 마인드〉(2001)에서 존 내쉬의 "그녀는 결코 늙지 않는다. 마시Marcee는 실제가 될 수 없다. 그녀는 결코 늙지 않는다."라는 인용구를 잘 생각해 보자. 정신분열병 혹은 망상장애 환자들이 이러한 통찰을 갖는 것은 얼마나 흔한가?
- 〈뷰티풀 마인드〉에서, 존 내쉬는 자신의 환시와 대화하지 않는다고 하면서 그 이유는 그들이 살아 있지 않도록 하기 위해서라고 설명한다. 이러한 접근은 대부분의 정신분열병 환자들에게 효과적인가?
- 아동기의 가족 환경과 부모의 역할은 정신병의 발병에 영향을 미치는가? 어떻게?
- 〈클린, 쉐이번〉(1993), 〈샤인〉(1996), 〈데이비드와 리사〉(1962)와 같은 영화들은 통제할 수 없는, 근본적으로 생물학적인 장애에 대해 부모를 비난하고 있는가?
- 〈샤인〉〈데이비드와 리사〉그리고 〈베니와 준Benny and Joon〉(1993)과 같은 영화들은 모두 사랑이 적어도 부분적으로는 정신분열병과 같은 질병의 영향을 상쇄시킬 수 있다고 제안한다. 이것이 사실이라는 것을 시사하는 어떤 증거가 있는가?
- 〈클린, 쉐이번〉에서 기억에 남을 만한 한 장면은, 피터 윈터가 도서관에서 서가에 머리를 내려치는 장면이다. 만약 당신이 그러한 상황에 있었다면, 이런 행동을 지나쳐 버릴 것인가 아니면 어떤 방식으로든 개입해서 도와주려고 했겠는가?
- 〈뷰티풀 마인드〉에서 존 내쉬는 천재이고, 〈케이-팩스〉에서 프롯은 학자와 같은 많은 자질을 가지고 있고, 〈클린, 쉐이번〉에서 피터 윈터는 고등학교 학급에서 상위 5%로 이내로 졸업했다. 정신분열병, 정신병은 지능과 어떤 관련성이 있는가? 매우 영민한 사람이 그와 같은 장애에 걸리는 경향이 있는가?

• 정신분열병 혹은 망상장애를 가장 잘 표현한 혹은 가장 부적절하게 표현한 영화는
  무엇이라고 생각하는가?

추가적인 탐구

만일 당신에게 이 장과 관련된 단 한 권의 책을 읽을 시간만이 주어진다면 다음의 책을 읽어 보라.

- Silverstein, S. M., Spaulding, W. D., & Menditto, A. A. (2006). *Schizophrenia*. Cambridge, MA: Hogrefe & Huber Publishers.

만일 당신에게 단 한 편의 논문을 읽을 수 있는 시간만 주어진다면 다음의 논문을 읽어 보라.

- Bellack, A. S. (2004). Skills training for people with severe mental illness. *Psychiatric Rehabilitation Journal, 27*, 375-391.

저자 추천작

• 정신분열병과 망상장애
- 〈샤인Shine〉(1996)
- 〈스위티Sweetie〉(1989)
- 〈클린, 쉐이번Clean, Shaven〉(1993)
- 〈탄생Birth〉(2004)
- 〈스파이더Spider〉(2002)
- 〈뷰티풀 마인드A Beautiful Mind〉(2001)
- 〈캔바스Canvas〉(2006)
- 〈내겐 너무 사랑스러운 그녀Lars and the Real Girl〉(2007)
- 〈어두운 유리를 통해Through a Glass Darkly〉(1961)
- 〈히 러브스 미He Loves Me, He Loves Me Not〉(2002)

제10장

신경심리학적 장애

"나에겐 단기기억이란 없어. 하지만 나는 내가 누군지 잘 알아. 난 나에
대해 전부 알고 있어. 단지 나는 다친 후부터 새로운 기억을 만들지 못할 뿐
이야. 모든 것이 흐릿하게 사라져 버려. 오랫동안 이야기하고 나면 우리가
대화를 어떻게 시작했는지도 잊어버려, 나중에 당신을 봐도 나는 우리가 나
눈 이 대화를 기억하지 못할 거야. 내가 당신을 전에 만났었는지도 기억 못
한다구. 그러니 내가 괴상하거나 무례하게 보일지도 몰라……. 근데 예전에
이 말을 당신에게 한 적 있지 않나?"

– 〈메멘토〉(2000)에서 레너드 쉘비

〈메멘토〉를 관람하면서 생각해 볼 물음들

- 레너드가 가진 성격과 장애는 어떻게 상호작용하는가?
- 영화 내내 레너드가 사용한 다양한 보상 전략compensatory strategy은 무엇인가?
- 이 영화에서 레너드가 모든 전략을 사용함으로써 그가 이루고자 했던 것들을 실질적으로 성취하였다고 보이는가?
- 목격자 증언에 관한 기억이 레너드의 기억 문제와 어떤 관련이 있는가?
- 영화 속에서의 기억에 관한 묘사는 인지기능장애 이상의 것을 어떻게 이야기해 주는가?
- 이 영화에서 그려지는 신경학적 증상은 당신이나 관객들로 하여금 무엇을 경험하게 하는가? 왜 그렇게 되는가?
- 레너드는 몇 가지의 편집증적 특성을 보인다. 편집증과 의심이 인지장애의 특성인가?
- 레너드가 무언가를 의도적으로 잊어버리려 한다는 사실을 나타내는 단서는 어떤 것들인가?
- 이러한 증상을 가진 사람이 지속적인 도움과 관찰 없이 스스로 얼마나 오래 살아남을 수 있을까?
- 순행성 기억상실증 증상은 시간이 지남에 따라 호전되는가?
- 순행성 기억상실과 역행성 기억상실의 차이는 무엇인가?

환자 평가

환자가 진술한 내원 사유: **"누가 내 아내를 죽였는지 찾아내는 데 당신이 도움을 줬으면 좋겠어요. 당신이 도울 수 있다고들 말하더군요. 테디가 절 보냈어요."** (환자는 이렇게 이야기하면서 그의 주머니에서 구겨진 쪽지를 꺼내어 보여 주었다).

현 병력: 레너드 쉘비 씨는 3년 전 사고로 머리를 심하게 다친 29세의 백인 남성이다. 그는 집에 침입해 아내를 강간하고 질식사시키려는 침입자에 맞서 싸우다 좌측 두부에 심각한 뇌진탕을 입었다. 그 결과 쉘비는 심각한 순행성 기억상실로 고통받는데, 순행성 기억상실이란 단기기억을 장기기억으로 전환하지 못하는 기억장애다.

과거의 정신과적 병력, 치료 및 결과: 현재 이용 가능한 의료기록에 따르면, 쉘비는 지난 2년 동안 신경정신과 병동을 '들락날락off and on'하면서 살아왔다고 한다. 그는 집단 보호시설에도 두 번이나 입소하였지만 두 번 모두 한 달도 못 버티고 도망쳐 버렸다. 병원에서도 도망쳤는데, 도망칠 때마다 그는 "아내를 죽인 사람을 찾아내서 복수할 것이다." 라고 하였다. 그는 아내의 강간외상에 적절히 대처하고 자신의 두부외상에 대하여 효과적으로 재활하기 위해, 부상당한 첫해에는 아내와 함께 살았었다. 기록에 따르면 쉘비는 최소한 세 명을 죽였는데, 그는 이 중 두 명이 아내를 강간했다고 믿고 있었다.

의학적 병력: 의료기록에는 쉘비가 몇 가지 유형의 항우울제와 기분안정제를 처방받은 것으로 되어 있다. 그러나 그가 병원에서 벗어날 때마다 모든 약 처방은 지켜지지 않았다.

심리사회적 병력: 쉘비는 그의 아내가 죽기 전까지 8년간 결혼생활을 했다. 의료기록을 보면 쉘비가 아내에게 과다한 양의 인슐린을 주사하여 아내를 죽인 것으로 되어 있다. 그녀는 쉘비의 순행성 기억상실증 진단에 의심을 품었고, 그에게 인슐린 주사를 놓아 달라고 반복적으로 부탁함으로써 그의 단기기억장애를 검증하고자 했다. 그녀는 아내의 생명을 극단적으로 위협하는 상황이 그로 하여금 '꾀병'임을 인정할 수밖에 없도록 할 것이라고 생각했다. 하지만 불행히도 그는 꾀병이 아니었고, 그의 아내는 인슐린 쇼크로 혼수상태에 빠져서 회복하지 못했다. 쉘비는 재정학과 학위를 받고 대학을 졸업했으며, 아이가 없고, 현재 관계하는 사람도 없다. 그는 상해를 입은 이후 실업자가 되었다. 상해를 입기 전 8년 동안은 보험청구 조사관으로 일했으며 그 당시에는 자신의 일을 즐기고 성취감을 느꼈다. 그는 한때 함께 일했던 새미 젠킨스란 고객에 관한 이야기를 시작했고 인터뷰 동안 세 개의 분리된 상황에서 이 이야기의 부분들을 말했다. 그가 새미 젠킨스의 왼쪽 팔 문신을 기억한다는 것은 매우 의미심장하다.

약물과 알코올 병력: 그는 약물이나 술을 남용한 적이 없다.

행동 관찰: 쉘비는 면담 시간보다 15분 늦었다. 그는 스포츠 코트와 바지를 입고 있었는데 그것들은 오랫동안 세탁하지 않은 것으로 보였다. 재미있게도 그는 검사실에 걸어 들어오면서 사진을 찍었고 "이것으로 나는 당신을 기억할 수 있다."고 말했으며, 사진에다가 상담가의 이름과 "테디가 추천한 정신과 의사"란 글귀를 적었다.

쉘비는 면담 내내 자신의 기억을 보완하기 위해 메모카드와 손으로 쓴 쪽지, 이름과 메모가 함께 적힌 사람들 사진, 그리고 자신의 몸에 새긴 문신 등의 수많은 방법을 이용하였다. 그가 말하기를, 그중 문신은 '가장 핵심적인 정보'를 위한 것이라 하였다. 때때로 그는 가슴에 있는 문신을 읽기 위해 재킷과 셔츠를 벗으려 했으나, 상담가는 이런 행동을 중지시키고 나중에 그것을 읽으라고 격려하였다. 쪽지의 기록들은 그가 어디에 와 있는지, 왜 그가 검사를 받고 있는지에 대해 알 수 있도록 해 줬다. 그는 스스로에게 수많은 질문을 했고, 면담 동안 각기 다른 시점에서 많은 진술을 반복했다. 이러한 패턴은 10~15분마다 반복되었다.

정신상태검사: 쉘비는 평가 내내 의심이 많았고 경계적이었다. 그의 기분과 정서는 불안정하여 초조함에서 우울함으로 급격하게 변화하였는데, 특히 몇 가지 질문 후 기억이 나지 않는 것처럼 보일 때 더욱 불안해했다. 이럴 때 그는 사진과 메모를 더듬거나 자신의 문신을 읽기 시작했다. 사고비약flight of ideas이나 환각, 망상의 증거는 없었다. 현재 의미 있는 자살사고나 살인 경향은 보이지 않았지만, 그의 과거력을 고려하면 살인 경향이 전혀 없다고 확신할 수는 없다. 그의 단기기억은 매우 제한적이었고, 불안과 초조함은 기억 문제를 더욱 악화시키고 있었다.

사람에 대한 지남력은 유지되고 있었지만, 시간과 장소, 상황에 대한 지남력은 없었다. 하지만 그는 보상 전략의 도움으로 이런 문제들을 해결할 수 있었다. 그는 상담가에게 몇몇 노트와 메모를 보여 주었다. 그 안에는 단문 구절이나 무작위적인 생각들, 해야 할 일들, 각종 아이디어들이 들어 있었다. 이 노트들의 목적은 여러 가지였다. 첫째, 과제를 완료하기에 충분할 정도로 긴 시간 동안 그를 '궤도 위에on track' 있도록 하는 보상 전략으로 사용된다. 둘째, 중요한 과거 사건과 사람들을 기억하도록 돕는다. 셋째, 여러 어려움들을 극복하도록 해 준다. 그는 면담 동안 몇 차례 내 이름을 잊어버렸는데, 그럴 때는 재빨리 내 얼굴이 들어 있는 사진을 참고하여 내 이름을 말하고는 미소 지었다.

쉘비에게 간이정신상태검사MMSE를 두 번 시행했다. 첫 번째는 노트를 사용하지 않았고 두 번째는 노트를 사용했다. 그가 받은 점수는 30점 만점에 각각 15점과 23점이었다. 보상 전략을 사용하지 않았을 때, 쉘비는 지남력과 기억회상 그리고 연속 7 빼기 과제에서 어려움을 보였다. 하지만 그는 간단한 명령은 수행할 수 있었고, 방에 있는 사물의 이름을 말하고 문장을 쓰고 복잡한 도형을 모사copy할 수 있었다. 보상 전략을 사용해서 두 번째 검사를 했을 때, 주로 시간과 장소 지남력에서 향상이 있었다.

기능적 평가: 쉘비는 단기기억을 장기기억으로 전환하는 능력이 거의 없었다. 이것은 그의 인생의 모든 활동에 심각한 영향을 미쳤다. 그는 자신을 돌보는 데 어려움이 많았기 때문에 밥을 먹거나 옷을 갈아입거나 다른 일상적인 활동들을 수행하도록 상기시켜 줄

필요가 있었다. 그가 입은 상해는 일을 하고 학교에 가는 것을 방해하고, 새로운 관계를 유지하는 능력을 제한하였다. 쉘비는 자신의 말과 행동, 감정, 사고에 대한 통찰이 없었는데, 그 이유는 15분 내에 그것들을 잊어버리기 때문이다.

강점: 쉘비는 창의적이고 자발적이고 지적이며, 그의 성격은 활동적이고 매력적이며 흥미를 끄는 편이었다. 그는 자신의 보상적 기억 전략의 조직화에서 엄격하고 체계적이었다. 그는 매우 동기화되어 있고, 아마도 이런 동기화가 그를 친사회적인 방향으로 이끄는 것 같았다. 그는 자신의 상태를 자각하고 있고, 기억의 응고화consolidation 문제 때문에 고통을 받고 있다는 사실을 알고 있는 것처럼 보인다.

진단: 두부외상으로 인한 기억상실; 반사회성 성격장애

치료 계획: 쉘비는 신경정신과적 입장에서 면밀하게 관찰되어야 한다. 또한 명백한 이유도 없이 갑자기 생기는 듯한 높은 살인 위험성 때문에 그의 노트와 메모, 사진들을 주도면밀하게 관찰할 필요가 있다. 특히 기억력과 같은 기능의 변화를 주기적으로 검사하는 것을 포함하여 추후에 전반적인 신경심리학적 평가가 권고된다. 특히 일상생활 활동을 포함하여 부가적인 보상 전략을 훈련할 수 있도록 하기 위해 작업치료가 의뢰되어야 한다.

예후: 나쁨.

〈메멘토〉, 기억 그리고 관객의 공감

〈메멘토Memento〉(2000)는 레너드 쉘비라는 인물의 삶을 다룬 심리 스릴러로, 그는 새로운 기억을 장기기억으로 전환하는 것이 불가능한 순행성 기억상실증 환자다. 이 영화는 자신과 아내가 입은 과거의 공격에 복수하기 위한 한 남자의 고군분투뿐만 아니라, 심리적·사회적으로 복잡하게 연결된 기억장애의 연대기를 다루고 있다. 이 영화는 크리스토퍼 놀란 감독의 두 번째 작품인데[영화 〈미행Following〉(1998)과 〈인썸니아Insomnia〉(2002) 참조. 둘 다 이 책에서 언급된다.], 그는 놀라울 정도로 창의적이고 복잡한 이 영화를 25.5일 만에 제작했다.

〈메멘토〉는 영화 시작부터 이야기의 끝부분을 보여 주고 점차 역방향으로 진행하는, 영리하게 편집된 영화다. 약 10분 단위로 천연색 영화 컷이 역방향(과거로 거슬러)으로 진행되는데, 이 부분들은 순방향으로 진행되는 흑백 컷들과 중첩되어 있다.

레너드는 아내를 죽인 살인범을 찾아 복수하기 위해 투쟁한다. 아내는 레너드의 기억상실을 '검증'하기 위해 그로 하여금 인슐린을 반복적으로 자신에게 주사하게 만들었고 결국 쇼크와 혼수상태에 빠져 죽음에 이르렀다. 레너드는 아내를 죽인 사람이 바로 자신이라는 사실을 기억하지 못한다. 레너드는 인슐린을 과량으로 주사해서 아내를 죽음으로 몰아넣은 사람은 새미 젠킨스였다고 믿고 있었다. 레너드는 자신이 보험청구 조사관이었을 때 새미 젠킨스가 꾀병을 부렸다고 믿었다. 레너드는 자신의 이야기와 새미의 이야기를 혼합시켜서 현실을 왜곡한다. 영화는 레너드가 부인하고 망각한다는 사실에 대한 단서를 매우 교묘하게 제공한다. 예를 들면, 한 장면에서 레너드의 모습이 입원 중인 새미 젠킨스의 캐릭터와 겹쳐지는데, 사실 누가 입원해 있는지 불확실하다. 또 다른 예로 영화 끝부분(이야기의 시작 부분)의 회상 장면이 있는데, 여기서 레너드와 그의 아내가 함께 침대에 누워 있다. 카메라는 그의 가슴 문신인 '나는 해냈다'라는 글귀를 잠깐 비추는데, 이는 관객들에게 직접적인 증거 하나를 제공해 주는 것처럼 보인다.

이 영화는 기억장애를 지닌 사람이 겪는 고통을 훌륭하게 묘사하였고, 보상 전략들(문신, 사람과 장소를 찍은 폴라로이드 사진들)을 사용하여 이러한 장애에 대처하는 사람들의 힘든 훈련과 자세한 접근과정을 그리고 있다. 레너드는 기억을 응고하는 능력을 잃어버린 사람으로서 현실을 충분히 직면하지 않은 것처럼 보였고, 그는 그의 병을 이용하여 이득을 보려고 하는 사람들과 그를 조종하고 그에게 거짓말을 하는 사람들에 대처해야만 했다. 궁극적으로 그는 자신을 포함하여 의지하거나 신뢰할 사람이 아무도 없다. 그를 돕는 것처럼 보이는 사람들도 그를 '이용'할 뿐이다(마약 거래나 보복살인, 또는 여분의 돈을 만들기 위해. 이 모두를 대신 실행하는 사람은 결국 레너드다). 결국 그는 비참한 진실에 직면한다. 부패한 경찰관 테디는 그에게 말한다. "넌 진실을 원하지 않아……. 넌 너 자신만의 진실을 만들려고 하잖아." 관객들은 결국 레너드가 애초부터 진실을 몰랐으며, 그가 결백한 사람을 죽이려고 했다는 사실을 알게 된다.

아마도 이 영화에서 가장 주목할 만한 점은 순행성 기억상실증을 가진 사람들이 경험하는 세계를 관객들이 체험할 수 있도록 한다는 점이라 할 수 있다. 관객은 순방향으로 진행하는 겹쳐진 흑백 장면을 이해하고, 동시에 역방향으로 진행하는 장면을 짜 맞추면서 주인공의 투쟁과 왜곡, 과오, 물음, 정서 등을 경험한다. 관객들은 방금 본 것을 끊임없이 재평가하고 다시 생각하게 된다. 영화는 관객들에게 강한 집중력과 기억력을 요구한다. 영화에 몰입되면 우리 대부분이 당연히 주어진 것이라고 생각하던 어떠한 권리에 대해 새삼 고맙게 생각하게 되는데, 그것은 바로 새로운 정보를 장기기억으로 전환하는 능력이다. 관객들은 누가 누구를 조종하는지를 판단하기 위해 노력하면서, 또한 기억장애를 가진 환자가 시간과 장소와 사람, 상황에 대한 갈등적 왜곡을 정돈하려고 할 때 느끼는 것들을 간접적으로 경험하면서 주인공의 혼돈을 경험하게 된다. 관객은 스스로의 기억력에 대해 회의를 느끼게 되고, 영화의 혼란스러운 면을 바로잡기 위해서 어떤 인지적 전략을 채택해야 한다. 관객들은 또한 영화의 인물들, 특히 순행성 기억상실증으로 인해 '믿을 수 없는 내레이터'(레너드)에 대한 신뢰를 잃기 시작한다.

이 영화의 복잡성은 우리의 의미 추구, 정체성 상실, '그림자shadow'의 발견과 조작, 진실과 거짓의 역할(자신과 타인에게), 인지장애에 대한 대처의 어려움, 도처에 도사리고 있는 부정의 힘 등에 관한 실존적 주제들을 다루면서 확장된다.

 신경심리학적 장애

이 장은 인지 또는 기억의 유의미한 손상으로 인해 나타나는 상황들과 그것이 결과적으로 개인의 기능 수행에 어떤 영향을 미치는지에 대해서 기술한다. 먼저 일반적인 인지장애의 범주들이 논의된다(치매, 섬망 그리고 기억상실증). 다음으로 특수한 질환들이 다루어진다(두부외상, 뇌종양, 뇌졸중 그리고 간질).

치매

치매dementia라는 용어는 기억장애와 판단력 손상 그리고 성격 변화로 특징지어지는 뇌장애군을 뜻한다. 잠행성 발병insidious onset과 인지능력의 점진적인 악화gradual deterioration가 치매의 주된 특징이다. 일부 권위자들은 이 용어가 회복이 불가능한 상태에만 적용되어야 한다고 보지만, 일반적인 관례(그리고 DSM-IV-TR)에서는 예후에 대한 함의 없이 기술적記述的으로 이 용어를 사용한다. 따라서 영양결핍이나 쿠싱 증후군(혈액 속 코티졸의 과다로 인한 호르몬 장애) 같은 원인에서 비롯된 뇌기능장애들이 치매로 진단될 수 있다.

다양한 의학적 조건이나 물질이 치매의 원인이 될 수 있다. 치매를 일으키는 것으로 좀 더 흔하게 알려진 의학적 원인들에는 뇌혈관 질환cerebrovascular disease, 두부외상head trauma, 파킨슨병Parkinson's disease, 에이즈HIV, 헌팅턴병Huntington's disease, 픽병Pick's disease, 크로이츠펠트-야콥병Creutzfeldt-Jakob's disease 등이 있다. 〈사랑의 기적Awakenings〉(1990)은 파킨슨병으로 인한 치매와 근긴장병catatonia에 대한 훌륭한 예시를 제공해 준다. 이 영화는 『아내를 모자로 착각한 남자The Man Who Mistook His Wife for a Hat』의 저자로 잘 알려진 신경학자 올리버 삭스Oliver Sacks의 경험에 기초한다.

치매의 주요한 요인은 알츠하이머병Alzheimer's disease이며 모든 치매 사례의 절반 정도가 이에 해당한다. 알츠하이머병은 공중보건상 매우 심각한 문제이며, 평균 수명이 길어질수록 급격히 증가하는 추세다.

알츠하이머병 환자의 뇌는 연령-대응 통제 집단의 뇌 상태와 매우 다른데, 그들의 뇌에는 노인반senile plaques과 비정상적 신경섬유 매듭neurofibrillary tangles이 있다. 나이가 들어 감에 따라 약간의 신경원 손실이 있지만, 알츠하이머병을 가진 환자의 뇌는 더욱 빠른 속도로 위축된다. 알츠하이머병을 진단하는 데 심리학적 검사가 가장 효과적일 경우가 종종 있는데, 특히 발병 초기일 경우에 그렇다. 초기 단계에서 환자들은 아직까지는 잘 유지되고 있는 사회적 기술을 이용함으로써 기억력에서 생기는 두드러진 문제들을 은폐한다. 점진적으로 시작되는 알츠하이머병의 또 다른 초기징후는 만연한 불안과 부적절한 사회적 행동 등이다. 이러한 알츠하이머병은 사후 부검이 수행되기까지는 공식적인 진단이 내려질 수 없다.

〈아이리스〉

아이리스 머독Iris Murdoch은 20세기 최고의 작가이자 사상가 중 한 명이다. 그녀는 스물여섯 편의 소설과 여섯 편의 철학서적과 몇 개의 연극을 집필하였다. 그녀의 이러한 복잡한 역작들의 취지와 목적은 하나의 문장으로 단순화할 수 있다. 그녀는 인간이 어떻게 자유로워지고 어떻게 선해질 수 있는지에 대해 설명하기를 원했다. 머독은 깊고, 복잡하고, 타고난 사색가였다. 우리가 〈아이리스Iris〉(2001)에서 본 것처럼, 총명하고 그동안 잘 활용되어 온 두뇌가 치매로 인해 어떻게 악화되는지를 보는 것은 매우 아이러니하다.

아이리스의 몇몇 치매 초기 증상은 그녀의 기억상실 경험에서 나타난다. 그녀는 자신이 말했던 것을 빈번히 잊어버렸고, 그때부터 혼잣말을 하기 시작했으며, 허공을 응시하고 무미건조한 감정상태를 보이게 된다. 게다가 언어장애(옹알이)가 심해졌고, 자신을 돌보는 능력마저 잃어버렸다. 다방면에 걸쳐 순조로웠던 그녀의 집필작업은 위축되고 제한되었으며, 그녀는 자주 테이블 앞에 놓여 있는 빈 종이와 함께 멍하니 앉아 있었다. 그녀는 집 안팎을 거의 관리하지 않게 되었다. 영화는 증상이 점점 더 악화되는 것을 그리며, 아이리스(주디 덴치 분)가 심각한 위험에 처하는 몇몇 장면을 보여 준다(예를 들면, 움직이는 차 밖으로 뛰어 내리는 장면, 조수석에서 핸들을 조작하려 하는 장면, 그리고 집을 나와서 차량 통행이 복잡한 도로 안을 배회하는 장면 등이 있다). 관객들은 아이리스가 서서히 그녀 자신의 세계에 갇히게 되는 것을 보게 된다. 처음에는 이런 현상이 단기적이고 그녀는 곧 현실로 돌아온다. 하지만 그녀는 점점 더 긴 시간 동안 고립과 적막을 경험하게 된다. 그러나 가끔씩은 그녀 자신의 세계에서 빠져나와 남편에게 "당신을 사랑해"라고 말하는 인상적인 장면도 있다.

〈아이리스〉는 또한 알츠하이머병 환자의 부양자가 겪게 되는 도전과 반응을 심도 있게 보여 준다. 아이리스의 사랑하는 남편인 존 베일리(짐 브로드벤트 분)는, 처음에는 그녀의 질병을 부인하면서 "그녀는 신비의 세계로 사라지지만 항상 다시 돌아온다."고 말한다. 하지만 점점 더 심각해지는 아내의 증상을 지켜보면서, 결국 분노에 차서 소리를 지르는 등 그의 감정은 참을 수 없는 지경에까지 이르게 된다. 몇몇 장면에서 존 베일리는 아내의 병을 위해 어떤 것도 할 수 없다는 것 때문에 절망에 빠져 혼자 앉아 있는다. 그는 "사랑은 곧 끝날 것이다."라는 말을 슬프게 계속 반복한다. 존 베일리는 아이리스를 요양원으로 데려가면서 예상할 수 있는 슬픔의 단계들(부정, 분노, 질문/도전, 슬픔 그리고 마지막으로 수용[1])을 경험하게 되고, 이런 그를 보는 것은 매우 인상적이다.

> "그녀는 지금 그녀 자신의 세계에 있고, 아마도 이게 항상 그녀가 원했던 것일 거야."
> — 〈아이리스〉(2001)에서 아내의 병에 대한 존 베일리의 말

사랑 그리고 치매

최근의 두 영화인 사라 폴리의 〈어웨이 프롬 허Away from Her〉(2006)와 닉 카사베츠의 〈노트북The Notebook〉(2004)에서는 아내의 치매에 대처하는 남편의 모습이 묘사된다. 첫 번째 영화는 온타리오(캐나다 남부에 있는 주)의 결혼한 지 44년 된 부부를 그리고 있다. 부인 피오나(줄리 크리스티 분)는 점점 무언가를 잘 잊어버리게 되고, 그녀와 남편 그랜트(고든 핀센트 분)는 그녀에게 일어나는 모든 문제가 정상적인 노화과정 동안 일어나는 건망증보다는 훨씬 심각하다는 것을 정확하게 알고 있다. 기억장애뿐만 아니라 피오나는 겉보기에도 이상한 행동을 하는 자신을 발견하곤 한다(예를 들면, 설거지한 프라이팬을 냉동고에 넣어 둔다든지, '포도주'란 단어를 회상해 내지 못하는 것 등). 그녀는 자신에게 간병인이 필요하다는 사실을 알게 되고, 남편에게 짐이 되는 것을 원하지 않았다. 대학의 영어 교수이며 결혼기간 동안 저지른 간통 경험에 대해 죄책감을 느끼는 남편은, 그녀가 자신의 병에 '조금이나마 명예롭게' 직면할 수 있는 준비가 필요하다는 계획에 결국 동의한다. 그랜트가 피오나를 요양원에 데려다 주었을 때 그는 그녀의 방에 따라가서 섹스를 나눈다("나는 당신을 보내기 전에 먼저 당신과 사랑을 나누고 싶어. 나는 여기 머물러야 하기 때문에, 당신이 날 힘들게 하면 참을 수 없이 울음을 터뜨리게 될지도 몰라."). 이 영화에서 요양원에 들어가면 첫 30일 동안은 방문이 금지되는데, 이는 새로운 입원자의 적응을

---

1) 역자 주: 또는 부정denial, 분노anger, 타협bargaining, 수용acceptance 등의 4단계를 말하기도 한다.

돕기 위한 규정이라고 설명된다(하지만 실제로는 대부분의 요양원에서 방문객 제한은 매우 드문 일이다). 이 시기 동안 피오나는 양로원의 다른 입원자와 비록 성적인 것은 아니라도 로맨스에 빠진다. 영화적 긴장을 구성하는 이러한 내용에서 오브레이라는 남자 입원자에 대한 피오나의 관심이 단순히 자신의 결혼 사실과 남편에 대한 망각 때문인지, 학생과 혼외정사를 벌였던 남편에게 복수하려고 하는 그녀의 소망 때문인지는 불분명하다. 영화 속에서 그랜트의 지속적이고도 무조건적인 사랑은 매우 인상적이다. 이러한 사실은 〈아이리스〉에서 그려진 존 베일리의 사랑과 별반 다르지 않다. 피오나가 다른 남자와 명백히 친밀한 관계라는 것을 알면서도, 그랜트가 피오나를 정기적으로 방문한다는 것을 보면 알 수 있다.

〈노트북〉(2004)에서 지나 롤랜즈와 제임스 가너는 아내의 치매에 대처하는 부부로 연기한다. 앨리 캘런(지나 롤랜즈 분)은 요양원에 있다. 그녀의 남편 듀크는 그녀가 있는 곳으로 이사 와서 매일 노트에 있는 내용을 그녀에게 읽어 준다. 관객들은 병이 악화되더라도 계속 기억할 수 있도록 그녀가 그들의 삶과 사랑에 관한 이야기를 썼다는 사실을 나중에야 알게 된다. 일련의 회상 장면은 그들의 연애 초기와 이별, 재결합에 관한 이야기를 보여 주기 위해 사용된다. 이 영화는 매우 감상적이며 알츠하이머병을 과도하게 낭만화시키지만, 동시에 이 병의 정의적 특징 중 하나인 기억상실을 극적으로 잘 묘사하고 있다.

〈야만인들〉

〈야만인들The Savages〉(2007)에서 로라 리니와 필립 세이무어 호프만은 치매에 걸린 늙은 아버지를 간병해야 하는 딜레마에 직면한 오누이 역을 연기했다. 두 남매는 아버지와 가까웠던 적이 없었지만, 아버지의 여자 친구가 사망하자 아버지를 간병해야 하는 상황에 처하게 되었다. 그들은 아버지가 자신의 대변으로 벽에 글을 쓰기 시작할 때 처음으로 그의 상태를 알게 되었다. 치매에 걸린 많은 사람들에게서 대소변 조절의 실패는 알츠하이머병과 같은 질환에서 자기상실을 보여 주는 강한 은유가 된다. 이 영화는 요양원이란 곳이 얼마나 침울한 분위기인지를 잘 묘사하고 있다. 또한 부모가 치매에 걸렸을 때 자녀가 내려야 하는 결정이 얼마나 큰 스트레스가 되는지를 보여 준다.

"사람들이 죽어 가고 있잖아, 웬디! 바로 저 아름다운 건물 안에서 말이야. 이건 마치 망할 놈의 공포 쇼 같아! 그리고 편안한 삶에 대한 이 모든 선전과 전망은 인간은 죽는다는 비참한 사실을 모호하게 만들려고 하는 것일 뿐이야! 죽음은 공허하고 섬뜩하며, 썩은 대소변과 악취로 채워져 있는 거야!"

— 〈야만인들〉(2007)에서 여동생에게 말하는 존 세비지

요양원에서의 삶의 속도는 켄터키의 어느 요양원의 실제 거주자들이 출연한 유사 다큐멘터리 영화 〈어시스티드 리빙Assisted Living〉(2003)에서 잘 묘사된다. 한 장면에서 별다른 도구 없이 파이프 담배를 피우는 늙은 토드는 장난삼아 다른 거주자와 통화하면서 하나님인 척한다. 토드의 익살에도 불구하고, 그가 많은 거주자들을 배려하고 신경 쓰며, 알츠하이머병이 빠르게 악화되고 있는 환자를 도우려 한다는 점은 명백하다.

치매 대 우울

나이 많은 환자를 치료하는 임상가가 직면하는 과제 중 가장 중요한 것 하나는 치매와 우울증clinical depression을 구분하는 것이다. 이런 경우에 적절한 진단이 결정적으로 중요한데, 왜냐하면 알츠하이머병으로 잘못 진단받음으로써 우울증 환자가 적절한 치료를 받지 못하게 되기 때문이다. 하지만 대부분의 경우 이 두 장애 사이에는 분명한 차이가 있어서 명민한 임상가라면 이 두 가지를 구별할 수 있을 것이다. 예를 들면 알츠하이머병은 서서히 발병하는 반면 우울증은 좀 더 갑작스럽게 발병한다. 알츠하이머병 환자는 항상 진성 인지결함을 갖고 있으며 새로운 과제를 학습하는 데 어려움을 보일 것이다. 반면 우울증 환자는 동기가 부족하고 주의집중에 어려움을 보이지만 느리더라도 적절히 학습할 수 있다. 우울증 환자는 또한 식욕 저하와 기복이 심한 경과 패턴을 경험하며, 정동장애의 과거력을 가지고 있을 가능성이 좀 더 높다. 게다가 우울증 환자는 그들의 문제를 시인하는 경향이 있고 가끔은 증상을 과장하기도 한다. 반면에 알츠하이머병 환자는 그들의 어려움을 은폐하려 하고, 문제를 가지고 있다는 사실을 부인하며, 별 이유도 없이 기분이 고양

될 수도 있다. 결국 병의 후기 단계에서 진성 치매 환자는 뇌 영상과 뇌파 검사에서 비정상적인 소견을 나타나게 된다.

치매를 다루고 있는 또 다른 중요한 TV 영화 〈사랑을 기억하나요?Do you remember Love?〉(1985)에서, 대학교수인 조앤 우드워드는 삶을 황폐화시키는 병에 걸리게 된다. 영화 속 우드워드에 대한 묘사는 섬세하고도 감동적이다. 〈신의 아그네스Agnes of God〉(1985)에는 제인 폰다가 연기한 인물과 그녀의 어머니 사이에서 벌어지는 잊기 힘든 장면이 있다. 폰다는 정신과 박사인 마타 리빙스턴 역을 맡았는데, 그녀의 어머니를 만나러 요양원으로 간다. 이 장면은 어린이 만화 프로그램을 보고 있는 어머니의 모습으로부터 시작된다. 지남력이 없는 엄마는 마타를 수도원에서 수년 전에 죽은 여동생과 혼동한다.

제시카 탠디는 〈드라이빙 미스 데이지Driving Miss Daisy〉(1989)에서 결국 알츠하이머병으로 진행되어 요양원에 있게 된 나이 많은 여자를 매우 설득력 있게 연기한다. 탠디는 이 영화로 아카데미상을 수상했다.

섬망

섬망delirium은 혼돈과 와해된 사고(인지의 혼탁)가 갑작스럽게 시작되고, 때론 중얼거리거나 지리멸렬해지고 부적절한 언어를 쓰는 등의 특징을 보인다. 뿐만 아니라 감정상태가 부적절한 경우도 많다. 예를 들면 섬망 증상이 있는 사람은 극도로 불안해하거나 행복감을 보일 수 있는데, 문제는 이러한 정서반응이 부적절한 상황에서 일어난다는 점이다. 섬망은 착각과 환각, 혹은 감각자극의 잘못된 해석을 낳기도 한다. 예를 들어 망상 증상이 있는 환자는 의사의 근심스런 표정을 극도로 화내는 것으로 지각할 수도 있다. 치매를 다루고 있는 대부분의 영화는 섬망의 일부 예들을 보여 준다(예: 〈아이리스〉).

섬망은 대부분(하지만 항상은 아님) 뇌의 대사장애로부터 비롯되며, 또한 감염이나 산소결핍, 이온의 불균형, 비타민 부족, 신장질환으로부터도 발생할 수 있다. 섬망의 흔한 원인 중 또 하나는 급성 약물 중독이나 약물 금단이다. 진전섬망delirium tremens은 문제가 되는 음주 과거력을 지닌 알코올 중독자에게 흔하게 나타난다. 진전섬망을 보이는 환자는 지남력장애와 환각, 현저한 진전(떨림) 증상을 보인다. 다른 증상으로는 강한 공포감과 발열, 발한 등이 있다. 이러한 진전섬망은 빌리 와일더의 영화 〈잃어버린 주말The Lost Weekend〉(1945)과 니콜라스 케이지가 주연한 〈라스베가스를 떠나며Leaving Las Vegas〉(1995)에서 생생하게 묘사된다.

기억상실증

기억상실증amnesia이 있는 환자는 단기기억에 심각한 손상을 보이지만 장기기억과 지적인 기능은 비교적 보존된다. 극단적인 경우에는 새로운 정보를 학습하는 능력이 완전히 상실될 수도 있다. 기억상실 증후군amnestic syndrome 환자는 의사의 이름이 여러 차례 제시되어도 이를 회상할 수 없다. 네 가지 물건의 이름을 회상하는 간단한 학습과제도 사실상 불가능하다. 환자는 네 가지 항목을 반복해서 말할 수는 있으므로, 과제를 이해하는 능력이나 수용성·표현성 언어 능력은 온전하게 유지된다는 것을 알 수 있다. 그러나 수십 번을 시도해도 기억으로부터 네 가지 항목을 회상할 수는 없다.

기억상실 증후군 환자는 때때로 작화confabulate(이야기를 꾸며냄)하고, 새로운 정보를 획득할 수 없는 자신들의 무능력에 관해 세부적이고 그럴싸한 설명을 제시하기도 한다. 네 개의 숫자를 몇 초 이상 기억할 수 없는 환자는 그것을 예전에 수학을 잘 하지 못한 것과 관련시켜서 설명하고, 정신과 병동 환자는 신장의 문제 때문에 입원해 있는 것이라고 말할 수도 있다. 일례로, 한 환자는 1시간짜리 녹음 면담 중 아침식사로 무엇을 먹었는지에 관한 질문을 네 번 받았으며, 인터뷰 동안 그럴듯한 네 가지의 다른 '메뉴'로 대답했다. 하지만 각각의 경우에서 그는 면담 중 그전에 동일한 질문을 받은 적이 있다는 사실을 전혀 기억하지 못했다.

가장 흔한 기억상실 증후군 중 하나는 베르니케-코르사코프 증후군Wernicke-Korsakoff syndrome이다. 이 장애를 가지고 있는 환자는 새로운 것을 학습하는 것이 상당히 어렵고, 최근 경험을 회상해 낼 수 없으며, 소뇌의 이차적 역기능으로 인해 보행장애를 보이고, 양안응시(초점에 두 눈을 바로 맞춰 보는 것)장애를 포함한 다양한 시각장애를 보인다. 이러한 상태는 노인 알코올 중독자가 일반 음식물 속에 있는 단백질과 탄수화물, 비타민, 지방 대신에 영양가가 없는 술을 다년간 섭취했을 때 발생한다. 이 장애는 특히 티아민(비타민 B1)의 결핍과 관련이 있으며, 일부 공중보건 전문가들은 우리가 빵의 영양가를 높이는 방식과 동일한 방식으로 알코올에 비타민을 넣어 '영양분을 높이는' 방법을 권유한다. 비록 이런 방법이 최소 비용으로도 가능하고 알코올 중독자에게 잠재적 혜택이 되는 방법임에도 불구하고, 주류 제조업자들은 이 일에 별 관심이 없다.

여러 영화가 기억상실증이 있는 인물들을 묘사하는데, 예를 들면 〈망각의 여로 Spellbound〉(1945), 〈신기루Mirage〉(1995), 〈아나스타샤Anastasia〉(1956) 그리고 〈수잔을 찾아서Desperately Seeking Susan〉(1985) 등이 있다. 1983년 영화 〈마틴 기어의 귀향 The return of Martin Guerre〉은 기억의 한계, 그리고 동기 및 필요에 의해서 기억이 영향을 받을 수 있는 정도를 창의적으로 탐색하였다. 해리성 기억상실증(3장 참조)은 일반적인 의학적 상태로 인한 기억상실증(두부외상 포함)과 구별되어야 한다.

두부외상

두부외상head injury과 기억상실증 그리고 영화 간의 관련성은 매우 높다. 영화라는 매체를 통해 누군가가 두부외상을 경험하고 그들의 과거사에 관한 기억을 잃어버리게 되는 것과 관련하여 수많은 창조적인 이야기들(다음 내용에서 설명할)을 전달할 수 있다(그들은 상처로부터 새롭게 출발할 수 있고, 깊은 감사와 함께 인생을 새롭게 발견할 수 있으며, 다른 사람들이 그들을 조정할 수도 있다는 것 등등).

비록 DSM-IV-TR의 명명법에서 항목으로 분리되지는 않았지만, 전문적인 문헌과 늙은 권투선수의 의료기록에서는 권투선수치매dementia pugilistica, punch-drunk syndrome에 대한 인용을 흔히 볼 수 있다. 이 환자들은 (뇌손상을 수반하는) 반복된 머리의 타격으로 인하여 때로는 거동이 곤란해지고 파킨슨병에서 보이는 진전이 나타난다. 또한 발음이 둔해지고 정신적 민첩성이 떨어지며 특히 알코올에 민감해진다. 극적인 감정 변화(변동적인 정서emotional lability)가 일반적으로 나타나고, 쉽게 화내고 싸우려 들며 편집적 성향을 띠게 된다. 이런 증상 중 많은 것들은 로버트 드 니로가 제이크 라모타 역을 맡은 영화 〈분노의 주먹Raging Bull〉(1980)에서 볼 수 있다.

권투와 관련된 반복적인 타격이 두부외상을 일으키는 것으로 알려져 있지만, 이러한 손상이 MRI로 감지되지 않을 수도 있다. 연령 및 성별에 대응된 통제 집단과 비교했을 때, 권투선수에게서 미세한 구조적 손상의 증거가 있는 것으로 나타났다 (Zhang et al., 2003).

"넌 이해 못해! 나는 일류가 될 수 있었어. 난 주정뱅이가 아닌 다른 사람이 될 수 있었어, 근데 이 꼴이 뭐야……."

– 〈워터프론트〉(1954)에서 테리 말로이

이 문제가 너무 심각하여 미국의학협회 및 다른 전문기관에서 프로권투를 정식 스포츠 종목에서 삭제할 것을 요청할 정도였다. 사실상 상대방의 뇌에 손상을 입히는 것이 목적인 스포츠에서 이를 상쇄시켜 줄 만한 좋은 사회적 가치를 찾기란 어렵다. 하지만 권투가 미국에서 여전히 인기 있는 스포츠라는 사실은 〈위대한 희망 The Great White Hope〉(1970), 〈비정의 링The Harder They Fall〉(1956), 〈조 루이스 이야기 The Joe Louis Story〉(1953), 〈키드 갈라드Kid Galahad〉(1937/1962), 〈워터프론트On the Waterfront〉(1954), 〈헤비급을 위한 진혼곡Requiem for a Heavyweight〉(1962), 〈록키Rocky〉 시리즈(1976, 1979, 1982, 1985, 1990, 2006)와 그 밖의 다수의 영화에서 확인할 수 있다.

뇌손상이 어떤 상태인지 알고 싶을 때, 두개골은 밀폐된 딱딱한 용기이며 뇌는 부드럽고 젤리 같은 물질로 구성되어 있어서 머리가 부딪히면 두개골 안에서 움직인다는 것을 기억하는 것은 유용하다. 뇌는 두개골과 수막(두개골과 뇌 사이에 있는 세 층의 보호막)에 의해 잘 보호되고 있을지라도, 사실상 매우 연약하다.

뇌손상은 대체로 뇌진탕concussions, 뇌좌상contusions, 개방형 두부외상open head injuries 으로 분류된다. 뇌진탕은 뇌가 충격을 받았을 때 일어나고, 흔히 기억상실과 의식 소실을 낳는다. 기억력과 집중력손상, 두통, 피로, 불안, 현기증, 성마름이 뇌진탕 후에 일어나는 특징들이다. 뇌좌상은 두개골과 뇌 사이의 충격으로 인해 뇌에 실제적으로 타박상이 생길 때 일어난다. 뇌좌상은 뇌진탕보다 더 심각한 신경학적 결과를 일으키며, 사망에 이를 수도 있다. 충격을 받은 자리에 뇌좌상이 생긴 경우 동측 충격 상해coup injuries로 기술한다(예를 들어, 야구방망이가 머리를 가격한 그 자리). 대측 충격 상해contrecoup injuries는 충격을 받은 곳의 반대쪽에서 일어나는 것이며, 주로 가속상해(머리를 핸들에 박는 경우 등) 시에 일어난다. 개방형 두부외상은 머리의 큰 충격으로 인하여 두개골이 열려서 그 속의 신경조직이 노출되는 경우에 일어난다. 개방형 두부외상은 전시에 미사일 공격으로 인해 발생하는 경우가 많고, 뇌구조에 대해 우리가 알고 있는 지식 대부분은 전쟁에서 다친 군인들을 진찰한 결과로 얻어진 것들이다.

두부외상의 효과는 부상을 입은 후 몇 시간 또는 며칠 뒤에야 명백하게 드러나는 경우가 많다. 이런 현상은 베네사 레드그레이브의 딸이며 리암 니슨의 아내인 배우 나타샤 리차드슨에게도 일어났다. 리차드슨은 퀘벡에서 휴일을 보내던 중 스키사고로 뇌손상을 입고 이틀 후에 사망하였다. 그녀는 아프지도 않고 괜찮다고 하였기 때문에 의료진들이 발길을 돌린 상황이었다.

〈분노의 주먹〉

〈분노의 주먹〉(1980)은 마틴 스코시즈의 작품이며 로버트 드 니로(이 영화로 아카데미상을 수상했음), 케시 모라이어티, 조 페시 등이 출연했다. 이 매력적인 영화는 권투선수 제이크 라모타가 링을 떠난 뒤 삶의 목적과 의미를 찾기 위해 갈등을 겪는 과정을 묘사한다. 라모타는 결혼에 실패하고 자녀들은 아내가 데리고 갔으며, 성적 질투심이 형제 사이를 멀어지게 한다. 결국 그는 미들급 타이틀전 승리로 받은 챔피언 벨트에 붙어 있는 보석을 저당 잡히게 된다. 관객들은 라모타의 모습이 병적인 것인지 영웅적인 것인지를 확신할 수 없으나, 두 형제가 화해를 하고 주인공이 브로드웨이 쇼를 위해 저명한 작가들의 작품을 낭독하는 연습을 하는 것으로 영화는 끝난다. 〈워터프론트〉(프로 권투선수의 좌절과 파멸의 인생을 다룬, 엘리아 카잔 감독의 1954년 영화)에 나오는 말론 브란도의 독백 중 하나를 이 영화에서 재인용한 것은 스코시즈가 위대한 영화감독에게 경의를 표한 것이며, 영화에서 극적인 결론을 제공해 준다.

〈분노의 주먹〉은 라모타의 빈약한 판단력에 대한 많은 예를 보여 준다. 특별한 예로, 그가 슈거레이 로빈슨(자니 반스 분)과 싸울 때 마지막 라운드에서 방어에 실

토론을 위한 부가적 질문 (〈분노의 주먹〉)

- 권투선수가 케이오knocked out되면 실제로 그들의 뇌에는 어떤 일이 일어나는가?
- 미국신경학회는 1983년부터 프로권투 퇴치를 지원해 왔다. 당신은 여기에 동의하는가?
- 만성 외상성 뇌질환의 특징은 무엇인가? 로버트 드 니로가 연기한 라모타의 어떤 특징들이 장애가 있다는 것을 시사하는가?
- 보호용 헤드기어headgear는 아마추어 권투선수들의 두부외상을 방지하는 데 효과적인가?
- 영화에서 늙은 라모타는 두 명의 어린 소녀들과 성적 관계를 맺게 된다. 이것은 그의 판단력 장애를 나타내주는 예인가?
- 라모타는 두 번째 아내에 대해 믿기 힘들 정도의 질투심을 보이며, 그녀가 여러 사람과 정사를 벌이고 있다고 확신한다. 그의 이런 편집증은 성격 때문인가 아니면 뇌손상 때문인가?
- '성모–창녀Madonna-Whore' 콤플렉스[2]란 무엇인가? 이것이 제이크 라모타의 인생에서 어떻게 설명되고 있는가?

패한 것과 14세 소녀 둘에게 키스를 하게 한 후 그의 나이트클럽으로 불러들인 것이 있다. 이러한 판단력 손상은 나이 든 권투선수에게 흔하게 있는 현상이다. 또한 영화 속에서 라모타의 성적 질투심과 편집증 그리고 나이가 들면서 보이는 어눌한 발음은 반복적으로 머리를 구타당한 그의 과거력(뇌진탕) 때문일 가능성이 높다.

두부외상에 관한 다른 영화

이 장의 앞부분에서 소개된 〈메멘토〉(2000) 이외에도 많은 영화들이 두부외상으로 인한 기억상실증 같은 심각한 신경학적 증상을 보여 준다. 그중 최고의 영화는 자동

---

2) 역자 주: 남자가 자신의 어머니와 유사한 특징을 가진 여자를 성모처럼 보기 때문에 성적 감흥을 느끼지 못하며, 성적 상대로 다른 여자를 찾게 되는 콤플렉스.

차 사고로 시작되는, 데이비드 린치의 도전적인 영화 〈멀홀랜드 드라이브Mulholland Drive〉(2001)다. 기억상실증에 걸린 여자 리타(이 이름은 그녀가 영화 포스터에서 따온 것임)는 주목받는 헐리우드 여배우 베티(나오미 왓츠 분)의 아파트를 은신처로 삼는다. 두 여자는 서로 친구가 되고 베티는 리타(로라 헤링 분)가 자신의 정체성을 찾도록 돕는다. 이 독특한 영화는 상당 부분 초현실적인 반전을 사용하여, 관객들로 하여금 묘사되는 사건들을 그대로 받아들이거나, 그 반전들을 착각으로 간주하고 도전하게 만든다. 〈메멘토〉의 크리스토퍼 놀란처럼, 린치는 관객들이 점점 사람과 시간, 장소, 상황에 대한 지남력을 잃어버리게 되면서 혼동과 기억상실의 고통을 경험하게 되는 선명한 분위기를 만들어 낸다. 린치는 관객들에게 기억상실증에 대한 어떤 답변이나 통찰을 제공하는 대신, 오히려 연기자의 경험을 묘사하고 관객들에게 특별한 경험을 제공하려 시도했다. 관객들은 마치 기억상실증에 걸린 리타처럼 이 영화 전체를 하나의 경험으로서 받아들여야 하는 도전에 직면한다. 이것은 아마도 영화에서 무슨 일이 일어나고 있는지에 대한 적절한 설명보다 더 중요할 것이다. 이것은 한 등장인물이 무대 위에서 관객을 바라보며 입술에 손가락을 대고 'Silencio'[3]라고 말하는 영화의 마지막 장면(그리고 마지막 대사)에서 더욱 강하게 부각된다.

 〈메멘토〉가 순행성 기억상실증에 대한 인상적인 묘사를 보여 준 반면에, 〈마제스틱Majestic〉(2001)은 역행성 기억상실증을 그리고 있다. 공산주의자로 낙인찍히게 된 시나리오 작가 피터 애플턴(짐 캐리 분)은 그의 집에서 차를 몰고 나간다. 차는 다리를 넘어서 강으로 추락하고 그는 바위에 머리를 부딪쳐서 역행성 기억상실에 걸리게 되며, 어느 작은 마을의 해안으로 휩쓸려 간다. 마을 사람들은 피터를 수년 전 전쟁에 나갔던 루크 트림블이라는 주민으로 착각하고 영웅으로 치켜세웠다. 과거를 기억하지 못하게 된 루크는 마을 사람들에 동화되고 지역극장을 재건설하게 된다. 그는 역행성 기억상실증에서 예상될 수 있는 고통이나 혼란, 정신적 고뇌, 좌절을 겪지 않는다. 대신 루크는 그의 새로운 역할을 즉시 받아들이고, 최근 10년간 자신이 어디에 있었는지 알아내는 것을 그리 심각하게 생각하지 않는다. 여기서 '이중 기억장애double amnesia' 이론의 가정에 따르면, 그는 전쟁에 참전하여 외상 후 스트

---

3) 역자 주: 리타와 베티가 함께 찾았던 클럽의 이름이며, 스페인어로 침묵silence을 의미한다.

레스 장애와 기억상실을 경험하게 되고, 이후 몇 년간 작가로서의 삶을 재정립하게 된다. 그 후 우연한 사고를 당하게 되고 그는 두 번째 기억장애를 경험하게 된다.

1991년에 만들어진 〈헨리의 이야기Regarding Henry〉와 〈가면의 정사Shattered〉라는 두 편의 영화는 두부외상의 결과로 인한 기억상실증 증상의 복합성을 다루고 있다. 〈헨리의 이야기〉는 마이크 니콜스 감독의 영화로, 배우 해리슨 포드가 주요 외상성 두부외상을 입은 고급 변호사 역을 연기하였다. 혼수상태에서 빠져나온 이후 그는 자신의 삶이 더 이상 전과 같을 수 없다는 것을 알게 된다. 재활병원을 배경으로 흥미로운 장면들이 펼쳐지면서, 관객들은 두부외상의 결과가 어떤 것인가를 일부 알게 된다. 하지만 이 영화는 두부외상에 따르는 결과의 비현실적인 제시와, 어떤 사람은 두부외상으로 인해 성격이 좋아질 수 있다는 단순한 가정 등의 흠이 있다. 〈가면의 정사〉에서 한 건축가는 자동차 사고로 인해 광범위한 안면 재건 수술을 받는다. 기억상실 증상은 그의 기억들(그것은 왜곡되었을 수도 있고 그렇지 않을 수도 있다.)과 타인들에 의해 심어진 앞뒤가 맞지 않는 이야기들을 혼합한다.

〈룩아웃The Lookout〉(2007)에서 재능 있고 잘생긴 고등학교 하키 선수 크리스는 학교에서 못된 장난(고등학교 댄스파티 후 술에 취한 채 자동차 라이트를 끄고 운전함)을 치다가 자동차 전복사고를 당한 후 심각한 폐쇄형 두부외상closed head injury을 입게 된다. 그는 사고의 결과로 은행 잡역부가 되었는데 이것은 그가 유일하게 해낼 수 있는 직업이었다. 그는 두부외상의 고전적인 증상들을 보이는데, 두부외상을 입은 사람들은 '의식ritual, 패턴pattern, 되풀이repetition'와 같은 일종의 주문을 반복하여 자신들의 문제에 대처한다. 두부외상의 특징 중 하나는 빈약한 판단력인데, 크리스는 자신이 일하는 은행을 털려는 계획을 세우다 붙잡히게 된다. 이는 그의 심각한 판단력 장애를 보여 주는 예다. 또한 그는 지속적으로 노트 필기에 의존하며, 아파트에 있는 대부분의 물건에 메모를 붙여 놓는다. 이것은 두부외상이 있는 사람들에게 가치 있는 보상 전략compensatory strategies(대처 전략coping strategies)이다. 또한 그는 충동조절에 문제를 보인다. 예를 들면 그의 사례 상담가인 크리스를 만났을 때 불쑥 "너랑 자고 싶어"라고 말해 버린다. 그러나 그는 자신의 결함을 날카롭게 자각하고 있고, 어떤 순간에 그는 노트에다가 "나는 토마토를 레몬이라 부른다, (하지만) 나는 이것이 틀렸다는 것을 안다."라고 썼다.

뇌종양

뇌종양brain tumors의 결과로 이상한 행동 및 비정상적인 감각과 지각이 나타날 수 있다. 뇌종양의 결과로 생기는 특정한 행동들은 병변의 위치와 크기, 형태 그리고 생장 속도에 따라 그리고 개인마다 다르다. 뇌종양은 종종 두통과 발작을 동반한다. 하지만 두통을 가진 사람들 중에서 뇌종양이 발견되는 경우는 천에 한 명도 되지 않는다.

개인의 병전 성격은 그들이 뇌종양에 어떻게 반응하는지를 부분적으로 결정짓는다. 전체 뇌종양 환자의 절반 정도는 정신과적 증상이나 행동적 증상을 먼저 호소하는데, 특히 전두엽과 측두엽에 종양이 있을 때 그러하다. 환각과 우울, 무감동, 다행감, 사회적 부적절감, 성격의 변화는 모두 뇌손상의 결과로 나타날 수 있다.

전두엽 병변frontal lobe lesion 환자는 성격 변화를 보일 가능성이 높다. 그들은 수동적이고 무관심하며 우울하고 반응이 느린 특징을 보인다. 역설적이지만, 그들은 분노조절의 어려움을 보이거나 과민성을 나타낼 수도 있다. 측두엽 종양temporal lobe tumor은 종종 정신과 질환으로 오진되며, 특히 정신운동성 발작psychomotor seizures이 일어나는 케이스에서 이러한 오진이 나올 가능성이 높다. 측두엽 종양은 환각이나 상동stereotyped행동, 비현실적 느낌, 강한 공포감을 일으킬 수 있다. 또한 측두엽 종양이 있을 때 기시감deja vu(전에 경험했었던 것처럼 느끼는 것)과 미시감jamais vu(익숙한 환경과 상황이 매우 낯설게 느껴지는 것)이 흔한 것으로 보고되고 있다. 두정엽 병변parietal lobe lesion 환자는 종종 비정상적인 감각 경험(예를 들면 고무 타는 냄새를 맡는다.)을 보고하며, 단순 모사 과제simple copying tasks에서 어려움을 보이고, 질병인식불능증anosognosia(병의 부정)을 보일 수도 있다. 후두엽 종양occipital lobe tumor은 상대적으로 심리학적 증상이 적게 나타나지만 시야결손visual field defect을 초래하는 경우가 많다.

뇌졸중

급성 뇌혈관 질환cerebrovascular accident: CVA은 일반적으로 뇌졸중stroke으로 알려져 있는데, 혈액과 산소가 뇌로 불충분하게 공급될 때 일어난다. 뇌졸중은 갑자기 발병하며 종종 치명적이다. 뇌혈관 질환은 미국인들의 사망 원인 가운데 심장질환과 암에 이어 세 번째로 높은 비중을 차지하는 질환이다. 급성 뇌혈관 질환자 20명 중 한 사람꼴로 뇌종양이 발병한다.

뇌경색infarction은 동맥혈류가 막힐 때 발생한다. 이것은 약간의 지방이나 콜레스테롤이 혈관에 쌓였을 때 일어날 수도 있다. 이와 같은 급작스런 혈류의 막힘을 색전embolus이라고 부른다. 혈류는 점진적으로 축적된 동맥경화성 반점atherosclerotic plaque에 의해서도 방해받을 수 있는데, 이것은 혈전thrombus이라는 결과를 가져온다. 때때로 뇌혈관이 터지기도 하며 생명을 위협할 수 있는 뇌출혈을 일으키는데, 단지 20% 정도의 환자들만이 뇌출혈에서 살아남는다. 동맥류aneurysm는 혈관의 어느 한 부분이 '부풀어' 터지려고 할 때 일어나게 된다. 동맥류 파열의 신호로는 매우 고통스러운 두통과 메스꺼움, 구토 등이 있다.

일과성 허혈 발작transient ischemic attacks: TIAs은 '미니 뇌졸중ministrokes'이라고도 불리는데 보통 24시간 이내로 증상이 지속되다가 회복된다. 하지만 TIAs를 경험하는 환자들의 다수가 실제 뇌졸중으로 진행된다. 뇌혈관 질환의 다른 위험 요인으로는 당뇨와 심장질환, 그리고 흡연하는 여성이 경구용 피임약을 사용하는 경우 등이 있다. TIAs를 경험하는 환자들은 지남력을 상실하고 혼란스러워하며, 때때로 기억장애 증상을 보이게 된다.

존 스타인 백John Steinbeck의 소설 『분노의 포도The Grapes of Wrath』에서, 할아버지 조드는 뇌졸중으로 사망하게 된다. 존 포드가 각색한 영화 〈분노의 포도The Grapes of Wrath〉(1940)에서는 그 노인이 죽는 장면을 실제로 볼 수 없지만, 그의 친척들이 너무나 가난해서 그를 길 옆에 묻는 인상적인 장면이 있다. 톰 조드(헨리 폰다 분)는 짧지만 가슴에 사무치는 글귀를 그의 무덤에 남겼다. "여기에 윌리엄 제임스 조드가 묻혔다. 그는 뇌졸중으로 사망한 늙은 남자다. 그의 친척들은 장례를 치를 돈이 없었기 때문에 그를 여기에 매장했다. 아무도 그를 죽이지 않았다. 그는 단지 뇌졸중 때문에 죽었다."

데이비드 린치의 〈블루 벨벳Blue Velvet〉(1986)은 한 남자가 정원에 물을 주는 장면으로 시작하는데 그 남자는 갑자기 뇌졸중으로 마당에 쓰러진다. 그의 개가 와서 호스의 물을 먹기 시작하며, 이 순간 관객들은 이것이 평범한 영화가 아니라는 사실을 깨닫게 된다.

간질

간질epilepsy을 앓고 있는 사람들은 비정상적인 신경 활동으로 통제하기 어려운 발작을 경험하게 된다. 이러한 뇌의 '폭풍'은 다양한 원인에 의해 나타날 수 있으며, 간질 그 자체는 병이 아니고 다양한 뇌장애의 한 증상이라는 사실을 기억하는 것이 중요하다.

두부외상은 간질의 가장 공통적인 원인이며, 머리를 관통하는 부상을 입은 사람의 반 정도가 발작을 일으킨다. 발작 전에는 전구 증상과 전조가 종종 일어난다. 전구 증상prodromal symptoms은 발작이 일어날 것이라는 '느낌'인데, 보통 발작이 일어나기 며칠 전에 나타난다. 대조적으로 전조aura는 즉각적으로 발작이 일어날 것임을 나타내는 신호이며, 전조 후 불과 몇 분 사이에 발작이 일어난다. 전조는 흔히 청각적·미각적 감각 경험으로 나타난다.

잭슨 발작Jacksonian seizure은 경련이나 비틀림 같은 운동근육의 반응이며, 몸의 한쪽 부분에서 발생한다. '잭슨 행진Jacksonian march'은 손가락이나 발가락의 작은 근육운동이 점점 커져서 심해지고 신체의 다른 부위로 퍼져 나가는 것이다. 만약 초기에는 분리되어 있던 비정상적인 뇌 활동이 다른 뇌 반구로 퍼지게 되면, 온몸이 뻣뻣해지거나 뒤틀리게 되는데, 이것을 간질 대발작grand mal seizure이라고 한다. 간질 대발작은 전형적으로 2~5분 정도 지속되며, 굳어지고 비틀리는 기간이 교차해서 오기 때문에 강직성-간대성 발작tonic-clonic seizure이라고도 한다. 대조적으로 간질 소발작petit mal seizures(경련 없음)은 비교적 어린 아이들에게 나타나며, 쓰러지거나 경련을 일으키거나 근육이 비정상적으로 되는 일은 없다. 간질 소발작을 경험하는 어린이들은 잠깐 동안(보통 2초에서 10초 정도) 외부환경에 어떠한 반응도 보이지 않는다.

복합 부분 발작complex partial seizure(예전에는 정신운동성 발작 혹은 측두엽 발작이라고 하였다.)은 정신건강 분야에 일하는 사람들에게 상당한 흥미를 유발하는데, 이는 증상이 정신과적 질환과 흡사하기 때문이다. 복합 부분 발작을 가지고 있는 환자들은 환각이나 상동행동을 보일 수 있고, 비현실적인 느낌을 경험할 수도 있으며 극도로 불안해질 수 있다. 또한 기시감과 미시감이 종종 보고되기도 한다. 이러한 환자들의 뇌파EEG는 대체로 정상이며, 다섯 명 중 한 명은 환청이나 환시를 경험할 수 있다. 그러나 정신분열병 환자들의 환각과는 다르게, 복합 부분 발작을 가진 환자들의 환청은 머릿속에 국한되며(외부로부터 오는 것이 아니라), 기괴하거나 위협적이거나 비난하는 내용을 포함하지는 않는다.

세계적으로 유명한 간질 전문가 중 한 사람은 뇌파검사로 검측되는 발작장애를 가진 어느 환자에 대해 이야기하기를 좋아했다. 그녀는 오직 마할리아 잭슨의 노래 'My Heart Has a Life of Its Own'을 들을 때만 경련을 일으킨다. 잭슨이 아닌 다른 누군가 그 노래를 부른다면 그 환자는 경련을 일으키지 않는다. 또한 그녀는 마할리아 잭슨의 다른 노래들을 듣고서는 경련을 경험하지 않는다.

병원에서 몇 주를 지낸 후 어떤 사람이 이 환자에게 'My Heart Has a Life of Its Own'이라는 노래가 왜 그렇게 특별한지 물어보았다. 그녀가 대답했다. "당신은 몰랐나요? 그 노래는 내 어머니의 장례식에서 관이 무덤 속으로 내려갈 때 들었던 것입니다."

독립영화감독인 할 하트리의 〈심플 맨Simple Men〉(1992)에서 한 등장인물은 간질로 고통을 받으며, 〈해피 엑시던트Happy Accidents〉(2001)의 등장인물은 소발작과 고양된 기분상태를 보여서 측두엽 간질로 진단받는다. 흥미롭게도 이 진단은, 그 남자가 망상에 사로잡혀 있다고 진술함으로써 부가적인 신용을 잃어버리고 자신의 권한 밖의 행동을 하게 된 심리학자에 의해 내려졌다. 메릴 스트립이 주연을 맡은 텔레비전 영화 〈사랑의 기도First Do No Harm〉(1997)는 원인을 알 수 없는 간질을 앓고 있는 어린 소년에 대해 그리고 있다. 이 영화는 간질 치료를 위한 특별한 식이요법에 대해 탐구한다. 영화에서 발작에 대한 묘사는 꽤 일반적이며 다양한 원인에 의한 것으로 묘사된다. 〈뷰티풀 마인드A Beautiful Mind〉(2001)에서 인슐린 쇼크 요법insulin-shock treatment에 대한 반응, 〈뻐꾸기 둥지 위로 날아간 새One Flew Over the Cuckoo's Nest〉(1975)에서 전기경련요법에 대한 반응, 〈몰리Molly〉(1999)에서 뇌 외과 수술에 대한 반응 등을 참조하라.

국제 영화: 신경심리학적 장애

상당히 고무적인 아르헨티나 영화 〈신부의 아들Son of the Bride〉(2001)은 아카데미 외국어영화 부문 후보에 지명되었으며, 심장마비를 일으킬 때까지 가족들을 위해 바쁘게 살아온 한 남자의 인생을 그리고 있다. 이 사건은 그로 하여금 알츠하이머 병을 앓고 있는 어머니와의 관계와 자신의 삶을 재평가하게 한다. 어머니는 항상 냉소적이고 통제적이며 요구적인 사람이었고, 그는 어머니로부터 어느 정도 거리 를 둠으로써 이런 상황을 관리해 나갔다. 하지만 그는, 어머니가 앞뒤가 맞지 않는 말을 하고 허공만 응시하며 자주 가족들조차 인식할 수 없는 상태가 되었는데도, 아버지가 사랑하는 마음으로 매일 격식을 갖추어 아내를 방문하고 충실한 사랑과 헌신을 바치는 모습에 감동을 받는다. 영화는 알츠하이머병과 환자 가족들의 반응 과 대처를 감동적이고도 현실적인 모습으로 그리고 있다.

핀란드 영화 〈과거가 없는 남자The Man Without a Past〉(2002)를 보면, 한 남자가 밖 에서 자는 동안 강도를 당하고 난폭하게 두들겨 맞는다. 그 결과 그는 심각한 두부 외상을 입었고, 의사는 그가 의학적으로 사망했다고 말하고 방을 걸어 나간다. 하 지만 남자는 갑자기 깨어나서 의료진들의 시야를 벗어나 병원 밖으로 걸어 나간다. 그는 부상 이후 역행성 기억상실증에 걸리게 되고, 자신의 인생을 재창조해 나가야 만 한다. 비록 그는 사회에서 버림을 받았지만, 탐욕스런 집주인에게 어떻게든 잘 대처했으며, 구세군에서 일을 하고 여자와 데이트를 하며, 의지할 만한 반려견을 찾아내고 결국에는 공동체 생활을 하게 된다. 그가 자신의 과거를 찾아내고 거부하 고 과거와 타협해 가면서, 기억의 조각들은 그에게로 다시 되돌아온다.

프랑스 영화 〈우연한 영웅The Accidental Hero〉(2002)은 자동차 사고로 인한 두부외 상의 후유증을 그리고 있다.

스페인 영화 〈무한의 도시The City of No Limits〉(2002)는 뇌종양으로 죽어 가는 한 가족의 가장(맥스)을 묘사하고 있다. 맥스는 편집증과 변덕스러운 행동을 보인다. 의사는 그의 이러한 심리적 상태를 '착란에 가까운verging on derangement'이라고 기 술했다. 그는 어떤 대상을 빤히 쳐다보고, 조심스럽게 벽을 만지며, 그를 향해 있는 비디오카메라에 말을 하고, 존재하지 않는 전화번호로 전화를 하며, 병원을 탈출하려 한다. 그의 얼굴표정은 무언가 걱정스럽고 편집증적이었으며, 다른 사람들을 믿지 않고 끊임없이 두려워하며 그들을 속이기도 했다. 그가 하는 말은 두서가 없어 보인다. "나는 절대로 그들이 어디에 있는지 당신에게 말하지 않겠어요." "그들 앞에서 말하지 말아요." 그는 그에게 '너무 늦기 전에' 경고를 하려는 랜첼이라는 사람을 만나기 위해 병원에서 탈출하려는 생각으로 가득 차 있다. 그는 약물치료에도 잘 순응하지 않았다. 비록 관객들은 뇌종양 발병 이전의 그의 심리적 상태를 알지는 못하지만, 이런 증상들의 대부분이 그의 종양 때문이라고 짐작할 수 있다. 전반적으로 맥스의 상태는 오락가락한다. 가끔 맥스는 통합적이며 지남력이 있지만, 다른 경우에 그는 현실과 소설을 혼동한다. 표면적으로는 맥스의 무작위적이고 엉뚱한 말들로 인해서 가족의 중요한 비밀들이 밝혀지는 것 같기도 했다.

벨기에 영화 〈알츠하이머 케이스The Memory of a Killer〉(2003)는 알츠하이머병 초기 단계에 있는 청부 살인자를 그리고 있다. 그는 아버지에 의해 매춘을 강요받는 12세 소녀를 살해하라는 자신의 마지막 임무에 혐오감을 느끼게 된다. 그리고 그는 점점 심해지는 건망증이 자신을 큰 위험에 처하게 만들 것이라는 사실을 알고 있다. 주인공은 정기적으로 그와 같은 병에 걸린 형을 방문하기 때문에, 알츠하이머병의 진행 과정에 대해 매우 잘 알고 있었다.

심장을 비트는 영화 〈정복자 펠레Pelle the Conqueror〉(1987)로 유명한 덴마크 감독 빌 어거스트는 알츠하이머병의 비극을 그린 영화 〈마틴을 위한 노래A Song for Martin〉(2002)를 선보였다. 이 영화는 자신의 수석 바이올리니스트와 사랑에 빠진 작곡가 마틴의 인생을 그리고 있다. 둘은 함께하기 위해 각자의 배우자와 이혼하였고, 이 둘의 관계는 마틴이 기억장애의 조기 징후를 보이다 결국 그가 치매라는 병의 확실한 희생자가 될 때까지는 꽤 목가적이다. 영화는 알츠하이머병이 부양자에게 가져올 수 있는 부담에 관한 훌륭한 예를 제공해 준다. 영화 평론가 셀리 카메론은 이 영화를 '영화사상 인간관계를 가장 감동적으로 묘사하고 있는 작품 중의 하나'라고 평했다.

매우 인상적인 일본 영화 〈나라야마 부시코Narayama Bushiko〉(1983)는 노인들의 70번째 생일에 그들을 산꼭대기에 데려가서 거기서 죽게 내버려 두는 마을의 풍습에 대해서 다루고 있다. 미국 사회가 고령화됨에 따라, 요양원은 우리들 주변의 산 꼭대기 수만큼이나 늘고 있다.

비판적 사고를 위한 질문들

- 심리학자는 진짜 기억장애와 꾀병을 어떻게 구별할 수 있는가?
- 역행성 기억상실과 순행성 기억상실 중에서 어떤 것이 영화에서 더 정확하게 묘사되고 있다고 볼 수 있나?
- 〈메멘토〉(2000)나 〈멀홀랜드 드라이브〉(2001)와 같은 영화는 관객들을 혼란스럽게 하고 지남력을 잃어버리게 하거나 헷갈리게 한다. 이런 것들이 영화 속 인물들에 감정이입을 하게 만드는 데 도움이 되는가? 또한 이러한 감정이입이 스크린을 벗어나 다른 상황에서도 일반화되는 경향이 있는가?
- 약물로 조절되는 발작장애를 가진 환자들에게 운전이 허용되어야 하는가?
- 알츠하이머병을 위한 가장 최신의 혁신적인 치료 방법은 무엇인가?
- 가족 중 누군가가 알츠하이머병으로 고통받고 있는 사람들에게 〈아이리스〉(2001)나 〈신부의 아들〉(2002)을 보도록 하는 것은 도움이 되는가?
- 〈어웨이 프롬 허〉(2006)에서 묘사하고 있는 것처럼 처음 30일 동안 '방문객을 사절'하는 정책을 실제로 요양원에서 시행할 가능성이 어느 정도라고 생각하는가?
- 만약 파트너 중 한 명이 치매 증상을 갖고 있음이 확실하고 의사결정에서 의미 있는 동의를 할 능력이 없는 상태임이 명확하다면, 부부가 요양원에서 성관계를 가지는 것은 허락되어야 하는가?
- 삶의 질을 극적으로 제한하는 치매를 가진 노인들을 돌볼 의무가 사회에 있는가? 다른 대안은 무엇인가?
- 베이비붐 세대의 노화는 사회에 어떤 영향을 미칠까? 베이비붐 세대 중 얼마나 많은 사람들이 나중에 알츠하이머병에 걸릴지 추정할 수 있는가?
- 자전거와 오토바이를 타는 사람들에게 헬멧 착용은 의무적이어야 하는가?

추가적인 탐구

만일 당신에게 이 장과 관련된 단 한 권의 책을 읽을 시간만이 주어진다면 다음의 책을 읽어 보라.

- Sala, S. D. (Ed.) (2007). *Tall tales about the mind & brain: Separating fact from fiction*. New York, NY: Oxford University Press.

만일 당신에게 단 한 편의 논문을 읽을 수 있는 시간만 주어진다면 다음의 논문을 읽어 보라.

- Green, C. S., & Bavelier, D. (2008). Exercising your brain: A review of human brain plasticity and training-induced learning. *Psychology and Aging, 23,* 692-701.

저자 추천작

• 두부외상
- 〈메멘토Memento〉(2000)
- 〈분노의 주먹Raging Bull〉(1980)
- 〈워터프론트On The Waterfront〉(1954)
- 〈룩아웃The Lookout〉(2007)

• 치매
- 〈아이리스Iris〉(2001)
- 〈어웨이 프롬 허Away from Her〉(2006)
- 〈야만인들The Savages〉(2007)
- 〈마틴을 위한 노래A Song for Martin〉(2002)
- 〈알츠하이머 케이스The Memory of a Killer〉(2003)
- 〈노트북The Notebook〉(2004)

제11장

아동 및 청소년기 장애

"아침에 일어나 속옷 입는 일이 얼마나 번잡한 일이었는지, 하지만 알다
시피 지금은 식은 죽 먹기예요."

– 〈섬서커〉(2005)에서 저스틴 콥

〈섬서커〉(2005)를 관람하면서 생각해 볼 물음들

- 엄지손가락에 대한 저스틴의 강박증은 그의 심리사회적 발달에 어떤 영향을 미치는가?
- 자신을 만족시키는 많은 습관들이 있을 수 있다. 그런데 왜 하필 엄지손가락 빨기가 많은 관심을 불러일으키는가?
- 영화에서 묘사된 최면기법이 아이들의 엄지손가락 빨기 및 여타 다른 습관에 유용한 치료법인가? 아이들에게 최면기법을 사용하는 것이 도움이 되는가?
- ADHD 아동은 얼마나 자주 자극제/흥분제를 남용하는가?
- 얼마나 많은 아동과 청소년이 ADHD로 오진되거나 진단이 누락되는가?
- 두 형제간의 관계에 대해서 기술해 보라. 전형적인 형제관계라고 할 수 있는가?
- 대부분의 미국 가정에서, 아동은 그들 부모의 이름(성을 빼고)을 부르지 않는다. 아동이 부모의 이름을 부르면 이들 간의 상호작용 역동은 어떻게 변화하겠는가?
- 전문가들은 정상적인 청소년 발달과 정신과적 질환을 어떻게 구별할 수 있는가?

환자 평가

환자가 진술한 내원 사유: **"나는 이 약물에서 벗어나고 싶어요."**

현 병력: 저스틴은 학교에서의 수행이 별로 좋지 않고 토론모임에 참여하는 것을 거절당한 17세의 백인 남성이다. 그의 고등학교 상담교사는 저스틴을 주의력결핍/과잉행동장애ADHD로 진단했고, 흔하게 처방되는 자극제/흥분제 치료를 권유하였다. 저스틴은 부모의 요청에 의해 가족건강 치료기관으로 보내져 약물을 처방받았다. 저스틴은 ADHD에 대한 철저한 평가를 받은 적이 없다. 약물치료가 시작되고 나서 학교에서의 그의 행동과 수행은 개선되었다. 그는 짧은 기간 내에 학업성적을 향상시키기 위해 자극제를 남용하기 시작했다. 부모님은 그의 약물 남용의 정도를 모르고 있었고, 저스틴이 많은 양의 불법 약물을 어떻게 획득하였는지도 확실하지 않다.

과거의 정신과적 병력, 치료 및 결과: 저스틴의 부모는 과거의 정신과 치료 사실을 부인했다. 저스틴은 엄지손가락 빨기가 치아에 미치는 악영향을 걱정하는 가족 치과 의사에 의해 최면술을 받았다. 그는 스트레스를 받거나 마음의 안정이 필요할 때마다 엄지손가락을 빨았으며, 이러한 유아적 습관에 대해 매우 당혹스러워하고, 이런 습관을 그만두기를 원했다. 자극제를 사용했을 때 그는 엄지손가락을 빨고 싶은 욕구가 사라졌으며, 자신감을 가지고 학교에서도 훨씬 성공적인 모습을 보였다. 그는 자극제 복용을 끊으면 강박적인 엄지손가락 빨기가 재발하고 다시 자신감이 떨어질까 봐 매우 걱정스러워 했다.

의학적 병력: 저스틴과 부모님은 저스틴에게 어떤 뚜렷한 의학적 병력이 없다고 진술했다.

심리사회적 병력: 저스틴은 두 형제 중 형으로, 늙는 것을 불안해하는 아버지 때문에 부모님을 부를 때 이름으로 부른다. 그의 엄마는 알코올과 마약 중독 재활센터의 간호사이며, 저스틴을 예민하고 부끄럼이 많으며 다른 사람들과의 관계가 서투른 아이로 묘사했다. 그의 아버지는 지역상점을 운영하고 있으며, 저스틴에 대해 높은 기대를 가지고 있지만 아들은 기대에 미치지 못했다. 저스틴은 자신의 동기부족에 대해 아버지와 자주 언쟁을 벌였지만, 저스틴이 자극제를 복용하기 시작하면서 상황은 나아졌다. 저스틴은 최근까지 학습부진아였으며, 친구가 거의 없고 최근에야 데이트를 시작했다. 그는 성경험도 많지 않았다.

약물과 알코올 병력: 저스틴은 자극제를 처방받기 전에는 약물을 사용한 적이 없다고 했지만, 자극제를 사용하기 시작하면서 술과 마리화나를 경험하게 되었다. 그러나 호기심 때문에 술과 마리화나를 했기 때문에, 정규적인 복용으로 이어지지는 않았다.

행동 관찰: 야윈 체격의 청소년인 저스틴은 잘 차려입고 있었으며 어딘가 조금 불안해 보였고, 앉은 자세에서 자꾸 몸을 움직이는 습관이 있었다. 대체로 조용하게 말하는 편이었으며, 곤란한 주제를 가지고 이야기를 할 때는 시선접촉을 잘 하지 못하였다.

정신상태검사: 그는 시간과 장소, 상황, 사람에 대한 지남력을 가지고 있었으며, 정상적인 인지기능을 유지하고 있는 것처럼 보였다. 그는 정신증psychosis을 부인하였고, 망상delusions에 대한 증거도 없었다.

기능적 평가: 저스틴은 학교에서의 수행이 그리 평탄치 않았으며, 특히 대인관계에서

불편함을 느끼고 있다.

강점: 저스틴은 창의적이고 영리한 청소년이다. 그는 사회적 관계를 확장해 나가는 것에 관심을 가지고 있으며, 최근에는 토론에도 관심을 가지게 되었다.

진단: 흥분제 남용. 의중rule out: 주의력결핍/과잉행동장애.

치료 계획: 점진적으로 자극제를 감량해 나감; 전반적인 정신과적 평가를 참조하여 자존감 향상을 위한 상담을 시작.

예후: 좋을 것으로 예상됨.

엄지손가락 빨기와 주의력결핍/과잉행동장애

몇몇 영화제에서 수상한 바 있는 '성장coming of age' 영화 〈섬서커Thumbsucker〉(2005)에서, 17세의 저스틴 콥(루 푸치 분)은 엄지손가락 빨기를 통해 스스로 마음을 달래지만, 한편으로는 이러한 어린애들 습관 같은 강박적 행동을 그만둘 수 없어서 크게 괴로워하였다. 서투르고 자의식이 강한 10대인 그의 심리적 스트레스는 토론모임에서 그를 실패로 이끌고 학교에서 낮은 수행을 보이게 하며 여자 친구와도 헤어지게 만든다. 저스틴의 치과 의사 페리 라이먼(키아누 리브스 분)은 저스틴이 엄지손가락 빨기를 혐오하도록 만들기 위해 최면술을 사용했다. 그러나 엄지손가락 빨기를 대신할 적당한 것을 찾을 수 없었기 때문에 저스틴의 좌절감은 커져만 갔다. 학교 상담사는 선의를 갖고 있었지만 부정확한 지식으로 인해 저스틴을 주의력결핍/과잉행동장애ADHD로 진단했으며, 치료를 위해 자극제(리탈린Ritalin)를 강력하게 추천하였다. 어쨌든 투약을 시작한 이후 저스틴의 행동은 개선되었고 토론모임에서도 탁월해지기 시작했다. 부끄러워하고 사회적으로 서툰 10대의 모습에서 벗어나 토론모임의 스타로 거듭나는 극적인 변화가 일어나기 시작했다. 하지만 저스틴은 결국 이러한 변화가 자신의 의지가 아니라 약으로 인한 것임을, 그리고 약의 효능에도 한계가 있음을 깨닫는다.

ADHD 진단에서 오류는 흔하다. ADHD로 진단되기 위해서는 환자에 대한 면밀한 평가가 선행되어야 하며, 만약 ADHD로 판정되었다면 약물치료와 상담이 함께 실시되어야 한다. 이 영화는 오진과 잘못된 약물치료에 따르는 부정적인 결과를 잘 보여 준다. 이 영화에서 저스틴이 ADHD일 가능성은 별로 없고, 결국 약을 복용하게 되긴 했지만 그가 리탈린 투약량의 결정에 대한 법적 권한을 가지게 될 가능성도 없어 보인다.

 아동 정신건강

아동의 정신과적 문제는 성인의 정신과적 문제와 달리 쉽게 진단을 내릴 수가 없으며, 아이들의 정신질환 증상은 종종 정상적인 성장이나 발달과 관련된 변화들과 구분하기가 어렵다. 예를 들면 네 살짜리 아이에게 상상의 친구는 정상적인 것이지만, 청소년기 아이에게 보이지 않는 친구는 정신증적인 환각hallucination 증상으로 여겨진다.

정신건강 치료를 받는 아이들은 보통 다음 범주 중 하나에 해당된다.

① 아동의 행동이 가족 내 붕괴나 위기, 기능장애에 대한 반응인 경우
② 아동의 행동이 사회적 기준에 부합하지 않고 다른 사람에게 피해를 주는 경우
   (파괴적 행동이나 품행장애)
③ 아동이 과도한 우울과 불안 또는 개인적 고통을 반복적으로 경험하는 경우
④ 아동의 인지 발달이나 신경운동 발달이 정상적으로 진행되지 않는 경우(발달장애)

현대영화에서의 아동과 청소년 행동장애

아이의 행동이 정신장애의 증상일 수도 있지만, 실제로는 부모의 불화나 가족 기능장애에 대한 반응일 수 있다. 복잡한 가족관계는 영화감독에게 몇 개의 캐릭

터로 다양한 줄거리를 만들어 극적으로 표현할 수 있는 기회를 제공한다. 호평을 받은 노아 봄바흐의 영화 〈오징어와 고래The Squid and the Whale〉(2005)를 보면, 두 형제 16세 월트(제시 아이젠버그 분)와 10세 프랭크(오웬 클라인 분)는 이혼한 부모가 겪는 불화의 중심에 있다. 아버지 역의 버나드(제프 다니엘스 분)는 신뢰하기 어려운 인물인데, 그는 질투심이 많고 자아도취적이며 짐짓 겸손한 척하지만 상당히 자기애적인 사람이다. 자칭 소설가인 그는 자신이 학부생들이나 가르치는 위치로 좌천되며 희생당했다고 느낀다. 어머니 조안(로라 리니 분)은 최근 부상하는 정통 작가인데, 이러한 그녀의 성공은 그녀를 향한 남편의 증오에 장작을 지필 뿐이다. 부모가 갈라섰을 때 아버지를 우상화하고 모방해 온 월트는 그와 함께 살기로 결정했으며, 두 형제 중 보다 감정적인 프랭크는 어머니 조안과 함께 지내기로 한다. 두 소년은 이상행동을 보이기 시작하였다. 프랭크는 술을 마시고 자위행위를 하며 정액을 학교 사물함이나 책에 바르고 다녔고, 월트는 핑크 플로이드Pink Floyd의 노래를 자신의 것인 양 표절했다. 그는 여자 친구와 헤어지게 되고, 결혼상태에서 불륜을 저지른 어머니를 만나는 것을 거부했다. 월트는 자기인식 능력을 향상시키도록 돕는 치료자에게 의뢰되었다. 이런 비정상적인 행동은 별개로 보면 정신장애의 증상이 될 수 있지만, 그보다는 혼돈된 가족 내 위기에 대한 반응일 가능성이 높다.

또 다른 흥미롭지만 혼란스러운 영화로, 역기능적 가족 상호작용의 혼란스러움을 이해하려고 애쓰는 한 아이의 이야기를 다루고 있는 〈러닝 위드 시저스Running with Scissors〉(2006)가 있다. 수상 경력이 있는 이 영화는 어거스틴 버로스(본명은 크리스토퍼 로빈슨)의 실제 삶을 기술한 회고록에 기초하고 있는데, 그는 부모가 이혼한 후에 어머니의 정신과 의사에게 입양되었다. 어거스틴 버로스의 실제 부모는 시인이며 작가인 마가렛 로빈슨과 매사추세츠 대학교 애머스트 캠퍼스 철학과장이었으며 작고한 존 로빈슨이다.

영화 속에서 어거스틴은 시인으로서의 일을 시작하는 어머니 디어드리(아네트 베닝 분)를 동경하는 어리고 쾌활한 아이였다. 어거스틴은 학교를 결석하면서 연예인이 되기 위해 많은 시간을 연습하며 어린 시절을 보냈다. 어거스틴의 아버지 노먼(알렉 볼드윈 분)은 대학에서 철학을 가르치며 과음을 일삼았다. 어머니와 아버지는 늘 다툼을 벌였으며, 부모가 갈라섰을 때 어거스틴의 나이는 열두 살이었고, 매우 괴짜 같은 정신과 의사 핀치(브라이언 콕스 분) 박사에게 맡겨졌다. 어머니 디어드리의 정신장애가 심해지면서 어거스틴은 학교 가기를 회피하고 일기를 쓰며 시간을 보냈고, 핀치의 환자 중 한 명과 성적 관계를 가지기 시작하고, 핀치의 어린 딸과 우정을 키워 나갔다. 이 시기 동안 어거스틴은 그가 가진 미용 기술을 더욱 숙달시켜 나갔다.

실존인물인 어거스틴 버로스는 6학년 이후로 학교를 중퇴했으며, 열일곱 살에 GED(미국 고등학교 검정고시)에 합격했다. 그는 광고업계에서 성공을 거둔 후 이 분야를 떠났고, 나중에는 성공적인 작가가 되었다.

> "나는 규칙과 경계를 원한다…… 왜냐하면…… 나는 거기서 무언가를 배우기 때문이다……. 그것들이 없다면…… 모든 인생은…… 경악의 연속일 것이다……."
>
> – ⟨러닝 위드 시저스⟩ (2006)에서 어거스틴 버로스

아카데미상을 수상한 풍자 코미디 영화 ⟨리틀 미스 선샤인Little Miss Sunshine⟩ (2006)은 가족의 위기에 대해 다루고 있다. 올리브 후버(아비게일 브레슬린 분)는 어린 시절 내내 미인대회에서 상을 받는 것에 대한 환상을 갖고 있었다. 비록 그녀의 체형은 미인대회의 전형적인 입상자들과는 달랐지만, 어찌어찌해서 리틀 미스 선샤인 대회의 결승에 진출하게 되며, 가족들은 오래된 폭스바겐 버스를 타고 대회에 출전한다. 가족들의 특성은 매우 인상적인데, 그녀의 아버지 그렉 키니어는 성공적이지는 않지만 상당히 의욕적인 강사이자 작가이고, 그녀의 오빠 드웨인(폴 다노 분)은 몇 달간 아무 말도 하지 않고 지내지만 공군 조종사가 되는 것을 꿈꾸는 낙오자이며, 그녀의 삼촌 스티브(프랭크 진스버그 분)는 자살시도 후 정신병원에서 풀려나지만 면밀한 관찰이 요구되는 인물이다. 그중에서도 가장 인상적인 인물인 올리브의 할아버지(앨런 아킨 분)는 올리브의 자기가치감을 지지해 준다. 올리브는 가족 구성원들 중에서 가장 건강하며, 어떠한 정신질환이나 감정적 문제도 가지고 있지 않다. 또한 그녀는 건강하지 못한 가족들의 심리적 성장을 돕는 역할을 하며, 그녀 또래보다 훨씬 지혜로운 아이다.

주의력결핍/과잉행동장애

아동과 청소년들은 자주 주의력결핍장애ADD나 주의력결핍/과잉행동장애ADHD로 진단된다. ADD나 ADHD를 가진 아동과 청소년들은 주의력과 집중력, 지시에 따르기, 듣기에서(ADD) 그리고 과잉행동과 충동성에서(ADHD) 분명한 장애를 보인다. 현재 이 병의 유병률은 학령기 아동의 6% 정도로 추정되며, 여아보다 남아가 병에 걸릴 가능성이 더 높은 것으로 보고되고 있다(Scahill, Hamrin, Deering, & Pachlar, 2008). 정상적인 아이들도 학교 상담가나 교사, 일반 개업의들에 의해 종종 ADD나 ADHD로 잘못 진단된다.

적대적 반항장애와 품행장애

적대적 반항장애oppositional defiant disorder는 부정적이고 적대적이며 반항적인 행동, 예를 들면 화를 참지 못하고 논쟁적이며 쉽게 화를 내고 분개하는 행동을 보이는 아동과 청소년들에게 진단된다. 품행장애conduct disorder는 때때로 적대적 반항장애와 비슷한 증상을 보이기도 하는데, 일반적으로 사람이나 동물에 대한 공격과 재산의 파괴, 도둑질, 사기, 무단결석 등의 방법으로 타인의 기본 권리나 사회적 규범을 침해하는 아동과 청소년들에게 진단된다. 하지만 많은 나라에서 이러한 진단명은 잘 사용되지 않으며, 이러한 광범위한 행동 문제는 영화라는 매체를 통해 자주 묘사된다.

〈라이프 애즈 어 하우스〉와 〈마이 퍼스트 미스터〉

이 두 편의 중요한 영화에서는 큰 어려움에 처해 있고 고립되어 있으며 자살충동에 사로잡혀 있는 적대적인 청소년—〈라이프 애즈 어 하우스Life as a House〉(2001)의 샘(헤이든 크리스텐슨 분)과 〈마이 퍼스트 미스터My first Mister〉(2001)의 제니퍼(릴리 소비에스키 분)—의 모습이 그려지고 있다. 각각의 영화는 큰 어려움에 처해 있으면서 소외된 젊은이가 의미 있는 대인관계를 통해 변화하는 모습을 표현하고 있다. 두 편의 영화 속 주연 간의 주요한 차이는 그들의 성별인데, 두 영화를 보는 것은 소년과 소녀의 심리성적 발달의 차이점을 바르게 인식하는 데에 도움이 된다.

〈라이프 애즈 어 하우스〉에서 염색한 머리와 입술 피어싱, 눈 화장과 기괴한 장신구 등이 특징인 고딕Gothic 풍[1] 차림새의 샘이라는 반항적인 인물을 만나게 된다. 영화 초반부를 보면 그는 자신의 옷장에서 (자위행위를 하면서 질식상태가 되며) 스스로 숨막혀하면서 페인트류를 흡입한다. 그는 사람과 현실로부터 도망쳐야 되겠다는 생각을 할 때마다 문을 잠근 채 시끄러운 음악(예: 마릴린 맨슨)을 틀어 놓고, 약물(각성제, 마리화나, 본드흡입)을 복용하고 자위행위를 하며, 이러한 반복적인 행위에 의지한다. 그의 이러한 매우 부정적이고도 적대적인 성격을 보면 어떻게 해서 그가 아무도 자신을 이해해 주지 않는다고 믿게 되었고, 왜 스스로를 고립시키는 복잡한 행동을 해야만 했는지 쉽게 알 수 있다. 영화를 보면 우리는 그가 열두 살 이후 계속 마약을 사용해 왔음을 알 수 있다. 그는 푼돈을 벌기 위해 열심히 일하기보다는 매춘을 통해서 손쉽게 마약 살 돈을 번다. 샘은 현재의 자신이 아닌 어떤 가치 있는 사람이 되고 싶은 바람은 분명히 표현할 수 있지만 어떻게 하면 그렇게 될 수 있는지에 대해서는 모르며, 이것은 그로 하여금 '무가치감'을 느끼게 한다. 그의 험악한 겉모습의 저 밑바닥에는 의미 있는 인간관계를 갈망하는 상처받고 고립된 청소년의 모습이 있다. 하지만 죽어 가는 아버지와의 관계 속에서 그는 그동안 부족했던 우정과 사랑의 감정을 발견하게 되고, 그 순간 이후 샘의 행동과 태도와 외모는 변화하기 시작한다.

"무감각한 이런 느낌이 좋아서요."

– 〈라이프 애즈 어 하우스〉(2001)에서 샘

〈마이 퍼스트 미스터〉에서는 비슷한 어려움에 처해 있는 17세 소녀 제니퍼를 그리고 있는데, 그녀 역시 고딕 풍의 외양을 하고 있다. 그녀는 거의 검은색 옷만 입으며 다양한 얼굴 피어싱을 하고 있다. 그녀는 매우 고립되어 있으며 진정한 친구

---

1) 역자 주: 19세기 고딕문학과 공포영화의 영향을 받은 하위문화. 고딕패션은 독특한 검은색 의상과 얼굴 및 머리의 화장이 특징이다.

가 없고, 가난한 엄마와 거리감이 느껴지는 계부에 대해 어떤 진정 어린 관심도 없다. 그녀는 지금까지 남자와 사귀어 본 적이 없고, 그 밖에 다른 친구도 없다고 한다. 제니퍼가 사람들에게 가장 가까이 가게 되는 순간은 자신의 쌍안경을 통해 사람들을 구경할 때이며, 그녀는 패트리지 가족들과 함께 사는 것을 공상한다. 그녀는 둔감하고 슬픈 정서를 가지고 있고 인생에 대해 매우 부정적이고 비판적이며, 죽음에 집착하고 죽음과 절망 그리고 '존재하지 않기'에 관한 울적한 시를 쓴다. 그녀는 공동묘지에 눕는 것을 좋아하며, "난 어차피 지옥에 갈 거야."라고 외친다. 이런 것들보다 더 심각한 문제로는 (자신의 팔을 긋는) 자해행동과 돌아가신 할머니를 보는 환시가 있다. 그녀는 남성복 가게에서 함께 일하는 한 중년의 남자와 건강한 관계를 꽃피우면서 우연히 삶의 의미와 목적을 발견하게 된다.

두 영화는 모두 적대적이고 행실의 문제를 가진 청소년들이 그들의 정체성을 찾아가는 여정을 그리고 있다.

?

토론을 위한 부가적 질문(〈라이프 애즈 어 하우스〉와 〈마이 퍼스트 미스터〉)

- 두 영화에 나오는 주인공과 부모의 모습을 비교해 보라.
- 이런 영화에서 묘사하는 것처럼 10대들의 빠르고 긍정적인 변화를 유도하기 위해서는 어떻게 할 수 있는가? 일반적으로 어떤 유형의 변화(신체적/태도의/사회적/정서적 변화)가 가장 흔하게 나타나는가?
- 음악적 선호도(랩, 그런지, 헤비메탈)와 청소년 행동 사이에는 어떤 관련성이 있는가?
- 신체 피어싱은 정신적 문제를 나타내 주는 증거가 되는가? 아니면 이것은 단순히 건강한 청소년들의 반항의 표시인가?
- 두 주인공 모두 좋은 집에서 살고 있고 이러한 환경 속에서 잘 성장할 수 있는 기회를 가지고 있다. 그렇다면 각각의 영화 시작 부분에서 우리가 봤던 이들의 적대적 행동은 어떻게 설명할 수 있는가?
- 두 인물은 몇 가지의 심각한 자기파괴적 행동(매춘이나 자해 같은)을 보이고 있다. 이러한 자기파괴적 행동은 청소년기에 얼마나 보편적인가? 아동기에는 어떠한가?
- 만약 어떠한 어려움에 처해 있는 청소년이 이런 영화 중 하나를 보게 된다면, 이것은 그들의 행동을 변화시키는 데에 도움이 될 수 있을까?

〈13살의 반란〉

〈13살의 반란Thirteen〉(2003)은 어떤 부모들에게는 악몽 같은 현실을 묘사한 영화일 것이며, 그 밖의 사람들에게도 큰 충격을 주는 작품일 것이다. 캐서린 하드윅은 이 영화에서 아동기에서 청소년기까지의 빠른 변화와 10대 시절 또래집단의 광범위한 영향력에 대해 다루고 있다. 열세 살의 7학년 학생인 트레이시 프리랜드(에반 레이첼 우드 분)는 학교에서 '한 무리로' 인정받기를 소원한다. 그녀는 별로 인기가 없는 친구들을 거부하고, 스스로 길거리에서 여자들의 돈을 훔치면서 불량학생 무리로부터 인정을 받게 된다. 그녀는 에비 자모라(니키 리드 분)와 친한 친구가 되기 위해 흥청망청 쇼핑을 하며 옷과 신발을 사들인다. 이내 이들 사이에 우정이 꽃피게 되고, 반란과 행동화, 부모에 대한 적대감과 나쁜 행실이 특징인 '감정의 롤러코스터' 탑승이 시작된다. 트레이시는 혀와 배꼽에 피어싱을 하며 자해행동을 하고 약물을 남용하며, 많은 거짓말을 하고 학교 성적은 바닥으로 떨어진다. 또한 그녀는 성적으로도 문란해진다. 플래시 포워드a flash-forward[2]가 사용된 첫 장면에서 트레이시와 에비는 서로의 얼굴에 주먹질하면서 어떤 황홀감과 즐거움을 느낀다.

"나는 너를 위해 죽을 것이지만, 지금 당장 너를 홀로 두고 떠나긴 않을 거야."
- 〈13살의 반란〉(2003)에서 멜라니 프리랜드가 늘 자신의 기대를 저버린 딸에게

트레이시의 이런 적대적 행동은 점점 더 심해지고, 어머니인 멜라니 프리랜드(홀리 헌터 분)와의 관계는 더욱 멀어져만 간다. 트레이시는 어머니에게 화를 내며 자신의 행동을 제지하는 부모에게 저항한다. 어머니는 적당한 경계를 세우기 위해 많은 시도를 하지만, 그녀 자신도 약물 중독으로부터 회복하기 위해 고군분투하고 있었기 때문에 그녀의 이런 노력은 자주 실패로 돌아갔다. 하지만 잦은 싸움 덕분에 어머니와 딸은 결국 서로를 더 잘 알게 된다. 반면 에비의 어머니는 소녀들이 술을 마시고 담배를 피우는 것을 허용하고 심지어 격려하는 자아도취적인 약물 남용의 희생자다. 이야기는 또래관계가 갑자기 시작되어 끝날 수 있음을 보여 주는 에비의

---

2) 역자 주: 영화에서 미래의 한 장면을 삽입하는 표현기법.

토론을 위한 부가적 질문〈13살의 반란〉

- 이 두 명의 10대 중 누가 아동교화 프로그램에서 더 많은 도움을 얻을 수 있을까?
- 7학년생에게 마약과 술의 남용, 성적 문란, 신체 피어싱이나 자해행동 등은 얼마나 보편적인가?
- 또래집단의 사회적 영향력에 대한 최신 연구들은 어떤 설명을 하고 있는가? 또래집단의 영향력은 어떤 연령대에서 최고가 되는가?
- 트레이시가 흑인 운동선수와 관계를 가지게 된 것은 엄마를 화나게 만들기 위해서였는가?
- 또래의 영향은 부모의 영향보다 더 중요한가?
- 청소년들이 부모의 경계(제한)를 받아들이기를 거부할 때 부모는 어떻게 대응해야 하는가?

쓰디쓴 배신 속에서 정점에 달한다.

〈엘리펀트〉

구스 반 산트Gus van Sant 감독의 〈엘리펀트Elephant〉(2003년)는 칸 국제 영화제에서 황금종려상과 감독상을 수상한 독립영화로, 학교에서 일어난 총기사건 이전의 미국 고등학교와 학생들의 일상을 현실적이고 기교적으로 묘사하여 관객들로 하여금 콜럼바인Columbine 총기난사 사건[3]과 그에 따른 비극을 떠올리게 한다. 이 영화는 대화보다는 비언어적인 행동이 더 많이 포함되어 있으며 전반적인 분위기는 무언가 기괴하고 불길하다. 특히 다양한 영화 촬영기술을 강조하고 있는데, 반 산트 감독의 독특한 카메라 기법과 비해설적 음향non-diegetic sound[4]에서 이런 점이 잘 표현

---

3) 역자 주: 1999년 미국 콜로라도 주에 위치한 콜럼바인 고등학교에서 발생한 대형 총기난사 사건.
4) 역자 주: 영화의 장면에서 소리가 나는 위치를 알 수 없는 효과음. 비해설적 음향의 목적은 관객에게 장면의 의미를 알리는 것이다. 등장인물이 죽음을 맞이할 때 근처에 교회가 없음에도 교회 종소리가 들리는 것이 그 예다.

된다. 관객들은 몇몇 주요 등장인물들의 일상(긴 복도를 걷거나 친구들과 인사를 나누는)과 그들이 건물 안팎(그들이 모르는 사이에 위험하거나 안전한 지역으로)을 오가는 모습을 느리게 따라가는 카메라를 보게 되고, 종종 영화의 배경으로 비해설적인 음악이 깔린다. 흥미롭게도 건물의 이름이 그냥 '고등학교'로 되어 있는데, 이것은 이 학교가 모든 고등학교를 대표하고 있음을 나타낸다.

에릭과 알렉스는 비디오 총격 게임을 즐기며 인터넷에서 총에 관한 정보를 찾아보고, 별다른 어려움 없이 총을 주문하여 우편으로 받는다. 이후 이 두 10대는 면밀히 학교지도를 살피면서 그들만의 총격사건을 음모하고, 학교 내 가장 붐비는 곳에서 가능한 한 많은 동급생들을 '조준사살'할 계획을 세운다.

비록 이 영화가 사실적이라 하더라도, 영화를 보고 나면 관객들은 사건에 대한 원인과 예방, 정신병리, 병인론뿐만 아니라 더 많은 질문을 가지게 된다. 이것은 감독이 의도한 부분이며, 감독은 관객들 각자가 스스로 이러한 질문에 대한 결론을 내리도록 유도하고 있다.

토론을 위한 부가적 질문(〈엘리펀트〉)

- 반 산트 감독은 왜 이 제목을 선택했을까?
- 이 영화는 관객들이 에릭과 알렉스의 행동을 이해하는 데 있어서 상당한 여지를 준다. 에릭과 알렉스의 행동을 어떻게 설명할 때 가장 설득력이 있겠는가?
- 에릭과 알렉스는 폭력과 범죄, 또는 일탈행동 등에서 전과가 있는가?
- 이 영화의 취지는 무엇인가? 감독의 독특한 스타일이 영화의 의미와 취지를 더 전달하고 있는가?
- 두 인물의 행동 속에는 어떠한 이상 징후가 있었는가? 이 총격사건을 막을 수 있었을까? 그렇다면 어떻게 막을 수 있었을까?
- 보다 엄격한 총기 규제법이 콜럼바인 총기난사 사건의 발생 가능성을 최소화할 수 있었을까?

〈키즈〉와 〈검모〉

이 두 영화는 이례적으로 충격적인 영화이기 때문에 함께 소개하겠다. 〈키즈 Kids〉(1995)의 대본을 썼던 하모니 코린은 〈검모Gummo〉(1997)에서도 작가 겸 감독을 맡았다. 두 영화는 청소년들의 삶에 관한 놀라운 시각을 제공하고 있으며, 전자는 도시를, 후자는 작은 시골을 배경으로 하고 있다.

래리 클락 감독의 〈키즈〉는 어린 청소년들의 상호작용과 관계 속에서 그들의 사고와 언어, 행동을 관객들이 느낄 수 있도록 해 주는 템포가 빠른 영화다. 스케이트보더 중 한 명을 비난하는 무모한 행동을 한 남자를 매우 잔인하게 폭행하는 열다섯 살 전후의 10대에 대한 묘사는 매우 인상적이다. 영화의 줄거리는 텔리(레오 피츠패트릭 분)를 중심으로 돌아가는데, 그는 깡말랐지만 여성들을 유혹하는 것에 굉장한 자부심을 가진 자신만만한 청년이다. 텔리는 자신이 에이즈 감염자라는 사실을 모른 채, 섹스 경험이 없는 취약한 파트너들에게 바이러스를 빠르게 전염시키고 있었다. 하지만 그는 매우 자기애적 성향이 강해서, 관객들은 텔리가 자신이 에이즈 감염자라는 사실을 알았더라도 자신의 행동을 바꾸지 않았을 것이라 생각하게 된다. 텔리의 희생자 중 한 명은 10대 소녀인데, 그녀는 텔리에 의해 감염되었다는 사실을 알게 되고, 그가 더 이상 병을 퍼뜨리지 않도록 필사적인 노력을 한다. 영화 속 에이즈 바이러스는 도시 빈민가 청소년들 사이에 폭력이 확산되는 것에 대한 은유다.

〈검모〉는 하류 계층의 반사회적 성향의 아이들과 청소년들의 모습을 사실적이고도 신랄하게 그리고 있는 영화다. 영화에는 동물학대나 약물 남용, 무생물체와 맞서 싸우는 사람의 기이한 행동 같은 혼란스러운 장면들이 있다. 두 주인공 솔로몬(제이콥 레이놀즈 분)과 투멀러(닉 서튼 분)는 가게 주인들에게 팔아넘기기 위해 자전거를 타고 다니며 길고양이들을 잡아 쓰레기봉투에 수집하고, 정신지체 소녀와 성관계를 가진다. 때로 이 두 주인공들은 폭력 그 자체를 위한 폭력을 행사하는데, 그들은 죽은 고양이를 매달아 놓고 반복적으로 채찍질을 하고, 나중에는 퍼붓는 빗속에 죽은 고양이를 집어던지기도 한다. 또한 그들은 마스크를 쓰고 총과 골프채로 무장한 채 그들의 경쟁자(또 다른 고양이 킬러)의 집에 침입해서는 허약한 할머니의 생명 연장기를 떼어 버린다. 이 두 주인공은 양육기술이 부족한 편부모에 의해 길러졌는데, 솔

> ? **토론을 위한 부가적 질문(〈키즈〉와 〈검모〉)**
>
> • 이처럼 충격적인 두 영화에 어떤 예술적 가치가 있는가?
> • 두 영화 속에 나오는 주인공들의 잠재적 진단을 비교하고 대조해 보라.
> • 이러한 10대들의 삶 속에서 권위자의 부재는 어떠한 역할을 하는가?
> • 각 영화에는 문제를 설명해 주는 어떤 배경이 들어 있는가? 당신은 이러한 것들에 대해 어떻게 생각하는가?
> • 이러한 영화 속의 주인공들에게 적절한 치료법으로 무엇을 들 수 있는가? 이러한 아이들이 청소년 사법제도 또는 정신건강제도 내에서 다루어져야 할까?

로몬의 엄마는 그가 웃지 않는다고 장난감 총으로 그를 죽인다고 위협하며, 이후 스파게티와 우유를 차려 주고 그것을 먹고 있는 아들을 더러운 목욕물로 씻긴다.

이 영화에는 괴이하고 혼란스러운 인물들이 많은데, 그중에는 토끼처럼 옷을 입고, 고가도로를 건너면서 소변을 보고, 고양이를 익사시키고, 자신이 죽은 것처럼 위장하는 소년과 자신의 눈썹을 면도하면서 웃음 짓고 강박적으로 자신의 인형을 실제 아기처럼 대하는 발달장애 소녀가 있다. 하모니 코린 감독은 이 영화에서 자신의 성적 일탈과 동성애자인 흑인 난장이를 유혹한 내력을 설명하면서 닥치는 대로 자기 머리에 맥주를 들이붓는 술 취한 청소년으로 출연하기도 했다. 코린 감독이 맡은 캐릭터는 어린 시절 엄마의 배 위에서 공기놀이를 하던 장면을 회상하는데, 만약 그가 엄마의 배꼽을 맞추면 5달러를 받았지만 팔을 맞추면 홍두깨로 두들겨 맞았다.

영화 속 주인공들은 그들의 행동에 대한 통찰력이 부족하고 자신들이 한 행동의 결과를 제대로 평가할 수가 없다. 대부분 공감 능력이 부족하고 윤리적이거나 도덕적인 기준에 대한 관심이 없으며, 이들 중 다수가 나중에 성인이 되었을 때 반사회성 성격장애로 진단될 것이라는 가정은 꽤 타당하다. 많은 관객들은 영화의 엔딩 크레딧에서 동물학대 장면이 실제가 아니며 인물과 상황들이 허구였다는 사실을 알게 된다. 하지만 엔딩 크레딧에서의 이러한 설명에도 불구하고, 관객들은 많은 아이들에게 이 장면들은 너무나 실제처럼 보일 것이라고 생각한다.

아동/청소년의 행동장애에 대한 또 다른 묘사들

10대 후반의 적대적 반항장애는 〈돈 컴 노킹Don't Come Knocking〉(2005)에서도 만나 볼 수 있는데, 이 영화에는 한물간 배우인 친아버지가 자신을 만나기 위해 마을로 돌아온 후 폭력적이고 반항적인 행동을 보이는 한 젊은이가 등장한다.

〈아메리칸 뷰티American Beauty〉(1999)에서 한 청소년은 몰래 마리화나를 피우고 이웃에게 팔기도 한다. 〈매닉Manic〉(2003)에서 관객들은 정신병원 내 청소년 집단을 내부자의 시선으로 바라보게 된다. 배우들이 훌륭한 연기를 선보인 이 독립영화는 감별진단에 대한 흥미로운 질문을 던지며, 서로 다른 행동장애(예를 들어 조울증, 충동조절장애 그리고 우울증 등)를 가진 다양한 청소년들 사이의 알력을 보여 주고, 집단 정신요법에 대해 잘 묘사하고 있다.

〈나의 사랑, 나의 아이들My Flesh and Blood〉(2004)은 장애를 가진 아이들을 돌보는 여인에 대한 다큐멘터리 영화인데, 영화 속 한 아이는 심각한 품행장애와 함께 낭포성 섬유증cystic fibrosis을 앓고 있다. 거칠고 상처받기 쉬운 정서적 성향이 때로는 그의 분노를 폭발시키거나 성적 행동을 더욱 가중시킨다. 그의 행동장애는 돌봐 줄 어머니의 상실(그의 어머니는 지속적으로 그를 방문한다.), 그가 처한 환경으로부터의 스트레스(그를 돌봐 주는 사람이 열한 명의 장애아동을 돌보고 있다.), 그리고 자신의 병으로 인한 스트레스와 모두 직접적으로 연관되어 있다.

디즈니사의 훌륭한 영화 〈홀스Holes〉(2002)에서는 행동문제가 있으며, 적대적이고 파괴적인 청소년들의 다양한 모습을 묘사하고 있는데, 예를 들어 차량을 절도한 청소년 한 명은 틱 장애를 가지고 있다.

아동/청소년의 정신병리: 현대영화 속의 우울, 불안 그리고 고통

아동과 청소년의 우울증은 급속도로 확산되고 있는 추세이며, 청소년들의 우울증 유무를 검진하는 것은 모든 의료인에게 매우 중요하다. 청소년기에 우울증을 앓았던 사람들 중 얼마나 많은 이들이 성인이 되어서도 계속해서 우울증을 앓는지에 대한 정보는 정확히 알려진 바가 없다. 우울증을 앓는 아동 중 여아는 좀 더 고립되어 있을 가능성이 있고 남아는 행동화할 가능성이 상대적으로 높기 때문에 아동기 우울증은 때때로 진단하기가 어렵다. 청소년기에는 우울증이 종종 10대들의 정상적인 정서적 불안정으로 오해될 수 있다.

〈더 그레이트 뉴 원더풀The Great New Wonderful〉(2005)은 9·11사태 이후의 뉴욕을 배경으로 하는 몇 개의 단막극이 혼합 구성된 영화다. 한 이야기 속에는 쉽게 불안해지고 자기패배적이며 비만이면서 우울한 상태의 아이가 등장하는데, 그는 심한 천식과 함께 심각한 행동장애를 앓고 있다. 그는 장난감에 불을 지르고 학교에서 아이들을 폭행하며, 아르메니아 아이들을 '모래 원숭이'라 부르면서 모래와 자갈을 목구멍에 집어넣는 등 악랄한 방법으로 공격한다. 부모는 이런 아들을 돕기 위해 어떻게 해야 하는지를 잘 모르고, 학교 교장이 의미 있는 충고를 하지 못할 때 초조한 감정을 드러낸다. 품행장애가 동반되지 않는 아동기 우울증은 〈웨더 맨The Weather Man〉(2005)에 등장하는 어린 여자아이의 경우에서 찾아볼 수 있다.

〈유나이티드 스테이츠 오브 리랜드〉

2004년에 개봉된 충격적인 영화 〈유나이티드 스테이츠 오브 리랜드The United States of Leland〉는 리랜드 핏츠제랄드(라이언 고슬링 분)라는 한 청소년이 자폐증 소년을 살해한 일을 회상하면서 시작한다. 리랜드는 자신이 왜 아이를 죽였는지 알지 못하며, "제가 실수를 한 것 같아요."라고 하면서 자신의 행동을 후회하기 시작한다. 그의 태도와 동기, 그리고 그가 대처하는 방식은 많은 경우 모호하다. 영화 내내 리랜드는 '한 번 벌어진 일은 다시 되돌릴 수 없다'는 사실을 힘겹게 깨닫고 받아들이면서 새로운 통찰을 가지게 된다.

> "내가 그날이 기억나지 않는다고 했을 때, 나는 거짓말을 하고 있는 것이 아니었어. 나도 기억이 났으면 좋겠지만 기억이 나질 않는다고. 때로 정말 중요한 것은 그냥 지나가 버려. 너무 빨리 지나가 버려서 애초에 그것이 존재하지 않았던 것처럼 말이야."
>
> — 〈유나이티드 스테이츠 오브 리랜드〉에서 리랜드

리랜드는 통찰과 직관이 뛰어난 편이며, 그가 놓인 환경의 아주 미세한 부분까지 감지해 내고 이러한 통찰을 타인과의 상호작용에 활용한다. 하지만 많은 우울증 환자, 특히 우울증을 앓고 있는 10대들처럼 그는 자신의 감정을 잘 표현하지 못한다. 그는 어린아이였을 때 이후로는 한 번도 울지 않았다고 말했지만 이때도 다른 사람이 자신을 어떻게 생각할지에 대해 조심스러워하고 신경 쓰는 상태였다고 한다. 리랜드는 종종 심하게 자신의 감정을 억누르곤 하는데, 예를 들면 여자 친구가 자신과 헤어진 이유가 마약상과 데이트를 하기 위해서라고 털어놓았을 때에도 그는 자신이 받은 상처나 여자 친구를 향한 분노를 표출하지 않고 억압했다. 그는 자신의 슬픔을 이해하지 못하며, 영화 내내 분노의 감정을 부인하고 오직 단조로운 정서만을 보인다. 심지어 그는 자신의 손을 칼로 찔러서 '그것이 어떤 느낌인지 알고 싶어 한다'.

> "슬픔이 가득한데 할 수 있는 것은 아무것도 없어. 내가 바라는 것은 오직 이 슬픈 감정이 사라지는 것뿐이야."
>
> – 리랜드가 자신의 고통에 대해 설명하면서

리랜드는 모든 것에 매우 무심하고 자신의 운명에도 무관심한 것처럼 보인다. 그의 사회적 행동은 기복이 심하여, 때로는 말수가 거의 없고 주변의 환경에 정신이 팔려 있는 것처럼 보이기도 한다. 영화 속의 많은 장면들은 리랜드가 타인과 교류하는 방법을 모른다는 것을 암시하고 있다. 요약하면 리랜드는 심한 우울증으로 인해 힘들어하는 청소년이다.

소아 정신분열병

정신분열병은 인간의 사고와 감정과 행동을 변화시키는 중증질환이며, 아동기 진단은 비교적 드물고 조기발견도 어렵다.

정신분열병의 자세한 특성은 9장에서 상세히 다루고 있다. 아동에게서 찾을 수 있는 정신분열병의 구체적인 몇 가지 증상들로는 실재하지 않는 것을 보고 듣기(환각 증상), 이상하고 기이한 말과 행동, 일상적이지 않고 기이한 사고, 텔레비전이나 꿈을 현실과 구분하지 못함, 정신상태의 혼란, 극심한 변덕, 편집증적인 신념 등이 있다. 이 밖에도 정신분열병을 앓는 아동은 나이와 어울리지 않는 행동(예를 들어 나이보다 어린 아이처럼 행동하는 것)을 보이고, 심한 불안과 공포를 보이며, 친구와 사귀고 또래들과 어울릴 줄을 모르며, 점점 더 고립되고, 개인위생을 저해하는 행위를 보이기도 한다(APA, 2000). 〈스파이더Spider〉(2002)는 아동기에 정신분열병의 초기 증상을 보이기 시작하여 성인이 되어서도 정신분열병을 앓게 되는 아이의 모습을 비교적 정확하게 묘사하고 있다. '거미'라는 별명을 가진 이 남자아이는 망상적이고 편집증적인 사고와 기이한 행동을 보이며 또래집단으로부터 완전히 격리된다.

〈푸줏간 소년〉

패트릭 맥케이브의 원작 소설(1992)과 닐 조던이 1997년에 이 소설을 각색하여 만든 영화 모두 아동 정신병에 대한 무시무시한 내용을 소개한다. 두 작품 모두 예술적 성공을 거두었으며, 조던의 영화는 스탠리 큐브릭의 〈시계 태엽 오렌지A Clockwork Orange〉(1971)나 프랑수와 트뤼포의 〈400번의 구타The 400 Blows〉(1959) 등 아동 정신병을 묘사한 고전영화들과 비교해도 손색이 없다.

〈푸줏간 소년The Butcher Boy〉의 주인공 프랜시 브래디(이몬 오웬 분)는 심각한 결손가정에서 성장했다. 그의 어머니는 오랜 기간 정신질환을 앓았으며 주기적으로 '신경쇠약'을 보이는데, 이런 그녀를 이해하기 위해 노력하는 프랜시와 그의 친구 조(앨런 보일 분)는 그녀의 병을 차가 고장나는 것에 비유하면서, 즉 엄마인 애니 브래디(에이슬링 오설리반 분)가 단지 수리를 위해 정비소에 간 것일 뿐이라고 생각하며 위안을 얻는다. 그의 아버지 베니 브래디(스티븐 리아 분)는 동네 술집에서 대부분의 시간을 허비하는 술주정뱅이 음악가다. 그의 아버지는 인생의 롤 모델로 삼기에는 매우 부적합한 사람인데, 그는 TV가 잘 나오지 않으면 TV를 발로 걸어차고 자신에게 TV를 팔았던 사람을 구타하고 위협한다. 결손가정이 정신질환의 발생을 충분히 설명할 수는 없지만, 그러한 가정환경이 정신질환의 증상이나 조건을 악화시킬 수는 있다.

원작 소설과 영화의 시대적 배경은 세계적인 긴장과 함께 공산주의의 확산에 대한 심각한 우려가 팽배했던 1960년대 초기다. 이러한 사회적 우려는 외계인(공산주의자에 대한 은유적 표현)이 세계를 정복하고 핵 재앙이 닥쳐올 것이라는 프랜시의 망상을 형성한다. 프랜시가 앓는 병으로 추측되는 정신분열병은 모든 문화권에서 나타나지만, 이 중 특별한 증상의 발현은 문화적 경험과 기대에 의해 형성될 수도 있다.

영화를 보면 어머니가 의자 옆 식탁 위에서 스스로 목을 매려고 하는 것을 프랜시가 발견하는 가슴 아픈 장면이 있다. 어머니는 결국 인근 호수에 투신해 스스로 목숨을 끊으며, 집에서 도망쳤던 프랜시는 어머니의 장례식에 참석하지 못한다. 마을 사람들과 아버지는 물론 프랜시 역시 어머니의 죽음에 대해 스스로를 책망한다. 이 사건은 아동들이 가족의 불행을 자신의 잘못된 행동의 탓으로 돌리는 경향과 함께 이전에 자살을 시도한 사람은 미래에 실제로 자살에 성공할 위험이 있다는 사실을 잘 보여 준다.

"이따금씩 의사들은 나를 방으로 데리고 가서 잉크반점이 찍힌 카드를 건네주곤 했지. 그러고는 이것에 대해 어떻게 생각하냐고 묻곤 해. 나는 더 이상 당신이 종이에 적을 메시지가 없다고 말해. 그러면 의사는 안경을 쓸어 올리며 왜 그러냐고 묻지. 나는 '보세요, 이건 못쓰게 되었잖아요.'라고 말해. '흠흠' 의사들의 학교에서 가르치는 것은 이런 것들이야. 안경을 쓸어 올리고 나를 따라해 봐~ 홈홈……!"

－〈푸줏간 소년〉(1992) 중에서

프랜시는 결국 입원하여 전기경련요법을 시술받게 되고 전두엽 절제술을 받을 위기에까지 처하게 된다. 그는 정신병원에서 탈출하여 자신의 고향 마을로 돌아가 옛 직업이었던 푸줏간 청소 일을 다시 시작하게 된다. 이후 그는 이유 없이 살인을 저질러 체포되고 탈출하며, 그의 옛집에 불을 지르고 스스로 목숨을 끊으려 하다가 구조되어 치료받게 되고 강제로 입원된다. 그는 중년에 사회복귀훈련시설에서 퇴소할 때까지 정신과 입원환자로 살아간다. 영화의 마지막 장면에서 프랜시 브래디는 다시금 성모 마리아의 성령을 접하게 되고, 영화가 끝나고도 이 매력적인 주인공의 치료 성공 여부와 장기간의 예후에 대한 관객들의 질문은 계속 남아 있게 된다.

우리가 프랜시 브래디의 경우에서 본 것처럼 정신분열병을 앓는 아동의 행동은 시간의 경과에 따라 천천히 변화하기도 한다. 후에 정신분열병으로 진단되는 아이들의 초기 증상은 종종 아이의 선생님에 의해 처음 발견된다. 정신분열병은 평생 동안 안고 살아야 하는 질환으로 조절될 수는 있지만 완치될 수는 없다. 이 점은 중년의 프랜시 브래디가 병원을 떠날 준비를 할 때 또다시 성모 마리아와 대화를 나누는 장면에서 분명하게 잘 나타난다.

"마리아는 내가 예전에 쭈그리고 앉아 잿더미를 바라보고 있을 때 보았던 그 얼굴 그대로였어. 재밌게도 그 얼굴이 천천히 부풀어 올라 다른 얼굴을 삼켜 버려서 어느 날엔가 다시 바라보면 내가 알던 그 사람은 사라지고 없었지. 대신 그 자리에는 반쯤 귀신이 된 그가 앉아서 오직 한 가지 말만 해. '이 세상의 모든 아름다운 것들은 다 거짓이야. 결국 그것들은 아무 쓸모없는 것이 돼 버려.'"

－〈푸줏간 소년〉(1992) 중에서

진단을 내릴 때의 흥미로운 딜레마는 고전영화 〈엑소시스트The Exorcist〉(1973)에서 잘 묘사되고 있다. 혼란스러운 정신병 증상을 보이는 한 아이가 처음에는 소아과 의사에 의해 ADHD로 진단되고 리탈린을 처방받는다. 이러한 처방이 실패한 후 그녀는 줄담배를 피우는 신경학자에게 의뢰되어 정신운동성 발작으로 진단받게 되지만, 치료에 따른 어떠한 변화도 일어나지 않는다. 다급해진 어머니는 예수회 신부이기도 한 어느 소아정신과 의사를 찾아간다. 하지만 신부로서의 재능과 정신과 의사가 되기 위해 받은 훈련은 그다지 도움이 되지 못한다. 그러나 신부로서 그는 아이를 장악했던 악령을 몰아내는 데 성공한다. 〈엑소시즘 오브 에밀리 로즈The Exorcism of Emily Rose〉(2005)는 열아홉 살의 여자아이가 가족의 신부로부터 퇴마 의례를 받는 도중 목숨을 잃는 유사한 이야기를 다루고 있다.

아동/청소년 정신질환을 그리고 있는 다른 주목할 만한 영화들

〈막달레나 시스터즈The Magdalene Sisters〉(2002)는 어린 여자아이들이 수녀원에서 운영하는 기숙사에 보내지면서 겪게 되는 언어적 · 정서적 · 신체적 고통에 대한 실화를 기초로 하는 침울한 영화다. 여자아이들은 오랜 시간 동안 노동하도록 강요당하고, 신체적 · 성적 · 언어적 학대에 시달리며, 인성보다는 돈을 더 중요시하는 수녀들에게 그들의 모든 소지품을 빼앗긴다. 많은 아이들이 합당한 이유도 없이 집으로 돌려보내진다. 기숙사 내에서 굴욕이나 수치감을 느끼는 일은 이미 공공연하고 일상적인 것이 되었고, 이것은 특히 취약한 한 청소년의 정신질환을 초래한다. 여자아이들은 다양한 방식으로 대처하는데, 한 소녀는 평소에 폭력적이었던 신부의 빨래를 하면서 그의 속옷에 알레르기를 유발하는 물질을 문질러 복수를 하며, 이것은 심한 가려움을 일으켜 신부가 진행하던 미사를 완전히 망쳐 버린다.

〈피시즈 오브 에이프릴Pieces of April〉(2003)은 어린 시절 심각한 품행 문제와 적대적 행동을 보였지만 결국 이를 극복한 젊은 여성의 이야기를 그리고 있다. 에이프릴(케이티 홈즈 분)은 가족들과 떨어져 혼자 살고 있으며, 유방암으로 죽어 가는 어머니 패트리샤 클락슨을 위한 마지막 추수감사절 저녁식사를 준비한다. 결국 에이프릴은 위태롭고 병든 결손가족을 위한 즐거운 만찬을 준비하는 데 성공한다.

〈에쿠우스Equus〉(1997)에서 리처드 버튼이 연기한 정신과 의사의 노력에도 불구하고 여섯 마리의 말을 눈멀게 한 10대 소년의 정확한 병명은 끝내 확인되지 못하지만, 소년이 크게 힘들어하고 있었다는 사실은 분명하다. 그의 문제는 최근 생긴 성적 문제와 관련 있는 것처럼 보이는데, 영화의 한 장면에서 그는 난생 처음으로 성적 경험을 가질 기회에서 발기불능 상태를 보인다. 마찬가지로 〈양철북The Tin Drum〉(1979)에서도 주인공 아이에 대한 진단은 명확하지 않다. 이 아이는 자신의 세 번째 생일날 더 이상 '성장하지 않기로' 결심하지만, 아이가 자신을 둘러싸고 있는 세상의 광기와 스스로 통제할 수 없는 주변 일들(어머니의 자살과 같은)에 대해 어떤 식으로든 반응하고 있다는 사실은 명백하다.

〈내게 뚜렛 증상이 있지만 그게 날 소유하진 못해I Have Tourette's but Tourette's Doesn't Have Me〉(2005)는 뚜렛 증후군에 관한 짧은 다큐멘터리 영화로, 뚜렛 증후군을 가진 8세에서 14세 정도의 아이들의 증상과 고통 및 그들이 병에 대처하는 방식과 그들이 결국 병을 이겨 내는 스토리를 담고 있다.

 국제 영화: 아동과 청소년의 정신병리

프랑스 영화 〈코러스The Chorus〉(2004)는 문제아들을 위한 기숙학교에서의 생활을 담고 있다. 학교는 독재적인 교장 라신(프랑수아 벨레앙 분)에 의해 운영된다. 영화는 아이들의 반항과 여러 행실 문제, 학교에서 도망치는 모습 등을 담고 있고, 아울러 선생님의 음란한 모습을 그리거나 교사들을 해치기 위해 함정을 파는 아이들의 모습을 묘사하고 있다. 영화 속의 몇몇 아이들은 확실히 품행장애나 적대적 반항장애 진단기준에 부합한다. 클레몽 마티유(제라르 쥐노 분)는 이런 난폭한 아이들을 가르치기 위해 고용되며, 교장의 허락하에 그는 4시 수업을 합창수업으로 바꾼다. 최고의 문제아였던 피에르 모항주(장-바티스트 모니에르 분)는 아름다운 목소리를 가졌고 결국 합창에 참여하게 되며, 합창단과 마티유는 라신의 잔혹한 행위를 폭로할 수 있게 된다.

아동기 정신질환을 그리고 있는 몇몇 단편영화들은 매우 흥미롭다. 그중 아카데미 단편 애니메이션상을 수상한 오스트레일리아 영화 〈하비 크럼펫Harvie Krumpet〉(2003)은 1922년 폴란드에서 태어난 하벡 밀로스 크럼페쯔크의 삶을 그리고 있다. 그는 정신분열병을 앓고 있는 문맹 어머니 밑에서 성장하였으며, 제2차 세계대전 당시 오스트레일리아로 망명하여 자신의 이름을 하비 크럼펫으로 바꾼다. 그는 뚜렛 증후군을 앓고 있었고, 두부외상이나 번개 감전, 고환암으로 자주 병원 신세를 지지만 수많은 위기를 극복해 낸다. 또한 그는 정신지체로 잘못 진단되어 어려움을 겪기도 한다. 그의 사랑하는 부인이 혈전증으로 갑자기 숨을 거두자, 그는 훨씬 노쇠해지고 강한 자살의도와 계획에 사로잡힌다. 하지만 그는 불운과 여러 안 좋은 환경에도 불구하고 끝까지 희망과 긍정적 사고를 잃지 않는다.

단편영화 〈안티 크라이스트The Antichrist〉(2002, 폴란드)는 발굴작업으로 인해 여기저기서 폭발이 일어나고 있는 지역을 탐험하는 네 명의 소년에 관한 이야기다. 여러 가지 반항행동과 품행장애 증상을 보이는 한 소년은 자신을 그리스도의 적이라 부르며 다른 아이들이 위험한 행동을 하도록 부추긴다. 그는 맨손으로 물고기를 잡고는 그것을 신나게 칼로 찌르고, 자신을 생으로 매장하기도 하며, 엉겅퀴 위를 맨발로 뛰어다니고, 자전거를 타고 위험한 돌 비탈을 내려오기도 한다. 영화는 이 소년이 반사회성 성격장애로 발전할 가능성이 있음을 시사한다.

〈판의 미로Pan's Labyrinth〉(2006, 스페인/멕시코/미국)는 견디기 힘든 가족 환경에 처한 한 아이의 대응을 그려 낸 수작이다. 이 영화는 오필리아(이바나 바케로 분)라는 상상력이 풍부한 여자아이가 병들고 만삭인 엄마 카르멘 비달(아리아드나 길 분)과 함께 냉혹하고 잔인한 대위인 의붓아버지 비달(세르지 로페즈 분)이 살고 있는 곳으로 떠나는 내용을 그리고 있다. 자신이 처한 폭력적인 상황에서 살아남기 위해, 오필리아는 요정 판과 손바닥에 눈이 달린 사람, 거대한 두꺼비 및 다른 피조물들이 살고 있는 판타지 세계를 창조한다. 이 창조물들은 오필리아를 그들이 오랫동안 찾아 헤맨 공주로 맞이한다. 그녀의 이러한 강렬한 상상력은 궁지에 몰린 것과 같은 심한 스트레스 상황을 견뎌 내게 해 주는 것 같다.

〈마지막 수업To Be and To Have〉(2002, 프랑스)은 작은 도시의 창의적인 선생(연령과 학습 능력이 제각각이며, 여러 종류의 문제를 가진 아이들을 한 학급에서 가르치는)에 관한 이야기이며, 다큐멘터리적 요소와 드라마적 요소가 합쳐진 현실적인 학교 영화다. 영화에서 언급되지는 않지만 아이들 중 일부는 ADHD 증상이 있거나 부주의한 타입이며, 전반적인 발달장애, 잠재적인 의사소통장애 혹은 선택적 함구증의 가능성을 가지고 있다.

2003년에 개봉된 브라질 영화 〈시티 오브 갓City of God〉은 가난하고 폭력배가 득

실거리는 리우데자네이루('신의 도시'라 불리는)에서 자라나는 아이들과 청소년들의 인생을 그리고 있다. 영화 속의 아이들과 청소년들은 마약 거래와 총기, 각종 폭력으로 가득한 인생, 그리고 그들이 처한 현실에서 벗어날 수 있게 해 주는 희망에 의지하는 인생 중 하나를 선택해야만 한다. 아이들은 어려서부터 두려움을 감추는 방법을 배우고, 자신의 삶과 죽음을 신경 쓰지 않는 것처럼 행동한다. 영화는 아주 어린 아이들('꼬맹이'로 불리는)이 총을 들고 뛰어다니면서 경쟁 집단의 적을 죽여 복수하자는 이야기를 주고받는 장면을 묘사하기도 한다. 이 영화가 특히나 충격적인 이유는 실화를 바탕으로 하고 있다는 점이며(적어도 100,000명의 사람이 리우데자네이루의 마약 거래에 연루되어 있는 것으로 추정된다.), 또한 '신의 도시'에 살고 있는 아동과 청소년에게는 품행장애가 정상적인 상태라는 점이다. 영화는 이런 문화 속에서 성장한 두 남자아이를 비교한다. 한 주인공은 사진기술을 배우면서 열정과 삶의 의미를 찾고 깡패로서의 인생을 거부한다. 반면 '리틀 제'라는 이름을 가진 다른 아이는 적수를 살해함으로써 신의 도시에서 마약 거래 조직의 보스 자리를 물려받고 권력을 잡는 꿈을 이룬다. 그전부터 주민들을 약탈해 온 리오의 경찰들은 마약 밀매꾼들이 도시를 장악하자 두려움에 떨며 그들의 범죄를 방조한다. 신의 도시에 사는 아이들에게는 하나의 흥미롭고 도발적인 딜레마가 존재한다. 아이는 정직한 직장을 선택하여 빈곤 속에서 살 수도 있고 마약을 거래하면서 부귀를 누릴 수도 있다. 만약 마약 거래를 선택한다면 아이의 미래는 탄탄대로가 된다. 그들은 먼저 마약 배달부로 활동하다가 그 후 망보는 사람, 중개인, 지휘관 그리고 마지막으로 매니저가 된다. 많은 아이들에게 마약 밀매는 더 매력적인 선택이 된다.

아동기 정신질환에 관한 가장 강력한 작품 중 하나는 피터 잭슨이 연출하고 케이트 윈슬렛이 주연한 뉴질랜드 영화 〈천상의 피조물들Heavenly Creatures〉(1994)이다. 이 영화는 열다섯 살과 열일곱 살의 두 10대 소녀가 공모하여 둘 중 한 명의 엄마를 살해한 실화에 기초하고 있다. 이 중 나이가 더 많은 소녀는 안느 페리라는 필명의 살인 미스터리 소설가로 큰 명성을 누리게 된다. 〈천상의 피조물들〉에서 소녀들의 정신적 혼란과 정신질환은 중세 판타지 세계에 살고 있는 실물 크기의 점토상과의 대화에서 예술적으로 표현되고 있다.

아카데미 외국어영화상을 수상한 〈화니와 알렉산더Fanny and Alexander〉(1982)는 훌륭한 스웨덴 영화다. 잉그마르 베르히만 감독 최고의 작품으로 손꼽히는 이 영화는 1900년대 초 스웨덴의 어느 외딴 마을을 배경으로 하고 있으며, 화니와 알렉산더라는 행복한 대가족에서 자란 두 남매의 경험을 중심으로 전개된다. 이들의 아버지가 사망하자 어머니는 재혼하며, 새아버지는 다른 사람의 감정을 이해하는 능력이 결여된 엄격하고 권위주의적인 성직자다. 영화 전반에 걸쳐 알렉산더는 특이한 경험을 하는데, 그는 주기적으로 친아버지의 유령을 보게 된다. 관객들은 영화를 보면서 아이의 아버지가 아이를 돌봐 주고 있는 것 같은 느낌을 받게 된다. 알렉산더의 상상 속에서 죽은 아버지는 마치 살아 있는 것 같은 형상과 움직임을 나타낸다. 알렉산더는 또한 자신에게 마법의 힘이 있다고 믿는데, 영화의 끝부분에서 새아버지를 죽게 만든 집의 화재가 자신의 마법으로 만들어 낸 것이라고 생각한다.

몇몇 우수한 외국 영화들은 평범한 아이들이 비정상적이거나 위태로운 환경에 처한 상황을 묘사하고 있다. 〈릴리아 포에버Lilja 4-ever〉(2002)는 대단히 인상적인 스웨덴/덴마크 영화로, 무너진 공동 주택인 '구 소비에트 연방 어딘가'에 살고 있는 열여섯 살 소녀의 이야기를 그리고 있다. 그녀는 어머니에게 버림받고 유일한 친구인 열한 살 소년과 함께 현실 도피와 환상에 사로잡혀 살아간다. 나중에 그녀는 사랑하는 남자에게 버림받고 다른 나라에 창녀로 팔려 가게 되며 그곳에서 수많은 비극을 경험한다.

폴란드 영화 〈버드가의 섬Island on Bird Street〉(1997)은 폴란드가 나치에 점령된 시절, 비밀 은신처를 만들어 놓고 아버지가 돌아오길 기다리면서 이 충격적인 환경 속에서 살아남는 방법을 배워 가는 한 소년의 실화를 바탕으로 만들어졌다. 뉴질랜드 영화 〈레인Rain〉(2002)은 젊은이의 의지와 인내를 그린 또 다른 영화로, 한 소녀가 사랑하는 남동생이 익사하는 사건을 비롯하여 알코올 중독과 우울증, 어머니의 불륜을 극복해 내는 이야기를 담고 있다.

또 다른 영화들은 가난에 대처하는 아이들의 방식을 탐구하고 있다. 이런 영화 중 하나로 〈엘 노트El Norte〉(1983, 미국/영국)가 있는데, 이 영화에서 등장인물은 과테말라의 빈곤에서 탈출했지만 로스앤젤레스의 빈곤을 겪게 된다. 〈피쇼테Pixote〉(1981, 브라질)는 브라질 거리의 아이들이 어쩔 수 없이 범죄나 마약, 매춘이 판치는 비참한 삶 속으로 빠져드는 내용을 다루고 있다. 〈살람! 봄베이Salaam Bombay〉(1988,

영국/인도/프랑스)는 봄베이의 길거리에 살고 있는 아이들의 삶과 불행을 추적한다. 〈쥐잡이The Ratcatcher〉(1999, 영국/프랑스)는 각종 쓰레기와 죽은 쥐, 이(기생충), 그리고 사회적 부패로 가득한 글래스고에서 살아가고 있으며 품행 문제가 있는 청소년의 삶에 관한 이야기다. 장-피에르 주네와 마크 카로가 연출한 〈잃어버린 아이들의 도시The City of Lost Children〉(1995)는 사악한 샴쌍둥이 자매의 강요 때문에 소매치기와 절도를 할 수밖에 없는 어린 소녀 미에트에 관한 이야기다. 그러나 미에트는 바보 같지만 다정다감하고 순수한 차력사 원과 안전하고 협력적인 관계를 발전시켜 나가고, 이 둘은 아이들을 유괴해 꿈을 빼앗으려 하는 어느 미친 과학자에 함께 맞서 나간다.

〈꿈꾸는 카메라: 사창가에서 태어나Born into Brothels: Calcutta's Red Light Kids〉(2004, 미국)는 인도 사창가 캘커타에서 살아가는 아이들의 삶을 그리고 있는데, 이 영화는 2004년 아카데미 장편 다큐멘터리상을 수상하였다. 〈슬럼독 밀리어네어Slumdog Millionaire〉(2008)는 인도 뭄바이 슬럼가의 빈곤하고 불결한 삶을 강렬하게 그려 내고 있다.

트뤼포의 〈와일드 차일드The Wild Child〉(1970, 프랑스)는 한 떠돌이 아이의 삶을 그리고 있으며, 베르너 헤어조크의 〈하늘은 스스로 돌보는 자를 돌보지 않는다Every Man for Himself and God Against All〉(1974, 서독)는 철저한 고립과 박탈, 괴로움으로 가득한 유년기가 삶에 미치는 영향을 탐구하며 유사한 주제를 다루고 있다.

이탈리아의 고전영화 〈시네마 천국Cinema Paradiso〉(1988)은 제2차 세계대전 직후의 한 작은 마을에서 성장하는 한 어린 소년이 지역의 영화관에 매료되고 영사기사에게서 아버지의 모습을 발견하는 내용을 담고 있다. 아름답고 소박한 영화 〈천국의 아이들Children of Heaven〉(1997, 이란)은 이란의 빈민가 아이들의 모습을 담고 있다. 프랑스 영화 〈이브라힘 아저씨Monsieur Ibrahim〉(2003)에서는 어린 시절 엄마에게 버림받은 한 소년이 동네 가게에서 좀도둑질을 하여 그의 까다로운 아버지를 위해 매일 식사를 준비하는 일(또한 돈을 모아 창녀를 사는 일)에 매달린다. 주인공은 어떤 가게의 늙은 주인과 깊은 우정을 키워 나가고, 결국에는 아버지로부터 버림받게 된다.

- 많은 영화들이 어려운 시기와 환경에 굴하지 않고 도전하는 아이들의 모습을 그리고 있다. 이러한 현상은 흔한가? 정신병은 이러한 불굴의 정신과는 반대되는 것인가? 아이가 정신적인 아픔을 겪으면서 동시에 불굴의 의지를 가질 수 있는가?
- 강간이나 살인과 같은 중범죄를 저지른 청소년은 성인과 같은 재판을 받아야 하는가? 몇 살이 되어야 아이에게 '어른의 범죄'를 저지른 것에 대한 책임을 물을 수 있는가?
- 〈푸줏간 소년〉(1997)에서 프랜시의 어머니는 죽기 전에 자살하는 여인에 관한 노래를 계속 불렀다. 자살하고 싶어 하는 사람들 대부분은 그들의 의중을 나타내는 전형적인 신호를 보내는가?
- 〈푸줏간 소년〉(1997)에서 프랜시의 아버지인 배니 브래디는 프랜시와 뉴전트 부인 사이에서 벌어진 첫 번째 사건 이후 그를 때리려 한다. 이러한 체벌은 정당화될 수 있는가? 체벌의 가장 적절한 대안으로 무엇이 있을까?
- 〈키즈〉(1995)는 섹스와 마약, 폭력 그리고 에이즈에 대해 다루고 있다. 이러한 이슈가 매우 어린 청소년들에게 점점 중요한 문제가 되고 있다는 영화의 주장은 정확한가?
- 윌리엄 골딩William Golding의 소설 『파리대왕Lord of the Flies』(1954)과 이 소설을 원작으로 한 영화(1963, 1990)는 어른의 지도/감독이 없으면 어린 아이들은 매우 빨리 흉포해진다고 주장한다. 이러한 주장이 타당하다고 생각하는가? 〈검모〉(1997)에 등장하는 아이들을 단순히 잔인한 아이들이라고 치부할 수 있는가?
- 영화는 종종 의붓부모를 차갑고 가학적인 사람으로 묘사한다. 이러한 묘사에는 경험적인 증거가 있는가, 아니면 이것은 지나치게 단순화되고 그릇된 고정관념인가?
- 어떤 이들은 〈푸줏간 소년〉에서 배우 시너드 오코너가 연기한 성모 마리아 역 때문에 닐 조던 감독을 비판한다. 이 역할이 종교에 대한 모독이라고 생각하는가?
- 〈푸줏간 소년〉에서 프랜시는 반복적으로 필립 뉴전트 부인을 괴롭힌다. 학교 내에서의 괴롭힘과 향후의 정신질환 혹은 반사회적 행동 사이에는 어떤 관련성이 있는가?

추가적인 탐구

만일 당신에게 이 장과 관련된 단 한 권의 책을 읽을 시간만이 주어진다면 다음의 책을 읽어 보라.

- Brown, R. T., Antonuccio, D. O., DuPaul, G. J., Fristad, M. A., King, C. A., Leslie, L. K., et al. (2008). *Childhood mental health disorders: Evidence base and contextual factors for psychosocial. psychopharmacological, and combined interventions*. Washington, DC: American Psychological Association.

만일 당신에게 단 한 편의 논문을 읽을 수 있는 시간만 주어진다면 다음의 논문을 읽어 보라.

- Yeates, K. O., Bigler, E. D., Dennis, M., Gerhardt, C. A., Rubin, K. H., Stancin, T., et al. (2007). Social outcomes in childhood brain disorder: A heuristic integration of social neuroscience and developmental psychology. *Psychological Bulletin, 133*, 535–556.

저자 추천작

- 적대적 반항장애와 품행장애
- - 〈라이프 애즈 어 하우스Life as a House〉(2001)
- - 〈마이 퍼스트 미스터My First Mister〉(2001)
- - 〈코러스The Chorus〉(2004)
- - 〈13살의 반란Thirteen〉(2003)
- - 〈키즈Kids〉(1995)

- 주의력결핍/과잉행동장애
- - 〈섬서커Thumbsucker〉(2005)

- 역기능적 가족
- - 〈화니와 알렉산더Fanny and Alexander〉(1982)
- - 〈리틀 미스 선샤인Little Miss Sunshine〉(2006)
- - 〈판의 미로Pan's Labyrinth〉(2006)

- 아동기 정신분열병
- - 〈푸줏간 소년The Butcher Boy〉(1997)

제12장

정신지체와 자폐증

도미니크: "부활절이 다가오고 있어. 헐크가 왜 그렇게 화를 낸다고 생각해? 왜 내게 화를 낼까……. 아마 내가 그에게 잘못을 한 것 같아. 난 유진 널 좋아해……. 우리가 태어났을 때에 대해 말해 줘."

유진: "네가 먼저 태어났어. 그리고 12분 뒤에 내가 태어났지. 네가 형이야. 어머니는 우릴 낳고 돌아가셨어. 아버지는 제강공장에서 일하셨지."

도미니크: "너와 난 항상 함께였어. 아버지는 사라져 버렸지. 나는 넘어져서 머리를 다쳤는데 그 때문에 기억이 안 나."

– 〈니키와 지노〉(1988)에서

〈니키와 지노〉(1988)를 관람하면서 생각해 볼 물음들

- 〈니키와 지노〉는 정신지체의 특성을 명확하게 보여 주는가?
- 잘 속아 넘어가는 도미니크의 모습은 정신지체나 정신장애를 가진 사람들의 전형적인 모습인가?
- 지아넬리 부인은 도미니크와 유진을 양육하는 데 어떤 역할을 했었나?
- 도미니크에게 제니퍼를 소개했을 때, 그는 정상적인 반응을 보였는가 혹은 유진에 대한 의존심 때문에 과도한 반응을 보였는가?
- 도미니크가 유진 없이 독립적으로 살아갈 수 있다는 생각은 현실적인가?
- 유진이 변함없는 관심을 갖고 도미니크를 돌봐 준 것은 죄의식 때문이었을까? 만일 도미니크가 사고가 아닌 다른 요인에 의해 정신지체자가 되었다면 유진은 그를 보살폈을까?

 환자 평가

환자가 진술한 내원 사유: "나는 조이를 구한 겁니다. 누군가가 조이를 해치는 걸 그냥 둘 순 없어요. 그의 형인 마이클은 다쳤거든요."

현 병력: 도미니크 '니키' 루치아노는 조이의 형 마이클이 죽은 후 조이를 유괴했다는 혐의로 체포되었다. 그는 26세의 백인 남성으로 정신지체이며, 의과대학에 다니는 쌍둥이 동생 유진과 함께 살고 있다. 그는 마이클의 아버지가 마이클을 계단으로 밀어뜨리는 것을 목격했다. 그 후 마이클의 아버지로부터 만일 그가 목격한 바를 발설한다면 가만두지 않을 것이라는 협박을 받아 왔다. 마이클이 아버지에게 학대당하는 것을 보는 순간 도미니크는 자신의 아버지로부터 학대받았던 기억들을 떠올리게 되었다.

과거의 정신과적 병력, 치료 및 결과: 정신장애 병력은 없었다.

의학적 병력: 그는 다른 질병을 앓았던 적이 없으며 치료 또한 받은 바 없었다. 다만 어린 나이에 두부외상을 당했다.

심리사회적 병력: 아버지가 20년 전 집을 떠난 후부터 동생 유진과 함께 살고 있고, 보호자인 지아넬리 부인이 이들을 보살피고 있다. 그는 동생에게 강한 애착을 갖고 있다. 그는 쓰레기를 수거해서 번 수입으로 각종 세금을 납부해 왔으며, IQ는 65다.

약물과 알코올 병력: 그는 어떤 약물이나 알코올도 복용하지 않았다고 부인한다. 그러나 딱 한 차례 알코올에 중독되었던 적이 있다.

행동 관찰: 그는 매우 상냥한 26세의 남성이다.

정신상태검사: 의식상태는 명료했으며 시간, 장소, 사람을 정확하게 판별했다. 환각과 망상은 없는 것으로 보고되었다. 연속적으로 7을 빼 나가는 과제를 수행하지 못하였고, 기억회상과 복잡한 그림을 모사하는 과제를 어려워했지만 단기기억 질문들에는 별다른 문제없이 답하였다. 그는 자살이나 살인을 생각해 본 적은 없다고 하였다. 그의 사고는 구체적이지만 판단 수준은 평균 정도로 보인다. 간이정신상태검사MMSE의 총점은 22점이었다.

기능적 평가: 그는 시에 고용된 청소부로서 5년째 일해 왔으며 신뢰할 만하고 유능한 직원으로 평가된다. 그는 동생인 유진과 함께 살고 있는데, 유진은 주립대학교의 의과대학생이다. 유진은 캘리포니아에 정착했지만 2~3개월 안에 피츠버그로 떠날 예정이다. 이웃인 지아넬리 부인, 고용인 및 지역사회의 많은 지인들은 도미니크를 잘 돌보고 있다. 동료들은 그를 좋아하지만, 그가 그들을 기쁘게 하려고 하면 이 점을 쉽게 이용해 버린다. 그는 약간의 지도/감독 아래 독립적으로 살아갈 수 있다. 신체상태는 정상이지만, 심리사회적 발달은 지체되어 있다. 그는 성적 관심도 높지 않으며 배우자를 원하지도 않는 상태다. 교우관계는 동료들과 몇몇 지인들이 전부다.

강점: 그는 성실하게 근무하는 상냥하고 매력적인 젊은 남성으로, 동생이 캘리포니아로 간 후 현재 살고 있는 아파트에서 독립적인 생활을 하길 바라고 있다. 그는 지역사회의 지원하에 독립적인 생활을 해 오고 있다. 유괴 혐의는 무죄로 처리되었으며, 마이클의 죽음에 대해 증언할 준비가 되어 있다.

진단: 경도 정신지체. 의증rule out: 아동기 학대와 관련된 외상 후 스트레스 장애.

치료 계획: ① 타인의 지원하에 독립적인 생활을 할 수 있도록 함, ② 동생과의 분리 문

제를 다루기 위한 단기상담이나 치료가 필요함.

예후: 양호함.

⟨니키와 지노⟩ 그리고 정신지체

로버트 M. 영에 의해 제작된 ⟨니키와 지노Dominick and Eugene⟩(1988)는 피츠버그의 빈민가에서 살고 있는 쌍둥이 형제 도미니크(톰 헐스 분)와 유진(레이 리오타 분)에 대한 영화다. 도미니크('니키')는 어린 시절 뇌손상을 당한 이후 발달장애를 앓고 있다. 또한 학습 능력이 부족하며 기억력의 문제도 보인다. 이야기는 이들 형제의 26번째 생일 무렵부터 시작된다. 도미니크는 '헐크'를 매우 좋아한다. 유진('지노')은 의과대학을 마친 후 캘리포니아 주 전문의 수련과정을 밟고 있다. 형에 대한 책임감 때문에 캘리포니아를 떠나려는 계획을 말하길 꺼려하는 지노는 자주 니키에게 화를 낸다. 이 영화는 성숙해 감에 따른 형제관계에서의 변화와, 독립적인 삶을 살고자 하는 서로의 요구에 대한 반응을 잘 그려 냈다. 이 영화는 또한 정신지체를 보이는 사람의 강점을 부각시키고 있다.

 장애를 가진 사람들, 그리고 영화

정신장애 환자를 묘사하는 영화들과 마찬가지로, 장애인을 다루는 영화 또한 지나치게 자극적으로 묘사되거나 감성에 치우치는 경우가 많다. 흔히 작가는 장애인과의 개인적인 상호작용 없이 고정관념에 근거하여 이들의 이야기를 풀어 나간다. 장애인에 대한 이야기는 지나치게 감성적이며 현실성이 부족한 경우가 많다. 장애는 흔히 이야기의 도구로서 사용될 뿐, 장애를 가진 인물의 특성은 제대로 드러나지 않는다. 예를 들어, ⟨사랑하고 싶은 그녀The Other Sister⟩(1999)는 칼라 테이트(줄리엣 루이스 분)가 독립적인 성인이 되기 위해 열심히 일하고 지적 발달을 위해 고군분투하는 모습을 담은 로맨틱 코미디다. 이 영화에 대한 평론은 매우 극단적으로 나누어진다. 일부 평단에서는 자녀가 보이는 정신적 역경을 받아들이기 어려워하는 많은 가족들에 대한 짤막한 묘사로 보았지만, 대부분의 비평가들은 정신지체를 줄거리 전개를 위한 도구로 이용한 불쾌한 영화라 평하였다. 코미디 영화인 〈더 링어The Ringer〉(2005)도 유사한 비평을 받았다. 패럴리 형제가 만든 이 영화에서, 스티브 바커(조니 녹스빌 분)는 돈 때문에 장애인으로 위장하여 지적 장애인을 위한 올림픽에 참가하기로 결정한다. 관련 국제협회가 이 영화를 후원한 관계로 약간의 지원과 더불어 150명 이상의 장애인 선수들이 출연할 수 있었다. 이 영화는 꾸며 낸 목소리, 있을 법하지 않은 행동, 헝클어진 머리 그리고 부자연스런 웃음을 사용해 정신지체로 위장하는 일반인의 모습을 통해, 그리고 '저능아retard'라는 용어를 사용함으로써 정신지체에 대한 고정관념을 드러낸다. 그러나 이 영화는 한편으로는 정신지체를 가진 사람이 일반인과 같은 감정과 행동을 보인다는 것을 보여 줌으로써 정신지체를 정상화한다. 우리는 그들이 경쟁을 위해 투쟁하고, 웃고, 다른 사람을 지지하는 것을 본다. 게다가, 몇몇 정신지체자들은 영리하고 희극적이며 분위기를 유쾌하게 전환시키기 위해 풍자와 위트를 사용한다.

『고립의 영화: 영화에서 다루어진 신체장애의 기록Cinema of Isolation: A History of Physical Disability in Film』(1994)에서, 마틴 노던Martin F. Norden은 장애를 가진 여성에 대한 네 가지 유형의 고정관념에 대해 기술하였다. 그 네 가지 고정관념은 〈스텔라 마리스Stella Maris〉(1981)에서의 '지나치게 순진무구한sweet innocent', 〈프릭스Freaks〉(1932)에서의 '강박적으로 복수하려는 자obsessive avenger', 〈중단된 멜로디Interrupted Melody〉(1955)에서의 '일반인 슈퍼스타civilian superstar', 그리고 〈베이비 제인에게 무슨 일이 생겼는가?What Ever Happened to Baby Jane?〉(1962)에서의 '지독하고 끔찍한bitter' 등이다. 또한 노던은 〈저 하늘에 태양이The Other Side of the Mountain〉(1975), 〈가비의 기적Gaby〉(1987), 〈패션 피쉬Passion Fish〉(1992) 그리고 〈비행의 이론The Theory of Flight〉(1998) 등의 영화에서 장애를 지닌 여성을 현실적으로 묘사하였음을 지적하기도 했다.

 정신지체의 진단

    평균 이하의 지능과 적응 능력의 장애가 정신지체mental retardation의 특징이다. 정신지체의 진단은 임상평가, 보호자와의 병력청취 그리고 표준화된 검사를 통해 이루어지며, 대개 아동기 때 진단된다. 지능검사의 평균은 100, 표준편차는 15이며, 정신지체는 일반적으로 평균보다 2 표준편차 혹은 그 이상 낮은 상태로 정의한다 (즉, 지능지수 70 혹은 그 이하). 연령에 기대되는 적응적 기능의 어려움 또한 임상적 평가에서 중요하다.

    〈아이 엠 샘I Am Sam〉(2001)에는 약간의 자폐적 행동을 보이는 정신지체 성인 샘 도슨(숀 펜 분)이 등장한다. 그는 독립적인 생활을 해 왔으며, 7세 된 딸 루시를 양육하고 있다. 그의 사고는 지나치게 구체적이어서 개념적 사고에 어려움을 보이며, 읽기 능력과 산수 능력은 매우 제한되어 있다. 샘은 출생 후 지금까지 키워 온 딸과 함께 아파트에 살고 있다. 그는 어떠한 가족과도 연락하지 않은 채 이웃의 지원하에 딸의 양육을 책임지고 있다. 정신적인 장애가 있는 몇몇 친구들이 이들 부녀에게 도움을 주고 있다.

    샘과 딸 루시의 지적 수준은 거의 비슷하며, 공원에서 놀고, 노래하고, 함께 책 읽는 것을 즐긴다. 그러나 루시의 지적 수준이 샘을 능가할 무렵이 되자 점차 아버지의 제한된 인지 능력에 당황하게 된다. 루시는 반 친구들이 아버지에 대해 놀리자 어쩔 줄 몰라 하며 친구들에게 자기는 양녀라고 말하곤 한다. 샘이 마련한 생일 파티에서 루시는 그의 어린아이 같은 행동 때문에 곤혹스러워한다. 아동보호기관

〈표 12-1〉 IQ 범위에 의한 정신지체의 수준

범주	IQ 수준	정신지체자 중 해당 범주의 대략적인 비율
경도	50~55에서 70	85%
중등도	35~40에서 50~55	10%
고도	20~25에서 35~40	3~4%
최고도	20~25 이하	1~2%

〈아이 엠 샘〉을 관람하면서 생각해 볼 물음들

- 샘 역을 연기한 숀 펜은 정신지체의 특성을 정확하게 표현하고 있는가? 그렇게 생각하는 이유는 무엇인가?
- 아동보호기관 근무자가 샘이 유능한 부모가 될 수 없다는 결론을 내린 원인이 된 행동은 구체적으로 무엇인가?
- 7세의 지능을 가진 한 남성이 아이를 양육할 수 있다고 생각하는 것은 현실적인가?
- 정신지체인 사람이 유능한 부모가 되도록 돕기 위해서는 어떠한 유형의 사회적 지지가 필요한가?
- 사춘기에서 초기 청소년기에 이르는 동안 아내 없이 딸을 양육하는 아버지로서 샘은 어떠한 문제에 직면하게 될 것인가?
- 유년기 시절 샘이 겪었던 시설에서의 경험은 어떤 영향을 주었는가?
- 대부분의 7세 아동들이 루시처럼 당혹스러움이나 거북함을 나타낼 것인가?

은 결국 루시를 샘에게서 **빼앗아** 버린다.

> "당신은 그것이 무엇인지도 모르면서 시도하고, 또 시도하지. 끊임없이 노력해
> 봐야 결코 거기에 도달하진 못해!"
>
> — 〈아이 엠 샘〉(2001)에서 자신의 삶의 역경을 표출하는 샘

　　DSM-IV-TR에 의하면, 정신지체는 정신장애로 간주되며, 전체 인구의 약 1% 정도가 이에 해당한다. 정신지체의 범위는 경도에서부터 최고도까지 분포된다(〈표 12-1〉을 보라). 아동이 정신지체로 진단받으려면 지능검사에서 낮은 점수를 받는 것 이외에 기능상의 다른 결함이나 손상이 있어야 한다(다시 말해서 아동은 의사소통, 지역사회 자원의 이용, 자기관리, 학업기술, 여가, 건강, 안전 등의 영역에 있어서 개인이 속한 연령이나 문화집단에서 기대되는 표준에 미치지 못해야 한다).

　　정신지체가 DSM-IV-TR에서 정신장애로 분류되었다 하더라도, 이것은 질환이

아니다. 정신지체라는 용어는 특정한 시대와 장소에서의 문화와 사회적 기준에 못 미치는 사람의 기능 수준을 일컫는 것이다. 정신지체자들은 이질적 집단이다. 정신지체의 원인은 어머니의 약물이나 알코올 남용, 염색체나 유전자 장애, 혹은 난산 과정에서 겪는 산소 결핍 등으로 다양하다(Leonard & Wen, 2002).

21번 염색체가 3개인 사람에게 나타나는 장애인 다운증후군Down syndrome은 신생아 1,000명당 1명꼴로 발생한다. 이 증후군을 보이는 아동은 근육의 저긴장, 과도 굴절, 안면 중간의 함몰midface depression 및 짧은 귀 등과 같은 독특한 신체적 특징을 보인다. 이들은 편견과 고정관념을 가진 사람들에 의해 희생양이 되어 왔다. 1960년대 초반에는 보호시설에 수용된 사람의 약 10%가 다운증후군을 가진 사람들이었는데, 그 당시에는 다운증후군인 사람을 격리해서 시설에 수용해야 한다는 생각이 일반적이었기 때문이다. 다운증후군이 있는 자녀를 둔 부모들은 정신지체자를 찾아 수용하려는 사회 정책에 대해 비판의 목소리를 내고 발달상의 장애에 대한 대중의 이해를 촉구하는 데 선구자적 역할을 하였다.

오늘날 정신지체로 진단받은 아동들은 대개 가정에서 생활하고 매우 심한 지체자들만이 보호시설에서 거주한다. 만일 아동이 정신지체로 진단되면 특수교육을 받게 되며, 특정한 기술에 초점을 두고 환경에 적응하는 학습을 하는 것이 최선이라고 여겨진다. 궁극적인 목표는 가능하면 개인이 독립적으로 기능하도록 돕는 것이다. 적절한 훈련을 통해서 많은 성인 정신지체자들이 생산적이고 독립적인 삶을 살아간다.

아이라 울이 만든 〈베스트 보이Best Boy〉(1979)는 울의 사촌인 정신지체자 필리가 일생을 부모와 함께 살면서 그들의 보호를 받는 과정을 묘사한 다큐멘터리다. 이 영화는 자신들이 죽고 난 후 필리를 돌보아 줄 사람이 누구일지 걱정하는 부모의 마음을 뛰어나게 묘사한다. 아버지가 영화 제작 도중 사망하자 어머니는 마지못해 필리가 성인 주간 서비스 프로그램에 참여하도록 허락한다. 이 영화는 깊은 감동을 주며, 사회적 문제로서의 정신지체에 대해 매우 효과적으로 파헤친다. 그리고 필리의 삶에서 그와 가족 사이에 형성된 강한 유대감과 정서적 풍요로움을 아름답게 묘사한다.

〈베스트 보이〉는 수명이 늘어남에 따라 서구 사회가 직면하고 있는 갈등의 한 단면을 제시해 준다. 평균 수명이 증가할수록, 정신지체 노인의 수 또한 증가한다. 비록 정신지체자들의 기대 수명이 일반인들보다 다소 낮기는 하지만, 이 문제는 정신지체를 가진 사람이 치매로 발전할 위험성이 매우 높다는 사실을 함축하고 있다. 필리의 경우, 그는 부모의 집(그가 살면서 알고 있는 유일한 집)에서 떠날 것을 강요받고 바깥세상에 대처하는 것을 배운다. 시설에서 나온deinstitutionalized 나이 든 환자도 그가 오랫동안 살아온 커다란 주립병원을 떠나 지역사회에 마련된 작은 수용시설(그룹 홈)에서 새 삶에 적응하려 할 때 이와 유사한 어려움에 직면하게 된다.

아이라 울은 〈베스트 맨: "베스트 보이", 그로부터 12년 후Best Man: "Best Boy" and All of Us Twenty Years Later〉(1997)라는 제목의 감동적인 속편을 제작했다. 이 영화는 관객에게 현재 퀸즈에 있는 요양원에서 생활하고 있는 필리의 삶을 보여 준다. 그는 만족스럽고 의미 있는 삶을 살고 있으며, 정신지체가 있음에도 불구하고 중요한 성인의식인 바르미츠바Bar Mitzvah[1]를 준비하는 모습이 그려진다.

일부 영화는 코미디물인 〈메리에겐 뭔가 특별한 것이 있다There's Something About Mary〉(1998)에서처럼, 다른 인물들에게 중요한 영향을 미치는 장애인을 묘사한다. 이 영화에서 여주인공 메리(카메론 디아즈 분)의 오빠 워렌(얼 브라운 분)은 정신지체와 더불어 자폐적 성향을 보인다. 그는 반향언어증echolalia을 보이며, 놀이에서 집요하게 무언가를 되풀이하고, 손가락을 튕기는 행동을 보이고, 방해하는 소리를 차단하기 위해 귀마개를 낀다. 그는 분명 자신의 여동생에게 반한 테드(벤 스틸러 분)를 좋아하지만, 테드가 자신의 귀 근처를 만질 때면 민감해져서는 폭력적인 행동을 한다(그는 테드를 들어서 빙빙 돌린 후 커피 테이블로 내동댕이친다). 이것은 당혹스러운 우발적 사건이지만, 가족들 모두는 이러한 행동이 그 행동을 촉발시키는 요인 때문에 나타난 것이지 악의를 가지고 한 행동은 아니라는 걸 잘 알고 있다.

메리는 워렌 주위를 맴돌면서 그의 삶에 활력을 주는 역할을 한다. 그녀는 자진해서 오빠와 다른 장애인들을 돌봐 준다. 메리는 그저 '선의를 베푸는' 자가 아닌 선하고 좋은 사람이다. 영화에서 그녀와 대립하는 인물은 '선한' 사람인 척하지만, 결국 속임수는 오래가지 못한다. 게다가, 워렌은 상당한 장애가 있음에도 불구하고

---

1) 역자 주: 13세가 되는 소년이 치르는 유태교 성인식.

정말로 익살스럽고 발칙한 모습으로 등장한다. 이 영화가 코미디 장르이고 장애가 없는 다른 등장인물들도 모두 우스꽝스러운 행동을 하기 때문에, 감독이 의도적으로 워렌을 이런 식으로 묘사한 것 같진 않다. 그의 행동은 분명 다른 등장인물들의 삶에 영향을 미친다.

나이트 샤말란의 〈빌리지The Village〉(2004)에서, 노아 퍼시(에이드리언 브로디 분)는 바보 같고 부적절한 웃음을 지으며, 충동을 통제하지 못하고, 매력적인 여자에 집착하며, 정신적으로 지체된 매우 전형적인 '바보 같은 시골뜨기village idiot'다. 이들 특성 중 일부만이 정신지체에 해당되지만, 샤말란의 영화에서는 매우 일차원적으로 그려진다. 그는 결국 남녀 주인공을 살해하려고 시도한다. 이러한 묘사로 인해 어떤 정신적 문제를 가진 사람은 모두 폭력적이라는 오해뿐만 아니라, 정신지체자는 일반적인 인지기능을 가진 사람보다 열등하다는 고정관념이 유지된다.

실생활에서처럼 영화는 종종 장애자, 특히 다른 사람들에게 부당하게 이용당하는 정신지체자들을 보여 준다. 〈아멜리에Amelie〉(2001)에서, 한 등장인물은 다른 사람들 앞에서 상사에 의해 비웃음과 구박을 당한다. 그는 타인과 접촉하는 상황에서 언제 조용히 해야 하는지를 모르고, 웃을 때마다 같은 구절을 반복한다. 그는 경계선적 지적 기능을 가진 것으로 묘사되고 '느린slow' 면은 있지만 과일 노점상이라는 새로운 역할에서 자신의 능력을 입증하고, 친구들과 페인트칠하는 것을 즐기며, 삶에 대한 깊은 통찰을 경험하는 등 계속해서 발전해 나간다. 〈검모Gummo〉(1997)에서는 정신지체인 한 소녀가 젊은 소년들에게 성폭행을 당하는 충격적인 장면이 묘사된다. 정신지체자들이 겪는 삶의 어려움을 감동적으로, 또 때로는 아름답게 그려낸 영화도 있다. 특히 기억에 남을 만한 세 가지 영화로 〈찰리Charly〉(1968), 〈조에그가 죽는 날A Day in the Death of Joe Egg〉(1972), 〈생쥐와 인간Of Mice and Men〉(1992) 등을 꼽을 수 있다. 1992년에 만들어진 〈생쥐와 인간〉에서 정신지체인 어린 동생 레니의 역할을 맡은 존 말코비치는 잊을 수 없는 탁월한 연기를 보여 주었지만, 론 채니가 레니 역을 맡은 1939년 작품 역시 추천할 만하다.

〈포레스트 검프〉

이제는 고전이 된 영화 〈포레스트 검프Forrest Gump〉(1994)는 IQ가 75 정도에 지나지 않지만, 순진무구함과 상식 때문에 지혜로운 사람으로서 존경받게 된 한 남자의 전 생애 중 40년간을 조명한 것이다. 포레스트의 상태는 오늘날 경계선적 지능 borderline intellectual functioning으로 분류되며, 학습곤란 문제에 관한 검사를 받게 될 것이다.

이 훌륭한 영화는 포레스트(톰 행크스 분)가 자신의 삶에 대해 이야기하면서 시작된다. 어렸을 때, 어머니(샐리 필드 분)는 포레스트를 정상이라 믿었으며 그가 알차고 완전한 삶을 살게 할 것을 결심한다. 포레스트는 척추가 약해서 다리에 보조기를 착용해야 했다. 그는 다른 친구들로부터 자신을 보호하기 위해 도망치듯 달려야만 했고, 그 결과 보조기를 착용했음에도 불구하고 매우 빨리 달릴 수 있게 되었다. 마침내 포레스트는 지역 미식축구 코치의 눈에 띄어 대학 미식축구 선수로 계약을 한다. 이때부터 눈부신 출세가 시작되며 마침내 육군에 입대하고 베트남전쟁에도 참전하게 된다. 또한 훈장을 받고 탁구 선수로서 메달도 따냈으며, 군에서 제대한 후에는 새우잡이 사업에 뛰어들어 백만장자가 된다. 그에게는 어린 시절부터 그에게 자주 도움을 주곤 하였던 오랜 친구 제니(로빈 라이트 펜 분)가 있다. 성인이 된 그는 장애와 싸우다 결국 에이즈로 죽는 제니와 그녀의 아들을 돕게 된다.

학업 능력과 지능이 제한되어 있다 하더라도, 그는 자신에 대한 긍정적 느낌을 가질 수 있으며 이 세상에 자신의 흔적을 남길 수 있는 순수한 사람이다. 이러한 자존감의 발달은 그의 아동기 경험과 그에 대한 어머니의 신념에서 비롯된 것이며, 제니와의 우정 또한 그의 용기를 북돋아 주었다. 이들 두 여인의 격려에 힘입은 그는 자신이 실패하리라는 것을 결코 생각해 본 적이 없었다.

> 훈련 교관: 검프! 군대에 온 유일한 목적은 뭔가?
> 포레스트 검프: 당신이 제게 말씀하시는 건 뭐든지 하는 것입니다, 병장님!
> 훈련 교관: 이런, 제기랄, 검프! 넌 정말 대단한 천재야! 이건 내가 지금껏 들어 본 대답 중 가장 뛰어난 거야. 네 IQ는 분명 160일거야. 넌 정말로 재능이 있어, 일병 검프.
>
> – 〈포레스트 검프〉(1994)에서

〈라디오〉

실화를 바탕으로 제작된 영화 〈라디오Radio〉(2003)는 젊은 남성 라디오(쿠바 구딩 주니어 분)를 받아들여 미식축구팀의 보조 코치로 키운 해롤드 존스 코치(에드 해리스 분)의 이야기다. 비록 영화에서는 그가 '느리다slow'고 인식될 뿐 다른 어떤 진단도 받지 않은 것으로 그려지지만, 포레스트처럼 라디오 또한 아마 경계선적 지능으로 진단될 것이다. 영화의 전반부에서, 그는 말을 거의 하지 않고 주로 의미 없는 소리를 내며, 자세가 구부정하고, 식료품점에 가기 위해 쇼핑카트를 끌고는 주변을 수 마일이나 배회한다. 그는 거의 고립된 채 어머니와 단 둘이서 살고 있다. 그의 삶에는 지금껏 한 번도 기회가 주어지지 않았다. 영화의 전반부에서, 그는 몇몇 선수들에게 몹시 조롱받고 학대당한다. 어떤 특정한 선수가 계속해서 그를 잔인하게 놀리고 욕하지만, 그는 아무런 불평 없이 이를 받아들인다. 드디어 미식축구팀을 도울 수 있는 기회가 주어지자 그는 이를 받아들여 점차 훨씬 더 많은 대화와 상호작용을 통해 팀에 결정적인 기여를 하게 된다. 사실상 그는 선수들에게 영감을 주는 상징적 인물이 되었고, 그의 삶은 매우 크게 변하였다.

존스 코치는 라디오에게 기회를 주기 위해 특별히 공을 들인다. 그는 많은 사람들 앞에서 라디오를 변호하고 그가 학교 시스템과 잘 조화되도록 돕는다. 왜 그를 돕느냐는 질문에는 "해야 될 옳은 일이기 때문이다."라고 답한다. 이 영화는 서로 영향을 주고받음으로써 결국 용기와 헌신을 키우게 된 두 남자의 용기와 희생을 보여 준다. 존스 코치가 그를 각별하게 보살핀 이유는 괴롭힘을 당하는 장애아를 지켜 주지 못했던 자신의 유년 시절 기억에 대한 수치심 때문이었다.

자폐장애

자폐장애autistic disorder는 대개 3세 이전에 진단된다. 여성보다 남성에게서 4~5배가량 더 많이 발생하며, 15세 미만 아동의 유병률은 10,000명당 4~5명 정도다. 자폐장애 환자의 약 75%가 정신지체를 동반하며, 약 50%가 언어로 의사소통하지 못한다. 자폐장애는 복합적인 문제를 나타내므로 특수치료와 가족의 도움을 필요로 한다.

사회적 상호작용과 의사소통에서의 문제가 자폐장애의 주된 증상이다. 많은 자폐아동들이 시선접촉을 하지 못하며, 얼굴표정이 없고 정상적인 몸짓이나 제스처를 사용할 수 없다. 연령이 증가하여도 대부분 자신의 발달 수준에 적합한 유의미한 관계를 발달시키지 못한다. 또한 이들은 다른 사람들이 행복해하는 것을 함께 나누지 못하는 것 같고, 감정을 '주고받지' 못한다. 자폐아동은 정서가 메말라 있어 부모는 큰 좌절감을 경험하게 된다.

자폐아동은 의사소통에서 주된 문제를 보인다. 그들은 구어 발달이 지연되어 있거나 때로는 완전히 결여되어 있다. 말을 할 수 있는 경우라 할지라도 다른 사람들과 대화를 시작하거나 지속하는 데 장애가 있다. 이들의 언어는 반복적이거나 기괴하다. 또한 다른 아동들처럼 발달 수준에 적합한 가상적 놀이나 사회적 모방놀이를 할 수 없다.

자폐장애의 기타 증상은 행동이나 관심, 활동의 양상이 반복적이며 상동증적stereotyped이라는 것이다. 어떤 때는 강도나 초점에 있어서 비정상적인, 한 가지 이상의 상동증적이고 제한된 관심에 집착한다. 일반적으로 움직이는 것이나 회전하는 물체에 집착하는 경우가 많다. 또한 상동증적이고 반복적인 운동 기행증motor mannerism을 보이기도 한다. 예를 들어, 몇 시간이고 몸을 흔들거나 손가락을 비틀고, 자신의 다리를 손으로 문지르고, 몸을 회전시키거나 복잡한 몸동작을 반복할 수도 있다. 자폐아동은 특이하고 비기능적인 틀에 박힌 일이나 의식에 고집스럽게 매달린다. 일반적으로 사람보다는 물체에 집착하여 자동차, 기계 장치의 일부, 혹은 모형 자동차에 매료될 수 있다. 이들은 몇 시간 동안이나 물체를 분해했다 다시 조립하곤 한다.

자폐장애를 가진 성인 대부분은 여전히 사회적 관습에 서투르고 대인관계 기술이 부족하며, 거의 혹은 아예 친구가 없으며, 결혼하지 않는 경우가 많다. 이들은 또한 만성적인 불안을 보이기도 한다. 반복적인 행동과 움직임은 대개 지속된다(Micali, Chakrabarti, & Fombonne, 2004).

그들에겐 약물치료, 행동수정 및 개별화된 교육적 접근 외에도, 가족의 역할이 결정적이다. 특수아동을 돌보는 가족 대부분은 외부의 도움이 필요하며, 그 밖에도 아동이 가정에서도 학업을 지속할 수 있도록 돕는 치료 프로그램의 수행방법을 배울 필요가 있다. 부모는 행동수정 기법뿐만 아니라, 아동에게 적합한 사회적 기술과 의사소통 기술을 가르치는 방법을 배운다. 가족들이 장애아동의 양육과 관련된 문제들에 대처하도록 돕기 위해 가족치료도 추천된다.

자폐아동의 예후는 다양하다. 만일 5~7세 무렵 언어를 습득하고, 사회적 반응을 보이고 인지 능력이 향상된다면, 그렇지 못한 자폐아동들에 비해 예후가 더 좋다. 자폐아동의 약 25%는 청소년기 초기에 갑작스런 경련을 보이기도 한다. 사춘기 동안에 이들은 종종 공격성이 나타나는 거절증negativism [2]을 포함한 다양한 행동 변화를 경험할 수도 있다. 환각이나 망상은 대체로 보이지 않지만 기괴한 행동, 구체적 사고 및 정서적 둔마는 지속된다.

〈레인맨〉과 자폐증

〈레인맨Rain Man〉(1988)은 아카데미 시상식에서 남우주연상, 감독상, 작품상 및 각본상을 받았다. 더스틴 호프만이 레이몬드 배빗을, 톰 크루즈가 그의 남동생 찰리를 연기했다. 영화는 20대 중반의 냉소적인 사기꾼 찰리가 아버지의 죽음을 덤덤하게 맞이하는 모습에서 시작된다. 찰리와 아버지는 몇 년 동안 관계가 소원하였다. 아버지는 신용금고를 통해 비밀 신탁 수혜자에게 3백만 달러를 남기고, 그에게는 단지 낡아 빠진 1949년형 뷰익 자동차만 물려주었다.

신탁 수혜자를 추적하던 중 찰리는 자신에게 자폐장애가 있는 형 레이몬드가 있다는 사실을 알게 되었다. 레이몬드는 텔레비전 프로그램을 시청하고, 특정한 날에 특정한 음식을 먹는 의식의 울타리 안에 갇혀 있으며, 방 안에 있는 책과 중요한 야구 기사들이 순서대로 정리되어 있지 않으면 흥분해서는 애보트와 카스텔로Abbot and Costello의 "누가 1루수지?" [3]를 되풀이해서 암송하기 시작한다. 보호소의 관리자가 유산의 반을 찰리에게 주는 것을 거부하자 그는 형을 데리고 나온다.

---

2) 역자 주: 환자가 외부에서 오는 명령이나 움직임에 기계적·충동적으로 저항하여 반항하는 현상. 예컨대, 팔을 굽혔다가 펴라고 하면 긴장감과 저항감을 나타내고, 앉히려고 하면 반대로 일어서려고 한다. 또 방 한구석에 웅크리고 앉아 외적인 자극을 거부하고 있는 것도 그 증상이다.
3) 역자 주: 1940~1950년대에 미국에서 가장 인기 있었던 코미디 듀오인 애보트와 카스텔로가 야구게임을 빗대어 되뇌는 유행어.

찰리는 해안 쪽으로 돌아가기를 원하지만, 레이몬드는 한사코 비행기 타는 것을 거부한다. 이들 형제가 아버지가 물려준 낡은 뷰익을 타고 대륙을 횡단하면서 이야기가 전개된다. 긴 여정 동안 레이몬드는 사고를 목격하자 고속도로로 가지 않으려 하고, 비 오는 날에는 밖으로 나가지 않으려고 해서 하루 종일 모텔에서 시간을 보내는 등의 기이한 행동들을 보인다. 레이몬드는 팬케이크를 먹기 전엔 반드시 탁자에 있는 메이플 시럽을 먹고, 간식으로는 사과주스와 치즈 볼만을 고집하며, 자신이 들은 어떤 소리든 따라 하고, 텔레비전에 집착하는 등 이상한 행동을 많이 나타낸다.

레이몬드는 자폐장애 환자의 약 10%에서 발생하는 서번트savant [4] 능력을 보인다. 이러한 능력이 있을 때, 표준화된 지능검사에서는 보통 낮은 점수를 기록하지만, 자료를 계산하거나 그림을 그리거나 음악 연주를 하는 것과 같은 한두 가지 영역에서는 뛰어난 재능을 보인다. 그는 특히 비범한 기억력과 수학적 능력을 보여서 찰리는 라스베이거스에서 형의 기술을 이용해 손실을 본 사업자금을 되찾으려는 계획을 세운다. 레이몬드가 우연히 매춘부와 데이트를 하게 되자 찰리는 형에게 춤추는 방법을 가르친다. 그 여자가 나타나지 않자, 레이몬드는 찰리의 여자 친구인 수잔나(발레리아 골리노 분)와 춤을 추게 되며 그녀로부터 첫 키스를 받는다.

찰리: 그는 미치지 않았고 지능 발달도 늦지 않아요. 그런데 왜 여기 있는 거죠?

브루너 박사: 그는 자폐적인 서번트예요. 그런 사람들을 백치천재idiot savants라 부르곤 하죠. 그는 자신에게 해가 될 만한 특정한 결함이나 능력을 갖고 있죠.

찰리: 그래서 지능 발달이 늦은 거로군요.

브루너 박사: '자폐적'이란 겁니다. 그는 어떤 특정한 의례적 절차들에 매달리죠.

찰리: 의례적이라…… 그거 맘에 드는군요.

브루너 박사: 먹고 자고 걷고 말하고 화장실을 사용하는 방식, 이 모두가 자신을 지키기 위해 매달리는 것들입니다. 누군가 그 틀을 깨뜨리게 되면 그는 심

---

4) 역자 주: 전반적으로는 정상인보다 지적 능력이 떨어지나 특정 분야에 대해서만은 비범한 능력을 보이는 것 혹은 그런 능력을 가진 사람.

한 공포를 느끼게 됩니다.

　　　　　　　　　　　　　　　　　　　- 〈레인맨〉(1988)에서

　　레이몬드가 화재경보기의 소음에 놀라 난폭해지는 모습을 본 찰리는 차츰 그의 병이 심각하다는 것을 깨닫게 된다. 영화는 찰리가 그의 형을 이해하고 사랑하게 되면서, 25만 달러에 이르는 상속금을 포기하고 형을 월브룩Wallbrook(장애인 요양시설)으로 돌려보내는 것으로 끝을 맺는다.

　　이 영화는 자폐장애의 증상을 비교적 정확하게 묘사한다. 레이몬드 역을 맡은 더스틴 호프만은 실제 자폐장애 환자들이 나타내는 버릇, 병적 집착 및 성향을 정확하게 그려 낸다. 인물들을 둘러싼 이야기 또한 현실적이다. 장애를 가진 사람들은

?

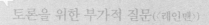

토론을 위한 부가적 질문(〈레인맨〉)

- 레이몬드가 복잡한 제곱근은 계산하면서도 달러로 환전하지는 못하는 장면은 현실적인가?
- 레이몬드는 왜 "누가 1루수지?"라는 애보트와 카스텔로의 농담을 제대로 이해하지 못하는가?
- 브루너 박사가 말한 것처럼, 레이몬드는 현실적으로 '언제든지 자유롭게 퇴원할 수 있는 허가'를 받을 수 있을까?
- 영화에서 반복적인 행동의 예를 확인하라. 이러한 행동들은 레이몬드가 스트레스를 받을 때 더 자주 발생하는 경향이 있는가?
- 왜 레이몬드는 '확실히definitely'란 단어를 가장 좋아할까?
- 레이몬드는 이미 테이블 위에 놓여 있는 메이플 시럽을 달라고 하면서 웃는 것과 같은 역설적 유머를 제대로 이해하고 있는 것처럼 보인다. 자폐증을 앓고 있는 사람들은 이러한 유머를 이해할 수 있을까?
- 당신은 월브룩에서 레이몬드에게 제공해 온 서비스의 질을 어떻게 평가할 것인가?
- 레이몬드의 일반 상식은 퀴즈쇼를 시청할 때는 도움이 된다. 그는 어떤 종류의 게임이나 활동에서 가장 어려움을 느끼는가?

보호시설로 보내진 후 가족의 기억에서 쉽게 지워진다(예를 들어, 찰리는 그에게 형이 있다는 사실을 완전히 잊고 있었다).

〈레인맨〉은 장애를 가진 사람들에게는 '보호시설만이 답이다.'라는 편견을 강화시킨다. 그러나 레이몬드와 같은 환자가 과연 대규모 보호시설에서 가장 행복해할 것인지는 의문의 여지가 있다. 비록 레이몬드가 보호시설에서 경험하는 친밀감과 평온한 일상으로 인해 더 잘 적응하고 안정감을 찾을 수 있다고 할지라도, 그와 같은 사람 역시 자신의 가정에서 필요한 만큼의 개별화된 조력을 통해 스스로 선택한 배우자와 만족스럽고 성공적인 행복한 삶을 살아갈 수 있다. 그들의 인간적 교류가 시설에서 보수를 받고 일하는 직원과의 관계에 국한될 필요는 없는 것이다.

일부 주(예: 미시간 주)에서는 더 이상 발달장애를 가진 사람들을 주립병원에 수용하지 않고 있으며, 단지 수백 명의 발달장애자들만이 이러한 환경에 남아 있다. 많은 사람들은 정신지체와 심각한 자폐증을 가진 많은 사람들이 지역사회에 통합될 수 있다는 것을 알지 못한다. 이는 일반적으로 수용시설에서의 재활을 의미하지만, 다른 한편으로는 장애를 가진 사람들이 그들이 선택한 동거인과 함께 자신의 집에서 살도록 도와주려는 새로운 움직임도 있다.

〈사일런트 폴Silent Fall〉(1994)에서, 퇴직한 소아정신과 의사(리차드 드레이퍼스 분)는 아버지의 살인을 목격한 자폐 소년 팀 워든(벤 포크너 분)을 만난다. 팀은 면전에서 자신을 바라보는 동안에도 몸을 흔들고, 몸을 빙빙 돌리거나 움직이는 것을 즐기고, 손가락을 빙글빙글 돌리고, 가만히 있지 못하며, 끙 하는 소리와 신음하는 소리와 같은 제한된 의사소통 능력을 보인다. 둔마된 정동을 가진 그의 두 눈은 다른 생각을 하는 것처럼 보이고, 절대 둥근 모양의 음식은 먹지 않는 것과 같은 특정 규칙을 고수한다. 그는 카드와 비언어적인 것, 그림, 손가락을 통해 의사소통한다. 그는 대인관계 과정의 특정 시점에서 타인이 한 말을 반복하는 반향언어증을 보인다. 그는 화가 나거나 스트레스를 받을 때 자신의 머리를 벽에 세게 부딪힌다.

〈유나이티드 스테이츠 오브 리랜드The United States of Leland〉(2004)는 자폐증을 가진 한 소년을 묘사한다. 그는 가만히 있지 못하고, 울고, 시선접촉이 제한적이다. 그는 대부분의 시간 동안 허공을 응시하거나 고개를 숙이고 있다. 가장 두드러지는 그의 특징은 '노래하라sing a song'라는 구절을 계속해서 반복하는 것이다. 그는 자신과 가장 가까운 여동생을 포함한 모든 사람들과 제한적인 의사소통을 한다. 이 영화는 자폐증에 대한 사회적 인식에 여러 가지 질문을 던진다. 영화에서 라이언 고슬링이 연기한 주인공 리랜드 핏츠제랄드는 자폐증을 앓고 있는 소년에게, "이런 슬픔은 누구에게나 있고, 네가 이 문제를 해결할 수 있는 방법은 아무것도 없어. 내가 원하는 건 단지 이 모든 괴로움이 사라져 버리는 거야."와 같은 아리송한 이야기를 하며, 예고도 없이 칼로 찔러 버린다. 많은 장애인 운동가들은 이 영화가 장애를 가진 사람의 안락사 혹은 존엄사를 정당화할 뿐 아니라 장애를 지닌 삶은 죽음보다 더 비참한 운명이라는 메시지를 고취시킨다고 믿는다.

〈어거스트 러쉬August Rush〉(2007)는 음악가인 부모를 찾는 한 고아소년(프레디 하이모어 분)에 대한 영화다. 말이 없고 자폐증적 행동 특성을 가진 프레디(비록 자폐증 진단기준을 충족시키지 못할 수도 있지만)는 부모의 음악적 재능을 물려받았다. 실제로, 그는 거의 혼자 독학으로 기타 연주법을 터득한 서번트다. 결국, 그는 자신의 음악적 재능을 알아본 교수에 의해 줄리아드 음대에서 기타를 배우지만 이내 그만두고 만다. 예정된 수순으로, 그는 영화의 끝부분에서 부모와 재회한다.

레오나르도 디카프리오는 〈길버트 그레이프What's Eating Gilbert Grape?〉(1993)에서 자폐 증상을 보이는 어린 동생을 연기한다. 이 캐릭터는 서번트도, 성인(聖人)도 아니다. 그러나 디카프리오는 가정에서 사랑을 받으며 성장하고 있는 빈곤한 소년을 매우 현실적으로 그려 낸다.

고전작품인 〈앵무새 죽이기To Kill a Mockingbird〉(1962)에서, 젊은 시절의 로버트 듀발은 이웃의 두 살짜리 아이를 보호하기 위해 한 남자를 죽이는 자폐적 성향의 부 래들리를 연기함으로써 데뷔했다. 진단에 대한 언급이 없기 때문에, 아마도 영화가 만들어진 당시에는 자폐증으로 인식되지는 않았을 것이다.

〈몰리Molly〉(1999)는 자폐증을 가진 여성을 다룬 실망스러운 영화다. 엘리자베스 슈가 연기한 몰리는 일시적으로 정상적인 기능을 가져다준다고 기대되는 실험적인 수술을 받게 된다. 그러나 그녀의 뇌가 수술에서 사용된 세포에 거부반응을 나타내어 결국 수술 전의 기능 수준으로 돌아가고 만다. 몰리의 오빠 벅은 처음엔 동생을 피하고 두려워하여 그녀를 낫게 만들 무언가를 해 보고자 시도하지만, 이러한 열정은 수술 실패로 인해 절망으로 바뀐다. 벅이 몰리와 함께 살 것을 준비하는 진부한

'마음의 변화'를 보여 주며 영화는 끝을 맺는다.

〈아름다운 비상The Boy Who Could Fly〉(1986)은 암 선고를 받은 후 자살한 아버지의 죽음 이후 새로운 집으로 이사한 어린 소녀 마일리 미켈슨(루시 디킨스 분)의 이야기다. 그녀는 옆집에 사는 한 자폐증 소년과 함께함으로써 슬픔을 극복해 가는데, 소년은 매일 지붕 위에서 나는 연습을 하는 데 많은 시간을 보낸다. 소년의 부모는 비행기 사고로 사망했는데, 그는 부모의 사망 직후부터 비행에 대한 생각에 집착해 왔다.

 아스퍼거 장애

아스퍼거 장애Asperger's disorder는 종종 '고(高)기능 자폐'로 언급되는 전반적 발달장애이며, 보통 자폐 스펙트럼 장애 혹은 전반적 발달장애로 불리는 범주에 속하는 하위유형이다. 아스퍼거 장애를 가진 사람들은 매우 제한된 사회적 상호작용을 나타내며 행동, 흥미, 활동의 패턴이 제한되고 반복적이며 정형화되어 있다. 그들에게는 흔히 이상하고 별나다는 꼬리표가 붙는다. 그러나 일반적으로 언어기술의 손상이나 인지 발달상의 지체가 발견되지는 않는다.

〈아메리칸 스플렌더American Splendor〉(2003)는 아스퍼거 장애를 가진 토비 레드로프를 친구이자 동료로 둔 연재만화 작가 하비 피카(폴 지아마티 분)에 대한 이야기다. 토비는 사교적이지 못하고, 단조로운 목소리와 제한된 흥미와 행동 패턴을 가진다. 토비는 '천재적 괴짜'라고 쓰인 배지를 달고 다니며 스스로를 '세계적인 수준의 괴짜'라고 부른다. 그리고 한때 〈너즈의 복수Revenge of the Nerds〉라는 영화를 보기 위해 200마일 이상 운전했던 것을 자랑스럽게 이야기한다. 〈아메리칸 스플렌더〉에서 아스퍼거 장애에 대한 묘사는 대체로 현실적이고, 장애에 대한 관객들의 선입견에 도전한다.

〈모짜르트와 고래Mozart and the Whale〉(2005)는 아스퍼거 장애를 가진 제리 뉴포트와 메리 뉴포트 부부의 실제 삶을 바탕으로 한 영화다. 제리는 계산 능력이 뛰어난 서번트로서, 〈레인맨〉을 볼 때까지는 자신이 자폐증과 유사한 장애가 있다는 생각을 하지 못했다. 그는 후에 지역사회에서 협력 단체를 조직한다. 메리는 굉장한 예술적 재능이 있다. 〈모짜르트와 고래〉라는 제목은 제리가 영화 〈프리윌리Free Willy〉에 대한 자신의 애정을 표현하기 위해 고래처럼 옷을 입었던 할로윈 파티에서 비롯되었다. 메리는 유명한 오빠(모짜르트)로 인해 그늘 속에서 살아온 재능 있는 음악가 나넬 모짜르트로 변장하여 도착한다. 두 사람의 관계가 어떻게 발전되어 가는지, 그리고 의미 있는 삶을 위해 어떠한 노력을 해 왔는지는 이들이 쓴 저서와 프레젠테이션, 그리고 다양한 텔레비전 프로그램을 통해 소개된 바 있다.

이들의 삶을 바탕으로 각색된 영화 〈모짜르트와 고래〉는 아스퍼거 장애에 대한 협력 단체를 조직한 택시기사 도널드 모튼(조시 하트넷 분)과 그 협력 단체에 가입한 이사벨 소렌슨(라다 미첼 분)에 대한 이야기다. 두 인물들은 갈등하지만, 정반대의 성격과 증상에도 불구하고, 이들 두 사람은 깊은 관계로 발전한다. 예를 들면, 도널드가 초조해하면서 새들이 날아다니는 어수선한 아파트로 이사벨을 데리고 갔을 때, 그녀는 도널드에게 매우 직설적인 어투로 "섹스 하잔 말이지This is about sex."라고 말한다. 이사벨은 자신이 관계를 유지할 수 있을지에 대해 의심하면서 극도로 불안해하고 정서적 불안정성을 보인다. 이 영화는 여러 가지 상반된 평가를 받았지만, 실제로 장애를 가진 사람에 의해 각색되었다는 장점을 갖는다.

〈브레이킹 앤 엔터링Breaking and Entering〉(2006)에서, 주드 로가 연기한 윌과 로빈라이트 펜이 연기한 윌의 여자 친구 리브는 자폐 스펙트럼 장애를 가진 사춘기 소녀 베아트리체를 함께 양육한다. 베아트리체는 제한된 사회적 기술, 반복적인 행동(비디오로 자기 자신을 계속해서 보는 것), 그리고 환경이나 일상에서 변화가 생기면 격분하는 것과 같은 자폐 스펙트럼 장애나 전반적 발달장애의 전형적인 증상들을 보인다. 또한 그녀는 음악과 관련된 감각 이상을 나타낸다. 그녀는 스트레스를 받으면 눈을 감고 말을 반복하며, 지나치게 구체적concrete으로 생각하고 특이한 건전지를 수집한다. 그녀의 행동은 윌과 리브의 관계에 긴장감을 준다. 리브는 베아트리체와 더 가까워지려고 하는 반면에, 윌은 일을 하거나 그 둘의 사이에 개입하지 않음으로써 상황을 피하려 한다.

유아기, 아동기 혹은 청소년기에 처음으로
진단되는 장애들

그 밖의 전반적 발달장애로는 ① 적어도 처음 2년 동안은 정상적인 발달을 보이지만 그 후 언어, 사회성, 운동기능 혹은 놀이 기술이 소실되는 소아기 붕괴성 장애 childhood disintegrative disorder와, ② 여아에게 주로 나타나며, 적어도 처음 6개월은 정상적인 발달을 보이지만 5개월에서 48개월 사이에 두뇌 성장의 감속, 이전에 획득한 의도적인 손기술의 상실, 특이한 상동증적 손 움직임, 사회적 참여의 상실 등을 보이는 레트 장애Rett's disorder가 포함된다. 다른 증상으로는 심각한 정신운동 기능의 지체와 더불어 언어 표현 및 인식과 관련한 심각한 손상 등이 있다.

어린 나이에 발병하는 장애를 다룬 영화들은 다음과 같다. 〈시네마 천국Cinema Paradiso〉(1988)에서는 학습장애, 〈스트레이트 스토리The Straight Story〉(1999)와 〈리암 Liam〉(2000)에서는 의사소통장애(말더듬기), 〈나이아가라, 나이아가라Niagara, Niagara〉 (1997)에서는 뚜렛 장애Tourette's disorder, 〈공주와 전사The Princess and the Warrior〉(2000)에서는 이식증pica, 그리고 〈잭Jack〉(1996)에서는 희귀한 유전적 장애인 조로증progeria을 다루고 있다. 〈잭〉에서는 조로증인 아이들이 주로 직면하게 되는 발달적인 문제의 일부를 정확하게 묘사하고 있지만, 조로증에 대한 임상적 묘사가 완전히 정확하지는 않다.

 국제 영화: 정신지체와 자폐증

몇몇 영화들에는 장애를 갖고 있는 주인공이 등장하는데, 이런 영화들에서 '장애'는 단지 그 인물의 삶의 또 다른 양상으로서 다뤄진다. 이례적으로 프랑스 영화 감독 장 피에르 주네에 의해 제작된 영화 〈아멜리에〉(2001)와 〈잃어버린 아이들의 도시The City of Lost Children〉(1995)는 이런 인물들을 묘사하고 있으며, 그들의 의미 있는 기여가 그들의 장애보다 더 중요하다는 것을 암시한다.

리벤 디브로우어가 연출하고 각본 역시 공동으로 집필한 〈폴린느와 폴레트 Pauline and Paulette〉(2001)는 벨기에서 여러 상을 받은 코미디 드라마다. 폴린느(도라 반 더 그로엔 분)는 언니 마르타에게 보살핌을 받고 있는 66세의 정신지체 여성이다. 마르타가 사망하자, 동생 폴리트(앤 피터슨 분)와 세실(로즈마리 베르그만 분)은 폴린느를 보호할 책임이 생긴다. 두 여인은 모두 자신의 삶을 살아가는 것만으로도 벅찬 상태다. 마르타의 유언장에 따르면, 여동생 중에 한 명이 폴린느를 돌본다면 그녀의 전 재산은 삼등분하여 동등하게 분배되겠지만 만일 폴린느를 수용기관으로 보내 버린다면, 폴린느에게만 유산을 물려줄 것이라고 적혀 있다. 이 영화는 사랑하는 사람에 대해 어떤 결정을 내려야 할 때 가족들이 겪게 되는 딜레마와 어려움을 묘사한다. 이 영화는 또한 정신지체의 현실을 조명하고, 정신지체자를 돌보는 가족 구성원에게 요구되는 사랑과 헌신의 정도를 강조한다. 미국 영화 〈아이 엠 샘〉(2001)과는 반대로, 이 영화는 등장인물의 성장에 보다 중점을 둔다(예: 친절함, 호기심, 창조성, 장난스러움과 사랑).

〈데드마더The Dead Mother〉(1993, 스페인)는 정신지체와 자폐증을 지닌 말 없는 어린 소녀 레이레를 묘사한다. 레이레는 절도범이 자신의 집에 침입하여 어머니를 죽인 것을 본 유일한 목격자다. 20년 후 그녀는 기관에서 지내게 되는데, 우연히 살인범이 그녀를 본 후 자신을 고발할지도 모른다는 두려움에 그녀를 납치하고 감금하여 몸값을 요구하려 한다. 레이레는 둔마된 정동과 근경직을 보인다. 그녀는 사소한 것들에 쉽게 산만해지고(예: 벽에 있는 금, 욕조에 있는 거품, 그녀 자신의 손), 시선 접촉을 잘 하지 못하며, 큰 소리에 반응한다. 기관에서 생활하는 동안, 레이레는 한 소년이 자해하여 추락하는 것을 본 후, 피에 대한 외상적 충격 반응을 보이며 몸을 떨고 운다. 그녀는 배변훈련을 받지 않았고, 초콜릿에 집착하는데, 이 때문에 속임수와 착취에 노출되기 쉽다. 레이레는 거의 웃지 않으며, 설령 있다손 치더라도 매우 제한적인 사회적 반응을 나타낸다. 그녀는 옷 입는 것을 어려워하는 것과 같은 기능상의 어려움을 나타내고, 혼자서는 목욕도 할 수 없다. 레이레는 순수한 인물이며 주위의 병적인 범죄자들과는 뚜렷한 행동상의 차이를 보인다.

우리는 자폐아동을 양육하는 문제와 관련된 스트레스를 관객이 이해하는 데 도움을 줄 최고의 영화로 〈검은 풍선The Black Balloon〉(2008, 오스트레일리아)을 추천한다. 이 영화는 가족의 한 구성원이 심한 지능지체를 보일 때, 가족 구성원 사이에 흔히 나타나는 사랑과 분노라는 양가감정을 정확하게 묘사한다. 감독 엘리사 다운은 자폐증이 있는 두 명의 형과 함께 자랐는데, 이런 경험이 이 영화를 진술하게 만든 요인이라 할 수 있다.

비판적 사고를 위한 질문들

- 하워드 가드너Howard Gardner는 그의 저서인 『마음의 구조Frames of Mind』(1983)에서 7가지 유형의 지능(언어, 시각, 신체, 음악, 논리와 수학, 자기이해, 대인관계)에 대해 기술하고 있다. 이 모델은 당신이 레이몬드 배빗, 샘 도슨 그리고 포레스트 검프와 같은 사람들을 이해하는 데 얼마나 도움을 주는가?
- 〈모짜르트와 고래〉(2005), 〈아이 엠 샘〉(2001)과 같은 일부 영화에서는 장애를 가진 인물을 연기하는 배우들이 중요한 역할을 한다. 이들의 열연이 전반적으로 영화를 얼마나 향상시키는가?
- 〈몰리〉(1999)와 〈레인맨〉(1988)처럼 자폐증을 묘사하는 영화들이 자폐증 환자에게 어떠한 악영향을 미치는지 설명해 보라.
- 장애를 가진 사람은 장애가 없는 사람에 비해 어떠한 것을 할 수 없는가? 반대의 경우도 있는가?
- 사회는 정신지체나 다른 장애를 가진 사람에게 어떠한 낙인을 찍는가? 당신이 속한 사회에서는 어떠한가?
- 〈유나이티드 스테이츠 오브 리랜드〉(2004)에서 살해당한 아동이 자폐증이 없는 정상적인 아동이었다면, 영화의 이야기나 의미가 달라졌겠는가?
- 자폐아동의 부모는 과거에 어떻게 낙인찍혀 왔는가? 오늘날 다른 장애를 가진 아동의 부모가 겪는 불합리한 낙인의 예로는 어떠한 것이 있는가?
- 정신지체를 겪는 사람들은 그렇지 않은 사람들과 똑같은 성적 감정을 경험할 수 있는가? 만일 그렇다면, 전문가들은 이들이 착취와 학대를 당하지 않으면서 자연스럽게 성적 표현을 하도록 어떻게 도움을 줄 수 있는가?
- '자폐증'과 같은 특정한 용어와 '전반적 발달장애'와 같은 포괄적인 용어 중 어떤 명칭이 더 유용한가?
- 장애를 가진 사람들을 언급하는 데 낙인이 사용되는 것은 왜 문제시되는가?
- 유전적으로 발달장애아를 낳을 위험이 높은 사람은 자녀를 갖지 말아야 할 도덕적 책임이 있는가?

추가적인 탐구

만일 당신에게 이 장과 관련된 단 한 권의 책을 읽을 시간만이 주어진다면 다음의 책을 읽어보라.

- Jacobson, J. W., Mulick, J. A., & Rojahn, J. (Eds.). (2007). *Handbook of intellectual and developmental disabilities*. New York: Springer.

만일 당신에게 단 한 편의 논문을 읽을 수 있는 시간만 주어진다면 다음의 논문을 읽어 보라.

- Seida, J. K., Ospina, M. B., Karkhaneh, M., Hartling, L., Smith, V., & Clark, B. (2009). Systematic reviews of psychosocial interventions for autism: An umbrella review. *Developmental Medicine & Child Neurology, 51*, 95-104.

저자 추천작

• 정신지체
- 〈포레스트 검프Forrest Gump〉(1994)
- 〈니키와 지노Dominick and Eugene〉(1988)
- 〈아이 엠 샘I Am Sam〉(2001)
- 〈폴린느와 폴레트Pauline and Paulette〉(2001)
- 〈더 링어The Ringer〉(2005)
- 〈생쥐와 인간Of Mice and Men〉(1939)(1992)

• 자폐증
- 〈레인맨Rain Man〉(1988)
- 〈모짜르트와 고래Mozart and the Whale〉(2005)
- 〈브레이킹 앤 엔터링Breaking and Entering〉(2006)
- 〈검은 풍선The Black Balloon〉(2008)

제13장

수면, 섭식, 충동조절장애 및 적응장애

"자게 해 주게. 그저 잘 수 있게 해 줘."

– 〈인썸니아〉(2002)에서 수면박탈로 고통받는 윌 도머

〈인썸니아〉를 관람하면서 생각해 볼 물음들

- 인간은 얼마나 오랫동안 잠을 자지 않고 버틸 수 있을까?
- 불면증은 주로 일차성 장애로 나타나는가? 아니면 주로 다른 심리적 장애에 의한 이차성 장애로 나타나는가?
- 불면증 증상을 보이는 가장 대표적인 심리장애는 무엇인가?
- 월 도머가 경험하는 불면증의 수준은 얼마나 보편적인 것인가?
- 스트레스가 도머의 불면증 증상에 어떠한 영향을 미치는가?
- 영화에서 불면증의 신체적 · 심리적 원인은 무엇이라고 묘사되는가?
- 불면증은 도머의 정신상태와 대인관계에 어떠한 영향을 미치는가?
- 영화 전반에서 불면증 상태는 어떠한 촬영기법을 통해 표현되고 있는가?
- 도머는 잠들기 위해 어떤 방법들을 사용하는가? 그가 시도해 보지 않은 방법에는 어떤 것이 있을까?
- 이 영화에서 '죄책감'의 심리적 역할은 무엇인가? 누가 진정으로 유죄인가? 도머의 정신상 태에서 '죄책감'은 어떤 기능을 하는가?
- 도머는 좋은 경찰관인가 아니면 나쁜 경찰관인가? 영화의 종반부에는 만회하게 되는가?
- 비의료인인 치료사가 멜라토닌melatonin이나 카바kava와 같이 처방전을 요구하지 않는 약을 처방하는 것은 적절한가?
- 심리학자는 불면증 환자에게 엠비언Ambien 같은 수면제를 처방받도록 해야 할까?

환자 평가

환자가 진술한 내원 사유: "나는 잘 수 없다. 이곳은 너무 밝다. 나는 며칠 동안 잠들 수 없었다. 당신은 이걸 낫게 할 어떤 비법을 갖고 있지 않은가?"

현 병력: 형사 월 도머는 52세 백인 남성으로 심각한 불면증 때문에 자발적으로 내원하 였다. 도머는 자신이 맡고 있는 살인사건 때문에 닷새 전에 교외에서 이곳으로 왔다. 그 는 닷새 반 동안이나 잠을 자지 못했다. 이번 불면증 에피소드 이전에 그는 한두 달 동안

수면 문제가 있어 매일 평균 5시간 정도만 잠을 잤다고 하였다. 밤에는 자주 깼고 다시 잠들 수 없어 결국 숙면을 취할 수 없었다. 최근 불면증이 점점 악화되어 집중력, 건망증, 심지어 약간의 환청과 환시도 경험하였다. 과거에도 이러한 모든 증상들을 경험한 적은 있었지만 단지 불면증 때문인 것 같다고 하였다. 그러나 이로 인해 근무를 제대로 할 수 없는 상태까지 왔기 때문에 만일 이런 상태가 지속된다면 실직할 위험에 처할 것이라 생각하고 있다. 그는 사회적인 관계에 관심이 없는데, 이 또한 불면증으로 인한 것이다. 사흘 전 그의 파트너가 근무 중 살해되는 일이 벌어졌다. 그는 심한 죄책감과 책임감을 느끼고 있으며 자신이 파트너를 구하거나, 어떻게든 살인을 막았어야 했다고 생각하고 있다.

과거의 정신과적 병력, 치료 및 결과: 그는 정신과적 병력이 없다. 현재와 같은 불면증 에피소드 이전에 성인이 된 이래로 가장 오랫동안 잠을 자지 못했던 기간은 사흘이었다고 보고했다.

의학적 병력: 그는 자신이 수면 무호흡증sleep apnea이 있지만 수면 문제 때문에 정식으로 검사를 받은 적은 없다고 하였다. 이전에 고혈압으로 진단받은 적은 있으나 현재 치료를 받고 있지는 않다고 했다. 그는 정신과 치료를 받은 적이 없으며 중병이나 다른 질병을 앓은 적도 없다고 했다. 그는 근무 중에 두 차례 상해를 입은 적이 있었다. 한 번은 팔에 총상을 입었고, 다른 한 번은 목 부분을 칼에 베였는데, 당시 생긴 흉터는 면담 동안 확인할 수 있었다.

심리사회적 병력: 도머는 30년 동안 경찰국에서 범죄수사관으로 근무하고 있다. 그는 "나는 늘 도시에서 일해 오면서 못 볼 꼴을 많이도 봐 왔다. 정말이지 많은 인간쓰레기들을 검거했다."고 말했다. 그는 10년 동안 결혼생활을 유지해 왔으나 15년 전에 이혼했다. 그는 전처와 가끔씩 만나고 있으며 아직 재혼은 하지 않았다. 자녀는 없으며, 절친한 친구 또한 없다. 때때로 그는 자신이 혼자라고 느끼지만 이로 인해 우울증을 겪고 있는 것 같진 않다.

약물과 알코올 병력: 도머는 약물 남용에 대해서는 부인했다. 퇴근 후 자주 술을 마시긴 하지만 근무 중 경험했던 긴장과 스트레스를 해소하기 위해 매일 밤 두 잔 정도 마실 뿐이라고 한다. 한 달에 두 번 정도는 중독 수준까지 마신다고 하였지만 술 때문에 문제가 생기지는 않았다고 하였다.

행동 관찰: 도머의 옷차림새는 적절해 보였으나, 전체적인 외양은 단정치 못한 편이었다. 그는 피곤해 보였고, 입을 약간 벌리고 있었으며, 시선접촉을 잘 하지 못했다. 눈을 뜨고는 있었지만 멍하니 딴 곳을 응시하거나 눈을 자주 깜박였다. 가끔 그는 불분명한 발음으로 말을 했는데, 아마 피곤해서 그런 것 같았다. 기분과 감정은 불안정했다. 그는 현재 자신이 맡고 있는 사건에 대해 관심이 없다고 말했다.

정신상태검사: 그는 간이정신상태검사MMSE에서 30점 만점에 28점을 받았다. 연속으로 7 빼기와 다른 과제에서의 집중력은 적절하였다. 그는 처음엔 세 가지 물건 모두를 회상하지 못했는데 갑자기 "기억나는 건 이게 전부다."라고 하면서 세 개 중 두 개를 기억해냈다. 도형을 모사해야 하는 과제에서는 "너무 피곤해서 더는 못하겠다."고 하면서 그림을 그리지 않으려고 하였다.

기능적 평가: 그는 최근 극심한 피로와 불면을 경험함에도 불구하고 직장생활을 유지해 왔다. 그는 집중력과 주의력이 나빠졌다고 보고하였다. 피로감과 집중력의 문제에도 불구하고 운전에는 큰 지장이 없었다.

강점: 도머는 매우 적응적이고 의지가 강한 남자이며 숙련되고 성실한 경찰관이다.

진단: 일차성 불면증. 도머 형사는 지난 한두 달 전부터 불면증을 호소해 왔고, 이러한 증상들은 지난주 이후로 악화되었다.

치료 계획: ① 조금이라도 수면을 취하지 않고는 운전하지 말라는 주의와 권고를 내렸다. 실제로 치료진은 사무실에 택시를 불렀고 도머에게 그 택시를 타고 집에 가도록 권고하였다. ② 오늘 밤부터 수면과 관련된 훈련을 시작한다는 지시와 함께 자극통제의 원리에 대해 논의하였다. ③ 숙면을 취할 것을 제시했다. ④ 정신과 의사에게 수면제를 처방받고, 더 정밀한 평가를 받도록 의뢰하였다. ⑤ 수면 무호흡증과 같은 다른 수면 관련 장애의 가능성을 배제하기 위해 대학 부설 수면 실험실에 예약을 하도록 권하였다.

예후: 양호함.

〈인썸니아〉에서의 일차성 불면증

이 영화처럼 수면장애에 초점을 둔 영화는 거의 없다. 〈인썸니아Insomnia〉(2002)
는 1997년에 만들어진 동명의 노르웨이 영화를 재구성한 것으로, 복잡한 심리적
측면을 매우 심도 있게 다루고 있다. 이러한 측면 중 일부는 알 파치노가 연기한 로
스엔젤레스의 경찰 수사관 윌 도머의 감퇴된 정신상태에서 잘 드러난다. 감독 크리
스토퍼 놀란은 수면장애, 즉 일차성 불면증primary insomnia의 특성과 장애로 인한 고
통과 함께 감퇴된 정신상태를 정확하게 그려 냈다. 이 영화는 불면증을 훌륭히 묘
사하고 있다.

도머는 살인사건을 수사하기 위해 알래스카로 향한다. 알래스카에 도착했을 때
그는 너무나 지친 상태였지만, 마침 그곳은 해가 지지 않는 백야 기간이어서 밖은
너무나 밝다(캘리포니아와 알래스카는 같은 시간대이기 때문에, 일주기 리듬 수면장애
circadian rhythm sleep disorder의 진단기준을 충족시키지는 않는다). 수사를 하는 내내 도머
는 침대에 누워서는 눈을 뜬 채 잠을 자려고 몸부림친다. 자야만 한다는 생각 때문
에 방의 모든 불을 끄고, 물을 마시고, 자명종 시계를 안 보이는 곳으로 치우고, 껌
을 씹거나, 전화선을 뽑아 놓는 등 다양한 전략들을 사용한다. 불면증이 심해질수
록 그는 찰나적 기억들이 형상화된 빛의 섬광과 흐름을 보게 된다. 시야는 흐릿한
상태이며, 대화하는 동안 꾸벅꾸벅 졸고, 단정치 못한 모습으로 있거나 허공을 멍
하게 응시하는 일이 잦아졌다. 불면 기간이 길어질수록 더욱 심각한 문제들이 발생
하게 된다. 매우 불안정해하더니 결국에는 분노가 폭발하고, 차로 여자를 칠 뻔하
고, 환시까지 경험하게 된다. 그는 엿새 동안이나 잠을 자지 못한다.

도머의 불면증 증상은 자야만 한다는 심리적 압박감에 의해 분명 악화되었다. 두
가지 주된 스트레스 요인은 살인사건에 대한 압박감과, 파트너를 죽게 한 것과 관
련해 다가올 수사국 내 심문과정에서 자신을 보호하기 위해 거짓말을 해야 한다는
죄책감이었다. 현재 느끼고 있는 죄책감으로 인해 과거 다른 사건들에 대해 느꼈던
또 다른 죄책감과 관련된 기억이 되살아난다.

불면증은 이 영화에서 강력한 은유다. 크리스토퍼 놀란 감독은 관객을 피곤하게
만들지 않는 불면증 영화를 만들기 위해, 불면증 경험을 상징화하는 데 있어 다양
한 이미지를 사용했다고 토로하였는데, 이것은 매우 어려운 과제였다. 영화의 시작

부분에서 관객은 피어오르는 안개에 뒤덮인 수많은 초록 빛 나무들에 이어 끝없이 이어진 빙하를 보게 되는데, 이는 꿈속 광경을 상징하는 것이다. 수면과 관련된 또다른 이미지의 예로는 반짝이는 신호등이 있는 텅 빈 거리, 빛의 섬광, 터널과 탈출구, 몽롱한 상태를 유도하는 차창 와이퍼와 같은 일상적인 사물들이 포함된다. 이들 장치들은 모두 몽롱함, 정신적 혼란과 방향감각 상실을 상징한다.

> "훌륭한 경찰은 사건과 관련된 잃어버린 퍼즐 조각 때문에 잠들 수가 없고, 나쁜 경찰은 양심이 그를 놓아주지 않기 때문에 잠들 수가 없다."
>
> – 〈인썸니아〉(2002)에서 엘리 버가 윌 도머에게

 수면장애

수면장애는 수면곤란증과 수면이상증으로 범주화된다. 수면곤란증dyssomnia은 수면의 양과 질 혹은 잠드는 시간에서의 이상과 관련되며, 불면증insomnia, 수면과다증hypersomnia, 수면발작증(기면증narcolepsy)이 포함된다. 수면이상증parasomnia은 수면 주기와 관련해서 일어나는 행동이나 생리학적 이상을 의미하며, 악몽장애nightmare, 수면 중 경악장애(야경증night terror) 및 수면 중 보행장애(몽유병sleepwalking)가 포함된다.

대부분의 수면 연구가들은 수면은 다섯 단계, 즉 1~4단계와 REM(빠른 안구 운동 수면rapid eye-movement sleep) 단계로 이루어진다는 데 동의한다. 수면의 첫 네 단계에서는 단계가 지날수록 점차 더 깊은 수면상태로 이행되며, 각 단계들은 뇌파EEG상의 분명한 차이를 나타낸다. 1단계는 각성상태에서 수면으로 이행하는 단계(얕은 수면light sleep)이며, 2단계는 수면시간의 50%를 차지하고, 3~4단계는 가장 깊은 수면상태(서파수면slow-wave sleep)를 나타낸다. REM 단계 동안 대부분의 사람들은 꿈을 경험한다. REM 단계와 non-REM(1~4단계) 단계는 하룻밤 사이에 번갈아 가며 주기적으로 나타난다. 불면증인 사람은 전형적으로 1단계 수면은 증가하지만 3~4단계 수면은 감소한다. 수면발작증이 있는 사람은 수면 후 REM 수면이 더 빨리, 더 강하게 나타난다.

수면 실험실에서는 정확한 진단을 위해서 수면 연구를 실시하고 있다. 수면다원 검사polysomnography는 가장 보편적인 수면검사로서, 수면 동안의 뇌파, 심전도ECG, 호흡, 다리 움직임, 그 밖의 다른 생리적 활동을 측정한다. 수면다원검사는 다양한 형태의 수면 무호흡증sleep apnea(대부분 심리적이며, 호흡과 관련된 수면장애라는 의학적 진단이 내려지는)을 진단하는 데 유용하다. 수면 잠복기 반복 검사Multiple Sleep Latency Test: MSLT는 수면 실험실에서 수면발작증을 진단하기 위해서 사용된다. 수면 실험실로의 의뢰는 통상 의사의 처방에 따라 이뤄지지만 때로는 정신건강 전문가에 의해 이루어질 수도 있다.

수면장애를 묘사한 영화는 드물다. 묘사되더라도 대부분 매우 간략하거나 결점이 있다. 〈인썸니아〉(2002)는 이런 측면에서 매우 이례적인 작품이다.

불면증

일차성 불면증primary insomnia은 수면을 시작하거나 유지하는 데 어려움이 있거나, 잠을 자도 회복되지 않는 특정 기능상의 중요한 문제가 한 달가량 지속되는 상태를 의미한다. 성인의 30~40%가 불면을 호소할 수 있는데, 대부분 이는 일차성 불면증이 아니라 다른 장애의 증상 혹은 스트레스에 대한 일시적 반응이다.

불면증의 영향은 〈머시니스트The Machinist〉(2004)에서 아주 생생하게 묘사되고 있다. 크리스천 베일은 이 영화에서 수척한 트레버 레즈닉의 역할을 연기하기 위해서 무려 60파운드(27.2kg)를 감량했다. 트레버는 우울하고 외로운 남자로, 오랫동안 잠을 잘 수 없었다. 그는 불면으로 고생하는 사람들이 종종 그렇듯이 카페인과 니코틴과 같은 흥분제를 사용한다. 약물 사용이 직접적으로 묘사되거나 기술되지는 않았지만 이로 인해 그는 고소당한다. 불면증은 그의 일상 기능에 중대한 영향을 미쳤다. 즉, 그는 사고를 일으켰고, 동료들이 자신에게 음모를 꾸민다고 의심하게 되었으며, 한번은 달리는 자동차 앞으로 뛰어들기도 했다. 그는 기억장애와 정신병적 증상(예를 들어 환각, 의심)을 모두 나타낸다. 그러나 임상적 측면에서 볼 때, 불면 문제가 우선적으로 다루어질 필요가 있었을 것이다. 영화적으로 볼 때에도 불면증에 대한 이미지들은 감독이 사용한 흐릿한 색채, 거울을 통한 뒤틀린 시선, 배경 너머

혹은 뒤로 비춰진 트레버의 모습 등을 통해 관객들에게 모호한(명확하지 않은) 방식
으로 전달된다.

"나는 일 년 동안 잠잘 수 없었다."

— 〈머시니스트〉(2004)에서 트레버 레즈닉

불면증 증상은 〈사랑도 통역이 되나요?Lost in Translation〉(2003)에서 빌 머레이와
스칼렛 요한슨이 연기한 두 인물에서도 나타난다. 이들은 모두 일본에 여행 온 미
국인으로, 낯선 환경에서 외로움을 느꼈다. 둘은 호텔 바에 가거나 밤늦게까지 텔
레비전을 시청하는 것으로 불면증에 대처해 왔다. 두 사람은 마침내 만나게 되고
우정을 쌓아 간다. 영화의 중요한 장면에서, 두 사람이 밤에 깬 상태로 나란히 침대
에 누워 있는 모습이 묘사된다. 즉, 소피아 코폴라 감독은 그들이 성(性)적이지 않
은 건강한 방식으로 의사소통하며 자신들의 증상(깨어 있는 상태로 침대에 나란히 누
워 있는 것으로 상징화되는)에 직면하고 있음을 보여 주려고 한 것 같다.

〈파이트 클럽Fight Club〉(1999)에서 에드워드 노튼이 연기한 인물도 심각한 불면증
으로 고통받고 있다. 이 영화에서 묘사되는 불면증은 잦은 여행을 해야 하는 그의
직업 때문에 생겨난 것으로, 일주기 리듬 수면장애 비행기 시차형circadian rhythm sleep
disorder, jet lag type의 증상과 관련된다. 그는 깨어 있는 것도, 잠을 자는 것도 아닌 상
태인 것처럼 느낀다고 했고, 불면 때문에 체중이 줄었다. 그는 멍한 시선과 지친 듯
한 제스처를 나타낸다. 아마도 시차 때문에 기존의 일차성 불면증이 악화된 것으로
보인다. 불면증으로 인해 현실감이 붕괴되어 결국에는 해리성 정체감장애로까지
진행되었다. 장기간 심각한 불면증을 경험하게 되면 해리 증상 혹은 정신병적 상태
를 경험할 수 있다. 그러나 불면증이 해리성 정체감장애를 유발한다는 명백한 증거
는 없다.

"불면증 상태에서는 어떤 것도 현실적이지 않게 느껴진다. 모든 것들이 신기루처
럼 멀어진다. 마치 모든 것들이 복제된 것처럼."

— 〈파이트 클럽〉(1999)의 내레이터

프랭크 바움L. Frank Baum이 쓴 『환상의 나라 오즈The Marvelous Land of Oz』와 『오즈의 오즈마 공주Ozma of Oz』를 기반으로 한 〈오즈의 마법사Return to Oz〉(1985)에서, 페어루자 볼크는 수면 문제로 고통받는 도로시를 연기했다. 엠 아주머니(파이퍼 로리 분)는 도로시가 자신의 여러 문제를 오즈와 연관시키는 경향을 치료하기 위해 불면증 치료를 위한 시설에 보내기로 결정한다. 정신과 의사는 도로시의 불면증, 즉 오즈와 거기에 있었던 인물들과 관련된 '나쁜 백일몽'을 치료하기 위해 전기경련요법을 사용할 것이라고 설명한다. 물론 불면증 치료에 대한 이 영화에서의 묘사는 어떤 것도 정확하지 않다. 하지만 이 영화는 감독 또는 작가가 스토리 전개에 따라 '그들만의 치료법'을 만들어 낼 수 있음을 보여 주었다.

수면과다증

어떤 사람에게 지나친 수면 또는 주간의 과도한 졸음 등의 증세가 한 달 이상 지속되어 중요한 기능상의 문제를 경험하게 될 때 수면과다증hypersomnia으로 진단된다. 불면증과 같이, 수면과다증은 다른 장애(예컨대, 우울증)의 증상일 수도 있고 독립적인 증상으로 나타날 수도 있다.

〈아메리칸 스플렌더American Splendor〉(2003)에서, 하비 피카와 함께 살고 있는 여자 친구는 하루 종일 잠을 잔다. 그녀는 초조성 우울증agitated depression을 경험하는 것으로 보이는데, 이 때문에 매우 과민하고 성마르며, 낮 시간 동안 소파에서 잠을 자는 것으로 그려진다. 이러한 행동은 수면과다증 증상을 반영한다. 그녀가 침대에서 보내는 긴 시간은 우울증의 증상일 수도 있다.

수면발작증

수면발작증(기면증narcolepsy)이란 개인이 통제할 수 없는 원치 않는 수면발작sleep attack이 매일같이 일어나는 심각한 수면장애다. 수면발작증이 있는 사람은 대화 중, 혹은 식사 중이나 보행 중에도 곯아떨어지듯 잠들게 된다. 이 장애는 흔히 탈력발작cataplexy(의식을 잃지 않은 상태에서 갑작스럽게 근긴장이 풀림)을 동반한다. 영화에서 수면발작증을 정확히 묘사한 예는 찾아보기 힘들지만, 〈아이다호My Own Private Idaho〉(1991)의 마이크 워터스(리버 피닉스 분)가 이러한 증상을 보여 준다.

영화에서 수면발작증에 대한 묘사는 이들 환자를 조롱하기 위한 목적으로 사용되어 왔기 때문에 대개 지나치게 간략하고, 불쾌하며, 깊이가 없다. 즉, 적절하지 않은 상황이나 예측 불가능하거나 당혹스러운 순간에 등장인물이 갑자기 잠들어 버리는 식의 유머가 사용된다. 이러한 표현이 전반적으로 부정확하다고 볼 수는 없지만(수면발작이 갑작스럽게 시작되고 강렬한 감정이 계기가 될 수 있다는 측면에서), 극도로 과장되어 있거나 있는 그대로의 증상을 보여 주지 못하는 것은 사실이다. 〈물랑루즈Moulin Rouge〉(2001), 〈듀스 비갈로Deuce Bigalow: Male Gigolo〉(1999), 〈노브 레인 레이스Rat Race〉(2001) 그리고 〈밴디츠Bandits〉(2001)에서는 등장인물 중 조연들이 수면발작증을 보인다. 〈노브레인 레이스〉에서 엔리코 폴리니(미스터 빈으로 잘 알려진 로완 앳킨슨 분)는 경주에서 승리할 수 있는 가장 중요한 순간에 잠이 들고, 〈밴디츠〉에서는 은행 지점장이 강도를 당하는 와중에 스트레스로 인하여 잠들어 버린다.

악몽

악몽장애nightmare disorder는 무서운 꿈 때문에 잠에서 깨게 되는 일이 반복되는 수면이상장애다. 무서운 꿈에서 깬 후, 환자는 곧 지남력과 각성을 회복한다. 악몽의 주제는 주로 생존, 안전, 자존감을 위협하는 것들이다. 악몽이 묘사된 영화들로는 〈데이비드와 리사David and Lisa〉(1962), 〈미스테리어스 스킨Mysterious Skin〉(2004), 〈죽음의 침묵The Pact of Silence〉(2003) 그리고 〈랜드 오브 플렌티Wim Wenders' Land of Plenty〉(2004, 미국/독일)가 있다.

수많은 영화에서 악몽을 경험하는 등장인물들을 묘사하지만, 악몽장애 진단기준에 부합되는 경우는 일부에 지나지 않는다. 많은 영화감독은 관객으로 하여금 등장인물의 경험이 꿈인지(또는 악몽인지) 혹은 현실인지 구분하기 어렵게 만드는 구성을 즐긴다. 이런 구성 방법은 카메론 크로우의 〈바닐라 스카이Vanilla Sky〉(2001)에서 사용되었다. 등장인물이 악몽에서 깨어났을 때 관객들은 그것이 실제로 일어난 일인지 아닌지를 알 수 없다. 어떤 영화들에서는 관객들이 어떤 일이 진정 일어난 것인지 혼란스러워 하도록 그냥 내버려 둔다. 데이비드 린치 감독은 이러한 방식을 사용한 대표적 감독이다. 예컨대, 〈블루 벨벳Blue Velvet〉(1986), 〈로스트 하이웨이 Lost Highway〉(1997), 그리고 〈멀홀랜드 드라이브Mulholland Drive〉(2001)에서 이런 기법들을 엿볼 수 있다. 〈멀홀랜드 드라이브〉에서는 꿈과 현실이 뒤섞인 듯 혼란을 일으키며, 영화의 후반부에서는 등장인물의 꿈과 악몽이 그려진다. 〈리스트커터: 러브 스토리Wristcutters: A Love Story〉(2006)에서, 두 명의 주인공은 자살시도를 하였다가 병상에서 깨어나는데, 관객들은 두 사람이 함께 겪은 모든 것들이 단지 악몽이었을 뿐이라 가정하게 된다.

수면 중 경악장애

수면 중 경악장애sleep terror disorder는 수면 중에 공황상태가 되어 비명을 지르며 갑작스레 깨어나기를 반복하는 사건수면장애다. 수면 중 경악장애를 경험하면 매우 고통스러운 증상(예컨대, 가쁜 호흡, 식은땀)과 함께 혼란스러움을 나타내고 쉽게 안정을 찾지 못한다. 그러나 어떤 꿈을 꾸었는지뿐만 아니라 자신이 비명을 질렀다는 사실조차도 기억해 내지 못한다.

일부 영화에서 수면 중 경악장애가 묘사되는데, 등장인물들은 주로 자신이 어떤 꿈을 꿨는지 의식하지 못한 채 비명을 지르며 잠에서 깨어나는 모습을 보인다. 이러한 모습은 〈환생Dead Again〉(1991)에서는 건망증이 있는 여성, 〈매닉Manic〉(2003)에서는 병원 입원 기간 동안 잠만 들면 비명을 지르는 한 여학생, 〈고티카Gothika〉(2003)에서는 여성 감호소에 수감되어 있는 한 여성, 그리고 〈갓센드Godsend〉(2004)에서는 잔인한 성격을 가진 아동의 세포를 복제하여 태어난 한 어린 소년을 통해 잘 묘사되고 있다.

수면 중 보행장애

수면 중 보행장애(몽유병sleepwalking)는 수면 중에 잠자리에서 일어나 걸어다니는 행동을 반복적으로 보일 때 진단되는 수면이상장애다. 수면보행 중 멍하게 허공을 주시하는 모습을 보이며, 타인에게 무반응적이고 깨우기가 매우 어렵다. 수면보행 에피소드로부터 깬 후에는 에피소드에 대한 기억이 없지만 정신기능이나 행동상으로는 이상이 없다.

〈세컨핸드 라이온스Secondhand Lions〉(2003)에서, 허브(로버트 듀발 분)는 매일 밤 수면 중에 연못 근처로 간다. 여기서 그는 상상 속의 전투를 벌인다. 거스(마이클 케인 분)는 다른 사람들에게 허브의 이런 행동을 방해하지 말라고 경고하는데, 만일 누군가가 그런 행동을 저지하면 그가 잠결에 폭력적으로 돌변할 수 있기 때문이다. 이 영화는 허브가 죽은 연인을 찾아 헤매는 것임을 암시한다. 어린 소년(할리 조엘 오스먼트 분)은 허브를 지켜보는 것을 즐기고는 있지만 그의 안전을 염려한다.

〈도니 다코Donnie Darko〉(2001)에서, 주인공 도니(제이크 질렌할 분)는 환각 증상을 보이는데, 정신과 의사의 도움으로 자신이 수면 중 보행장애 환자이며 주로 잠든 동안 혹은 낮잠을 자고 있을 때 이상한 목소리를 따라 정원으로 나가게 된다는 사실을 알게 된다.

〈웨이킹 라이프Waking Life〉(2001)는 선명한 꿈의 느낌이 있는 초현실주의 영화로서, 애니메이션과 드라마가 조합되어 있다. 실존주의적 테마를 다루는 이 영화는 깨어 있는 우리들의 하루가 어떤 의미를 갖고 있는지에 대한 진지한 질문을 던지며, 주변에서 무슨 일이 일어나는지 잘 모르는 우리의 하루를 '수면 중 보행장애'에 비유한다. 영화는 꿈, 현실 그리고 우리가 가질 수 있는 통찰력 등에 대해 파헤친다. 즉, 관객들은 '자신의 삶에 대한 창조'라는 주제하에, 현실 대 환상, 또렷한 꿈, 자유의지 대 결정론, 알아차림 대 운명, 그리고 삶에서 경험하는 고통 등의 여러 가지 중요한 질문과 주제들을 생각해 보게 된다. 비슷한 주제는 2004년도 영화 〈슬립워킹Sleepwalking〉에서도 나타난다.

"이 영화의 트릭은 무한한 꿈의 가능성과 깨어 있는 당신의 이성적인 능력을 결합시키는 것이다. 왜냐하면, 만일 그렇게 할 수 있다면, 당신은 무엇이든 할 수 있기 때문이다."

– 〈웨이킹 라이프〉(2001)에서 가이 포시스

 섭식장애

섭식장애eating disorder의 하위범주에는 신경성 식욕 부진증과 신경성 폭식증 두 가지가 있다. 섭식의 또 다른 문제에는 일반적인 의학적 상태인 비만obesity이 포함되고, 유아기 및 소아기에 진단되는 섭식장애로는 반추장애rumination disorder와 이식증pica 등이 있다. 성인기 이식증과 관련된 묘사는 〈공주와 전사The Princess and the Warrior〉(2000)에서 볼 수 있는데, 이 영화에서는 청소년 정신장애 환자가 유리를 씹고 삼키는 모습을 보여 준다.

신경성 식욕 부진증

신경성 식욕 부진증anorexia nervosa 환자는 자신의 연령과 신장에서 기대되는 적절한 체중을 유지하는 것을 거부하고, 저체중임에도 불구하고 체중 증가와 살찌는 것에 대한 심한 공포를 나타낸다. 이들은 자신의 체중과 체형을 왜곡되게 지각한다. 체중이 감소함에 따라 기아상태에서 나타날 수 있는 무월경, 복통 및 무기력감과 같은 증상들도 나타난다. 음식과 관련된 우울 증상과 강박장애 증상 또한 흔한 공존장애다. 신경성 식욕 부진증은 심각한 건강상의 위험을 야기하며 기아상태, 자살 혹은 전해질 불균형으로 사망에 이를 수도 있다(환자의 10% 이상이 이러한 문제들로 인해 사망하며, 이 때문에 신경성 식욕 부진증은 가장 치명적인 정신장애 중 하나로 간주된다).

〈날씬함에 대한 집착Thin〉(2006)은 섭식장애가 있는 여성들의 입원부터 퇴원까지의 치료과정을 집중 조명한 HBO 다큐멘터리다. 남부 플로리다에 사는 15~30세 여성 네 명은 신경성 식욕 부진증 혹은 신경성 폭식증으로 고통받는다. 이 영화에서는 이들 여성이 상담 회기 동안에 체중검사를 받고 그룹 활동을 하며 사회화되어 가는 과정을 보여 준다. 체중을 재는 것에 대한 불안, 음식을 기피하는 행위, 약물오용 등의 문제 또한 섭식장애 환자들에게서 흔히 관찰되는 문제로 묘사된다. 이 영화는 회복에 대한 극심한 저항, 엄청난 치료비용, 치료에 대한 비순응, 비슷한 처지의 환자를 치료하는 데 대한 방해행위, 그리고 높은 재발률과 관련된 중요한 주제들을 잘 보여 주고 있다.

높은 예산이 투입된 영화에서 신경성 식욕 부진증을 묘사한 경우는 드물지만, 텔레비전 영화(때론 비디오 가게에서 빌릴 수 있는)에서는 자주 다루어진다. 신경성 식욕 부진증의 증상 및 치료와 관련하여 주목할 만한 영화로 〈세상에서 제일 작은 소녀The Best Little Girl in the World〉(1981)가 있다. 제니퍼 제이슨 리는 이 영화에서 캐시 파웰의 역할을 맡기 위해 90파운드까지 체중을 감량하였다. 트레이시 골드가 주연을 맡은 〈낸시의 사랑을 위해For the Love of Nancy〉(1994), 〈완벽을 향한 필사의 노력Dying to Be Perfect〉(1996), 〈다잉 투 댄스Dying to Dance〉(2001), 그리고 〈헝거 포인트Hunger Point〉(2003) 또한 신경성 식욕 부진증을 다루고 있다.

신경성 폭식증

신경성 폭식증bulimia nervosa은 과식과 억제되지 않는 섭식인 폭식binges에 의해 특징지어진다. 더 나아가 체중 증가를 막기 위해 구토purging와 함께 설사제, 이뇨제, 관장제 및 기타 약물의 오남용과 같은 행동 및 단식이나 과도한 운동 등을 나타낸다. 신경성 폭식증 환자는 체중이나 체형에 대한 걱정에 사로잡혀 있으며, 우울증, 불안장애, 물질 남용 및 경계선 성격장애가 가장 흔한 공존장애다.

〈열정의 무대Center Stage〉(2000)에서, 무용수 중 한 명인 모린은 신경성 폭식증으로 고통받는다. 그녀의 어머니는 딸을 통해 자신의 삶에 대한 대리만족을 느끼려고 하는 매우 통제적인 사람이다. 예컨대, 어머니는 모린이 무용의 꿈을 펼칠 수 있는 기회에 관해 이야기하는 것을 제외하고는 다른 말을 거의 하지 않는다. 그녀는 딸의 행동에 많은 제약을 가했고, 또래 친구들과 어울려 테니스를 치는 것과 같은 어떠한 놀이도 허락하지 않는다. 모린은 남자 친구를 기쁘게 하기 위해 패스트푸드를 먹고 무용 대회 때문에 나중에는 음식을 토해 낸다. 모린이 보트에서 구토하는 소리를 남자 친구가 듣고 이를 추궁하자, 그녀는 부정하면서 단순한 멀미일 뿐이라고 주장한다. 남자 친구는 그런 행위는 '자신의 몸을 해치는' 것이라고 설득한다. 그녀는 다른 무용수가 넘어져 다친 후 대회에 나갈 수 없게 되는 과정을 지켜보면서 어떤 통찰을 얻게 된다. 즉, 그녀는 외부(그녀의 어머니)와 내부(그녀 자신)에서 주어지는 극심한 압박감이 사라지길 바라는 마음에서 자신이 부상당했으면 하는 소망을 가지고 있었음을 깨닫게 된다.

〈인생은 달콤하다Life is Sweet〉(1990)에서, 반항적인 여학생 니콜라는 침대에 숨겨둔 초콜릿 바를 폭식하고 구토하는 신경성 폭식증 환자다. 그녀는 초콜릿을 자신의 몸에 바르고는 섹스에까지 초콜릿을 끌어들이고자 한다. 그녀는 음식, 요리, 레스토랑 사업에 사로잡힌 역기능적 가족과 함께 살고 있다. 〈처음 만나는 자유Girl, Interrupted〉(1999)에서, 수잔나 케이슨(위노나 라이더 분)과 또 다른 등장인물 중 한 명은 심각한 섭식장애를 가지고 있으며 자해를 한다. 수잔나와 상호 의존적인 관계에 있는 그녀의 아버지는 치킨을 가져와 병원 침대 밑에 숨겨 두고 먹게 하는 식으로 딸의 폭식 증상을 유지시킨다. 영화에서는 이들 부녀간의 근친상간적 관계가 암시되며, 그녀가 샤워 도중 스스로 목을 매어 자살하려는 장면은 이 영화의 매우 중요한 순간이다. 〈레퀴엠Requiem for a Dream〉(2000)에는 음식에 대한 강박관념이 있지만 텔레비전 게임 쇼에 등장하기 위해 체중을 줄여야 하는 인물이 등장한다. 체중 감량에 대한 강박관념으로 인해 그녀는 다이어트 약에 의존하게 된다.

〈엘리펀트Elephant〉(2003)에서는 10대 총기난사 사건이 있었던 고등학교의 하루를 묘사한다. 세 명의 여학생 브리타니, 조단, 켈리는 점심식사의 칼로리를 신경 쓴다. 식사가 끝난 후, 소녀들은 화장실로 함께 들어가서는 각기 다른 칸에서 집단적으로 구토한다. 재빨리 구토해 버린 다음에는 어느 누구도 이러한 행동에 대해 언급하지 않는다. 이들은 날씬한 몸매를 가진 매력적인 모습으로 그려지고 있으며, 자신들의 외모를 유지하길 원한다. 친구와 함께 구토를 하는 것은 일탈적 행동에 대한 사회적 지지를 제공해 준다는 의미가 있다.

비록 폭식증 환자의 90%가 여성이지만, 남성에게서도 드물게나마 나타난다. 〈씨비스킷Seabiscuit〉(2003)에서는 체중 감량을 통해 말을 더 빨리 몰기 위해 고의적으로 구토를 하는 남성 경마 기수(토비 맥과이어 분)를 보여 준다. 〈쥬랜더Zoolander〉(2001)에서 벤 스틸러는 자아도취적인 남성 모델로서, 더 멋져 보이기 위해 그리고 모델 일을 지속하고 날씬해지기 위한 방편으로 구토하는 것이라 말한다.

폭식에 관련된 주제는 〈헤더스Heathers〉(1989), 〈드롭 데드 고저스Drop Dead

Gorgeous〉(1999), 〈앵거스Angus〉(1995), 〈웬 프랜드쉽 킬즈when Friendship Kills〉(1996), 그리고 한국 영화 〈301, 302301, 302〉(1995)에서도 찾을 수 있다.

DSM-IV-TR의 공식적 진단명에는 해당하지 않는 폭식장애binge-eating disorder는 다량의 음식을 먹으면서 식사량을 조절하지 못할 때를 말한다. 〈아이 원트 썸원 투 이트 치즈 위드 I Want Someone to Eat Cheese With〉(2007)는 과체중 남성이 벌이는 음식과의 사투를 보여 준다. 그는 차고에 있는 자신의 차 앞에 홀로 앉아 간식을 마구 먹어 치우고, 늘 자신이 세운 다이어트 계획을 어기며, 과식증 환자를 위한 지지집 단 모임에 참석한다.

신체상과 섭식장애

신체상body image은 신경성 식욕 부진증과 신경성 폭식증 양쪽 모두에서 가장 중요한 문제 중 하나다. 많은 영화들은 섭식장애로 고통받는 등장인물들이 자신의 신체상에 대한 불만을 갖고 있음을 보여 준다. 신체에 대한 등장인물의 불만은 흔히 거울 속에 비친 자신의 모습에 대한 관점과 평가를 통해 드러난다. 거울 속의 이미지는 왜곡되어 있고, 흐릿하고, 형체가 없는 것으로 지각되어 자기혐오, 자기비하 및 자신에 대한 왜곡이 증대된다.

〈솔저스 걸Soldier's Girl〉(2003)과 〈인어가 노래하는 소리를 들었네I've Heard Mermaids Singing〉(1987)는 거울에 비친 자신의 모습에 대해 혹독한 비판을 하는 문제를 지닌 등장인물을 묘사한다. 평단의 격찬을 받은 다큐드라마 〈우리가 알면 얼마나 알겠는가What the Bleep Do We Know?!〉(2004)의 종반부에서 주인공 말리 마틴은 거울 속에 비친 속옷 차림의 자기 모습을 매우 혐오스러워하며 분노감에 찬 상태로 응시한다. 〈길버트 그레이프What's Eating Gilbert Grape〉(1993)에는 주인공 길버트의 어머니가 등장하는데, 500파운드가 넘는 체중을 가진 그녀는 너무 거대하여 집뿐만 아니라 소파에서도 벗어나지 못하고 지루한 삶을 살아간다. 길버트(조니 뎁 분)는 다른 아이들이 병적 비만상태인 어머니를 창문으로 들여다보려고 올 때, 아이들을 '들어 올려' 준다.

 ## 충동조절장애

충동조절장애impulse control disorder는 간헐적 폭발성 장애, 병적 도벽, 병적 방화, 병적 도박 그리고 발모광 등의 하위범주로 분류된다.

간헐적 폭발성 장애

화 또는 분노anger는 모든 사람이 경험하는 정상적인 감정상태다. 때때로 화는 내적인 스트레스를 분출하는 건강의 지표이고, 심층적인 감정을 드러내는 신호이며, 타인이 우리의 기분을 상하게 하는 경우에 나타나는 반응이기도 하다. 많은 경우에 분노는 생각이나 감정이 일정한 형태의 행동으로 표출되는 것이다. 분노는 상당히 파괴적일 수 있으며, 이러한 파괴성은 언어적 표현이나 신체적 행동으로 나타난다. 간헐적 폭발성 장애intermittent explosive disorder는 공격적 충동의 억제불능으로 인한 심한 폭행, 기물파손 등이 나타나는 반복적 에피소드가 있을 때 진단된다. 간헐적 폭발성 장애 증상을 소재로 한 훌륭한 영화도 여러 편 제작된 바 있다.

> "무엇이 날 가장 두렵게 하는지 압니까? 더 이상 무언가에 대항해서 싸울 수 없을
> 때, 모든 게 다 끝났을 때, 완전히 통제할 수 없을 지경이 되었을 때…… 나는 이런
> 걸 좋아합니다."
>
> — 〈헐크〉(2003)에서 브루스 배너

유명 감독인 리안의 〈헐크Hulk〉(2003)는 화 또는 분노, 보다 구체적으로 말하자면 간헐적 폭발성 장애에 관한 기록이다. 영화 전반에 걸쳐 주체할 수 없을 정도로 폭발하는 분노와 그에 따른 위험성과 유해한 효과, 분노의 형성과 전개 및 분노와 관련된 근본적인 쟁점들을 다루고 있다. 브루스 배너(에릭 바나 분)가 헐크로 변하면 간헐적 폭발성 장애 증상으로 인해 주위의 온갖 물건들이 파괴되고, 분노가 진정되면 주인공은 과학자의 모습으로 되돌아온다. 분노라는 심리 현상을 이해하려

는 관점에서 이 영화를 본다면, 이 작품은 재미뿐만 아니라 교육적 의미까지 제공한다고 볼 수 있다. 에드워드 노튼이 브루스 배너 역을 맡은 속편 〈인크레더블 헐크The Incredible Hulk〉(2008) 또한 충동조절장애 중에서도 특히 간헐적 폭발성 장애에 관한 유용한 관점을 제시하고 있다.

〈펀치 드렁크 러브Punch Drunk Love〉(2002)에서 배리 이건(아담 샌들러 분)은 (종종 7명의 누나들의 요구에 의해) 지극히 얌전한 모습과 갑작스런 분노 폭발 사이를 오가는 엉뚱하고도 진지한 인물이다. 흥미로운 사실은 그가 위험에 직면하게 되면 현실에서 도망치거나 분노를 표출한다는 것이다. 이러한 모습은 '투쟁 혹은 도망fight or flight' 반응으로 그려지고 있다.

〈매닉Manic〉(2001)에서 청소년인 라일(조셉 고든 레빗 분)은 간헐적 폭발성 장애로 진단된 환자들을 위한 입원 병동으로 보내진다. 그는 화가 나면 야구방망이로 주위 사람들의 머리를 때리곤 한다. 치료를 통해 보다 진지하게 자신을 이해하고 타인들과의 관계를 형성하기 시작했음에도 불구하고 여전히 그는 타인들에 대한 분노를 주기적으로 표출한다. 라일은 싸우지 않기로 하면서 화를 진정시키는 등 자신의 분노를 절제하려는 시도도 해 보지만 수포로 돌아간다. 라일은 이러한 분노의 원인이 아버지에 의한 신체적 학대와 이로 인한 친구들의 놀림 때문이라고 생각한다. 저명한 심리학자인 돈 치들은 치료과정에서 라일이 '마치 아버지처럼' 분노 폭발을 보인다는 점을 말해 준다.

〈천사의 아이들In America〉(2003)에서 에이즈로 죽어 가는 남자 주인공 마테오는 종종 소리를 지르거나 자신의 아파트에 있는 물건들을 부수기도 한다. 〈비하인드 더 레드 도어Behind the Red Door〉(2001)에 나오는 또 한 명의 에이즈 환자 로이(키퍼 서덜랜드 분)는 에이즈라는 진단을 받은 데서 오는 스트레스와 분노 및 가족으로부터 받은 학대에서 비롯된 분노를 억제해 왔다. 그의 감정 폭발은 예측 불가능하게 언어적으로 표출된다(예를 들면, 음식이 제대로 익지 않았을 때와 같은 경우에 그는 격분하곤 했다).

〈앤트원 피셔Antwone Fisher〉(2002)에서 피셔(상관을 폭행하여 일 계급 강등된 해군)는 폭발적 분노를 보이며 사소한 일에도 그의 동료들을 공격한다. 관객은 영화를 보면서 그의 분노가 내면의 고통과 치유되지 않은 학대의 기억 때문임을 알게 된다. 〈뽀빠이Popeye〉(1980)의 브루토라는 고전적인 인물 역시 이러한 유형의 분노장애로 진단될 수 있을 것이다.

병적 도벽

병적 도벽kleptomania은 자신에게 필요하지도 않고, 금전적인 가치도 없는 물건임에도 훔치고 싶은 충동을 억제하지 못하는 상태가 반복되는 장애다. 훔치는 행동으로 옮기기 전에는 긴장이 고조되다가 훔치는 행동을 하는 동안에는 쾌감, 만족 및 긴장완화를 경험한다.

독립영화인 〈절도광Klepto〉(2003)은 병적 도벽을 영화의 중심 소재로 등장시킨다. 첫 장면에서 젊은 여성 에밀리(메레디스 비숍 분)는 카메라를 주시한 후 CD 몇 개를 훔쳐서 가게를 나와 도망가고 그 뒤를 점원이 뒤쫓는다. 영화에서 나타나는 그녀의 절도행위는 물건이나 돈을 필요로 하기 때문에 저지르는 것이 아니라 단지 스트레스를 해소하기 위한 방법인 것으로 묘사된다. 그녀는 무언가를 훔칠 때마다 경험하는 쾌감 자체를 즐긴다는 것이 분명히 드러난다. 병적 도벽을 가진 이들은 훔치기 전에는 고조되는 긴장감을 느끼다가 훔치는 동안과 그 이후에는 쾌감이나 긴장완화를 느낀다.

> "나는 물건을 보면 그것을 꼭 집어야 한다는 정신적 상태가 된다. 나는 집어드는 것 자체에 중독되어 있다."
>
> — 〈절도광〉(2003)에서 자신의 병적 도벽에 대해 설명하는 에밀리

쾌감상태가 지나고 나면 자신을 통제할 수 없었다는 사실을 자각하게 되고, 이로 인해 기분은 더욱 나빠져 결국에는 절도행위가 더 심해진다. 그녀의 자동차 트렁크에는 포장조차 뜯지 않고 사용하지도 않은 훔친 물건의 박스들이 가득 쌓여 있다. 그녀는 자신이 스스로 절도행위를 멈출 수 없다는 사실을 깨닫고는 여러 가지 약물이 든 병을 가리키며 "나는 나쁜 습관을 가진 약물 중독자"라고 절규한다. 에밀리와 그녀의 어머니는 흥미로운 대조를 보이는데, 어머니는 빚이 10만 달러에 달하는

데도 충동 때문에 물건 구매를 멈추지 못하는 인물로 그려지고 있다(이와 관련해서는 이 장 후반부의 '달리 분류되지 않는 충동조절장애' 부분을 참고하라). 에밀리는 후에 자신의 아버지가 교도소에서 죽어 간 절도범이라는 사실을 알게 된다. 그녀는 결국 호기심 많고 지지적인 치료자를 만나 충동조절장애에 대한 치료를 받게 되고 약물 치료를 받게 된다.

〈나이아가라, 나이아가라Niagara, Niagara〉(1997), 〈성도착증 여자Female Perversions〉(1996), 〈모탈 트랜스퍼Mortal Transfer〉(2001) 등의 영화에는 병적 도벽을 가진 인물이 등장한다. 그들의 병적 도벽이 정신의학 분야에서 널리 사용되는 DSM-IV-TR 진단 기준을 완전하게 충족시키는지는 분명치 않지만 흥미로운 고려 대상인 것만은 확실하다. 〈모탈 트랜스퍼〉에서, 정신과 의사가 치료하는 환자들 중 한 명은 자신의 도벽 충동을 억제할 수 없는 인물이며 심지어는 의사의 책상 위에 놓인 물건들에도 손을 댄다. 병적 도벽 증상은 〈처녀Virgin〉(2003)에서도 찾을 수 있다. 이 영화의 주인공은 다양한 정신장애를 경험하고 있다.

> "나는 자살충동을 막기 위해 물건을 훔치게 된다."
>
> — 〈성도착증 여자〉에서 매디 스티븐슨

병적 방화

병적 방화pyromania 증상을 가진 사람은 의도적이고 계획적으로 여러 곳에 불을 지르는데, 불을 지르는 행위 전에는 긴장감이 고조되다가 행위 후에는 쾌감과 긴장 완화를 경험하며, 불 자체에 대한 호기심과 흥미 혹은 매력을 느낀다.

〈백치들의 집House Of Fools〉(2002)에서 정신병원에 입원한 환자들 중 한 명인 매머드는 방화 경험이 많은 인물로 묘사된다. 병원 칸막이에 불을 낸 후에 그는 "내가 안 그랬다."고 외친다. 그에게는 불을 낼 만한 물건들을 소지하지 못하도록 하는 제약이 따랐으며, 심지어는 주위 환자들도 그에게 성냥을 주지 못하도록 주의를 받았다. 〈푸줏간 소년Butcher Boy〉(1997)의 프랜시 역시 영화 속에서 방화를 저지르지만, 그의 행위는 다른 장애 유형에 더 잘 부합되기 때문에 병적 방화로 진단되지는 않는다.

병적 도박

　병적 도박pathological gambling 진단을 받는 전형적인 환자는 도박을 중단하려는 시도를 여러 차례 해도 모두 실패로 끝나게 되고, 판돈의 액수를 점점 늘려 가면서 그동안의 손실을 '만회하기' 위해 도박을 계속하며, 문제를 은폐하기 위해 거짓말을 하고, 도박을 통해 개인적인 문제나 내면적 고통에서 벗어나려 한다.

　도박은 영화에서 상당히 빈번하게 이용되는 소재다. 이러한 영화들이 모두 도박 중독(병적 도박) 기준에 해당하는 인물들을 그려 내는 것은 아니지만 〈오닝 마호니 Owning Mahowny〉(2002)는 병적 도박 증상을 보여 주는 대표적인 영화다.

〈오닝 마호니〉

　이 영화는 1980년에서 1982년 사이에 토론토에서 발생했던 실제 사건들을 다루고 있다. 영화에서는 도박에 중독되어 자신의 고용인으로부터 1,020만 달러에 달하는 물건을 훔친 남성의 이야기가 소개된다. 그는 결국 사기죄로 6년 동안 복역했다.

　필립 세이무어 호프만은 이 영화에서 ① 공인으로서의 삶, ② 개인으로서의 삶, ③ 비밀스러운 삶 등의 세 가지 인생을 산 마호니를 연기했다. 그는 사랑스럽고 헌신적인 여자 친구가 있으며, 직장에서는 대출 심사 업무를 맡아 최연소의 나이에 승진한 '완벽한 경력'과 '최고의 평판'을 지닌 사람으로 그려졌다. 그러나 그의 비밀스러운 삶은 매우 심각하고 자기파괴적인 도박 습관으로 물들어 있었다.

> 심리학자: 당신이 도박에서 느끼는 기쁨에 0~100점 사이의 점수를 매긴다면 몇 점쯤 될까요?
>
> 마호니: 음…… 100점입니다.
>
> 심리학자: 그렇다면 도박 이외에 당신이 지금까지 경험했던 가장 큰 기쁨은 몇 점이었나요?
>
> 마호니: 20점이었습니다.
>
> ─〈오닝 마호니〉(2002)에서

마호니는 도박업자에게 10,300달러에 달하는 빚을 지고 있다. 그는 자신의 빚을 갚기 위해서 불법 대출을 받기로 한다. 그런 다음에는 빚을 보다 빨리 갚기 위해 카지노에서 빌린 돈으로 도박을 하기 시작한다. 그는 도박을 하기 위해서 아틀랜틱 시티에 수차례 다녀왔다. 이런 과정에서 그는 자신의 여자 친구인 벨린다(미니 드라이버 분)에게 갖가지 거짓말을 하게 된다. 마호니는 이미 절제력을 잃고 도박에 몰입되어 있었으며 시간관념조차 흐려져 있었다. 도박에서 잃는 돈은 계속 늘어만 가고 하룻밤 사이에 15,000달러, 그다음 날에는 100,000달러를 잃는 등, 결국 손실을 '만회'하지도 못한 채 빚은 처음의 2배가 되고 말았다. 그는 자신이 '정상'이라고 확신하였지만 관객들은 그의 실제 모습을 분명히 보게 된다. 그는 정신적·행동적으로 황폐해져 있으며 비정상적인 행동을 보이고 자기관리가 제대로 되지 않는 등 원래의 자신의 모습을 잃어버린 상태였다. 어떤 때는 친구에게 돈을 맡기며 어떠한 상황에서도 자신에게 돈을 내주지 않도록 다짐을 받고는, 얼마 지나지 않아 친구에게 "내 돈 당장 내놓고 꺼져."라고 소리친다. 이러한 장면들은 그가 겪고 있는 도박 중독 증세의 심각성을 보여 준다. 결국 마호니는 혼자가 되었고 우울증을 겪으며 충분한 수면도 취하지 못해서 운전 중에 졸기도 한다. 이 영화는 도박 중독의 고통에 빠져 있는 주인공의 절망을 드라마틱하게 그려 내고 있다.

카지노에서는 막대한 수익을 위해 마호니가 도박을 계속하도록 그를 부추기거나 음식, 음료, 무료 호텔 숙박, 매춘 등의 혜택을 제공하고 심지어는 그를 감시하도록 '친구'를 보내기도 한다. 그러나 마호니는 이런 식의 매춘부나 술을 일체 거부한다. 그는 섹스, 술, 마약을 도박과 연결짓지 않고 '순수하게' 도박만을 즐기는 것이다.

이러한 중독 증세는 더욱 심해져서 휴가 동안 자신의 여자 친구와 함께 여행을 가서도 그녀를 멀리하게 된다. 도박 중일 때 그녀가 다가오면 '조금만 더 시간을 달라'며 사과를 하고는 사랑보다는 도박을 택한다. 이 장면은 이들 관계에서 나타나는 엄청난 괴리를 보여 주며, 중독으로 인해 그는 여자 친구에게 무슨 일이 일어나든 전혀 신경 쓰지 않는 상황에 치닫게 된다.

실화에 바탕을 둔 또 하나의 영화 〈투 포 더 머니Two For The Money〉(2005)에서 미식축구 스타선수 출신의 젊고 유능한 브랜든 랭(매튜 맥커너히 분)은 뛰어난 경기분석력과 이를 기반으로 한 결과 예측 능력 때문에 도박사 월터 에이브럼스(알 파치노 분)가 설립한 회사에 스카우트되어 도박사들이 보다 높은 승률을 높일 수 있도록 자문하는 역할을 맡게 된다. 월터는 18년 동안 병적 도박 증세를 보이다 회복된 사람으로, 다른 도박사들의 승률을 높이는 데에서 희열을 느끼는 인물이다. 그의 인생은 많은 부분에서 도박과 연결된다. 그는 자신의 직원들이 어떤 성과를 보일지에 대해서도 베팅하고, 모든 미식축구 경기를 면밀히 보며, 그의 보수는 고객들이 얼마나 돈을 따 갔느냐에 따라 결정된다. 그는 80%의 승률을 거둔 브랜든의 성공을 목격하고는 자신의 새로운 부하 직원인 그에게 흥미를 갖게 되고, 그를 중심으로 한 '왕국'을 건설하려고 한다. 월터는 브랜든과 함께 일하면서 느끼는 흥분에서 벗어나고 싶지 않았고, 그럴 수도 없다. 월터는 전형적인 자기파괴적 행위를 보여 주는 도박사로서 위험성이 큰 베팅을 더 많이 하게 된다. 그는 심각한 심장병이 있어서 치료를 받고 있음에도 불구하고 도박을 멈추지 않는다. 영화의 한 장면에서는, 한 사람이 행사장에서 자신의 과거 도박 중독 경험을 솔직하게 고백하는 모습이 나오는데, 월터는 이 사람에게 명함을 건네며 다시 도박에 빠져들도록 유혹한다. 이 영화에서는 도박 중독 행동에서 나타나는 장애와 수치심을 심층적으로 그려내고 있다.

1988년 부커상The Booker Prize[1] 수상작인 피터 캐리의 소설을 원작으로 한 영화 〈오스카와 루신다Oscar And Lucinda〉(1997)는 병적 도박을 앓고 있는 두 인물을 그리고 있다. 오스카 홉킨스(랠프 파인즈 분)는 도박을 통해 자신의 불안장애를 해소하려 한다. 그는 첫 번째 경마 도박에서 돈을 딴 이후로는(이것은 병적 도박 증세를 나타내는 이들에게는 일반적인 경험이다.) 도박을 멈추지 못한다. 그는 자신의 행동을 걱정하면서도, 주일은 꼭 지켜야 하고 도박은 결코 해서는 안 된다는 자신의 신념조차 저버리게 된다. 그는 하나님에 대한 믿음도 도박이라며 신도 이런 도박은 허락하지 않겠냐고 말하면서 자신의 도박을 합리화하려 한다. 그가 제시하는 또 다른 합리화의 근거는, 그 자신이 개인적인 이익을 위해 도박을 하는 것은 아니라는 것이다. 즉, 자신이 딴 돈을 다시 잃을 뿐이지, 이익을 추구하는 것은 아니라는 것이다. 도박을 멀리하고 자제하는 날에도 또다시 그는 자신이 과거의 습관으로 되돌아갈지도 모른다는 두려움에 떤다. 루신다(케이트 블란쳇 분)는 밤새 도박에 빠져 살지만 다른 이들에게는 이러한 행동을 숨기려 하며 도박을 외로움의 해소 수단으로 이용한다. 오스카와 루신다는 서로 도박을 하지 않기로 약속하고 상대방을 도박에 끌어들이지 않기로 한다. 또한 바닥 청소와 같이 건전한 일에 에너지를 쓰자고 다짐한다. 그러나 이러한 약속은 이내 깨지고 그들의 타고난 습관인 도박에 다시 빠지고 만다.

〈디너 러쉬Dinner Rush〉(2001)에서 뉴욕의 한 부유한 지역의 식당 요리사인 주인공은 스포츠 경기에 베팅하려는 욕구를 통제하지 못하는 인물이다. 이런 중독 증세는 업무 성과, 인간관계 및 집중력에 영향을 미친다. 그는 손실을 '만회'하려는 전형적인 도박꾼의 행동을 보인다. 이런 행동이 그의 인생과 업무에 미치는 영향은 분명하다. 그는 주위 사람들에게 계속 짜증을 내고 결국은 자신의 인생을 위험에 빠뜨린다.

〈21²¹〉(2003)에서 하버드 의과대학 입학 허가를 받았지만 30만 달러라는 학비를 마련하지 못한 MIT 학생은 자신의 교수(케빈 스페이시 분)가 이끄는 불법 트럼프 도박에 마지못해 참여하게 된다. 교수는 불법행위를 저지르면서 자신의 수강생들의

---

1) 역자 주: 매년 영국연방 국가에서 영어로 쓰인 소설 가운데 가장 뛰어난 작품을 선정하여 주는 문학상.

학점을 고치고, 부패한 대학 내 정치에 관여한다. 이 영화는 병적 도박을 주로 다루는 것은 아니지만, 전형적인 도박꾼들과 이들의 중독 경험 그리고 이중적인 삶의 모습을 그려 내고 있다. 또한 이 영화는 평범한 학생의 삶의 모습뿐 아니라 주인공을 통해서 대도시에서의 도박사들(또는 트럼프 도박사들)의 삶의 모습을 보여 준다. 이러한 여러 가지 사례들에서 한 인물은 두 가지 상반되는 삶의 모습을 보이고 있다. 이 영화는 라스베이거스에서 수백만 달러를 딴 6명의 MIT 학생들의 실화를 바탕으로 제작되었다.

발모광

발모광trichotillomania은 반복적으로 자신의 머리카락을 뽑아 머리카락의 현저한 손실이 나타나는 경우에 진단된다. 머리카락을 뽑기 전에는 긴장이 증가하다가 머리카락을 뽑아낸 후에야 쾌감과 심리적 안정감을 찾게 된다.

발모광은 영화에서는 매우 드물게 묘사되는 심리장애들 중 하나다. 이례적인 영화로는 〈추한 사랑Dirty Filthy Love〉(2004, 영국)이 있는데, 여기서는 발모광이 간략하게 묘사되어 있다. 이 영화는 강박장애OCD를 보이는 한 남자에 관한 것인데, 그는 치료와 재활 그리고 지지집단을 통해 자신의 상태를 관리하는 과정에서 발모광에 해당하는 행동들을 보이고 강박장애로 진단받은 적이 있는 여자를 만나게 된다. 주위 사람들은 그녀가 머리카락을 몇 움큼씩 뽑아내는 모습을 보게 된다. 싸움이 벌어진 후에 그녀의 가발이 벗겨지자, 탈모된 부분이 적나라하게 드러나게 된다. 그녀는 이러한 상황으로 인해 몹시 고통스러워했다. 치료자는 이 여성이 반복적으로 머리카락을 뽑는 행동이 강박사고로 인한 충동성에 의한 것인지의 여부를 판단해야만 했다(이 여성의 경우 강박장애 진단만이 내려져 있다). 그러나 이 영화에서는 이런 특성을 명확하게 진단하기 위한 정보를 충분하게 제공해 주지는 않는다. 흥미롭게도 전문가들은 발모광을 충동조절장애로 진단하는 것이 옳은지 혹은 불안장애(강박장애의 변화된 유형)로 진단하는 것이 타당한지를 놓고 논쟁 중에 있다.

발모광과 유사한 역동을 보이는 또 다른 경우로, 강박적인 피부 뜯기가 있다. 영화 〈퍼스널 벨로시티Personal Velocity〉(2002)는 자신의 손가락, 팔을 포함한 신체 여러 부위의 피부를 뜯는 남자아이를 묘사하고 있다. 뜯겨져 나간 피부의 여러 군데가 감염된 상태인 이 아이는 심각한 학대를 받아 온 것으로 보이며, 이후 히치하이킹을 통해 멀리 도망가 버린다. 아이는 심하게 내성적인 모습을 보인다.

달리 분류되지 않는 충동조절장애

'달리 분류되지 않는 충동조절장애impulse control disorder NOS' 진단은 여타의 충동조절장애 진단기준에 부합되지 않으면서 자신의 충동성을 통제하는 데에 어려움을 보이는 사람에게 내려진다. 대개 이런 사례들은 5장에서 설명한 기분장애의 연속선상(양극성 장애)에서 보다 잘 설명된다. 때로 충동조절장애처럼 보이는 성 중독은 8장에서 다루었다. 이 장에서 다루는 폭식증은 충동조절과 관련된 요소를 갖고 있다. 충동조절 문제는 7장에서 다루었던 물질 및 알코올 남용에서도 큰 비중을 차지한다.

〈맥스드 아웃Maxed Out〉(2006)에서는 강박적이고 통제할 수 없는 소비행동과 관련된 충동조절의 문제를 다루고 있다. 이 영화는 왜 주기적으로 신용카드 빚을 지게 되는지, 또한 이러한 장애가 무엇 때문에 생겨나는지 등에 초점을 맞추고 있다. 이 영화는 1970년대보다 오늘날의 가정들이 더 가난하다는 것을 핵심적인 내용으로 하며, 오늘날 미국인들은 평균적으로 9,200달러의 신용카드 부채를 지고 있고, 최근 10년 동안 1억 명의 사람들이 파산해 왔음을 보여 준다. 또한 과도한 신용카드 부채로 인한 우울과 자살을 그리고 있다. 충동조절의 문제들은 강박적인 소비와 과도한 빚이 쌓여 가는 것과 밀접한 관련이 있다.

 적응장애

적응장애adjustment disorders는 특정한 심리사회적 스트레스 요인에 대해 전형적으로 기대되는 수준을 넘어선 감정적·행동적 증상들이 사회적·학업적·직업적

기능에까지 영향을 미칠 때 진단된다. 적응장애는 보통 우울, 불안, 품행 문제 또는 이러한 문제들이 혼재된 증상을 나타낸다. 〈미스언더스탠드The Upside of Anger〉 (2005)에서 테리(조앤 알렌 분)는 품행 문제와 감정상의 문제를 나타내는데, 이는 적응장애의 증상으로 간주할 수 있다. 그녀는 남편이 불륜을 저지른 것을 알게 되었을 때, 그리고 남편이 젊은 여성과 함께 스웨덴으로 떠나가 버렸다고 확신하게 되었을 때 이러한 반응을 보인다. 테리는 지나치게 괴로워하고, 쉽게 짜증을 내고, 외로워하며, 격정적인 흥분을 나타냈다. 또한 술을 자주 마시고 보다 호전적이고 냉소적으로 변해 갔는데, 특히 그녀의 딸들과 소통해야 할 때에 이런 모습을 보였다.

적응장애를 묘사하는 영화는 쉽게 찾아볼 수 있다. 많은 영화들은 삶에 중요한 영향을 미치는 스트레스의 근원, 갈등 또는 도전과 이에 대한 등장인물들의 반응을 조명한다. 〈사랑할 때 버려야 할 아까운 것들Something's Gotta Give〉(2003)에서 해리 샌본(잭 니콜슨 분)이 보여 준 불안, 그리고 〈뷰티풀 걸Beautiful Girls〉(1996)에서 토미 로랜드(맷 딜런 분)가 보여 준 행동 문제들과 같이, 많은 영화에서는 인간관계로 인한 스트레스나 직업상의 문제들을 묘사함으로써 적응장애 증상을 가진 주인공들을 그리고 있다. 〈굿바이 초콜릿Meet Bill〉(2007)에서 아론 에커트가 연기한 남성은 몇 가지 문제로 인해 고통을 겪고 있었다. 그는 아내의 부정으로 인해 괴로워하고 있었는데, 이것은 그의 인생에 심각한 변화를 초래하였다. 그는 처음에는 제대로 대처하지 못했지만 결국에는 그가 경험하고 있는 스트레스에서 벗어날 방법들을 찾을 수 있었다. 이와 유사한 주제(배우자의 부정에 적응해 나가는 것)는 〈테니스 애니원...?Tennis, Anyone...?〉(2005)에서도 찾을 수 있다.

몇 가지 짧은 에피소드나 이야기들로 엮어진 대부분의 영화에서는 적응장애를 가진 인물이 한 명쯤은 등장한다. 〈란타나Lantana〉(2001), 〈라스트 키스The Last Kiss〉 (2006) 그리고 〈13 컨버세이션13 Conversations About One Thing〉(2001)이 좋은 예다.

사별에 대한 반응과 적응장애를 구별하는 것은 중요하다. 사별bereavement에 대한 반응은 심리적인 장애가 아니다. 그것은 사랑하는 사람의 죽음에 대해 일어나는 충분히 예측 가능한 반응이다. 반면에 죽음에 대한 반응이 기대되는 것보다 더 장기적이고 과도하게 나타날 때에는 적응장애로 진단될 수 있다. 단순한 사별 반응과

적응장애를 구별하는 것은 어려운 일이고, 임의적인 시간을 기준으로 하거나 상실의 고통으로부터 얼마 만에 회복되는지를 근거로 구분하는 것은 부적절하게 여겨진다. 〈어느 일본인 이야기_{Japanese Story}〉(2003)에서의 에드워즈(토니 콜레트 분), 〈뽀네뜨_{Ponette}〉(1996)에서의 어린 소녀는 모두 사별에 대한 반응을 매우 오랜 기간 동안 나타냈다.

다음에 제시되는 세 영화에서 사별을 경험한 주인공들은 즉흥적으로 여행을 떠남으로써 고통을 덜고자 한다. 〈어바웃 슈미트_{About Schmidt}〉(2002)에서 잭 니콜슨이 연기한 워렌은 오랜 동안 함께했던 아내를 잃었고, 〈낙원을 찾아서_{Searching for Paradise}〉에서 한 젊은 여성은 무척이나 사랑했던 아버지를 잃었으며, 〈모번 캘러_{Movern Callor}〉(2002)에서 또 다른 젊은 여성은 남자 친구의 자살을 경험했다.

사별에 대한 심각한 증상을 묘사한 영화 중 적어도 적응장애의 진단기준에 적합한 일례를 들자면, 〈마더 고스트_{Mother Ghost}〉(2002)가 있다. 아내와 갈등하고, 아들을 무시하며, 술을 마시는 것으로 고통을 견디려고 하였으며, 잠을 제대로 이루지 못했던 한 남성은 이미 돌아가신 어머니의 보석들을 꺼내기 시작한다. 〈유령과의 사랑_{Truly, Madly, Deeply}〉(1991)과 〈인 더 베드룸_{In the Bedroom}〉(2001)에서 등장인물들은 사별에 대한 정상적인 반응을 넘어서 적응장애로 진단될 정도의 행동들을 보이지만 영화의 말미에는 상실을 치유해 나가며 대처방식을 깨달아 가는 모습이 그려진다.

 국제 영화: 수면, 섭식, 충동조절 그리고 적응장애

수면장애

부다페스트 지하철에서 찍은 코미디 드라마인 〈콘트롤_{Control}〉(2003, 헝가리)은 선악에 관한 보편적인 주제를 반영하는 영화이며, 삶의 회한을 느끼는 허구적인 인물을 다루고 있다. 이 영화에는 다양한 인물들이 등장하는데, 그중 한 인물은 직장에서 화가 나거나 스트레스를 받을 때 잠에 빠져 버리는 수면발작증을 겪고 있다. 직장 동료들 사이에서 갈등이 불거질 때 그는 순식간에 잠들어 버리고, 잠에서 깨어나서는 혼란스러워한다.

어린 시절에 겪은 성적 학대와 관련하여 한 성인이 경험하는 악몽은 〈돈 텔Don't Tell〉(2005, 이탈리아/영국/프랑스/스페인)과 〈셀레브레이션The Celebration〉(1998, 덴마크/스웨덴)에서 그려진다. 폴란드인 감독 크쥐시토프 키에슬로프스키가 연출한 총 10편의 시리즈물 〈십계The Decalogue〉(1989, 폴란드)의 제7편에서는 수면 중 경악장애의 증상이 훌륭하게 묘사되고 있다. 영화에서 한 아이는 매일 밤 잠을 자면서 악몽을 경험하지만 깨어나는 데 어려움을 겪고 있으며, 깨어난 후에도 꿈의 내용을 기억하지 못했다. 영화에서 아이는 악몽에 시달리는 것으로 그려지고 있다.

섭식장애

어두운 분위기의 심리드라마 〈첫사랑Primo Amore〉(2004, 이탈리아)에서 세공사인 비토리오는 완벽한 여체(자연물의 순수한 형태를 정신적인 것으로 변형시키는 주인공의 작업과 유사한 모습)를 주조하는 것에 사로잡혀 있다. 그는 체중을 줄이기 위해 계속적으로 다이어트를 하고 있는 예술학교 모델인 소니아를 발견하였다. 그를 기쁘게 하기 위해 소니아는 기꺼이 그의 허황된 계획에 동참하게 된다. 비토리오의 캐릭터는 '통제적 부모'의 극단적 형태로 볼 수 있다. 이 영화에서는 기아상태, 비밀, 남몰래 먹는 음식들로부터 오는 자기혐오와 같이 섭식장애를 가진 인물에서 특징적으로 관찰되는 증상들이 그려진다. 비토리오의 행동은 명백히 가학적인 것이다. 이 영화는 섭식장애 자체에 대한 묘사나 이 장애와 관련된 다양한 역동들을 보여 주지는 못하지만, 임상적으로 심각한 문제인 섭식장애를 보여 주는 예로서 유용하다.

충동조절장애

유명한 영국인 감독 마이크 리가 만든 영화 〈해피 고 럭키Happy-Go-Lucky〉(2008, 영국)는 현실에 대해 낙관적이고 유머를 가지고 있는 생기발랄한 아가씨인 포피(샐리 호킨스 분)가 삶에서 직면하는 스트레스 요인들에 관한 이야기다. 이 영화에서 조연으로 등장하는 그녀의 운전 강사 스캇(에디 마산 분)은 표면적으로는 상당히 매력적인 포피와는 달리, 항상 찌푸린 얼굴에 깊은 상처가 있는 듯하며, 억제적이고 까칠하며 화가 나 있는 것처럼 보인다. 그의 '분노'는 포피에게 운전 강습을 하는 매 시간마다 소리를 지르고 겁을 주는 모습에서 드러난다. 그의 정신장애는 포피에게 남자 친구가 있다는 것을 알고 난 후 충동을 조절하지 못하게 되면서 드러난다. 그는 자신과 포피를 위험에 빠뜨리기 위해 차의 속도를 높이고, 어느 시점에서는 그녀의 머리카락을 쥐고 그녀를 반복적으로 흔들면서 비정상적인 요구를 하게 된다. 그는 고통을 줄이기 위해서 길거리에서 그녀에게 비명을 지른다. 이러한 분노는 쉽게 감지될 정도로 확연한 것이지만 그는 일차원적인 인물이 아니다. 관객들은 그의 절박한 내면의 깊은 외로움을 감지할 수 있을 것이다.

주목할 만한 노르웨이 영화 〈엘링Elling〉(2002)에서, 정신병원에서 퇴원한 셀은 좌절감을 느낄 때마다 폭발적인 분노를 나타낸다. 그의 상태는 간헐적 폭발성 장애로 진단될 것이다. 왕가위 감독의 〈2046₂₀₄₆〉(2004, 중국)에는 매월 말이 되면 카드 게임으로 가진 돈을 모두 잃을 만큼 도박에 '병적으로'(혹은 지나치게) 빠진 주인공이 등장한다. 많은 중독에서 전형적으로 나타나듯이, 이 영화에서도 겜블러들은 카드 게임과 섹스 두 가지 모두에 중독되어 있다.

"아메리칸 드림은 결코 이루어지지 않아. 아메리칸 악몽은 이미 여기서 벌어지고 있지. 자, 워싱턴 기념비를 한번 봐. 기념비의 지상 높이는 555피트, 아래에 묻혀 있는 부분은 111피트거든. 555에 111을 더하면 666이지. 6-6-6이라고, 포피. 6-6-6이란 말야."

– 〈해피 고 럭키〉(2008)에서 폭발적 성격의
운전 강사 스콧이 고함치면서 하는 말

비판적 사고를 위한 질문들

- 심리장애의 범주들을 놓고 볼 때, 수면 결핍이 이들 장애의 증상에 어떤 영향을 미치는지 고려해 보라. 당신이 경험한 어떠한 측면이 영화에 묘사되었는가?
- 불면증과 수면과다증을 심리적으로 조절할 수 있는 방법은 무엇인가? 어떤 영화에서 그런 기법들이 묘사되고 있는가?
- 독창적인 영화 〈웨이킹 라이프〉(2001)는 다음과 같은 질문을 던진다(DVD 표지에 명시되어 있음). "우리는 잠든 채로 현실의 세계를 거닐고 있는 것인가, 아니면 깨어 있는 채로 꿈속을 헤매는 것인가?" 이러한 질문이 뜻하는 것은 무엇이며, 어떻게 해답을 찾을 수 있을 것인가? 이런 질문들의 임상적인 유용성은 무엇인가?
- 대중적인 영화에서 섭식장애가 잘 다루어지지 않는 이유는 무엇인가? 영화를 통해 불쾌감이나 반감을 주지 않는 방식으로 이 장애를 재조명할 수 있을까?
- 섭식장애(예: 신경성 식욕 부진증과 신경성 폭식증)의 발생과 유지에 있어 사회는 어떠한 역할을 하는가? 이러한 장애가 발생되지 않는 나라는 어디인가?
- 사회계층은 신경성 식욕 부진증과 신경성 폭식증에 영향을 미치는가?
- 충동조절장애와 중독 간의 유사점과 차이점은 무엇인가? 이들 장애를 구분하는 데 있어 영화가 어떠한 기여를 할 수 있을까?
- 충동조절장애에서 매우 흥미로운 증상들이 나타남에도 불구하고 왜 이 장애를 다룬 영화는 거의 없을까?
- 발모광은 강박장애나 충동조절장애 중 어떤 장애로 보다 잘 범주화될 수 있는가?
- 적응장애는 다른 주요한 정신장애들보다 더 심각할 수 있는가? 그들은 어떤 시점에서 치료를 받아야 하는가?
- 적응장애는 몇 해 동안 지속될 수 있는가? 만일 그렇다면 이는 진단적 정의에 위배되는 것인가?

추가적인 탐구

만일 당신에게 이 장과 관련된 단 한 권의 책을 읽을 시간만이 주어진다면 다음의 책을 읽어 보라.

- Touyz, S. W., Polivy, J., & Hay, P. (2008). *Eating disorders*. Cambridge, MA: Hogrefe.

만일 당신에게 단 한 편의 논문을 읽을 수 있는 시간만 주어진다면 다음의 논문을 읽어 보라.

– Ohayon, M. M. (2002). Epidemiology of insomnia: What we know and what we still need to learn. *Sleep Medicine Reviews, 6*, 97-111.

∎∎∎∎∎∎∎∎∎∎ 저자 추천작

- **수면장애**
  - 〈머시니스트The Machinist〉(2004)
  - 〈인썸니아Insomnia〉(2002)

- **섭식장애**
  - 〈첫사랑Primo Amore〉(2004)
  - 〈처음 만나는 자유Girl, Interrupted〉(1999)

- **충동조절장애**
  - 〈오닝 마호니Owning Mahowny〉(2002)
  - 〈절도광Klepto〉(2003)
  - 〈해피 고 럭키Happy Go-Lucky〉(2008)
  - 〈오스카와 루신다Oscar and Lucinda〉(1997)

- **적응장애**
  - 〈멋진 인생It's a Wonderful Life〉(1946)
  - 〈미스언더스탠드The Upside of Anger〉(2005)

제14장

폭력과 신체적 · 성적 학대

"내가 깨어났을 때, 난 영화 광고에 나오는 것처럼 광란의 복수를 하기로 했지. 나는 포효하고 미친 듯 날뛰었고, 피의 만족을 얻었어. 난 지금껏 수 없이 많은 사람들을 죽여 왔어. 하지만 내겐 오직 한 명…… 마지막 한 명…… 지금 나를 이끄는 한 명이 더 있어. 한 명만이 남았어. 그리고 그 종 착지에서, 난 빌을 죽일 거야……."

– 〈킬 빌〉(2003)에서 베아트릭스 키도('the bride')

〈킬 빌〉(2003)과 〈킬 빌 2〉(2004)를 관람하면서 생각해 볼 물음들

- 미국의 살인 발생률은 어느 정도인가? 당신의 나라에서는?
- 베아트릭스 키도('the bride')의 복수는 정당한가?
- 당신은 복수를 위해 살인을 저지르려는 사람에게 어떤 말을 해 줄 것인가?
- 4년 동안의 혼수상태 후, 퇴화된 다리의 근육을 움직이려면 보통 얼마 동안의 기간이 필요한가? 〈킬 빌〉의 'the bride'처럼 마비된 발가락을 '의지로' 움직일 수 있을까?
- 〈킬 빌〉 시리즈에서 폭력의 역할은 무엇인가? 속편에서 변화된 것은 무엇인가?
- 쿠엔틴 타란티노 감독은 영화 속의 폭력적이고 위험한 캐릭터를 만들어 내기 위해 매우 많은 노력을 했다. 이러한 작업을 통해 그가 표현하고자 했던 것은 무엇일까?
- 타란티노 감독은 두 영화의 많은 분량에서 'the bride'의 실제 이름을 감추었다. 이것의 심리학적 타당성은 무엇인가?
- 이 영화에는 심각한 수준의 폭력적 성향을 나타내는 인물이 몇 명 나온다. 이들 행동의 동기와 세계관은 서로 어떠한 차이가 있으며 또한 유사점은 무엇인가? 비폭력적인 사람과는 어떻게 다른가?
- 한 장면에서 돈을 벌기 위해 혼수상태의 환자를 매춘에 이용하는 비정상적인 병원 직원이 나온다. 실제로 이런 일들은 얼마나 자주 일어날까?
- 타란티노 감독은 연쇄살인범에게 연민을 느끼게끔 만든다. 그는 왜 그렇게 했을까? 당신의 마음도 움직였는가?

 환자 평가

환자가 진술한 내원 사유: "나는 오로지 하나만 생각합니다…… 복수죠……. 여기서 나가자마자 난 빌을 죽일 겁니다!"

현 병력: 34세의 백인 여성 베아트릭스 키도는 정신상태 감정과 보다 심층적인 치료를 받기 위해 의뢰되었다. 그녀는 3일 전 입원해 있던 병원에서 한 남자를 살해하고 그 남자의 차를 훔쳐 타고 가다가 경찰에게 체포되었다. 그녀는 다수(50명 이상)의 사람을 죽였

고, 몇 건의 살인사건의 용의자다. 그녀는 현재 주 교도소에 수감되어 있다. 그녀는 더 이상은 살인사건에 관련된 상세한 내용을 말하지 않았다. 하지만 그녀는 5명을 살해하려는 확고한 의도와 계획을 가지고 있으며, 이제 한 명만이 남았다고 말했다. 남은 한 사람은 그녀의 전 애인이며 보스였던 '빌'이다.

과거의 정신과적 병력, 치료 및 결과: 베아트릭스는 어떠한 정신병적 문제도 갖고 있지 않다. 그녀는 외상 후 스트레스 장애의 증상을 부인했다. 우울, 불안, 환각, 혼란 역시 부인했다.

의학적 병력: 베아트릭스는 총상에 의한 심각한 두부외상으로 4년간 식물인간 상태로 지냈었다. 그녀는 갑작스럽게 혼수상태에서 깨어났고, 즉시 자신이 병원에 오게 된 이유를 기억해 냈다. 또한 병원 직원이 (혼수상태였던 그녀를 이용하여) 여러 남자들에게 매춘을 알선하였고, 그녀가 혼수상태 동안 당했던 몇 번의 강간에 대해 말하는 것을 듣게 된다. 그녀는 혼수상태에서 깨어난 지 2주가 지났다. 베아트릭스는 정신과적 치료를 받은 적이 없다. 그녀는 단지 쿵후 훈련과 결투로 인해 이따금 부딪치고 멍든 것 외에는 다른 부상, 질환, 의학적 장애는 없다고 말했다.

심리사회적 병력: 베아트릭스는 자신의 직업적 이력에 대해 전부 밝히지는 않으나, "인간쓰레기들을 제거하는 일을 도왔다"고 말했다. 그녀는 그 일을 청산한 후 음반가게에서 일했고 약혼을 했다. 결혼식 전날 밤, 그녀의 약혼자와 가족은 앞서 언급한 5명에게 살해당했고, 그녀는 구타당하고 총을 맞았으며, 5명 중 '빌'은 총으로 그녀의 머리를 쏘았다. 그녀는 자신이 예전에 해 왔던 일에서 손을 뗀 것에 대한 보복으로 '빌'이 이런 만행을 저지른 것이라 믿고 있으며, 이 때문에 유산을 했고 혼수상태가 되었다고 말했다. 이런 이야기를 털어놓을 때 그녀의 눈에는 눈물이 고였다.

베아트릭스는 결혼한 적은 없다. 그녀는 고등학교를 졸업하고 다양한 형태의 특수무술훈련을 받기 위해 전 세계를 돌아다녔다. 베아트릭스는 친구가 있었던 적은 없지만, 역설적으로 친구를 쉽게 만드는 편이라고 했다.

약물과 알코올 병력: 베아트릭스는 어떤 약물도 복용한 적이 없다고 부인했다. 가끔 술을 마시고(한 달에 2번) 마리화나를 피운다고 보고했다(한 달에 1번).

행동 관찰: 베아트릭스는 유쾌하고 매력적이다. 면담 동안 매우 편안해 보였으나 복수

에 대해 언급할 때는 매우 강한 어조를 보였다. 기분과 정서는 정상적이다. 언행은 정상적이었고 침착하기까지 했으며 조리가 있었다. 특정 단어를 강조할 때도 단어의 선택이 분명했다. 주제에서 벗어나거나 우회적인 발언도 없었다. 정신과적 병력에 대한 증거는 없다. 해리 증상도 보이지 않는다. 검사 동안 경계적인 태도를 보였지만 매우 협조적이었으며, 검사결과도 타당한 것으로 판단된다. 정직하지 못하거나 악의적인 태도 혹은 조종하려는 태도를 보이지 않았고 진술에 있어서도 불일치되는 면은 없었다.

정신상태검사: 베아트릭스는 장소, 사람, 시간, 상황에 대한 지남력을 유지하고 있으며 사회적 · 인지적 측면에서 매우 총명함을 보였다. 간이정신상태검사MMSE에서는 30점 만점을 받았다. 최근 두부외상을 입고 혼수상태에 빠졌음에도 불구하고 인지, 주의, 집중 및 기억의 문제는 보이지 않았다.

기능적 평가: 베아트릭스는 매우 밝고 영리하다. 그녀는 자신을 돌볼 줄 알고, 자신의 요구를 어떻게 충족시켜야 하는지도 잘 알고 있다. 강렬한 분노와 복수에 대한 집착을 보이는 것 외에는 두부외상과 혼수상태로 인한 후유증은 보이지 않는다. 그녀는 심사숙고하여 복수를 감행하기는 하지만, 이것이 그녀의 욕구를 충족시킬 것 같지는 않다. 그녀는 자신이 매우 합리적이지만 '자비, 동정심, 용서'는 부족하다고 말한다. 그녀는 이성적으로 보이긴 하지만, 연쇄살인에 대한 진술과 살인을 수반한 그녀의 복수 계획은 그리 이성적인 것 같지는 않다.

강점: 베아트릭스는 직선적이고 독단적이며 명료하게 대화를 한다. 무술에 재능이 있고 자기방어에 능하다.

진단: 품행 문제를 동반한 적응장애; 반사회성 성격장애

치료 계획: ① 타인을 해칠 수 있기 때문에 지금은 석방하지 않기를 권한다. ② 더 완벽한 평가를 위해 성격 및 투사적 심리검사가 요구된다(예: MMPI-2, 로샤 잉크반점 검사). ③ 두부외상에 따른 4년간의 입원치료에 대한 병원 기록이 요구된다. ④ 의사결정, 지지 제공 및 대처방략을 논의하기 위해 개인 심리치료를 제공한다.

예후: 예측에 신중을 기함.

폭력, 복수 그리고 〈킬 빌〉

'the bride'라고도 불리는 베아트릭스 키도(우마 서먼 분)는 폭력적 인물의 전형적인 모습은 아니다. 그녀는 연인이 있었던 중년 여성으로, 물질 남용도 하지 않고 빈곤한 사회적 · 경제적 배경도 갖고 있지 않다. 물질 남용이 폭력적인 행동을 증가시킨다는 많은 연구 결과가 보고되고 있으며, 폭력과 상관관계가 있는 또 다른 요소로는 젊은 연령대, 남성, 독신 그리고 낮은 사회적 · 경제적 지위 등이 있다. 우마 서먼은 〈킬 빌Kill Bill: Vol. 1〉(2003), 〈킬 빌 2Kill Bill: Vol. 2〉(2004)에서 매력적이지만 집요한 복수심에 불타는 주인공을 연기하고 있는데, 두 영화 모두 폭력을 극적으로 표현하고 있다. 어떤 관객은 이제까지 만들어진 것 중 가장 예술적인 액션영화라고 주장하겠지만, 다른 관객은 폭력을 지나치게 미화하고 사실적으로 묘사한 영화라 간주할 것이다. 또 다른 관객은 폭력이 오늘날의 문화와 젊은 세대들에게 줄 수 있는 영향을 논하면서, 이 영화에서 분명히 드러나는 폭력적 이미지가 비록 예술적이긴 할지라도 청소년과 성인들에게 유해한 영향을 미칠 것이라 주장할 것이다. 일부에서는 이 영화가 살인과 무익한 복수의 성질을 찬미한다고도 할 것이다. 혹자는 베아트릭스의 폭력은 자신의 가족을 살해하고 그녀를 죽이려 한 사람들로부터 스스로를 지키고 복수하기 위한 것이므로 정당화될 수 있다고 말할 것이다. 마지막으로, 어떤 사람들은 이 영화가 '있는 그대로' 받아들여지지 않는 것에 주목하면서, 관객들은 이 영화를 오락과 기분전환, 감상, 심지어 영감(예: 여성의 용기와 강인함에 대한 주제를 통해)을 얻기 위한 것으로 받아들일 것이라 할 것이다. 각각의 시각은 적어도 부분적으로는 정확하고 타당하다.

빌 역의 데이비드 캐러딘은 인터뷰에서 "타란티노 감독 영화의 본질은 폭력이나 액션이 아니라 '폭력적인 사람들의 정신과 마음을 들여다보는 것'이다."라고 말했다. 이러한 시각은 이 영화의 주제를 더 잘 이해하기 위해서는 폭력적인 행위를 넘어서 모든 등장인물의 내면세계를 더 깊숙이 관찰해야 함을 강조하는 것이다. 영화에는 다양한 폭력적 인물들이 등장한다. 각 인물들은 독특하고 문화적 배경과 동기, 사고과정 및 행동에 있어서 서로 다르다. 타란티노 감독은 '악당'이라는 일차원적 모습을 제시하기보다는 모든 등장인물들의 결점, 강점, 미묘한 차이, 그리고 폭력적 행위의 표출 뒤의 일상적 상호작용 등을 보여 준다.

어떤 사람들은 이 영화에서 극도의 폭력이 지속적으로 묘사되는 것에 대해 불쾌함을 느낄 것이다. 비록 영화에서는 만화적 기법으로 처리되긴 하였지만, 본질적으로 폭력을 보여 주는 여러 가지 방식이 적절하지는 않다. 많은 사람들이 죽고, 팔이 잘려 나가고, 피가 흩뿌려지고, 심지어 눈알이 빠지기도 한다. 'the bride'는 산 채로 매장되고, 혼수상태 동안 강간당하였고, 다른 인물들이 킬러에 의해 고통받고 살해되는 것을 지켜보면서 괴로워한다. 〈킬 빌 2〉에서 나타나는 가장 폭력적인 장면 중 하나는 만화로 표현된다. 이 에피소드는 한 소녀가 자기 앞에서 부모가 잔인하게 살해당하는 장면을 보고 외상적 기억을 갖게 되는 모습을 그린 것이다. 타란티노가 이 장면을 만화로 처리한 것을 유치하다는 식으로 치부하기는 어렵다. 여기에는 인물들의 심층적인 내면이 담겨 있고, 말로 표현하기 어려운 복잡한 사연이 있고, 감명을 주는 아름다운 영화적 예술성이 담겨 있다. 폭력과 영화적 천재성의 극적인 결합은 스탠리 큐브릭 감독의 고전인 〈시계 태엽 오렌지A Clockwork Orange〉(1971)에서도 볼 수 있는데, 이 영화는 감독이 의도하지는 않았겠지만 지나친 폭력과 여성 비하로 비판받았다.

타란티노의 다른 많은 영화에도 〈킬 빌〉 시리즈와 비슷한 주제와 폭력을 통한 의사소통이 담겨 있다. 〈저수지의 개들Reservoir Dogs〉(1992), 〈펄프 픽션Pulp Fiction〉(1994) 그리고 〈재키 브라운Jackie Brown〉(1997)이 그 예다. 그는 또한 〈황혼에서 새벽까지From Dusk Till Dawn〉(1995)의 각본도 썼다. 최근에 타란티노는 로버트 로드리게즈와 함께 두 편의 장편 공포영화의 각본을 쓰고 연출했다. 이 두 편의 영화는 〈그라인드 하우스Grindhouse〉(2007)라는 제목의 옴니버스 영화로 묶여 소개되었으며, 유혈이 낭자하고 자극적인 옛 B급 영화에 대한 두 감독의 헌정품으로 알려졌다. 〈그라인드 하우스〉에 포함된 두 영화의 제목은 각각 〈데쓰 프루프Death Proof〉와 〈플래닛 테러Planet Terror〉다. 각각의 영화는 여자를 스토킹하고 살해한 후 결국 일련의 여성들에게 보복당하는 싸이코 스턴트맨(커트 러셀 분)과, 생물학 무기가 가져온 불운으로 탄생한 좀비 군대를 그렸다.

독자들 중 영화에 흥미가 있는 사람이라면 데이비드 캐러딘이 2009년 6월 4일 태국 방콕에서 사망한 사건을 떠올릴 수 있을 것이다. 캐러딘은 호텔 방 옷장에서 목을 맨 채 발견되었는데, 그의 죽음에 대해 자살이라는 추정도 있었고, 그가 조사

중이던 중국계 갱단에 의해 살해되었거나 성적 흥분을 위한 자위 과정에서 질식사 했을 가능성도 제기되었다. 그의 두 명의 전처들은 그가 이전에도 성적 흥분을 얻기 위해 스스로를 결박하는 행동을 했었다고 보고했다. 그의 죽음의 원인이 무엇이든, 그는 〈킬 빌〉에서 완벽한 캐스팅이라는 평가를 받았던 축복받은 배우였다.

 폭력과 영화: 폭력이 무의미한 상황은 언제인가

현재 대다수의 폭력영화와 공포영화에서 폭력을 사용하는 목적은 자극과 현란한 볼거리, 단기간에 관객에게 여흥을 제공하기 위한 것이다. 이는 영화를 보는 사람들이 현실에서 탈출해 더욱 흥미진진한 마술적 세계로 들어가도록 해 준다. 궁극적으로 이런 유형의 액션영화(특히 헐리우드에서 만들어진)에서의 폭력은 비현실적이고 불필요하며, 또는 쓸모없는 것일 수 있다. 이는 영화적인 예술성을 높이고 관객들에게 중요한 메시지를 전하거나 어떤 통찰을 불러일으키기 위함이 아닌, 단지 흥행을 위한 수단에 불과하다.

우리는 이런 현실 도피적 폭력의 형태가 아닌, 적어도 의미 있는 목적을 갖고 있다고 할 수 있는 7편의 영화를 발견하였다. 하지만, 이들 영화가 폭력의 부정적인 영향으로 인한 결점을 충분히 보완했다는 뜻은 아니다.

특정 현실의 표현

폭력은 많은 경우에 특정한 상황, 문제 또는 분쟁의 현실을 그리는 가장 간단명료하고 정직한 방법이다. 〈엘리펀트Elephant〉(2003)는 학교에서의 폭력을 묘사하고 있다. 구스 반 산트 감독은 이 영화에서 현재 일어나고 있는 일들의 위험성과 폭력성을 깨닫지 못하는 몇몇 학생들의 일상을 그렸다. 〈호텔 르완다Hotel Rwanda〉(2004)는 또 다른 끔찍한 현실을 보여 준다. 백만 명에 가까운 르완다인들이 희생된 '르완다 학살'이 그것이다. 영화는 1,000명이 넘는 사람들의 목숨을 구한 영웅인 호텔 사장 폴 루세사바기나와 그가 이들을 살리기 위해 직면해야만 했던 많은 위협에 초점을 맞췄다.

〈렌디션Rendition〉(2007)은 정치적 현실과 '워싱턴'을 보여 주려고 했다. 이 영화는 '임시적 용의자 인도'에 대해 그렸는데, 이 절차에서는 최소한의 증거(예: 전화기록)만으로 외국인 테러리스트 용의자들을 감금하고, 어떤 사법적 절차도 없이 고문이 가능한 제3국으로 빼돌리고는 그곳에서 이들을 심문한다. 이 영화에서 남아프리카를 여행하던 한 이집트 남성은 회의에 참석하려다가 적법 절차 없이 구금되어 물고문을 비롯한 다양한 고문을 당한다. 또한 이 영화는 이슬람 극단론자들, 세뇌, 자살테러 등을 그리고 있다.

> "가끔 난 신이 우리가 서로에게 한 일을 용서해 주실지 궁금해. 그리고 주위를 둘러보고 나서 깨닫지, 신은 이미 예전에 이곳을 떠났다는 걸……"
> – 〈블러드 다이아몬드〉(2006)에 등장하는 현실적 냉소주의자

〈블러드 다이아몬드Blood Diamond〉(2006)는 '다이아몬드 광산 지역 지배를 두고 벌어진 분쟁'의 실상을 고발하고 경각심을 불러일으키기 위한 분명한 의도를 가진 강렬한 액션영화다. 이 영화는 1999년에 시에라리온에서 일어난 내전을 그리고 있는데, 다이아몬드 광산 지역을 지배하기 위해 벌어진 분쟁으로 국가가 파괴되고 수백만 명의 난민이 발생했지만 아이러니한 것은 누구도 실제 다이아몬드를 본 적조차 없다는 것이다. 이 영화는 아프리카에서 돈이 될 만한 것들, 즉 상아, 고무, 금, 석유 그리고 다이아몬드가 발견될 때마다 아무 이유 없이 죄 없는 많은 주민들이 희생된다고 이야기한다. 더구나 세계 다이아몬드의 2/3를 구매하는 미국인들은 그들이 사들이는 다이아몬드와 관련되어 발생하는 폭력에 대해서는 알지 못한다. 한 등장인물이 "미국에서 그것은 반짝이는 보석이지만, 여기서는 반짝이는 총알이지!"라고 했듯이.

레오나르도 디카프리오는 다이아몬드 무역으로 희생되는 사람들을 돕기 위해 자신을 희생하는 인물로 변화되어 가는 다이아몬드 밀수입자 역을 탁월하게 연기해 냈다. 이 영화는 다이아몬드 분쟁의 흐름을 저지하려는 노력의 결과로 2003년 1월, 40개국이 '킴벌리 프로세스Kimberley Process'[1]에 사인하였으며, 이는 분쟁과 무관한

---

1) 역자 주: 킴벌리 프로세스는 유엔UN이 다이아몬드 공정거래를 위해 제정한 것으로, 분쟁 지역에서 생

다이아몬드를 요구하는 소비자들에 의한 것이었다는 내용으로 끝맺는다. 또한 관객들에게 아프리카에는 아직 200,000명의 소년병들이 있으며, 그들의 겪는 잔혹한 훈련과정을 봐야 한다고 말하고 있다.

종종 〈쉰들러 리스트Schindler's List〉(1993)와 같이 실제로 일어난 역사적 사건을 그린 영화들이 제작되곤 한다. 전쟁영화는 역사적 사건뿐만 아니라, 오늘날 일어나고 있는 전쟁의 잔혹함과 폭력성을 묘사할 수 있다. 예를 들어 〈라이언 일병 구하기 Saving Private Ryan〉(1998)는 전쟁의 참상을 폭로하고, 참전 군인의 희생의 의미를 훼손시키지 않는 동시에 전쟁을 매력적인 것으로 미화시키지도 않는다. 반전영화에서 드러나는 현실들은 전쟁의 무익함을 강조한다. 아카데미 외국어영화상을 수상한 〈노 맨스 랜드No man's Land〉(2001)는 좋은 예이며, 스탠리 큐브릭이 연출한 다음의 영화들도 반전영화로서 추천할 만하다. 〈영광의 길Paths of Glory〉(1957), 〈닥터 스트레인지 러브 혹은 나는 어찌하여 근심을 멈추고 폭탄을 사랑하게 되었는가Dr. Strangelove or: How I Learned to Stop Worrying and Love the Bomb〉(1964), 그리고 〈풀 메탈 자켓Full Metal Jacket〉(1987) 등이 그것이다.

폭력의 터무니없고 무익한 성질을 보여 주기

〈시리즈 7Series 7: The Contenders〉(2001)의 주제는 폭력의 어리석음과 무익함을 입증하는 것이다. 이 영화는 6명의 사람들이 정부로부터 무작위로 추첨되어 실시간 중계되는 살인게임에 참여한 상황, 즉 가공의 텔레비전 리얼리티 쇼를 풍자적으로 그린 작품이다. 해설자는 흥분하여 '실제 사람들, 실제 살인들'이라 표현하고 "규

산된 다이아몬드가 국제시장으로 유입되는 것을 차단하기 위해 다이아몬드 원산지를 추적할 수 있도록 한 제도를 말한다. 기본적으로는 다이아몬드의 수출과 수입을 감독하는 제도로, 이에 따르면 생산 국가들은 광산으로부터 수출 지역에 이르기까지 다이아몬드 원석의 생산과 수송을 감독하고, 다이아몬드 원석의 선적은 봉인된 컨테이너로 이루어지며, 각각의 선적에는 킴벌리 프로세스 증명서 Kimberley Process Certificate가 발행되어 수출되는데, 가입국들은 증명서가 첨부되지 않은 다이아몬드를 구매할 수 없다. 분쟁 지역에서 생산된 다이아몬드는 전쟁자금이나 테러자금으로 유용되므로 블러드 다이아몬드라고 일컬어지며, 라이베리아 · 시에라리온 · 콩고공화국 등 아프리카 국가 간의 분쟁을 초래하고 있다.

칙은 삶과 죽음만큼이나 간단합니다." 라고 말한다. 임산부인 다운이 가장 오랫동안 경쟁에서 살아남았는데, 그녀는 더욱 강력해지는 '죽느냐 죽이느냐'의 새로운 단계들을 계속해 나가야만 한다. 그러나 그녀는 가족들에게 아무런 감동도 주지 못했고, 심지어 그녀의 자매는 그녀를 '짐승, 창녀, 중독자, 살인자, 도둑'이라고 매도한다.

폭력적인 사람들의 심리구조 드러내기

이 장의 전반부에서 논의했듯이, 쿠엔틴 타란티노 감독의 영화 중 대부분은 폭력적인 인물의 내면심리에 대한 탐색이라는 주제를 구체화시킨다. 이러한 주제들은 연쇄살인 영화(뒤에 상세히 논의할 예정임)에서 종종 다루어지지만 대부분 성공적이지는 못하다. 메리 해론 감독의 〈아메리칸 싸이코American Psycho〉(2000)에서, 폭력은 외부적 요인에 의해 유발된다기보다는 전적으로 패트릭 베이트먼의 내면에 존재하는 것으로 가정되며, 폭력의 목적은 정신적으로 불안정한 남자의 내면심리와 폭력적 환상을 드러내는 것이다. 이 영화는 베이트먼이 외모, 복장, 직업 및 명함에 신경을 쓰는 동안, 그리고 어떤 사교모임에 나갈지를 고민하는 동안 폭력적 행위에 대한 몽상을 하는 모습을 보여 줌으로써 역설적인 주인공의 행동을 표현하고 있는데, 이러한 전반적인 표현들은 사실상 완벽하다. 그의 세계를 구축하는 것은 다른 누구도 아닌, 오직 그 자신의 마음일 뿐인 것이다. 〈스위니 토드: 어느 잔혹한 이발사 이야기Sweeney Todd: The Demon Barber of Fleet street〉(2007)는 부분적으로 뮤지컬 형식을 띄고 있는데, 폭력을 소재로 하거나 폭력적인 색채를 띤 음악이 삽입되어 있다. 이발사(조니 뎁 분)의 복수와 살인은 다른 어떤 것보다도 그의 정신구조와 황폐화를 더욱 잘 드러낸다.

폭력의 순환과정을 보여 주기

〈아메리칸 히스토리 XAmerican History X〉(1998)는 폭력의 순환적 성질을 보여 주는 영화다. 이 영화에서는 일련의 사건들이 서로 연관되어 있다. 폭력조직에 가담하고 있던 한 남자가 조직에서 탈퇴하지만, 이전에 연루되었던 일의 전모가 드러나게 되자, 이 새로운 갈등을 해결하기 위해 노력한다. 하지만 그러기에는 이미 너무 늦었다는 사실을 깨닫게 되면서 또 다시 폭력에 기대게 되는 악순환을 보이게 된다. 이 영화는 아예 처음부터 폭력에 연루되지 말라는 메시지를 던진다. 멜 깁슨의 〈아포칼립토Apocalypto〉(2006)는 마야문명이 자멸하는 과정을 폭력적인 화면으로 그리고 있다.

> "나는 그의 가죽을 벗기고, 내가 그것을 입는 걸 보게 할 것이다."
> – 〈아포칼립토〉(2006)에서 폭력적인 마야인의 대사

　데이비드 크로넨버그 감독의 〈폭력의 역사A History of Violence〉(2005)는 작은 마을에서 카페를 운영하고 있는 한 집안의 가장 톰 스탤(비고 모텐슨 분)의 일상을 그리고 있다. 어느 날 그는 두 명의 무장 강도를 만난다. 그러나 그는 본능적인 행동으로 두 강도를 죽이고, 자신의 모든 손님과 종업원의 생명을 구한다. 미디어는 그를 영웅이라고 선포하였고, 이 소식이 세간에 알려지게 되자 세 명의 폭력배들이 필라델피아로부터 그를 찾아오는데, 이들은 톰이 이전에 폭력으로 얼룩진 삶을 살아왔으며 그를 다시 데리러 왔다고 주장한다. 이 영화는 과거의 폭력행위가 미래의 폭력을 가장 잘 예언한다는 연구 결과를 입증한다. 또한 인간은 과거에서 완전히 벗어날 수 없으며, 일단 폭력이 시작되면 다시 그 시점으로 돌아가게 된다는 점을 강조한다. 그의 과거를 알게 된 후 톰의 아내가 내뱉는 대사("당신 뭐야, 다중인격자야?")에서 우리는 그녀가 폭력을 정신장애의 하나로 간주하고 있음을 알 수 있는데, 이는 흔한 오해다(최소한 톰의 경우는 그렇지 않다).

　여러 인종이 뒤섞여 살아가는 로스앤젤레스에서 벌어지는 몇 가지 이야기로 구성된 〈크래쉬Crash〉(2005)는 아카데미 작품상 수상작으로, 인종차별로 인한 고통, 위험 및 이로부터의 해방 가능성을 의미 깊게 고찰하고 있다. 영화 속에서는 비폭력을 실천하는 불교도조차도 결국에는 폭력과 협박에 의지하게 된다. 이 영화는 인간이 어떻게 변화되어 가는지를 보여 주며, 언어적·정서적·육체적 폭력은 더욱 심한 폭력을 불러온다는 것을 이야기한다.

빔 벤더스의 〈폭력의 종말The End of violence〉(1997)에서 빌 풀먼이 연기한 마이크 맥스는 액션/폭력영화의 감독으로, 거의 살해당할 뻔한 일을 겪은 후, 은둔생활을 하며 새로운 삶을 시작하게 된다. 그는 자신의 영화에서는 폭력의 수위를 더욱 높이려고 하는 반면에, 심각한 편집증 증상으로 인해 적이 어디서든 자신을 노리고 있다고 믿으며 늘 폭력을 두려워한다. 이와 대비되는 인물인 레이(가브리엘 번 분)는 수천 대의 카메라로 시민들의 삶을 감시하는 비밀정부기관의 프로그램을 이용하여 폭력을 막으려 한다. 폭력의 순환적 성질은 두 남성, 즉 자신의 영화를 통해 폭력의 희생자를 다루는 감독과, 감시·감청 활동으로 폭력을 막으려 하지만 결국에는 자살하게 되는 또 다른 남성에게서 분명하게 드러난다.

위험한 미래의 설계

다음 영화들의 주제는 명확하다. 사회가 특정 영역에만 주목한다면, 위험한 미래는 피할 수 없다는 것이다. 〈시계 태엽 오렌지〉(1971)는 청년들의 폭력, 교도소 제도의 영향과 함께 당시에는 우세한 심리학적 접근이었던 행동주의를 매우 예술적인 방법으로 보여 준다. 이 영화를 지나치게 폭력적이라고 비난하기보다는, 변화를 위한 동기부여와 메시지를 제시하는 것으로 간주하는 것이 더욱 유용할 것이다. 〈씬 시티Sin City〉(2005)에서는 컴퓨터 애니메이션으로 제작된 초현실적 장치를 이용해 폭력성과 위험한 미래를 생생하고 세련된 방식으로 보여 준다. 〈이퀼리브리엄Equilibrium〉(2002)과 〈아일랜드The Island〉(2005)와 같은 영화에서는 폭력과 사회적 통제가 암울하고 위험한 미래를 불러오는 상황을 묘사한다.

잠재적 위험과 권위의 역할 그리고 집단 동조 보여 주기

집단 전염group contagion은 집단 내에서 개인의 정체성이 집단의 믿음과 가치에 흡수될 때 일어난다. 이러한 탈개인화deindividuation는 사람이 혼자 있을 때보다는 군중 내에서 익명성을 얻었을 때 공격적 행위가 증가한다는 사실과 연관될 수 있다. 이와 같은 사회심리학적 주제는 〈시계 태엽 오렌지〉(1971), 〈파이트 클럽Fight Club〉

(1999), 〈아모레스 페로스Amores Perros〉(2000) 그리고 〈사우스 센트럴South Central〉
(1992)과 같이 집단적인 폭력을 다룬 영화에서 분명히 볼 수 있다. 또한 이러한 심리는 〈간디Gandhi〉(1982), 〈패션 오브 크라이스트The Passion of Christ〉(2004)에서 간디나 예수와 같은 종교적 인물을 박해하는 사람들에게서도 관찰된다.

집단 동조는 오늘날 많은 영화에서 자주 그려지는 폭력조직의 활동에서도 엿볼 수 있다. 리우데자네이루의 빈민가를 다룬 브라질의 드라마/다큐멘터리 〈시티 오브 갓City of God〉(2003)에서는 갱들이 조직적 폭력을 통해 여러 주요 도시를 장악하는 방법, 그리고 '마약 밀매에 합류할 것인가 아니면 죽음을 택할 것인가' 외에는 별다른 선택권이 없는 사람들이 도시를 떠나게 되는 과정을 보여 준다. 〈사우스 센트럴〉(1992)에서는 갱들이 밤에 도시를 장악하며, 살인을 통해 주민들을 조종하는 식으로 권력을 유지하기 위한 규칙을 세우고, "우리가 하라는 것 외엔 하지 마."라는 식의 강압적 세뇌를 시킨다. 이 영화는 갱들의 삶에 존재하는 세 가지 대안들을 강조한다. ① 적을 죽여라, ② 자신에게 등을 돌리고 미쳐 버려라, ③ 변화하라. 이 영화는 또한 자신의 폭력조직을 해체하여 '미움의 고리'를 끊고, 다른 이들에게 영향을 주고 변화를 가져옴으로써 스스로 '수치의 표식'을 없애게 되는 주인공 알리의 분노와 증오를 보여 준다. 이러한 주제는 갱영화가 아닌 다른 영화에서도 찾아볼 수 있는데, 그러한 영화 중 하나인 〈앤트원 피셔Antwone Fisher〉(2002)는 어린 시절 받았던 온갖 학대로 인한 분노에 직면해야만 했던 한 젊은 흑인의 이야기다.

폭력조직에 대한 영화는 종종 인종차별주의와 폭력, 그리고 이 둘 간의 관련성을 파헤치는데, 이러한 예로는 〈사우스 센트럴〉(1992)과 래퍼 에미넴이 출연한 〈8마일8 Mile〉(2002)이 있다. 〈아메리칸 히스토리 X〉(1998), 〈빌리버The believer〉(2001), 〈맥아더 공원Macarthur Park〉(2001) 그리고 〈증오Hate〉(1995)는 폭력적인 인종차별주의자로 구성된 조직이 타 인종에게 표출하는 증오심을 보여 주는 강렬한 영화들이다.

복잡한 심리를 묘사한 영화 〈파이트 클럽〉에서, 한 남성은 상대가 더 이상 버틸 수 없을 때까지 맨주먹으로 싸워야 하는 잔인한 일대일 격투를 벌인다. 음성적으로 이루어지던 파이트 클럽에서의 폭력은 곧 대도시들을 중심으로 퍼져 나간다. 폭력은 반복적인 고객 응대나 공허함으로 가득 차 있던 단조로운 일상으로부터 탈출하는 분노 표출의 방편으로 그려지고 있으며, '진짜 살아 있다'는 느낌을 얻게 해 주는 하나의 방법으로 그려진다.

용기와 희생을 실천하는 사람들이 직면하는 장애물을 보여 주기

예수와 간디는 〈패션 오브 크라이스트〉(2004)와 〈간디〉(1982)에서 각각 폭력적인 군중과 직접적으로 대면하게 된다. 이 두 영화는 폭력을 막고 고난에 직면하기 위해서는 엄청난 용기와 희생이 필요하다는 것을 보여 준다.

 영화 속의 폭력이 미치는 영향

최근 영화와 텔레비전 프로그램은 폭력적인 내용으로 가득 차 있어서, 영화에서 끔찍한 폭력이 묘사되는 사례는 일일이 열거할 수 없을 정도이며, 미디어에서 표현되는 폭력성을 피하기는 더더욱 어렵다. 미국소아학회에 따르면, 미국의 젊은이들은 대체로 18세가 될 때까지 텔레비전을 통해 약 200,000가지의 폭력적 행위에 노출되며, 〈람보 3Rambo 3〉(1988)와 같은 영화나 많은 할로윈 관련 영화에서 수천 건혹은 그 이상의 폭력행위를 보게 된다.

텔레비전과 영화에서 비춰진 폭력성의 영향을 탐색한 몇 건의 실험 결과, 공격성, 태도 및 행동에 영향을 준다는 것이 밝혀졌다. 마찬가지로 수백 편의 논문에서는 폭력적인 영화가 아동과 청소년들의 폭력성에 미치는 영향을 강조하는데, 이러한 논문의 저자들은 특히 10대들의 폭력행위와 텔레비전과 영화 속의 폭력성을 연결시키고자 한다. 비록 폭력적인 영화를 보는 것이 공격 행위의 증가에 어떤 영향을 미치는 것은 분명하지만, 관련된 다른 많은 요인들의 영향력은 명확하지 않다(예: 비디오게임, 부모의 양육, 경제력, 교육 수준 등).

종종 영화 속에서 폭력행위를 저지르는 사람들은 정신적 문제가 있는 것으로 그려진다. 어떤 연구자들은 영화 속 인물의 70%가 정신장애를 갖고 있으며 위험하다고 추산했다. 이런 영향으로 인해 확실히 모든 정신장애자들은 폭력적이라는 오해가 생겨날 수 있다. 로만 폴란스키의 〈혐오Repulsion〉(1965), 마틴 스코시즈의 〈택시

드라이버Taxi Driver〉(1976)와 〈분노의 주먹Raging Bull〉(1980)은 폭력과 정신장애를 적절히 구분하고 있다(Zimmerman, 2003).

연쇄살인범들

사람들은 1888년도에 잭 더 리퍼가 5명의 런던 창녀들의 목을 조르고 베어 죽인 사건 이후로 연쇄살인이라는 주제에 깊은 관심을 기울여 왔다. 보다 최근의 연쇄살인범으로는 앨버트 드 살보('보스턴 교살자'), 데이비드 버코위츠('살인범 샘의 아들'), 헨리 리 루카스, 존 웨인 게이시, 테드 번디('연쇄살인계의 귀공자'), 웨인 윌리엄스, 찰스 맨슨, 그리고 다수의 젊은 남자를 죽이고 몸의 일부분을 먹은 후 다른 부분을 냉장고에 넣어 둔, 좀처럼 해를 입히지 않을 것처럼 생긴 젊은 남성 제프리 다머 등이 있다. FBI는 3건 이상의 개별적인 살인을 저지른 사람은 누구나 연쇄살인범으로 정의한다. 연쇄살인범이 유명해지면 다음과 같은 영화들이 제작된다. 〈다머Dahmer〉(2002), 〈테드 번디Ted Bunddy〉(2002), 〈게이시Gacy〉(2003), 〈몬스터Monster〉(2003), 〈비 · 티 · 케이B. T. K.〉(2008), 〈나이트 스토커The Night Stalker〉(1987), 〈썸머 오브 샘Summer of Sam〉(1999) 그리고 〈조디악Zodiac〉(2007).

앤서니 홉킨스는 〈양들의 침묵The Silence of the Lambs〉(1991), 〈한니발Hannibal〉(2001) 그리고 〈레드 드래곤Red Dragon〉(2002)에서 지금까지 제작된 영화에 등장한 인물 중 가장 끔찍한 연쇄살인범을 연기했다. 만일 영화가 있는 그대로 관객에게 평가된다면, 〈아메리칸 싸이코〉(2000)는 오히려 연쇄살인범에 대한 고품격 영화로 보일지도 모른다. 또 다른 유용한 관점은 패트릭 베이트먼이 현실보다는 환상에 이끌렸던 것처럼, 모든 살인은 허구적 특성에 의해 이루어진다는 점을 고려하는 것이다. 비록 이러한 인상을 받고 돌아가는 관객이 별로 없다고 하더라도, 이 가정을 지지하는 수많은 영화적인 요소가 있다.

대중매체의 보도나 대중의 인식과는 달리, 연쇄살인범 중 이성을 상실한 정신병자는 별로 없다(데이비드 버코위츠는 두드러진 예외). 대조적으로, 살인으로 성적 흥분을 얻는 성적 가학증 환자가 많고, 대부분은 양심의 가책을 거의 느끼지 않거나 자신의 범죄를 후회하지 않는 사회병질자sociopath들이다. 존 웨인 게이시와 제프리

다머는 모두 어린 소년을 선호하는 동성애자였다.

어떤 연쇄살인범은 실리적인 이유로 다수를 살해하기도 한다. 예를 들면, 돈을 위해 살인하는 '살인청부업자(히트맨hit man)'가 있다. 〈프리찌스 오너Prizzi's Honor〉(1985)에서 잭 니콜슨이 연기한 캐릭터가 이에 해당한다. 사회병질자인 연쇄살인범의 삶을 보여 주는 수준 높은 다큐멘터리로는 〈인 콜드 블러드In Cold Blood〉(1967) 그리고 〈헨리: 연쇄살인범의 초상Henry: Portrait of serial Killer〉(1986)이 있다. 후자는 막연하게 헨리 리 루카스의 삶과 (질문에 대한 대답인) 고백에 기반하고 있다. 헨리(마이클 루커 분)는 밴달리아의 교도소에서 만난 오티스(톰 타울즈 분)와 함께 허름한 방에서 기거한다. 이 영화는 몇몇 살인 장면을 상세히 보여 주고 있기 때문에 논란이 되었는데, 헨리와 오티스는 차가 고장 난 것으로 가장한 후, 그들을 도와주기 위해 멈춰 선 사람들을 살해한다. 이어지는 장면에서 헨리와 오티스는 한 가족을 살해하는 장면을 비디오로 찍는다. 영화에서는 헨리와 오티스, 그리고 오티스와 함께 살기 위해 찾아오면서 불운해진 그의 여동생 베키(트레이시 아놀드 분) 사이의 삼각관계에 따른 성적인 긴장감이 고조된다. 마지막 장면에서 헨리는 오티스의 목을 벤다. 이 영화는 헨리와 오티스가 2명의 창녀를 죽인 후 밖으로 나가 무심하게 감자튀김을 주문해 같이 먹는 장면에서 나타나듯이 등장인물들이 살인을 대수롭지 않게 여긴다는 측면에서 충격적이다.

연쇄살인을 저지르는 가족을 다룬 영화로는 롭 좀비의 공포영화 〈살인마 가족 House of 1000 Corpses〉(2003)과 그 속편인 〈데블스 리젝트The Devil's Rejects〉(2005)가 있다. 연쇄살인범은 또한 〈세븐Se7en〉(1995)과 〈스크림Screem〉 시리즈(1996, 1997, 2000)와 같은 대중적인 영화에서도 그려지고 있다.

 영화에서의 신체적 · 성적 학대

가정폭력과 영화

가정폭력은 심각하고 아주 흔하며, 쉽게 보고되지 않는 사회적 문제다. 심각한 부상이나 사망을 초래하는 가정폭력은 약 25개 가정 중 한 가정에서 발생하며, 그보다 상대적으로 가벼운 폭력은 4개 가정 중 한 가정에서 발생한다. 불행하게도 일부 남성들은 결혼이 자신의 배우자를 때리고 상처 입히고, 강간할 수 있는 특권을 준다고 생각한다. 1959년에 제작된 〈살인의 해부Anatomy of Murder〉라는 영화에서는 아내를 강간한 남편에게 책임을 물을 수 있는지에 대한 주제를 다루었다. 여성 희생자의 3명 중 2명은 가해자가 누구인지 알지만, 그들은 자신에게 위해를 가한 사람을 보호하기 위해서, 또는 보복이 두렵기 때문에 자신이 당한 학대를 보고하지 않으려 한다(Abbey, 2005).

〈퍼스널 벨로시티Personal Velocity〉(2002)는 서로 다르고, 상처받기 쉽고, 대담하기도 한 세 명의 여성을 각각 독립적인 파트로 다루고 있다. 한 파트에서는 가정폭력을 그려 냈다. 딜리아(키라 세드윅 분)는 남편에게 육체적으로 학대를 당해 왔다. 그녀는 식사 중에 자녀가 보는 앞에서 대답을 잘못했다는 이유로 심하게 얻어맞고, 계속해서 매질을 당한다. 딜리아는 자신의 자녀가 겪을 고통에 대해 깨달았을 때에야 비로소 남편을 떠나가기로 결심한다. 이것은 그녀가 '타성을 깨는' 계기가 되었다. 그녀는 아이에게 남편이 자신을 필요로 하기 때문에 떠나지 못한다고 말해 왔었다. 이것은 희생자의 비논리적 자기희생을 보여 준다. 돌이켜 보면 딜리아는 남편과 부부 문제에 대해 전혀 이야기하지 않는 상태를 유지했다. 영화의 후반부에서, 딜리아는 남편에 대한 기억을 표출함으로써 카타르시스를 경험하게 된다. 딜리아는 새로운 삶을 창조하기 위해 분투하고, 여성 쉼터의 상담가나 자신과 아이를 돌봐 주는 오랜 지인과 같이 자신을 지지해 주는 많은 사람들에게 의지한다.

가정폭력의 한 형태인 심리적 · 정서적 학대는 막연하고 모호한 측면 때문에 큰 관심을 불러일으키지 못하였다. 심리적 · 정서적 학대는 일일이 열거하기에는 너무나 광범위하고 보편적인 현상이다. 〈웨이트리스Waitless〉(2007)는 이러한 측면을 잘 보여 준다. 이 영화에서 제레미 시스토는 제나(케리 러셀 분)의 남편 얼을 연기했다. 얼은 지나치게 탐욕스러우며 심리적 학대를 일삼는 남편이다. 그는 아내를 완벽하게 통제하려 들고, 아내가 자동차를 갖는 것도 허락하지 않으며, 늘 푼돈을 빼앗고, 아내의 모든 행동을 지나치게 주시한다. 때때로 그는 아내의 직장으로 전화해서 데리러 갈 것이라고 말해 놓고는 몇 시간이고 그녀를 기다리게 만든 후 그냥 가 버리기도 하며, 또 어떤 때에는 직장 동료들 앞에서 당황한 아내에게 자동차 경적을 시끄럽게 울리며 인사를 한다. 그는 주로 질투에서 힘을 얻는데, 아내가 임신했다고 말하자 아기가 아내의 관심을 빼앗아 갈 것이 두려워 화를 낸다. 그는 아내가 아기보다 그를 우선시하고, 그를 가장 먼저 돌봐 주겠다고 맹세하게 만든다(물론 그는 스스로를 돌볼 충분한 능력이 있다). 그는 또한 많은 경우 일시적인 위안을 얻기 위해서 아내에게 한마디 문장(대개 남편에게 헌신하고 충성할 다짐하는 내용)을 말하도록 시킨다. 그는 아내에게 성관계를 강요하지만 오직 자기만족에만 관심이 있다. 마침내 제나가 얼에게 맞서게 되는 장면은 놓쳐서는 안 될 중요한 장면이다.

강간과 영화

강간은 성적 열정으로 인한 행위가 아니라 폭력적 행위이며 성적 학대이기 때문에 성장애 및 성정체감장애를 다룬 장이 아닌 이 장에서 다루게 되었다. 근친상간은 성장애 및 성정체감장애에 대한 부분에서 다루기로 한다.

강간에 대한 통계적 기록은 충격적이다. 미국은 세계에서 강간 발생률이 가장 높은 나라 중 하나인데, 독일의 4배, 영국의 13배, 일본의 20배에 달한다. 이러한 통계는 미국에서 3명의 여성 중 한 명은 성적 공격을 받은 경험이 있으며, 7명 중 한 명이 남편에 의해 강간당한다는 것을 말해 준다. 강간 피해자 중 61%는 18세 이하이며 78%는 가해자를 알고 있다. 4명 중 한 명의 여대생이 강간당한 경험이 있거나 강간 시도에 노출되며, 면식범에게 강간을 당하는 남녀 모두 대체로 술이나 약물에 취한 상태일 때가 많다. 피해자의 1/3이 일생 동안 강간과 관련된 외상 후 스트레스 장애를 겪는다.

미국에서는 피해 여성들이 아무것도 해결될 수 없다고 생각해서, 혹은 그들과 가해자 간의 사적인 문제라고 인식하기 때문에 약 16%의 강간만이 경찰에 보고되고 있다. 강간 피해자가 아닌 일반 여성들과 비교할 때, 강간 피해자의 자살시도율은 9배가 넘는다.

로힙놀Rohypnol(플루니트라제팜flunitrazepam)은 '데이트 강간 약물'로 알려진 강력한 벤조디아제핀계 약물로, 디아제팜(바리움)보다 약 10배 정도 강력한 진정작용이 있다. 이 약은 불면증 치료나 다른 약물에 대한 금단 증상을 완화시키기 위해 사용된다. 잘 모르는 상태에서 로힙놀을 복용하여 의식을 잃었던 여성은 심각한 진정상태와 기억력 약화를 겪게 되어 가해자들을 고소하기가 매우 어려워진다. 〈처녀Virgin〉(2003)에서는 강간을 용이하게 하기 위해 로힙놀을 사용하며, 이러한 강간은 여성에게 끔찍한 결과를 가져다준다.

강간은 현대 미국 영화에서 빈번하게 다루어지는 주제다. 강간과 관련된 주요 장면이 나오는 영화로는 〈시계 태엽 오렌지〉(1971), 켄 러셀의 〈악령들The Devils〉(1971)과 〈마이 올드 맨스 플레이스My Old Man's Place〉(1972)가 있다. 〈파리에서의 마지막 탱고Last Tango in Paris〉(1973)에서 파울(말론 브란도 분)은 소극적이고 무심한 진(마리아 슈나이더 분)을 강간한다. 〈블루 벨벳Blue Velvet〉(1986)에서는 엽기적이고 잊기 힘든 강간 장면이 나온다. 〈익스트레머티스Extremities〉(1986)에서 파라 포셋은 상황을 통제하고 강간범에 대해 치밀한 복수를 한다. 샘 페킨파의 〈어둠의 표적Straw Dogs〉(1971)에서 더스틴 호프만은 아내의 강간에 대해 생생히 기억하고 복수에 착수한다. 그리고 〈델마와 루이스Thelma & Louise〉(1991)에서는 독립심 강한 두 여성이 그녀 중 한 명을 강간하려고 했던 남자를 의도치 않게 죽이게 된다. 베트남전쟁에 관한 일부 영화에서는 베트남 여성이 강간당하는 장면이 나오는데, 가장 눈에 띄는 영화로는 〈전쟁의 사상자들Casualties of War〉(1989)이 있다. 해리슨 포드는 〈의혹Presumed Innocent〉(1990)에서 강간죄로 무고하게 기소당한다. 1995년도 영화 〈캠퍼스 정글 Higher Learning〉에서는 데이트 강간이 일어난다. 〈브룩클린으로 가는 마지막 비상구 Last Exit to Brooklyn〉(1989)에서는 집단 강간이 그려진다. 그리고 〈서바이벌 게임 Deliverance〉(1972)과 〈아메리칸 히스토리 X〉(1992)에서는 동성애가 그려진다. 〈악질 경찰Bad Lieutenant〉(1992)에서는 수녀가 강간당하지만, 그 수녀는 가해자를 용서하고 그가 기소되지 않도록 보호한다. 〈인형의 집으로 오세요Welcome to the Dollhouse〉(1996)에서는 두 명의 아동이 강간 게임을 한다. 〈처녀의 샘Virgin Spring〉(1959)에서 잉그마르 베르히만은 순결한 사람에 대한 강간이라는 주제를 택했고, 독일 영화 〈안토니아스 라인Antonia's Line〉(1995)에서는 두 건의 강간이 일어나는데, 정신지체인 여동생을 강간하는 남자에 관한 이야기가 포함되어 있다. 〈데드 맨 워킹Dead Man Walking〉(1995)은 관객에게 강간과 살인을 저지른 범죄자에게 사형을 선고하는 것이 적합한지를 판단하는 것이 어렵다는 것을 보여 주며, 가해자가 범행 시 약물에 취해 있었거나 그와 유사한 경우에 그러한 상황을 고려해야 하는지에 대해 생각하도록 한다.

여성이 남성을 강간하려 시도하는 것은 마이클 크릭톤의 동명소설을 각색한 영화 〈폭로Disclosure〉(1994)에서 강렬하게 다뤄진다. 톰 샌더스(마이클 더글라스 분)는 새로 온 여성 상사 메레디스 존슨(데미 무어 분)의 성적 요구를 거절하고, 이후 그녀는 톰이 자신을 성희롱한 것으로 거짓 조작하여 고소한다.

신체적 · 성적 학대의 희생자들

모든 폭력과 학대에는 가해자와 피해자가 있다. 영화에서는 가해자와 피해자가 모두 등장하지만, 이야기, 인물, 전개 또는 예술적 통일성을 위해 그중 하나가 더욱 강조된다. 아카데미에서 (작품상, 감독상 그리고 각본상을 포함한) 8개의 상을 수상한, 하나의 문화적 현상이라고도 볼 수 있는 〈슬럼독 밀리어네어Slumdog Millionaire〉(2008)에서는 어른들에 의해 고통받고 학대당하는 아동들이 주된 등장인물로 그려졌다. 이 영화는 주인공이 사랑에 대해 탐구해 가면서 수많은 역경을 이겨 나가게 되는 전형적인 약자에 대한 이야기다.

필립 세이무어 호프만이 신부 브렌단 플린을 연기한, 상당히 심리학적인 영화 〈다우트Doubt〉(2008)에서, 신부는 학교의 상관인 수녀 알로이시스 보비에(메릴 스트립 분)에게 성적인 잘못을 이유로 고소당한다. 의심에 관한 심리학적 탐구라는 측면에서 이 영화는 잘 만들어졌다고 할 수 있는데, 신부에게 죄가 있는지 없는지에 대한 확실한 답을 주지 않기 때문에 관객들은 '의심을 품은 채' 극장을 떠났다. 이 영화는 학대 그 자체보다는 학대에 대한 고소에 깔린 이슈를 보여 주기 때문에 이 장에서 다루었다.

강렬하고 현실적인 영화 〈미스테리어스 스킨Mysterious Skin〉(2004)에서는 두 명의 소년이 그들의 코치로부터 성적 학대를 당하고, 이후 그들은 서로 완전히 다른 방향의 삶을 살아가게 된다. 브라이언은 어렸을 때는 악몽을 꾸고 코피를 쏟고, 기억상실증과 야뇨증을 앓고, 청년이 되면서는 신경이 예민하고 잘 놀라게 된다. 그는 자신에겐 잃어버린 시간이 있으며, 그것이 UFO와 관련되어 있다고 믿고 있다. 그는 성에 무관심한 인물로 그려진다. 반면에 닐은 성욕이 과하며, 코치의 훈련과 주목을 즐기고, 다른 아이들에게 코치의 말을 잘 듣도록 강요한다. 청년이 되면서 그는 공원을 어슬렁거리고 돈을 벌기 위해 남자들과 성관계를 갖고, 더러운 화장실 벽에 자신에 관한 낙서가 적히는 것에 자부심을 느낀다. 그는 성적 경계심이 희박하고, 약물을 복용하고, 성병에 걸려 있고, 그가 사용하는 '속임수'로 인하여 가혹한 폭력의 희생자가 된다.

〈앤트원 피셔〉(2002)는 분노와 공격성의 문제를 안고 해군에 입대한 앤트원 피셔(데릭 루크 분)라는 한 젊은 남자의 실화에 바탕을 둔 영화다. 그는 해군 정신과 의사(덴젤 워싱턴 분)에게 보내져 결국 중요한 신체적 · 성적 학대를 받은 과거의 외상적 경험에 대해 털어놓게 된다.

어떤 영화는 신체적 · 성적 학대에 희생되는 전체 집단, 문화 또는 민족을 그린다. 〈막달레나 시스터즈The Magdalene Sisters〉(2002)는 실화에 바탕을 두고 있으며, 대규모 집단의 소녀들이 매일같이 육체적 고난, 학대, 조롱에 시달리며 생활하게 되는 상황을 그리고 있다. 각각의 소녀들은 가톨릭 수녀원에 보내지고, 자신들이 고통을 주고 있음을 의식하지 못하는 수녀들로부터 학대받는다.

학대의 또 다른 유형은 자주 논의되고 있지는 않은 '희롱'이다. 〈노스 컨츄리 North Country〉(2005)에서 샤를리즈 테론은 광산에서 잡일을 하며 아이들을 키우는 조시 에임즈를 연기했다. 그녀와 다른 여자들은 자신의 옷장 속에 걸린 옷에서 정액을 발견한다든가, 여자 탈의실에서 오물로 쓰인 낙서를 보게 되고, 점심 도시락에서 자위기구를 발견하는 등 남자들에게 심각한 수준의 (언어적 · 육체적 · 정서적 · 성적) 희롱을 당한다. 이 영화는 다른 사람의 배우자에게 강간과 신체적 학대를 당하는 폭력적인 장면도 포함하고 있다.

〈미스틱 리버〉와 성적 학대

클린트 이스트우드 감독의 〈미스틱 리버Mystic River〉(2003)에서는 유년 시절을 함께한 세 친구들(지미 역의 숀 펜, 데이브 역의 팀 로빈스, 숀 역의 케빈 베이컨)이 등장한다. 세 사람은 그중 한 명인 지미의 딸의 죽음으로 인해 재회하게 된다. 영화의 도입부에서는 차를 탄 남자가 세 명의 소년들에게 자신이 경찰이라고 밝히고 위협해 오며 접근한다. 그중 데이브만이 실제로는 소아애호증 환자인 그 남자의 차에 타게 되는데, 데이브는 성적으로 학대당하다가 4일 만에 유괴범으로부터 탈출한다. 이후 이야기는 30년 후로 이동하며, 성인이 된 데이브는 결혼을 하고 아들까지 두게 되지만, 과거에 유괴되었을 때 받은 충격으로부터 완전히 회복되지 못했다.

데이브 역으로 아카데미 남우조연상을 수상한 팀 로빈스는 성적 학대에서 살아남은 자가 겪는 충격을 보여 준다. 데이브는 행복해 보이는 가정을 갖고 있지만 수동적이고, 소심하며, 얌전하고, 냉담하다. 그리고 매우 불행한 결과가 그려진다. 데이브는 소년을 학대하는 남자를 본 후 자신의 외상적 기억을 떠올리게 되고, 그 소년을, 그리고 어떤 측면에선 자기 자신을 구하기 위해 달려들어 그 남자를 죽이고 소년을 달아나게 한다. 그리고 데이브는 자신의 아내에게 솔직하게 말할 수 없다는 사실 때문에 고통받는다. 결국 그는 아내에게 거짓말을 하게 되고, 남자와 같은 날 밤에 죽은 지미의 딸을 살해한 혐의를 받게 된다. 데이브는 더욱 주변과 거리를 두게 되고(그래서 더 유죄인 것처럼 보인다.) 기이한 행동이 늘어나고, 혼잣말을 하기 시작한다. 한 극적인 장면에서 그는 환각을 보고 머릿속을 맴도는 목소리를 듣는다.

〈피고인〉과 강간

〈피고인The Accused〉(1988)은 어느 육체노동자들이 모이는 술집의 당구대에서 집단 강간이 이루어진 실화에 바탕을 두고 있다. 특히 여자가 계속해서 강간당하는 동안 십여 명이 넘는 구경꾼들이 둘러서서 박수치고 응원하며 부추기는 장면은 그 어떤 영화의 장면보다도 혐오스러운 느낌을 준다. 아무도 강간을 멈추려고도, 피해자를 도우려고도 하지 않는다. 이 영화에서 구경꾼들이 보이는 태도는, 어떤 면에서 사라 토비아스(조디 포스터 분)가 이른 저녁부터 술과 담배에 절어 있었고 사건과 연관된 한 남자와 공개적으로 시시덕거렸으며, 야한 옷을 입고 강간당하기 직전에 선정적인 춤을 추었던 사실에 기인한다. 그녀가 그날 저녁에 한 남자에게 농담을 던진 것과 자신의 친구에게 "그를 집으로 데려가서는 완전히 녹여 버릴 거야."라고 말했던 사실로 인해 그녀의 항변은 설득력을 잃게 되었다. 피고인 측 변호사들은 그녀가 단지 아무 일에나 나서려고 하는 '트레일러하우스 주차 지역의 인간쓰레기

trailer park trash'[2]라고 주장한다.

이 영화에서 가장 생생한 장면 중 하나는 어느 여의사가 무심한 태도로 산부인과 검진을 하면서 사라의 성적 이력("여러 남자와 동시에 섹스를 한 적이 있는가?")과 최근 경험에 대해 상세하게 묻는 장면이다. 그러한 무신경함은 그녀가 어떤 옷을 입었는지, 그녀가 강간당하기 전 마지막으로 섹스를 한 건 언제였는지 알고 싶어 하는 지방 보조변호사의 질문에서도 나타난다.

사라는 첫 재판에서 패소하게 되고, 3명의 강간범은 유죄를 선고받지만 죄목이 강간에서 '타인을 위험에 빠뜨리는 무모한 행동'으로 감형된다. 그러나 그녀는 결국 강간을 목격하고도 아무런 행동을 취하지 않았던 몇몇 남자들을 기소하는 데 성공한다. 이 영화는 두 가지 명백한 사실을 기술하며 끝을 맺는다. ① 미국에서 강간은 매 6분마다 일어난다고 보고된다. 그리고 ② 강간 피해자 4명 중 1명은 2명 또는 그 이상의 가해자에게 공격받는다.

방치와 유기

벤 애플렉의 감독 데뷔 영화인 〈곤, 베이비, 곤Gone Baby Gone〉(2007)은 방치neglect를 해결하기 위한 시도가 담긴 흥미로운 영화다. 이 다층적이고 복잡한 영화에서는, 코카인에 중독된 채로 방치된 어린 소녀가 실종된다. 이야기가 전개되면서 우리는 은퇴한 경찰 서장(모건 프리먼 분)이 소녀를 납치한 사실을 알게 되는데, 그는 자신이 그렇게 하지 않는다면 소녀의 미래는 절망적일 것이라 생각하고, 더 나은 삶을 주고자 노력한다. 그리고 우리는 서장의 하나뿐인 자식이 몇 년 전 살해당한 비극적 개인사를 알게 된다. 소녀는 의외로 잘 치유되는 것처럼 보이며 새로운 보호자와 행복한 삶을 살아간다. 영화는 소녀와 주인공이 텔레비전을 보는 장면에서 카메라가 이동하여 그들이 거꾸로 관객을 바라보는 시점으로 끝맺는다. 자녀를 방치하는 부모가 있는가 하면, 좋은 부모가 될 수 있는데도 불임으로 고통받는 사람도 있는 현실을 어떻게 최적으로 조정할 수 있을지에 대한 질문을 관객에게 남긴 채.

---

2) 역자 주: 미국에서 관용적으로 쓰는 말로, 하층 계급의 사람들을 경멸적으로 일컬음.

〈곤, 베이비, 곤〉을 관람하면서 생각해 볼 물음들

- 방치되는 모든 아동들이 자신의 집을 떠나야 하는가? '약간의 방치'가 심각한 방치 수준으로 바뀌는 상황은 언제인가?
- 이 영화에서 아이가 있어야 할 곳은 어디라고 생각하는가? 아이에게 가장 나은 미래를 줄 수 있는 곳은 어디라고 생각하는가? 부모의 권리가 아이의 행복, 안전 그리고 미래보다 더 중요한가?
- 당신이 믿는 바가 무엇이든지 간에, 당신의 입장을 분명히 하면서 동시에 다른 논쟁거리에 대해서도 합리적으로 대응할 수 있는가?
- 이 영화에서 나타나는 진실성의 역할과 심리학적 용기는 무엇인가?
- 이 영화와 원작 소설의 함의는 사회가 아이들을 건강한 방식으로 양육하기 위한 어떠한 대안도 갖고 있지 않다는 것을 알리고, 이에 대한 질문을 던지는 것이라고 한다. 당신도 동의하는가? 그 이유는?

 국제 영화: 폭력과 신체적 · 성적 학대

폭력

〈천상의 소녀Osama〉(2003, 아프가니스탄)는 실화에 바탕을 둔 이야기로, 탈레반의 침공 후 아프가니스탄에서 처음으로 만들어진 영화다. 이 영화는 탈레반 지배하에서 이루어지고 있는 여성에 대한 심각한 차별, 폭력 그리고 학대를 다루고 있다. 폭력성은 또한 〈시티 오브 갓〉(2003, 브라질)에서 리우데자네이루의 한 가난한 지역에서 매일을 살아가는 모든 이들의 현실에서도 비춰진다. 폭력조직과 마약은 이곳에 사는 아이들에게 일상적인 것이다. 이런 종류의 영화는 전혀 다른 삶을 살아가고 있는 관객들에게 충격을 던지며, 지구상의 다른 사람들이 매일 직면하고 있는 빈곤과 위험에 대해 알려 준다.

〈2LDK2LDK〉(2003, 일본)는 폭력이 갖는 헛되고 무익한 성질을 증명한다. 함께 살고 있는 두 소녀들 사이에는 영화 배역 오디션을 앞두고 경쟁심이 생기게 되며, 분노와 적의, 부정적이고 증오스러운 생각들이 자라난다. 이러한 감정은 두 소녀가 보여 주는 말과 행동에서 나타날 뿐 아니라 그들의 속마음을 설명하는 내레이션을 통해서도 절묘하게 묘사된다. 결국 그들은 서로 부딪치게 되고 감전, 세제, 소화기 같은 물건들을 사용하여 신체적 공격을 가하게 된다. 피터 그리너웨이의 〈요리사, 도둑, 그의 아내 그리고 그의 정부The Cook, The Thief, His Wife, and Her Lover〉(1989, 프랑스/영국)에서 폭력은 난폭한 도둑의 정신상태를 드러내는 데 사용된다. 그는 폭력에 지배당하다 결국에는 정신이상자가 되고 만다.

〈엑스페리먼트Das Experiment〉(2001, 독일)는 집단 동조(동화)와 권위의 역할과 관련된 잠재적 위험을 묘사했다. 이 영화는 감옥이라는 장치를 배경으로 피험자들을 시민적 권리를 포기한 죄수와, 평화와 질서를 유지하도록 지시받은 간수로 나누어 실시한 연구를 그리고 있다. 이 영화의 도입부는 유명한 심리학 실험의 하나인 필립 짐바르도의 스탠포드 감옥 실험과 구조적으로 유사하다. 그러나 영화에서의 폭력성은 짐바르도의 실제 실험을 훨씬 웃돈다. 이 영화에서의 폭력성은 다소 과장되긴 했지만, 집단 동조와 권력의 위험성을 보여 준다. 영화 속의 연구를 간략히 소개하자면, 간수들은 결탁하여 죄수들을 통제하기 위해서는 굴욕감을 줄 필요가 있다고 결정한다. 죄수들은 옷이 벗겨지고, 조롱당하고, 이름을 불리고, 명예가 훼손되고, 소변을 뒤집어쓰며 심지어 두드려 맞고 피를 흘려 죽을 때까지 방치된다. 한 간수는 여성 심리학자를 잡아서 강간한다. 죄수들은 우울과 극단적인 무력감, 정신병, 공황상태에 빠지게 된다. 미국인들이 이 영화를 보고 바그다드의 아부 그라이브 감옥이나 쿠바의 관타나모 구류시설에서 벌어진 죄수 학대에 대한 충격적 보고서를 떠올리는 것은 어려운 일이 아닐 것이다.

〈더 워리어The Worrior〉(2001, 영국/프랑스/독일)는 봉건시대의 인도에서 일어난 일을 묘사하고 있다. 영화에 등장하는 전사는 영주를 위해 사형 집행인으로 일하면서, 영주를 대신하여 방어 능력이 없는 가난한 사람들을 죽이고, 마을 전체를 파괴한다. 이 영화는 폭력의 악순환의 고리를 끊기 위한 도전을 그리고 있다.

?

토론을 위한 부가적 질문〈전사의 후예〉

• 우리가 목격하게 되는 가정폭력에서 알코올 중독은 어떤 역할을 하는가?
• 무엇이 마오리 문화에서 폭력을 중요한 부분으로 확장시켰는가?
• 치료자는 어떤 문화에서는 가정폭력이 정당하고 적절하게 여겨지고 있다는 사실에 민감해져야 하는가?
• 만약 당신이 베스의 치료자라면, 그녀가 제이크를 떠나도록 독려하겠는가, 아니면 전적으로 베스가 결정하도록 내버려 두겠는가?(그녀가 과거에 항상 그와 함께 남겠다고 결정해 왔음을 알고 있을 경우)

학대

아내를 학대하는 남자는 자녀들도 학대하는 것으로 보인다. 〈빈집3-Iron〉(2004, 한국)은 가정폭력에 대해 다루고 있다. 일반적으로 술과 다른 약물들은 가정폭력과 관련되고, 이러한 관계는 〈전사의 후예Once were Warriors〉(1994, 뉴질랜드)에서 분명히 나타난다. 이 주목할 만한 영화는 알코올 중독이 뉴질랜드 원주민인 마오리족 가족의 삶에 미치는 파괴적 영향과 남편/아버지/가해자를 포함하여 모든 가족 구성원이 행하는 가정폭력을 기록하고 있다. 이 영화는 특히 가정에서 아동에게 행해지는 가정폭력의 영향을 효과적으로 그리고 있다. 아들 중 한 명은 마오리족에게로 되돌아오는 한편, 시를 쓰는 예민한 딸은 자살하고 만다.

이러한 영화들에서 가장 문제시되는 측면은 강간을 여성의 판타지로 치부하는 것으로서, 강간당하는 여자는 그러한 경험으로 인해 흥분하거나 강간범에게 매력을 느끼는 것으로 그려진다. 이러한 주제는 주목할 만한 두 편의 영화, 즉 페드로 알모도바르의 〈욕망의 낮과 밤Tie Me Up! Tie Me Down〉(1990, 스페인)과 리나 베르트뮐러의 〈귀부인과 승무원Swept Away〉(1974, 이탈리아)에서 찾아볼 수 있다.

〈릴리아 포에버Lilja 4-Ever〉(2002)에서 릴리아는 학대에 의해 희생되는 인물로 그려진다. 이 가슴 아픈 덴마크/스웨덴 영화는 인간이 겪을 수 있는 모든 형태의 학대와 착취에 맞닥뜨린 16세의 릴리아라는 인물을 중심으로 전개된다. 그녀는 어머니에게 속고 버림받았으며, 가족들에게 거부당하고, 그녀가 삶의 희망이라고 생각한 남자에 의해 조종당하고 창녀로 팔려간다. 그리고 폭력배들에게 강간당하고, 신체적·성적으로 학대당하며 돈도 받지 못한 채 매춘을 강요받는다. 영화 도입부에서 그녀가 되돌아갈 안전한 사람도 장소도 없이, 상처 입은 채 피를 흘리며 길을 걷는 모습에서 나타나듯이, 그녀는 사회로부터 철저히 버림받았다. 그럼에도 불구하고, 그녀는 무력감이나 두려움에 사로잡히는 것과 같은 희생자의 역할을 택하지 않고 앞으로 나아간다. 그녀의 회복력은 훌륭하고 고무적이지만, 결국 막다른 곳에 다다르게 되고 자살을 진지하게 생각하게 된다.

아동기의 성적 학대가 성인의 삶에 미치는 영향을 그린 훌륭한 영화로는 〈셀레브레이션The Celebration〉(1998, 덴마크/스웨덴)과 〈돈 텔Don't Tell〉(2005, 이탈리아/영국/프랑스/스페인)이 있다. 〈셀레브레이션〉에서는 아버지(가해자)가 자신의 60세 생일파티에서 가족과 손님을 앞에 두고 내뱉는 극단적인 발언과 그로 인한 대립을 볼 수 있다. 이 영화는 라스 폰 트리에에 의해 대중화되고 안착된 '도그마95Dogme95'라는 영화 운동에서 주창한 방식에 따라 만들어졌는데, 이에 따르면 영화감독은 후시 녹음(영상을 촬영한 후에 소리를 더하는 것)을 하지 않는 것이나 특수효과를 쓰지 않는 것과 같이 영화를 더욱 순수하게 만드는 특정한 규칙을 지켜야 한다. 〈돈 텔〉은 성적 학대를 둘러싼 비밀스러움과 수치심에 관해 묘사하고, 비밀의 역할, 정상적으로 보이는 표면 뒤에 숨어 있는 공포를 그렸다. 이 영화에서는 학대를 조장하는 역할을 하는 배우자 역시 그리고 있다. "이건 잘못된 거야. 아버지는 네가 다치는 걸 바라지 않아. 아버진 지금 아픈 거야."(남편이 딸을 학대하는 것을 방관하고 그의 행동을 합리화시키는 어머니의 말)

> "저는 아버지가 제게 왜 이러시는지 전혀 모르겠어요."
> "이게 다 너에게 좋은 거니까."
>
> — 〈셀레브레이션〉(1998)에서 아버지의 성적 학대에 대해
> 저항하는 크리스티앙과 아버지의 대화

〈5×2₅×₂〉(2004, 프랑스)는 다섯 단계에 걸쳐 커플의 관계에 대해 탐구하는데, 이들의 이혼을 시작으로 하여 다시 처음 만났을 때로 되돌아간다. 여기에는 두 건의 애매모호한 장면이 나오는데, 대부분의 관객들은 이 장면들이 강간을 묘사하는 것이라고 인식할 것이다. 그중 하나는 커플이 1년간 떨어져 지내다 만나서는 호텔방에 들어가 섹스를 하는 장면인데, 여자는 내키지 않아하며 수동적으로 행동하고, 남자는 짐승처럼 군다. 그녀는 남자를 멈추려 하지만, 그는 아랑곳하지 않고 계속하여 그녀를 강간한다. 다른 장면에서는, 결혼 첫날 밤에 남편이 아내를 혼자 내버려 두자 아내는 낯선 남자를 만나 잠깐 동안 즐겁게 대화를 나누었는데, 돌연 그 남자는 그녀를 붙잡아 강제로 덮치고 굴복시킨다.

많은 영화가 부모로부터 방치되는 아동들을 그린다. 러시아 영화 〈리턴The Return〉(2003)은 방치에 대해 다루고 있는 꽤 충격적인 영화다. 두 소년은 12년간 아버지에게 버림받고 방치됐는데, 아무런 연락 없이 갑자기 아버지가 돌아온다. 그는 일 때문에 곧 그들을 떠나려 하지만, 갑자기 계획에 변경이 생겨 두 아들과 여행을 떠나게 된다. 소년들은 생존을 위한 도전에 육체적·정서적으로 떠밀리며(예: 그들은 텐트를 치는 방법을 알아낼 때까지 단둘이서 남겨지고, 진흙탕 속에서 차를 밀고 거센 물살에서 노를 젓는다.) 계속해서 방치된다(예: 한 소년이 낚시에 대해 너무 많은 질문을 했다는 이유로 폭우가 쏟아지는 한가운데에 버려진다). 아버지는 영화 내내 수수께끼 같은 인물로 그려진다. "들어와" "나가"라고 하는 그의 말투처럼 그는 행동이 통명스럽고, 직업도 비밀스럽다. 다른 많은 주제들 사이에서도 한 가지 주제는 명확하다. 부모에 의한 아동의 유기와 방치에 대해 많은 이슈를 불러일으키고 있다는 것, 그리고 한 가지는 누군가가 단순히 되돌아온다고 해서 그것만으로 모든 것이 정상적으로 되기를 기대할 수는 없다는 것이다. 〈행복Something Like Happiness〉(2005, 체코)에서 어머니는 자신의 정신질환과 한 남자에 대한 필사적인 욕망 때문에 아이를 방치한다.

〈아무도 모른다Nobody Knows〉(2004, 일본)는 어머니에게 버림받고 스스로 자라도록 내버려진 4명의 아이들(그중 최고연장자는 12세)에 관한 실화를 바탕으로 한 영화이며, 유기의 현실과 고통을 영화사상 가장 세밀하게 그려 낸 작품 중 하나라고 할 수 있다.

비판적 사고를 위한 질문들

- 〈펄프 픽션〉(1994)과 같은 일부 영화에 등장하는 사람들은 심각한 폭력을 행사하기도 하지만, 그 결과로 인해 고통받지는 않는다. 이러한 묘사는 관객에게 어떻게 해석될까? 그리고 그들에게 어떤 영향을 줄까?
- 치료자는 해롭거나 문제를 초래하는 문화적 가치와 관행을 존중해야 할까? (예: 아이의 잘못에 대한 체벌 또는 여성의 할례)
- 여성에게 있어 포르노와 폭력성의 관계는 무엇인가?
- 술이나 마약이 강간이나 살인 범죄에 있어 죄를 경감시키는 요소로 고려될 수 있나? (예: 〈데드 맨 워킹〉)
- 연쇄살인범을 밝혀내는 데 도움이 되는 정확한 심리학적 프로파일을 발전시키는 것은 가능한가?
- 연쇄살인범들 사이에서 그들의 아동기 경험에 의해 특징지어지는 공통적인 요소를 발견할 수 있는가?
- 미국 사회에서 대중매체는 어떻게 폭력을 유지시키는가?
- 여성의 복장이나 선정적인 행동이 강간을 조장하는 것으로 보아야 하는가?
- 사회심리학의 동조 연구는 〈피고인〉(1988)에서 사라 토비아스에게 아무런 도움을 주지 않은 술집의 방관자들의 행동을 설명하는 데 사용될 수 있는가?
- 경찰서와 병원에서 강간 피해자를 인간적·동정적으로 대우하도록 하는 절차로는 어떤 것이 있는가?
- 〈미스틱 리버〉(2003)에서 데이브(팀 로빈스)가 그 차를 타지 않았다면 행동적·정서적으로 어떻게 달라졌을까?

추가적인 탐구

만일 당신에게 이 장과 관련된 단 한 권의 책을 읽을 시간만이 주어진다면 다음의 책을 읽어 보라.

- Wekerle, C., Miller, A. L., Wolfe, D. A., & Spindel, C. B. (2006). *Childhood Maltreatment*. Cambridge, MA: Hogrefe & Huber Publishers.

만일 당신에게 단 한 편의 논문을 읽을 수 있는 시간만 주어진다면 다음의 논문을 읽어 보라.

- Babcock, J. C., Green, C. E., & Robie, C. (2004). Does batterers' treatment work? A meta-analytic review of domestic violence treatment. *Clinical Psychology Review, 23*, 1023-1053.

저자 추천작

• 폭력과 신체적 · 성적 학대
- 〈전사의 후예Once were Warriors〉(1994)
- 〈폭력의 역사A History of Violence〉(2005)
- 〈시계 태엽 오렌지A Clockwork Orange〉(1971)
- 〈호텔 르완다Hotel Rwanda〉(2004)
- 〈시티 오브 갓City of God〉(2003)
- 〈킬 빌Kill Bill: Vol. 1〉과 〈킬 빌 2Kill Bill: Vol. 2〉
- 〈쉰들러 리스트Schindler's List〉(1993)
- 〈미스틱 리버Mystic River〉(2003)
- 〈피고인The Accused〉(1988)
- 〈몬스터Monster〉(2003)

제15장

치료

"그녀는 열다섯 살이었고…… 나는 이제 서른다섯 살이 되어 가지만, 선생님, 그녀는 내게 열여덟 살이라고 했어요. 그녀는 다분히 의도적이었고, 나는 내 바지의 지퍼를 내리지 못하게 바느질을 해 두었어야 해요. 난 그게 미친 짓이라고 전혀 생각하지 않았고, 아마 당신도 이해할 거라고 생각해요. 혈기왕성한 남자라면 누구도 그 상황을 거부할 수는 없을 거예요……. 그게 내가 감옥에 들어간 이유입니다. 또 지금 여기에 있는 사람들은 내가 미쳤다고 하지요. 그 이유는 내가 빌어먹을 식물처럼 가만히 앉아 있지 않았기 때문이죠. 이런 상황은 전혀 이해가 되지 않아요. 만약 그게 비정상적인 거라면 난 무분별한 인간이고, 길거리로 뛰쳐나가 미쳐 버리겠죠. 하지만 더도 말고 덜도 말고 그냥 그런 겁니다."

– 〈뻐꾸기 둥지 위로 날아간 새〉(1975)에서
랜들 패트릭 맥머피가 정신과 면담 중에 한 말

〈뻐꾸기 둥지 위로 날아간 새〉(1975)를 관람하면서 생각해 볼 물음들

- 이 영화에서 나타난 '정신과적 치료에 대한 고정관념'은 아직도 유효한가? 아니면 그 시기에만 그랬던 것인가?
- 빌리의 자살이 부모의 간섭과 과잉보호와 관련되어 있다면 이를 이론적으로 설명할 수 있겠는가?
- 형사재판에서 죄수들이 감옥에 가는 것을 피하기 위해 정신병원에 들어가는 일은 얼마나 흔한 일인가?
- 영화 속에서 남자 보호사들이나 보조원들은 무관심하고 냉담하게 보였는데 이와 비슷한 위치에 있는 사람들의 초봉은 얼마나 되는가?
- 〈폭력 탈옥〉(1967)에서 폴 뉴먼이 맡았던 주인공이 정신병원으로 이송되었다면, 주인공은 어떻게 되었을까?
- 병원 과장인 부롬덴은 맥머피가 병원에서 벌을 받도록 내버려 두는 대신 죽음을 선택하도록 하였다. 이것은 진정 자비에 근거한 살인이며 정당화될 수 있는 것인가?
- 맥머피의 전두엽 절제술이 어떻게 그의 성격을 바꾸었을 것 같은가? 전두엽 절제술이 성격을 변화시키는 신경학적 근거는 무엇인가?
- 당신이 병동에서 일하고 있는 사람이라고 가정했을 때, 병동에서 일하는 정신과 의사가 전두엽 절제술을 권한다면 당신은 그것을 막으려고 하겠는가? 어떤 정치적·사회적인 방법을 통해 그것을 중단하게 할 수 있겠는가?

 ## 환자 평가

환자가 진술한 내원 사유: "난 정신병원이 교도소보다 더 나쁠 것이 없다고 생각했다."

현 병력: 랜들 패트릭 맥머피는 35세이고 미혼 백인 남성이다. 그는 사춘기 시절부터 다수의 경범죄 전과가 있다. 그는 한국전쟁 당시 공산당 수용소에서의 탈출을 주도한 공헌으로 수훈 십자 훈장을 받기도 했지만 반역행위로 불명예제대를 해야 했다. 이후 그는 폭동과 길거리, 술집에서의 싸움에 연루되곤 하였다. 그는 최근 강간 혐의로 체포되어 리버메

드 교도소에서 2년 동안 복역하게 되었다. 리버메드 교도소에서 그는 점차 변덕스럽고 '얼빠진' 사람처럼 변해 갔고, 결국 주립병원으로 이송되어 관찰, 평가, 치료를 받게 되었다.

과거의 정신과적 병력, 치료 및 결과: 맥머피는 음주 후 공공장소에서 난동을 일으키거나 공공질서를 파괴하는 등의 행위로 여러 번 체포된 적이 있었다. 그는 항상 감옥에서 자고 깨어나면 석방이 되곤 했는데, 이번에는 15세의 여자아이를 강간한 죄목으로 2년형을 선고받았다. 그는 고등학교 시절 무단결석과 학교의 권위에 도전하는 문제들로 여러 차례 상담을 받았고, 수년간 보호감찰을 받아 왔지만 정작 자신은 이전에 어떠한 정신치료나 심리치료도 받은 적이 없다고 하였다.

의학적 병력: 그는 어린 시절 누구나 겪는 흔한 병치레가 있었지만 정상적인 발달과정을 거쳤다. 그는 15세에 학교 앞마당에서 팔이 부러진 적이 있었다. 그는 자신이 적어도 5번 정도는 성병에 걸렸었다는 사실을 자신 있게 이야기했으나 그 외에 병원에 입원하거나 다른 특별한 치료를 받은 적은 없다고 했다.

심리사회적 병력: 맥머피의 부모는 그가 태어난 지 얼마 되지 않아 이혼을 하였고, 그는 혼자 사는 이모에 의해 키워졌다. 그 집에는 다른 어린아이가 없었고 늙은 이모는 그를 키우기에는 역부족이었다. 그는 고등학교 때까지 특별히 노력을 하지 않아도 공부를 곧잘 하였지만, 고등학생 여자 친구를 임신시키는 바람에 11학년 때 학교를 그만두게 되었다. "그때가 랜들 패트릭에게는 중요한 갈림길이었다."고 그는 이야기했다. 그는 18세에 해군에 입대하여 3년간 복무하였다. 그러나 종종 무단으로 탈영한 전력 때문에 불명예제대를 해야만 했다. 이후 그는 이곳저곳을 떠돌아다니면서 정원사, 수리공, 경비원, 미용실 마사지 매니저, 자동차 판매원, 사과 따는 일, 박람회 도우미, 기계공 등 안 해 본 일이 없을 만큼 여러 가지 잡일을 하였다. 그는 결혼을 하지 않았고 이성관계는 비교적 짧고 일시적이었다.

약물과 알코올 병력: 맥머피는 약물 사용에 있어서는 비교적 솔직하게 말하였다. "나는 그 약들을 적어도 한 번쯤은 접해 보았다."고 했다. 그는 LSD와 peyote(환각제)를 경험하였으며, 코카인을 흡입하고 종종 암페타민과 바비튜레이트를 사용했다고 말하였다. 그러나 그가 가장 많이 사용하는 약물은 바로 알코올이었으며, 오래전부터 맥머피가 저지른 법적인 문제의 주된 원인은 맥주와 위스키였다. 그는 필터 없는 담배를 하루에 한 갑씩 피웠다.

행동 관찰: 맥머피는 검사 시간에 맞추어 도착했다. 그는 평상복 차림에 활기차고 말이 많았으며, 더 이상 감옥에서 일하지 않아도 된다는 사실에 기뻐하고 자랑스러워하였다. 그는 모든 검사과정에 협조적이었으며, 자신의 인지 수행 능력에 대한 자부심이 있는 것 같았다.

정신상태검사: 맥머피의 말은 **빠른** 편이었지만, 서두르지는 않았다. 그는 머리 회전이 빠르고 제법 재치가 있는 사람처럼 보였다. 정동은 정상 범주였다. 사고장애도 없었고 자살사고도 없었다. 그는 감옥에서 잔인한 간수들을 보며 "기회만 있으면 그들의 불알을 벽에 못 박을 것이다."라고 말하곤 하였으나 이는 허풍으로 보였으며 그가 자신이나 타인을 해할 가능성은 크지 않아 보였다.

그는 시간, 장소, 사람에 대한 지남력이 있었다. 그는 간이정신상태검사MMSE에서 별 어려움 없이 30점 만점을 받았다. 그에게 문장을 쓰게 했을 때 그는 셰익스피어의 문장 ("사람은 한 번은 죽으니, 그대로 내버려 두라. 올해 죽는 사람은 내년에는 죽지 않을 것 아닌가?")을 써서 평가자를 놀라게 하였다. 이 문장의 뜻을 설명해 달라고 하자 그는 "나는 어디선가 이 문장을 읽고 나서 줄곧 좋아하게 되었다."고 말하였다. 그러나 이 문장 때문에 그가 자살사고를 갖고 있다고 볼 수는 없었다.

기능적 평가: 그는 정규 고등학교를 마치지 못하였지만 지능이 우수했다. 그는 리더 역할을 하였고, 병동에서 영향력을 행사하며 모든 활동의 중심이 되었다. 그에게는 다른 환자들이 매력을 느낄 만한 카리스마가 있었으며, 여러 분야의 일을 해 온 탓에 일을 빨리 배웠다. 활동에 특별한 제한은 없어 보였다. 그는 알코올 중독의 전력이 있으므로 일은 수행하는 데 위험이 따를 수 있으나(예컨대, 안전요원은 되지 못할 것이다.) 고도로 체계화된 환경에서는 잘 적응하는 것 같았다. 그는 사회적 지지체계가 부족하였고 미혼이며 친척도 없었다. 특별한 취미 생활이 없으며 대부분의 여가 시간을 주로 술집에서 보내는 그는 병동 직원에게 잘 보이지 못해 말썽쟁이로 간주되었고 최근에 일어난 병동 내 규율 위반 사건 대부분의 주동자로 지목되었다.

강점: 맥머피의 인간적 매력이 그가 가진 가장 큰 자산이다. 그는 타고난 지도자로 보였으며 남녀 할 것 없이 모두 그의 열정과 재치 그리고 외향적인 성격에 매료되었다.

진단: 301.7 의증rule out: 반사회성 성격장애.
302.2 의증rule out: 소아애호증.

305.00 의증rule out: 알코올 남용.

치료 계획: 뚜렷한 정신병리적 이상의 증거가 없으며, 그가 왜 감옥에서 병원으로 이송되었는지 대한 명확한 이유가 없어 보인다. 그가 이곳에 있는 것은 적합해 보이지 않으며, 다른 치료 계획을 찾아야 할 것으로 사료된다.

예후: 양호하다.

〈뻐꾸기 둥지 위로 날아간 새〉

비정상적인 심리과정에 대해 가르치면서 이 책을 교재로 활용할 때 느끼는 큰 즐거움 중 하나는, 우리가 대학생이었던 시절 보고 사랑한 영화들을 학생들에게 새롭게 소개해 줄 수 있다는 것이다. 〈뻐꾸기 둥지 위로 날아간 새One Flew over the Cukoo's Nest〉(1975)가 그런 영화이고, 〈싸이코Psycho〉(1960), 〈시계 태엽 오렌지A Clockwork Orange〉(1971)도 그러하다.

〈뻐꾸기 둥지 위로 날아간 새〉는 정신병원에서 공공연하게 환자를 부당하게 처우하는 실상을 고발하기 위해 제작되었다. 주인공인 맥머피는 정신병원으로 이송된 후, 치료 거부권과 같은 시민으로서의 권리를 거의 모두 박탈당하였다. 이 영화에서는 큰 병원에서 흔히 있을 수 있는 시설 부족 문제, 불충분한 청결상태, 병원 직원이나 치료진과의 소통 문제와 같은 것들보다 자율과 권위주의에 대한 근본적인 문제에 초점을 둔다. 치료진은 맥머피를 치료하고 퇴원시키는 일에 대해 절대적 권한을 가지고 있다. 이 영화에서 가장 고약한 악역 중 하나로 묘사되는 엄격한 간호사는 병동의 통제를 위협한다고 여겨지는 환자들에게 물리적인 힘을 사용하여 통제하려고 한다. 그녀는 자신의 직위와 시스템에 대한 지식들을 이용해 맥머피를 통제한다. 맥머피에 대한 전두엽 절제술은 정신과 의사로서의 권한을 극도로 남용한 것이다.

영화에서 묘사한 치료양식

개인 정신치료

개인 정신치료는 여러 영화에서 가장 많이 묘사된 치료양식이다. 몇몇 영화에서는 개인 정신치료가 적절한 치료양식으로 표현되지만 그렇지 않은 경우도 있다.

개인 정신치료의 여러 가지 이론적 경향 중 가장 흔히 묘사되는 것은 가장 진부한 접근이기도 한 정신분석이다. 정신분석에 관한 과도한 영화적 묘사와 그에 따른 진부함으로 인해 영화감독 우디 앨런은 비판의 대상이 되기도 했다. 그는 1960년도부터 2003년에 걸쳐 영화에서 정신분석을 묘사하였다. 흥미롭게도, 〈애니씽 엘스Anything Else〉(2003)에서의 정신분석 의사에 대한 묘사는 가장 진부하다(예를 들어 그는 환자의 중요한 질문에 대답하기를 거부하는 치료자였다). 그중에서 가장 덜 진부했던 것은 그가 전년도에 연출한 〈헐리우드 엔딩Hollywood Ending〉(2002)이었다. 이 영화는 이혼한 전부인이 제작하는 영화의 감독으로 일하게 된 남자에 대한 이야기다. 주인공은 정신신체적 증상으로 맹인이 되었고, 그의 치료자는 그의 증상을 전환장애로 진단하고 치료에 도움이 되는 방법들을 제공해 주는 사람으로 묘사되었다. 인본주의적이고 지지적인 태도를 포함한 그 밖의 다른 이론적 접근을 다룬 영화로는 〈란타나Lantana〉(2001)가 있고, 교류분석transactional analysis을 보여 준 영화로 〈굿 윌 헌팅Good will Hunting〉(1997)이 있다. 흥미롭게도, 가장 널리 지지를 받고 현재까지 사용되고 있으며, 경험적으로도 증명할 수 있는 접근법은 인지행동치료cognitive-behavioral therapy: CBT이지만, 영화에서는 거의 등장하지 않았다.

> "나의 아버지는 알코올 중독자였다. 이는 망할 주정뱅이라는 뜻이다. 그는 망치를 들고 집에 왔고, 울부짖고 있는 누군가를 찾았다. 그래서 그가 어머니와 어린 동생들을 괴롭히지 않도록 내가 그의 신경을 건드려야만 했다."
>
> – 〈굿 윌 헌팅〉(1997)에서 윌 헌팅이 숀 맥과이어와의
> 치료 회기 중에 자신의 어린 시절을 기술하며

〈앤트원 피셔Antwone Fisher〉(2002)는 개인 정신치료의 여러 회기를 묘사하였다. 앤트원(데릭 루크 분)과 그의 정신과 의사인 제롬 데이븐포트(덴젤 워싱턴 분)는 점진적으로 분노와 신체적 · 성적 학대 그리고 정신적 외상에 대해 탐색해 나갔다. 이 영화는 정신치료 회기에 따라 구성되었고, 앤트원이 심각하게 이야기할 때마다 줄거리 또한 심각해졌다. 치료 회기는 크게 저항과 탐색의 단계로 나눌 수 있다. 처음에 앤트원은 무엇이든 이야기하기를 거부했으나 후에 점차 마음을 열어 자신이 받은 신체적 · 성적 학대에 대해서 말하였고, 마침내 가장 친한 친구가 살해당하는 것을 목격했을 때의 느낌도 털어놓았다. 이렇게 4단계의 치료는 관련되는 이야기 내용에 따라 나열되었다.

정신과 의사 또한 이 환자와의 치료 회기에서 영향을 받았다. 데이븐 포트 박사는 환자의 고립이 가지는 심각성을 깨닫지 못했고, 변화가 필요하다는 사실 또한 알지 못했다. 그는 환자가 용기를 내고 빠르게 회복해 나가는 것을 보며 스스로의 나약함을 깨달으며 겸손해졌다.

〈앤트원 피셔〉외에도 개인 정신치료에 대한 균형 잡힌 묘사는 〈굿 윌 헌팅〉(1997), 〈케이-팩스K-Pax〉(2001), 〈식스 센스The Six Sense〉(1999), 〈고티카Gothika〉(2004), 〈엘링Elling〉(2002)에서 잘 나타났으며, 반대의 예로는 〈노멀Normal〉(2003), 〈란타나〉(2001), 〈바닐라 스카이Vanilla Sky〉(2001)를 들 수 있다. 〈오징어와 고래The Squid and Whale〉(2005)에서는 사춘기 시기의 주요 전환점에 대해 촉매 역할을 담당하게 되는 아시아계 미국인 치료자에 대한 짧지만 탁월한 묘사를 찾을 수 있다.

성공적인 개인 정신치료는 〈악몽Sybil〉(1976), 〈보통 사람들Ordinary People〉(1980)에서 볼 수 있다. 〈보통 사람들〉에서 콘래드 재럿(티모시 허튼 분)은 남동생의 갑작스런 죽음 이후 정신과 의사(주드 허쉬 분)와 함께 치료를 시작하게 된다. 의사는 자신의 어린 환자가 개인 정신치료 시간에 고통스러운 가족관계를 직면할 수 있도록 따뜻하게 격려해 준다. 〈에쿠우스Equus〉(1977)에서 리처드 버튼은 정서적으로 매우 불안정한 남자아이(피터 퍼스 분)를 다루는 정신과 의사로 나온다. 정신치료 동안 심리적인 혼란의 진정한 심층이 밝혀진다. 〈베스트 보이Best Boy〉(1979)에는 재활 프로그램에 대한 묘사가 나오기도 한다.

〈데이비드와 리사David and Lisa〉(1962)는 정신과 의사 테오도어 이삭 루빈Theodore

Isaac Rubin이 쓴 소설을 바탕으로 만든 영화로, 시대에 뒤떨어진 듯하고 심한 강박장애를 가졌으며 신체적 접촉에 대한 공포증을 가진 젊은 남자를 섬세하게 묘사하고 있다. 주인공은 점차 자폐증이 있는 젊은 여성인 리사에게 호기심을 가지게 된다(자폐증은 반복된 행동, 제한된 의사소통, 운율 있게 노래하는 식의 대답 등으로 묘사된다). 영화는 데이비드의 부모를 틀에 박힌 인물로 묘사하며(엄마는 아들의 삶에 깊숙이 관여하나 아버지는 냉담하고 아들과 거리를 두는 편이었다.), 진부한 결말로 끝난다. 하지만 이러한 한계점을 감안하더라도 이 영화는 여전히 볼 만한 가치가 있으며, 정신과 전문의에 대한 묘사 또한 탁월한데, 특히 스윈포드(하워드 다 실바 분) 박사를 동정 어린 시각으로 묘사하였다.

영화에서 종종 정신과 의사가 비윤리적 행위를 저지르는 것으로 나타난다. 예를 들어 〈에쿠우스〉(1977)에서는 비밀유지 의무의 위반이 명백하게 나타난다. 또한 〈사랑과 추억Prince of Tides〉(1991), 〈미스터 존스Mr. Jones〉(1993), 〈틴 컵Tin Cup〉(1996), 〈블리스Bliss〉(1997)에서는 환자와 정신과 의사 사이의 성적인 관계가 묘사되기도 하였다. 토드 솔론쯔의 영화 〈해피니스Happiness〉(1998)에서는 정신과 의사가 아들의 가장 친한 친구를 강간하기까지 한다.

〈넘브Numb〉(2007)에서 심리학자와 환자의 관계는 특히 문제가 되었는데 경계의 위반이 명백하였기 때문이다(예를 들어, 치료자는 환자를 자신의 집으로 불러들였고, 그와 식당에서 만나기도 했는데 이는 부적절한 노출이다. 그리고 그녀는 사람들이 많은 식당에서 환자에게 사랑한다고 고백하기도 하였다).

〈프라임 러브Prime〉(2005)에서 메릴 스트립은 유태인 사회복지사인 리사 메츠거 역으로 나온다. 그녀는 자신의 고객 라피 가뎃(우마 서먼 분)에게 어린 연인이 생겼음을 알게 되는데, 치료 후반부에 그 연인이 바로 자신의 아들 데이비드라는 것을 깨닫게 된다. 라피는 데이비드와의 성생활을 소름이 돋을 정도로 구체적으로 묘사하는데 그의 성기가 '아름답다'고 말하기도 한다. 스트립은 이러한 명백한 이중관계를 밝혀야 함을 알고 있었지만, 그녀로부터 듣게 되는 자신의 아들에 대한 이야기에 매료되어 이를 미루게 된다.

로렌스 카스단의 영화 〈멈포드Mumford〉(1999)에는 작은 마을에서 심리치료 클리닉을 여는 멈포드라는 수상한 남자가 등장한다. 나중에 멈포드는 예전에 미국 국세

청 직원으로 일하다가 코카인에 중독되었으며, 심리학자인 척 사기를 치고 있음이 밝혀진다. 그는 치료자로서 경계를 넘는 여러 위반행위를 저지르는데, 매력적인 환자와 오래도록 산책을 하는가 하면 마을 사람들에게 자신의 환자와 관련한 이야기를 넌지시 흘리기도 한다. 영화는 정신치료가 일차적으로 '우정을 사는' 행위이고, 동정적으로 환자의 이야기를 들어 주는 것이 정신치료자가 받은 자격과 훈련보다도 중요하다는 점을 은연중에 나타내고 있다.

> "당신은 어떤 의사입니까?"
> "심리학 박사입니다."
> "그럼 진짜 의사는 아니군요."
> "그렇죠. 가짜인 셈이죠."
>
> — 흔한 오해에 대해 냉소로 대답하는 멈포드

집단 정신치료

〈매닉Manic〉(2003)은 외래에서 청소년을 대상으로 실시되는 집단 정신치료를 묘사한다. 이 영화는 집단 정신치료를 꽤나 정확하고 적절하게 표현하는데, 몇몇 실제 정신과 환자가 직접 출연한 것이 도움이 된 것으로 보인다. 심리학자(돈 치들 분)는 심한 우울증으로 자해를 하고 남을 위협하며 폭력을 휘두르기도 하는 환자와 격정적인 성격을 가진 환자들을 돕기 위해 최선을 다한다. 그는 모든 사람들이 집단 토론에 참여하도록 하여 환자들의 경험을 긍정적이고 균형 있는 방법으로 재구성하는 데 탁월한 능력을 보인다.

이와 대조적으로 〈월버Wilbur Wants to Kill Himself〉(2002)에서 묘사된 집단 정신치료는 실망스럽고 비현실적이다. 심리학자 중 한 사람은 환자에게 지나치게 지지적이고 아첨하는 태도로 시시덕거리는가 하면, 다른 심리학자는 치료 중 담배를 피우고 자신은 집단 정신치료와는 동떨어진 존재이므로 치료에 참석하기 귀찮다는 농담을 공공연하게 던지기도 한다.

정신과 입원

영화에서 정신치료 시설은 종종 대규모 시설로 나오지만 대개 부정적으로 그려진다. 정신과 병원은 영화 속에서 대부분 어둡고 음울하며 심각한 배경 소음(종종 환자들이 괴성을 지르는)으로 인해 그다지 유쾌하지 않은 곳으로 묘사된다. 간호사는 흰 옷을 입고 있으며 환자는 얼이 빠진 모습으로 병원 복도를 왔다 갔다 하는 것 이외에 특별히 할 일이 없는 것 같다. 영화에서 이러한 장면이 나오면 관객들은 순간적으로 그곳이 어디인지 분명하게 알아차리게 된다. 영화를 보는 관객들은 단순한 치료실보다는 으리으리하고 뭔가 나올 것만 같은 병원의 외형을 기억하는 경향이 있다는 것을 고려하면, 이러한 틀에 박힌 표현이 합당한 것 같기도 하다. 이러한 병원들은 대개 근사한 조형물이 있고 흥미로운 복도와 우스꽝스러운 휴게실이 있다.

이러한 음울하지만 인상적인 환경을 그린 몇몇 영화들로 〈스네이크 핏The Snake Pit〉(1948), 〈뻐꾸기 둥지 위로 날아간 새One Flew Over the Cuckoo's Nest〉(1975), 〈돈 쥬 앙Don Juan DeMarco〉(1994), 〈인스팅트Instinct〉(1999), 〈처음 만나는 자유Girl, Interrupted〉 (1999), 〈뷰티풀 마인드A Beautiful Mind〉(2001), 〈애널라이즈 댓Analyze That〉(2002), 〈어사일럼Asylum〉(2005) 등이 있다.

〈뻐꾸기 둥지 위로 날아간 새〉(1975)는 정신치료 시설에서의 인권 유린을 묘사한 전형적인 영화다. 하지만 이 영화가 이러한 주제를 처음으로 다룬 것은 아니었으며, 〈스네이크 핏〉(1948)이 정신병 환자 치료의 문제점을 다루어 대중의 관심을 일으킨 최초의 영화라고 할 수 있다. 이 영화는 은유적으로 병원을 동물원에 빗대는데, 환자들은 우리 안에 갇혀 관람객들에게 구경의 대상이 되는 동물 혹은 자신들만의 우리(병실)에서 감시를 당하는 존재로 그려진다. 두 영화의 중요한 차이는 〈스네이크 핏〉의 버지니아는 실제로 정신병을 앓는 인물인 데 반해, 〈뻐꾸기 둥지 위로 날아간 새〉의 랜들 맥머피는 그렇지 않다는 점이다. 〈고독한 투쟁Chattahoochee〉 (1990) 또한 정신병원의 권력과 이를 비판하는 사람들이 겪는 고통을 잘 그려 냈고, 〈최후의 판결Nuts〉(1987)에서는 정신병원에 넘겨지는 한 여성의 저항이 등장하기도 한다.

〈케이-팩스〉(2001)는 정신병원의 틀에 박힌 환경에서 어느 정도 탈피하였다. 이 영화에는 뉴욕의 한 정신병원이 등장하는데 적절한 밝기에 충분한 창문, 치료진과 환자의 의미 있는 활동들이 잘 나타나 있다. 환자는 서로 쉽게 접촉하고 대화하기도 한다. 영화는 때때로 이러한 관점을 잃기도 하는데, 예를 들어 환자들이 격분하여 날뛰기 시작하는 부분에서 그들이 미친 것처럼 표현되는 것은 아니지만 서로를 전혀 배려하지 않을 정도의 흥분을 나타낸다. 그러나 전반적으로 〈케이-팩스〉는 다른 오래된 영화들에 비해 비인간적인 묘사가 적은 편이다.

정신병원의 폐쇄가 이어짐에 따라, 영화에서 정신병원에 대한 묘사 또한 점차 줄어들 것이고, 결국에는 대형 정신치료 시설에 대한 묘사는 오래된 영화 속에서나 찾아볼 수 있게 될 것이다.

〈시계 태엽 오렌지〉

스탠리 큐브릭의 〈시계 태엽 오렌지〉(1971)는 정신병원에서 일어난 일은 아니지만, 교도소에서 시행하는 연구 프로그램을 운영하는 특성화된 병원에 대한 이야기를 다룬다. 이 영화는 행동치료와 관련된 윤리적인 이슈를 영화적으로 탐색한 원형으로 남아 있다. 영화에서 말콤 맥도웰은 잔혹한 갱 집단의 두목인 알렉스 역을 맡았다. 그와 그의 친구들은 반사회적인 인격의 소유자들이며 폭력을 일삼고 살인과 강간을 아무런 죄책감 없이 저지른다. 하지만 이 영화를 보는 관객들은 그의 폭력성에 혐오감을 느끼면서도 클래식을 사랑하고 활력이 넘치는 그의 모습에 은근히 매료되기도 한다.

알렉스는 그의 권력에 불만을 가진 동료들의 배신으로 체포되어 살인죄로 기소되고 14년형을 선고받는다. 하지만 그는 새로운 제의를 받게 되는데 그가 조건화conditioning 실험에 참여하면 조기 석방으로 풀려난다는 것이었다. 이 실험 장면들은 이전에 그가 저지른 강간 장면만큼이나 끔찍한데, 예를 들어 알렉스는 메스꺼움을 유발시키는 주사를 맞고 베토벤의 음악을 들으면서 강간과 폭력을 담은 장면을 보도록 강요받는다.

이 조건화 실험은 매우 성공적이었다. 즉, 알렉스는 폭력을 상상할 때마다 무시무시한 고통을 떠올리게 된다. 그는 감옥에서 풀려나지만, 사회에서 자신의 삶을 이어갈 수 없음을 깨닫게 되자 결국 자살을 시도한다. 그가 병원에서 회복하는 동안 정부에서는 개혁 운동이 일어나 알렉스는 이전에 입원했던 병원에서 실험용 쥐처럼 학대당한 것으로 인정된다. 치료의 효과는 없어지고, 알렉스는 다시 강간과 살인에 대한 즐거운 환상을 가지게 된다. 이 영화는 개인의 자유를 제한(예를 들어, 성폭행으로 기소된 사람의 성적 욕구를 없애기 위해서 강제적으로 데포 프로베라Depo-Provera 같은 호르몬제 약물을 강제로 주사하는 것)함으로써 사회를 개선하고자 하는 과정의 모순을 극적으로 보여 준다고 할 수 있다.

 ## 치료적 중재

최면

영화를 보는 사람은 빛으로 인해 일종의 트랜스trance 상태를 경험하기 때문에 영화와 관련된 책에서 최면에 대한 이야기를 한다는 것은 흥미로운 일이다. 그러나 우리는 영화나 텔레비전을 보는 습관에 익숙해져 있기 때문에 실제로 트랜스 상태에 들어가는 것을 알아차리는 경우는 드물다. 최면은 수많은 영화에서 묘사되지만 정확하고 실제적으로 묘사된 것은 많지 않다.

최면은 100년 이상 대중적인 치료방법으로 적용되어 왔으며, 여러 정신과 질환에 효과가 있는 것으로 검증된 치료법이다. 그러나 최면은 줄곧 대중의 오해를 받아 왔는데, 불행하게도 영화 역시 이러한 오해에 대해 큰 책임이 있다(그리고 무대에서 공연하는 최면술사 역시 어느 정도는 책임이 있다).

영화 속에서 최면이 묘사된 것은 영화의 역사와 견줄 수 있을 정도로 오래되었지만 주로 부정적이고 진부한 것이 대부분이다. 배릿(Barrett, 2006)은 230개의 영화에서 나타난 최면의 역할에 대해서 조사하였는데, 타인을 성적으로 유혹하거나, 스스로를 해하도록, 혹은 살인이나 범죄를 저지르도록 하는 목적으로 사용되는 등 부정적인 묘사가 주를 이루었다. 그녀는 예외적으로 〈메즈머Mesmer〉(1994), 〈에쿠우스〉(1977) 등의 극소수 영화에서 현실성 있는 묘사를 한 것을 발견했다. 〈에쿠우스〉에서는 정신과 의사에 의해 행해지는 최면에 대한 설명이 정확하게 그려지고 있다.

최면에 대한 흔한 오해 중 하나는 최면을 통해 사람의 마음을 조종할 수 있다는 것이다. 이러한 근거 없는 믿음은 〈맨츄리안 캔디데이트The Manchurian Candidate〉(1962)와 2004년에 만들어진 리메이크작 등의 영화를 통해서 확고해지게 되었다. 리메이크작에서는, 지정된 암시 단어를 듣는 순간 대상자는 즉시 최면술사의 주술에 빠져들게 되고(영화에서는 은은한 빛이 동반된다.) 한순간에 최면술사의 목소리에 완전히 조종당하게 된다. 회상 장면을 통하여 다른 등장인물들이 최면상태에서 살인을 하는 것을 볼 수 있다. 한 등장인물은 최면 암시로 인해 자신의 생각과는 상관없이 그가 오랫동안 사랑해 온 여자를 질식시켜 죽인다. 물론 이들은 모두 영화에서나 볼 수 있는 터무니없는 생각이다.

"빌어먹을! 난 좋은 정신과 의사였어. 나는 19년 동안 고생하면서 많은 환자들을 봐 왔어. 그래, 나는 한두 명의 환자와 잤어. 내가 그들에 대해서 신경을 쓰지 않았던 것은 아니야. 나는 내 환자에게 비용의 절반만 받곤 했어. 그리면 빌어먹을 일들

이 벌어지는데, 그들이 망할 년들을 보내서 자게 된 거야. 인생은 공평하지 않아. 그
렇지?"
　　- 〈환생〉(1991)에서 로빈 윌리엄스가 최면술사로서의 자신의 삶을 되돌아보면서

　케니스 바라나의 〈환생Dead Again〉(1991)이나 우디 앨런의 〈제이드 스콜피온의 저
주The Curse of the Jade Scorpion〉(2001)와 같은 영화에서는, 최면이 악의적인 목적으로
타인을 조종하기 위해 사용되는 상황을 노골적으로 묘사한다. 〈환생〉에서 최면술
사(동시에 골동품상이기도 하다.)는 최면에 취약한 사람들을 트랜스 상태에 빠지게
하고 진귀한 골동품을 어디다 두었는지 질문한다. 이후 사람들에게 이 상황을 전혀
기억하지 못할 것이라는 암시를 준다. 〈제이드 스콜피온의 저주〉에서는 최면이 보
석을 훔치는 데 사용된다. 이 영화에서도 역시 최면술사는 최면과 관련된 일에 대
해 전혀 기억하지 못할 것이라는 말을 한다. 영화에서 본 내용을 믿는 사람들은 최
면은 다른 사람에게 어떤 행동을 하게 하는 목적으로 사용될 수 있으며, 이는 불법
적이고, 비윤리적이며 부도덕한 것이라고 생각한다. 또한 일부 영화에서 최면은 매
우 고통스럽고 파괴적인 것으로 묘사된다. 〈나비효과The Butterfly Effect〉(2003)에는
어린 남자가 최면상태에서 자신의 과거를 회상하는 장면이 있다. 그는 고통에 몸부
림치고, 코피를 흘리며, 이러한 경험에 대한 기억을 잃은 채 바닥에 쓰러진다.

　　"당신의 마음이 한 편의 영화라고 생각해 보세요. 당신은 당신이 원하는 어떠한
　　것들도 멈추거나, 되감거나, 천천히 가게 할 수 있습니다."
　　　　　　　　　　　　　　　- 〈나비효과〉(2003)에 나오는 최면술사의 충고

　정신과 전문가들은 종종 최면을 적절히 사용하지 못하는 것으로 그려진다. 〈도
니 다코Donnie Darko〉(2001)에서 심리학자는 정신분열병 환자에게 최면을 적용하는
데, 실제로 정신분열병에 대한 최면은 명백히 금기시되어 있다. 〈도니 다코〉에서
환자는 최면상태에 빠진 채 자위행위를 한다.
　최면의 사용 목적이 정당하고 선의의 것일 때조차도, 최면은 심하게 과장된 방식
으로 그려진다. 예를 들면, 많은 영화에서 연령퇴행age regression 기술이 사용되며, 환

자는 매우 고통스러웠던 경험이나 과거의 정신적 외상을 재경험하게 된다. 〈케이-팩스〉(2001)에서 제프 브리지스가 연기했던 정신과 의사는 먼저 최면에 대해 설명하고, 최면을 유도하여 환자의 과거를 탐색하기 시작한다. 환자는 극심한 고통에 소리를 지르며 거의 쇼크상태에 빠진다. 그러나 실제 최면에서는 이와 같이 극적인 경우는 드물다.

〈뛰는 백수 나는 건달Office Space〉(1999)에서는 흥미로운 딜레마를 보여 준다. 심리치료사가 최면을 유도하여 환자가 깊은 트랜스 상태에 들어가게 되는데, 이때 심리치료사는 갑자기 심장발작을 일으키면서 죽어 버리고, 환자는 트랜스 상태로 남게 된다. 그러나 실제에서는 짧은 시간 내에 트랜스 상태에서 벗어날 수 있다. 코미디 같지만 영화에서 등장인물은 트랜스 상태로 며칠간 머물러 있게 된다.

이런 영화에서 최면을 받는 대상은 무력하고 최면술사의 통제 아래에 있는 존재로 그려진다. 이러한 묘사는 '모든 최면은 자기최면이다.'라는 치료적 진실을 무시하고 있다.

약물치료

실질적인 효과가 있는 항정신병 약물 중 최초는 클로르프로마진chlorpromazine(소라진Thorazine)으로, 초기에는 항히스타민제로 사용되었다. 이후로 이와 비슷한 성분의 다양한 약물들이 합성되었다. 소라진은 모든 환자를 정신병원에서 퇴원시킬 수 있는 기적의 약물로 믿어졌다. 이 약들은 환자에게 다시 한 번 사회에 적응할 수 있는 기회를 제공해 주었으나 불행하게도 종종 무차별적으로 처방되거나 과용되었다. 약물에 대한 지식이 부족한 환자가 과다한 진정작용과 추체외로 부작용extrapyramidal side effect(머리와 목 근육의 경직, 쉬지 않고 왔다 갔다 하거나 몸을 움직이는 증상, 그리고 얼굴, 몸통, 팔, 다리 근육의 움직임이 뻣뻣해지는 증상)을 겪는 일도빈번했다. 〈뻐꾸기 둥지 위로 날아간 새〉(1975)에서 환자들은 과도한 약물을 투여받아 진정되거나 부작용을 겪는다.

최근에는 다양한 종류의 약물들이 개발되었다. 항정신병 약물antipsychotic medication은 정신분열병, 일부의 기분장애, 불안장애 등으로 인한 사고장애에 사용된다. 항우울제antidepressant는 기분장애에 사용되고, 데파코테Depakote나 리튬lithium과 같은 기분조절제는 양극성 장애의 치료에 사용된다. 항불안제anxiolytic는 불안장애 환자들에게 조심스럽게 처방된다. 여러 가지 항불안제 중 자낙스Xanax, 바리움Valium, 리브리움Librium과 같은 일부 약물은 중독성이 있으며, 술이나 향락성 약물 등과 함께 병용되는 경우가 많다. 1982년 영화 〈난 가능한 한 빨리 춤추고 있어I'm Dancing as Fast as I Can〉에서 바바라 고든 역으로 TV 프로듀서 상을 수상한 질 클레이버그는 한때 바리움에 중독되었으나 결국 이를 극복하였다.

"당신도 알다시피 우리의 몸은 불안이나 스트레스를 받았을 때 이해할 수 없는 반응을 나타낼 수 있다. 나는 아내의 지갑에서 가장 가까운 친구의 커프스 단추를 발견했고 그 후 일 년 반 동안 발기가 되지 않았다."
– 〈가든 스테이트〉(2004)에서 정신과 의사의 부적절한 자기폭로

〈가든 스테이트Garden state〉(2004)에 나오는 주인공은 기분장애로 10년 넘게 다양한 약물을 복용해 오다가 과도한 진정작용을 겪게 되는데, 그는 어머니의 죽음을 통해 스스로 약물을 끊기로 결심한다. 그는 약물 없이도 잘 지내면서 멋진 여자를 만나게 되고, 자신을 통제했던 아버지(정신과 의사)를 상대할 때에도 적극적인 자세를 취하는 것을 배우게 되면서 몇 년 만에 처음으로 행복하다는 느낌을 가지게 된다. 이 영화는 감동과 해방감을 나타내고자 하지만, 유사한 약물을 복용하는 사람들에게는 다소 부적절하고 혼란스러운 메시지를 전달해 주기도 한다.

전기경련요법

1950년대에는 전기충격과 인슐린 쇼크 요법 모두 경련을 유도하는 치료방법으로 허용되었고, 많은 정신과 의사들은 경련이 정신질환으로부터 환자들을 보호한다고 확신하였다. 1960년대까지는 전기경련요법electroconvulsive therapy: ECT의 전기 자극은 경련을 일으키는 가장 안전한 방법으로 여겨졌다.

원래 전기경련요법은 정신분열병을 포함한 많은 정신과 질환에서 사용되었다.

그러나 이들 질환에 대해 더 효과적인 약물학적 접근방법이 발달하게 되었고 오늘날에는 중증 우울증, 조증, 그리고 몇몇 유형의 사고장애에서 다른 치료방법이 실패했을 경우 전기경련요법을 사용하고 있다. 전기경련요법 시술 시에는 경련으로 인한 근육의 경직을 방지하기 위해 속효성 마취제와 근이완제가 사용되고, 이후에 아주 약한 전기 자극이 뇌에 들어가면서 경련을 일으키게 된다. 임상적으로 두드러지는 효과를 보기 위해서는 대체로 8~10회가량의 치료가 필요하다.

맥도널드와 월터(McDonald & Walter, 2001)는 20세기 중반부터 21세기가 시작되는 시점까지 미국에서 만들어진 22개의 영화 속에서 전기경련요법이 어떻게 묘사되었는지 조사하였는데, 초기에는 전기경련요법이 위험하지만 유용한 치료로 묘사되었으나 이후에는 점차 부정적이고 잔인한 치료로 그려졌다는 결론을 내렸다. 한 연구에서는 의과대학 학생들에게 영화 속에 묘사된 전기경련요법 시술 장면을 보게 하였는데, 이후로 친구나 가족들에게 전기경련요법을 권하지 않는 경우가 많아지는 경향을 보였고, 1/3은 전기경련요법에 대한 지지도가 떨어졌음을 보고하였다(Walter et al., 2002).

과거에는 전기경련요법이 지나치게 빈번하고 무분별하게 사용되었으며, 종종 과도하게 높은 전압을 이용하기도 하였다. 〈뻐꾸기 둥지 위로 날아간 새〉(1975)나 〈내 책상 위의 천사An Angel at My Table〉(1990) 등의 영화에서 전기경련요법은 불행한 환자들이 가학적인 직원들에 의해 테이블에 묶인 채로 장시간 고통받는 치료방법으로 묘사된다. 그러나 실제로는 시작에서 끝날 때까지 5~10분 정도가 소요될 뿐이며, 눈에 보일 정도의 경련은 거의 일어나지 않는다. 또한 어떠한 경우에 전기경련요법이 적절한지를 판단하는 명확한 치료지침이 있어 임상가들의 판단에 도움을 준다. 〈뻐꾸기 둥지 위로 날아간 새〉에서 래치드 간호사는 권위에 도전하는 환자들을 처벌할 목적으로 전기경련요법을 사용한다. 뉴질랜드 소설가인 자넷 프레임의 자서전을 바탕으로 한 〈내 책상 위의 천사〉에서는 자넷이 젊은 시절 정신병원에 보내지게 되는데, 여기서 그녀가 받게 되는 전기경련요법은 매우 부정적으로 묘사된다. 논란의 여지가 있는 또 다른 전기 영화 〈프랜시스Frances〉(1982)에서는 1930년대 헐리우드 여배우인 프랜시스 파머가 '반항적인' 행동으로 인해 정신병원에 감금된 것을 그리고 있다. 프랜시스(제시카 랭 분)는 전기경

련요법과 전두엽 절제술을 받게 된다.[1]

〈뷰티풀 마인드〉(2001)에서 존 내쉬는 전기경련요법이 아닌 인슐린 쇼크 요법 insulin shock therapy을 받지만 대부분의 사람들은 이 두 가지의 차이를 구별하지 못한다. 인슐린 쇼크 요법에서 인슐린을 체내에 주사하면 인체가 혼수상태에 빠지게 되고 경련이 뒤따르게 된다. 〈뷰티풀 마인드〉에서 내쉬가 몇 주에 걸쳐 이러한 치료를 받는 것을 볼 수 있다.

 각각의 질환의 치료

불안장애의 치료

불안을 치료하는 방법은 매우 다양하며, 이들은 모두 적어도 부분적으로는 효과가 있다. 교육은 치료의 중요한 첫 단계가 될 수 있다. 교육을 통해 불안장애를 가진 환자에게 그들 자신이 미쳐 가고 있는 것이 아니며, 이러한 증상은 흔하고 대개 치료 순응도가 높다는 것을 설명함으로써 종종 큰 치료효과를 가져올 수 있다. 또한 환자들은 자신의 증상이 생명을 위협하지 않으며, 불쾌한 기분이 느껴져도 실제로 기절하거나 쓰러지지는 않는다는 것, 그리고 많은 사람들이 유사한 경험을 하면서도 보다 긍정적인 방식으로 해석할 수 있다는 것을 인식할 필요가 있다. (즉, 당신이 연설을 하기 전에 위가 쑤시는 듯한 느낌은 예상되는 흥분과 당신의 일이 잘되어 가고 있다는 신호로 해석될 수 있다.)

불안 증상을 극복하기 위한 방법으로 환자에게 알코올이나 약물 사용의 과거력이 있는지에 대한 평가 또한 중요하다. 많은 환자들이 자신의 불안을 해소하기 위해 물질을 사용하는 것을 (학습을 통해) 익힌다. 예를 들면, 〈7월 4일생Born on the Fourth of July〉에서 묘사된 것처럼 외상 후 스트레스 장애를 가진 퇴역 군인 중에는

---

1) 역자 주: 당시 유명 여배우로서 사회적으로도 큰 영향력을 지녔던 프랜시스가 그녀의 반정부적인 언행으로 인해 정신병원에 감금된 것이라는 설도 있다. 록그룹 너바나의 곡 '프랜시스 파머가 시애틀에 복수할 것이다Frances Farmer Will Have Her Revenge On Seattle'도 이와 유사한 내용을 담고 있다.

알코올 중독자들이 많다. 또한 커피, 청량음료, 니코틴의 사용에 대해서도 평가가 필요하다. 이 세 가지 모두 결국에는 불안을 오히려 악화시킨다.

정신치료는 불안을 가진 일부 환자에게 도움이 될 수 있다. 특히 행동치료는 다양한 공포증에 대한 최선의 치료방법으로 간주되며, 일부 환자들은 수년간의 통찰치료 후에 행동치료적인 방법으로 도움을 받는다. 거의 대부분의 행동요법은 무서운 자극이나 상황에 대한 노출을 포함한다. 실제 환경에서 노출과 반응방지법exposure with response prevention은 경험적으로 입증된 방법으로, 점진적인 노출 위계의 불안 유발 자극을 주면서 환자로 하여금 자극을 피하지 못하게 하고 대처방법을 사용해 불안을 조절하도록 하는 방법이다(강박증이나 다른 불안장애에서도 최선의 치료다). 홍수법flooding과 폭파법implosion은 두려운 자극에 대량으로 노출시키는 기법이다. 명상, 이완요법, 최면 역시 불안을 치료하는 보조요법으로 사용될 수 있다.

불안장애 환자를 위한 노출 위계exposure hierarchy를 개발할 때 영화는 그 자체로 강력한 자극이 될 수 있다. 특히 영화는 개인의 공포나 강박, 역기능적인 신념의 패턴에 잘 맞을 수 있다. 개인은 불안관리 기술을 연습하는 동안 대개 한 편의 영화나 영화의 특정한 장면(종종 반복해서)을 보게 된다. 예를 들면, 오염에 대한 공포를 가진 사람에게 〈라이언 일병 구하기Saving Private Ryan〉(1998)와 같이 흙, 먼지, 피가 자주 나오는 전쟁영화를 보게 하면, 영화를 보는 동안 일어나는 불안을 스스로 조절할 수 있는 대처방법을 연습하게 될 것이다. 동성애나 에이즈에 감염될 것에 대한 두려움을 가진 사람에게는 〈이브의 아름다운 키스Kissing Jessica Stein〉(2001)나 〈버드 케이지The Birdcage〉(1995)와 같은 영화를 보게 하고, 사고를 당하거나 목격하는 것을 두려워하는 사람에게는 〈리셀 웨폰Lethal Weapon〉 시리즈(1987, 1989, 1992, 1998)와 같이 많은 충돌을 담고 있는 액션영화를 보여 준다. 이 외에도 공포, 고립, 오염 등의 둔감화 목적으로 사용될 수 있는 영화로는, 〈캐스트 어웨이Cast Away〉(2000), 〈필라델피아Philadelphia〉(1993), 〈슈퍼 사이즈 미Super Size Me〉(2004) 등이 있다. 아동 및 청소년이 거절에 대한 두려움을 가졌을 때는 〈벅스 라이프A Bug's Life〉(1998), 〈슈렉Shrek〉(2001), 〈헤라클레스Hercules〉(1997)를, 어둠에 대한 두려움이 있는 경우에는 〈해리 포터와 마법사의 돌Harry Potter and the Sorcerer's Stone〉(2001)과 그 속편의 특정한 장면들을 보게 한다. 영화를 치료에 사용하는 것은 웨딩과 니믹(Wedding &

Niemiec, 2003)에 의해 많이 연구되었다.

인지의 재구조화cognitive restructring를 포함하는 인지치료cognitive therapy도 불안장애의 치료에 자주 적용된다. 인지치료는 환자가 특정한 상황과 환경에서 각성을 유발시키는 내적인 상황과 비합리적인 사고를 확인하고 이해할 수 있도록 돕는다. 약물치료 역시 치료에 사용될 수 있으며, 대체로 보조적인 요법으로 사용된다. 베타수용체차단제beta-blockers(주로 사회공포증에 사용), 삼환계 항우울제tricyclic antidepressant(주로 공황장애나 광장공포증에 사용), 선택적 세로토닌 재흡수 억제제selective serotonin reuptake inhibitor(주로 강박증이나 우울증이 동반된 경우) 등이 널리 사용되는 약물이다. 디아제팜diazepam(바리움), 클로르디아제폭시드chlordiazepoxide(리브리움), 알프라졸람Alprazolam(자낙스)과 같은 벤조디아제핀benzodiazepine계 약물 역시 불안 증상의 치료에 널리 사용된다. 또한 경도에서 중등도 불안의 치료에서는 카바Kava(건강식품점에서 구입할 수 있음)나 쥐오줌풀뿌리valerian root와 같은 한약제가 널리 사용되고 있다.

기분장애의 치료

리튬 카보네이트lithium carbonate는 양극성 장애의 치료에서 가장 널리 쓰이고 있다. 이 물질은 자연에서 만들어진 것으로서 양극성 장애와 관련된 화학적 불균형을 교정하는 데 효과적이라고 알려져 있다. 아직 리튬의 자세한 작용기전에 대해서는 알려지지 않았으나, 신경전달물질을 변화시키거나 DNA에 영향을 미치는 바이러스를 억제하는 것으로 생각된다. 만약 리튬 카보네이트가 효과적이지 않다면 다른 기분조절제(예: 데파코테Depakote)를 사용할 수 있다.

인지행동치료는 사고의 과정에 문제가 있는 환자에게 추천되며 특히 우울증 환자에게 효과적이다. 이러한 접근법은 환자로 하여금 자신이 가진 부정적 믿음의 근거를 찾도록 유도하고, 치료자는 치료과정에서 드러나는 근거에 기초하여 그들의 믿음을 재구성하도록 돕는다. 한 번 믿음이 변하기 시작하면, 환자는 세상을 보다 균형 잡힌 시각으로 감지하게 되고 이는 미래의 행동에 영향을 준다. 이러한 기술은 대개 성공적인 결과를 가져오며, 경도에서 중등도의 우울증 환자에 대해 항우울제와 동등한 효과를 나타내는 것으로 알려져 있다.

알코올 중독의 치료

 알코올 중독 치료의 첫 단계는 해독detoxification이다. 이 과정은 며칠에서 길게는 수개월의 기간이 필요하며, 중독자의 대부분이 극도의 불쾌감을 느끼는 과정이다. 중독의 치료과정에는 비타민이 계속해서 처방된다. 한때 진정제(대체로 리브리움과 바리움)를 사용하여 육체적인 고통을 극복할 수 있도록 도움을 주기도 하였다. 그러나 이러한 치료방법은 논란의 여지가 많아 최근에는 보편적으로 사용하지 않는다.

 항알코올남용제(안타부스Antabuse, 디설피람disulfiram 등)는 알코올의 대사과정을 막고, 해독 이후 다시 술을 마시지 않도록 도움을 준다. 항알코올남용제를 먹는 사람이 소량의 알코올을 들이키면 심한 통증을 느끼게 되고 구토, 어지러움, 발한, 숨가빠짐, 맥박이 빨라지는 것을 경험한다. 항알코올남용제는 금주를 시작한 첫 달에 알코올에 대한 갈구가 최고로 강렬할 때 가장 유용하다.

> "마지막으로 아버지를 보았을 때, 그는 눈이 멀어 있었고, 음주로 인해 병들어 있었다. 그가 술을 입에 털어 넣을 때마다 그가 술병을 빠는 것이 아니라 술이 그를 빨아들이는 것처럼 보였고 종국에는 쭈그러지고 누렇게 변해서 개조차 그를 알아보지 못하게 되었다."
>
> — 〈뻐꾸기 둥지 위로 날아간 새〉(1975)에서
> 브롬덴이 아버지의 알코올 중독에 대해 기술하면서

 단주동맹Alcholics Anonymous: AA은 1935년에 만들어진 자조단체로서 대부분의 알코올 중독자들을 치료하는 중요한 역할을 수행한다. 미국에서는 100만 명 이상이 이 집단에 소속되어 있고, 전 세계에 150만 명의 회원이 있다. 미국에서는 거의 대부분의 마을에 AA의 지부가 있고, 많은 대도시에서는 매일 저녁 개별적인 지부모임이 열린다. 이 모임은 자기개방, 사회적 지지, 알코올 중독의 병리 모델 확립 등에 관여한다. 7장의 〈표 7-4〉에는 잘 알려진 AA의 12계명이 소개되어 있다. AA의 창립을 묘사한 영화 〈또 다른 탄생My Name Is Bill W.〉(1989)과 〈드렁크Drunks〉(1995)에서는 AA 모임이 실제로 어떻게 열리는지를 보여 준다.

　　알-아논Al-Anon은 알코올 중독자의 가족과 친구를 위한 집단이다. 알-아논은 AA를 모델로 하였고, 12계명을 사용한다. 알라틴Alateen은 알코올 중독 부모의 10대 자녀들을 돕기 위해 조직된 집단이다.

　　물질 남용 관련 커뮤니티 관계자들 대부분은 AA의 선행에 대해 즉각적으로 찬양을 하겠지만, AA 프로그램의 실효성을 지지하는 경험적 증거는 거의 없다. 또한 이 집단의 종교와 유사한 철학에 대해 반감을 가지는 사람도 있다.

 약물 중독의 치료

　　치료를 시작하기 전에 우선 해독detoxification부터 해야 한다. 일반적으로, 마약성 약물의 해독 강도는 중독자의 건강상태와 복용한 약물의 순도에 달려 있다. 바비튜레이트barbiturates의 금단 증상은 헤로인heroin, 코카인cocaine 또는 알코올의 금단 증상보다 더 심각하다. 해독과정은 잠재적으로 생명에 위협이 될 수 있어 체계적인 의료 환경에서 이루어져야 한다. 〈지난 날Quitting〉(2001)은 체계적인 의료 환경 밖에서 해독을 시도하는 과정과 그에 따른 고통을 그리고 있다. 바리움, 리브리움, 자낙스와 같은 항불안제는 해독 작용의 강도를 줄이는 역할을 하기도 한다.

　　메타돈methadone은 합성된 마약성 약물로서 주사제보다는 경구로 더 많이 사용되며 주로 외래환자들에게 매일 투약된다. 이 약 자체는 중독성이 있지만, 효과가 오래 지속되고 매일 사용하면 헤로인과 같은 약물을 사용한 후 몇 시간 뒤에 나타나는 금단 증상을 피할 수 있다. 게다가 이 약은 다른 마약성 약물의 항진 작용reinforcing effect을 차단해 준다. 메타돈 치료는 정맥 주사 약물의 사용을 감소시키고 약물로 인해 발생하는 범죄를 줄여 준다. 또한 주사바늘을 공유할 가능성과 에이즈 감염 위험을 현저하게 감소시킨다. 이러한 장점에도 불구하고 메타돈 유지 프로그램은 아직 논란이 되고 있으며 몇 가지 분명한 단점이 있다. 즉, 메타돈에 대한 거대한 암시장이 형성될 수 있고, 메타돈의 부작용(발한, 무력감, 변비, 불면)으로 인해 많은 사람들이 치료를 중단할 수 있으며, 치료의 명목으로 중독자들에게 또 다른 중독성 약물을 제공한다는 것에 대하여 많은 사람들이 반감을 갖고 있다는 것이다.

어떤 프로그램에서는 아편 중독의 치료에 날록손naloxone 또는 날트렉손naltrexone과 같은 마약 길항제narcotic angagonist를 사용한다. 이러한 약물은 마약의 항진 작용을 차단시키므로 이를 복용한 중독자들은 약물을 사용하여도 더 이상 '황홀감'을 느끼지 못하게 된다. 그러나 금단 반응을 유발할 가능성이 있는 이러한 약물을 사용하는 프로그램은 복잡하고 비용이 많이 들며 의학적 감시가 필요하다.

AA를 모델로 한 단약동맹Narcotics Anonymous: NA은 약물의 완전한 중단을 주장하며, 주로 체계적인 프로그램과 집단치료를 핵심으로 하는 치료 공동체와 관련되어 있다. 모임에서는 회복된 중독자들이 좋은 본보기가 되어 종종 이 프로그램을 운영하기도 한다. 치료는 주로 직접 대면을 통해 이루어지며 배우자나 중요한 타인들을 포함시키기도 한다. 〈재생자Clean and Sober〉(1988)에서는 치료 공동체therapeutic community에서 이루어지는 치료의 예를 잘 보여 주고 있으며, 모건 프리먼이 과거의 중독자이자 상담사 역할을 하였다.

항우울제는 가끔 암페타민amphetamine 또는 코카인 중독의 치료를 돕기 위해 사용된다. 그러나 흥분제 중독의 치료를 위한 모든 프로그램들이 성공적인 결과를 가져오는 것은 아니다.

금연 프로그램의 성공은 주목할 만하다. 니코틴 껌과 피부에 부착하는 니코틴 패치는 전반적으로 치료 프로그램에서 중요한 역할을 한다. 니코틴 중독을 극복하는 두 가지 기법으로는 행동수정과 최면이 있다.

몇 가지 회복 프로그램의 성공에도 불구하고 약물 문제의 진정한 해결방법은 예방이다. 예방방법으로는 마약성 약물이 밀수입되는 것을 제한하는 것과 마약 사용의 유해성을 대중에게 교육시키는 것이 있다.

조력 자살

조력 자살에 관한 주제를 다룬 두 편의 인상적인 영화로 클린트 이스트우드의 〈밀리언 달러 베이비Million Dollar Baby〉(2004)와 알레잔드로 아메나바의 〈씨 인사이드The Sea Inside〉(2004)를 추천한다.

> "이대로 있을 수는 없어요, 프랭키. 내가 무엇인가를 이룬 후엔 말이죠. 난 세상
> 을 보아 왔어요. 사람들은 내 이름을 칭송했고, 음…… 내 이름이 아니라…… 당신
> 이 내게 지어 준 빌어먹을 이름이죠. 그러나 그들은 나를 위해 기도하고 있어요. 난
> 잡지에도 나왔었죠. 당신은 내가 그런 일이 일어나길 꿈꾼 것이라고 생각해요? 난
> 2파운드 15온스로 태어났어요. 아빠는 내가 내 방식대로 세상과 싸웠다고 말했어
> 요. 그리고 탈출하기 위해 싸웠어요. 그게 내가 원했던 모든 것이에요, 프랭키. 이것
> 때문에 당신과 싸우고 싶지 않아요. 난 내가 필요한 것을 얻었어요. 전부를요. 그것
> 을 나에게서 빼앗아 가지 마세요. 사람들이 기도하는 것을 더 이상 들을 수 없을 때
> 까지 여기 이렇게 누워 있게 하지 말아 주세요."
>
> — 〈밀리언 달러 베이비〉(2004)에서
> 메기 피츠제랄드

〈밀리언 달러 베이비〉는 메기 피츠제랄드(힐러리 스웽크 분)라는 빈민층 여종업
원이 복싱 챔피언이 되는 이야기다. 그녀는 마지막 경기에서 등을 돌리는 순간 흥
분한 상대선수의 공격으로 쓰러지는데 이때 의자에 목을 부딪혀 전신이 마비된다.
그녀는 결국 자신이 더 이상 살아야 할 가치가 없다고 생각하고 코치(이스트우드 분)
에게 자신의 생을 마감할 수 있게 도와달라고 부탁한다. 『심리학비평PsycCRITIQUES』
에서는 이 영화에 대한 흥미로운 평론을 실었다. 이 평론에서 크리스 해글런드(Kris
Hagglund, 2005)는 "신체에 커다란 손상을 입은 사람은 죽기를 바라지는 않는다.
영화인들과 예술가들은 오랫동안 무책임하게 근거 없는 믿음을 지속적으로 심어
주었다."고 기술했다.

〈씨 인사이드〉(2004)는 실화를 바탕으로 하였으며 하비에르 바르뎀이 10대에 다
이빙을 하다가 사고로 전신이 마비된 라몬 삼페드로를 연기하였다. 삼페드로는 죽
기를 원했지만 스페인 정부와 그의 가족들은 그것을 허락하지 않았다. 그는 30년간
자신의 의견을 주장하였다.

"나를 정말로 사랑하는 사람은 내가 죽을 수 있도록 도와주는 사람이에요. 그것이 사랑이에요. 로사. 그것이 사랑이에요."

— 〈씨 인사이드〉(2004)에서 라몬 삼페드로가 한 말

 ## 인간적인 치료에 대한 윤리적인 문제와 권리

앞서 언급한 〈뻐꾸기 둥지 위로 날아간 새〉가 치료에 대한 통제력을 잃은 환자들을 그린 첫 번째 영화는 아니었다. 정신장애를 심각하게 다룬 첫 번째 영화 중 하나는 버지니아 역을 맡은 올리비아 드 하빌랜드가 주연하고 아나톨레 리트바크가 연출한 〈스네이크 핏〉(1948)이다. 환자들로 붐비는 정신병원에서 자신의 병을 극복하기 위해 노력하는 한 여성의 삶을 그린 이 영화에서 나타나는 끔찍한 상황 묘사는 실제로 미국 입법부가 보호시설에서 제공하는 간호의 수준을 향상시키는 계기가 되었다.

이 영화는 특히 정신병원에 입원한 많은 여성들의 무력함을 보여 준다. 〈스네이크 핏〉에서 버지니아는 실제로 정신장애가 있고 남편에게 간호를 받으면서 치료를 받는다. 그러나 정신장애가 없는 많은 여성들도 정신병원에 입원하고 있으므로 때로는 아내에게 지친 남편을 위한 편의시설이 되기도 한다(Geller & Harris, 1994).

또 다른 인상적인 영화 〈고독한 투쟁〉(1990)은 1950년대 플로리다 주립 병원의 끔찍한 상황뿐만 아니라 이러한 환경을 개선하려는 한 환자의 노력을 보여 준다. 이 영화에서 한국전쟁 참전 용사인 에밋 폴리(게리 올드만 분)는 권위에 도전한다는 이유로 많은 권리를 잃게 된다. 이 영화는 실화를 바탕으로 하였으며 폴리가 실직으로 우울해하다가 이웃에게 총을 쏜 후 경찰이 자신을 죽이도록 유도하는 것으로 영화가 시작된다. 그는 아내가 자신의 생명보험금을 받기를 원했다(그녀는 그가 자살한다면 보험금을 받기를 거부할 것이다). 그러나 그는 정신장애가 있는 사람들을 위한 차타후치Chattahoochee라는 교도소로 옮겨진다. 차타후치의 환경은 끔찍했다. 친구인 월커 벤슨(데니스 호퍼 분)의 도움을 받아 그는 그 환경에 대항하기 위해 편지를 쓰기 시작한다. 그는 글을 쓰는 권리를 박탈당하자 성경책에 글을 써서 여동생에게 몰래 건네주

었다. 그 결과 주 위원회가 결성되고, 청문회가 열렸으며, 환경이 개선되었다.

〈더 재킷The Jacket〉(2005)에서 에이드리언 브로디는 잭 스탁스 역을 맡았다. 그는 이라크전쟁의 참전 용사이며 머리에 총상을 입고 혼수상태에 빠진 후 기억상실증에 걸린 채로 깨어나게 된다. 그러나 그는 부당하게 살인 혐의로 기소되고 정신이상을 이유로 무죄 판결을 받게 된다. 그는 가학적인 정신과 의사인 토마스 베커 박사(크리스 크리스토퍼슨 분)가 운영하는, 범죄를 저지른 정신이상자들을 위한 정신병원에 보내진다. 치료방법은 브로디에게 축축하고 갑갑한 구속복을 입힌 채 자궁을 재현한 것처럼 보이는 시체보관실과 같은 방에 그를 가두어 두는 것이었다. 병원의 직원들은 강압적이고 폭력적인 사람들로 묘사되었으며, 이 영화는 정신병원이 비인간적이고 무정한 직원들이 운영하는 위험한 곳이라는 근거 없는 믿음을 확고하게 하였다. 사실은 정확히 그 반대이며, 이러한 환경에서 근무하는 직원들은 우리가 아는 주변 사람들 중 가장 친절한 사람들이다.

〈어사일럼〉(2005)에서 피터 클레이브(이안 멕켈렌 분) 박사는 가학적인 정신과 의사다. 이 영화는 패트릭 맥그래스Patrick McGrath의 소설을 원작으로 하였으며 오래된 고딕양식의 정신병원을 배경으로 하고 있다. 새로 온 정신과 의사인 맥스 라파엘(휴 본빌 분) 박사는 병원의 경영권(피터 클레이브가 간절히 원했던)을 넘겨받았으며, 부인과 어린 아들을 데리고 왔다. 부인을 살해한 후 오랜 기간 동안 병원에 수용되어 있는 한 남자 환자와 라파엘의 아들은 친구가 되었다. 그 환자에 대한 진단은 '병적인 질투를 동반한 중증의 성격장애'다. 그곳 생활을 따분해하던 아들의 어머니인 스텔라(나타샤 리차드슨 분)는 곧 그 남자 환자와 격정적인 불륜에 빠지게 된다. 비록 우리는 이 영화를 좋아하지만, 정신병원이 무관심한 직원과 잔인한 의사가 운영하는 위험한 곳이라고 암시하는 것에 대해서는 매우 우려스럽다.

"나는 당신이 앞으로 어떤 일이 일어날지를 이해했으면 좋겠어. 충격이 사라지면 엄청난 슬픔이 몰려올 거야. 시간이 지나면 당신은 슬픔을 받아들이게 될 것이고 슬픔은 당신의 남은 인생과 함께하겠지."

― 〈어사일럼〉(2005)에서 아들이 사고로 익사한 후
정신과 의사 라파엘이 그의 부인에게 한 말

이 영화는 인간으로서의 권리를 되찾기 위한 정신병원에서의 끊임없는 투쟁을 보여 준다. 그리고 정신병을 가진 사람에 대한 지배적인 편견도 보여 준다. 사람들은 이러한 병을 가진 환자들을 미치광이, 괴짜로 여기고 그들을 치료하는 사람들은 환자를 억누르는 사람, 공상적 박애주의자 또는 지나치게 동정심이 많은 사람일 것이라고 생각한다(Trachtenberg, 1986). 대중매체는 환자들을 광대, 익살꾼, 또는 악의 없는 괴짜 등으로 묘사한다(Hyler, Gabbard, & Schneider, 1991). 〈4인의 방랑자 The Dream Team〉(1989)와 〈비밀의 목소리The couch Trip〉(1988)는 정신장애의 치료에 어느 정도의 자유가 필요하다는 것을 보여 주었다. 〈싸이코〉(1960) 시리즈 같은 영화에서는 정신장애를 가진 사람들을 살인광으로 묘사한다. 존 카펜터의 〈할로윈 Halloween〉 시리즈에서는 정신병원에서 탈출한 환자가 자신과 성관계를 가진 10대 청소년들을 연속적으로 살인한다. 토미 리 왈리스가 연출한 〈할로윈 3Halloween Ⅲ〉(1982)에서는 악당인 주인공을 아이들을 해치는 사악한 할로윈 마스크를 만드는 미친 인형 제작자로 묘사하였다. 〈할로윈 4Halloween Ⅳ〉와 〈할로윈 5Halloween Ⅴ〉(1988, 1989)에서는 원작에 등장했던 정신병원에서 탈출한 미친 사람을 다시 출연시킨다. 이러한 영화들은 사람들이 정신병 환자들에 대해 위험하다고 오해하게 만들었다.

 국제 영화: 치료

〈왕이 된 사나이King of Hearts〉(1966)는 마니아층을 가진 매력적인 프랑스 영화다. 이 영화의 주인공은 제1차 세계대전에서 폭발물 해체 임무를 맡고 작은 프랑스 마을에 보내진 스코틀랜드 군인(앨런 베이츠 분)이다. 그는 마을 사람들이 모두 떠나고 근처의 정신병원에서 탈출한 환자들이 그 마을로 달려가는 것을 보았다. 관객들은 이 영화를 즐기는 동안 정신장애를 가진 사람들이 단지 악의 없는 괴짜라는 믿음을 갖게 된다.

〈백치들의 집House of Fools〉(2002, 러시아/프랑스)은 〈왕이 된 사나이〉를 연상시키지만 실화를 바탕으로 하였다. 그것은 전쟁으로 파괴된 나라(체첸)에 있는 정신병원에서 일어난 일이다. 도시가 적들에게 침략당할 무렵 병원에 있던 직원들은 모두 떠나고 환자들만 남게 되었으며 군인들은 그 병원을 은신처로 삼는다. 이 영화는 전쟁의 무모함에 대한 문제를 제기하였으며 전쟁에서 드러나는 세상의 광기에 대한 비유로 병원을 사용하였다.

〈친밀한 타인들Intimate Strangers〉(2004)은 회계사와 정신과 의사가 많은 공통점을 갖고 있다는 생각을 바탕으로 한 프랑스 영화다. 결혼생활에 대한 고민을 가진 한 여자가 정신과 의사의 사무실을 찾는다. 그녀는 의사를 찾아간 첫 번째 방문에서 실수로 아래층에 있는 회계사의 사무실로 들어가 결혼생활에서의 사적인 문제를 털어놓게 된다(예를 들면, 그녀의 남편은 자신이 보는 앞에서 아내가 다른 남자와 섹스를 하기를 바란다는 것). 회계사는 자신의 전문 영역과는 동떨어진 이야기를 들으면서도 이를 중단시키지 않는다. 얼마간의 시간이 지난 후 그는 그녀가 자신을 정신과 의사로 오해하고 있음을 알게 되지만, 그녀의 이야기에 강한 흥미를 느끼게 되어 자신의 신분을 밝히지 않는다. 그가 사실을 털어놓았을 때 그녀는 크게 화를 냈지만 그와 보낸 시간들로 인해 긍정적인 효과를 보았고 환자와 '치료자' 사이에 좋은 관계가 형성되었으므로 치료를 위한 방문을 계속하게 된다. 이 영화에 대한 『심리학비평PsycCRITIQUES』의 논평은 다음과 같다.

"이 영화는 전통적인 프로이트 학설을 나타내고 있는데 여러 가지 관점에서 논란의 여지가 있다. 통찰 지향 정신치료insight-oriented psychotherapy의 대중적 묘사 면에서 이 영화는 형편없다. 이 영화는 정신분석적 치료를 잘못 묘사하였으며 다음과 같은 4가지 고정관념을 강화시켰다. 즉, 누구나 정신치료를 시행할 수 있다는 것, 정신치료는 대부분 의사가 가끔 개방형 질문을 던지면 환자가 긴 독백을 하는 형식으로 이루어져 있다는 것, 매력적인 여자 환자와 기품 있는 남자 치료자 사이에서 불가피하게는 성애적 전이가 생길 것이라는 것, 행동을 수정하는 데 있어 일반적인 방법이 정신분석적 치료보다 낫다는 것이다.

반면, 정신치료를 좀 더 친밀하게 느끼도록 만들었다는 점을 고려하면 대중성 측면에서는 훌륭한 영화라고 할 수 있다. 〈친밀한 타인들〉은 정신치료의 건설적인 힘, 성공적인 결과를 위한 긍정적이고 공감적인 관계의 중요성에 대한 흥미로운 예를 보여 주었다. 사랑은 환자와 정신치료자를 모두 치유한다. 게다가 이 영화는 치료가 비밀과 거짓 없이도 한적하고 특별한 공간에서 서서히 이루어질 수 있다는 것을 강조한다."

비판적 사고를 위한 질문들

- 영화가 정신치료에 대해 '오직 정신과 의사만이 정신치료를 시행할 수 있다.' '정신장애의 치료 중 가장 흔한 방법은 정신분석이다.'와 같은 오해를 심어 주는 이유는 무엇인가?
- 정신건강 전문가들이 치료의 경계를 넘어서는 일은 얼마나 자주 일어나는가? 왜 이러한 현상이 영화에 자주 등장하는가?
- 영화에서 거의 묘사되지 않는 정신치료 기법이나 중재요법은 무엇인가?
- 영화에서 어떤 진단범주가 가장 정확한 것이며 현실적인 치료방법은 무엇일까?
- 대학 시절의 위험하지 않은 기행은 정신장애로 여겨지지 않아 왔다. 환경이 어떻게 하여 어떤 행동이 적합한지 또는 적합하지 않은지를 판단할 수 있도록 하는가?
- 빈센트 반 고흐Vincent van Gogh는 천재이지만 정신장애를 가지고 있었으며 그의 인생은 비참한 자살로 끝났다. 만약 이러한 장애가 진단되고 치료된다면 세상이 더 나아질까? 만약 당신이 정신병에 대한 약물이 그의 창의성과 예술에 대한 열정을 앗아갈 수 있음을 고려했더라도 동일한 생각을 하였을까?
- 치료를 거부하는 환자를 치료하는 것이 윤리적일까? 만약 그렇다면 누가 그러한 결정을 내릴 수 있는 권한을 갖는가?
- 의사가 치료에 대해 상의를 하기 위해 가족을 만날 때 힘과 지식의 불균형이 생긴다. 이러한 사실이 고지에 입각한 동의의 원칙과 환자의 자율성에 어떠한 영향을 주는가?
- 성범죄를 저지른 죄수가 스스로 거세되는 것을 허락한다면 빨리 석방시키는 것이 윤리적이라고 생각하는가? 만약 그들이 모든 성적인 욕구를 제거하는 약물을 복용하는 데 간단히 동의해 버린다면 어떻게 될까? 법정에서 이러한 종류의 치료권한을 정당화한 적이 있는가?
- 〈프라임 러브〉(2005)에 나오는 것처럼 만약 치료자가 자신이 치료 중이던 환자가 자신의 아들과 데이트를 하는 것을 알게 된다면 어떻게 반응하는 것이 적절하고 윤리적인 것인가?
- 〈멈포드〉(1999)와 〈친밀한 타인들〉(2004)과 같은 영화는 정신치료에서 가장 중요한 것은 주로 온화하고 공감적이고 배려하는 것이며 특별한 훈련이나 자격증 없이

도 누구나 정신치료를 시행할 수 있다고 제시한다. 치료가 단지 '친근한 관계를 사는 것'인가? 회계사가 여러 회기 동안 치료자를 가장한 것이 타당한가? 왜 그런가? 혹은 왜 그렇지 않은가?
• 영화가 심어 주는 고정관념과 오해를 바꾸기 위해 정신건강 전문가(또는 대중)는 무엇을 할 수 있는가?

추가적인 탐구

만일 당신에게 이 장과 관련된 단 한 권의 책을 읽을 시간만이 주어진다면 다음의 책을 읽어 보라.
- Corrigan, P. W., Mueser, K, T., Bond, G. R., Drake, R. E., & Solomon, P. (2008). *Principles and practices of psychiatric rehabilitation: An empirical approach.* New York: Guilford.

만일 당신에게 단 한 편의 논문을 읽을 수 있는 시간만 주어진다면 다음의 논문을 읽어 보라.
- Kazdin, A. E. (2008). Evidence-based treatments and delivery of psychological services: Shifling our emphases to increase impact. *Psychological Services, 5,* 201-215.

저자 추천작

• 치료

- 〈케이-팩스K-Pax〉(2001)
- 〈보통 사람들Ordinary People〉(1980)
- 〈친밀한 타인들Intimate Strangers〉(2004)
- 〈굿 윌 헌팅Good will Hunting〉(1997)
- 〈칼리가리 박사의 밀실The Cabinet of Dr. Caligary〉(1920)
- 〈데이비드와 리사David and Lisa〉(1962)
- 〈뻐꾸기 둥지 위로 날아간 새One Flew Over the Cuckoo's Nest〉(1975)
- 〈스네이크 핏The Snake Pit〉(1948)
- 〈내겐 너무 사랑스러운 그녀Lars and the Real Girl〉(2007)
- 〈앤트원 피셔Antwone Fisher〉(2002)

참고문헌

Abbey, A. (2005). Lessons learned and unanswered questions about sexual assault perpetration. *Journal of Interpersonal Violence, 20*(1), 39–42.

Allen, J. G., & Smith, W. H. (1993). Diagnosing dissociative disorders. *Bulletin of the Menninger Clinic, 57,* 328–343.

Alper, G. (2004). *Like a movie: Contemporary relationships without the popcorn.* St. Paul, MN: Paragon House.

American Psychiatric Association (APA). (1994). *Diagnostic and statistical manual of mental disorders* (4th ed.). Washington, DC: Author.

American Psychiatric Association (APA). (2000). *Diagnostic and statistical manual of mental disorders* (4th ed., text revision). Washington, DC: Author.

Arndt, W. B., Jr. (1991). *Gender disorders and the paraphilias.* Madison, CT: International Universities Press.

Banks, G. (1990). *Kubricks psychopaths: Society and human nature in the films of Stanely Kubrick.* Found at www.gordonbanks.com/gordon/pubs/kubricks.html, accessed on December 29, 2004.

Barnard, G. W., Fuller, A. K., Robbins, L., & Shaw, T. (1989). *The child molester: An integrated approach to evaluation and treatment.* New York: Brunner/Mazel.

Barrett, D. (2006). Hypnosis in film and television. *American Journal of Clinical Hypnosis, 49,* 13–30.

Beck, A. (1976). *Cognitive therapy and the emotional disorders.* New York: Meridian.

Beck, A., Steer, R., Beck, J., & Newman, C. (1993). Hopelessness, depression, suicidal ideation, and clinical diagnosis of depression. *Suicide and Life-Threatening*

Behavior, 23, 139-145.

Bernstein, E., & Putnam, F. (1986). Development, reliability, and validity of a dissociation scale. *The Journal of Nervous and Mental Disease, 174,* 727-735.

Blanchard, R., & Hucker, S. J. (1991). Age, transvestism, bondage, and concurrent paraphilic activities in 117 fatal cases of autoerotic asphyxia. *British Journal of Psychiatry, 159,* 371-377.

Bordwell, D., & Thompson, K. (1993). *Film art: An introduction.* New York: McGraw-Hill.

Briere, J. (1989). University males' sexual interest in children: Predicting potential indices of "pedophilia" in a non-forensic sample. *Child Abuse and Neglect, 13,* 65-75.

Brown, G. R. (1994). Women in relationships with cross-dressing men: A descriptive study from a nonclinical setting. *Archives of Sexual Behavior, 23*(5), 515-530.

Butler, L. D., & Palesh, O. (2004). Spellbound: Dissociation in the movies. *Journal of Trauma & Dissociation, 5,* 61-87.

Canby, V. (1981). Review of *Arthur. New York Times* (July 17, p. 10).

Cape, G. S. (2003). Addiction, stigma and movies. *Acta Psychiatrica Scandinavica, 107*(3), 163-169.

Cardea, E., & Spiegel, D. (1993). Dissociative reactions to the San Francisco Bay Area earthquake of 1989. *American Journal of Psychiatry, 150,* 474-478.

Casson, I. R., Siegel, O., Sham, R., Campbell, E. A., Tarlau, M., & DiDomenico, A. (1984). Brain damage in modern boxers. *The Journal of the American Medical Association, 251,* 2663-2667.

Centers for Disease Control and Prevention (2008). *Morbidity and Morality Weekly Report, 57*(SS-3), 18.

Centers for Disease Control and Prevention (2008). *Morbidity and Morality Weekly Report, 57*(6), 141-144.

Classen, C., Koopman, C., & Spiegel, D. (1993). Trauma and dissociation. *Bulletin of the Menninger Clinic, 57,* 178-194.

de Leo, D., & Heller, T. (2008). Social modeling in the transmission of suicidality. *Crisis: The Journal of Crisis Intervention and Suicide Prevention, 29,* 11-19.

Denzin, N. K. (1991). *Hollywood shot by shot: Alcoholism in American cinema.* New York: Aldine De Gruyter.

Dick, B. F. (2004). *Anatomy of film* (5th ed). Boston: Bedford/St. Martin's.

Dietz, P. E., & Evans, B. (1982). Pornographic imagery and prevalence of paraphilia. *American Journal of Psychiatry, 139*, 1493-1495.

Fleming, M., & Manvell, R. (1985). *Images of madness: The portrayal of insanity in the feature film*. Rutherford, NJ: Fairleigh Dickinson University Press.

Frese, F. J. (2006). Another beautiful mind – with daughters. [Review of the film *Proof*]. *PsycCRITIQUES: Contemporary Psychology-APA Review of Books, 51*(33). Retrieved from the *PsycCRITIQUES database* (www.apa.org/psyccritiques/) December 1, 2008.

Freund, K., Watson, R., & Dickey, R. (1990). Does sexual abuse in childhood causes pedophilia? An exploratory study. *Archives of Sexual Behavior, 19*, 557- 568.

Fullerton, C. S., Ursano, R. J., & Wang, L. (2004). Acute stress disorder, posttraumatic stress disorder, and depression in disaster or rescue workers. *American Journal of Psychiatry, 161*(8), 1370-1376.

Gabbard, K., & Gabbard, G. (1999). *Psychiatry and the cinema*. Washington, DC: American Psychiatric Press.

Geller, J., & Harris, M. (Eds.). (1994). *Women of the asylum: Voices from behind the walls, 1840-1945*. New York: Doubleday.

Giannetti, L. (1993). *Understanding movies*. Englewood Cliffs, NJ: Prentice Hall.

Goffman, E. (1986). *Frame analysis: An essay on the organization of experience*. Boston: Northeastern University Press.

Goldstein, A. (1996). *Violence in America*. Palo Alto, CA: Davies-Black Publishing.

Hacker, K., Collins, J., Gross-Young, L., Almeida, S., & Burke, N. (2008). Coping with youth suicide and overdose: One community's efforts to investigate, intervene, and prevent suicide contagion. *Crisis: The Journal of Crisis Intervention and Suicide Prevention, 29*, 86-95.

Hagglund, K. J. (2005, September 7). Million dollar baby: An Oscar's worth of grit. [Review of the motion picture *Million Dollar Baby*]. *PsycCRITIQUES: Contemporary Psychology-APA Review of Books, 50*(36). Retrieved from the *PsycCRITIQUES* database (www.apa.org/psyccritiques/) April 21, 2009.

Hare, R. D. (2006), Psychopathy: A clinical and forensic overview. *Psychiatric Clinics of North America, 29*, 709-724.

Hiller, W., & Fichter, M. M. (2004). High utilizers of medical care: A crucial subgroup among somatizing patients. *Journal of Psychosomatic Research, 56*(4), 437-443.

Hyler, S. E. (1988). DSM-III at the cinema: Madness in the movies. *Comprehensive Psychiatry, 29,* 195-206.

Hyler, S. E., & Bujold, A. E. (1994). Computers in Psychiatric Education. *Psychiatric Annals, 24,* 13-19.

Hyler, S. E., Gabbard, G. O., & Schneider, I. (1991). Homicidal maniacs and narcissistic parasites: Stigmatization of mentally ill persons in the movies. *Hospital and Community Psychiatry, 42,* 1044-1048.

Innala, S. M., & Ernulf, K. E. (1992). Understanding male homosexual attraction. *Journal of Social Behavior and Personality, 7,* 503-510.

Jamison, K. R. (1993). *Touched with fire: Manic-depressive illness and the artistic temperament.* New York: Free Press.

Kashdan, T. B. (2009). *Curious? Discover the missing ingredient to a fulfilling life.* New York: William Morrow.

Kieseppa, T., Partonen, T., Haukka, J., Kaprio, J., & Lonnqvist, J. (2004). High concordance of bipolar I disorder in a nationwide sample of twins. *American Journal of Psychiatry, 161*(10), 1814-1821.

Konigsberg, I. (1987). *The complete film dictionary.* New York: Meridian.

Kuo, W. H., Gallo. J. J., & Eaton, W. W. (2004). Hopelessness, depression, substance disorder, and suicidality: A 3-year community-based study. *Social Psychiatry Psychiatric Epidemiology, 39*(6), 497-501.

Lazarus, R. S. (1999). *Stress and emotion: A new synthesis.* New York: Springer.

Lazarus, R. S. (2000). Toward better research on stress and coping. *American Psychologist, 55*(6), 665-673.

Lazarus, R. S. (2001). Relational meaning and discrete emotions. In K. R. Schere, A. Schorr, & T. Johnstone (Eds.), *Appraisal processes in emotion: Theory, methods, research* (pp. 37-67). New York: Oxford University Press.

Lebegue, B. (1991). Paraphilias in U.S. pornography titles: "pornography made me do it" (Ted Bundy). *The Bulletin of the American Academy of Psychiatry and the Law, 19*(1), 43-48.

Leonard, H., & Wen, X. (2002) The epidemiology of mental retardation: challenges and opportunities in the new millennium. *Mental Retardation and Developmental Disabilities Research Reviews, 8,* 117-134.

Ludwig, A. M. (1998). Method and madness in the arts and sciences. *Creativity Research*

Journal, 11, 93-101.

Mann, C. E., & Himelein, M. J. (2004). *Psychiatric Services, 55*(2), 185-187.

McCabe, P. (1992). *The butcher boy.* London: Picador.

McDonald, A., & Walter, G. (2001). The portrayal of ECT in American movies. *The Journal of ECT, 17,* 264-274.

McEwen, B. S. (2005). Stessed or stressed out: What is the difference? *Journal of Psychiatry Neuroscience, 30,* 315-318.

Mehlum, L. (2000). The Internet, suicide, and suicide prevention. *Crisis: The Journal of Crisis Intervention and Suicide Prevention, 21,* 186-188.

Micali, N., Chakrabarti, S., & Fombonne, E. (2004). The broad autism phenotype: Findings from an epidemiological survey. *Autism, 8*(1), 21-37.

Mueser, K. T., Salyers, M. P., Rosenberg, S. D., Goodman, L. A., Essock, S. M., Osher, F. C., & Swartz, M. S. (2004). Interpersonal trauma and posttraumatic stress disorder in patients with severe mental illness: Demographic, clinical and health correlates. *Schizophrenia Bulletin, 30*(1), 45-57.

National Institute of Mental Health (NIMH). (January, 2001; revised May, 2003). *In harm's way: Suicide in America* (NIH Publication Number 03-4594). Retrieved on December 29, 2004, from the National Institute of Alcohol Abuse and Alcoholism: http://www.nimh.nih.gov/publicat/NIMHharmsway.pdf.

National Institute on Alcohol Abuse and Alcoholism (NIAAA). (July, 1990; revised October 2000). Alcohol Alert. *Children of alcoholics: Are they different?* (NIH Publication Number 09-PH288). Retrieved on December 29, 2004 from the National Institute of Alcohol Abuse and Alcoholism: http://www.niaaa.nih.gov/publications/aa09.htm.

Niemiec, R. M., & Wedding, D. (2006). The role of the psychotherapist in movies. *Advances in Medical Psychotherapy and Psychodiagnosis, 12,* 73-83.

Niemiec, R. M., & Wedding, D. (2008). *Positive psychology at the movies: Using films to build virtues and character strengths.* Cambridge, MA: Hogrefe & Huber Publishers.

Norcross, J. C., & Norcross, J. (2005, October 2). A distant look at psychotherapeutic intimacy [Review of the motion picture *Intimate Strangers*]. *PsycCRITIQUES: Contemporaiy Psychology-APA Review of Books, 50*(41). Retrieved from the *PsycCRITIQUES* database (www.apa.org/psyccritiques/) April 21, 2009.

Norcross, J. C., & Norcross, J. (2006, May 24). Psychotherapist conundrum: My son is sleeping with my patient [Review of the motion picture *Prime*]. *PsycCRITIQUES:*

Contemporaiy Psychology–APA Review of Books, 57(21). Retrieved from the *PsycCRITIQUES* database (www.apa.org/psyccritiques/) April 21, 2009.

Norcross, J. C., & Norcross, J. (2007, July 11). The Ubiquitous Number 23 [Review of the motion picture *The Number 23*]. *PsycCRITIQUES: Contemporary Psychology–APA Review of Books, 52*(28). Retrieved from the *PsycCRITIQUES* database (www.apa.org/psyccritiques/) April 21, 2009.

Norden, M. (1994). *The cinema of isolation.* New Brunswick, NJ: Rutgers University Press.

North, C., & Smith, E. (1992). Posttraumatic stress disorder among homeless men and women. *Hospital and Community Psychiatry, 43,* 1010–1016.

Orchowski, L. M., Spickard, B. A., & McNamara, J. R. (2006). Cinema and the valuing of psychotherapy: Implication for clinical practice. *Professional Psychology: Research and Practice, 37,* 506–514.

Owen, P. (2007). Dispelling myths about schizophrenia using film. *Journal of Applied Social Psychology, 37,* 60–75.

Peake, T. H. (2004). *Cinema and life development: Healing lives and training therapists.* Westport, CT: Praeger

Peterson, C., & Seligman, M. E. P. (2004). *Character strengths and virtues: A handbook and classification.* Washington, D.C./New York: American Psychological Association/Oxford University Press.

Piper, A., & Merskey, H. (2004). The persistence of folly: A critical examination of dissociative identity disorder. Part I. The excesses of an improbable concept. *Canadian Journal of Psychiatry, 49*(9), 592–600.

Putnam, F. (1985). Multiple personality disorder. *Medical Aspects of Human Sexuality, 19,* 59–74.

Ressler, R. (1986). Murderers who rape and mutilate. *Journal of Interpersonal Violence, 1,* 273–287.

Russell, D. E. H. (1983). The incidence and prevalence of intrafamilial and extrafamilial sexual abuse of female children. *Child Abuse and Neglect, 7,* 133–146.

Russell, D. E. H. (1984). The prevalence and seriousness of incestuous abuse: Stepfathers vs. biological fathers. *Child Abuse and Neglect, 8,* 15–22.

Saunders, E. B., & Awad, G. A. (1991). Male adolescent sexual offenders: Exhibitionism and obscene phone calls. *Child Psychiatry and Human Development, 21*(3), 169–178.

Scahill, L., Hamrin, V., Deering, C., & Pachlar, M. (2008). Psychiatric disorders diagnosed in childhood and adolescence In M. Boyd (Ed.), *Psychiatric nursing: Contemporary practice* (pp. 633–672). Philadelphia: Lippincott, Williams, & Wilkins.

Seyle, H. (1956). *The stress of life*. New York: McGraw–Hill.

Seyle, H. (1974). *Stress without distress*. Philadelphia: J. B. Lippincott.

Sieff, E. M. (2003). Media frames of mental illnesses: The potential impact of negative frames. *Journal of Mental Health, 12,* 259–269.

Simonton, D. K. (in press). So you *want* to become a creative genius? You must be crazy! In D. Cropley, J. Kaufmann, A. Cropley, & M. Runco (Eds.), *The dark side of creativity*. New York: Cambridge University Press.

Steinberg, M. (1991). The spectrum of depersonalization: Assessment and treatment. In A. Tasman & S. Goldfinger (Eds.), *Review of psychiatry, volume 10* (pp. 223–247). Washington, DC: American Psychiatric Press.

Stuart, H. (2003). Violence and mental illness: An overview. *World Psychiatry, 2,* 121–124.

Szymanski, L. S., & Crocker, A. C. (1989). Mental retardation. In H. I. Kaplan & B. J. Sadock (Eds.), *Comprehensive textbook of psychiatry* (5th ed.). Baltimore, MD: Williams & Wilkins.

Szasz, T. S. (1974). *The myth of mental Illness: Foundations of a theory of personal conduct,* Revised Edition. New York: Harper Row.

Szasz, T. S. (1977). *Psychiatric slavery: When confinement and coercion masquerade as cure*. New York: Free Press.

Taylor, T., & Hsu, M. (2003). Digital cinema: The Hollywood insider's guide to the evolution of storytelling. Studio City, CA: Michael Wiese Productions.

Trachtenberg, R. (1986). Destigmatizing mental illness. *The Psychiatric Hospital, 17,* 111–114.

Uhde, T., Tancer, M., Black, B., & Brown, T. (1991). Phenomenology and neurobiology of social phobia: Comparison with panic disorder. *Journal of Clinical Psychiatry, 52,* 31–40.

Van Ameringen, M., Allgulander, C., Bandelow, B., Greist, J. H., Hollander, E., Montgomery, S. A., Nutt, D. J., Okasha, A., Pollack, M. H., Stein, D. J., & Swinson, R. P. (2003). World Council Association recommendations for the long–term treatment of social phobia. *CNS Spectrums, 8*(8 Suppl 1), 40–52.

Veitia, M. C., & McGahee, C. L. (2001). Nicotine and alcohol addiction. In D. Wedding (Ed.*) Behavior and medicine* (3rd ed.) (pp. 247–261). Gtingen, Germany: Hogrefe

& Huber.

Wahl, O., & Lefkowits, J. (1989). Impact of a television film on attitudes toward mental illness. *American Journal of Community Psychology, 17*(4), 521–528.

Wahl, O. (1995). *Media madness: Public images of mental illness.* New Brunswick, NJ: Rutgers University Press.

Walter, G., McDonald, A., Rey, J., & Rosen, A. (2002). Medical student knowledge and attitudes regarding ECT prior to and after viewing ECT scenes from movies. *Journal of ECT, 18*(1), 43–46.

Wedding, D. (2000). Cognitive distortions in the poetry of Anne Sexton. *Suicide & Life-Threatening Behavior, 30,* 150–154.

Wedding, D. (2001). The portrayal of alcohol and alcoholism in the western genre. *Journal of Alcohol & Drug Education, 46,* 3–11.

Wedding, D., & Niemiec, R. (2003). The clinical use of films in psychotherapy. *Journal of Clinical Psychology, 59*(2), 207–215.

Zhang, L., Ravdin, L. D., Relkin, N., Zimmerman, R. D., Jordan, B., Lathan, W. E., & Ulug, A. M. (2003). Increased diffusion in the brain of professional boxers: A preclinical sign of traumatic brain injury. *American Journal of Neuroradiololgy, 24*(1), 52–57.

Zimmerman, J. N. (2003). *People like ourselves: Portrayals of mental illness in the movies.* Lanham, MD: Scarecrow Press, Inc.

색인

〈인명〉

〈용어〉

〈영화〉

저자 소개

대니 웨딩 Danny Wedding 박사는 미주리-컬럼비아 의과대학에 속한 정책 · 연구 · 훈련센터인 미주리 정신건강연구소를 이끌고 있다. 그는 *PsycCRITIQUES: Contemporary Psychology* 라는 미국심리학회 비평잡지와 *Advances in Psychotherapy: Evidence-Based Practice*의 편집인이며, 미국심리학회 산하의 2009년 미디어 심리학 분과회장을 역임했다.

메리 앤 보이드 Mary Ann Boyd 박사는 서던일리노이 대학교 에드워즈빌 캠퍼스 명예교수이며 LLC 정신건강자문위 대표다. *Archives in Psychiatric Nursing*의 편집위원이며 정신분열병과 치매 요양보호에 관한 국제적인 전문가다.

라이언 니믹 Ryan M. Niemiec 박사는 신시내티 주 면허 심리학자다. 그는 YIA 특성 연구소의 교육감독이자 허밍버드 코칭서비스의 코치로서 강의와 워크숍을 하고 있다. *Positive Psychology at the Movies: Using Films to Build Virtues and Character Strengths*의 공저자인 그는 *PsycCRITIQUES*의 영상편집인이며 미시간 주립대학교에서 영화연구에 관한 전문자격을 취득했다.

역자 소개

곽호완은 서울대학교 대학원 심리학과에서 석사학위를 받고 미국 존스홉킨스 대학교에서 지각과 주의에 관한 연구로 박사학위를 취득하였다. 현재 경북대학교 교수로 재직 중이며, 한국실험심리학회장과 『한국심리학회지: 인지 및 생물 학술지』 편집위원장을 역임하였다. 저서 및 역서로 『성인 주의력결핍/과잉행동 장애(ADHD): 최신의 평가 및 치료방략』 『일상생활의 심리학』 『감각과 지각』 『인지심리학』 『공학심리학』 『지식의 이중주: 뇌와 의식』 등이 있다.

장문선은 경북대학교 대학원 심리학과에서 석사학위를 받고 동 대학원 심리학과에서 우울증과 부부치료에 관한 연구로 박사학위를 취득하였다. 현재 경북대학교 교수로 재직 중이며, 임상심리전문가, 1급 정신보건임상심리사, 집단상담전문가 및 학교상담전문가 자격을 갖고 있다. 저서 및 역서로 『우울한 여성의 부부문제: 이것이 원인이다』 『아동기 감정양식과 성숙』 『로르샤하 해석의 원리』 『아동상담심리』 등이 있다.

구본훈은 영남대학교 의과대학을 졸업하고 영남대학교병원 정신과를 수료하여 정신과 전문의 자격을 취득하였으며, 충남대학교 의과대학원에서 정신건강의학 전공으로 박사학위를 취득하였다. 현재 영남대학교 의과대학 정신건강의학교실에 조교수로 재직 중이며, 한국 정신분석학회, 대한불안의학회 회원이다.

배대석은 경북대학교 대학원 심리학과를 졸업하고, 영남대학교 대학원 의공학과에서 박사학위를 취득하였다. 현재 영남대학교의료원 정신건강의학과 임상심리전문가로 근무하고 있으며, 미국심리학회 및 신경심리학회 정회원, 한국임상심리학회 부회장, 병원수련감독자 협의 장을 역임하였고, 현재 정신보건이사로 활동하고 있다.

박종옥은 경북대학교 대학원 심리학과에서 석사학위를 받고 동 대학원 박사과정을 수료하였다. 현재 동국대학교 경주병원에서 임상심리사(임상심리전문가 및 1급 정신보건임상심리사)로 재직 중이며, 『주의력 결핍과 과잉행동장애: 임상용 워크북』의 공저자다.

최소영은 계명대학교 대학원 심리학과에서 석사학위를 받았고, 현재 경북대학교 대학원 심리학과 박사과정 중에 있다. 2002년 정신보건임상심리사 자격 취득 후 현재까지 대구가톨릭대학교병원 신경과 신경심리실에 재직 중이며, 2010년 임상심리전문가 자격을 취득하였다.

우상우는 경북대학교 대학원 심리학과에서 석사학위를 받고 동 대학원 박사과정을 수료하였으며, 2010년에 임상심리전문가 자격을 취득하였다. 현재 마인드플러스 심리상담센터에서 부소장으로 재직 중이며 강의교수로 활동 중이다.

김소연은 경북대학교 대학원 심리학과에서 석사학위를 받고 동 대학원 박사과정을 수료하였으며, 2010년 임상심리전문가 자격을 취득하였다. 현재 경북대학교와 한동대학교에 출강 중이다.

최혜정은 경북대학교 대학원 심리학과에서 석사학위를 받고 동 대학원 박사과정 중에 있으며, 2010년 임상심리전문가 자격을 취득하였다. 현재 대구파티마병원 정신건강의학과에서 임상심리전문가로 근무하고 있다.

이상일은 경북대학교 대학원 심리학과에서 석사학위를 받고 현재 동 대학원 박사과정 중에 있다.

곽세열은 연세대학교 문과대학 교육학과에 재학 중이며, 대학문학지『문우』편집장을 지냈다.

영화와 심리학

필름에 그려진 인간의 심연

Movies and Mental Illness: Using Films to Understand psychopathology (3rd ed.)

2012년 8월 31일 1판 1쇄 발행
2021년 10월 20일 1판 4쇄 발행

지은이 • Danny Wedding • Mary Ann Boyd • Ryan M. Niemiec
옮긴이 • 곽호완 • 장문선 • 구본훈 • 배대석 • 박종옥 • 최소영
　　　　우상우 • 김소연 • 최혜정 • 이상일 • 곽세열
펴낸이 • 김 진 환
펴낸곳 • ㈜ **학지사**

　　　　04031 서울특별시 마포구 양화로 15길 20 마인드월드빌딩 5층
대표전화 • 02) 330-5114　　　팩스 • 02) 324-2345
등록번호 • 제313-2006-000265호
홈페이지 • http://www.hakjisa.co.kr
페이스북 • https://www.facebook.com/hakjisabook

ISBN 978-89-6330-891-3 93180

정가 **18,000원**

출판 • 교육 • 미디어기업 **학지사**
간호보건의학출판 **학지사메디컬** www.hakjisamd.co.kr
심리검사연구소 **인싸이트** www.inpsyt.co.kr
학술논문서비스 **뉴논문** www.newnonmun.com
원격교육연수원 **카운피아** www.counpia.com